동·서양 언어학사 Ⅱ

제2부 서양의 언어 연구

제2부 ─ 서양의 언어 연구

동·서양 언어학사 Ⅱ

정광

역락

머리말

0.0. 이 책은 동·서양의 언어학사를 한국의 언어학도들에게 개략적으로 소개하면서 인류의 언어 연구가 어디로부터 시작하였고 어떻게 흘러가며 현대의 우리에게는 어떤 영향을 주었는가를 밝히려고 집필한 것이다.

졸저(2022) <언어학사로 본 20세기까지의 한국어 연구사>에서 한국어학사에 대하여는 나름대로 어느 정도 정리하였다고 자부한다. 다만 이 책에서 한국어 연구의 역사를 살피기 위해서는 동·서양의 언어 연구사에 대한 지식이 절대적으로 필요함을 역설하고 다른 기회에 본격적으로 이에 대한 연구서를 내겠다고 약속하였다.

그것은 필자가 그동안의 한글의 창제에 대하여 살펴보면서 15세기 중반에 조선에서 한글을 창제한 것이 당시 아시아의 여러 민족이 제정한 문자와 관련이 있고 특히 고대인도의 음성 연구가 문자 제정의 기본 원리였음을 깨닫게 되었다. 그로부터 인간의 모든 연구는 전시대의 것, 그리고 다른 문화로부터 영향을 받아 발전된 것이며 언어학도 마찬가지임을 알게 되었다.

더욱이 고대인도의 문법 연구가 고대 희랍어 문법과 라틴어 문법에도 영향을 끼친 것을 살펴보면서 동양과 서양의 언어 연구가 서로 어떻게 영향을 주고받았는지 본격적으로 살펴볼 필요를 느껴서 이 책을 쓰게 된 것이다. 그리고 한글의 제정만이 아니라 한국어학의 많은 분야에서도 동·서양의 언어 연구로부터 많은 영향을 받은 것은 주지의 사실이다.

우리가 현재 상용하고 있는 한국어 문법도 멀리 라틴어 문법에 소급되며 그것은 다시 고대희랍어 문법, 그리고 그것이 다시 고대인도의 문법으로 올라간다는 충격적인 사실을 누군가는 알려야 된다고 생각한 것이다. 그동안 이런 사실을 밝혀 가르쳐주는 한국어학사가 없었기 때문이다.

또 전술한 바와 같이 졸저(2022)의 '머리말'에서 동·서양의 언어학사를 본격적으로 정리하겠다고 약속을 했었는데 이 책은 그 약속을 지키기 위한 것이기도 하다. 그동안 한국

내에서는 아무도 동양의 언어학사에 대한 연구서를 쓰려고 시도하지 않았다. 그리고 서양의 언어학사도 간혹 서양의 연구서를 초역하거나 번역한 것은 있었지만 한국인이 저술한 것은 없었다.

그런 의미에서 이 <동·서양 언어학사 Ⅰ, Ⅱ>는 한국인으로서는 처음으로 시도하는 인류의 언어 연구사를 기술하는 것이라고 할 수 있다. 물론 부족한 것이 많을 것으로 본다. 다만 이를 계기로 동양과 서양의 언어 연구사, 특히 동양의 언어학사가 많은 국내 인어학자들의 관심을 갖게 되어 이로부터 좀 더 본격적인 연구사가 나오기를 바랄 뿐이다.

0.1. 이번에 쓴 <동·서양 언어학사 Ⅰ, Ⅱ>는 분량이 너무 많아서 2권으로 분책하기로 한다. 물론 제1부 동양의 언어 연구가 중심이지만 제2부 서양의 언어 연구도 무시할 수 없는 새로운 주장을 많이 담았다. 원래 한데 묶어 한 책으로 내려 하였으나 두 권으로 나누는 것이 독자들에게 편리할 수 있고 출판사에서도 부담이 적을 것 같기 때문에 분책한 것이다.

다만 제1권의 <제1부 동양의 언어 연구>와 제2권의 <제2부 서양의 언어 연구>에도 모두 같은 머리말과 참고문헌을 게재하였다. 이 책의 내용이 너무 방대하기 때문에 우선 머리말을 통해서 전체의 줄거리를 어느 정도 파악할 것으로 기대하여 이를 같이 게재한 것이고 참고문헌은 두 책에 모두 해당되는 것이라 역시 같은 것을 첨부한다.

또 <동·서양 언어학사 Ⅰ, Ⅱ>는 내용이 너무 방대하기 때문에 제1부와 제2부에 '마치기 Ⅰ, Ⅱ'를 두어 전체를 짧게 요약하고 동양과 서양의 언어학사를 고찰하는 의의를 살펴보았다. 즉, 동양의 언어학사가 가진 특이점과 서양의 언어학사에서 나타나는 중요한 내용을 정리하고 이 책에서 특별히 다른 언어학사와 다르게 본 것을 지적하여 밝혀놓았다.

독자 제위께서는 두 책의 '마치기 Ⅰ, Ⅱ'를 먼저 읽어서 전체의 내용을 파악하고 다음에 필요한 해당 장절(章節)을 찾아보는 것이 효율적일 수도 있다. 다만 각 장(章)에서는 연대순서대로 언어 연구가 전개하는 과정을 살펴보았다. 주목할 것은 언어 연구가 역사적으로 앞선 것과 동시대의 것이라도 지역적으로 다른 것이 서로 영향을 주면서 발달한다는 사실이다. 이 책에서는 이 점을 중점적으로 밝히려고 노력하였다.

물론 이런 현상은 인류의 다른 학문 분야에서도 유사하겠지만 유독 언어 연구에서 상호 영향이 심했다고 필자는 믿는다. 한 시대를 풍미(風靡)한 어떤 언어 연구가 시대를 넘어 다른 연구에도 영향을 주고 한 지역에서 유행하던 연구가 민족과 국가를 넘어 다른 곳으로 옮겨가서 역시 성행하는 경우가 많다. 따라서 대부분의 언어 연구가 전시대의 연구나 다른 지역의 연구와 관계가 있다.

0.2. 언어학은 서양에서 시작한 것으로 알려졌다. 모든 사상과 학문이 고대 희랍과 로마에서 시작한 것으로 믿고 있는 서양의 언어학자들이 <언어학사>를 주로 저술해 왔기 때문이다. 그런데 동양의 고대인도에서는 기원전 수 세기경부터 고도로 발달한 언어 연구가 있었고 그 연구가 오늘날 동·서양의 언어 연구에 끊임없이 영향을 주고 있음을 알았을 때에 그동안의 언어학사에 익숙한 필자로서는 내심으로 경악을 금할 수가 없었다.

아득한 옛날에 고대인도에는 상당한 수준의 언어 연구가 있었고 그것이 동양과 서양에 심대한 영향을 주었다는 사실은 필자에게 매우 놀라운 사실이었다. 처음에는 반신반의(半信半疑)했으나 후대에 쏟아져 나온 고대인도의 여러 언어연구 자료를 살펴보고 그것을 고대 희랍어나 라틴어 문법과 비교하면서 이런 사실을 확인할 수 있었다.

뿐만 아니라 언어학의 주요한 개혁을 일으킨 분들이 거의 모두 산스크리트어를 연구한 사람들이었던 점도 필자가 주목한 일이었다. 그들은 전 시대에 없었던 새로운 언어 연구를 시도하여 언어학을 개혁하였는데 그들이 대부분 고대인도의 연구 방법에서 가져온 것이어서 더욱 충격이 컸다.

예를 들면 고대의 기원전 2세기에 희랍문법을 완성한 드락스(D. Thrax)는 그 이론적 근거를 파니니의 <팔장>에서 찾아볼 수 있다. 그리고 인구어족을 암시하여 언어의 역사적 연구와 비교를 촉발시킨 18세기의 존스(Sir William Jones)와 근대 19세기에 역사비교언어학을 창시한 그림(Jakob Grimm)도 산스크리트어를 전공하였다.

무엇보다도 20세기 초반에 현대 공시적인 언어학을 시작한 소쉬르(F. de Saussure)가 산스크리트어에 정통하였다. 또 미국 구조언어학의 시조인 블룸필드(L. Bloomfield), 그리고 20세기 후반에 변형생성문법을 시작한 촘스키(N. Chomsky) 등도 모두 산스크리트어를 공부했으며 고대인도의 언어 연구에 대하여 깊은 지식을 가진 연구자들이었다.

졸저(2022:71)에서 기원전 5~3세기에 편찬된 것으로 알려진 고대인도의 파니니(Pāṇini)의 『팔장(Aṣṭādhyāyī)』(<팔장>으로 약칭)이 알렉산더 대왕의 인도 침략으로 희랍에 전달되었을 것이라고 추정하였다. 그리고 이를 참고하여 희랍의 알렉산드리아 학파의 드락스(D. Thrax)가 『문법 기술(Τέχνη γραμματική)』(이하 <문법 기술>)을 저술하여 희랍의 굴절어 문법이 확립된 것이라고 주장하였다.

드락스의 <문법 기술(技術)>은 <팔장>의 분석적인 문법 연구의 방법으로 굴절어인 고대 희랍어를 기술(記述)한 문법으로 보인다. 그리고 이 희랍문법이 로마로 이어져 라틴문법이 되었고 오늘날 서양 언어 문법의 기틀이 되었을 뿐만 아니라 지구상의 많은 언어에서도 이 문법을 적용하고 있다. 우리의 한국어도 이 문법으로 기술하여 학교문법으로 삼고 각급 (各級) 학교에서 교육하고 있다.

전술한 <팔장>으로 대표되는 고대인도의 분석문법의 비가라론(Vyākaraṇa)은 서양만이 아니라 불경을 통하여 일찍이 중국을 비롯한 동양의 여러 나라에 전달되었다. 굴절어의 문법인 비가라론(毘伽羅論)은 고립어인 중국어와는 문법이 달라서 중국에서 이용되지 못하고 비가라론의 음성 연구인 성명기론(聲明記論)만이 중국어의 한자음 연구에 이용되었다.

또 비가라론은 전술한 바와 같이 고대희랍어의 문법에 영향을 주었을 뿐만 아니라 중세 아랍어 문법도 이 이론을 추종하였고 후대에도 서양의 문법 연구에 영향을 주었다. 20세기 초반에 유럽의 공시적 언어 연구와 조음음성학도 비가라론의 음성 연구인 성명기론(聲明記論)에 근거한 음운 연구와 혹사(酷似)하며 20세기 후반의 촘스키(N. Chomsky)가 새로 주장한 변형생성문법의 언어 이론도 비가라론(毘伽羅論)과 유사한 것이 많다.

실로 언어학에 관한 한은 '빛은 동방에서'라는 타골(Rabindranath Tagore)의 시(詩)를 떠올리지 않을 수가 없다. 고대인도의 언어학이 동양과 서양의 언어 연구에 기간(基幹)으로 자리하고 있기 때문이다. 고대인도의 언어학이 서양의 굴절어 문법에서, 동양에서는 중국의 성운학(聲韻學)과 여러 민족의 표음 문자 제정에서 그 뿌리를 차지하고 있다.

0.3. 서양 언어학을 배우며 학창시절에 알고 있던 많은 언어학사가 실제로는 기존의 연구를 감추거나 무시하고 집필했다는 사실을 깨닫고 필자도 많은 충격을 받았다. 예를 들면 현대의 공시언어학을 시작한 소쉬르(F. de Saussure)가 주장하여 언어학사에서 일대 혁명이라고 알려졌던 랑그(langue)와 파롤(parole)의 구분이 실제로 기원전 수세기 경에 고대인도의 비가라론(毘伽羅論)에서는 이미 일반적인 언어연구의 방법이었다.

20세기 후반에 촘스키(N. Chomsky)가 주장한 언어의 심층(深層) 구조와 표면(表面) 구조의 개념도 고대인도에서는 언어의 이해에서 기본적인 지식이었다. 그리고 심층에서 표면으로의 변형(變形)에 적용되는 규칙도 실제로 제1부의 제1장에서 논의한 파니니의 <팔장>에서 수드라(sūtra)라고 하여 이미 실제 범어(梵語) 문법에 적용되었던 규칙들이었다.

<팔장>에서는 이 공식들을 숫자로 표시하기까지 했던 것이다. 더욱이 제1부 1.0.0.에서

소개한 『파니니의 음성학(*Pāṇinīya Śikṣā*)』에서는 심층에서 표면으로 변하는 음운의 규칙을 슬로카(śloka)의 숫자로 표시하였다. 즉, <팔장>에서 문법 규칙들은 수드라(sūtra)라의 숫자로 표시하였다면 <파니니의 음성학>에서는 음운의 변화 규칙을 역시 숫자로 된 슬로카(śloka)로 표시한 것이다.

지금까지의 언어학사에서는 이런 사실을 분명하게 밝혀놓은 것이 없었다. 그저 몇몇 언어학사의 중간 부분에 지나가는 말로 그런 연구가 고대인도에서 있었다고 서술했을 뿐이다. 그리고 모든 것이 희랍과 로마에서 시작한 것으로 보는 서양의 학문의 일반적 태도에서 벗어나지 못하고 언어학사도 언어 연구의 시작을 대부분 일관되게 희랍과 로마에서 찾았다.

이 책에서 언어 연구의 시작이 고대인도라고 주장하면서 기원전 수세기경에 시작된 고대인도의 언어 연구가 동양의 중국과 여러 나라로, 그리고 서양의 고대희랍으로 영향을 주었고 이로부터 로마의 라틴문법으로 발전하여 서양의 고전문법이 확립되었다고 본다. 이로부터 동·서양의 언어 연구가 본격적으로 수행된 것이라는 주장이다.

따라서 이 책은 동양의 언어 연구가 중심이다. 본서는 그런 의미에서 이 책은 그동안의 언어학사로부터 발상(發想)의 전환(轉換)을 시도한 책이라고 할 수 있다. 그리고 기존의 언어학사와는 다른 시각(視角)에서 인류의 언어 연구사를 살핀 것이라고 본다.

0.4. 적지 않은 언어학사가 저(著)로 보지 않고 편(編)으로 한다. 아마도 저자의 창의적인 내용보다 이미 저술된 여러 논저와 거기서 논의된 이론을 정리하는 작업이 언어학사이기 때문에 편(編)이라고 하는 것 같다. 필자도 이 책을 편(編)으로 해야 한다고 생각하기도 했다. 특히 제2부 서양의 언어학사는 이미 기존의 언어학사에 의거한 바가 많다.

그러나 이 책에서는 필자의 일관된 언어학사의 사관(史觀), 즉 어느 시대의 언어 이론이든지 전시대와 동시대의 다른 이론으로부터 영향을 받았고 그것이 단순한 추종인가 비판에 의한 발전인가, 아니면 새로운 개혁인가를 밝히는 것을 언어학사 서술(敍述)의 중요한 목표라고 보아서 본서에서는 매 시대의 언어 연구를 전후, 좌우의 영향 관계를 주로 살펴보았다.

그런 의미에서 저(著)로 해도 크게 망발이 아니라고 생각한다. 특히 제1부 동양의 언어학사는 대부분 필자의 독자적인 주장이다. 따라서 이에 대한 반대 의견이 없는 것은 아니지만 지금까지 경청해야 할 만한 연구 논저로의 비판은 아직 접한 바 없다. 그저 사석(私席)이나 흔적을 남기지 않는 자리에서 필자의 주장을 헐뜯을 뿐이고 논리적으로 다른 증거를 통한 반박은 아직 보지 못했다.

부디 이 책을 통해서 이런 논의가 표면화하고 공론화되어서 인류의 언어 연구와 그 발달에 대한 보다 명확한 이해가 생기기를 바랄 뿐이다. 그리고 이로부터 각 시대, 각 지역의 서로 다른 민족어의 연구에 대하여 올바르고 적절한 평가가 이루어져 제대로 된 인류 전체의 언어학사가 되기를 바라마지 않는다.

그리고 그로부터 보다 적절하고 균형 잡힌 연구사가 이 방면의 연구자들, 특히 한국의 한글 창제에 대한 연구자들에게 제공될 것으로 기대한다. 물론 이러한 연구 태도는 세계 각국의 언어학사에도 중요하고 꼭 필요할 것이다.

0.5. 이 책은 아마도 필자가 저술하는 마지막 학술 저서가 될지도 모른다. 현재의 건강 상태로 보아 하나쯤 더 쓸 수가 있을 것 같기는 하지만 필자의 나이를 보면 그렇게 장담할 수 있는 일이 아니다. 하나를 더 쓴다고 하면 '이문(吏文)과 한이문(漢吏文)'에 대한 것이 될 것이다.

이미 이에 대한 요지는 논문으로 쓴 적이 있고 본서에서도 일부 소개했지만 우리 민족의 한자(漢字) 생활을 전반적으로 살피는 방대한 이 주제는 논문 한편이나 책의 한 절(節)로는 부족하다고 보기 때문에 지금 가지고 있는 자료를 중심으로 한 권의 연구서를 쓸 생각이다. 물론 건강이 그때까지 견뎌준다는 전제로 하는 말이다.

그러나 이 <동·서양 언어학사>를 쓰면서 너무 정력을 탕진해서 과연 또 다른 저술을 하는 것에 대한 겁부터 난다. 이 책을 집필하면서 일본에서 구입해서 가져온 육중한 범어(梵語) 사전 <한역대조 범화(梵和) 대사전>은 너무 뒤지고 또 뒤져서 더 이상 쓸 수 없도록 너덜너덜해졌다. 이 사전을 이용하면서 표제어의 부족과 용례의 소략함을 얼마나 원망했는지 모른다.

그리고 전부터 가지고 있던 <희랍어 사전>은 너무 작고 약소해서 새로 <바우어 헬라어 사전(Griechisch-deutsches Wöterbuch zu den Schriften des Neuen Testaments und der frühchristlichen Literatur)>을 구입하였다. 본서에서 인용된 산스크리트어와 희랍어의 용례들은 이 사전들을 거친 것이다. 물론 잘못된 용례는 필자의 책임이다.

뿐만 아니라 고(故) 정(鄭) 추기경이 물려주신 <라틴-한글사전>은 참으로 유용하였다. 용례도 풍부하고 해설도 적절한 사전이었다. 이 사전을 이용하면서 필자가 다른 비판자들과 논쟁이 붙었을 때에 언제나 사촌 동생의 편에 서주시던 고인(故人)의 따뜻한 사랑을 온 몸으로 느꼈다. 이 책에서 인용한 복잡한 라틴어의 용례들은 이 사전을 거친 것이다.

그 외로 체코어, 불어(佛語), 독어(獨語), 일어(日語) 사전, 그리고 시베리아 여러 소수민족의 언어 사전도 닳아서 더 이상 쓸 수 없게 되었다. 졸저에서 자신이 용례로 든 많은 언어들을 반드시 사전을 찾아 확인하는 버릇이 있다. 학술 저서의 작가로서 당연한 일이지만 이런 어려운 작업을 해야 하는 형편에서 무엇을 또 쓴다는 것이 겁부터 난다.

이 책이 마지막 저서라고 한다면 학문 인생의 마지막을 자신의 연구 분야에 대한 연구사를 집필하면서 마감한다는 것이 어쩌면 의미가 있을 것 같다. 이 책을 쓰면서 자신의 연구가 언어학사에서 어떤 부분을 차지하는가를 살펴보는 기회가 많았기 때문이다. 그리고 이 책을 통하여 자신의 평생 학문을 돌아볼 수 있었다고 자평한다.

실제로 이 책을 쓰면서 "아! 이것도 모르고 대학에서 국어학을 강의 했네"라고 자탄(自嘆)한 일이 여러 번 있었다. 따라서 좀 더 일찍이 이 책에서 논의한 지식들을 가졌더라면 하는 후회도 없지 않지만 그런 과정을 거쳐서 이 지경에 이른 것을 감안(勘案)하면 이런 생각은 주객(主客)이 전도(顚倒)된 것이다.

0.6. 끝으로 이 책을 내도록 건강을 허락하신 주님께 감사를 올린다. 그리고 도움을 준 여러 사람들, 특히 집필을 할 수 있도록 온갖 뒷바라지를 성심껏 해주었던 집사람, 오경 명예교수에게 무한한 애정과 함께 고마운 마음으로 이 책을 받친다. 그리고 주변에서 이 책에 대한 여러 조언과 의견을 준 여러분들, 특히 따끔한 고언(苦言)을 아끼지 않으신 미국 일리노이대학 언어학과의 김진우 명예교수에게 감사와 존경을 표한다.

2023년 초복(初伏)에 저자.

차례

제1장 서양고전문법의 정립(定立)

1.0.0. 인류가 언어를 의식하게 된 것은 주로 외국어와의 접촉에서 이루어졌다. 인간의 언어는 자연히 성립되어 공기처럼 스스로 의식하지 못한 채 사용되다가 외국어나 방언과의 접촉에서 자신의 언어를 새롭게 인지하고 그 중요성과 본질에 대한 연구를 시작한다고 본다.

그리고 언어를 표기하는 문자를 만들었을 때에도 같은 현상이 생겨난다. 즉, 자신들의 언어를 기록하기 위한 문자를 새로 제정하거나 다른 문자를 차용할 때, 그리고 전통적으로 사용하던 문자가 다른 문자와 비교될 때에 자연히 언어와 문자와의 관계를 고찰하게 되고 이로부터 언어의 차이, 문자의 차이에 대한 철학적인 고민에 빠지게 된다.

언어가 가진 시간적, 공간적 제약에서 벗어나려고 인간이 문자를 만들어 사용할 때에도 언어에 대한 의식이 새롭게 떠오른다. 보통은 세력이 큰 다른 민족의 문자를 차용하여 자신들의 언어를 기록한다. 서양의 로마 문자가 그러하고 우리의 한자 차용이 그러하다. 이렇게 문자를 제정하거나 차용하여 자신들의 언어를 기록할 때에 인류는 다시 언어를 자각하고 이에 대하여 고민하게 된다.

그것은 새로 문자를 제정할 때에는 자신들의 언어에 맞는 글자를 골라야 하고 다른 민족의 문자를 차용할 때에는 역시 자신들 언어의 음운에 맞지 않는 글자들을 변형시키거나 새로 만들게 된다. 여기서도 자신들의 언어에 대한 새로운 인식과 연구가 이루어지게 된다. 문자는 언어와 동반하여 만들어지기 때문이다.

제1부에서 살펴본 바와 같이 조선시대 세종이 표음문자인 한글을 창제할 때에 우리의 음운에 맞는 글자를 선택하여 기호화하기 위하여 피나는 노력을 하였다. 또 그 이전에는 한자를 들여다가 우리말을 표기하면서 많은 시행착오와 표기법의 확립을 위하여 애를 썼던 것이다. 오늘날 신라의 향가(鄕歌) 연구에서 볼 수 있는 한자 차자 표기의 오묘한 이치는 아직도 우리가 깨닫지 못하는 것이 많다.

1.0.1. 인류는 오랜 세월에 걸쳐 언어 연구를 발전시켜왔고 오늘날의 언어학은 상당한 수준에 이른다. 비록 아직 언어의 본질과 체계 및 언어의 기제(機制)를 모두 밝혔다고 할 수는 없지만 현대 인류의 언어 연구는 다른 인문학 분야에 비하여 결코 뒤처진 것이 아니다.

언어학은 다양한 하위 분야로 나누어 인간의 언어를 고찰한다. 다만 하위 분야를 나누는 방법은 일정하지 않았는데 20세기 중엽에 Trager(1949)의 <언어학의 분야>는 언어학을 다음의 세 분야로 나누어 보았다. 즉, 언어학은 전단언어학(前段言語學, pre-linguistics)과 소언어학(小言語學, micro-linguistics), 그리고 메타언어학(meta-linguistics)으로 나누고 이들이 대언어학(macro-linguistics)을 이룬다고 보았다.

소언어학은 다시 세분하여 음운론(phonology), 문법론(grammar), 의미론(semantics)의 세 분야, 또는 문법론을 형태론(morphology)과 문장론(syntax)으로 분류하여 언어의 음운, 형태, 문장, 의미를 연구하는 네 개의 하위 분야로 나누어지는데 이것이 언어 연구의 핵심 분야로 생각하였다. 이와는 별도로 언어의 이러한 연구를 응용하는 메타언어학의 연구 방법에는 언어의 연구사를 다루는 언어학사가 포함된다.

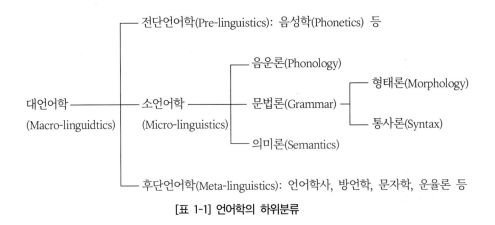

[표 1-1] 언어학의 하위분류

그러나 이러한 언어학의 하위 분야에는 언어를 인간 심리와 관련하여 고찰하려는 심리언어학(psycho-linguistics), 사회 현상으로 보려는 사회언어학(socio-linguistics), 인류학적인 방법으로 고찰하려는 인류언어학(anthropological linguistics), 그리고 민족학적인 방법으로 언어를 고찰하려는 민족언어학(ethno-linguistics), 컴퓨터 언어학(computational linguistics), 수

리언어학(mathematical linguistics), 문체론(stylistics) 등의 분야가 들어갈 수 있다.

이들도 넓은 의미의 언어학에 속하므로 때로는 응용언어학(applied linguistics)으로 불리기도 한다. 따라서 언어학사라고 하면 이러한 언어학의 하위 분야에서 이루어진 모든 연구를 역사적으로 고찰해야 할 것이다.

1.0.2. 그러나 촘스키(Noam Chomsky)에 의해서 1957년 이후에 언어학계에 아주 큰 영향을 끼친 변형생성문법(transformational generative grammar)의 관점에서 보면 앞에서 언급한 3단계의 언어학은 그 의미를 잃게 된다. 이러한 언어 연구는 음운론(phonology), 통사론(syntax), 의미론(semantics)이 별개의 것이 아니라 서로 통합적인 이론 체계를 이루고 있기 때문이다. 이들은 개별적인 것이 아니고 언어 생성(生成)의 한 기제(mechanism)로서 상호작용한다고 보기 때문이다.

언어의 연구는 시간에 따라 크게 두 가지 방식으로 전개될 수 있다. 첫째는 어느 시점의 언어를 위와 같은 여러 분야에서 단면적으로 연구하는 방법이다. 보통 우리가 언어의 공시적(synchronic) 연구라고 불리는 이 연구 방법은 흔히 소쉬르(Ferdinand de Saussure) 이후에 현대의 서양언어학에서 시작된 것으로 보고 있다.

소쉬르에게 많은 영향을 준 고대인도의 문법적 연구인 비가라론(毘伽羅論)은 베다(Vedic) 경전의 산스크리트어만을 단면적으로 살펴보는 공시적 연구였으며 이 연구에서 언어를 역사적으로 고찰하지 않았다.[1] 아마도 졸고(2016b)와 앞의 제1부에서 주장한 바와 같이 산스크리트어의 공시적인 문법연구가 소쉬르에게 영향을 주어 언어의 공시적 연구가 언어의 본질을 밝히는 첩경(捷徑)으로 본 것 같다.

그러나 소쉬르(F. de Saussure) 이전에는 서양에서 언어의 역사적 연구가 유행하였다. 역사비교언어학(historical comparative linguistics)으로 알려진 이러한 연구는 인구어족(Indo-European language family)의 공통조어를 찾으려는 노력에서 시작한 것이다. 즉, 1786년에 벵골 아시아학회(Bengal Asiatic Society)가 결성되고 여기 회장으로 취임한 존스(Sir William Jones)의 연설을 역사비교언어학의 효시(嚆矢)로 본다.

---

1   여러 佛經에 소개된 毘伽羅論은 산스크리트어의 共時的 연구, 즉 이 언어를 생성시키는 규칙들을 찾는 것으로 일관하고 있지만 그 규칙의 역사적 변천에는 전현 언급이 없었다. 그래서 이 이론을 공시적 분석 문법이라고 하는 것 같다(졸고, 2016b).

다음의 제4장에서 다시 살펴보겠지만 당시 인도의 동인도회사 법률고문으로 근무하던 존스(W. Jones)는 이 연설에서 고대인도의 산스크리트어(Sanskrit)가 고대 그리스어나 라틴어와 동사 어간과 그 활용의 문법형식에서 우연으로 보기 어려운 유사성이 발견되므로 동일 언어로부터 발달한 때문이라는 당시로는 폭탄적인 주장을 하였다.

존스는 하나의 추측이라는 표현을 하였지만 고대 고드(Gothic)어와 켈트(Celtic)어도 어쩌면 산스그리트어와 같은 기원에서 발달한 언어일 수도 있다고 보았다. 이로부터 '동일 계통의 언어군(言語群)'과 그 언어들의 가상적인 '공통조어(共通祖語)'라는 개념이 등장하였고 이것을 연구하는 역사비교언어학이 성립되었다.

유럽의 많은 언어들의 역사와 상호 관계가 연구되었으나 정작 객관적인 연구논문이 나온 것은 19세기에 들어와서의 일이다. 그 이전에는 자료의 수집이나 연구의 전개가 객관적이라고 보이 어려운 신화와 전설에 의존하거나 종교적 교리에 억매인 경우가 많았다. 상술한 역사비교언어학도 인류의 여러 언어를 성경(聖經)에서 말한 바벨(Babel)탑의 후예로 보았기 때문이다.

1.0.3. 역시 다음의 제4장에서 다시 상세하게 논의하겠지만 유럽에서 역사비교언어학의 본격적인 논저는 1814년에 덴마크의 라스크(Rasmus Kristian Rask)가 발표한 논문이 처음으로 본다. 이 논문에서 게르만 제어와 인도-유럽의 여러 언어 사이에 음운에서 규칙적인 대응현상을 밝혀내었다.

라스크의 논문은 스칸디나비아 반도의 여러 언어의 상호 관계를 밝히라는 덴마크 과학 연구소의 현상(懸賞) 논문에 당선되었으며 1828년에 독일어로 번역되어 유럽 학계에 알려졌다. 그로 인하여 다음에 소개할 보프(Franz Bopp)보다 앞서서 후일에 최초의 역사비교언어학자로 여러 언어학사에서 소개되었다.

학술상(學術賞)의 현상 논문으로 당선된 이 논문은 게르만제어(諸語)에서 어두(語頭)에 /f/를 갖는 어휘들이 다수의 다른 언어에서 /p/로 대응됨을 찾아내었다. 즉, 영어의 'father'의 /f/는 라틴어에서 'pater'이었고 'foot'는 'pes'이었으며 'five'는 그리스어에서 'pente'이었다. 따라서 영어의 양순 마찰음 'f'는 양순 파열음 'p'에서 발달한 것임을 밝힌 것이다.

독일에서 1816년에 발표된 보프(F. Bopp)의 "산스크리트어, 그리스어, 라틴어, 페르시아어, 게르만 제어의 활용어미에 대한 연구"가 발표되었다. 그리고 이어서 1822년에 독일의 그림(Jacob Grimm)에서는 가상적인 인구어의 공통조어와 게르만제어의 파열 자음의 대응관계를 체계적으로 제시하였다.

즉, /p, t, k/ - T(tenues), /ph, th, kh/ - A(aspirates), /b. d. g/ - M(mediae)의 자음들이 인구어 공통조어로부터 T → A, A → M, M → T와 같이 순환적으로 변함이 있었음을 밝힌 것이다. 그리고 이 순환적인 변화는 게르만제어에서 반복적으로 발생하였으므로 하나의 법칙(law)로 인정하였다.

이러한 규칙은 소위 '그림의 법칙(Grimm's Gesetz, Grimm's law)'로 알려져서 인구어의 역사적 변천에서 이러한 원칙에 따라 언어가 변하였다고 보는 것이 가능해졌다. 그리고 이와 같이 계통적으로 친족관계에 있는 언어들 사이에서 일련의 음운 대응이 있었다. 그리고 음운의 변화에는 규칙이 있다는 생각은 후대의 소장문법학파(Jung grammatiker)에 의하여 19세기에 더욱 발전하였다.

이러한 역사비교언어학은 그 개관성과 과학성, 논리성이 인정되어 언어를 연구하는 언어과학(science of language)으로 인정되고 인문과학의 한 분야로 정립하게 되었다. 드디어 언어학(linguistics)이 철학(philosophy)과 문헌학(philology)에서 벗어나 독립된 학문이 된 것이다. 서양의 언어학에서 공시적인 방법에 의한 언어 연구는 20세기에 들어와서의 일이다.

이 장(章)에서는 희랍의 언어 연구와 로마의 라틴문법으로 시작된 서양 고전문법의 형성에 대하여 그 원인과 경과를 시대의 변천에 따라 살펴보고자 한다. 서양의 언어 연구에 대하여는 역시 유럽인의 연구가 가장 자세하고 정확하다고 생각한다. 아무래도 현재 남아있는 자료들이 유럽의 언어로 되었고 또 유럽에 있어서 찾아보기 쉽기 때문이다.

따라서 서양의 언어연구사에 많은 업적을 낸 Robins(1967, 1990, 1997)의 <언어학 단사(短史)>를 필두로 Thomsen(1902)이나 Ivič(1963), Coseriu(1969), Mounin(1970), Helbig(1970) 등 다른 언어학사를 참고하여 서양의 언어학사를 살펴보고자 한다.

1. 희랍의 언어 연구

1.1.0.0. 고대희랍 전기, 즉 소크라테스(Socrates, 470?~399 B.C.) 이전에 언어에 대한 의식은 당시 희랍의 여러 방언간의 차이에 대하여 고민하였을 뿐이다. 그리고 이를 문자로 적으려할 때에 같은 문제가 생겨나게 되었다. 기원전 17세까지 거슬러 올라가는 고대희랍

에서는 많은 방언이 혼재하였고 또 이를 적으려는 문자도 그림 문자와 선형(線形) 문자가 발달하였다.

흔히 세계의 문명사(文明史)에서 미노아(Minoan) 문명이라고 부르는 크레타(Crete) 인들의 흔적들을 보면 고대시대에 희랍인들은 이 지역에 들어오기 이전의 원주민이 사용한 언어가 있었고 그들 스스로도 많은 방언을 가졌기 때문에 같은 문제를 고민하였음을 보여준다. 그리고 이 언어들을 기록한 문자들이 발견된다. 오늘날 고고학(考古學)에서 자주 거론되는 미노아 문자나 키프로스(Cyprus) 문자들로 이 언어들을 기록하였다. 이 문자들은 문자 발달의 초기 단계인 그림문자이거나 선형(線形) 문자였다.

고대 희랍인들은 다른 민족이라면 당연한 것으로 보아 넘길 것을 경이로운 눈으로 새롭게 살펴보려는 천부적인 재능을 가졌다고 말한다. 우리들이 일상생활에서 밀접하게 이용되고 있는 언어에 대하여도 희랍인들은 예리한 통찰력과 풍부한 구상력(構想力)을 가지고 고찰하였다. 그리하여 희랍인들의 특유한 언어관과 언어 연구법이 생겨나게 되었다.

여기서 '특유(特有)한'이란 '철학적(哲學的)'인 것을 말한다. 고대 희랍인들만 아니라 일반적으로 고대인들은 현대인들과 다른 사고를 가졌다. 즉, 고대적(古代的) 사고란 현대인들처럼 사물을 분석적이지 않고 종합적으로 생각하는 것을 말한다. 예를 들면 고대인들은 천문학 물리학, 화학 등의 자연과학이나 인문학(철학, 논리학, 윤리학)도 미분화된 상태에서 고찰되었다.

또 철학적(philosophia)이라는 말은 과학적(scientia)이라는 것과 동의(同義)였다. 즉, 철학적인 것은 초자연적이거나 종교적인 것과 대립되는 의미를 가졌다. 언어의 기원(起源)에 대한 생각은 고대인들이 일반적으로 종교적으로 생각하여 신(神)이 인간에 준 것으로 보지만 고대희랍인들은 다른 민족과 반대로 철학적인 것으로 고찰하려고 하였다.

1.1.0.1. 소크라테스(4C B.C.)와 그 이후의 희랍에서 언어에 대한 연구는 언어의 음성 형식과 그 의미와의 관계에 집중되었다. 이것은 당연히 언어의 본질과 연결되는 문제이기도 하다. 흔히 '우는 철학자(weeping philosopher)'로 알려진 헤라클리투스(Heraclitus, Ἡρακλ ιτύς, 4C B.C.)는 "언어는 자연이 준 것이지 인간의 협정에 의거한 것이 아니다. 언어는 본질적으로 규칙적이고 논리적이어서 낱말의 음성 형식과 그 속에 숨어 있는 의미 사이에는 완전한 조화가 있다"고 Ivič(1963:15)에서 소개하였다.[2]

당시 언어의 기원에 대하여 자연설(physei, φυςει)이라고 알려진 이러한 주장은 후대에 어원론(語源論)과 문법 이론이 발달하게 되었다. 희랍의 역사가이며 여행가이었던 헤로도토스(Herodotus, Ἡρόδοτος, 484?~425? B.C.)는 사물의 명칭은 자연히(physis, φυσιζ, nature) 생겨난 것이고 단어의 의미와 형식 사이에는 필연적인 관계가 있다고 본 것이다.

그는 또한 인류의 원초 언어(primitive language)를 찾기 위한 실험적 연구를 소개하였다. 즉, 당시 희랍의 할리카르나소스(Hallicarnassus, 지금의 터키 Bodrum)에서 태어난 헤로도토스는 아테네의 시민이 되었으나 정쟁에 휘말려 고향을 떠나 희랍의 여러 곳과 페르시아, 멀리 이집트와 바빌로니아까지 여행을 하였다.

그리고 페르시아 전쟁을 주제로 한 『역사(Historiae)』를 써서 로마의 키케로(Marcus Tullius Cicero)로부터 '역사의 아버지'란 이름을 받았다. 그가 쓴 여행기에는 많은 에피소드가 포함되었는데 이집트의 파라오가 원초 언어를 찾으려는 실험을 소개한 것도 들어있다. 이 실험은 인류가 언어를 연구하는데 처음으로 실증적인 증거에 의거한 것으로 알려졌다.

1.1.0.2. 이집트의 파라오(Pharaoh)였던 삼메티쿠스(Psammetichus)는 인류의 언어 가운데 원초 언어(primitive language)를 찾기 위하여 두 명의 신생아를 말할 수 있을 때까지 인간사회와 격리시켜 성장하게 하였다. 사람들과 한 번도 접촉하지 않은 그들은 성장해서 처음으로 뱉은 말이 'bekos'이었다고 한다.

이 말이 어느 말인가를 조사시켰더니 프리기아(Phrygia)의 언어임을 찾아내었다고 한다. 프리기아는 기원전 10세기경에 소아시아에 있던 왕국이었으며 이곳의 말로 'bekos'는 빵이란 의미였다. 배가 고픈 두 아이가 '빵'이라고 원시 언어로 말한 것으로 인정되어 한 때 프리기아어가 인류의 원초 언어로 헤로도토스는 기술하였다(Hill ed., 1969:271~272). 그러나 이 실험은 매우 잔인하고 실제로 별로 의미가 없는 것으로 판정되었다.

1970년에 미국 로스앤젤레스에서 발견된 소녀는 부모에 의하여 모든 언어와 단절되어 살았다. 13살인 그 아이가 경찰에 의하여 병원에 보내졌으나 영어는 물론 어떤 언어도 사용하지 못했다고 한다(林 榮一·小泉 保 編 1988:103). 그러므로 언어는 생득적인 것이 아니라 후천적으로 교육되는 것임을 증명한 것이다.

---

2 이비츠(Milka Ivič) 여사는 1963년에 『언어학사(Pravci u lingvistici)』(Belgrade)를 저술하였는데 이 책이 영어와 일본어, 그리고 한국어로 번역되어 우리에게 친숙한 서양의 언어학사가 되었다. 비교적 객관적이고 공정하게 언어학사를 기술한 것으로 비영어권 언어학자들에게 널리 알려졌으며 필자도 강의에서 그녀의 주장을 많이 소개하였다.

따라서 원초 언어(primitive language)는 원래 없었다. 다만 헤로도토스의 전설(傳說)에서 보이는 언어의 실험주의(experimentalism) 연구는 먼저 가설을 제시하고 이를 실증해 내는 연구방법의 중요성을 강조한 것으로 보았고 Hill ed.(1969:271~2)에서는 이것이 언어학의 방향을 제시했다는 점을 지적하였다.[3]

그리고 이 실험은 이후 고대희랍이 언어를 연구할 때에 보여주는 실험성과 객관적 증명의 방침을 보여준 것이다.

1.1.0.3. 그러나 이 자연설(physei)은 언어의 변화에 대하여 아무런 해답도 주지 못한다. 인간 언어가 시대적으로 지역적으로 변화하는 현상을 설명할 수가 없기 때문이다. 희랍의 철학자로서 '웃는 철학자(laughing philosopher)'로 세상에 알려진 데모크리투스(Democritus, Δμοκριτύς, 410?~360? B.C.)는 낱말의 음성 형식과 의미 구조 사이에 아무런 이상적 상호관계가 없다고 보는 관습설(thesei, θεςει)을 주장하였다.

이러한 주장은 아리스토텔레스(Aristotle, Αριστοτελες)에서 받아들여져 Aristotle(320? B.C.)에서는 형식과 의미 사이를 관습(thesis, θεςιξ, convention)적인 것으로 보았다. 그는 비록 의성어(擬聲語)라도 그 언어에서 어느 정도의 관습화가 있다고 본 것이다.[4] 그리하여 그는 낱말의 음성 형식과 그것이 지식하는 사물과의 결합은 관습에 의한 것이지 양자 사이에 어떤 필연성도 존재하지 않는다고 하였다.

즉, 아리스토텔레스(Aristotle)의 『명제론(命題論, De Interpretatione)』(320? B,C.)에서 "언어의 낱말은 자연으로 나오지 않으므로 언어는 관습에 의한 것이다(Κατά συνθήκην ότι φύσει τών όνομάτων ούδεν έστιν)"라고 하여 음성 형식과 의미 내용 사이는 협정적(conventionally)으로 사용되어 관습화된 것이라고 보았다.[5]

---

3   이에 대하여는 Hill ed.(1969)에서 "His method was experimental, since what he did was isolate two new born infants and observe their babbling when they had reached the age at which talking could be expected. The experiment was cruel, and native, but the important point is that it was an experiment. Psammetichus held the view that is deeply embedded in all modern linguistics, that language is something which can be experiment- ally investigated."(Hill ed.1969:271~272)라고 하여 Psammetichus 파라오의 언어 실험이 현대 언어학의 실험적인 연구를 시작하게 한 것으로 서술하였다.

4   음성 형식과 의미 내용 간의 관계에 대한 자연설(physei)과 관습설(thesei)의 논쟁은 프로타고라스(Protagoras, 480~410 B.C.), 또는 피타고라스(Pythagoras, 572~497 B.C.)에 의해서 처음으로 주장되었다고도 하나 수세기 동안 이에 대한 논의는 계속되었다.

그리고 이어서 그의 <명제론>의 모두에서 "말은 마음의 경험을 나타내고 문자는 말을 나타낸다(ἔστι μεν οὖν τά ἐν τῇ φωνῇ τῶν ἐν τῇ ψυχῇ παθημάτων σύμβολα, καί τά γραφόμενα τῶν ἐν τῇ φωνῇ, speech is the representation of the experiences of the mind, and writing is the representation of speech)"라고 하여 말과 문자의 관계를 밝혀두었다. 이전에는 언어의 음운과 문자를 동일한 것으로 보았기 때문에 이러한 정의는 언어 연구에서 새로운 국면을 마지하게 된다.

희랍에서 어원학이 발달한 것은 언어의 자연설과 관련이 있었다. 관습설을 지지하는 아리스토텔레스는 어원학(語源學)에 관심을 보이지 않고 문법에 치중하여 언어를 고찰하였다. 자연설과 관습설의 대립은 희랍시대의 언어 연구에서 원리적 논쟁의 중심 과제였을 뿐만 아니라 로마와 중세시대의 언어 연구에서 비록 형태를 바꾸고 초점을 옮기기는 하였으나 계속해서 재현된다.

급기야 20세기에 소쉬르(F. de Saussure)에 의해서 다시 한 번 "음성 형식과 의미 내용 사이에는 자의적(恣意的)인 관계에 있다"(Saussure, 1916)는 선언이 나오게 된다. 관습설에 의거한 언어의 정의라고 볼 수 있다. 이에 대하여는 다음의 제4장 1. 소쉬르의 언어 연구에서 다시 논의할 것이다.

1.1.0.4. 희랍시대에 언어에 관한 논쟁은 언어의 실태(實態)를 파악하는 쪽으로 이행하였다. 그리하여 희랍어에서 발달한 어형변화(굴절어미 및 단어의 단, 복수형의 변화 - paradigm)에 주목하고 동일한 모음의 형태에는 동일한 모음의 의미가 대응하고 그 반대의 경우도 있다는 것이다.

즉, 비단 희랍어에만 국한되는 것이 아니라 모든 언어에서 같은 형태에는 같은 의미가 대응하고 반대로 같은 의미에는 같은 형태로 나타난다는 것은 언어 현실에서 사실이다. 굴절에 의한 어형변화(paradigm)도 일부 불규칙이 없는 것은 아니지만 대부분은 규칙적이다. 이에 근거하여 언어는 규칙적이라고 보는 정합론(整合論, analogia), 또는 유추론이다.

희랍어에만 국한하지 않고 모든 언어에 나타나는 이러한 규칙적인 형태와 의미의 대응, 특히 굴절의 어형변화에서 보이는 규칙적인 대응은 실제로 존재하며 언어는 이러한 대응

---

5   Robins(1990:22)에서는 이 희랍어를 "language is by convention, since no names arise naturally"로 의역하였다. 원문과 뉘앙스가 달라서 여기에 밝혀둔다.

의 규칙에 의하여 설계된 것으로 본다. 이것이 언어의 유추론(αναλγια, analogia)이고 동양에서는 정합론(整合論)으로 번역하기도 한다.

언어의 유추론(類推論), 또는 정합론(整合論)이란 언어에서 규칙적으로 어떤 대응 형태를 생성할 수 있는 유추의 기제를 기반으로 하고 있다는 것이다. 따라서 규칙적인 어형을 기본형으로 하고 그와는 다른 예외나 오용(誤用)은 배제되던가 아니면 기본형에 의해서 수정되거나 흡수된다는 것이다.

인구어에서 발견되는 많은 굴절 형태에서 이런 사실은 확인 된다. 예를 들면 복수의 '-s'는 "boy-boys, girl - girls, cow - cows"에서 동일하게 나타난다. 그러나 반드시 모든 문법이 규칙적인 것은 아니다. 앞의 영어의 예에서 복수의 '-s'는 'child(아이)'에서는 다르게 변한다. 즉, 'child - children, ox - oxen'에서는 '-ren, -en'이 복수 형태로 나타난다.

한국어에서도 '같으며, 같고, 같이'와 같은 형태의 변화가 '흐르며, 흐르고'는 '흘러, 흘러서'에서 어간이 재구조화하여 '흐르-'가 '흘-'이 되어 '흘러, 흘러서'로 변한다. 이런 현상은 '빠르며, 빠르고'가 '빨리', '다르며, 다르고'가 '달리'에서도 발견된다. 이러한 언어의 불규칙성에 근거하여 제기된 언어관이 언어의 부정합론(不整合論, anomaly), 또는 변칙론이다.

언어의 유추론은 아리스토텔레스의 지지를 받았다. 그는 Aristotle(320? B.C.)에서 관습설(thesei)에 입각하여 언어의 협정성(協定性)과 자의성(恣意性)을 인정하고 그것만으로 언어의 규칙적인 생성, 즉 유추가 언어 전달에 있어서 차지하는 기능의 중요성을 강조하였다. 이러한 아리스토텔레스의 유추론에 대한 언어관은 후대에 알렉산드리아(Alexandria) 학파에 계승되었다.

1.1.0.5. 유추론(類推論)과 대립하는 언어관으로 변칙론(變則論, ανωμαλια, anōmalia)이 있다. 이를 부정합론(不整合論)으로 번역하기도 한다. 이 이론은 언어의 불규칙성을 강조하여 언어는 원래 신(神)으로부터 받은 것이어서 불규칙한 것이었으나 인간들이 편의에 의하여 규칙화한 것이라고 보는 견해다.

희랍어에는 굴절접사에 비하여 파생접사에서 불규칙성이 많다. 예를 들면 논리적으로 단수형이어야 하는 도시 이름 가운데 복수로 표시된 것이 들어있다. 즉, 'Athenai(Athens)', 'Thebai(Thebes)'와 같은 복수 표시의 도시명이 있다. 희랍어의 'paidion(child)'의 성(性)은 중성(中性)이다. 독일어의 'kind'도 이와 같이 중성이다. 비록 아이들이라도 남녀는 구분되는데 이를 중성으로 보는 것은 불규칙한 것이다.

변칙론은 앞의 예와 같이 언어에서 보이는 소수의 불규칙성이 존재함을 근거로 하여 언어는 규칙성만 있는 것이 아니라 불규칙성을 포함한 부정합론(不整合論)의 방법으로 고찰하여야 한다고 주장한다. 이처럼 언어의 있는 그대로의 모습을 받아들이려는 태도에서 이러한 주장은 자연설(physei)을 따른 것이나 다만 언어신수설(言語神授說)은 인정하지 않았다.

변칙론(變則論)은 스토아(Stoā)학파가[6] 지지했으며 희랍의 식민지였던 소아시아의 페르가뭄(Pergamum) 학파에 전수되어 유추론과 변칙론은 지리적 학파의 대립을 가져왔다. 모두 마케도니아의 지배하에 있어서 양대 학술도시였던 알렉산드리아와 페르가뭄(Pergamum)에서 서로 학문적 대항으로 이어졌다.

즉, 서쪽의 알렉산드리아는 정합론(整合論), 즉 유추론(analogia)이 유행하였다면 동쪽의 페르가뭄에서는 부정합론(不整合論), 즉 변칙론(anōmalia)이 신봉되었다. 동서로 나뉘어 매우 격렬했던 두 이론의 대립은 로마시대에 들어와서 봐로(Varro, 116~27 B.C.)에 의하여 절충점을 찾았다.

1.1.0.6. 고대희랍에서는 언어의 자연설(自然說)을 신봉하면서 어원학(etymology)이 언어의 기원 연구와 관련하여 성행하였다. 언어 형식과 의미 내용과의 관련을 가장 긴밀하게 갖고 있으며 이를 구현하는 것으로 가장 확실한 것은 의성어(擬聲語, onomatopoeia)를 들 수 있다.

의성어의 'onomatopoeia-ονοματοποεια'가 "이름의 제정"이란 뜻의 희랍어 'ονομα, ονοματος(name) + ποιειν(to make)'이므로 희랍에서는 의성어가 언어의 낱말을 명명하는 원천(源泉)이었다고 본 것이다. 우리말에서도 '멍멍이, 뻐꾸기, 기러기' 등이 의성어로 된 동물의 명칭이 있다.

영어에서도 'cuckoo, ping-pong, tinkle, neigh(말의 울음소리), crash' 등의 의성어가 있고 모든 언어에서 의성어는 존재한다. 그러나 실제로 언어 속에 의성의 수효는 어휘 전체로 본다면 매우 제한되었다. 어원연구자들은 어원의 수집을 위해서 다시 의성어가 아닌

---

6 스토아학파(Stoicism)는 키프로스의 제논(Zenon)이 만든 학파로서 그가 아테네 광장의 공회당 기둥에서 제자들을 가르쳤기 때문에 Stoā(기둥)이란 이름을 얻었다. 크뤼시프스(Chrysippos, 280~207 B.C.)와 세네카(Seneca, 4 B.C.~65 A.D.), 에픽테토스(Epiktetos, 55~135 A.D.). 마르쿠스 아우렐리우스(Marcus Aurellius, 121~189 A.D.) 등이 이 학파에서 활약한 저명한 학자들이다.

다른 낱말을 탐구하지 않을 수 없게 되었다.

예를 들면 어떤 말을 구성하고 있는 일련의 소리 중에서는 특정의 성질이나 행동을 암시하는 소리가 포함되었다. 영어의 'liquid(액체, 유동), flow(흐름)'에 들어있는 'l'은 이 낱말의 의미를 잘 나타낸다. 우리말에도 '흐르다, 구르다, 두르다. 나르다'의 '르'는 역시 움직임을 나타내는 음성이다. 말에 대한 이러한 연구를 음성상징(sound symbolism)이라 한다.

이 외에도 음성이 아니리 낱말이 가진 원의(原義)와 선의(轉義), 그리고 합성(合成)의 방법으로 새로운 낱말을 만들어 갈 수 있다. 예를 영어에서 들면 'the mouth of river(河口)', 'the neck of bottle(병목)' 같은 표현이 있는데 이런 경우 일반적으로 은유(隱喩, metaphor)라고 부른다.

어원학은 언어의 자연설(自然說)에 기초를 두고 낱말의 형식과 내용 사이에 일정한 관련성이 있음을 찾아내어 그 적용 범위를 넓혀서 결국은 언어가 엄격한 규칙에 의하여 이루어진 것이라는 유추론(類推論)으로 이끌어간다. 결국 낱말의 절대 다수가 규칙적으로 대응형태를 생성할 수 있는 유추(analogia)를 기반으로 한다고 보는 것이다.

일반적으로 규칙적으로 생성된 어형(語形)은 기본형이 되고 그 외의 것은 예외나 오용(誤用)으로 배제되던가 아니면 기본형에 의해서 수정되는 경우가 많다. 그럼에도 불구하고 언어에 존재하는 이러한 예외, 오용이야말로 언어의 진정한 모습이라고 보는 연구가 있는데 이것을 변칙론(變則論)이라 한다.

유추론과 변칙론은 모두 언어의 문법 연구에서 나온 것이다. 우리가 언어학(linguistics)이라고 부르는 서양의 언어 연구는 희랍, 로마 시대의 문법(文法)에서 그 연원(淵源)을 찾을 수가 있다. 19세기에 언어의 과학적 연구라는 언어학(science of language)가 나오기 전에는 문법(文法, grammar)이던가 서지학(philology), 또는 철학의 분야였다.

1.1.0.7. 동양인의 사고를 지배하는 것은 유교(Confucianism)와 불교(Buddhism)의 사상이다. 현실 문제에 중심을 두고 조화로운 인간 세계를 추구하려는 유교(儒敎)와 현세는 고해(苦海)이기 때문에 이를 되도록 무시하고 내세를 동경하는 불교(佛敎)의 사상은 모든 동양인의 의식 세계에 넓게 깔려 있다.

반면에 서양의 정신사(精神史)는 크게 희랍적(Hellenism) 사고와 기독교적(Hebraism)인 사고로 나누어 본다. 현실적이고 유물론적인 희랍정신의 헬레니즘과 내세를 추구하는 기독교 정신의 헤브라이즘은 역시 모든 서양인의 정신세계를 지배하고 있어 그들은 이에 따라 사물을 판단한다.

먼저 기독교적인 사고에서 인류의 언어는 보통 신(神)이 인간에게 준 것이라는 언어신수설(言語神授說)이 유력하였다. 그리하여 기독교의 성경(聖經)은 "태초에 말(λωγος, lōgos)이 있었으니"로 시작하고 많은 민족의 신화와 전설에서 언어와 문자는 신(神)이 준 것으로 알려졌다.

그러나 희랍적 사고에서는 먼저 언어의 기원에 대하여 객관적이고 철학적인 관심을 가졌다. 앞에서 소개한 기원전 5세기경의 역사가이며 여행가였던 헤로도토스(Herodotus)는 인간의 언어가 자연음을 모방한데서 생겨난 원시원어(primitive language)에서 발달한 것으로 보았다. 즉, 언어의 의성어모방설(onomatopoetic theory)을 주장한 것이다. 이로부터 많은 언어의 기원설이 제기되었다.

희랍시대의 전기에는 음성과 의미의 관계에 관심을 전술한 것처럼 이 둘 사이가 자연적 필연성이 있다고 보는 자연설(physei)과 그저 관습적으로 관계가 성리된 것이라는 관습설(thesei)이 서로 대립하였다. 자연설(自然說)을 뒷받침하는 것으로 모든 언어에 들어있는 의성어(擬聲語)를 근거로 하였다. 반면에 관습설(慣習說)은 언어에 보이는 문법의 불규칙성과 방언 및 외국어에서 나타나는 음성과 내용의 자의성(恣意性)에 근거를 두고 있었다.

이러한 철학적 논쟁은 고대 희랍의 궤변학파(sophist)에 의해서 다시 유행하였는데 이런 논의는 결과적으로 언어를 학문적으로 고찰하는 단초를 제공하였다. 따라서 희랍문법이 형성된 저변에는 희랍의 철학적 사고, 즉 헬레니즘에 기인한 것으로 보아야 할 것이다. 다음에 그에 대하여 살펴보기로 한다.

1.1.0.8. 희랍인들의 언어 연구에서 또 하나 특기할 것은 전술한 변칙론(變則論)의 방법으로 언어의 구조를 살피려고 한 것이다. 희랍어의 어형변화에서 굴절어미와 파생접사를 비교하면 어떤 방언에서도 마찬가지지만 파생접사가 굴절어미에 비하여 규칙성이 떨어진다. 예를 들면

πατήρ (patēr, father) : πάτριος (patrios, fatherly)
μήτηρ (mētēr, mother) : *μήτριος (metrios, X)

와 같다. 이것은 파생접사가 굴절어미에 비하여 규칙성이 매우 떨어짐을 말한다. 또 논리적

으로 단수이어야 하는 도시의 이름이 전술한 바와 같이 복수로 나타나서 Aθήναι(Athenai, Athens), Θεβαι(Thebai, Thebes)와 같고 성(性)이 분명히 나누어지는 παίδός(paidós, child)의 성은 남성도 여성도 아닌 중성이다.

이와 같은 불규칙성은 언어가 규칙성만이 아니라 불규칙성도 포함하는 광범한 영역에서 파악되어야 한다고 주장하는 학설이다. 이러한 언어의 있는 그대로의 모습을 받아드려야 한다는 태도에 있어서 이 학설은 자연설(自然說)을 따른 것이지만 신수설(神授說)이 아니라 관습설의 자세라고 할 것이다.

이에 대하여 다음에 논의할 아리스토텔레스는 관습설(慣習說)의 입장에서 언어의 협정성(協定性), 자의성(恣意性)을 인정하고 그것만으로 언어의 규칙적 생성, 즉 유추(類推)가 언어의 전달에 있어서 중요한 기능으로 본 것이다. 다음에 논의할 스토아학파에서 이러한 변칙론(變則論)을 희랍에서 언어 연구의 근저에 깔고 있었다.

그러나 전술한 바와 같이 희랍시대의 언어 연구에서는 유추론(αναλογια, analogy)과 이에 반대하는 변칙론(anomalism, ανωμαλια)의 대립이 있었다. 언어에 관한 논쟁이 철학적인 것에서 언어 실태의 파악으로 이행하면서 생겨난 현상이다. 따라서 희랍어에서 특별하게 발달한 어형변화, 즉 굴절어미와 낱말의 단수, 복수형의 어형 변화(paradigm)에 관심을 갖고 문법에 주목하게 되었다.

1) 고대희랍의 철학적 언어관과 희랍문법

1.1.1.0. 서양에서 희랍적 사고는 언어에 대한 문법 연구로 시작한다. 일찍부터 소크라테스(Socrates), 플라톤(Plato), 아리스토텔레스(Aristotle), 그리고 스토아(Stoa)학파에 의하여 인정된 언어의 문법(grammar)은 알렉산더대왕의 인도 원정(遠征) 이후에 알렉산드리아학파의 문법 연구에서 고대인도의 분석문법, 즉 비가라론(Vyākaraṇa)이 도입되었다(졸저, 2022:71).

실용적인 알렉산드리아학파의 문법 연구는 그대로 로마의 라틴문법에 접목되었다. 라틴문법 연구의 중세시대를 거쳐 문예부흥(Renaissance) 이후에 서양에 소개된 다양한 언어를 비교하고 그 역사를 살피는 근대시대에 역사비교언어학이 언어과학(science of language)으로 발달하였다.

그리고 이로부터 인문학의 하나로 19세기에 언어학(linguistics)이란 학문이 정립되었다고 기존의 언어학사에 기술되었다. 그 시작은 다른 서양의 학문처럼 역시 소크라테스로 본다. 그러나 소크라테스의 언어 연구에 대한 것은 아직 알려진 것이 없다. 그에 대한 자료가 매우 부족하기 때문이다.

플라톤(Plato)은 언어의 자연설(physei)를 신봉하였으나 언어의 실태를 연구하는 중요성을 인식하고 문장을 분석하여 명사(ovoμα, onoma)와 동사(ρημα, rhēma)로 구분하였다.[7] 현대 문법으로 보면 주어와 서술어에 해당하는 이 용어들은 서양에서 문장을 형성하는 언어 단위를 구분하여 그 기능을 살피는 최초의 시도로 알려졌다.

그의 제자인 아리스토텔레스(Aristotle)는 여기에 접속사(ςυνδεςμοι, syndesmoi)를 추가하였다. 신데스모이(syndesmoi)는 접속사, 관사, 대명사를 포함하는 문법 술어다.[8] 전술한 바와 같이 명사인 onoma와 동사인 rhēma는 독자적인 어휘 의미를 가진 언어의 낱말 단위들이지만 syndesmoi는 오로지 논리적 사고 과정을 연결해 준다고 하였다.

이렇게 시작된 품사분류는 스토아(Stoā) 학파에서 관사(αρθρα, arthra)을 추가한 4품사를 거치면서 이로부터 희랍의 품사분류(μερος λωγου, part of speech)가 시작된다. 그리고 알렉산드리아학파의 드락스(D. Thrax)가 희랍어를 8품사로 분류하여 굴절어의 품사 분류가 자리를 잡고 로마의 라틴문법에서 이를 답습하여 라틴어의 품사 분류가 완성된다.

이에 대하여 이 절(節)에서는 각 희랍 철학자들의 개별적인 품사 분류의 기준을 중심으로 고대희랍의 철학자들이 언어에 대한 연구를 살펴보기로 한다.

1.1.1.1. 소크라테스(Socrates, 470?~399 B.C.)의 언어 연구에 대하여는 아무런 직접적인 자료가 없다. 그 자신은 아무런 기록을 남기지 않았고 설혹 있었다 해도 전하는 것이 없다. 다만 크세노폰(Xenophon, 434?~355? B.C.)의 기록이나 플라톤(Plato)의 <대화론(對話論, Dialogue)>에 언급된 내용으로 유추할 뿐인데 과연 이 <대화론>에 소크라테스의 것이 얼마나 들어있는지 확인할 길이 없다.

---

7   onoma(ovoμα)는 고대희랍어로 '이름'이란 뜻으로 "그에 대해 陳述되는 것"이을 의미한다. rhēma(ρημα)는 희랍어로 '말'이란 의미를 가졌고 "명사에 대하여 진술하는 것"을 말한다. 이러한 플라톤(Plato)의 생각은 主語와 述語의 고전적인 개념이 되었다.

8   이렇게 다양한 품사들을 포함하기 때문에 syndesmoi(ςυνδεςμοι)에는 복수 'ι(i)'가 붙었다. 그리고 후기 희랍어에서 syndesmos(ςυνδεςμος)로 정착된다.

플라톤의 <크라틸루스, 소크라테스의 젊은 시대(Cratylus, a younger comtemporary of Socrates)>에서는 전술한 헤라클리투스(Heraclitus)의 어원론을 무비판적으로 받아들였다. 그러나 이 책의 주제에는 언어의 기원에 대한 것만 아니라 낱말의 형식(word form)과 의미(word meaning)의 상호 관계에 대하여 언급하였다.

그리하여 말의 형식과 의미 사이에 자연적인 유연성(natural affinity)이 있는가 아니면 협정적인 동의(conventional agreement)의 결과인가 하는 문제를 제기하였다. 소크라테스가 제기한 이러한 문제로부터 플라톤은 명칭론(名稱論, onomasiology)을 발전시켰다. 현대 언어학의 의미론에서 중요한 주제인 낱말의 형식과 내용의 연구가 이때에 이미 시작된 것이다.

플라톤(Plato, 427?~347? B.C.)이 주장한 철학의 본질은 이성의 작용, 즉 사유(思惟)에 의한 것이며 이러한 사유에 의하여 도달하는 테오리아(theōria, 思辨)에서 얻어지는 것은 이데아(idea)라고 하였다. 이것은 경험적 사실의 원형(原形)이나 원전(原典)을 뜻한다. 인간은 이데아의 세계를 추구하지만 현세에서는 육체라는 감옥에 갇혔으므로 언제나 이데아의 세계에 향수를 갖게 되는데 이것을 에로스(eros, 사랑)이라고 보았다.

플라톤이 언어에 대한 연구의 출발점은 "말은 이데아의 기본적인 자료의 형식이며 이데아 속에서 세계에 대한 인식의 발단이 있다"는 생각에서 시작한다. 그리하여 어떤 낱말이 정당하게 명명되었는가를 따지기 위하여 그 말의 원형(原形)이 존재하는가, 그 원형과 비교할 수 있는 부차적인 언어재료가 있는가, 여러 언어를 통하여 도구(道具)로서의 언어 기능의 보편성은 무엇인가 등등의 문제를 거론하였다.

이러한 철학적 관점에서 기본적인 문법 범주를 정의하려는 시도가 플라톤에 의하여 처음 나타나게 된다. 그리하여 문장 속에서 'ónoma (ὄνομα, 이름)'와 'rhēma (ρημα, 말, 속담)'를 구별하기 시작하였다. 'onoma'는 "그에 대하여 무언가 진술(陳述)되는 것"으로 정의하여 현대문법의 주어(主語)에 해당하는 문장 단위로 보았고 'rhēma'는 "onoma에 대하여 진술하는 것"이라 하여 술어(述語)에 해당하는 단위로 보았다. 후대의 문법에서는 'onoma'가 명사(noun), 'rhēma'는 동사(verb)가 되었다.

이로부터 디오게네스(Diogenes Laertius)는 『철학의 약사(Vitae Philosophorum)』(3C B.C.)에서 플라톤을 "문법의 가능성을 최초로 탐구한 자(πρώτος ἐθεώρησε τής γραμματικής τήν δύναμιν - Plato first investigated the potentialities of grammar)"(Vitae Philosophorum 3:25)로 보았다. 디오게네스는 'Vitae Philosophorum'의 저자로서 스토아학파에 속하였다.

플라톤(Plato)의 <크라틸루스>에서는 희랍어 낱말의 어원(語源)에 대한 연구가 있었다.

예를 들면 희랍어 'anthrōpos (ἄνθρωπος - man)'는 "anathrōn ha opōpen (αναθρω ἁ οπωεν - looking up at what he has seen)"이고 'Poseidon (Ποςειδών - 海神)'은 "posi (ποςι - water) desmos (δεςμος - feet)"로 분석하였다.

이러한 낱말의 어원에 대한 연구는 언어의 기원에서 자연-관습(nature-convention)의 학설에 관심을 가졌기 때문이다. 즉, 언어의 자연설(自然說)을 따르되 관습설(慣習說)을 절충한 것이다. 따라서 초기 희랍 철학자들이 언어에 대한 관심은 언어의 본질과 더불어 어원학, 음성학, 그리고 문법에 있었다고 할 수 있다.

1.1.1.2. 고전적인 굴절어 문법의 창시자로 언어학사에서 인정한 인물은 아리스토텔레스(Aristotle, 384~322 B.C.)라고 본다. 그는 그의 'De interpretationes(On Interpretation)'에서 전술한 언어의 자연설(physei)에 대하여 인간이 언어를 만들었다는 인위설(人爲說)을 주장하였다. 이 인위설은 관습설(Thesei)과 맥을 같이 한다.

그는 플라톤(Plato)의 노작(勞作)들을 잘 읽고 있었으며 그의 생각을 발전시켰다고 철학사에서 말한다. 아리스토텔레스의 저작물은 고전시대에 인문과학의 모든 분야에서 가장 괄목할 만한 지성적인 것으로 보인다. 그의 저술은 윤리학(ethics), 정치학(politics), 논리학(logic)으로부터 물리학(physics), 생물학(biology), 자연사(natural history) 등에 대하여 언급하였다. 즉, 그의 연구는 인문학에만 머물지 않고 인간의 지적 연구가 필요한 부분을 망라한 것이다.

플라톤(Plato)의 저작에서와 동일하게 아리스토텔레스가 논급한 언어학에 대한 개념(linguistic doctrine)은 그의 수사학(rhetoric)이나 논리학(logic)에 관한 논저에 흩어져 있다. 이 때문에 그의 언어학적 위치를 명료하게 밝히기 어렵지만 그의 언어학에 대한 연구의 개요는 매우 분명하다. 그의 언어학에 대한 논술은 플라톤이 도달한 것보다 훨씬 발전한 것이었다.

아리스토텔레스는 언어의 관습설(thesei)을 신봉하고 언어의 기원이 유추론자(analogist)에 속한다고 보았다. 그는 모든 사물의 명칭이 뛰어난 입법가(legislator)가 본성에 맞게 명명한 것이라고 하였다. 여기서 말한 입법가는 사물의 천성을 꿰뚫어 볼 수 있는 자라 하였고 따라서 낱말의 음성 형식과 그에 숨어 있는 의미 내용 사이에는 완전한 조화가 있다고 본 것이다.

이것은 언어 신수설(神授說)과는 다르다. 낱말의 의미에 알맞은 음성 형식을 입법가와 같은 뛰어난 인물에 의하여 정한 것이기 때문에 훌륭하지만 완벽하지는 않아서 어느 정도 오류도 있을 수 있음을 전제로 한 것이다. 반면에 언어 신수설은 신이 내려준 것이기 때문에 오류가 있을 수도 없고 언어 그 자체를 완벽한 것으로 보는 것이다.

따라서 언어는 고칠 수도 없고 변화해서는 안 된다는 것을 전제로 하는 신수설에 대하여 수정도 가능하다고 보게 된다. 이러한 아리스토텔레스의 언어관을 인위설(人爲說)이라 부르고 이 주장은 종래의 관습설과는 궤를 같이 한다. 조기 문법학자들이 가졌던 태도가 이 언어 신수설(神授說)에 의거한 것임은 널리 알려진 사실이다. 이를 반대했던 관습설(慣習說)에 비하여 인간 중심이란 면에서 훨씬 강력한 것이다.

1.1.1.3. 아리스토텔레스는 희랍 역사상 한 시대의 종말에 서 있었다. 그는 마케도니아(Macedonia)의 젊은 왕세자인 알렉산더(Alexander)의 가정교사로 지명되었다. 따라서 그는 알렉산더에게 희랍의 인문학 이외에 정치학에서 몇 세기동안 전형적인 형태의 정권(政權)을 유지하고 있는 여러 도시 국가들의 독립성을 강조하였으나 알렉산더는 듣지 않았다.

오히려 알렉산더는 정복자(征服者, conquests)로서 소아시아와 이집트를 점령하고 인도에까지 쳐들어가 일부 지역을 정복하였다. 뿐만 아니라 희랍의 전역을 마케도니아의 관할에 두어 희랍 세계를 대제국의 산하에 있게 하였다. 소위 말하는 헬레니즘(Hellenism) 시대가 유럽 전체에 뿌리를 내리게 한 것이다.

비록 그의 제국(帝國)이 후계자들에 의하여 분할되었고 그 후계자들은 서로 전쟁도 하였지만 희랍의 행정과 희랍의 이념(ideas)은 동부 지중해 지역과 소아시아로 뻗어나갔다. 또 아테네 방언(Attic dialect)에 기반을 둔 공통어(κοινή διαλεκτος, Koinē dialectos)가 정치와 상업, 교육에서 전 지역의 표준어가 되었다. 그리하여 언어학에서 제국의 공용어를 코이네(Koinē)라고 부른다.

특히 알렉산더의 인도 원정(遠征)으로 고대인도의 언어학이 희랍에 전달되어 언어 연구에서는 새로운 국면을 마지하게 된다. 아리스토텔레스가 활약하던 당시에는 그 영향이 미미하였으나 뒤를 이은 알렉산드리아학파에 큰 영향을 주었다. 이 학파는 아리스토텔레스로 대표되는 희랍의 언어 연구에 고대인도의 음운과 문법에 대한 연구가 스며들어 언어의 문법을 연구하는 새로운 방향으로 발전하게 되었다.

1.1.1.4. 아리스토텔레스는 음성학 부분에서 많은 진보가 있었다. 아직 고대인도 음성

학의 영향을 받지 않았지만 조음적인 음성 분류가 시도되었고 음절이 음운 기술의 기본 단위로 등장하였다. 그러나 오직 희랍어만 연구되었고 외국어의 음운을 연구한 흔적은 발견되지 않는다. 또 음운의 체계나 조음 기관에 대한 연구는 찾아볼 수 없다.

주로 희랍 문자와 그 글자의 발음에 대한 연구가 희랍어의 음성학적 연구의 골격을 이루고 있어서 희랍어의 음운 내에서 서로 다른 이음(異音)을 인식하지는 못한 것 같다. 플라톤이 희랍어의 분절 음운들의 변별력에 대하여 언급한 것에 비하여 좀 뒤떨어진 것 같으며 이런 연구는 다음에 이어지는 스토아학파에 의하여 좀 더 연구되었다.

앞에서 초기 희랍 철학자들의 언어에 대한 관심은 어원학, 음성학, 그리고 문법에 있었다고 하였다. 어원에 대한 관심은 언어의 기원에 대한 연구로 이어질 것이고 음성학은 희랍 문자의 발음에 대한 연구였다. 마지막 문법(grammar)에 대한 관심은 주로 문장 내에서 낱말의 역할과 곡용(曲用)과 활용(活用)에서 보여주는 패러다임(paradigm)의 변화 예들(models)이었다.

아리스토텔레스는 시간을 나타내는 문법 속성으로 시제(τενσ, tense)를 인정하고 희랍어의 동사 시제가 의미 기능의 일부임을 이해하였다. 그리고 희랍어의 동사가 다른 언어와 같이 '시간의 지정(指定)'과 '미완성, 또는 진행'의 두 차원에서 시제가 결정된다고 보아서 패러다임을 다음과 같이 정리하였다. 그가 인식한 시제와 그 의미론적 기능은 다음과 같다.

시간(time) -	현재(present)	과거(past)
상(aspect) -		
미완성(incomplete)	현재(present)	미완료(imperfect)
완성(complete)	완료(perfect)	과거완료(pluperfect)
		또는 대과거(past perfect tense)

이를 각각에 대하여 'γράφει(쓰다)'를 예로 하여 도표로 보이면 다음의 [표 1-2]와 같다. 미래(μελλων, mellōn, future)와 절대과거(αοριστος, aorist)는 상(相, aspect)에서 제외하였다. 후일 이것이 희랍어만이 아니고 굴절적인 인구어의 문법에서 모든 언어의 시제 연구의 효시(嚆矢)가 되었다.

[표 1-2] 아리스토텔레스의 시제[9]

aspect \ time	현재 present	과거 past
미완성 incomplete	현재(present) γράφει(쓰고 있다)	미완료(imperfect) ἔγραφε(쓰고 있었다)
완성 complete	완료(perfect) γέγρφα(썼다)	과거완료(pluperfect) ἐγεγράΦει(썼었다)

다만 미래시제(μελλων, future)와 단순과거(αοριστος, plain past)를 뺀 것만은 옥에 티라고 할 것이다. 후일 드락스(D. Thrax)에 의하여 이 두 시제가 첨가되었다.

미래시제(μελλων) - γραφει(쓸 것이다), 단순과거(αοριστος) - ἔγραφε(썼다)

1.1.1.5. 아리스토텔레스는 문장(文章, λόγο, sentence)을 "일정한 독자적인 의미를 지닌 음의 결합이지만 동시에 그들의 각기 구성 성분들이 또한 스스로 어떤 의미를 지니고 있는 언어 단위"로 정의하였다.

이러한 정의는 그의 판단론에 입각한 것이다. 즉, 진술(陳述)은 두 개념의 결합이나 분리로 이루어지며 진술의 근본 요소는 서술어에 있다고 보는 것이다. 예를 들어 "사람이 가다"와 "사람이 가고 있다"는 상태에 대한 화자의 논리적 판단에 대응하는 것이다. 이 판단과 진술에 대한 아리스토텔레스의 이론은 논리학에서 매우 중요한 개념이다.

그는 플라톤(Plato)이 구분한 명사(ονομα, onoma)와 동사(ρημα, rhēma)를 한데 묶고 이에 대응하는 접속사(συνδεσμοι, syndesmoi)를 따로 설정하였다. 그리하여 onoma(명사)와 rhēma(동사)만이 스스로 독자적인 의미를 갖고 있고 syndesmoi(접속사)는 다만 논리적이 사고 과정을 연결할 뿐이라고 규정하였다. 언어의 연구에서 의미사(意味詞)와 형식사(形式詞)의 구분이 시작된 것이다.

특히 동사는 시제(tense)를 형성하는 특성이 있고 서술어의 기능을 갖는다는 사실을 밝혔다. 여기서 플라톤과 달리 술어(述語, predicate)와 동사가 구별되었으니 플라톤에서는 이 둘이 분명하게 구별되지 못하였다. 또 술어는 주어에 관한 모든 정보를 제공하며 형용사도

---

9   Robins(1990:34)의 것을 응용하였다. 이 책에서는 'gràphei - is writing, gégrapha - has written, égraphe - was writing, egegráphei - had written'으로 영역하였다.

동사와 같이 술어가 될 수 있음을 밝혔다.

이로부터 아리스토텔레스는 품사 분류, 문장 구조의 연구 등 전통적인 문법 연구의 기틀을 확립한 최초의 연구자로 언어학사에서 기술하고 있다.

2) 스토아학파의 심리주의 언어 연구

1.1.2.0. 아리스토텔레스 이후에 희랍 아테네에서 일어나 철학의 여러 학파 중에서 언어학의 역사에 중요한 역할을 한 것은 제논(Zeno, 335?~263? B.C.)이 세운 스토아학파(The Stoics)의 언어 연구를 들 수 있다. 그의 연구는 희랍의 철학적 언어 연구의 전통을 이은 마지막 연구로 보이기 때문이다.

스토아학파는 언어를 인간 심리 속에서 파악하려 하였고 뒤를 이은 알렉산드리아학파의 드락스(D. Thrax)는 희랍어를 교육하기 위한 실용적인 문법을 계발(啓發)하였다. 스토아학파가 전시대의 전통적인 철학적 언어 연구를 이어 받았다고 보면 드락스는 희랍어를 교육하기 위한 문법 연구를 새롭게 개척하여 로마시대의 실용적 문법 연구로 이어진다.

따라서 스토아학파의 언어 연구는 전시대의 전통을 마무리한 것으로 보아야 한다. 이후에는 알렉산더대왕의 인도 원정(遠征)으로 고대인도의 실용적인 분석 문법, 즉 비가라론(毘伽羅論, yākaraṇa)이 희랍의 언어 연구에 도입되어 실용적인 문법 연구로 바뀌게 되기 때문이다.

즉, 앞의 제1권 제1부 제1장에서 살펴본 바와 같이 고대인도의 베다(Vedic) 경전의 산스크리트어를 위하여 연구된 분석 문법이 희랍에 도입되어 희랍어 교육을 위한 실용 문법으로 발전하면서 희랍의 전통적인 철학적 언어 연구가 스토아학파로 막을 내렸기 때문이다.

1.1.2.1. 스토아학파는 'Stōa(Στωα)'라고 하는 '기둥'은 아테네의 강당을 말하며 제논이 여기서 강의를 하였기 때문에 붙인 이름이다. 로고스(λογος, logos)의 세계를 추구하며 철저한 금욕에 의하여 도달하는 아파테이아(apatheia), 즉, 정념이나 감정의 파토스(pathos)에서 벗어난 해탈의 경지를 목표로 하는 철학의 이념이다.[10]

---

10 'pathos'는 "연민의 정을 자아내는 힘"을 말하면 'ethos(사회 풍조)'와 대비되는 말이다.

스토아학파는 언어 연구는 철학의 연구 내에서 제한적으로 이루어지는 언어의 여러 면에서 그 위치를 파악하려는 것이다. 언어는 느낌(impression)이 먼저 오고 다음에 마음에서 말을 사용하는 것이며 느낌에서 산출되는 경험을 언어로서 표현한다고 본다. 또 모든 것은 논리학의 연구(dialectic studies)를 통하여 식별하는 것으로 생각하였다.

특히 스토아학파는 언어를 형식(form)과 의미(meaning) 간의 이분법적(dichotomy)으로 이해하어 공식화히였다. 그리하여 '표시힌 것(signifier)'과 '표시된 깃(signified)'으로 나누었다. 이것은 20세기에 들어와서 소쉬르(F. de Saussure)에 의하여 능기(能記, signifiant)와 소기(所記, signifié)로 발전한다. 이미 이 시대에 고대인도의 언어 연구로부터 영향이 있었다.

다만 스토아학파의 표시된 것(signified), 즉 언어의 의미가 단순한 심리적 느낌만을 의미하는지 화자와 청자의 사상까지 확대할 수 있는지는 확실하지 않다. 이에 대한 논의는 소쉬르에 이르러 다시 논의되었다. 그리고 이러한 능기(能記)와 소기(所記)로 구별되는 언어의 양면적이 모습은 언어학에서 면면하게 이어지는 중요 과제라고 아니 할 수 없다.

1.1.2.2. 스토아학파는 헬레니즘 시대에 창설되었고 이 시기는 전기(前期) 알렉산드리아 시대(earlier Alexandrian age)라고 불린다. 알렉산더 대왕의 세계주의가 이 시대를 지배하기 시작하였다. 당시는 표준어였던 코이네(Koinē)의 구어체가 아테네의 고전작품의 저자들에 의하여 문어(文語)로서 표준문체(literary standard)로 정착되었다.

이로 인하여 당시 언어가 호머(Homer)의 일리아드(Iliad)나 오디세이(Odyssey)의 문어(文語)와도 다르게 되었다. 따라서 이 두 작품과 같은 고전에 대한 주석이 필요하게 된다. 또 이 시대에는 희랍어가 아닌 다른 언어와 접촉하게 된다. 히브리어로 된 구약성서(The old Testament)가 최초로 희랍어로 번역되었고 스토아학파를 창설한 제논(Zeno) 자신도 이중언어(二重言語)의 사용자였다.

따라서 스토아학파는 언어에 대하여 보다 객관적으로 접근할 수 있었다. 따라서 이 학파는 아리스토텔레스와 달리 언어의 변칙론(變則論, anomaly)를 주장하였다. 반면에 유추론(類推論, analogy)를 추구했던 아리스토텔레스는 문학 비평과 표준어의 정확성을 유지하는데 언어 연구를 집중하였으나 스토아학파들은 언어의 본질을 파악하는데 초점을 두려고 하였다.

1.1.2.3. 스토아학파는 언어 연구에서 중요한 주제로 음성학(phonetics), 문법(grammar), 어원론(etymology)을 분리하여 기술하였다. 먼저 스토아학파의 음성학은 언어음을 분석해

서 개별적으로 인식하려고 노력하였다. 이미 고대인도의 문법 연구, 즉 파니니의 <팔장>에서 시작한 문법에서의 음운론, 형태론, 통사론의 세 분야를 이미 받아드린 것으로 보인다.

그리하여 음운론이 중요한 언어 연구의 주제였으며 각 글자의 세 가지 면을 구별하려고 하였다. 그들에게 글자는 음운으로 인식하고 있었기 때문이다. 마치 본서의 제1부 제2장에서 연구한 중국의 한자(漢字)를 형(形, form), 음(音, pronunciation), 의(意, meaning)로 나누어 본 것과 같은 맥락이다. 다만 희랍 문자는 표음문자이므로 그 의(意), 즉 뜻은 없었고 글자의 명칭만 있었다.

스토아학파가 음운과 글자에 대하여 구분한 것은 다음과 같다.

[a] – 음운	/α/ -자형	alpha – 이름
potéstas	figúra	nōmen[11]
(power)	(shape)	(name)

이러한 음운에 대한 생각은 언어음을 글자와 분리하여 연구하는 음운론의 연구에 가까워진 것이다. 그들은 음절 구조에 대하여도 논리적으로 다음의 세 가지 유형을 제시하였다.

① 실제로 담화의 의미 전달로서 나타나는 음의 연쇄
② 실제로 실현되지 않지만 음절 형성의 규칙에 따라 실현 가능한 음 연쇄
③ 해당 언어에서 실현이 불가능한 음 연쇄

이러한 음운과 음절에 대한 이해는 본격적인 음운론의 연구를 가능하게 하였다. 언어학사에서 음운 연구가 스토아학파에서 시작된 것으로 보는 소이가 여기에 있다. 필자는 이로부터 제한적이지만 스토아학파도 고대인도의 문법 연구로부터 영향을 받았다고 보는 것이다.

1.1.2.4. 스토아학파의 문법은 아리스토텔레스의 체계를 두 방향으로 좀 더 세분되었다. 하나는 낱말의 분류(word classes)를 세분하여 아리스토텔레스의 3품사에 관사(αρθρα, article)를 추가한 것이다. 여기서 관사(冠詞)란 명사(onoma) 등의 성(性), 수(數)로 구분하는

---

11   스토아학파의 이러한 언어의 음성 연구는 중세시대의 사변문법가들에 의하여 계승된다. 따라서 그들의 연구대로 라틴어로 이를 설명하였다.

요소로서 격어미를 가진 낱말을 분리한 것이다.

이미 고대인도의 문법에서 영향을 받았던 것으로 보인다. 본서의 제1부 제1장에서 논의한 바와 같이 고대인도의 <팔장>에서는 낱말(word)을 굴절하는 것과 굴절하지 않는 것의 두 부류로 나누고 이를 다시 굴절하는 것은 시제 굴절하는 동사인가 격 굴절을 하는 명사인가로 둘로 나누고 굴절하지 않는 것은 동사와 관련이 있는가, 아니면 명사와 관련이 있는가에 따라 다시 둘로 나누어 모두 4개의 품사로 나누었다. 스토아학파의 4품사는 이에 준한다고 본다.

아리스토텔레스의 접속사(syndesmoi)는 대명사와 관사, 접속사, 전치사 등이 포함되었는데 여기서 격굴절(格屈折)을 하는 관사(冠詞)를 따로 뽑아 하나의 품사로 인정하여 보다 정밀한 낱말의 분류, 즉 품사 분류(μερος λωγου, part of speech)를 한 것이다. 그리하여 아리스토텔레스의 syndesmoi는 접속사와 전치사만 남았다. 대명사는 명사에 넣었다.

뿐만 아니라 아리스토텔레스에서 논의된 문법 속성에 대하여 좀 더 정확한 정의를 추가한 것이다. 그리하여 아리스토텔레스의 'onoma'는 고유명사(proper noun)가 되고 이와는 별도로 보통명사(προσηγορια, prosēgoria)를 설정하고 통사(統辭)적으로는 동사에 속하지만 형태론적으로 명사어간과 연결되는 중간사(中間詞, μεσότης, mesótēs)를 두었다. 그러나 곧 이 중간사는 명사에 귀속시켰다.

그리고 스토아학파는 명사의 굴절범주인 격 어미에 해당하는 ptōsis (πτώσις)를 찾아내었다. 역시 본서의 제1부에서 살펴본 고대인도의 분석문법, 비가라론(毘伽羅論)의 영향을 받은 것이다. 이들은 onoma(명사)와 rhēma(동사), 그리고 syndesmos(접속사)와 arthra(관사)와 더불어 기본적인 문장의 낱말의 분류를 가능하게 하였다.[12]

이러한 굴절 어미를 찾아내어 분석한 것은 아무래도 고대인도의 문법 연구의 영향을 받은 것으로 보아야 한다. 그리고 동사(rhēma)는 동작타동사(rhēmata ortha, ρημτα ορθα)와 수동태(hyptia), 중립타동사(rhēmata oùétera, ρημτα ούδέτερα)로 세분하였다. 중립타동사는 대격, 수동태의 속격을 수반하고 중립동사는 주격을 갖는다.

---

12   아리스텔레스의 접속사(syndesmoi)는 이 시대에 복수의 '-i'가 '-s'로 변하여 'syndesmos'로 바뀐다.

3) 드락스(D. Thrax)의 실용적인 문법론

1.1.3.0. 디오니소스 드락스(Διονισος Θραχ, Dionysos Thrax)는 서양 언어학사에서 후기 알렉산드리아학파(post Alexandrian age)에 속한다고 본다. 알렉산드리아(Αλεξάνδπια, Alexandria)는 알렉산더 대왕이 기원 전 331~2년경에 자신의 이름을 딴 도시를 세울 계획을 하고 유명한 건축가 디노크레테스(Δινοκρετες, Dinokretes)에게 이집트의 지중해 연안에 거대한 도시를 건설하게 하였다.

알렉산더는 동방으로 원정을 떠나서 이 도시의 완성을 보지 못하였지만 그의 부하인 클레오메네스(Κλεομες, Kleomes)가 도시의 건설을 계속시켰다. 알렉산더 대왕의 사후(死後)에 후계자의 하나인 라고스(Λαγος, Lagos)가 프톨레마이오스 왕조(Πτολεμαίκή, Ptolemaic dynasty, 305~30 B.C.)를 세우고 알렉산드리아를 수도로 삼았다.

프톨레마이오스 왕조가 지중해를 지배하면서 알렉산드리아는 3백년 넘게 지중해의 정치, 경제 문화, 학문의 중심지가 되었다. 지금도 남아있는 알렉산드리아 도서관은 엄청난 규모를 자랑한다. 한 때 100만의 인구를 자랑하던 이곳에서 특히 학문이 발달하였다. 그리하여 희랍에서 학문 연구의 메카였던 아테네를 제치고 알렉산드리아가 헬레니즘의 중심지가 되었다.

그리고 알렉산드리아에서는 지금까지 희랍의 언어 연구에서 찾아볼 수 없는 독특한 문법 연구가 시작되었다. 다시 말하면 드디어 드락스(D. Thrax)의 『문법기술(技術, Τέχνη Γραμματικη, Téchnē Grammatikē)』(Thrax, 120 B.C.)이 간행된 것이다. 이 책에서는 지금까지 보지 못했던 희랍어의 문법 연구를 보여준다.

졸저(2022:161)에서 주장한 바와 같이 알렉산더 대왕의 인도 원정으로 고대인도의 문법 연구, 특히 제1부 1.4.1.1.~3.에서 소개한 파니니(Pānini)의 문법서인 『팔장(八章, Aṣṭādhyāyī)』이 희랍으로 전달되어 새로운 문법 연구가 시작된 것이다. 당시까지 희랍에서 철학적 언어 연구로부터 다분히 기술적(記述的)인 실용 문법으로 연구 경향이 바뀐 것이다. 이러한 경향의 언어 연구의 문법 연구자들은 알렉산드리아 학파라고 한다.

기원전 300년 이후의 시대, 서양 역사에서 헬레니즘 시대(Hellenistic age)로 알려진 이때에는 원래의 희랍 시민만이 아니라 희랍 제국(帝國)에 들어온 이민족(異民族)들에게도 고전 시대의 문헌, 특히 호머(Homer)의 일리아드(Iliad)와 오디세이(Odyssey)에 대한 강한 관심이 생겨서 알렉산드리아에서 이에 대한 연구가 성행하였다.

이 시대에 호머(Homer)의 일리아드(Iliad)와 오디세이(Odyssey)를 주석한 것으로 유명한 아리스타르코스(Ἀρίσταρχος, Aristarchos, 216~144 B.C.)가 알렉산드리아학파를 대표한다. 그리고 이 학파의 최성기에 드락스(Dionysos Thrax)의 『문법기술(文法技術, Τέχνη Γραμματική, Téchnē Grammatikê)』(이하 <문법기술>)이 알렉산드리아에서 간행된 것이다.

1.1.3.1. 드락스(D. Thrax)의 <문법기술(技術)>은 파니니의 <팔장>처럼 매우 압축되어 있어서 15쪽에 25절의 짧은 문헌이지만 희랍 문법의 정수(精髓)를 서술하였다. 그리고 언어학사에서 이 책은 스토아학파의 영향을 받은 것으로 보지만 필자는 파니니의 <팔장>으로부터 문법 이론을 깨우쳐 쓴 것으로 이해한다. <문법기술>은 알렉산드리아학파의 문법을 대표한다.

그리고 이 문법서는 본서의 제1부 제1장의 1.4.2.0.~2에서 살펴본 고대인도의 비가라론(毘伽羅論, Vyākaraṇa)에서 연구된 굴절어의 분석문법을 반영하였다. 즉, 언어의 최대 단위인 문장(文章)에서 단계적으로 분석하여 최소 단위인 낱말에 이르기까지 언어를 분석하여 얻어낸 결과물인 각 단위들의 문법적 특성을 밝히는 고대인도의 분석 문법을 도입한 것이다.

<문법기술>은 13세기까지 서양의 표준 문법서로 사용되었다. 중세시대에 아르메니아어와 시리아어로 번역되었고 비잔틴학파와 스콜라학자들로부터 많은 비평과 코멘트, 주석이 있었다. <팔장>이 주석이 없으면 이해하기 어려운 것처럼 이 <문법기술>도 전문가들의 주석이 필요하였다.

필자가 이 <문법기술>이 비가라론(Vyākaraṇa), 즉 분석문법의 영향을 받았다고 보는 것은 문법 기술의 최대 단위인 문장(λόγος, logos)과 최소단위인 낱말(λέξις, lexis)을 구분하고 다시 문장 속에서 갖는 낱말의 문법 속성(παρεπόμενα, parepómena)을 분석해 내었기 때문이다. 그리하여 고대인도의 문법에서 논의한 것처럼 각 낱말은 문장에서 스스로 문법적 특성을 갖는다고 하였다.

드락스는 이러한 특성을 가진 문법 속성을 결과적 속성(consequential attribution)으로 간주하고 필연적인 것으로 보았다. 이것은 아리스토텔레스가 우연한 결과로 본 우유성(偶有性, συμβεβηκότα, accident)과 비교된다. 즉, 이러한 문법 속성들은 아리스토텔레스는 우연한 결과로 치부하였으나 드락스(D. Thrax,)는 이를 필연적인 결과로 받아드린 것이다. 역시 고대인도의 비가라론을 따른 것이다.

1.1.3.2. 비가라론(毘伽羅論, Vyākaraṇa)이 운문으로 된 베다Vedic) 경전의 산스크리트어를 기술(記述)하고 이를 이 언어의 교육에 사용하기 위하여 발달한 실용적인 굴절어 문법이다. 이를 수용한 알렉산드리아학파의 문법 연구는 시인이나 운문(韻文) 저술가들의 일반적인 언어 사용에서 보이는 언어 규칙이라고 문법을 정의하였다.

드락스(D. Thrax)는 문법을 시인이나 작가들의 실제적으로 사용하는 언어에 대한 지식 (practical knowledge)으로 정의하였다. 여기서 실제적이란 문법의 정의는 경험적인 태도 (empirical attitude)를 볼 수 있고 희랍어의 교육을 위한 실용적인 태도라고 볼 수 있다. 그리하여 문법의 학습 단계를 다음 여섯으로 나누었다.

① 운율을 정당하게 검토하기 위하여 정확하게 낭독한다.
② 작품의 문학적 표현을 설명한다.
③ 술어와 주제에 관한 주석을 마련한다.
④ 어원을 찾는다.
⑤ 유추적인 규칙들을 찾아낸다.
⑥ 문학적 표현의 문체를 감상하고 평가한다.

마치 필자가 중, 고등학교 재학시절에 배운 국어 교육과 같은 양상이다. 문법이 고대인도에서 산스크리트어의 교육을 위한 비가라론(Vyākaraṇa)과 같이 <문법기술>의 희랍문법도 희랍어의 교육을 위한 것임을 말한 것이다. 그리고 이 두 문법서는 언어에 대한 관찰을 우선한 것이다. 따라서 작가들에게 받아들여진 언어, 즉, 문헌어(written text)가 연구 대상이 된 것이다.

1.1.3.3. 파니니의 <팔장>에서 보인 분석적인 문법 연구의 결과를 드락스(D. Thrax)의 <문법기술>에서는 명사와 동사의 문법 속성(παρεπόμενα, parepómena)이라고 하였다. 그리고 명사의 문법 속성으로 성(性, γένος, gender), 유형(είδος, eidos, type), 형태(σχῆμα, form), 수(數, αριθμός, number), 격(πτώσις, case)을 들고 이것들이 문장 속에서 각 낱말의 문법 속성으로 작용한다고 보았다.

앞의 제1부 동양의 언어 연구 제1장의 1.4.2.2. 등에서 고대인도 문법에서 이에 대한 논의를 소개하였다. 즉, 파니니(Pāṇinī)의 <팔장>에서 인칭, 수, 시제, 격에 의해서 굴절하는 낱말을 구별하여 분류하고 시제에 의한 굴절을 디언다성(底彦多聲, tiṅanta pada), 즉 활용

(conjugation)이고 격(kāraka)에 의한 굴절을 소만다성(蘇漫多聲, Subanto pada), 즉 곡용 (declension)으로 하여 이와 관련된 많은 문법 속성들을 언급하였다.

앞에 든 문법 속성 가운데 유형(εἶδος, eidos, type)은 낱말이 원형인가 아니면 파생어인가 를 묻는 문법 속성이다. 유형의 예를 들면 희랍어로 '땅'이란 뜻의 'γή(gē)', 또는 'γαῖα (gaîa)'는 원형명사(primary noun)이지만 이로부터 파생한 'γαιήιος(gaiēios, 땅에서의)'는 파생 명사(derivational noun)이다.

파생명사의 하위부류로서 형용사의 비교급과 최상급이 있다. 예를 들면 'ανδρειότερος, braver'와 'ανδρειότότατος, bravest'와 같은 낱말은 파생어로 본다. 형용사의 비교급을 보여주는 '-τερος(-teros)'와 '-τατος(-tatos)'와 같은 어미의 형태가 명사류의 특정 위치에 첨가되어 다른 유형(類型, type)의 낱말, 즉 다른 품사로 변함을 분석해 낸 것이다. 따라서 'andreióteros, braver'와 'andreiótatos, bravest'는 어미에 첨가된 형태에 의하여 명사로 부터 형용사로 바뀌게 된다.

또 '형태(σχῆμα, schēma, form)'는 낱말이 단순한 구성인가 복합한 것인가를 따지는 것이 다. 한 명사의 어간(語幹) 내에서 하나 이상의 다른 어근(語根)이 확인될 수 있는가의 여부에 따라 단순 명사와 복합 명사로 나눈다. 예를 들면 고유명사인 'Μέμνων, Mémnon'은 "steadfast(확고부동한, 부동의)", 또는 "resolute(결연한)"이란 뜻의 단순명사다.

그러나 여기에 'αγα-비상한'이란 접두사를 붙인 'Αγαμέμνων, Agamémnon'은 복합명 사가 된다.[13] 또 'φιλόδημος (philódēmos, 愛國)'는 'philó(사랑하다) + dēmos(민족, 국가)'로 분석되는 복합어이다. 이와 같은 유형(εἶδος), 형태(σχῆμα)는 성(性, γένος)과 수(數, αριθμός), 격(πτῶσις)과 같이 명사의 파레포멘나(parepómena), 즉 문법 속성으로 보았다.

성(性, gender)으로는 제1부 동양 언어학사의 1.4.2.1.에서 논의한 바와 같이 <팔장>의 소 만다성(蘇漫多聲, subanto pada)에서 구분한 남성(男性, masculine gender)과 여성(女性, feminine), 그리고 중성(中性, neuter)을 똑같이 구분하였다.

그리고 수(數, number)도 <팔장>의 수(vacaná)에서 단수(單數, eka-vakaná), 복수(複數, bahu-vacaná), 그리고 양수(兩數, dva-vacaná)의 셋으로 나눈 것처럼 단수(singular number), 양수 (dual), 복수(plural)로 나누었다. <문법기술>이 <팔장>의 영향을 받았음을 알려주는 대목이 다.

---

13 '아가멤논(Agamémnon)'은 일리아드(Iliade)에서 트로이를 정복하려고 온 희랍군 總帥의 이름이다.

1.1.3.4. 알렉산드리아학파의 드락스(D. Thrax) 문법인 <문법기술>에서 가장 주목할 만한 것은 <팔장>의 8격(kāraka)을 받아들여 희랍어의 5격(πτῶσις, case)을 인정한 것이다. 즉, 명사의 격으로 주격(ονοματικέ, onomatiké)과 원인격(αιτιατικη, aitiatikē), 속격(γενικη, genikē), 여격(δοτική, dotikē), 그리고 호격(κλητικι, klētiki)의 5격으로 나누었다.

그리고 주격과 다른 격을 분리하여 주격을 직격(直格, πτῶσις εύθια, 라틴어 cāsus nōminātivus), 또는 'πτῶσις όρθή(라틴어 cāsus rectus)'이라 하고 나머지 4격은 사격(斜格, πτῶσις πλαγιαι, oblique case)으로 구분하였다. 본서의 제1부 동양 언어학사의 1.4.6.5.에서 소개한 <팔장>의 비가라론(毘伽羅論)에서 범어의 격(kāraka)에 의한 격 굴절(linga parimāṇa, case declension)로부터 영향을 받은 것이다.

<문법기술>에서 격(格, cāsus)의 명칭은 모두 의미에 따른 것으로 예를 들면 주격(ονοματικέ, onomatiké)의 'onomatiké'는 명사(onoma)격이란 뜻이며 사격(斜格, πλαγιαι, plagiai)의 'plagi'는 "기울다"라는 뜻을 따온 것이고 여격(δοτική, dotikē)의 'doti'는 "주다"라는 의미에서 온 것이다. 나머지 "속하다(γενικη), 부르다(κλητικι)"에서 속격(屬格)과 호격(呼格)이란 명칭이 생겼다.

흥미로운 것은 이것을 라틴어로 번역할 때에 '원인격(αιτιατικη, aitiatikē)'의 'aitiati'는 "원인, 이유"라는 뜻과 함께 "고발하다"의 뜻도 있었는데 로마의 봐로(M. T. Varro)가 이를 "고발하다, 비난하다"로 잘못 알고 라틴어의 'accūsativus'로 번역하여 'accusative(고발격, 대격)'가 되었다. 언어학사에서 오역으로 일어난 술어로 널리 회자(膾炙)되었다(졸저, 2022: 164). 라틴어의 6격에 대하여는 다음의 1.2.2.4.에서 자세하게 논의할 것이다.

격(πτῶσις)에 대하여는 이미 스토아학파에서 거론된 바 있다. 스토아학파에서는 격(πτῶσις)에 의해서 일어나는 어형변화(paradigm)을 총칭하여 'κλισις(klisis)'라 하였고 이를 명사(onoma)와 동사(rhēma)를 구분하는 기본(fundamentum divisionis)으로 삼았다. 그리고 이러한 태도는 드락스(D. Thrax)에게서도 찾아볼 수 있다.

1.1.3.5. 동사(rhēma)의 문법 범주로 드락스(D. Thrax)는 서법(mood, τρόπος), 태(voice, διαθεσις)를 인정하고 시제(tense, τενσ)는 서법에서 다루었다. 즉, 아리스토텔레스가 시제를 서법과 함께 고찰하였다면 드락스의 <문법기술>에서는 여기에 태(態)를 더하여 보다 종합적으로 본 것이다.

즉, 현재 시제와 과거시제에서 능동태, 수동태가 같은 모습이고 미래시제(future)와 절대과거(aorist)는 구분됨을 밝혔다. 이러한 시제의 분류는 아리스토텔레스의 상(相, aspect)과 시제(tense)의 조합에 의한 4시제보다 발전한 것이다. 그리하여 다음과 같은 6시제를 구분하였다.

아리스토텔레스에서는 앞의 1.1.1.4.에서 논의한 것과 같이 미래(μελλων, mellōn, future)와 절대과거(αοριστος, aoristos, aorist)는 상(相, aspect)에서 제외하였다. 드락스의 문법에서 태(δι αθεσις)로 본 미래와 절대과거는 다음과 같이 'λύο (lúo) - 풀다, 벗다, 해방되다'를 예로 들어 설명하였다.

미래   λύ-σ-ω(lu:-s-ō) - 벗다, 해방되다. - 능동태
-σ-   λυ-σ-μαι(lu-s-mai) - 우리는 해방되겠다. - 중간태
          λυ-θή-σ-ομαι(lu-thē-s-omai - 우리는 해방될 것이다. - 수동태

절대과거
-έ-   έ-λύ-σα(é-lu:-sa) - 벗었다. 해방되었다. - 능동태
          έ-λύ-σα-μεν(é-lu:-sa-men) - 우리는 벗어났다. - 중간태
          έ-λύ-θή-ν(é-lu:-thē-n) - 해방되었다. 벗어나게 되었다. - 수동태

[표 1-3] <문법기술>의 시제와 상

시제 \ 상	계속상	순간상	결과상
현재	현재진행 λύομεν(벗어나고 있다)		완료 λελύκαμεν(벗어나버렸다)
과거	미완료 έλύομεν(벗어난다)	절대과거 έλύσαμεν(벗어났다)	과거완료 λελύκιμεν(벗어났었다)
미래	미래 λύσομεν(벗어나겠다)		미래완료 λελύσομεν(벗어났겠다)

물론 시제는 상(相, aspect)와도 연계되어 나타난다. 드락스(D. Thrax)는 3개의 상(相)을 제시하였다. 즉, 계속상(繼續相), 순간상(瞬間相), 결과상(結果相)이 현재, 과거, 미래의 시제와 결합하여 다음과 같이 나타난다. 예를 "λύομεν(우리는 벗어나고 있다)"로 하였다.

물론 우리말에 없는 표현이 있어 괄호 안에 번역된 것이 완전하지 않지만 고전 희랍어에서는 이렇게 시제(時制)와 상(相)에 의한 구분이 있었고 드락스는 이를 셋으로 구분한 것이다. 아리스토텔레스의 시제와 상에 비하여 많이 발전된 것이다.

1.1.3.6. Thrax(120. B.C.)의 <문법기술>에서는 동사의 문법 속성(parepōmena)으로서 서법(τρόπος, tropos), 태(態, διαθεζις, diathesis), 시제τενσ, tense), 인칭, 활용의 굴절 형태와 그 기능이 논의되었음을 전술한 바 있다. 희랍 문법과 라틴 문법에서 굴절어인 인구어의 문법 체계가 이미 여기서 구비되었음을 알 수 있다.

예를 서법(τρόπος, mode)에서 들어보면 Thrax(120 B.C.), 즉 <문법기술>에서는 희랍어의 서법으로 직설법, 접속법, 원망법(願望法), 명령법을 인정하였다. 그리하여 직설법은 "사실을 그대로 진술하는 서법", 접속법은 "이제부터 일어나려는 사실이나 기대되는 사실을 나타내는 서법", 원망법은 "순전히 말하는 이의 마음속에서만 생각되고 있는 사실을 나타내는 서법", 명령법은 "요구, 지시, 의뢰를 나타내는 서법"으로 정의하였다.

원망법은 기원 전후에 소멸되었는데 전게한 'λύο (lúo) - 풀다, 벗다, 해방되다'를 예로하면 다음과 같은 서법이 가능하다.

> λύι-o-μεν (lúi-o-men) - 우리들은 벗어났다. - 직설법
> λύι-ό-μεν (lúi -o:-men) - 우리들이 벗어난다면 - 접속법
> λύι-οι-μεν (lúi -oi-men - 우리들이 벗어나기를 바라다 - 원망법

이 가운데 원망법은 코이네(Koinē)에서 소멸되었다. 드락스(D. Thrax)의 문법 이론과 체계는 로마 시대의 프리스키아누스(Priscian)에 전달되어 라틴문법으로 확대된다. 후술할 프리스키아누스의 『문법교정(敎程, *Institutiones Grammaticae*)』(Priscian, 500 A.D.)은 드락스의 문법을 라틴어에 접목하여 이를 확대하고 완성시켰다.

4) <문법기술>의 품사분류와 음운 연구

1.1.4.0. Thrax(120 B.C.)의 <문법기술>에서 문법에 관하여 논의한 장(章)들을 살펴보면 문법 기술(記述)의 단위를 설정하려고 노력하였다. 그리하여 전술한 바와 같이 문법 기술의 최대 단위는 문장(λόγος, sentence)이고 최소 단위는 낱말(λέξις, word)이었다.

이때의 문장은 "어떤 완결된 사상을 표현하는(expressing a complctc thought) 낱말의 결합"이라고 보았다. 여기서 이미 통사론(σύνταζις, syntax)이라는 문법의 하위분야가 생겨난 것이다. 다만 파니니(Pāṇinī)의 <팔장>처럼 문장의 구성 성분에 대한 구체적인 연구에는 이르지 못하였다.

다만 오늘날의 굴절어의 품사분류가 Thrax(120 B.C.)의 <문법기술>에서 본격적으로 이루어졌다고 볼 수 있다. 즉, 희랍어의 품사(μέρος λόγοῦ, part of speech)로 8개의 품사를 설정하였다. 그리하여 서로 다른 낱말의 문법류(different grammatical classes of words)로 8품사를 인정하고 플라톤(Palto)에서 시작한 품사분류를 완성하였다.

즉, 전술한 바와 같이 플라톤이 명사(onoma)와 동사(rhēma)로 이분(二分)한 것에 아리스토텔레스(Aristotle)가 접속사(syndesmoi)를 추가하였다. 여기에 스토아(Stoā)학파가 명사를 보통명사(prosēgoria)와 고유명사(onoma)로 구별한 것으로 이를 명사를 통합하고 여기에 다시 관사(árthron)를 더하여 4품사로 하였다.

1.1.4.1. Thrax(120 B.C.)의 <문법기술>은 여기에 분사(μετοχή, participle)를 동사에서 분리하여 하나의 품사로 자리를 잡게 하였다. 스토아학파의 접속사(σύνδεσμος, syndesmos, conjunction)와 관사(arthron)는 다시 나누어 전치사(πρόθεσις, próthesis, preposition), 그리고 관사(árthron, article)로 하였다.[14]

그리고 대명사(αντωνυμία, antōnymīa, pronoun)가 독립되었으며 스토아학파에서 중간사(μεσότής, mesótēs)는 부사(ἐπίρρημα, épirrēma)가 대신하게 되었다. 이러한 드락스(Thrax)의 품사 분류는 낱말의 문법 속성(parepómena)에 따른 어형 변화의 유무에 의한 것이다. 본서의 제1부 1.4.6.0.에서 소개한 것처럼 따라서 파니니의 <팔장>의 문법에서 체언, 용언, 전치사, 분사로 나눈 것으로부터 영향을 받은 것으로 보인다.

---

14 'syndesmoi'의 'i'가 복수를 표시하였으나 알렉산드리아학파의 코이네에서는 이미 's'로 교체되었다.

<문법기술>에서는 아리스토텔레스의 분류 방법에 따라 이 8개의 품사들이 간결한 용어로 정리되었다. 여기에 소개하면 다음과 같다.

> 명사(onoma, noun) - 격변화를 하며 사람 또는 사물을 나타내는 품사.
> 동사(rhēma, verb) - 격변화는 하지 않지만 시제, 인칭 및 수(數)에 의한 어미변화를 하며, [능동적으로] 수행하거나 [수동적으로] 받는 행위, 또는 작용을 나타내는 품사.
> 분사(metochē, participle) - 동사 및 명사의 특성을 나누어 가진 품사.
> 관사(arthron, article) - 격변화를 하지 않으며 명사에 앞에 있거나 또는 뒤에 있는 품사.[15]
> 대명사(antōnymiā, pronoun) - 명사에 대용(代用)되어 인칭에 의한 구별을 나타낼 수 있는 품사.
> 전치사(próthesis, preposition) - 낱말 형성 및 통사법에서 다른 말에 전치(前置)하는 품사.[16]
> 부사(epirrhēma, adverb) - 어미변화를 하지 않으며 동사에 대하여 수식, 부가를 하는 품사.
> 접속사(syndesmos, conjunction) - 발화를 연결하고 해석상의 부족부분을 보충하는 품사.[17]

이러한 품사 분류는 현대적 의미의 변별적인 기준에서 볼 때에 매우 세련된 식별에 의한 분류로 보인다. 알렉산드리아학파의 이러한 품사의 식별력은 너무도 갑작스러운 것이어서 제1부 제1장에서 논의한 고대인도의 비가라론(毘伽羅論)에서 영향을 받은 것으로 보지 않을 수 없다. 어떤 기준들은 스토아학파에서 거론된 것도 있지만 대부분 독립된 낱말 류(word class)로 인정된 것이기 때문이다.

1.1.4.2. 이러한 품사 분류의 방법은 고대 인도의 비가라론(毘伽羅論, Vyākaraṇa)에서도 동일하였다. 앞에 보인 8품사 가운데 처음의 다섯 품사는 굴절(inflection)이 되는 것이고 나머지 세 품사는 굴절하지 않거나 어형 변화가 없는 낱말들이다. 즉, 각 낱말의 문법 속성(παρεπόμενα, parepómena)에 따른 분류이어서 후대의 품사 분류에서도 이러한 기준은 변함없이 유지되었다.

그리하여 이 8품사는 로마시대의 아폴로니우스(Apollonius Dyscolus, 100 A.D.)로 이어져

---

15 Thrax는 先行詞의 다음에 오는 關係代名詞도 여기에 포함시켰다. 冠詞와 관계대명사는 같은 형태론적 특성을 갖고 있었기 때문이다.

16 Thrax는 낱말 형성의 복합에 있어서 말의 전반부에 있는 것도 전치사로 보았다.

17 이들을 희랍어 원문으로 보이면 "ονομα(onoma), ρήμα(rhēma), μετοχή(metochē), αρθρον(arthron), αντώνυμια(antōnymia), πρόθεσις(próthesis), επιρρημα(epirrhēma), συνδεσμος(syndesmos)"와 같다. 'syndesmos'에서 보이는 것처럼 이미 이 시대의 희랍어에서는 복수어미가 '-i > -s'의 변화를 거쳤다.

굴절어의 기본 품사로 인정되었고 라틴문법으로 전해지게 된다. 모두 낱말이 가진 문법 속성(parepómena)에 의거하여 분류한 것으로 후대의 품사 분류의 중요한 기준이 되었다. 즉, 굴절하는 것과 그렇지 않은 것으로 나누고 굴절하는 것은 곡용(曲用, declension)인가 활용(conjugation)인가에 따라 다시 세분하여 품사를 분류한 것이다.

일찍이 고대인도의 문법에서는 동사와 명사를 구분하고 동사는 "인칭, 수, 시제에 의해서 굴절하는 품사"로 보았다. 그리고 명사는 "격에 의해서 다른 굴절형을 가질 수 있는 품사"라고 하였다. 따라서 동사는 디언다성(底彦多聲, tiṅanta pada)이라고 하는 활용을 하며 그에 대하여 명사는 소만다성(蘇漫多聲, subanto pada)이란 곡용으로 격(格, kāraka)에 의한 굴절을 말한다고 하였다(제1부 동양 언어학사의 1.4.2.2.).

그리고 전술한 바와 같이 곡용과 활용에서 얻어진 시제(時制, tense τενσ), 태(態, diathesis, διαθεζις), 성(性, génos, γενος), 파생(eidsos, ειδος), 복합(schēma, σχημα), 격(ptōsis, πτωσις), 수(arithmos, αριθμος) 등의 굴절 형태와 그 기능이 논의되었다. 희랍 문법과 라틴 문법에서 굴절어인 인구어의 문법 체계가 이미 여기서 구비되었음을 알 수 있다.

1.1.4.3. 드락스(Thrax, 120 B.C.)의 <문법기술>에서도 파니니(Pāṇini)의 <팔장(八章, Aṣṭādhyāyī)>과 같이 음성, 음운에 관한 논의가 이루어졌다. 이로부터 문법이 음운론, 형태론, 통사론의 3대 분야를 아우르게 되었고 모든 문법은 음운론을 포함하게 된다.

드락스(D. Thrax)의 <문법기술>에서는 고대인도의 음성학에서 모음과 자음을 나누고 자음을 모음에 부속한 것으로 본 것에 대하여 음운의 모음(ψόνέεις, vocális)과 자음(συμψονα, cŏsonántĭa)을 구별하고 모음은 "혼자서, 또는 다른 음과 결합해서 음절을 이룰 수 있다"고 보았다.[18]

자음은 "모음의 도움을 기다려서 비로소 음절을 이루다"고 규정하였다. 오늘날 가장 고전적인 모음과 자음의 정의가 이때에 이루어진 것이다. 이와 같이 드락스(D. Thrax)는 희랍어에서 분절음운(segmental phoneme)에 따라 음운을 기술하였으며 모음과 음절의 길이의 차이를 인식하기에 이른다.

그런 면에서 그는 서양언어학에서 운율자질(prosodic features)를 논의한 최초의 문법학자

---

18 이것도 <팔장>의 모음에 대한 정의 "모음(svara, vowels)은 비협착음(absence of constriction)으로 口腔 내에서 어떠한 장애도 받지 않는 발음"에 비하여 추상적이며 미흡하다.

이기도 하다. 그의 이러한 운율 연구는 후대에 헤로디아누스(Herodianus Dyskolos)에 의해서 계승된다. 헤로디아누스는 다음에 소개할 아폴로니우스이 아들로서 이 두 부자(父子)는 통사론과 운율론에 많은 업적을 남겼다. 역시 알렉산드리아학파로서 고대인도의 언어 연구로부터 많은 영향을 받았다.

드락스는 파니니(Pāṇinī)와 같이 문자(letter)로 나타나는 음운들의 음성학적 특질을 기술하는 방법으로 음운 연구를 수행하였다. 다만 음운의 여러 변이음(allophone)에 대한 인식에는 이르지 못한 것 같다. 왜냐하면 드락스(Thrax)의 <문법기술>에서 그에 대한 지적이 없기 때문이다.

그는 문자(letter)에 대하여 스토아학파가 수립한 발음, 글자 모양, 그리고 글자 명칭을 다시 논의하였고 하나의 글자에 하나 이상의 발음이 존재함을 지적하였다. 그리하여 하나의 글자에 대하여 몇 개의 'potéstas (power)'가 있을 수 있음을 알고 있었다.

1.1.4.4. 필자가 드락스(Thrax, 120 B.C.)의 <문법기술>이 파니니의 <팔장>과 <파니니의 음성학(Pāṇinīya Śikṣā)>으로부터 영향을 받았다고 주장하는 것은 드락스(D. Thrax)의 음운에 대한 연구에서 갑자기 무성음, 유기음, 유성음의 조음 상에 보이는 차이를 인정한 때문이다.

즉, /p, ph, b/와 /t, th, d/, 그리고 /k, kh, g/로 나타나는 세 쌍의 음운 부류가 존재함을 <문법기술>에서 확인하였는데 이러한 연구는 그동안의 희랍의 언어 연구에서 없었던 일이다. 그러나 이러한 유성 : 무성, 유기 : 무기의 조음음성학적인 구분은 제1부 동양의 언어학사 1.4.3.2.에서 살펴 본 거처럼 고대인도의 <팔장>과 <파니니의 음성학>에서 분명하게 니누어 보였기 때문이다.

드락스(D. Thrax)의 <문법기술>에서는 무기(無氣)음을 아무 것도 없이 내는 소리인 '민소리(bare)', 또는 '평탄한 소리(smooth)'라는 뜻의 'ψιλά (phsílá)'라고 하였고 이어서 유기음(aspirates)은 '거세다(rough)'는 뜻의 'δασέα (daséa)'라고 하였다. 그리고 유성음(voiced)은 'μέσα (mésa)'라고 하였는데 'mésa'는 중간(middle)이란 뜻이어서 무엇을 가리킨 것인지 분명하지 않다.

뿐만 아니라 전술한 무성무기 /p, t, k/와 유기의 /ph, th, kh/ 그리고 유성의 /b, d, g/의 분류가 음운의 대립을 제대로 이해한 것으로 보기 어렵다. 또 무기(無氣)와 유기(有氣)의 대립과 유성과 무성의 대립도 과연 조음음성학의 음성 특질, 즉, 성대(聲帶)의 진동이나 호기(呼氣)의 유무를 제대로 파악한 것 같지 않다. 본서의 제1부 1.4.3.0.에서 소개한 고대인도 음성학의 음운에 대한 설명에 비하면 훨씬 뒤떨어진다.

이와 같은 유음의 구별과 전술한 바처럼 무기(無氣)음을 'ψιλά (phsílá)'라로 하고 유기음(aspirates)을 'δασέα (daséa)'라고 한 것이라든지 유성음(voiced)은 'μέσα (mésa)'라고 하여 무성음과 구별한 것은 고대인도의 음성학에서 영향을 받은 것이다. 다만 드락스(D. Thrax) 이후에는 오랫동안 이러한 음운의 구별은 없었다.

1.1.4.5. 드락스(D. Thrax) 이후의 알렉산드리아학파에서는 희랍어의 악센트, 또는 음조(pitch)를 구별하여 고조(acute-high)와 저조(grave-low), 그리고 하강조(circumflex-high falling to low)로 나누었다. 다만 <문법기술>에서 이것을 아무 코멘트나 설명이 없이 실었는데 역시 고대인도 음성학의 성조를 받아들여 기계적으로 희랍어에 적용한 탓으로 보인다.

이로부터 필자는 드락스(D. Thrax)의 <문법기술>이 <팔장>과 <파나나 음성학>의 것을 그대로 수용하기에도 부족한 수준이었다고 본다.[19] 본서의 제1부 동양의 언어학사 제1장에서 논의한 고대인도의 <팔장>과, 파니니의 음성학에서 조음위치와 조음방식으로 각 음운을 구분하고 조음체(karaṇa, varṇa)가 접촉(spṛṣṭa)하는 조음위치에 따라 후음(喉音, kaṇṭhya), 연구개음(牙音, jihvāmūlīya), 경구개음(舌上音, tālavya), 고구개음(正齒音, mūrdhanya), 치음(舌頭音, dantamūliya), 치경음(半舌音, barsvya), 순음(脣音, oṣṭhya), 비음(鼻音, nāsikya)을 구분하였다.

또 조음체(varṇa, moving articulator)가 조음위치(sthāna, point of articulation)에서 접촉(spṛṣṭa)하는 조음방식(manner of articulation)에 따라 정지음(stops), 마찰음(fricative), 파찰음(affricative)이 구별됨을 밝혀놓았다. 그리고 각 위치에서 여러 가지 조음방식으로 발음되는 음운들을 소개하고 그 음운을 발음하는 기제(機制, mechanism)를 숫자로 표시한 슬로카(śloka)로 설명하였다.

그러나 드락스(D. Thrax)의 <문법기술>에서는 거기까지 이르지 못하였다. 그리고 드락스 이후에는 이러한 연구가 사라진 점을 볼 때에 그가 이를 고대인도의 언어학에서 인용하였으나 후대에는 이에 대한 관심도 없어지고 그럴만한 연구 수준에도 이르지 못한 것으로 볼 수밖에 없다.

---

19 본서의 제1부 제1장의 1.3.1.1.에서 이러한 음운의 구분에 관여하는 음성 기관과 그로부터 /p:b, ph:bh, m/의 구별을 기술한 것에 대하여 논의하였다.

5) 드락스(Thrax) 이후 알렉산드리아학파의 문법

1.1.5.0. 알렉산드리아학파의 문법 연구는 드락스(D. Thrax) 이후에 뒤스콜로스 부자(父子), 즉, 아버지 아폴로니우스 뒤스콜로스(Apollonius Dyskolos)와 아들인 헤로디아누스 뒤스콜로스(Herodianus Dyskolos)에 의하여 계승된다.

알렉산드리아학파의 학문은 아리스타르코스(Aristarchos 216~144 B.C.)에 의해서 호머(Hommer)의 작품을 주석하는 일로부터 시작되었다. 그리고 전술한 드락스(D. Thrax)의 <문법기술>에서 이들의 문법 연구가 요약되었고 뒤스콜로스(Dyskolos) 부자(父子)의 통사론으로 발전하여 <문법기술>의 부족한 부분을 채워 넣었다.

Ivič(1963)에서는 알렉산드리아학파의 문법에 대하여 "이 학파는 언어 이론에 특별히 새로운 공헌을 한 바는 없다. 그들은 희랍 선구자들의 철학적 언어관을 신봉하고 더욱 발전시켰을 뿐이다. 그리고 이 학파는 희랍어의 규범형을 고정시키려 했다"고 혹평하였다. 고대인도의 기술 문법을 도입하여 희랍어의 굴절 범주를 패러다임하려는 노력을 비판한 것이다.

필자는 이러한 주장에 동조할 수 없으며 드락스(D. Thrax)에 의해서 고대인도의 비가라론(毘伽羅論), 즉 굴절문법을 도입하여 이를 희랍어에 접목시킨 것은 언어학사에서 주목할 일이라고 판단한다. 왜냐하면 그로부터 희랍 철학자들의 문법을 보다 정밀하게 발전시켰다고 보기 때문이다. 언어의 규범형(規範形)을 정하려고 하는 것은 모든 문법이 추구하는 목표이기 때문이다.

고대인도의 비가라론(毘伽羅論, Vyākaraṇa)도 베다(vedic) 경전의 산스크리트어를 규범으로 정하고 이의 변화를 막기 위한 것이었다. 알렉산드리아학파의 희랍문법도 호머의 작품에 나타나는 고형의 희랍어와 고전 희랍어, 그리고 당시의 코이네와의 차이를 인식하고 이를 문법으로 정리하기 위한 것이 목표였던 것으로 보인다.

따라서 기술(descriptive) 문법의 성격을 띨 수밖에 없었다. 이런 목적의 알렉산드리아학파의 문법 연구에 크게 도움을 준 것은 고대인도의 분석문법이었으며 이로부터 희랍어를 연구하는 실용적인 문법이 드락스(D. Thrax)에 의하여 시도되었고 이 문법의 연구 방법이 뒤스콜로스(Dyskolos) 부자(父子)에 의해서 발전된 것이다.

다만 드락스(D. Thrax)의 저작물이나 후속하는 뒤스콜로스(Dyskolos) 부자의 저술도 남아

있는 것이 매우 희소(稀少)하여 그 전모를 밝히지 못하는 것은 매우 안타깝다고 할 수 있다. 그러면 이어서 뒤스콜로스(Dyskolos) 부자(父子)의 문법 연구에 대하여 논의하기로 한다.

1.1.5.1. 아폴로니우스 뒤스콜로스(Apollonius Dyskolos, 2C A.D.)는 서양의 언어학사에서 드락스(D. Thrax)와 같이 기술(記述) 문법에 치중하였으며 통사론(syntax)의 연구 분야를 확립한 것으로 인정하고 있다. 그는 많은 저술(著述)을 한 것으로 알려졌으나 오늘날 남아 있는 것은 몇 개밖에 되지 않는다.

현전하는 그의 저서에서는 희랍어에 대하여 유효한 통사적 기술과 분석을 시도하여 최초로 통사론을 언급한 학자로 알려졌다. 드락스(D. Thrax)의 <문법기술>에서 'σύνταχις'란 술어가 채택되어 문장의 통사적 분석이 부분적으로 시도된 것으로 추정되지만 통사론 (syntax)은 아폴로니우스 뒤스콜로스(Apollonius Dyskolos)에 의하여 본격적인 문제로 삼았고 조잡하게나마 통사론의 체계를 세운 것으로 언어학계는 인정한다.

드락스(D. Thrax)의 <문법기술>을 현대 언어학의 입장에서 본다면 문법 분야에서 통사론에 관한 장절(章節)이 빠졌다고 본다. 다만 <문법기술>에서 언급한 'σύνταχις (syntaxis)'는 통사론적 분석을 전제로 한 술어였다. 그러나 실제로 문장의 형성이나 분석을 통사론의 입장에서 거론한 부분은 없는 것으로 간주한다.

아폴로니우스(Apollonius)는 통사론(syntax)를 "문장에 있어서 낱말의 결합을 지배하는 법칙을 다루는 분야"로 정의 하였다. 그러나 여기서 말한 '낱말의 결합법'은 품사론(μερος λωγου, part of speech)의 관점에서 설명했을 뿐이다. 그는 낱말이 문장 내에서 갖는 임시적 기능과 낱말의 기본형이 갖는 표준적 문법 기능을 명확하게 구별하지 않았다.

희랍문법에서 명사(onoma)와 동사(rhēma)가 문장의 가장 중요한 구성요소이어서 중요하게 다루어 왔다. 아폴로니우스(Apollonius)는 이 두 품사의 상호간에 나타나는 형태적 특징, 즉 동사의 어미와 명사의 격에서 일어나는 변화를 주목하고 이 두 품사의 문장 내에서 호응관계를 기술하려 하였다.

예를 들면 단수 명사의 주어에 상응하는 동사의 단수어미가 결합하는 호응관계 (agreement)를 말한다. 명사와 동사의 상호 호응관계처럼 다른 품사의 낱말도 문장 속에서 상호 의존하거나 호응하는 관계를 분석함으로써 문장 전체의 통사론적 기술이 가능하게 되었다.

그리하여 아폴로니우스(Apollonius)는 희랍문법에서 통사론을 확립한 연구자로 인식되어 위대한 문법가로 인정되었다. 즉, 로마의 라틴문법을 완성한 프리스키아누스(Priscian)는 그의 <문법 교정(敎程)>(Priscian, 500 A.D.: 11,1.1.)에서 아폴로니우스를 향하여 "Maximus auctor artis grammaticae(문법 이론의 최고 설립자)"로 불렀다.

1.1.5.2. 아폴로니우스(Apollonius)는 문장 속에서 분사(分詞)와 주동사, 명사와 대명사의 동사에 대한 구성을 들어서 이들의 구성 요소를 공용(共用) 관계, 대용(代用) 관계, 그리고 첨가(添加) 공용관계로 나누어 보았다. 즉, 문장 구성의 결정은 이러한 낱말의 관계에 의한 것이라고 주장한 것이다.

공용관계(παραλαμβανεσθαι, paralambanesthai)는 문장 속에서 여러 품사의 낱말들이 함께 쓰이는 것을 말하고 대용관계(ανθυπαγεσθαι, anthypagethai)는 명사를 대명사가 대신하거나 주동사를 조동사가 대신하여 쓰이는 것을 말한다. 첨가공용관계(συμ-παραλαμβανεσθαι, sym-paralambanesthai)는 형용사가 명사에 첨가되거나 부사가 동사에 첨가되어 사용하는 것을 말한다.

아폴로니우스(Apollonius)는 드락스의 <문법기술>이나 희랍의 초기 문법학자들의 통사론 연구에서 시사 받은 것이 많았지만 그의 연구의 대부분은 수사학적 연구로부터 말미암은 것이 많다. 따라서 그의 연구는 문법 용어들에 대한 수사학적 정의를 추가하였다.

그는 <문법기술>의 8품사를 그대로 답습했으나 그 가운데 몇 개에 대해서는 철학적 용어를 더 많이 추가하여 각 품사의 정의에서 보편적 의미를 분명하게 하였다. 예를 들면 그는 8품사의 대명사(antōnymiā)에 대하여 드락스(Thrax)가 한 것처럼 "명사를 대신하는 것"이라는 정의 대하여 단순한 명사의 대용(anthypagethai)이 아니라 특성들(qualities)을 밝히지 않은 본체(substance)만을 대신한다는 점을 추가하였다.

여기서 본체(substance)란 우리 문법에서 체언(體言)이라고 번역해야 하는 'ousia, ούσια'를 말하는 것으로 산스크리트어, 희랍어, 라틴어 등의 굴절어에서 곡용(曲用)을 행하는 어류(word class)를 말한다. 여기에 대명사(antōnymiā)가 포함되어서 굳이 명사만을 말하고 대명사를 제외하려면 명사 본체(noun substantive)라고 해야 한다고 주장한 것이다.

아폴로니우스(Apollonius)는 희랍어의 문장 구성요소로 명사부와 동사부, 즉 체언부와 술어부를 먼저 구별하여 이것이 통사부분의 가장 기본적인 구분이라고 보았다. 그는 통사론의 기술이란 것이 명사와 동상의 상호 관계라든지 다른 어류(語類)와의 명사 및 동사와의 관계를 중심으로 고찰되어야 한다고 분명하게 밝혀두었다.

이러한 주장은 로마의 라틴 문법가 프리스키아누스(Prician)에 의해서 반복되어 중세시대의 언어 사상에 중요한 영향을 주었다.

1.1.5.3. 아폴로니우스(Apollonius)는 알렉산드리아 학파가 설정한 희랍어의 형태론적 기술의 기초 위에 그의 문법 연구가 이루어졌지만 그의 언어학에 대한 일반적 견해는 알렉산드리아 학파보다 좀 더 심리주의(心理主義)에 이끌렸고 그런 면에서 스토아(Stoā) 학파의 영향을 더 많이 받은 것 같다,

그는 언어의 형식(σχήμα, schēma)과 의미(εννοία, ennoia)를 명확하게 구별하였다. 특히 의미(ennoia, act of thinking, reflection, cognition, notion, conception)의 면을 전술한 언어의 형식(schēma, form, shape)보다 강조하였다. 오늘날 일반문법(general grammar)에서 주장하는 의미 위주의 설명을 여기서 찾을 수 있다.

그는 동사를 세 부류로 나누어 다음과 같이 정리하였다.

active (타동형)	예. εμέ (emé) φιλειν (philein, love) + 대격
passive(피동형)	έράν (érān, love) + 속격
neutral(자동형)	εμου (emou, love) + 주격

그리하여 타동사(active verb)는 "동작이 어떤 다른 것이나 다른 사람에게 전달되는 것(passing over to something or someone else)"으로 규정되었다. 이러한 정의로부터 로마의 라틴문법에서 'verbum transitivum (transitive verb, 타동사)'란 이름으로 발전한다.

아폴로니우스(Apollonius)의 문법은 로마의 라틴문법에 많은 영향을 주었다. 그리하여 프리스키아누스(Priscian, 6C A.D.)는 그를 전술한 바와 같이 '문법의 태두(Maximus auctor artis grammaticae)'라고 하였고 자신의 문법 연구가 아폴로니우스(Apollonius)의 방법에 의거한 것임을 밝혔다.

물론 아폴로니우스(Apollonius)의 이러한 생각은 스토아(Stoā)학파나 드락스(D. Thrax)의 다음과 같은 동사 분류에서 발전한 것이다. 스토아(Stoā)학파와 드락스의 분류는 동일하다. 다만 여기서 후자는 희랍문자로 표기한다.

아폴로니우스(Apollonius)는 명사가 문장 속에서 변하는 격(格, πτώσις, case)이 동류(同類)의 다른 격과 더불어 동사(ρημα, rhēma)와의 어떤 다양한 관계에 있을까를 살펴보았다. 또 동

사의 3종류 태(態, διαθεσις, voice), 다시 말하면 능동태(타동, ορθα), 수동태(υπτια), 중성태(자동, ουδέτερα)가 각기 명사의 격과 어떠한 관계가 있는가를 살펴보았다.

[표 1-4] 스토아학파와 드락스의 동사 분류

스토아(Stoā)학파	드락스(Thrax)
rhēmata orthá(동작타동사) + 대격	ρηματα ορθα
rhēmata hyptia(수동) + 속격	ρηματα υπτια
rhēmata oudétera(중립) + 주격	ρηματα ουδέτερα

이로부터 명사의 주어가 동사의 술어에 미치는 영향을 탐구하면서 주어와 술어가 구분되었고 이로부터 격 문법(格文法, case grammar)의 지배(government), 의존(dependence)과 같은 개념이 후대에 생겨나게 되었다. 또 로마시대의 문법가들로부터 전술한 바와 같이 '문법의 최고 설립자'로 호칭되었다.

1.1.5.4. 헤로디아누스 뒤스콜로스(Herodianus Dyskolos)는 아폴로니우스(Apollonius)의 아들이다. 그는 드락스의 <문법기술>에서 명명된 프로소디(prosōdiai, prosody, 운율론)의 분야를 확대하여 언어의 억양법(accentuation)과 구두법(punctuation)를 연구한 것으로 잘 알려졌다.

운율론(prosōdiai)은 후대의 고전주석가(Scholiast)들에 의하여 문헌어의 각 낱말을 상세하게 기술하면서 발달한 분야다. 즉, 낱말의 악센트로 변별되는 성조들을 나타내어 표시한다든지 모음의 장단이나 음절의 길이를 살피는 작업이다. 마치 중국의 운학(韻學)과 같은 연구로 볼 수 있다.

특히 낱말의 초두(onset)에 오는 유기음과 무기음의 유무, 연접 현상, 복합어의 성조 변동, 낱말 경계표지 등이 prosōdiai(운율론)의 중요한 연구 분야였는데 기원전 5C경의 희랍고전어의 악센트 연구에서 헤로디아누스(Herodianus)는 발군(拔群)의 업적을 내었다.

특히 앞의 1.1.4.4.에서 논의한 드락스(D. Thrax)의 <문법기술>에서 무기음과 유기음을 구별하여 유기음을 거세다(δασέα, rough)라고 하고 무기음을 '민 소리(ψιλά, bare)'라고 한 것을 그대로 받아 들여 낱말의 초두(onset)에 오는 유기음의 유무를 다음과 같이 정리하였다.

ex. εἷς [heīs (one)] - εις [eis (into)]

이 예에서 [heis]는 거칠다는 뜻의 'δασεα (dasea, rough)'로 표시하고 '[eis]'는 매끄럽다는 'φιλα (phila, smooth, bare)'로 표시하였다. 이미 고대인도의 음성학에서 유기음과 무기음의 변별을 이해한 것이 알렉산더학파의 드락스(THrax)와 헤로디아누스(Herodianus)로 전수된 것이다.

이와 같이 알렉산드리아학파의 음운 연구는 희랍어를 기술하는데 필요한 술어를 고안하였고 체계화하였다. 그리고 이것이 로마의 라틴문법가들에게 받아들여져서 이후의 문법 연구에서 공식 술어로 사용되었다. Ivič(1963)에서 이비츠 여사는 헤로디아누스(Herodianus)의 희랍어 악센트 연구가 이 언어의 역사적 연구이며 기원전 5C 이후의 희랍어 연구에서 최초의 것이라고 강조하였다.

다만 이들의 연구가 고대인도의 문법 연구나 음성 연구의 영향을 받은 것에 대하여는 침묵하였다. 또 Ivič(1963)에서는 알렉산드리아학파의 문법 연구가 드락스(D. Thrax)의 <문법기술>에서 요약되었고 후에 부(父) 아폴로니우스(Apollonius)와 아들 헤로디아누스(Herodianus)의 뒤스콜로스(Dyskolos) 부자(父子)에 의해서 발전되었다고 기술하였다. 희랍문법이 이때에 완성된 것을 말한 것이다.

1.1.5.5. 이상 희랍의 언어 연구를 다음과 같이 두 시기로 나누어 개관하였다.

> 전기 - 소크라테스 이전의 철학자들에 의한 언어 연구, 기원전 5C의 수사학자들에 의한
> 문법 연구, 그리고 소크라테스와 플라톤, 아리스토텔레스의 언어연구.
> 후기 - 아테네의 스토아학파와 알렉산드리아학파의 문법 연구.

고대 희랍인들의 언어 연구는 다른 곳의 종교적인 관념에서 벗어나 자유로운 연구가 가능했기 때문에 철학적, 다른 말로 표현하면 과학적인 연구 방법으로 발전하였다고 지금까지의 언어학사에서는 기술한다.

다만 전기에는 실용적이라는 문법 연구에서 벗어나서 철학적 사고의 기반 아래에 연구가 수행되었다. 따라서 사변적(思辨的)인 연구 경향이 만연하였다는 평가를 면하기 어렵다. 후기에는 고대인도의 문법과 음성 연구의 영향을 받아 비교적 실용적인 희랍어 문법이

연구되었다.

고대인도의 비가라론(毘伽羅論)이란 굴절어의 분석 문법은 베다(Vedic) 경전의 산스크리트어를 교육하기 위한 실용적인 문법이었으며 스토아학파와 알렉산드리아 학파의 희랍문법도 희랍어를 교육하기 위한 실용적인 문법이었다. 따라서 고대인도의 비가라론(毘伽羅論)이나 후기 희랍의 문법들은 모두 실용적인 목적으로 연구된 것으로 기술(記述) 문법의 성격을 띠지 않을 수 없었다.

그리하여 이 희랍의 후기 문법에서 희랍어의 주에 대한 최초의 개념을 확립될 수 있었다. 이러한 희랍인들의 연구 업적은 전기의 철학적인 언어 연구와 후기의 실용적인 문법 연구를 종합적으로 살펴보아야 한다. 철학적인 언어 연구는 현대 언어학에서 언어의 기본적인 문제를 탐구하는 단초가 되었고 실용적인 문법 연구는 언어의 실체를 밝히는 길잡이 역할을 하였다.

즉, 희랍의 고전적인 언어 연구와 고대인도의 실용적인 문법 연구는 현대 언어학의 모태가 된 것이다. 또 그런 의미에서 이들의 언어 연구와 문법 연구는 언어학사에서 높이 평가되어야 할 것이다.

2. 로마의 라틴 문법

1.2.0. 서양문화에서 희랍으로부터 로마로의 이전은 서구문화가 매우 다른 세계로 진입하였음을 의미한다. 희랍·로마시대는 지중해의 통일된 서양 문화권을 이룬 것으로 알려졌지만 희랍과 로마는 그 역할이 서로 다르고 상보적이었다. 로마가 없었다면 희랍문화가 유럽의 서양 문화에 공헌할 수가 없었거나 생산적이지 못했을 것이다.

일찍부터 이태리 반도의 남부에 희랍인들이 이주하여 로마는 그들의 문질문명과 이성적 사고를 받아드렸고 희랍문자의 서부(西部) 자체(字体)를 배워 로마자로 쓰기도 하였다. 그런 다음 강력한 국가로 세워진 로마 제국(帝國)은 구약, 신약 성서의 거의 모든 땅을 정복하여 지배 아래에 두었다.

로마 제국에서는 희랍과 유대의 지적 배경을 중심으로 기독교가 탄생하였고 제국의 지배 아래에서 다민족, 다국가(多國家) 간의 상호 교역의 자유는 기독교를 유럽 전역에 파급시켰다. 기원후 4세기경에는 기독교가 로마 제국의 국가 종교로 공인되어 기독교는 로마 제국의 비호(庇護) 아래에 급속하게 퍼져나갔다.

기독교는 희랍인과 로마인, 유태인, 그리고 여타의 유럽인을 결합시켰다. 그리고 기독교 정신, 즉 헤브라이즘(Hebraism)은 전시대의 희랍정신(Hellenism)과 더불어 서양문명의 지적, 도덕적, 정치적, 그리고 종교적 문화의 바탕이 되었다. 마치 동양에서 불교정신(Buddhism)과 유교사상(Confucianism)이 동양인의 사고(思考)에 근간이 되는 것과 같은 양상이다.

또 하나는 라틴어가 로마 제국의 흥융(興隆)으로 희랍어를 대신하여 지중해 세계의 공용어가 된 것이다. 원래 라틴어는 이태리의 라티움(Latium)이란 작은 마을의 방언이었다. 그런 언어가 로마를 건국한 이곳 사람들의 힘을 빌려 제국(帝國)의 공용어가 되었다. 그리하여 라틴어 연구가 전 시대의 희랍어 연구를 대신하게 되었다.

라틴어의 교육자와 문법 연구자들에 의하여 라틴어 문법 연구는 로마시대를 넘어 문예부흥시대에 이르기까지 일관되게 성행하였다. 문예부흥 이전까지의 언어 연구는 라틴어의 연구가 중심이었고 간혹 역사적으로 희랍어를 고찰한 흔적이 있을 뿐이다. 당시의 여러 다른 유럽의 언어들도 연구 대상에 들지 못하였고 문예부흥 이후에 비로소 각 민족의 언어 연구가 이루어진다.

로마인의 문법 연구는 희랍인의 연구, 특히 알렉산드리아학파의 영향을 많이 받았다. 로마인들의 실용 정신과 고대인도의 실용 문법을 도입한 알렉산드리아학파의 문법 연구가 서로 일맥상통(一脈相通)했기 때문이다. 로마의 라틴 문법 연구는 희랍 문법에 비하여 라틴어 교육을 위한 것이라는 점에서 매우 실용적이다.

그러나 기원전 2세기 중반에 크라테스(Crates)라는 스토아학파의 철학자이면서 문법가가 정치 대표자로서 로마에 와서 문학적 주제를 가지고 많은 강연을 하였다. 이에 의하여 희랍문화와 더불어 스토아 철학이 로마에 들어왔고 스토아학파의 철학적 문법 연구도 로마에 도입되었다고 보아야 한다.

1) 봐로(Varro)의 문법

1.2.1.0. 로마시대에 최초의 라틴문법 연구는 봐로(Marcus Terentius Varro, 116~27 B.C.)에 의하여 시작된다. 봐로는 라틴어에 대하여 연구한 자료 가운데 오늘날 우리가 가진 기록에

의해서 찾을 수 있는 최초의 라틴어 문법가다.

그는 이태리 라티움의 동북방에 위치한 사비느(Sabine) 지방의 레아테(Reate, 지금의 Rieti)에서 태어났다. 그는 로마의 초기 문헌학자였던 스틸로(L. Aelius Stilo)의 제자로서 줄리어스 시저(Julius Caesar)는 그를 공설도서관의 책임자로 임명하였다. 그러나 시저가 죽은 후에 안토니우스(Antonius)는 그를 범법자로 몰았으나 죽음만은 면하였다.

그는 78세까지 490여 책을 저술하였다고 하나 오늘날에는 55권의 서명만이 알려져 있을 뿐이다. 그중에서 라틴문법에 대하여는 유명한 『라틴어 문전(文典)에 대하여(De lingua latina libri)』(이하 <라틴어 문법>)의 25권에 들어있다. 그러나 그것도 전권이 전하는 것은 아니고 5~10권만 부분적으로 전하며 5권과 6권만 온전하게 남아있다.

<라틴어 문법>의 전체 내용은 권1에서 서론으로 주제에 대한 일반적 견해를 피력한 것 같고 권2~7에서는 낱말의 기원에 대하여, 그리고 낱말이 어떻게 뜻을 갖고 사용에서 그런 뜻으로 적용되는가를 살핀 것 같다. 권8~13은 낱말의 곡용과 활용을 다루었고 권14~25권은 통사론을 다룬 것으로 알려졌다.

권2~4는 검찰관(Quæstor) 셉투미우스(Septumius)에게 바친다고 하였고 권5부터 나머지는 키케로(Cicero)에게 바친다고 하였다. 따라서 키케로가 죽기 전인 기원전 43년 이전에 간행된 것임을 알 수 있다. 이 책에서 봐로(M. T. Varro)는 라틴어에 대하여 어원론(etymology), 형태론(morphology), 통사론(syntax)으로 나누어 고찰하였다.

1.2.1.1. 봐로(M. T. Varro)는 "문법이란 다수의 시인(poeta), 역사가(historicus), 웅변가(orator)들의 언어 사용에 대한 조직적인 지식"이라고 정의하였다. 이 정의는 드락스(Thrax)의 정의, "문법은 시인이나 운문 작가의 일반적인 언어 용법에 대한 실제적 지식"이란 문법 정의를 그대로 답습한 것이다.

봐로는 로마학자들 중에서 언어학의 문제에 대하여 논의한 최초의 사람이며 그의 스승 스틸로(L. A. Stilo)와 같이 스토아학파의 영향을 받았으나 자신은 알렉산드리아학파의 학설에 좀 더 익숙하였다. 그의 연구 도처에서 드락스(D. Thrax)의 <문법기술>에서 거론한 언어 문제가 되풀이되어 나타난다.

봐로(M. T. Varro)는 언어가 기원적으로 제한된 한 셑(a set)의 원초 낱말로부터 발달한 것으로 보았다. 이 제한된 한 셑의 원초 낱말은 문자 또는 음성 형식으로 전달되었으며 계속되는 변화를 통하여 수많은 다른 낱말의 근원(source)이 되어 다른 많은 사물을 지칭하는 낱말로 발전한 것으로 보았다. 그에게 문자와 음성 형식은 동일한 것이었다.

이러한 문자의 변화, 실제로는 음성 형식의 변화는 몇 년에 걸쳐서 일어나게 된다. 예를 들면 'duéllum'이 'bellum (war)'으로 변한 것은 오랜 세월에 의해서 문자가 'd > b'의 변화를 겪은 것으로 본 것이다. 실제로는 문자의 변화가 아니라 음성 형식의 변화이었으나 봐로는 이 둘을 하나로 본 것이다.

1.2.1.2. 문자의 변화와 더불어 의미의 변화도 있을 수가 있어서 원래 'hostis'의 의미가 '이방인(stranger)'로부터 봐로 시대에는 '적(敵, enemy)'으로 바뀌었음을 예로 들었다. 영어의 'hostility(적대 행위, 전쟁 행위)'는 라틴어 'hostis'에서 온 것이다.

이러한 어원적인 기술은 후대 학자들에게 지지되었지만 봐로(M. T. Varro)의 많은 어원 연구는 약점이 있었다. 왜냐하면 이 방면의 희랍 연구자들이 연구한 많은 이론이나 학설을 참고하지 않았거나 이해하지 못한 탓이다. 또한 그의 희랍어에 대한 지식이 한계가 있었기 때문이기도 하다.

희랍어와 라틴어는 낱말의 형태에서 주목할 만한 유사성이 발견된다. 이러한 유사성은 두 가지 이유로 인하여 생긴 것이다. 하나는 희랍과 로마의 두 사회가 직접적이든지 간접적이든지 오래 동안 접촉했던 때문일 것이다. 두 사회의 접촉의 산물(産物)로 희랍어와 라틴어는 많은 유사한 낱말을 공유하게 된 것이다.

또 하나는 하나의 공통어에서 분기(分岐)하여 독자적으로 발달한 언어들이기 때문에 기원적으로 서로 유사한 낱말들을 많이 공유한 것으로 볼 수 있다. 후대에는 이러한 유사성을 역사비교언어학으로 고찰되어 공통어 시대의 조어(祖語, parent language)를 어느 정도 재구(再構, reconstruction)할 수가 있다.

그러나 봐로(M. T. Varro)는 이 시대의 다른 연구자들과 같이 이러한 구별을 하지 못하였다. 즉, 차용인가 기원적 유사인가를 판별(判別)하지 못한 것이다. 그리하여 희랍어와 유사한 라틴어의 모든 낱말들을 차용(借用)한 것으로 처리하였다.

2) 봐로의 형태론

1.2.2.0. 봐로(M. T. Varro)의 <라틴어 문법>은 어원(語源) 연구보다 라틴어의 형태에 대하

여 더 많이 연구되었다. 봐로가 가지고 있던 '어휘의 확대'라는 개념은 '원초 낱말(primal word)'에서 분화되어 발전한 개변(改變, alteration)의 결과로 본 것이다.

이 생각은 별개의 두 개념인 역사적인 어원으로부터의 변화와 이에 대하여 파생 및 굴절에 의하여 규칙적으로 형성된 변화를 동일한 것으로 통합하여 본 것이다. 즉, 'équus(말, horse)'에서 'equitātus(기병대, cavalry)', 'éques(stem), équet(기수, horseman)'의 변화는 기본 낱말 'équus'에서 파생한 파생어들이지만 이들을 모두 역사적 변화의 결과로 보았다. 그리고 기본낱말 'équus'에 대하여는 더 이상 연구하지 않았다.

그러나 라틴어에서 파생형성(derivational formation)과 굴절형성(inflectional formation)을 관찰한 것은 봐로(M. T. Varro)의 라틴어에 대한 가장 특징적인 형태론적 연구라고 할 수 있다. 라틴어에서 굴절(inflection)의 특징적 자질의 하나는 굴절에 의한 어형변화(dēclīnátĭo, paradigm)에서 유루(遺漏, omission)가 가장 적고 동일 방언 내에서, 또는 공식적인 표준어에서 모든 화자(話者)들에게 거의 동일하게 나타남을 지적하였다.

1.2.2.1. 굴절에 의한 기본어와 굴절어의 차이를 봐로는 "자연적 어형의 변이(dēclinátio naturális, natural word form)"라고 불렀다. 주어진 어떤 기본어휘와 그의 굴절어미들은 다른 모든 굴절형태들의 어형을 자연적으로 암시해 주기 때문이다. 예는 이해를 돕기 위하여 라틴어의 'ămo(사랑하다)'를 들었다.

[표 1-6] 라틴어 동사의 어형변화

인칭 수	현재		반과거		과거	
1인칭단수	ămo-o	나는 사랑한다.	ăm-ābam	나는 사랑하고 있다.	ăm-āvi	사랑했다.
2인칭단수	ăm-ao	너는 사랑한다.	ăm-ābams	너는 상동	ăm-āvisti	상동
3인칭단수	ăm-at	그는 상동	ăm-ābat	그는 상동	ăm-āvit	상동
1인칭복수	ăm-āmus	우리들은 상동	ăm-abāmus	우리들은 상동	ăm-avinus	상동
2인칭복수	ăm-ātis	너희들은 상동	ăm-abātis	너희들은 상동	ăm-avistis	상동
3인칭복수	ăm-ant	그들은 상동	ăm- ābant	그들은 상동	ăm-avērunt	상동

이 예에서 '-o, -ao'와 같이 표시한 굴절어미들은 다른 동사에서도 그대로 반영되어 그 동사의 주어와 그의 단, 복수, 그리고 인칭을 알려 준다.

반대로 공시적 파생에 의한 파생어의 형성은 한 어휘로부터 다른 어휘로의 변화이므로 그 사용성(utility)과 수용가능성(acceptability)이 어근(root)와 사람에 따라 다르게 된다. 예를 들면 라틴어에 다음과 같은 파생어가 있다.

> ovis(양, sheep) → ovile (sheep fold, 양 우리)
> sūs(돼지, pig) → suíle (pigsty, 돼지우리)
> bōs(황소, ox) → būvile(외양간)   not *bovile

이 예로 본다면 파생접사들은 굴절어미와 달리 엄격하게 규칙적인 것이 아니다. 즉, 'bōs, bōvis(황소, ox)'의 파생명사는 'bōsile, bōvile'이 아니라 'būvile'로 변하였다. 어근에 따라, 또는 사용자에 따라 그 사용과 수용가능성이 다름을 보여준 것이다.

1.2.2.2. 봐로(M. T. Varro)는 시제(時制, tense)의 동사 범주를 다룰 때에 스토아학파의 원리를 따른 것으로 보인다. 즉, 스토아학파는 잎의 1.1.3.5.에서 논의한 바와 같이 동사를 다음과 같이 나누었다.

> 동작타동사(rhēmata orthá) - 대격을 취함.
> 수동태(rhēmata hyptia) - 속격을 취함.
> 중립 자동사(rhēmata oudétera) - 주격을 취함.

봐로(M. T. Varro)는 이 동사들의 시제어형변화(tense paradigms)에서 능동과 수동으로 나누고 시제 변화의 형태를 두 개의 의미 기능으로 다시 분류하여 시간 표시와 더불어 상(相, aspect)의 표시로 구분하였다.

이것은 아리스토텔레스(Aristotle)의 시제와 상의 분류에서 온 것인데 이 둘을 도표로 보이면 다음 [표 1-7]과 같다.

[표 1-7] Aristotle의 시상(時相)

tense	present	past
aspect	현재	미완료
incomplete	현재	대과거

이것은 스토아학파에도 영향을 주었는데 봐로(M. T. Varro)는 여기에 능동과 수동을 더하여 다음과 같은 동사의 변화표를 만들었다. 여기에도 이해를 돕기 위하여 능동의 'disco (learn, 배우다)'와 자동의 'ămo (love, 사랑하다)'를 예로 보이면 다음과 같다.

[표 1-8] 봐로(M. T. Varro)의 시제와 상(相)

	시간	과거	현재	미래
능동	미완성상	discébam (I was learning)	discō (I learn)	discam (I shall learn)
	완성상	didiceram (I had learned)	didicĭ (I have learned)	didicero (I shall have learned)
자동	미완성상	ămābar (I was loved)	ămor (I am loved)	ămātus (I shall have loved)
	완성상	ămātus eram (I had been loved)	ămātus sum (I have been loved)	ămātus erō (I shall been loved)

이 [표 1-8]을 보면 봐로(M. T. Varro)는 라틴어에서 현재 완료시제형인 'didicĭ (I have learned)'를 희랍어의 완료 시제형에 상응하는 현재 완성시제에 두었다. 라틴어의 완료시제에는 단순 과거의 의미, 예를 들며 'I did'만이 아니라 완료 의미의 'I have done'를 동시에 갖는다. 즉, 희랍어의 부정(不定) 과거(aorist)와 미완료(incomplete)를 동시에 나타내는 어형 변화가 라틴어에만 특징적으로 존재하는 것을 인정하지 않거나 이해하지 못한 것 같다.

라틴어의 현재완료시제가 희랍어의 부정(不定) 과거인 'aorist'와 'present complete(현재완료)'를 나타낸다는 사실로부터 앞에 예로 든 'didicĭ'가 단순 과거의 'I learned'와 현재완료의 'I have learned'를 동시에 의미하게 된다. 이러한 라틴어와 희랍어의 중요한 차이는 다음에 논의할 프리스키아누스(Priscian)에 의하여 밝혀진다.

1.2.2.3. 희랍어에서 드락스(D. Thrax)의 <문법기슬>에서 분류한 5격(πτώσις) 체계를 봐로(M. T. Varro)의 <라틴어 문법>에서는 탈격(奪格, cāsus ablativus)를 추가하여 6격(cāsus) 체계를 인정하였다. 그의 이전에는 형태적으로 분명히 구분되는 탈격을 희랍어의 속격과 대격에 포함시켰다. 봐로는 이것을 따로 분리하여 탈격을 인정한 것이다.

봐로(M. T. Varro)가 따로 설정한 탈격(奪格)은 "누구에 의해서 행동이 수행되었다"란 의미를 가지며 어형변화(dēclīnátǐo, paradigm)에서 다른 격들과 형태가 달랐다. 봐로에 의해서 독립된 탈격은 일명 '라틴격(cāsus Latinus, Latin case)' 또는 '제6격(6th case)'으로 불렸다. 그는 이 격의 의미를 "그에 의해서 행위가 수행되는 것"이라고 주석하였다.

탈격(奪格, cāsus ablativus)의 예를 라틴어에서 찾아보면 다음과 같다.

> Rōmā navigat - 그는 로마에서 출항(出航)했다. 'Rōmā(로마)'는 탈격.
> in silva habitant - 그들은 숲속에서 산다. 'silva(숲)'는 탈격.
> equō adveniet - 말(馬)로 왔다. 'equō(말)'는 탈격.

영어에서 탈격은 '기원(起源), 원인, 재료, 부속(附屬)' 등의 의미를 갖는 'from, with, by'의 전치사로 표시된다.

1.2.2.4. 알렉산드리아학파의 문법가였던 드락스(D. Thrax)의 <문법기술>에서는 주격(主格, πτώσις ονοματική)을 직격(直格, πτώσις εύθια)이라 하여 대표형으로 삼고 나머지 4격을 사격(斜格, πτώσις πλαγιαι)하여 희랍어의 격 체계를 정리하였다.

이와 똑 같이 봐로(M. T. Varro)의 <라틴문법>에서는 역시 주격을 대표형으로 삼고 주격(主格, cāsus nōminātivus)을 '직격(直格, cāsus rectus)'이라 하였다. 그리고 이를 제외한 나머지 다른 격을 '사격(斜格, cāsus obliqūs, oblique case)'이라 불렀다. 다만 봐로는 희랍의 문법가들처럼 각 격에 특징을 살펴서 격이 갖는 전형적인 의미와 관계를 설정하는데 만족하고 그 이상 통사론적 특징에 대하여는 논의하지 않았다.

또 그는 원인격의 'αιτιατκη(aitiatikē)'의 'αιτιατκη(원인, 고발)'를 잘못 이해하고 '고발'이란 의미의 라틴어 'accūsātīvus'로 잘못 번역하여 대응시켜서 '원인격'이 '고발격'이 되었다. 앞의 1.2.2.4.에서 언급한 바와 같이 언어학사에서 유명한 오역의 하나가 되었다. 라틴어에는 'αιτιατκη'에 해당하는 낱말이 없었기 때문이다.

봐로(M. T. Varro)의 격 체계는 앞의 1.1.2.3.에서 살펴본 바와 같이 드락스(D. Thrax)의 <문법기술>에서 직격(直格)과 사격(斜格)을 구별한 것을 라틴어에 그대로 적용한 것이다. 다만 라틴어의 시격에 탈격(奪格, cāsus ablativus)을 추가했을 뿐이다. 희랍어의 5격과 봐로(M. T. Varro)의 라틴어 6격을 대비하여 표로 보이면 다음의 [표 1-9]와 같다.

따라서 봐로(M. T. Varro)의 라틴어 격 체계는 드락스(D. Thrax)의 희랍어 격 체계에 탈격

(奪格)을 더한 것일 뿐 다른 특별한 사항은 없었다.

[표 1-9] 희랍어의 5격과 라틴어의 6격

희랍의 5격		라틴어의 6격	
직격 (πτώσις ὀρθή)	주격 (πτώσις ονοματικέ)	직격 (cāsus rectus)	주격 (cāsus nōminātivus)
사격 (πτώσις πλαγιαι)	원인격 (πτώσις αιτιατκη)	사격 (cāsus obliqūs)	고발격 (cāsus accūsātīvus)
	속격 (πτώσις γενικη)		속격 (cāsus genitius)
	여격 (πτώσις δοτικη)		여격 (cāsus dativus)
	호격 (κλητκι)		호격 (cāsus vocativus)
			탈격(cāsus ablativus), 라틴격(cāsus Latinus)

1.2.2.5. 품사의 분류에서 봐로(M. T. Varro)는 희랍문법과 같이 격(格)과 시제(時制)를 굴절적인 낱말의 범주 구별에서 일차적인 기준으로 삼았다. 그리하여 어형의 굴절로 대조되는 4개의 문법 범주를 설정하였다.

격 굴절을 하는 것 - 명사. 형용사 표함. nōmen.
시제 굴절을 하는 것 - 동사. verbum.
격과 시제 굴절을 동시에 하는 것 - 분사. participĭum.
아무 것도 하지 않는 것 - 부사. advérbĭum.

원래 희랍어의 품사 분류는 플라톤(Prato)의 'ονομα(주제)'와 'ρήμα(서술)'의 구별에서 시작하여 아리스토텔레스(Aristotle)가 여기에 'συνδεσμοι (sydesmoi, 접속사, συνδεσμος)'를 더하고 스토아학파에서 다시 'αρθρον (arthron, 관사)'를 추가하여 4품사로 하였다. 봐로(M. T. Varro)가 앞과 같은 낱말의 문법 범주를 구분한 것은 스토아학파의 것을 추종한 것으로 보인다. 그리고 이것은 고대인도의 <팔장>에서 나눈 것과 동일하다.

드락스(D. Thrax)의 <문법 기술(技術)>에서는 품사분류(μέρος λόγου. part of speech)로 앞에

서 든 명사(ονομα), 동사(ρήμα), 분사(μετοχή), 부사(επίρρημα)에서 명사를 다시 'ονομα(명사)'와 'αντωνυμιά(대명사)'로 나누고 'προθεσις(전치사)'를 독립시켰으며 'συνδεσμοι(접속사, συνδεσμος)'와 'αρθρον(관사)'를 부활시켜 8품사로 하였다.

이러한 희랍어의 품사 분류에 비하여 봐로(M. T. Varro)의 4개 문법 범주의 구별은 뒤떨어진 감이 없지 않다. 특히 스토아학파의 'μεσοτης (mesotēs)'를 'επίρρημα (epirrhēma, 부사)'로 드락스(D. Thrax)가 정한 것은 희랍어나 라틴어와 같은 굴절어의 특징을 꿰뚫어본 뛰어난 결정이었으며 봐로도 이를 수용한 것으로 보인다.

3) 봐로 이후의 라틴 문법

1.2.3.0. 봐로(M. T. Varro) 이후의 라틴 문법은 팔라에몬(Quintus Remmius Palaemon, 1C. A.D.)과 쿠인틸리아누스(Fabius Quintilianus, 30~80? A.D.)에 의하여 이어진다. 해방 노예였던 팔라에몬은 티베리우스(Tiberius)와 네로(Claudius Nero) 황제 시대에 명성을 얻은 문법학자다. 다만 현전하는 'Ars Palaemon'은 출처가 불명한 것으로 알려졌다.

팔라에몬은 실제로 라틴어의 이해를 위하여 문법을 연구한 최초의 로마인(人)이었다. 그는 감탄사에 대하여 "결정적인 의미를 갖지 않고 감정을 나타내는 것"으로 정의하여 후일 프리스키아누스(Prician)로 하여금 감탄사를 문장에서 독립된 품사로 보게 하였다. 뿐만 아니라 그의 문법 이론은 카리시우스(Charisius), 디오메데스(Diomedes) 등에게도 영향을 주었다.

1.2.3.1. 팔라에몬의 제자인 쿠인틸리아누스(F. Quintilianus)는 그가 써서 오늘날 전하는 『웅변술 입문(Institŭtio Oratórĭa)』에서 라틴어의 교육에 대하여 폭 넓게 논의하였다. 이 가운데 두드러진 것은 탈격(cāsus ablativus)의 조격적 사용, 예를 들면 'gladiō (with a sword, 칼로)'와 같은 사용을 제7번째 격으로 독립시켜야 한다고 주장한 것이다.

독립된 조격(造格, instrumental case) 형식은 산스크리트어에서도 발견되므로 인구어 공통조어에 존재하였을 가능성은 있지만 희랍어에서 찾을 수가 없고 라틴어에서도 6격만으로 충분하게 명사의 굴절을 설명할 수 있다고 보는 견해가 많았다. 그리하여 라틴어의 6격 체계는 그대로 유지하였다.

다만 의미와 그 통사적 기능의 면에서 형태론적으로 구별되는 형식들을 6격만으로 충분하다고 보기는 어려웠다. 후일 프리스키아누스(Priscian)는 그의 <문법 교정(敎程)>(Priscian, 500 A.D.)에서 탈격(cāsus ablativus)의 조격(造格)적 사용에서 보여주는 형태론적 자질들은 라틴어에서 잉여적(supervácǔum, redundant)인 것으로 처리하였다.

1.2.3.2. 기원후 4세기경의 도나투스(Aelius Donatus)는 그가 라틴어 문법서로 저술한 『문법의 기능(*Ars Grammatica*)』(330 A.D.)에서 당시의 라틴어 문법을 집성시켰다. 그의 제자로는 성경을 라틴어로 번역한 제롬(St. Jerome)도 있었다.

그의 <문법의 기능>는 두 책으로 되어서 <Ars Minor(小 기능)>는 초보자들을 위한 것으로 라틴어의 팔품사(八品詞)에 대하여 질의응답 식으로 편집되었다. 반면에 <Ars Major, or Secunda(주 기능, 또는 둘째)>는 좀 더 포괄적인 문법의 여러 문제를 다루었다. 특히 수사학의 결함과 장점(vitiátǐo virtútes oratiónis)에 관하여 논의하여 중세시대에는 이 책이 중요한 라틴어 교과서로 쓰였다.

도나투스(A. Donatus)는 문법에 대하여 다음과 같이 정의하여 후일 문법의 정의에 영향을 준다. 그는 문법을 "Ars recte loquendi, recteque scribendi, scriptorum et poetarum lectionibus(작가나 시인의 글에 보이는 바르게 말하고 바르게 쓰는 기술)"로 정의하였다.[20] 문법이란 말하고 쓰기 위한 하나의 기술이란 뜻이다. 물론 이때의 라틴어 'ars'는 단순히 '기술'로 해석하기는 어려운 좀 더 복잡한 의미가 포함되었다.

도나투스의 <문법의 기능>에서 앞의 1.1.3.1.에서 논의한 희랍의 알렉산드리아학파의 드락스(D. Thrax)의 팔품사(八品詞)를 다음과 같이 고쳐서 라틴어의 품사를 정리하였다. ( ) 안은 대응되는 라틴어 품사 명칭에 대응되는 드락스의 팔품사(八品詞)를 희랍 문자로 보았다.

명사(nōmen, ονομα)	대명사(prōnōmen, αντώνυμια)
접촉사(conjúntǐo, συνδεσμος)	동사(verbum, ρήμα)
분사(particípium, μετοζη)	형용사(adjectívum, αρθρον)
전치사(praepositío, πρόθεσις)	감탄사(interjéctǐo)

---

20 이 정의는 후대 15세기의 페로티(N. Perotti)와 봘라(L. Valla)에서 그대로 전승되었다. Valla(1471) 참조.

이 도나투스(A. Donatus)의 팔품사(八品詞)는 앞의 1.1.3.1.에서 소개한 드락스(Thrax)의 팔품사에 비하여 부사(επιρρημα, epirrhēma)가 빠지고 감탄사(interjéctǐo)가 대체되었음을 알 수 있다. 이것은 봐로(M. T. Varro)의 품사 분류에서 인정한 부사(advérbǐum)를 제외한 것은 매우 이례적이다.

필자가 도나투스(A. Donatus)보다 다음에 소개할 프리스키아누스(Priscian)를 라틴문법의 완성자로 보는 이유가 여기에 있다. 로마 고전시대에 봐로(M. T. Varro)와 팔라에몬(Palaemon), 그리고 그의 제자인 쿠인틸리아누스(F. Quintilianus) 및 여타 문법가들의 문법 연구는 희랍시대의 언어 이론과 여러 논쟁점(controversies), 그리고 문법 범주들(categories)을 흡수하여 라틴어에 적용하는 과도기의 연구로 보인다.

오늘날의 라틴문법은 기술적인 문법을 형식화한 것으로 잘 알려져 있고 이렇게 마련된 라틴어의 문법은 서양의 고대 후기와 중세시대의 라틴어 교육에서 기초가 되었다. 현재의 라틴문법은 이들보다 후대의 문법가, 즉 후기 라틴문법가의 연구에서 직접적으로 영향을 받았다. 후기 라틴문법가로는 도나투스(A. Donatus)와 프리스키아누스(Priscian)가 대표적이다.

1.2.3.3. 로마 고전시대에 봐로(M. T. Varro)와 팔라에몬(Q. R. Palaemon), 그리고 그의 제자인 쿠인틸리아누스(F. Quintilianus)의 라틴어 연구는 라틴 문법 연구사에서 전기(前期)에 속할 것이다. 그리고 후속해서 도나투스(A. Donatus)와 프리스키아누스(Priscian) 및 여타 문법가들의 문법 연구는 후기(後期)에 속한다.

라틴어 문법 연구사에서 전기에 해당되는 라틴 문법 연구는 앞의 1.2.3.2.에서 살펴본 희랍시대의 언어 이론과 여러 논쟁점(controversies), 그리고 희랍 문법에서 고찰된 문법 범주들(categories)을 흡수하여 라틴어에 적용하는 과도기의 연구로 보인다. 그리고 희랍문법을 받아드릴 때에 많은 시행착오가 있었다.

후기의 라틴문법은 기술적인 문법을 형식화한 것으로 잘 알려져 있고 이렇게 마련된 라틴어의 문법은 서양의 고대 후기와 중세시대의 라틴어 교육에서 기초가 되었다. 현재의 라틴문법은 이들보다 후대의 문법가, 즉 후기 라틴문법가의 연구에서 직접적으로 영향을 받았다. 후기 라틴문법가로는 도나투스(A. Donatus)와 프리스키아누스(Priscian)가 대표적이다.

즉, 중세시대에는 프리스키아누스의 Priscian(500, A.D.) <문법 교정(敎程)>의 문법이론이 양태론자들(modistae)의 중요 문법서로 인정되어 이 시대에는 거의 이 문법에 의거하여 라틴문법에 대한 여러 논의가 전개되었다. 이에 대하여 좀 더 고찰하기로 한다.

3. 프리스키아누스의 <문법 교정(敎程)>

1.3.0. 프리스키아누스(Priscianus Caesariensis, 영어명 Priscian)은 기원후 6세기경에 마우레토니아(Mauretonia)의 카에사레아(Caesarea)에서 태어나서 희랍어 문법을 배우고 콘스탄티노플(Constantinople)에서 라틴어 문법을 가르친 교사였다.

그의 『문법 교정(敎程, *Institutiones Grammaticae*)』(500 A.D.)은 어떤 라틴문법서보다 방대하고 많은 분량의 책이었다. 그리하여 첫 16권을 'Priscianus Major'라고 하고 나머지 17, 18의 두 권을 'Priscianus Minor'라고 부른다. 첫 16권에서는 주로 품사론에 대하여 자세하게 고찰하였으며 나머지 2권에서는 통사론에 대하여 언급하였다.

로마 제국(帝國)에서 여러 곳의 여러 라틴문법가들이 활약했지만 전술한 도나투스(A. Donatus)와 프리스키아누스(Prician)가 가장 많이 알려졌다. 프리스키아누스가 활약하던 시대는 로마 제국이 가장 강성했던 팍스 로마나(Pax Romana)의 평화가 깨지고 지중해의 통일됐던 희랍-로마의 문화가 분열하기 시작하던 시대였다.

특히 이 시대의 중요한 두 가지 사실은 기독교 문화의 정착과 로마 제국이 동서로 분열한 일이다. 기독교는 유대인들의 작은 문화에 속하는 종교였으나 로마 제국의 종교로 승격되었고 유럽의 사상과 학문의 기반이 되었다. 로마가 동(東)로마와 서(西)로마로 나뉘면서 지중해 중심의 서방 문화도 분열하였다.

프리스키아누스(Priscian)는 드락스(D. Thrax)의 <문법기술>(Thrax, 120 B.C.)과 아폴로니우스(Apollonius)의 저작물을 라틴어로 번역하였다. 특히 아폴로니우스(Apollonius)와 헤로디아누스(Herodianus)의 뒤스클로스(Dyskolos) 부자(父子)를 숭앙(崇仰)하였다.

프리스키아누스는 스토아학파가 희랍어를 음운(potestās, power), 문자(figura, shape), 그리고 이름(nōmen, name)으로 구분한 것처럼 발음과 음절 구조를 문자(lieterae)의 기술로서 처리하였다. 그리하여 다음과 같이 나누어 보았다.

```
                 ┌─ nōmen(문자의 명칭)
literae(문자) ─┼─ figura(자형)
                 └─ potestās(음가)
```

그는 이러한 음성 연구나 문자 표기 연구를 'De voce(음성학)' 혹은 'orthográphĭa(정자법)'라고 불렀다. 그는 음질구조(De sýllăba, 혹은 prosódĭa)의 단위와 발음된 분절음을 음성적으로 기술하는 단위에 대하여 관심을 가졌다.

1) 품사론

1.3.1.0. 프리스키아누스(Priscian)은 도나투스(A. Donatus) 등 초기의 로마 문법가들의 이론을 이어 받고 드락스(D. Thrax)와 아폴로니우스(Apollonius) 등의 희랍어 품사 분류에 근거하여 관사(αρθρον, arthron)를 없애고 도나투스와 같이 감탄사(interjéctĭo)를 독립된 품사로 인정하였다.

그는 각개 품사를 형식 범주(formal categories)와의 상호 관련에 의하여 기술하면서 이것을 우유성(偶有性, accidéntia)에 의한 것이라고 보았다. 희랍시대에 주장된 아리스토텔레스(Aristotle)의 이론을 따른 것이다. 이러한 문제를 다룬 어형론(語形論)을 그의 <문법 교정(敎程)>에서 18권 가운데 16권(Priscianus Major)을 할애하였다.

Priscian(500 A.D.)의 <문법 교정(敎程)>에서 예문을 희랍어에서 많이 들었다. 그것은 당시 독자들이 희랍어를 대부분 알고 있었기 때문이다. 그가 교사로 근무하던 콘스탄티노플은 희랍어를 사용하던 지역이었고 라틴어는 동(東)로마 제국의 수도가 된 다음에 공용어가 되었기 때문이다. 따라서 그의 책에서는 희랍어와 라틴어의 비교에 많은 지면을 소비하였다.

이 지역에서는 희랍어를 제일 언어로 사용하는 사람들에게 라틴어를 교육해야 했기 때문이기도 하다. 라틴어 교사였던 그의 문법서는 희랍어를 사용하는 사람들에게 라틴어를 교육하기 위하여 저술된 교재였다. 따라서 라틴어의 문법을 희랍어와 비교하여 설명하는 것이 당시 독자들에게 필요했었다.

1.3.1.1. 프리스키아누스의 팔품사(八品詞)는 역시 드락스(Thrax)의 <문법 기술(技術)>(Thrax, 120 B.C.)의 8품사와 비교하는 것이 이해하기에 편리하다. 현전하는 아폴로니우스(Apollonius)의 품사 분류와 그에 대한 정의가 프리스키아누스의 팔품사(八品詞)에 많은 암시를 주었다고 볼 수 있다.

프리스키아누스의 팔품사(八品詞)와 그에 대한 정의

명사(nōmen) - 명사, 일부 형용사로 분류된 것도 포함. 희랍어로 ονομα (onoma).
　　명사의 특성은 실체 및 성질을 나타내며 사람, 또는 사물에 통하는 공통점이나 고유성을 부여한다.

동사(verbum) - 희랍어로 ρήμα (rhēma).
　　동사의 특성은 수동적, 또는 능동적인 행위를 나타내는 것이고 시제와 서법을 갖지만 격 굴절은 하지 않는다.

분사(particípíum) - 희랍어로 μετοζη (metochē).
　　파생적으로는 항상 원래의 동사에 환원이 가능한 어류(語類)이지만 동사와 명사의 두 범주, 즉 시제와 격을 겸비하고 있다. 이 겸비성이 명사 및 동사와 구별되는 품사다.

대명사(prōnōmen) - 희랍어로 αντώνυμια (antōnymia).
　　대명사의 특성은 고유명사에 대한 대용(代用)가능성(substitutability)이 있고 인칭에 있어서 지정(指定)가능성(specifiability, 제1인칭, 2인칭, 3인칭 등)이 있는 품사.

부사(adverbium) - 희랍어로 επιρρημα (epirrhēma).
　　부사의 특성은 동사와 더불어 구조를 이루며 사용되고 동사에 통사적이나 의론적으로 종속되었다.

전치사(praeposítío) - 희랍어로 πρόθεσις (prothesis).
　　전치사의 특성은 단독어로서는 격 굴절을 하는 낱말 앞에서 사용되고 어형성(복합)에 있어서는 격 변화를 하지 않는 낱말의 앞에서, 즉 그 낱말의 전반부로서 사용되는 품사.

감탄사(interjéctĭo) - 희랍어의 품사 분류에서는 인정하지 않았음.
　　동사와는 통사적으로 독립되어 있고 느낌이나 마음의 상태를 가리키는 품사.

접촉사(conjúntĭo) - 희랍어로는 συνδεσμος (syndesmos).
　　접속사의 특성은 어떤 다른 품사의 둘 또는 그 이상의 구성원을 문법적으로 결합시켜 주며 그들간의 관계를 나타내주는 품사.

1.3.1.2. 이러한 <문법 교정(敎程)>(Priscian, 500 A.D.)의 품사 분류는 드락스(D. Thrax)의 <문법 기술(技術)>(Thrax, 120 B.C.)과 아폴로니우스(Apollonius) 등의 희랍어 품사 분류에 따

른 것이다. 프리스키아누스와 동시대의 라틴문법가들의 주장에서는 형용사(adjectívum, αρθ ρον)를 추가한 9품사의 분류도 있었으나 프리스키아누스는 기본적으로 형태에 기반을 둔 분류법을 최종적으로 채택하였고 여기에 의미, 기능에 의한 분류도 덧붙일 것으로 강조하였다.

프리스키아누스기 실제로 아폴로니우스의 팔품사(八品詞)를 모델로 하였지만 앞에 보인 각 품사의 정의를 보면 언어의 의미를 중시하는 실용주의(實用主義)자이었음을 알 수 있다. 그의 품사 분류를 드락스(D. Thrax)의 <문법기술>과 비교해 보면 이 사실이 더욱 뚜렷해질 것이다. 그리고 프리스키아누스(Piscian)가 콘스탄티노플에서 라틴어 교사였음을 상기하게 된다.

위의 품사 분류에서 대명사에 대하여 "고유명사를 대신하여 사용될 수 있는 품사"라는 정의를 추가하였다. 여기에서 대명사의 대용(代用)을 고유명사에만 한정시킨 것은 적어도 제3인칭에서만 보면 라틴어의 관용(慣用)에 상반된다. 대명사가 일반 명사를 대신하는 경우가 있기 때문이라 굳이 고유명사로 제한할 필요는 없을 것 같다.

그리고 "대명사는 전방조응성(anaphoric)의 용법에 의하여 지시하는 명사의 어휘적 제한이 결여되고 성질(quality)도 없이 어떤 물질을 가리키는 품사"라는 정의를 추가하였는데 이것은 아폴로니우스가 이미 지적한 말을 반복한 것이다. 즉, 아폴로니우스의 "어떠한 성질을 없이 실체를 나타내는 품사(Sustatantiam significat sĭne álĭquā certa qualitate.)"를 그대로 차용한 것이다.

그리고 'anaphoric(전방조응성)'에 대하여는 구어의 대명사나 정관사(定冠詞)들의 용법으로 다음과 같은 영어의 예를 들 수 있다.

When John saw Mary, he greeted her with smile. John = he, Mary = her
He kept a cat and took very good care of the cat. a cat > the cat

뿐만 아니라 라틴어의 "quis (who), qualis (what kind of), qui (who, what, which), talis (such)" 등은 인칭의 구별이 없기 때문에 프리스키아누스가 대명사에 들어갈 수 없다고 하여 명사로 보았다. 의문대명사를 인정하지 않은 것이다.

1.3.1.3. 전치사에서 "비(非) 격굴절의 낱말, 또는 격굴절의 낱말 앞에서 혼성되어 사용되는 품사"라는 정의에서 "procónsul(집정관 대리), intercúrro(사이를 지나가다)"에 보이는

'pro-(대리), inter-(사이)'를 전치사로 인정하였다. 드락스(D. Thrax)의 <문법 기술(技術)>에서는 이를 관사(αρθρον, arthron)에 속하도록 분류하였다.

접속사(conjúntĭō)는 희랍어로는 'συνδεσμος (syndesmos)'이지만 희랍의 아리스토텔레스(Aristotle)가 추가할 때에 접속사는 희랍어로(ςυνδεςμοι, syndesmoi)이었다. 그러나 드락스의 <문법기술>에서는 'syndesmos'로 이때에 이미 'i > s'의 변화를 친 것이다. 이것은 역사적 변천으로 복수의 형태가 'i > s'로 변한 것을 말한다.

앞의 1.1.1.0.에서 언급한 바와 같이 아리스토텔레스의 'ςυνδεςμοι(접속사)'에는 단순히 접속사만이 아니라 관사, 대명사를 포함시켰기 때문에 복수로 표시한 것이다. 따라서 이미 아리스토텔레스 시대에 품사의 분류가 이 시대에도 어느 정도 인식되었음을 감지할 수 있다.

2) 형태론

1.3.2.0. 프리스키아누스(Priscian)는 명사에서 주격 단수형, 그리고 동사에서 제1인칭 단수 현재 직설 능동태의 어형을 표준형(canonical), 또는 기본형(basic form)으로 삼고 이로부터 문자가 변형되는 한 무리의 변화형을 유도해 냄으로써 명사와 동사, 그리고 다른 굴절어의 형식들을 형태론적으로 기술하여 정리하였다.

문자의 변형이란 다른 서양의 고대 언어 연구자들에게 문자가 음운의 최소 단위로 인식하였기 때문에 음운의 변화였다. 프리스키아누스에게도 문자는 최소 음운 단위로 로마 글자를 이해하였다. 그리하여 명사로는 주격 단수형을 표준형이라 하여 예를 들면 '장미'라는 명사는 'rosa'를 표준형으로 보았다.

그리고 동사로는 제1인칭 단수 현재 직설의 형태를 기본형으로 정하였다. 예를 들면 'ego sum (I am)'은 제1인칭 현재 단수의 직설법이다. 그리고 이 'sum (to be)'을 기본형이라 하고 다음과 같은 현대 시제의 굴절 변화를 인정하였다.

ego sum (I am),   tu es (you are),   ille (illa) est (he, she is)
nos sumus (we are), vos estis (you are), illi (illae) suut (they are)

물론 이 굴절은 시제에 따라 또 변한다.

이러한 변화의 제 단계는 형태 분석과 관련이 없고 기술언어학에서도 이와 같은 어형 변화를 중요하게 여기지 않지만 현대의 생성문법가에서는 이와 유사한 과정으로 동사의 어형(語形)이 변할 때에 여러 규칙으로 설명한다. 아마도 이로부터 암시를 받은 것이 아닌가 한다.

1.3.2.1. 프리스키아누스(Priscian)는 격(格, cāsus, case)에 대하여 종래의 6격을 인정하였다. 그리고 격의 용법에서 다른 낱말과의 일치를 주장하였다. 그는 명사의 곡용형과 다른 명사의 격 형식을 비교하여 고찰하지는 않았다. 그러나 명사의 곡용이 보이는 어형변화(dēclīnátĭo)에 전체적으로 형태론적 변화가 일으키는 의미론적인, 또는 통사적인 가능을 살펴보았다.

봐로(M. T. Varro)를 포함한 로마의 문법가들이 격(cāsus)을 구별할 때에 의미와 기능 가운데 논리적으로 가장 기본적인 것을 골라내었다. 그러나 프리스키아누스는 의미와 기능 가운데 빈도수(frequency)가 제일 높은 것을 골라서 격으로 인정하고 그에 대한 정의를 붙였다.

격을 결정할 때에 형태론적, 또는 논리적 기준에 의하기 보다는 그 격이 문장 가운데 수행하는 의미, 기능의 실태, 즉 빈도수에 의하는 것이 가장 확실한 방법이라고 프리스키아누스는 생각한 것이다. 다시 한 번 그가 얼마나 실용주의에 입각한 문법 연구였는가를 잘 보여주는 대목이다.

1.3.2.2. 시제(tense)는 드락스(D. Thrax)의 <문법기술>의 것을 그대로 답습하였다. 그리하여 현재(present), 과거(past), 미래(future)로 나누고 과거는 4종의 의미론적 차이를 구별하였다. 즉, 과거를 다시 '미완료(imperfect), 완료(perfect), 단순과거(aorist, plain past), 대과거(pluperfect)'의 넷으로 나누었다.

이러한 시제의 분류는 라틴어의 완료시제가 상(相, aspect)이며 라틴어에서 완료형과 아오리스트(aorist)의 의미가 혼효되었음을 깨닫고 이를 인정한 것이다. 드락스(D. Thrax)의 '현재 미완료, 완료, 단순과거, 대과거, 미래'의 6시제는 아리스토텔레스(Aristotle)의 4시제, 즉 '현재(present), 과거(past), 미완성(incomplete), 완성(complet)'에 '미래(μελλων, future), 단순과거(αοριστοςt)'를 더한 것이다.

프리스키아누스는 이와 같은 라틴어와 희랍어의 시제에서의 차이, 즉 라틴어의 완료상 (perfect aspect)이 희랍어의 단순 과거(aorist)와 동일한 의미를 갖는다는 것만을 제외하고 드락스(D. Thrax)의 시제 분류에 전적으로 의존하고 있다.

따라서 이보다 앞서 스토아학파의 시제 분류에 의거하여 봐로(M. T. Varro)가 시도한 라틴어의 시제 분석보다 열등하다고 본다. 예를 들면 프리스키아누스는 라틴어에서 미래완료의 사용과 의미를 오해하였다. 즉, "scripserō (I shall have written)"을 미래의 가정이라 보았다. 그러나 이것은 완료가정법의 어형 "scripserim (I wrote)"와 구별된다. 어떤 가정법의 동사형에서 일인칭의 어미 '-ō'를 보여주지 않는다.

프리스키아누스(Priscian)의 형태론은 많은 실수와 오류가 있었음에도 불구하고 드락스(D. Thrax)와 아폴로니우스(Apollonius)의 체계적으로 기술한 희랍어 문법을 라틴어에 하나씩 적용시켰기 때문에 그의 형태론은 자세하고 순서가 있었으면 결정적이었다고 평가된다.

3) 통사론과 프리스키아누스 이후

1.3.3.0. 프리스키아누스(Priscian)의 <문법교정(*Institutiones Grammaticae*)>에서 전 18권 가운데 통사론에 관한 것은 마지막 2권에 국한되었다. 그는 라틴어의 일반적인 어순(word order)에 대하여 논술하였다.

그는 주격의 영사와 대명사가 주어(主語)로서 동아 앞에 오는 것이 자연스럽다고 보았다. 이것은 실체(substance)가 그것이 수행하는 동작보다 선행하여야 한다는 논리적 사고에 그 거를 둔 것이다. 그리고 동사에 대하여 희랍어의 문법가들이 분류했던 것처럼 동사를 다음의 셋으로 구분하였다.

> 능동(能動, active, transitive) - 사격(斜格)과 결합.
> 수동(受動, passive)
> 중립(中立, neutral, intransitive) - 주격(主格)과 결합.

또 형태론적 형식은 수동(受動)이고 의미와 통사론적으로 능동(能動), 즉 타동사이면서 수동 동사의 시제와는 맞지 않는 이태동사(異態動詞, deponent verb)에 대하여 많은 언급을 하였다. 희랍어와 라틴어에서 특이한 형태는 수동, 또는 중립이면서 뜻은 능동, 즉 타동사인 동사에 대하여 충분하게 검토하였다.

1.3.3.1. 타동사는 사격(oblique case)과 결합한다. 예를 들면 "laudo tē (I praise you) nócĕō tibi (I injure you)"는 가능하지만 "*egeō miserantis (I need someone to pity me)"는 불가능하다. 'nócĕō(해치다)'가 타동사이기 때문에 주격 '-ō'가 올 수가 있지만 'miserantis (불쌍하게 여기다)'는 능동 동사이기 때문에 주격 '-ō'가 올 수가 없다.

주어(subject)와 목적어(object)란 술어는 프리스키아누스 시대에 문법용어로 사용되지 않았다. 다만 '주제(subjéctum)'란 용어가 서술(proposition)의 논리적 주제를 지정하는 용어로 일반화되어 사용되었다. 또 문장에서 종속절을 인정하여 종속의 관계가 관계대명사 'qui, quæ, quod'와 그 유사한 낱말들에 의하여 문장 속에서 인정됨을 밝혀두었다.

앞에 든 관계대명사들이 갖는 일차적인 통사적 기능으로 절(clause)을 내포함을 들었다. 그러나 라틴어의 접속사들이 갖는 종속이나 대등한 접속 사이의 일차적인 문법적 차이는 설명되지 않은 채 남아 있었다. 그리하여 대등한 절을 이끄는 'tamen (nevertheless)'과 종속절을 이끄는 'quamquam (although), quamvis (however)'가 구별 없이 분류되었다.

1.3.3.2. 프리스키아누스(Priscian)의 라틴문법 연구는 한 시대의 끝에 있는 것이 아니라 언어 연구라는 학문을 고대(古代)와 중세(中世)를 연결해 주는 다리였다. 그의 <문법교정(教程)>은 가장 널리 사용된 문법서이었으며 중세의 라틴문법과 중세의 언어철학의 기초를 형성해주었다.

프리스키아누스의 문법은 봐로(M. T. Varro)와 같이 독창적이지 못하고 희랍문법의 원리를 충실하게 라틴어에 적용시켰다는 평가를 받는다. 다만 그는 어디까지나 라틴어의 학습에 도움이 되는 문법 체계를 구축하는데 목적을 두었다. 그에 비하여 봐로(M. T. Varro)는 독창적이지만 일반 문법의 성격을 지녔다고 하겠다.

프리스키아누스의 문법은 오랫동안 유지된 희랍-로마 통일 시대의 결실이었으며 이 팍스로마나(Pax Romana)로 불리는 평화의 통일 시대는 그의 시대에서 종말을 고하였다. 그리하여 서(西)로마 제국은 역사의 인식에서 저 뒤편으로 물러났다. 이러한 혼란한 시대에 문법가들은 자신의 연구와 교육으로 앞으로 도래할 암흑시대의 어둠 속에서 고전적인 전통을 지키는 중요한 수단이 되었다.

1.3.3.3. 프리스키아누스 이우에 몇몇 문법가들의 연구와 저술이 전해온다. Boethius (480~524 A.D.)는 프리스키아누스와 거의 같은 시대의 사람으로 유명한 아리스토텔레스 (Aristotle)의 『*De interpretatione*(명제론)』(Aristotle, 320? B.C.)를 라틴어로 번역하였고 그 서명을 붙였다.

중세시대의 피터(Peter Helias, 1210~1277)는 『*Summa Grammatica*(문법대전)』를 저술하였다. 그는 스페인의 피터(Peter of Spain)로도 불리었으며 후일 로마 교황이 되어 요한 21세 (John XXI)가 된다. 이 <문법대전>에서 스페인의 피터는 'súmmŭlae lógĭcales(논리학 요점)'에 근거한 의미론을 전개하였다.

즉, 'homo (man) albus (white)'는 두 가지 의미를 갖는데 하나는 '사람이 하얗다(the man is white)'이고 또 하나는 '흰 사람(white man)'으로 후자가 복합형이어서 의미의 제한을 받은 반면에 전자는 단순형이라 그런 제한이 없다고 하였다. 이러한 동일 형태의 서로 다른 뜻을 파악하는 일은 후대 의미론의 중요한 과제가 되었다.

제2장 중세시대의 언어 연구

2.0. 유럽에서 로마 제국(帝國)이 붕괴된 이후 근대세계의 개화기라고 말할 수 있는 문예부흥(Renaissance)까지의 약 900년간을 유럽의 중세시대(middle age)라고 말한다. 그 가운데 전반(前半)의 약 600년간, 즉 서(西)로마 제국이 멸망한 476년부터 1,100년까지를 특히 암흑시대(dark ages)라고 하면서 유럽에서 학문과 문화가 정지된 시대로 본다.

기원후 410년에 로마는 서(西) 고드(Goth)인에 의하여 침략을 받고 대대적인 약탈이 있었으며 476년에 서(西)로마의 최후의 황제 로물로스 아우구스토울로스(Rómŭlos Augustoulos)가 겔만(German)인 용병대장 오도아켈(Odoacer)에 의해서 폐위된다. 그리고 폐위 17년 후에 테오도리크(Theodoric, ?~451 A.D.)가 세운 동(東) 고트 왕국에 병합되어 서(西)로마 제국은 멸망한다.

이 기간 동안 동(東)로마 제국은 비록 외적이 침입이 적지 않았으나 희랍의 고전 문화와 학문의 전통을 어느 정도 보존할 수 있었다. 그러나 동로마와는 달리 서(西)로마 제국은 북방으로부터 겔만(German) 민족의 침략이 계속되었고 내정(內政)은 부패하여 지도자들의 인식은 타락하였으며 가치관의 변화와 전도가 계속되었다.

이로 인하여 전해 내려온 고전의 전통은 고갈(枯渴)되어 그 권위는 제도와 더불어 땅에 떨어져 문화적으로 암흑의 시대가 되었다. 자조적(自嘲的)인 의미의 암흑시대(dark ages)란 말은 13세기 때에 페트라르카(Petrarch)에 의하여 명명되었으나 후대 사가(史家)들은 이 말을 기피하는 현상도 있다.

비록 문화적으로는 암흑시대였지만 라틴어는 당시 유럽에서 학문의 언어로 부동의 위치를 차지하였고 기독교가 성행함에 따라 종교의 행정 언어로서 더욱 그 위상이 높아졌다. 따라서 라틴어를 연구하는 전통은 끊임없이 존속되었다. 그리고 다시 동(東)로마가 흥용하여 신성(神聖) 로마 제국(帝國)으로 세력을 얻게 되면서 다양한 문명이 이 시대에 부각되어 암흑시대는 종언을 고한다고 보았다.

중세시대의 언어 연구는 이러한 환경 속에서 라틴어 연구를 중심으로 발전한다. 이 장(章)에서는 이 시대의 언어 연구에 대하여 고찰하기로 한다.

1. 시대의 개관

2.1.0.0. 서(西)로마가 멸망한 다음에 유럽도 분열하여 암흑시대에 들어간다. 그러나 이 시대에도 희랍 고전에 대한 연구와 기독교 사상의 전파가 이루어져서 희랍과 로마의 문화적 유산이 면면하게 유지되었다.

특히 라틴어는 교육의 언어로 유일하게 배워야 하는 언어로 남았다. 그리고 그 언어의 권위는 기독교의 행정 언어, 문학작품의 언어, 미사의 언어로서 더욱 우대되었다. 이로부터 라틴어는 높은 위치에 올려놓았다. 따라서 중세시대의 언어 연구는 라틴문법의 연구가 주종을 이루었다.

유럽에서 중세시대의 교육은 칠 교양과(seven liberal arts)의 기초 위에 세워졌다. 7 교과는 첫째 문법, 논리학, 수사학의 삼과(trivium)가 초급(初級)이고 이어서 음악, 수학, 기하학, 천문학의 사과(quadrivium)가 상급(上級)이었다. 그리하여 Sandys(1921:670)에서 다음과 같이 정리하였다.

> Gram lŏquitur, dĭā vēra docet, rhēt verba colōrat - trivium
> - 문법은 [바르게] 말하고 논리학은 진리를 가르치고 수사학은 말을 수식한다.
> Mūs canit, ar numerat, ge ponderat, ast colit astra - quadrivium
> - 음악은 노래하고 산술은 셈하고 기하학은 재고 천문학은 별을 관측한다.[1]

이 중에서 문법(grammar)은 가장 중요한 교과목으로 교양 그 자체였으며 라틴어를 읽고 쓰려는 필요에 의해서 중세 학문의 기초 과목이었다. 여기서 말한 3과(trivium)와 4과(quadrivium)는 앞의 1.3.3.3.에서 소개한 Bothius(480~524 A.D.)가 제안하여 사용한 것이다.

---

1 여기서 'gram'은 'grammar'이고 'dĭā'는 'dĭāléctĭcus(변증법)', 'rhēt'는 'rhētoricē(수사학)'이다. 'mūs'는 'mūsica(음악)'이고 'ar'는 'arithmētica(산술)'이고 'ge'는 'geōmetria(기하학)'이고 'ast'는 'astrum(천문학)'이다. Paetow(1914).

서양의 중세시대에 얼마나 라틴어가 중요했는가를 알려주는 대목이다. 라틴어를 교육하고 배우기 위하여 서양의 중세시대에는 라틴문법이 연구되었다. 따라서 이 시대에는 오로지 라틴어의 문법에 대한 연구가 거의 언어 연구의 전부였다고 보아도 틀림이 없을 것이다.

2.1.0.1. 기독교의 흥융(興隆)은 언어학의 성장과 발전에도 영향을 주었다. 성 제롬(St. Jerome)은 도나투스(A. Donatus)의 제자로서 성서(聖書)를 라틴어로 번역하는 교회의 책임자였다. 그가 쓴 편지 중에는 번역 이론에 대하여 의견을 개진한 것이 있는데 번역은 낱말 대 낱말의 번역보다도 의미 대 의미의 묘사가 중요하다고 강조하였다(St. Jerom, *Epistŭlae*: 57).

오늘날 러시아나 다른 슬라브 국가에서 사용하는 끼릴 문자는 성 끼릴(St. Kyrillos, 827~867 A.D.)과 성 메토디우스(St. Methodius, 825~884 A.D.)에 의해서 제자된 것이다. 두 사람은 동로마 제국의 교회에서 9세기에 이 글자를 고안하였는데 오늘날 러시아 등에서 사용되는 끼릴 문자는 이 문자의 후예이다. 기독교를 신봉하는 슬라브 신자들이 표기에 사용하기 위해서 희랍의 알파벳을 차용한 것이다.

기독교 교회에서는 선교(宣敎)를 위하여 라틴어 교육이 집중적으로 이루어졌다. 그러나 그 언어 교육의 방법에 대하여는 알려진 것이 별로 없다. 기독교의 선교 사업과 수도원의 설립, 이태리가 아닌 외국에 세워진 교회에서도 라틴어를 즐겨 썼고 교회의 공용어인 라틴어는 유럽 각국에서 교육에 열심이었다.

2.1.0.2. 영국에서는 7~8세기에 베드(Bede)와 요크의 알퀸(Alcuin)이 라틴어 문법을 썼고 라틴어 교육을 위한 문법서로 아엘후리크(Aelfric)의 <라틴문법(Latin Grammar)>과 <라틴어 회화(Latin colloquium)>을 저술하였다. 이 책들은 사전으로 출간한 <라틴어-고대 영어 어휘집(Latin-old English glossary)>와 함께 출판되었다. 이 책은 영국에서 그때까지 고대 영어(Anglo-Saxon)를 사용하는 영국 아이들을 위하여 1천부 가깝게 간행되었다.

아엘후리크(Aelfric)는 영국의 옥스퍼드 주(州, Oxfordshire)에 있는 에인샴(Eynsham)의 수도원장이었다. 그는 로마의 프리스키아누스(Priscian)와 도나투스(A. Donatus)의 문법에 기초를 두고 전계한 <라틴문법>을 편찬한 것이며 고대영어의 문법을 소개하는데 적절하다고 생각하여 출판한 것이다.

비록 아엘후리크(Aelfric)가 라틴어와 고대영어에 보이는 두 언어의 차이, 예를 들면 어휘적으로 대응되는 명사에서 나타난 성(性)의 배분에 보이는 차이라든가 두 언어의 격 체계 사이에 정확한 대응이 결여된다는 사실을 알고 있었으나 고대영어의 기술에서 프리스키아누스의 문법을 적용하는데 대한 아무런 의심이나 논의를 하지 않았다. 그리고 이런 현상은 수세기 동안 계속되었다.

아일랜드에서노 기독교 교회의 설립과 더불어 라틴 학문이 그 땅에 쇄도(殺到)하였다. 9세기에 스칸디나비아의 침략이 있기까지 아일랜드는 기독교 문화의 전방에 있었고 유럽 대륙으로 기독교와 라틴어 교육을 확산시키는데 중요한 몫을 담당하였다. 따라서 아일랜드어에는 많은 라틴어가 차용되었다.

2.1.0.3. 언어학사에서 중세시대의 후기는 기원후 1,100년부터 르네상스(문예부흥)로 중세시대가 끝날 때까지를 말한다. 전기에 비하여 이 시대는 언어학사에서 더 중요한 시기로 본다. 이 시대는 스콜라철학(scholasticism)이 성행하던 때이므로 언어도 그 안에서 연구되었고 많은 업적을 남겼다.

유럽에서 이 시대는 인구의 대이동도 잦아들었고 로마 교회의 우월성은 도미니크(Dominic) 수도회와 프란시스코(Francisco) 수도회의 건립과 그로부터의 훈련에 의해서 더욱 강력해졌다. 기독교 교리에 대한 논쟁과 반대론(antagonism)에도 불구하고 모든 인간의 문화적 활동은 신(神)에 대한 봉사의 몫으로 통일하였고 모든 지적인 추구는 신앙의 연구에 종속되었다.

중세시대의 언어 연구는 도나투스(A. Donatus)와 프리스키아누스(Priscian)의 문법에 의거하여 라틴어의 교육과 그 응용에 주안점을 두었기 때문에 연구 목적은 주로 언어의 교육을 위한 것이었고 학술적인 연구는 부수적인 것이었다.

이러한 경향은 스콜라철학의 시대에 들어와서도 계속되었다. 학생들이 암기용으로 쓰이기 위한 운문으로 된 라틴문법서가 몇 권이고 거듭하여 출판되었다. 예를 들면 빌레뒤의 알렉산더(Alexander de Villedieu)가 편한 <Doctrinale(小敎程)>은 1200년경에 저술되었다. 이 문법 교과서는 매우 실용적이어서 중세시대의 유럽 도처에서 지정 교과서로 선정하였다.

또 저자가 불명한 <First grammatical treaties(제일 문법론)>은 제일 문법서로 알려질 정도로 널리 알려졌다. 저자는 아이스란드(Iceland)인으로 추정된다. 이 책에서는 로마자의 알파벳을 일부 개정하여 자신들의 언어를 적기에 맞도록 하였다.

2. 사변(思辨)문법

2.2.0. 서양 중세시대의 언어 연구에서 가장 흥미 있고 의미 있는 연구는 흔히 사변문법 (speculative grammar)이라 부르는 스콜라철학에 의거한 문법 연구라고 할 수 있다. 이 사변 문법은 스콜라철학의 최성기(1200~1350)에 성행한 "의미하는 방식에 대하여(De mode significandi)"라는 주제로 귀착하는 문법 연구다.

'De mode significandi'는 "의미 표출의 양식(樣式)에 대하여"로 해석할 수 있는데 의미 론의 분야로 볼 수 있는 주제가 이 시대의 많은 문법연구에 등장하였다. 이러한 생각은 스콜라철학의 방식으로 문법을 연구하려는 태도를 말하게 되었다. 즉, 사변(思辨)문법은 프 리스키아누스(Priscian)와 도나투스(A. Donatus)가 공식화한 라틴어의 문법적 기술(記述)을 스 콜라철학의 체계 속에서 통합하여 산출한 것이다.

스콜라철학(scholasticism)은 아퀴나스(St. Thomas Aquinas)와 같은 사상가가 기독교 신학 에 아리스토텔레스(Aristotle)의 철학을 통합시켜 얻어진 결과라고 할 수 있다. 이러한 철학 사상은 인간 학문의 모든 분파와 과목을 그 안에서 통일하도록 도와주었고 이성(理性)과 계시(啓示)가 그 안에서 조화될 수 있었다.

스콜라철학의 발흥(勃興)과 성장은 희랍어와 희랍철학에 대한 이해에 의하여 촉발되었 다. 십자군 전쟁과 오스만 투르크에 의한 1204년에 동(東)로마의 콘스탄티노플의 함락은 13세기에 아리스토텔레스의 철학이 보이는 희랍적 배경에 흥미를 갖게 하였으며 서방세계 에 많은 희랍의 논저들이 개방되는 결과를 가져왔다.

14세기까지 희랍어가 유럽의 많은 대학에서 정규적으로 교육되었다. 스페인에서 상당량 의 희랍 철학서들이 아랍어로 번역되었고 유태어로도 번역되고 주석되어 나머지 서부 유 럽의 여러 나라에 희랍 철학이 다시 소개되었다. 즉, 아랍이 스페인을 점령하고 있는 동안 아리스토텔레스의 아랍어 번역판이 다시 라틴어로 번역되었다.

스콜라철학자의 몇몇은 원본인 희랍어 철학서보다 라틴어 번역판이나 아랍학자들의 주 석을 통해서 희랍의 철학을 연구하였다. 이렇게 희랍 철학을 가미한 스콜라철학은 로마의 라틴어 문법에 대하여도 비판적인 생각을 하게 되었고 독특한 스콜라철학적 문법 연구를 시작하였다.

1) 스콜라철학의 문법관

2.2.1.0. 스콜라철학에서 로마 문법가들이 이루어 놓은 라틴문법, 즉 라틴어의 단순한 기술(記述)은 교육적으로 유효할지 몰라도 논리적으로 불완전하다고 생각하였다. 초기의 스콜라철학의 거장(巨匠)인 아벨라르(Abailard, 1079~1142)는 문법에 스콜라철학의 논리학을 적용할 것을 주장하였다.

중세시대의 몇몇 비평가들은 교육이나 주석(註釋)에 로마의 라틴문법으로 곧 바로 나아가는 것을 비판하고 보다 더 깊은 논리적 연구를 시작했다. 그들은 프리스키아누스의 단순한 라틴어의 기술을 주제로 삼을 것이 아니라 그가 채용한 문법 요소들과 범주에 대한 기저이론과 그에 의한 합리적 추론을 찾는데 역점을 두어야 한다는 의견을 가졌다.

12세기경에 콘슈의 기욤(Guillaum de Conches, Conches의 William)은 다양한 품사들이 그 어형론에 근원적인 기준을 설정하지 못했다고 불평하였다. Ivič(1970:25)에서는 중세의 언어 이론이 당시 일반적이었던 문학적 철학적 사상에 상응하는 것이었으며 스콜라철학자들은 언어 현상 속에서 무엇보다도 먼저 논리적 판단이 직접 반영됨을 강조하였다고 주장하였다.

당시 다른 철학자들은 프리스키아누스와 다른 라틴 문법가들이 문자로 쓰인 문어를 단순한 관찰적인 타당성만을 기준으로 하여 기술하였을 뿐이고 그 이론의 설명적 타당성은 등한히 하였다고 비판하였다. 오늘날 생성 문법가들이 미국의 블룸필드학파의 순수 기술(記述)적인 연구를 비판한 것과 같은 맥락이다.

12세기 중엽에 피터 헬리아스(Peter Helias)가 프리스키아누스에 대하여 논평을 쓰면서 프리스키아누스가 설정한 문법의 여러 규칙들을 철학적으로 설명하려고 시도하였다. 피터와 그의 선배들은 언어학의 여러 문제에 논리(logic)을 적용시킨 개척자라기보다는 그동안의 무질서한(disordered) 문법의 여러 진술(statements)에서 어떤 체계화를 가져오려고 노력한 최초의 문법가였다고 보는 것이 옳다.

2.2.1.1. 이들의 연구가 있은 다음에 문법에서 철학자들의 역할이 중요한 것으로 인식되었다. 그리하여 문법의 이론적 기초가 단순히 학생들에게 설명을 하기 위한 것이 아니라 철학자의 영역으로 승화되었다. 그리하여 '사물의 특정적 속성을 주의 깊게 고찰해서 문법

을 발견하는 것은 문법가가 아니라 철학자다'라고 스콜라철학자들은 생각하였다.

이러한 태도는 인류의 언어에 존재하는 기저의 일반문법(underlying universal grammar)이란 개념을 불러왔고 이러한 생각은 이론 언어학의 반복되는 과제가 되었다. 영국의 철학자 베이컨(Roger Bacon, 1214~1294)은 "모든 언어에서 문법은 그 부차적인 면(表層面)에 있어서 서로 다름에도 불구하고 본질적으로 동일하다. 또 그 표면적 차이도 단지 어형변화의 차이 뿐이다"라고 선언하였다.

베이컨은 다른 초기의 사변문법가들과 같이 희랍문법을 공부했고 그를 즐겨 썼으며 아랍어(Arabian)와 히브리어(Hebrew)의 연구가 중요하다고 역설했다. 역시 희랍어나 라틴어와 다른 문법의 아랍어와 히브리어를 고찰하여 모든 언어에 공통하는 일반문법을 찾으려는 노력으로 보인다. 당시에는 이 언어들이 희랍어, 라틴어와 구별되는 유일한 언어들이었기 때문이다.

2.2.1.2. 중세시대의 어떤 논리학자나 문법가들은 언어의 형식(form)과 그것이 지칭하는 사물(matter)과의 대립을 포함해서 형식적 가정과 본질적 가정의 차이에 대하여 더욱 깊이 연구하였다. 언어의 본질에 대한 연구로 방향을 잡은 것이다.

형식적 과정에서 낱말은 사물이나 사상을 대신하여 받아드려진 것이며 후대의 논리학자들은 이것을 대상언어(object language, or first order lang.)라고 불렀다. 반면에 본질적 가정의 낱말은 그 사물 자체를 나타낸다. 이것을 후대에 메타언어(meta language, or second order lang.)라고 불렀는데 예를 들어 보면 다음과 같다.

> Peter is the Pope(페트로는 교황이다) - object language
> Peter is a name(페트로는 이름이다) - meta language

이와 유사한 생각이 스콜라철학에서 언어학의 중요한 과제가 되었다. 전술한 바 있는 스페인의 피터(Peter Helias)는 후일 교황(教皇) 요환 21세(John XXI)가 된 인물이지만 그의 <Súmmŭla loicales(논리학 小典)>에서 의시(意示, significátĭo)와 대시(代示, supposítĭo)의 차이에 대하여 언급하였다.

여기서 'significátĭo(意示)'는 "낱말의 의미", 즉 '의미내용'을 말하는 것이고 기호, 또는 낱말과 그것에 해당하는 의미와의 상호 관계라고 정의하였다. 반면에 이에 대하여 주어진 기호는 주어진 사물, 인명, 사건 등을 대신해서, 또는 받아들여서 실제로 활용하는 'supposítĭo(代示)'가 있다고 본 것이다.

이로부터 언어의 이원성(二元性), 즉 음성 형식(supposítĭo)과 의미 내용(significátĭo)의 구분이 분명하게 되었다. 이것은 형식과 본질의 차이를 말하며 사변(思辨)문법에서 이를 구별하는 언급이 도처에서 발견된다.

이러한 'vox (sound)'와 'dictĭo (word)'의 차이는 이미 희랍의 스토아학파의 희랍어 연구나 프리스키아누스의 라틴문법에서도 발견된다. 이렇게 음성과 의미를 분리하여 생각하는 경향은 13세기의 마르베의 미셸(Michel de Marbais)에 의하여 강조되었다. 그는 "낱말이란 그 자체에 실질이 있는 것과 같은 소리와 형식이 있는 것과 같은 의미를 포함한다(A word includes in itself its sound as it were its matter and its meaning as it form)"고 정의하였다.

아퀴나스(St. Thomas Aquinas, 1225~1274)도 이와 유사한 생각을 가졌다. 즉, 아퀴나스는 "무엇인가를 표시하기 위하여(principaliter data ad significándum) 음성은 존재한다. 음성은 의미와 결합하는 인공물(significátĭa artĭficiáliter)이다"라는 현대 언어학과 유사한 정의를 내렸지만 이에 대한 후속적인 연구는 없었다.

2.2.1.3. 서양 중세시대의 양태(樣態) 언어학(mode linguistics)은 그 연구가 문법에 집중되었고 음운과 의미는 중요시하지 않았다. 라틴어가 제2 외국어로 유럽의 도처에서 학습되었기 때문에 개인적인 또는 그 지역사회의 제1언어와 관련하여 라틴어가 악센트가 발음되는 사실은 분명히 연구 대상이 되었을 것이다.

그러나 이 시대에는 문법 중심이어서 음성학은 관심이 없어서 악센트와 같은 음성학적 연구 주제도 음성학의 제반 사항에 대한 흥미가 결여되어 연구가 이루어지지 않았다. 사변문법의 이론은 많은 새로운 기술적인 용어를 만들어 내었다. 프리스키아누스 등 라틴문법의 여러 술어도 좀 더 세분되어 설정되었고 정밀하게 설명되었다.

이런 와중에서 양태(樣態) 언어학의 싹이 트이게 된다. 양태언어학은 전술한 바 있는 "의미의 양태(樣態)에 대하여(de modis significandi, on the modes of signifying)"를 표제를 갖고 언어에 대하여 연구하는 것을 말한다. 그들은 주로 개념론(概念論, conceptualism)에 의거하여 언어를 고찰하려고 시도하였다.

철학에서 개념(概念, conception)은 과거에 경험한 개별적인 심상(心像, mental image)에서 만들어지는 것으로 인간 심리 속에 실제로 존재한다고 믿는 것인데 이러한 논리를 추구하는 개념론은 명목론(名目論, nominalism)과 대비된다. 명목론에서는 그러한 개념은 인간 심리 속에서 존재하지 않는다고 본다.

개념론에 입각한 양태언어학은 진리가 특정한 사물을 떠나서 보편성(普遍性) 가운데 존재한다는 실재론(realism)이나 아니면 인간의 의식 속에 존재한다는 개념론(conceptualism)을 신봉하고 이와 관련하여 언어학의 역할을 따지게 되었다.

2.2.1.4. 사변문법은 외재하는 진리가 인간에 의해서 이해되는 방법에서 대시(代示, supposítĭo)를 중시하고 그것을 파악하는 방법, 즉 양태(樣態, modus)를 고찰하는 데 초점을 두었다. 그리하여 이러한 문법 연구가들을 양태론자(modistae)라고 불렀다.

특히 쿠르트레의 시거(Sigerus de Courtrai)와 에르후르트의 토마스(Thomas of Erfurt)가 주장한 진리는 다음의 세 차원에서 이루어진다고 한다.

> 존재의 차원이라고 할 수 있는 양태 - modi essendi(존재의 양태) - 선험적으로 존재
> 이를 인정하는 이해 능력의 양태 - modi intelligendi(이해의 양태) - 후천적인 능력
> 언어의 차원에서 구현(具現)되는 양태 - modi significandi(의미의 양태) - 언어의 실제 활동

이러한 언어활동에 직접적으로 영향이 있는 양태를 다시 세분하면 다음과 같다.

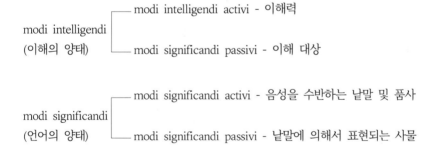

양태론의 술어로 설명하면 인간의 심리(心理)가 사물로부터 존재의 양태(modi essendi)를 추상하여 이들을 이해의 양태(modi intelligendi activi)로서 인지하고 언어는 이러한 추상적인 개념을 언어의 양태(modi significandi)라는 수단으로 타인과의 의사소통이 가능하다는 것이다.

또 실체성(modus entis)과 실존성(modus esse)도 구별하였다. 실체성, 즉 실재물의 양태(modus entis)는 기본적으로 존재의 양태(modi essendi)에서 사물이 실체로서 인식되는 것처럼 시간으로 보면 영속적인, 또는 존속(存續)되는 본성을 말한다. 실존성, 즉 실존의 양태(modus esse)도 존재의 양태(modi essendi)의 또 하나의 양태다.

실존의 양태는 존속하는 사물을 인간이 인식하는 변화하는 시간적 세기(繼起)의 본성을 말한다. 그리하여 그 안에서 유동성(流動性, modus fluxūs)이 살아있고 형성성(形成性, modus fierī)이 이루어지면 운동성(運動性, modus mōtūs)이 담겨있다고 본다.

2.2.1.5. 이러한 가정은 모든 인간이 같은 과정을 거친다고 보았다. 그리하여 양태론자(modistae)들은 비록 표면적인 차이가 있음에도 불구하고 모든 언어는 동일한 방법으로 의사를 소통한다고 주장하였다. 그리고 존재의 양태가 이해의 양태와 언어의 양태에서 수동형태가 되어 언어의 질료(matéria)가 된다는 것이다.

즉, 인간의 지식에 관한한 보편(普遍)은 사상(事象)의 현실적인 특성에서 추상화되어 그곳에서 떨어져나간 정신에 의해서 형성된다고 한다. 양태론자들은 인간의 정신은 사물로부터 존재의 양태(modi essendi)를 추상하고 이들을 이해의 양태(modi intelligendi)로 형상화하며 언어는 이러한 추상물을 언어의 양태(modi significandi)에 의해서 타인에게 전달하는 것으로 보았다.

이렇게 진리가 세 차원에서 형성되어 존재한다는 생각은 아퀴나스(Thomas Aquinas)가 이미 지적한 대로 기본적으로 아리스토텔레스(Aristotle) 철학파의 '소극적 실재론(moderate realism)'에 근거한 것이다. 이 양태론자들은 모든 언어에 존재하는 어떤 품사의 낱말에도 규칙이 있고 나아가 인간의 모든 언어를 지배하는 규칙도 있는 것으로 보았다.

많은 사변문법가들의 논문이 'De modis significandi(의미의 양태에 대하여)'라는 표제를 내건 것처럼 양태론자들이 가장 중요시한 것은 의미의 차원(level of modi significand)이었으며 이해의 차원(level of modi intelligendi)이나 존재의 차원(level of modi essendi)은 앞의 설명에도 불구하고 언어 차원의 투영(投影)으로밖에 보지 않았다.

2) 사변문법의 품사분류

2.2.2.0. 사변문법의 기본 이론에 전술한 개념론(conceptualism)에 반대되는 명목론(名目論, nominalism)이 적용된 경우가 있다. 명목론은 '참에 실재하는 것은 개별의 것뿐이므로 보편(普遍)의 진리는 존재하지 않다'는 생각이다. 따라서 보편적 개념이라는 것은 말뿐인 것에 지나지 않는 다는 것이다.

중세시대의 유행한 이 명목론은 일명 유명론(唯名論)이라고도 한다. 예를 들면 '개(犬, dog)'는 개별적으로 존재하지만 '개'라고 하는 일반적인 개념의 실체(reality)는 존재하지 않는다는 것이다. 따라서 추상적 존재의 개념(concept)을 실재하는 것으로 인정하려는 전술한 개념론(conceptualism)과는 상치(相馳)된다.

이 명목론에 의거하면 언어가 우위에 속한다. 즉 '이성이 곧 언어다(rátǐo est orátǐo)'는 슬로간이 가능하고 모든 사물, 특히 보통 명사의 추상물은 언어로서만 존재하는 것이 된다. 이것은 구약 성경에 '태초에 말(λογος, logos)이 있었으니'와 일맥상통하는 것으로 언어의 우위가 강조되는 이론이다. 따라서 명목론에 의하면 모든 철학적 연구는 언어 중심으로 이루어진다.

또 명목론에 의하면 낱말의 품사라는 것은 현실 세계, 또는 사물을 지시하고 분할(分割)하는 단위, 또는 기준이라고 본다. 그리하여 여기에 논리적 분석을 덧붙여서 보편적 문법을 확립하기 위한 새로운 테두리를 짤 수 있다고 생각한 것이다. 여기에서 논리적 분석이란 아리스토텔레스가 제시한 10개의 논리적 범주를 말하며 이를 활용하여 품사를 분류하였다.[2]

2.2.2.1. 스콜라철학에서는 아리스토텔레스의 범주를 ①의 실체(substance)만 인정하고 나머지는 모두 우유성(偶有性, accident), 즉 부수(附隨)적인 문법 속성으로 보았다. 즉, 실체는 우유성과 관계없이 존재하지만 나머지 ② 량(量, quantity), ③ 질(quality), ④ 관계(relation), ⑤ 장소(place), ⑥ 시간(time), ⑦ 위치(position), ⑧ 환경(circumstance), ⑨ 능동성(activity),

---

2　아리스토텔레스(Aristotle)의 *Organon* (Tool of science)에는 제1부 범주(Cătēgórǐa)에서 모든 독립된 낱말은 다음 10개의 논리적 범주의 어딘가에 속한다고 보았다. 그 10개의 논리적 범주는 ① 實體(substance), ② 量(quantity), ③ 質(quality), ④ 관계(relation, ⑤ 장소(place), ⑥ 시간(time), ⑦ 위치(position), ⑧ 환경(circumstance), ⑨ 능동(activity), ⑩ 수동(passivity)과 같다.

⑩ 수동성(passivity)은 실체가 우유성(偶有性), 또는 부수적으로 가진 문법 속성이라는 것이다.[3]

실체는 우유성이나 부수성과 관계없이 존재하지만 나머지는 모두 실체를 전제로 하고 그 특성을 우연히, 또는 부수적으로 가짐으로써 생겨난 존재라는 것이다. 이러한 생각은 단순히 낱말의 분류에만 적용되는 깃이 아니고 인간의 무한한 경험, 즉 현실 세계를 분할(分割)하는 방법이나 기준이기도 하다.

양태론(樣態論)에서의 품사 분류는 앞에 언급한 10개 범주에 의거하여 먼저 4품사를 다음과 같이 분류하고 정의를 붙였다.

> 명사(nōmen) -존재자 또는 존재물의 양태, 아니면 이미 정해진 특징으로 파악되는 (dētérmĭnātae apprehénsiōnĭs) 존재물의 양태에 의하여 언어로 나타나는(언어화하는) 품사.[4] 예, rosa(장미), Caesar(시저), merídĭes(정오), rábĭes(분노). 여기서 정해진 특징이란 스콜라철학에서 말하는 범주 ③의 질(quantity을 말한다. 이때의 존재자(물)는 안정, 영속의 양태(樣態)다. 프리스키 아누스(Priscian)의 명사에 대한 정의는 '실체, 또는 성질을 나타내는 것'이었다.
>
> 동사(verbum) -시간적 경과의 양태에 의해서 언어에 나타는 품사이고 [그것이 서술한] 실체와 따로 떨어져 있다.[5] 예, dispícĭo(알아내다, 분간하다). 프리스키아누스는 '격 변화를 하지 않는 품사'로 정의 하였다.
>
> 분사(particípĭum) -시간적 경과의 양태에 의해서 언어에 나타나는 품사이고 [그것이 서술한] 실체와 따로 떨어져 있지 않다.[6] 예, egréssus(나오는 것, 출발, 떠남). 프리스키아누스는 분사를 '동사 및 명사의 범주, 즉 시제와 격을 함께 갖춘 품사'로 보았다.
>
> 대명사(pronōmen) -미정(未定)의 특징으로 파악되는(indeterminātae apprehénsiōnĭs) 존재자(물)의 양태에 의해서 언어로 나타나는 품사.[7] 예, ego, tu, si. 아폴로니우스

---

3   프리키아누스(Priscian)는 우유성을 'accidentia(우발적으로 일어난 일, 附隨돼서 일어난 것(偶有性, 附隨性)'로 보았다. 즉 낱말에 부수되는 특성이란 뜻이다.

4   이에 대하여는 Thomas(1350: chapter 8, §16)에 "nōmen est pars orátĭónis signíficans per modum entis vel dētérmĭnātae apprehénsiōnĭs; modus entis est modus habitus et pér-mānéntis."를 참고할 것. Rbins(1990)의 일어역 中村 完·後藤 齊 공역(1992:91)에서 재인용.

5   이에 대해서는 Thomas(1350, chapter 25, §48)에 "Verbum est pars orátĭónis signíficans per modum esse distántis a substántĭa."를 참고할 것. 中村 完·後藤 齊 공역(1992:91)에서 재인용.

6   이에 대해서는 Thomas(1350, chapter 3 §65)에 "Particípĭum est pars orátĭónis signíficans per modus esse indistántis a substántĭa."를 참조할 것. 中村 完·後藤 齊 공역(1992:91)에서 재인용.

7   이에 대하여는 Thomas(1350, chapter 21, §37)에 "Pronōmen est pars orátĭónis signíficans per modum entis et indétérmĭnātae apprehénsiōnĭs; or §36: modus indeterminātae apprehénsiōnĭs

(Appolonius)와 프리스키아누스(Priscian)는 대명사를 '성질을 없애고 실체만 나타낸 품사'로 정의하였다.

앞에 든 분사(particípĭum)는 "Sōcrates videl púěrum legentem(소크라데스는 독서하는 소녀를 보았다)"라는 예를 들어 설명하면 쉽게 이해할 수 있다. 이 예에서 분사 '독서하는 (legentem)'은 실체의 양태(modus éntĭtas)인 '소녀(púěrum)'와 함께 붙어 있어 근접한 결합 (compositĭo indistántis)의 양태라고 보았다. 다만 "púěr legit(소녀가 독서하고 있다)"의 예에서는 modus essendi(존재의 양태)이어서 서로 떨어져 있는 원격결합(compositĭo distántis)이라 하였다.

그리고 대명사의 정의에서 '미정(未定)한 특징으로 파악(indeterminātae apprehiénsionĭs)'이란 의미는 실체와 언어의 낱말과의 관계를 말한 것이다. 에르후르트의 토마스(Thomas of Erfurt)가 Thomas(1350)에서 분명하게 지적한 바와 같이 언어의 제일 질료(matérĭa primā, primal material), 즉 실체와 대명사와의 사이에 존재하는 명확한 관계는 사변(思辨)문법과 스콜라철학의 형이상학적 통합관계를 해명하는 일이다.

다시 말하면 존재물(者)의 '미정(未定)한 특징으로 파악되는 양태(modus indeterminātae apprehénsionĭs)'는 제일질료인 '존재의 양태(modi essendi)'에서 생겨나지만 대명사는 그 기능이 제일 질료(matérĭa primā)를 의미하려고 하는 것이 아니기 때문에 이를 한정하거나 정형(定形)하지 않으므로 명사에 비해서 본질적으로 비한정적인 지시기능을 대명사가 갖는 것이라고 토마스(Thomas of Erfurt)는 강조하였다.

이러한 양태론자들의 품사 분류와 그에 대한 논리적 범주의 설명은 명사, 동사, 분사, 대명사에 대하여 그 특성과 양태의 명확한 이해에 성공하였다. 그러나 후속하는 부사, 접속사, 전치사, 감탄사에 대하여는 종전과 같이 통사론적인 설명의 방법밖에 없었다. 다음에 이에 대하여 고찰하고자 한다.

2.2.2.2. 앞에서 살펴본 바와 같이 중세시대 양태론자들이 분류한 8품사에서 앞의 4품사는 양태론에 의하여 성공적으로 설명이 가능하였으나 나머지 4품사는 그 통사론적인

---

oritúr a propríětate, seu modo essendi matérĭa prime"를 참고할 것. 中村 完·後藤 齊 공역(1992:91)에서 재인용.

특징으로 분류하고 또 그 방법으로 품사를 정의하였다. 그것을 여기에 소개하면 다음과 같다.

> 부사(adverbium) - 시간적 경과의 양태에서 의미를 나타내는 품사. [동사와] 더불어 구성된 다는 단독의 양태에 의해시 의미를 나타내는 품사.[8]
> 접속사(coniunctio) - 다른 두 개의 어구를 결합하는 양태에 의해서 의미를 나타내는 품사.[9]
> 전치사(praepositio) - 격 변화를 행하는 낱말과 더불어 통사적으로 구성되며 어떤 행위에 연결되는 양태로 의미를 나타내는 품사. 연결되는 낱말과 관련해서, 또는 어떤 행동에 직결시켜 관계를 나타내는 품사.[10]
> 감탄사(interjectio) - 동사 또는 분사를 한정하는 양태에 의해서 의미를 나타내는 품사. 감정, 또는 정서를 나타내는 양태에 의한 품사.[11] 감탄사가 특히 동사와 분사와의 관계로 정의한 것은 희랍 문법에서 이것을 부사에 넣었기 때문이다. 희랍문법에서의 부사 (επιρρημα, epirrhēma)는 동사와 분사에 관련되는 품사였다.

이와 같은 4품사의 설명은 주로 통사적 특징에 의한 것이다. 전자의 4품사가 논리적 범주에 의한 설명으로 품사를 정의했으나 후자의 4품사는 통사적인 특징에 의하여 설명할 수밖에 없었기 때문이다. 다만 후자의 4품사는 어형변화를 하지 않는 반면에 전자의 4품사는 어형 변화를 한다는 점을 주목할 필요가 있다.

2.2.2.3. 또 양태론자들은 통사론의 영역에서 명사 + 동사의 결합을 기본형으로 보았다. 즉, 문장 구성을 'supposítĭum(주부) + apposítĭum(술부)'가 기본임을 인정하고 여기에 주

8　이에 대해서는 Thomas(1350: chapter 36)에 "Adverbium est pars orátĭónis signíficans per modum adiacentis alteri quod per modum esse significat ipsum esse absolute determin- ans"를 참고할 것. Robins(1990)의 일어역, 中村 完·後藤 齊 공역(1992:92)에서 재인용.

9　이에 대해서는 Thomas(1350: chapter 39 §76)에 "Coniungctio est pars orátĭónis per modum coniungentis duoextrema significans." Robins(1990)의 일어역, 中村 完·後藤 齊 공역(1992:92)에서 재인용.

10　이에 대해서 Thomas(1350: chapter 41 §81)의 "Est praepositio pars orátĭónis signíficans per modum adiancentis alteri casuali ipsum contrabens et ad actum reducens." Robins(1990)의 일어역, 中村 完·後藤 齊 공역(1992:92)에서 재인용.

11　이에 대해서는 Thomas(1350: chapter 42)에 "Interiectio est pars orátĭónis signíficans per modum determinantis alterum quod est verbum vel particípĭum, affectus vel motus animae repraesentans." Robins(1990)의 일어역, 中村 完·後藤 齊 공역(1992:92)에서 재인용.

부 + 술부의 새로운 기능으로 다른 구문들은 이 기본형과 관련하여 설명하는 문법을 시작하였다. 예를 들면 "Corēa est peninsula Asiæ(한국은 아시아의 반도다)"에서 주부(supposítĭum)는 'Corēa'이고 술부(apposítĭum)는 'peninsula Asiæ'로 구별된다.

또 다음의 예에서는 주부와 술부가 좀 더 명확하게 구별된다.

> ex. Sōcratēs albus currit bene. - White Socrates runs well.
> Sōcratēs legit librum. - Socrates read a book.

이 예의 'Sōcratēs albus'와 'Sōcratēs'는 주부이고 술부는 'currit bene'와 이다. 또 'albus'란 형용사는 명사 'Sōcratēs'를 한정하고 'bene'란 부사는 동사 'currit'를 수식한다. 이때에 동사에서 형용사가 분리되었는데 이것은 이러한 통사론적 분석의 결과라고 볼 수 있다.

지금도 라틴어에서 명사에 붙는 형용사는 실명사(nōmen substantívum), 또는 형용사적 명사(nōmen adiectívum)이라 하여 명사의 하위 구분에 지나지 않는다. 사변문법가들에게 명사라는 것은 통사적으로 독립할 수 있는 어류(語類)이고 형용사는 명사에 접속하는 것으로 나눌 수밖에 없었을 것이다.

자동사와 타동사의 구분도 통사 구조의 범주로서 양태론자에서 구별되었다. 양태론에서 타동결합(constrúctĭo transitíva)과 자동결합(constrúctĭo intransitíva)을 여러 개의 서로 다른 어류(語類)를 문법 구조의 여러 요소 간에 보이는 통합 관계에 적용시켰다.

앞의 예에서 "Sōcratēs legit librum(소크라테스가 책을 읽는다)"는 명사 + 동사 + 명사로 된 문장이며 최초의 명사 'Sōcratēs (-supposítĭum)'와 동사 'legit (-apposítĭum)'와의 관계는 타동결합(constrúctĭo transitíva)으로서 동사 'legit(그는 읽다)'는 2개의 명사와 각기 의존하면서 문장 전체에서 중심적 역할을 하고 있다고 보았다,

그러나 'Sōcratēs albus(하얀 소크라테스)'는 자동결합(constrúctĭo intransitíva)으로 명사와 형용사의 일치를 보여준다. 명사(형용사 포함)와 사격(斜格)이 결합한 통사 구조, 예를 들면 'fílĭus Sōcratēs(소크라테스의 아들)', 'símĭlis Sōcratēs(소크라테스와 같다)' 등은 자동결합(constrúctĭo intransitíva)으로 간주한다.

이를 정리하면 다음과 같다.

Sōcratēs currit	자동결합(constrúctĭo intransitíva)
Sōcratēs legit librum	타동결합(constrúctĭo transitíva)
Sōcratēs albus	자동결합(constrúctĭo intransitíva)
fīlĭus Sōcratis(사격)	타동결합(constrúctĭo transitíva)
símĭlis Sōcrati(사격)	타동결합(constrúctĭo transitíva)

앞에 든 예문에 나머지 둘은 'Sōcratēs'의 사격(oblique case)을 취하고 있다. 즉, 자동결합의 경우에는 주격 이외에는 사격을 취하는 것을 알고 있었다. 그리하여 동사와 부사, 명사와 형용사는 자동결합(constrúctĭo intransitíva)에 의한 구문은 단지 일항(一項), 즉 하나의 인칭범주를 포함한다.

그렇지만 타동결합(constrúctĭo transitíva)에 의한 구문에는 반드시 동일한 지시기 아닌 두 개 이상의 명사, 또는 대명사가 포함한다는 것이다. 이러한 주장의 근거는 자동구문이 단지 1항의 인칭범주를 포함함에 비하여 타동구조는 반드시 두 개 이상의 인칭범주, 즉 동일 지시가 아닌 명사 또는 대명사를 포함해야 한다는 것으로부터 온 것이다.

이러한 생각은 고전 라틴문법시대에 어순을 '주어 + 술어 + 목적어'로 본 것을 크게 뒤흔드는 발상의 전환이라고 할 수 있다.

2.2.2.4. 동사와 부사, 그리고 명사와 형용사는 상호 의존적인 관계가 있다. 그리하여 이들의 결합은 다음과 같은 통사적 관계가 이루어진다고 양태론자들은 이해하였다.

의존(dēpéndĕo)	한정(térmĭno)	예문
술어(apposítĭum)	주부(supposítĭum)	Sōcratēs currit.
동사(verbum)	사격의 명사(object)	legit librum.
명사형용사(adiectivium)	명사(nōmen)	Sōcratēs albus.
부사(adverbium)	동사(verbum)	currit bene.
명사(nōmen)	속격의 명사(nōmen genitívus)	fīlĭus Sōcratēs

이러한 문장 내에서의 의존(dēpéndĕo)과 한정(térmĭno)은 문장만이 아니라 절(clause)에서도 일어난다. 예를 들어 "Si Sōcratēs currit, (If Socrates run,)"라는 절(節)은 다음에 오는 주절(main clause)과 의존 및 한정의 관계를 갖는다.

양태론자(modistae)들은 프리키아누스(Priscian)의 라틴어 형태론에서 보여준 기술(記述)을 매우 충실하게 따르고 있었다. 그들은 형태론의 여러 범주를 언어의 양태(modi significandi)로 간주하고 이를 다시 '다른 통사적 관계와 관련이 있는 상호 양태(modi respectívi)'와 '그런 관계가 없는 독립 양태(modi absolúti)'로 나누어 보았다.

그리고 '상호 양태(modi respectívi)'를 문장 구조의 기초(principĭa constrúctĭónis)라고 하였다. 예를 들면 다음과 같이 된다.

명사	+	동사	
modus entis(실체성)		modus esse(실존성)	- 본질적 양태
supposítĭum(주부)		appositĭum(술부)	- 문장 내에서 실현
Sōcratēs(Socrated)		currit(run)	- 예문

이러한 문장에서의 모든 통사론적 결합을 양태론자들은 낱말의 개별적인 상호 양태(modi respectívi)라고 하였다.

그리고 프리스키아누스(Prician)의 'accidentia'에 따라 '우연의 양태(modi áccidéntĭa)'도 인정하고 격(格), 성(性), 서법(敍法)들은 이러한 양태에 의하여 어형변화를 한다고 본 것이다. 이것은 봐로(M. T. Varro)의 라틴 문법에서 'dēclīnátĭo naturális(본래의 어미변화)'라고 했던 것이다. 라틴어에서 일어나는 명사와 동사의 어형변화를 이런 낱말들의 우연한 양태에 의하여 일어난 것으로 본 것이다.

그러나 형식(figúra)은 희랍의 <문법기술(技術)>(Thrax, 120 B.C.)에서 'σχήμα (schēma)'로 불렀던 것인데 단일어나 복합어의 구별할 때에 일어나는 접두어 등을 말한 것이다. 예를 들면 라틴어에 'dīves(부자)'가 'praedīves(대단한 부자)'의 접두사가 붙어 어형이 형성하는 것을 형식(figúra)라고 한 것이다. 'dīves'는 규칙적인 비교급, 최상금의 변화를 하지만 그 외에도 'divitior, dítior(더 부유한)'과 'divitíssimus, ditíssimus(가장 부유한)'의 변화도 있다.

또 이런 변화형을 드락스의 <문법기술(技術)>에서는 'ειδος, eidos(유형)'라고 하였다. 그러나 양태론자들은 복합어의 형성과 파생(dérĭvátĭo, derivation)에 의한 어형 변화를 구별하여 이를 'spécĭes(외형)'이라 하였다. 예를 들면 "cālĕo(나는 덥다)"가 "cālĕsco(나는 덥게 되다)"로 변화하는데 여기서는 서로 영향을 주지 않는다고 보았다. 따라서 이러한 변화형은 앞에서 논의한 독립 양태(modi absolúti)에 의한 어형 변화라고 할 것이다.

3) 사변문법의 특징

    2.2.3.0. 사변(思辨)문법이 언어학사에서주목을 받을 일은 다음 세 가지를 들 수 있다. 우선은 희랍문법의 드락스(D. Thrax)와 라틴문법의 프리스키아누스(Priscian)에서 이루어진 품사분류에 품사에 대한 정의에서 희랍 시대와 로마시대의 문법 연구가 서로 대비적임을 알 수 있다.

    후자가 형태와 함께 의미로 고려한 실용(實用)주의에 입각했다면 전자는 형태를 중시하는 철학적인 연구였다고 볼 수 있다. 중세시대의 양태론자들은 순수한 논리적이고 의미 중심의 관점에서 품사를 분류하고 그에 대한 정의를 시도하였다.

    중세시대의 양태론자들은 사변문법의 기초로서 품사의 단위를 결정하기 위해서는 각 언어에서 서로 다른 표층적인 형태를 기준으로 할 것이 아니라 보편성이 높은 이론적인 범주(範疇), 즉 의미를 기준으로 분류해야 한다는 생각을 가졌다.

    그러나 순수한 논리적 분석에 의해서는 명사, 대명사, 분사, 동사의 분류와 정의에서 성공했으나 나머지 4품사에서는 통사적인 특징을 근거로 하는 새로운 방법을 취하지 않을 수 없었다. 언어학사에서 이와 같은 논리적 분류 기준으로부터 통사적 특징을 감안하는 새로운 문법으로 이행한 것은 언어의 본질을 파악하려는 부단한 노력의 결과였다.

    플라톤(Plato)의 2분법적 품사 분류로부터 아리스토텔레스(Aristotle)의 3분법, 그리고 스토아학파의 4품사로 발전한 것도 이러한 통사적 특징을 감안한 연구 결과라고 할 수 있다. 이런 연구는 알렉산드리아학파의 드락스(D. Thrax)의 품사에 대한 정의에서도 나타났었다. 물론 고대인도의 <팔장>에서 보여준 비가라론(毘伽羅論)의 품사 분류에서도 형태론적 특징과 더불어 통사론적 특징이 중요한 분류 기준이었다.

    2.2.3.1. 사변문법의 품사 분류와 그 정의에서 될 수 있는 한 어떤 특정 언어의 특성에 제한을 두지 않으려고 노력하였다. 즉, 품사를 메타언어(meta language)로서 엄정하게 규정할 것을 추구하였다.

    그러나 중세시대의 양태론자들이 앞의 1.1.4.1.에서 논의한 바와 같이 라틴어에 기초를 두고 8품사로 분류한 프리스키아누스(Prician)에서 벗어나지 못하고 방법론에서 엄정한 기준을 제시하지 못한 것은 프리스키아누스의 실용성에 의거한 기술(記述) 문법을 따르지 않을 수 없었기 때문으로 보인다.

중세시대의 언어 연구는 철학적 연구를 출발점으로 하여 형태를 중시하고 의미를 중심으로 하는 연구 경향이 계속되었지만 전체적으로 보아서 철학적, 연역적(演繹的) 연구의 재현이라고 볼 수 있다. 우리가 이 시대의 언어 연구에 대하여 느끼는 이질감도 이러한 철학적. 또는 계시적(啓示的) 언어관에 의거한 때문인 것 같다.

근대시대에 에름스레우(Louis Hjelmslev)가 그의 Hjelmslev(1935, 1943)에서 고대와 중세 시대의 언어 연구에 특별한 관심을 가진 것도 특이했던 중세시대의 문법관을 해명하기 위한 것으로 보인다. 특히 양태론자들이 주장한 메타언어(meta language)로서의 개별 언어 의 연구의 중요성을 강조한 것이다.

희랍에서 시작하여 로마로 계승되었고 특히 중세시대에 영향을 준 것으로 보이는 언어 관과 그에 대한 논쟁, 예를 들면 자연설(自然說, φυςει, physei)과 관습설(慣習說, θεςει, thesei), 또는 후대에 나오는 규칙설(規則說, regulation)과 자의설(恣意說, arbitrariness)의 문제는 오늘날 에도 분명하게 정리되지 않은 미해결의 문제로 남아있다.

2.2.3.2. 라틴어는 로마제국(帝國)의 흥융(興隆)과 더불어 가톨릭교회의 종교 언어로서, 학문과 교육의 언어로서, 그리고 유럽 여러 민족의 공통어로서 그 지위를 확보하였다. 사변 (思辨)문법가들이 이 언어를 최고의 보통어로 본 것도 이런 정치, 사회적 이유 때문이다.

또 라틴문법이 중세로부터 현대에 이르기까지 모든 언어의 규범문법이 된 것도 이런 이유에 의한 것이다. 특히 근대화 시대에 아시아의 여러 국가에 파견된 가톨릭 선교사들은 현지에서 토착어를 배우기 위하여 라틴문법을 들여다 그 언어들을 고찰하였다.

그리고 그 연구 결과가 그들의 언어를 현대 문법적으로 연구하는 단초가 된 것은 비록 한국과 일본, 그리고 중국 등의 몇몇 동양 국가에 국한 된 것이 아니다. 세계의 많은 언어들 이 라틴문법의 방법으로 연구된 것은 서양의 기독교 문화가 전 세계를 휩쓴 결과로 보인다.

라틴문법만이 아니라 로마 문자도 세계의 문자로 널리 파져나갔다. 물론 팍스 아메리카 나(Pax Americana)라고 할 수 있는 세계 최강국인 미국의 영향도 있겠지만 역시 서양의 기독교 문화의 영향으로 세계의 여러 나라에서 이 문자를 들여다가 자국의 언어를 기록한 다. 가까운 몽고가 그러하고 터키가 그러하다.

이 책의 제1부 모두(冒頭)에서 언급한 것처럼 중국의 광활한 땅을 단일 국가로 통치할 수 있었던 것은 한자(漢字)라는 표의문자가 있었기 때문이다. 언어가 달라서 발음은 각기 차이가 나도 표의문자인 한자로 적은 한문(漢文)은 중국 전역에서 소통하는데 지장이 없었다. 한문으로 중국 대륙이라고 할 수 있는 광대한 지역을 단일 국가로 통치할 수 있었다고 필자는 믿는다.

서양에서 중세시대까지는 전 유럽이 가톨릭이란 종교 아래에서 라틴어를 공통어로 하여 마치 단일 국가처럼 공동(共同) 문화를 향유하였다. 그러나 다음에 논의할 문예부흥에 의하여 유럽인들이 자각하고 각국의 민족의식이 분출(噴出)하면서 유럽에서의 이러한 통일성은 사라지고 각국의 고유문화가 각개 약진의 방법으로 발달하게 된다.

결과적으로 통일된 로마 제국(帝國)은 수많은 독립국가로 나누어지는 계기는 언어를 징표로 하는 민족의 고유성에 의거한 것이다. 언어가 다르면 다른 민족으로 느끼고 민족이 다르면 다른 국가로 독립한다. 표음문자인 로마자로 자민족의 언어를 표기한 유럽의 여러 민족은 서로 다른 언어를 인식하고 독립된 국가를 세워서 서로 대립하기에 이른다.

특히 서양에서는 문예부흥과 더불어 유럽의 각국에서 민족의식이 발현하여 각개 민족어의 연구가 전개되었고 그에 따라 언어학도 크게 변한다. 이제 다음에 그러한 과정을 살펴보기로 한다.

제3장 문예부흥에서 18세기말까지의 언어 연구

3.0. 서양에서 문예부흥(Renaissance)은 미래 지향적인 복고(復古) 운동(back-looking movement)으로 근대 세계(modern world)와 근대 시대(modern age)의 시작으로 알려졌다. 현대 역사를 특징짓는 여러 현상들이 대부분 이 시대에 출현하였고 현대에까지 중단이 없이 계속되고 있기 때문이다.

문예부흥에 관여했던 인물들은 언어 연구에서 새로운 방향을 열어주었다. 다만 그들은 희랍-로마의 고전주의 세계에 대한 전면적인 재발견을 추구하고 새로운 재평가를 구하는 운동이었다. 따라서 문예부흥은 두 개의 독립적인 사상을 동시에 전개하는 야누스(Janus)적인 두 얼굴을 가졌다.

하나는 흥분되고 활기찬(exciting) 미래를 내다보려는 얼굴과 영광스럽던(glory) 과거를 회상하려는 얼굴을 가졌던 것이다. 이러한 유럽에서의 문예부흥은 학문 연구에도 새로운 풍조를 가져왔으며 전혀 연구된 일이 없는 의외의 연구들이 이 시대의 언어 연구에 출현하다. 이 장(章)에서는 이에 대하여 고찰하기로 한다.

1. 새로운 언어의 발견과 토착어의 등장

3.1.0. 서양에서 1492년에 콜럼버스(Columbus, 1451?~1506)가 아메리카 신대륙을 발견하고 나서 유럽의 확산이 전 지구에 퍼지게 되었다. 그리고 갈릴레이(G. Galileo)에 의해서 코페르니쿠스(Copernicus)의 지동설(地動說)이 증명되면서 기독교가 가졌던 부동의 지반이 흔들리게 되었다.

이로부터 기독교가 지향하는 평안과 봉사의 생활에 대한 회의가 퍼져나갔으며 유럽에서 중세 봉건사회의 절대 권력과 교회의 권위를 속박으로 느끼게 되었다. 중세사회를 암흑시대라 불릴 만큼 억압이 컸기 때문에 그 반발도 상대적으로 매우 강했다. 그리하여 문예부흥의 운동은 유럽 중세사회의 전 계층에서 일시에 표출되었다.

거기다가 15세기 중엽에 동로마제국의 서울이던 콘스탄티노플(Constantinople)의 함락은 이곳에 거주하던 많은 희랍 연구자들을 이태리 등 서방세계로 몰아내었다. 11세기부터 시작한 십자군(十字軍) 원정에 의해서 동로마제국에 보존되고 계승된 희랍의 고전문화는 이태리를 비롯한 유럽의 여러 나라에 전달되었다.

그러나 이러한 문화적 전파가 결정적으로 일어난 것은 1453년에 오스만 터키군(軍)에 의하여 콘스탄티노플, 지금의 이스탄불(Istanbul)의 함락이었다. 이로 인하여 그곳의 많은 희랍연구가들이 이태리 등지로 떠났으며 그들이 가져온 고전 문헌들이 서방에 전달되어 문예부흥의 원동력이 되었다.

콘스탄티노플은 상당한 수준의 희랍 연구가 있었다. 문예부흥보다 앞선 14세기말에 콘스탄티노플에서 초빙된 크리솔로라스(Manuel Chrysoloras)가 희랍어 교사로 로마에서 근무하면서 희랍어의 첫 근대문법을 저술하였다. 즉, 라틴문법으로 희랍어를 고찰한 것이다.

문예부흥 이후의 언어 연구에서는 새로운 지리상의 발견으로 다양한 언어가 서방 세계에 소개되었다. 이로 인하여 새로운 언어 연구 방법이 고안되었고 언어의 기원에 대한 새로운 주장들이 대두되었다. 이 절(節)에서는 주로 이런 서양 언어학의 변천을 살펴보고자 한다.

1) 다양한 언어의 등장

3.1.1.0. 지리상의 발견으로 동양의 중국과 그 주변의 여러 국가들이 서양에 소개되었고 아메리카 대륙의 원주민들이 사용하는 언어도 알려지게 되면서 언어학도 좀 더 다양해지고 복잡해졌다. 중세시대까지는 언어 연구의 대상은 오로지 희랍어와 라틴어에 국한되었으나 암흑시대를 벗어난 문예부흥 이후에는 이와는 다른 언어들이 연구 대상이 되었다.

이미 중세 말기에 유럽에서 아랍어(Arabic)와 히브리어(Hebrew)가 연구되었으며 14세기에는 프랑스의 파리 대학에서 이 두 언어가 공식적으로 인정되었다. 영국의 베이컨(Roger Bacon, 1219/20~1292)은 히브리어 문법서를 썼을 뿐만 아니라 아랍어도 읽을 줄 알았다.

히브리어에 대한 지식이 필요한 것은 구약성서의 언어이기 때문에 성서를 번역한 성

제롬(St. Jerome, 345~420 A.D.) 이래로 산발적으로 히브리어의 중요성은 인식이 되어왔다. 가톨릭교회에서는 성서 때문에 히브리어를 희랍어와 라틴어의 위치에 두었다. 문예부흥 시대에 히브리어, 희랍어, 라틴어는 학자들에게 '세 언어의 인간(homo trilĕínguis)'으로 자랑거리였다.

흥미로운 것은 스코틀랜드의 제임스 4세(James 4th, 1473~1513)가 앞의 1.1.0.2.에서 언급한 삼메티쿠스(Psammetichus, 664~610 B.C.) 파라오가 원초 언어(primitive language)를 찾으려고 실험했던 것과 같이 어린 아이를 태어나면서부터 인간과 격리시켰더니 이 아이들은 자라서 훌륭하게 히브리어를 하더라고 하여 이 언어가 에덴동산에서 사용된 언어의 증거로 삼았다.[1]

히브리어에 대한 지식과 이해가 증진되고 히브리 출신의 언어학자들의 연구에 익숙해지면서 서양의 언어학자들은 처음으로 비인구어와 접하게 되었다. 따라서 희랍-로마의 언어 연구 전통에서 직접적으로 유래하지 않는 문법 분석의 방법을 알게 되었다. 이러한 문법 연구자들 가운데 킴히가(家, Qimhi family) 사람들이 가장 많이 알려졌다.

이 가운데 주목할 만한 히브리어학서로 유명한 고전(古典)학자이었던 로이히린(Johanes Reuchlin, 1455~1522)의 『히브리어 초보(De rudiméntis Hebraicis)』를 들 수 있다. 그는 독일의 문예부흥을 지도한 사람이었다. 그에 의해서 서양의 학자들은 히브리어 문법가들이 사용한 기본적으로 다른 품사 분류를 위시한 어류(語類)의 조직에 주의를 기우리게 되었다.

3.1.1.1. 히브리어의 연구가 성서(聖書)에서 시작된 것처럼 아랍어의 연구는 이슬람교의 경전인 코란(Koran)과 연관되었다. 7세기 중반에 활약한 예언자 무함마드(Muhammad)에게 신(神)이 계시(啓示)한 말씀을 적었다는 코란은 이슬람교가 아랍이 통치하는 전역에 퍼져나가매 따라 모든 지역에서 교육되었다.

그로 인하여 아랍의 전 지역을 언어와 문자가 하나로 통일되었다. 코란은 본문을 번역하는 것도 고치는 것도 금지된 전통이 있기 때문에 아랍인이 아닌 개종자들도 코란을 읽고 이해하기 위하여 아랍어를 배워야 했다. 지금도 이슬람을 믿는 말레이나 다른 곳에 무슬림

---

1   그러나 이보다 200년 전에 신성로마제국의 Hobenstauten 왕조의 프레데릭 2세(Frederic 2th)도 같은 실험을 하였으나 결과는 달랐다. 그 아이들은 한마디 말도 못하고 일찍 죽었다고 한다. 이쪽이 더 올바른 실험으로 보인다.

(Muslim) 학교에서 아랍어를 가르친다.

다른 종교의 경전(經典)과 같이 코란은 언어학적 주석이 있었고 이슬람을 공인한 국가에서 아랍어가 공인된 언어이어서 국가의 이슬람 교회의 행정요원과 국가의 관리들을 훈련시키는 제도가 필요했다. 여기서 아랍어가 교육되어 교회와 국가의 공용어로 아랍어가 사용되어 이 언어는 마치 중세 서양의 라틴어와 같은 지위를 가졌다.

이라크의 바스라(Al Baṣrah)를 중심으로 아랍세계에도 철학을 연구하는 학파가 있었다. 여기서는 아리스토텔레스의 영향으로 희랍 철학과 과학이 연구되었고 아랍의 전통 문화와 어울려 더욱 깊고 넓게 연구되었다. 따라서 이때의 아랍어 연구는 희랍의 언어 연구를 바탕으로 하여 전개되었다.

따라서 아랍의 언어 연구는 희랍의 언어학을 바탕으로 이루어졌다. 메소포타미아의 여러 곳에 아랍어를 교육하는 문법학교가 세워져서 젊은 언어 전문가를 양성하였다. 이때의 아랍어 연구는 코란의 언어를 순수하게 유지시키려는 목적으로 젊은 언어 전문가를 양성하기 위하여 문법학교가 설립되었다.

그 가운데 가장 유명한 것은 이라크의 남동부에 위치한 메소포타미아의 바스라(Baṣrah)에 세운 쿠피(Kufi, kufa)라고 한 수 있다. 여기서 아랍어의 문법서도 간행하였다. 이 아랍어의 문법들이 전술한 드락스(D. Thrax)의 <문법기술>로부터 어떤 영향을 받았는지는 아직 분명하지 않다. 이에 대한 연구가 논의가 없었기 때문이다.

다만 앞의 1.1.3.0.~3에서 논의한 Thrax(120 B.C.)의 <문법기술>이 기원 전후 시대에 아르메니아어(語)와 시리아어(語)로 번역되어 소개되었고 아랍인들에 의하여 연구되었기 때문에 아랍인들에게 드락스(D. Thrax)의 문법이 연구되었을 가능성은 있다.

3.1.1.2. 아랍인들의 문법 연구는 8세기 말에 바스라(Baṣrah)의 시바와이히(Abū Bishr Sibawaihi, 760~796? A.D.)에 의해서 절정에 이른다. 시바와이히는 아랍인이 아니고 페르시아 사람이었다. 그는 운율 이론과 사전 편찬에 종사해서 후세에 이름을 남긴 칼릴(Al-Khalil)의 제자였다. 그는 스승의 가르침에 따라 아랍어의 문법을 정리하였다.

시바와이히(Sibawaihi)의 저서로는 『책(Al-Kitāb, The book)』으로 알려진 것이 있는데 아랍어의 문법적 기술과 교육에 중점을 두었다. 그는 이 책에서 드락스(D. Thrax)와 같은 선구자(先驅者)들의 연구 업적을 집대성하였고 오늘날 알려진 고전 아랍어의 실질적인 문법 체계를 세웠다고 평가된다.

그리하여 이 책은 드락스의 <문법기술(技術)>에 맞먹는 아랍어 문법서로 인정되었다. 그는 이 책에서 3자음(子音) 언어인 아랍어의 낱말들을 세 개의 낱말 류(word class)로 나누었다. 즉, 굴절적인 명사와 동사, 그리고 비굴절적인 첨사(添辭, particle)의 셋으로 나눈 것이다. 이것은 희랍-로마의 품사분류와 근본적으로 다르다.

동사 굴절의 기술은 '석자로 이루어진 어근(triliteral root)'에 기초를 두고 그 변화형을 찾아낸다. 예를 들면 다음과 같다.

k-t-b → kataba (he wrote) → kitaba (book)

이때의 삽입되는 모음들은 자음에 내재(intrinsic)된 것으로 본다. 이로부터 어근(root)의 개념은 문예부흥 시대에 유럽의 문법학자들에게 널리 알려지게 되었고 전통적인 문법에서 이 개념을 받아들였다.

3.1.1.3. 아랍어 문법가들은 사전 편찬에도 공을 들여서 많은 사전을 간행하였다. 사전의 표제어를 전술한 것처럼 '자음으로 된 어근(consonantal root)'으로 정하여 찾아보기 편리하게 하였다. 이 분야에서 이름을 남긴 사람은 피이루자아바디(Fīruzābādy, 1329~1414)를 들 수 있다. 그는 100권의 책을 저술했다고 전설처럼 전해진다.

아랍어 사전은 'Al-gāmūs(辭海)'라고 한다. "말의 바다"란 뜻으로 말이 바다처럼 모인 곳이란 뜻이다. 아랍어의 사전을 편찬한 것은 이들 사회의 문화적 관습을 크게 바꿔 놓았다. 어떤 사람이라도 사투리를 써서 자신의 사회적 지위를 손상하는 일은 없게 되었다. 중요한 것은 코란의 언어였으며 그것을 정학하게 읽을 수만 있으면 아랍인의 정당성을 인정받았다.

따라서 아랍어의 어휘는 여러 지역의 방언을 흡입하여 다양한 어휘소(lexeme)들을 무제한으로 수용하여 아랍어의 어휘는 매우 풍부하게 되었다. 아랍어의 사전 편찬자들은 방언에서 나타난 동의어들을 철저하게 사전에 기입하였으나 그 문체적인 가치나 그들이 나타내는 시대적인 차이의 원인에 대하여는 별로 관심이 없었다.

시바와이히(Sibawaihi)는 아랍어를 표기하는 아랍문자를 인도문법학파의 음성학과는 관계없이 독립적으로 음성 연구를 전개하여 독자적으로 아랍어의 음성적 기술을 시도하였다고 한다(Schaade, 1911). 이로부터 Robins(1967~1997)의 <언어학 단사(短史)(*A Short History of*

Linguistics)>에서는 오늘날의 음성학이 시바와히이로부터 시작되었다고 주장하기에 이른다.

시바와이히를 비롯한 아랍 문법가들은 조음음성학적인 방법으로 언어음을 연구하였다. 그리하여 언어의 조음(調音)이 성도(聲道, the vocal organs)를 여러 가지 형태를 취하게 하여 폐(lung)으로부터 올라오는 호기(呼氣, breath)를 다양하게 폐쇄하거나 장애를 주어서 다양한 언어음이 생산된다고 보았다. 이로써 조음기관과 발성의 메커니즘(mechanism)을 체계적으로 설명할 수가 있었다는 것이다(Robins, 1997:98).

이와 같은 조음음성학적으로 언어음을 고찰함으로써 음성기관에 의한 언어음의 발성 메커니즘을 체계적으로 설명할 수가 있었다. Schaade(1911)에 의하면 발성에서 보여주는 폐쇄나 장애(障碍)를 나타내는 아랍어의 'maxra'는 그 뜻이 '출구(出口)'이어서 성도(聲道)에서 호기의 출구를 말한 것이라고 한다. 호기(呼氣)가 후방으로부터 전방으로. 즉 목구멍(喉)으로부터 입술(脣) 및 코(鼻)에 이르기까지 maxra로서 언어음을 생산한다고 본 것이다.

또 강세 자음(子音)의 연구개음 [q]을 비롯해서 유성적 환경에 의해서 일어나는 모음의 연구개화(velarize), 구개화(palatalize)되는 현상을 역시 조음음성학의 방법으로 잘 설명하였다. 다만 자음의 유성(voiced)과 무성(voiceless)의 구별을 인식하지 못한 것은 역시 그들의 한계라고 볼 수밖에 없다.

그러나 이러한 언어음의 조음적인 이해는 본서의 제1부 제1장에서 소개한 바와 같이 이미 고대인도의 음성학에서 익히 고찰된 것이다. 따라서 현대 조음음성학이 시바아이히로부터 발달했다는 Robins(1997)의 주장을 믿기 어렵다. 아랍은 유럽보다 더 인도에 가까워서 고대인도 음성학으로부터의 영향이 훨씬 일찍부터 가능했기 때문이다.

시바와이히의 문법에 대하여는 Carter(1973)의 "8세기의 아랍문법가"라는 논문에서 비교적 자세하게 고찰되었다. 그에 의하면 희랍문법에 의하여 아랍어의 문법 연구가 수행되었다고 한다. 아마도 알렉산더대왕의 인도 원정(遠征) 이후에 한 때 성행했던 고대인도의 범어문법이 로마 이후의 중세시대에 더 이상 서양 언어학에 영향을 주지 못했으나 중동의 아랍은 계속해서 그 영향을 받을 수 있었던 것으로 미루어 알 수 있다.

2) 라틴어의 쇠퇴와 유럽의 토착어

3.1.2.0. 희랍과 로마시대로부터 중세시대까지는 언어에 대한 관심과 연구가 희랍어와 라틴어에 국한되었다. 중세시대 말기에 히브리어(Hebrew)가 등장하여 연구되었지만 성경에 쓰인 히브리어는 신(神)의 언어이었고 지상의 모든 언어는 이 원어(原語)로부터 나온 것으로 생각하였다.

전술한 3.1.1.0.에서 제임스 4세의 실험에서 원초어가 히브리어였다는 주장은 이 시대에 히브리어의 위치를 말해준다. 거기다가 성경에서 바벨탑의 저주가 중세시대의 여러 언어가 신(神)이 내린 벌칙(罰則)의 결과라고 보는 가톨릭의 언어관이 이 시대의 많은 토착어에 대하여 관심을 끌게 되었다.

더욱이 이슬람교의 경전인 코란(Koran)의 언어가 아랍어로 쓰였기 때문에 아랍어에 대한 연구가 중동(中東)에서 성행하게 되었다. 그리고 유럽인들의 중동과 북아프리카에 진출하면서 유럽의 굴절어와 전혀 다른 많은 언어가 있음을 깨닫게 되어 언어학의 연구 대상이 다변화하였다.

새로운 언어에 대한 관심과 지식은 해외의 언어가 아닌 유럽 내부의 토착어(vernacular)에 대하여도 흥미를 느끼게 되었다. 유럽의 토착어가 고전의 언어, 즉 히브리어와 희랍어, 그리고 라틴어와 동등하게 공존한다는 것을 처음으로 공언(公言)한 것은 서양 문학사에서 『신곡(神曲, *Divina Commedia, The Divine Comedy*)』으로 유명한 단테(Dante Alighieri, 1265~1321)일 것이다.

그는 자신이 태어난 지방의 방언으로 작품을 썼고 구어로서 이태리어를 고전의 언어와 같은 지위에 올려놓았다. 그리하여 그가 쓴 "De vulgári eloquéntĭa(俗語論)"라는 논문에서 그가 사용하던 로망스어(Romance), 즉 새 라틴어(neo-Latin)에 대한 본격적인 연구가 14세기에 이루어졌다.

그는 문헌어인 라틴어에 대항하여 구어(口語)인 로망스어의 방언 연구에 힘을 기우렸다. 이어서 유럽 각국의 언어에 대한 최초의 문법서들이 나오기 시작하였다. 따라서 이태리어만이 아니라 스페인어, 프랑스어 등 다른 로망스어도 주목을 받고 그 언어에 대한 문법이 고찰되었다. 네브리하(Nebrija)는 『카스텔라나 문법(*Gramatica de la lengua castellana*)』(1492)를 출판하여 10품사를 주장하였다(Kukenheim, 1932:98~9).

그리고 폴란드어와 다른 슬라브어가 연구되었으며 유럽의 각국에서 자민족의 언어를 국어(國語, national language)라고 부르게 되었다. 이미 중세시대에 프랑스의 프로방스어와 카탈로니아(Catalonia)의 방언에 대한 문법서가 편찬되었다. 그리고 문예부흥 시대에 유럽의 여러 언어에 대한 최초의 문법서가 간행되었다.

3.1.2.1. 문예부흥 시대에 유명한 문법학자로 라무스(Petrus Ramus, 1515~1572)가 있다. 그는 프랑스어로 '라메의 피에르(Pierre de la Ramée)'라는 이름이었으나 라틴어로 베드루스 라무스(Petrus Ramus)로 불리었다. 그는 프랑스인으로 '성 바르톨로메오 축일(祝日)의 대학살(Massacre de la Saint-Barthélémy)'에서 희생되었다.

Kukenheim(1962:8)에서 라무스(P. Ramus)는 현대 구조주의의 선구자로 보았다. 그러나 후세에서는 일반적으로 라무스가 중세(Middle age)로부터 근대(Modern age)로의 전환기의 인물이었다고 본다(Robins, 1997:119). 라무스가 이룩한 당시의 교육 개혁은 희랍과 로마의 학문 전통을 그대로 이어받는 것이 아니었다. 그는 희랍문법에 대하여 회의적이었다. 이러한 그의 사상은 유럽의 북부에 널리 퍼져서 영향을 주었다.

즉, 그는 자신의 석사학위를 심사하는 토론에서 "아리스토텔레스가 말한 것은 모두 잘못된 것이다(quæcumque ab Aristotole dicta essent commentitia esse)"이라는 제목으로 아리스토텔레스를 공격하여 그의 명성을 높였다. 그리고 희랍어와 라틴어, 그리고 프랑스어의 문법을 써서 발표하고 그의 문법이론은 Ramus(1545)의 『문법 강의(*Scholae grammaticae*)』에서 전개되었다.

교육상 프랑스어의 문법에 대하여 라틴문법을 참고하였으나 그것이 서로 다른 언어임을 분명하게 밝혀두었다. 그렇지만 이것만으로 야만스러운 스콜라철학의 언어 연구를 되돌릴 수는 없다고 그이 <문법 강의>(Ramus, 1545:7~14)에서 강조하였다. 다만 스콜라철학적인 언어 연구의 전통은 이로부터 단절되었다.

라무스는 문법이 철학의 영역이 아니라고 주장하였다. 그리하여 고대 언어는 고전 작가들에게서 볼 수 있는 용법(用法)을 관찰해야 하고 근대 언어는 원어민의 용법을 관찰해야 한다고 강조하였다. 이러한 슬로간과는 다르게 그의 문법 기술과 분류는 오늘날의 의미로 보면 형식적이었다. 그가 논의한 의미론도 논리범주에 이르지 못하고 낱말의 형태와의 관계도 밝히지 못했다.

따라서 중세시대의 문법 연구보다 그의 연구가 오히려 퇴보한 감이 있다. 그는 품사

분류에서도 프리스키아누스(Priscian)의 8품사를 그대로 받아들였고 주로 수(數, number)에 의한 굴절을 기준으로 하여 품사 분류를 설명하였다. 전시대에 격 굴절로 명사를 분류하던 것이 희랍어와 라틴어에서 중요한 기준이었던 격변화가 이 시대의 많은 언어에서 위축되거나 소멸되었기 때문에 수(數)에 의한 굴절을 기준으로 삼았다.

라무스(P. Ramus)의 형태론은 라틴어의 명사와 형용사가 격변화를 할 때에 그 형식이 같은 음절인가 다른 음절인가를 분류의 토대로 삼았다. 즉, 각각의 격의 음절 수효가 실질적으로 일치하는지 아닌지가 주요한 분류의 기준이었다. 이러한 기준의 설정은 종래 전통적인 격변화의 체계를 바꾼 것이다.

라틴어 동사는 주로 그 미래시제가 '-b-'(amābō 등)를 갖는지 아닌지에 의해서 구별하였다. 이것은 거의 전통적으로 제1, 제2 활용과 제3, 제4 활용에 대응하는 것이다. 라무스는 프리스키아누스를 비롯한 다른 라틴문법가들이 자신이 말하는 형식적인 분류를 하지 않았다고 하면서 전술한 예를 형식 분류의 예로 든다고 하여 흥미를 끈다.

라무스(P. Ramus)의 통사론은 낱말이 수(數)에 의한 굴절을 하는가 하지 않는가에 따라 구별하는 것일 뿐이었다. 문법적으로 일치인가 지배인가 통사의 관계에 두 범주를 고려해서 체계를 세우려고 한 것은 오히려 중세시대의 통사론에 못 미친다고 보아야겠다.

3.1.2.2. 유럽의 문예부흥 시대 초기에 있었던 많은 사상가들은 고대학문을 부흥하여 희랍-로마의 고전(古典) 세계를 새롭게 살펴보면서 그 시대의 영광을 재현하려는 노력을 기우렸다. 실제로 '르네상스(Renaissance)'란 말의 뜻은 '재생(再生)'이어서 이것은 '학문의 부흥(revival of learning)'을 의미하기도 한다.

실제로 초기의 문예부흥 시대의 저작자들은 자신의 주장을 정당화하거나 예증을 들기 위하여 희랍-로마의 고전을 마구잡이로 인용하였다. 그것은 인간성을 고양(高揚)하려는 고전시대의 여러 저작물을 흠향(歆饗)하고 그 가치를 재인식하려는 의식이 문예부흥 시대의 일반적인 사회 조류였다.

따라서 이 시대에도 희랍-로마시대의 고전 작품들이 교재로 사용되었고 그에 대한 연구도 더욱 성황을 이루었다. 그리하여 중세시대와 동일하게 희랍어와 라틴어가 교육되었고 앞의 2.1.0.3.에서 전술한 빌레뒤의 알렉산더(Alexander de Villedieu)의 문법서와 동일 시대의 여러 라틴어 문법서도 이용되었다.

그러나 사변(思辨)문법에 대한 이 시대의 평가는 철학에 치우쳤다는 비판적인 의견이 많았고 라틴어의 교육에 적절하지 않다고 보았다. 거기다가 라틴어의 위상이 교육계에서나 지적 교류에서 이미 세계의 언어(lingua franca)가 아니었다. 아언(雅言, elegant language)으로서 라틴어는 문학 작품이나 학술저서에 잠시 동안 라틴어가 쓰였지만 곧 각 민족의 토착어로 대체되었다.

즉, 유럽의 각국의 언어가 지위를 높이고 세속적인 학문이 일반인에게도 보급되면서 전술한 국어(國語, national language), 즉 민족의 토착어가 라틴어의 자리를 대신하게 되었다. 그리하여 유럽의 여러 민족의 토착어가 학문과 문학의 언어로 등장하여 출판서적을 집필하는 중요한 언어 수단이 되었다.

이렇게 라틴어의 위상이 추락하고 교육에서도 더 이상 라틴어로 이루어지지 않으면서 중세시대의 사변(思辨)문법에 대한 날카로운 비판이 뒤를 이었다. 따라서 앞의 2.1.0.0.에서 전술한 중세시대의 칠교양과(seven liberal arts)도 더 이상 각급(各級) 학교의 기본과목이 아니었다.

3.1.2.3. 스콜라철학파의 문법가들은 프리스키아누스(Priscian)의 라틴어 음성학을 그대로 부연한 것에 지나지 않아서 라틴어의 실제 발음은 화자의 제1 언어의 음운 체계에 맞도록 방치하였다. 이러한 라틴어 발음의 버릇은 오늘날에도 그대로 이어져 우리도 'Cicero'를 '키케로', 또는 '시세로' 등으로 읽는다.

실제로 중세시대에는 이 발음이 실제로 키케로(Cicero) 시대에 어떻게 되었는지 관심도 없고 어떤 연구도 없었다. 그저 라틴어를 당시의 언어로 받아들여 자신들 언어의 하나로 인식했을 뿐이다. 그리하여 라틴어의 음운에 대한 실제적인 연구는 없었다. 그러나 문예부흥 시대에는 라틴어와 희랍어의 음운에 대한 연구가 있었다.

에라스무스(Desiderius Erasmus, 1469~1536)는 라틴어와 희랍어의 올바른 발음에 대해서 썼고 그 희랍어의 발음 체계가 유럽 북부 지역에서 받아들였다고 보았다(Erasmus, 1528). 라틴어에 대한 관찰의 예로 라틴문자 /c, g/가 당시 쓰이고 있는 로망스어의 일리아어(Illyrian)와 사르디니아어(Sardinian)에서 어떻게 발음되는 가를 살펴보았다.[2]

실제로 라틴문자 /c, g/는 전설모음 앞에서는 치찰음 [s], 또는 파찰음 [ts]로 발음되지만

---

2 일리아어(Illyrian)와 사르디니아어(Sardinian)는 아드리아해안의 일리리國과 이태리의 사르디니섬에서 사용된 중세 언어.

고전 라틴어에서는 모든 위치에서 연구개음 /k, g/로 조음되었음을 다른 학자들과 함께 입증하였다. 우리가 'Cicero'를 '키케로'로 읽는 이유가 여기에 있다. 이로부터 중세시대에 도외시하던 분야에 대하여 다른 학자들도 관심을 갖게 되었다.

16세기까지는 모두 문학작품에 바탕을 두고 언어의 교육과 같은 실용적인 목적으로 문법이 연구되었다. 그리고 희랍어와 라틴어의 문법 교육은 중세시대의 통사론적 개념을 후기 라틴어 문법학자들의 형태론 체계에 짜서 넣은 모습이었다. 그리하여 명사류에서 형용사가 분리되어 실명사(noun substantive)와 형용명사(noun adjective)라는 용어가 문법에 사용되었다.

이것은 중세시대의 스콜라철학파의 문법 연구에서는 볼 수 없었던 일이다. 다만 이러한 문법 연구에 반기를 들고 중세시대의 철학적 문법 연구로 회귀할 것을 주장한 사람도 이 시대에 있었다. 예를 들면 스캘리거(Joseph Justus Scaliger, 1540~1609)는 『라틴어를 위하여(De causis linguae Latinae)』(Scaliger, 1602)에서 스콜라철학파의 문법 연구를 옹호하고 아리스토텔레스의 철학적인 문법 개념을 쫓으려 하였다.

상티우스(Salamanca Sanctius)도 키케로(Cicero)와 에라스무스(D. Erasmus)에 경도된 당시 문법가들을 격렬하게 비판하고 다시 중세시대와 희랍의 문법 연구로 돌아갈 것을 주장하는 저서 『미네르봐, 또는 라틴어를 위하여(Minerva seu de causis liguae Latinae)』(1587)를 출판하였다(Robins, 1997:127).[3]

3.1.2.4. 영국에서는 릴리(W. Lily)의 라틴문법이 1540년 헨리 8세(Henry 8th)에 의하여 학교 교과서로서 공인되어 지정되는 영예를 얻었다. 실제로 당시의 영국 국정교과서에는 다른 문법가들의 라틴어 문법도 포함되어 있었다. 릴리의 라틴문법은 주로 프리스키아누스(Priscian)의 문법 체계에 따라서 팔품사(八品詞)를 분류하고 이를 실용적인 라틴어 교육에 이용하였다.

그의 문법에는 스콜라철학파의 사변(思辨)문법은 전혀 언급되지 않았다. 이러한 릴리의 라틴문법은 1세기 이후에 존스(Basett Jones)의 『화술의 합리론(Essay on the rationality of the art of speaking)』에서 보완되었다. 존스(B. Jones)는 아리스토텔레스와 베이컨(Francis Bacon)

3　이에 대하여는 M. Breva-Claramonte의 "Santius' theory of language"(이 논문은 *Amsteram studies in the theory and history of linguistic science*, Series III, volume 27, 1983에 포함되었음.

를 지지한다고 했지만 대부분 남의 것을 차용한 것이거나 공허한 설명이었다(Robins, 1997:127).

프랑스어의 첫 번째 토착문법(native grammar)이 16세기에 등장한다. 즉, 1530년에 팔스그라브(J. Palsgrave, Count Palatine)가 쓴 『불어의 이해(*L'éclaircissement de la langue française*)』는 천 페이지가 넘는 대저(大著)로 이 책에서는 프랑스어의 정서법, 발음법, 문법을 다루고 있다. 특히 문법에 대하여 상세하게 고찰하였다.

영어의 최초 문법이 출판된 것은 1586년이었다(Rowe, 1974). 그리고 영문법서의 간행에 대하여 Robins(1986)의 "영어 문법서의 진화"에서 상세하게 고찰되었다. 유럽 각국의 민족어 문법서의 간행에 대하여는 Ahlqvist ed.(1987)의 "유럽 토착어의 초기 문법"에서 언급되었다.

특히 주목할 것은 투니우스(Franciscus Tunius, 1589~1677)의 게르만 제어의 연구를 들 수가 있다. 그는 영어를 연구하고 이어서 스칸디나비아(Scandinavia) 제어(諸語), 프러시아 제어, 네덜란드어, 고딕어(Gothic)를 연구하였다. 그러나 이 언어들이 동일 계통의 언어였던 것은 전혀 몰랐다고 한다(Ivič, 1965:30).

또 힉스(George Hickes, 1642~1715)는 고딕어와 앵글로색슨어의 문법을 출판하고 영어와 같은 계통의 언어에 대하여 관심을 표했다. 그러나 역시 이 언어의 역사나 계통에 대한 연구는 더 이상 나아가지 못했다. 이들 언어에 대한 본격적인 역사에 대한 연구는 19세기에 들어와서 일어난다.

3) 중국어와 동양의 여러 언어

3.1.3.0. 유럽의 언어 연구가 중세후기에 유태인이나 아랍문법가들과 접촉하면서 문예부흥시대까지 알았던 비(非)유럽어의 여러 언어에 머물지 않고 새로 발견된 아메리카 대륙의 원주민 언어만이 아니라 계속해서 발견되는 새로운 아시아, 아프리카 대륙의 언어 언어들도 언어 연구의 대상으로 등장하였다. 그야 말로 바벨탑의 언어들이 속속 발견된 것이다.

신대륙으로부터의 아메리카 인디언의 언어로는 멕시코의 타라스카어(Tarascan)의 문법서가 1558년에 출판되었다. 이어서 페루의 케츄아어(Quechua)의 문법서가 1560년에 나왔고 멕시코의 나와틀어(Nahuatl)의 문법서가 1571년에, 브라질의 구아라니어(Guarani)의 문법서가 1640년에 각각 출판되었다. 그리고 유럽의 바스크어(Basque)의 문법서가 1587년에 저술되었다.

17세기가 되면서 일본어와 페르시아의 문법서가 간행되었다. Hymes ed.(1974)에 수록된 Rowe(1974)의 "16세기와 17세기의 문법서들"에 의하면 기독교의 전파를 위하여 파견된 선교사들이 포교활동의 일환으로 현지의 언어를 연구가 성행하였다고 한다. 특히 16, 17세기에 예수회(Jesuit) 소속 선교사들의 활약은 눈부신 바가 있었음을 강조하였다.

기독교 선교사들은 인도와 동남아시아, 극동 지방을 찾아가서 그곳의 언어로 성서(聖書)를 번역하고 포교하기 위하여 새로운 언어들을 연구하고 그 언어를 로마자로 전사하였다. 그리하여 인도제어와 아시아의 여러 언어들을 음성 표기하였는데 현대 음성학자들로 찬탄을 금하지 못할 정도의 정밀한 전사가 이루어졌다.

예를 들면 1651년에 로데스의 알렉산더(Alexander de Rhodes)가 시도한 베트남어의 공식 로마자 표기는 약간의 수정만을 거쳐 오늘날에도 그대로 사용할 정도로 정확하였다. 16세기에 일본에 온 포르투갈과 네덜란드의 선교사들이 난어학(蘭語學)으로 연구한 일본어 문법은 에도(江戶)시대의 일본어 문법으로 현대 일본어 문법의 모태가 되었다.

뿐만 아니라 이 에도(江戶) 문법은 당시 한국어의 문법에도 영향을 주어 <대한문전(大韓文典)>의 기초 이론이 되었다. 그리고 후대 한국어 문법의 기틀을 다졌다. 물론 당시 한국에도 졸저(2022:755~758)에서 살펴본 바와 같이 기독교 선교사들이 들어와서 그들에 의한 라틴문법식의 한국어 문법이 없지 않았으나 현대 한국어 문법은 일본 에도(江戶)문법의 영향을 받은 유길준(兪吉濬)의 <대한문전>을 이어받아 발달시킨 것이다.

3.1.3.1. 중국은 일찍이 로마제국 시대에 서로 소통이 있었다. 그러나 13세기말 마르코 포로(Marco Polo)가 아시아를 여행하고 중국에 도착하여 아시아의 여러 언어들을 고찰하였다. 그러나 실제로 중국어가 본격적으로 연구된 것은 극동의 무역상과 기독교 선교사들이 중국에 온 이후의 일이다.

전술한 예수회(Jesuit) 소속의 선교사로서 중국과 일본을 방문하여 서방세계에 중국어와 일본어를 소개한 자비에르(Francis Xavier, 1506~1552)는 그동안 히브리어와 희랍어, 그리고 라틴어를 중심으로 언어를 연구해온 서방의 언어학자들에게 상당한 충격을 주었다. 그는 유럽의 인구어와 문법 체계가 완전히 다른 중국어와 일본어를 알려온 것이다.

예수회 선교사로서 중국어에 능통한 서양인이 많았다. 특히 이태리의 마테오 리치(Mateo

Ricci, 1552~1810)는 1582년에 인도를 거쳐 중국에 도착하여 마카오에서 중국어와 한문을 배웠다.[4] 그리고 1583년부터는 광동(廣東)의 중부 자오칭(肇慶)에서 중국 문화와 풍속을 배우면서 선교활동을 시작하였다.

리치(M. Ricci)는 1587년에 남경(南京)으로 가서 중국의 고관과 명사들에게 서양의 천문, 지리, 수학을 가르쳤고 1601년에 북경(北京)으로 가서 명(明)의 신종(神宗) 황제를 만났다. 황제의 지원을 얻어 1605년에 천주당(天主堂)을 북경에 세운다. 이와 같은 위로부터 아래로의 선교 방식은 아래로부터 위로 선교할 것을 원칙으로 삼는 프란체스코 수도회와 갈등을 빚었다.

이와 같은 중국의 여러 지역에서 활동한 리치는 중국어의 여러 방언에까지 능통하였다. 그는 중국에 기독교 사상과 더불어 서양의 지리학과 수학, 천문학을 전수하였다.[5] 그는 한문으로 쓴 『교우론(交友論)』(1595?)을 비롯하여 『서양기법(西洋記法)』(1596)에서 서양의 아리스토텔레스와 중세시대의 고전 암기술(暗記術)을 중국에 소개하였고 『이십오언(二十五言)』(1599)를 편찬하였으며 희랍의 스토아학파의 에픽테투스(Epictetus)의 잠언집(箴言集)을 편역(編譯)하여 중국인들에게 읽기 편하게 하였다.

또 『기하원본(幾何原本)』(6권)을 서광계(徐光啓)와 함께 편찬하여 중국에 유클리드(Euclid) 기하학(幾何學)을 소개하였다. 이 외에도 『기인십편(畸人十篇)』, 『기법(記法)』 등을 편찬하여 기독교와 기억술을 소개하였다. 그리고 중국 최초의 세계 지도인 『곤여만국전도(坤輿萬國全圖)』를 제작하였다. 이 모두가 그의 한문 실력을 알려주는 대목이다.

3.1.3.2. 리치(M. Ricci)의 유명한 일기(日記)를 라틴어로 번역한 트리고(Nicolas Trigault)는 고립적인 중국어와 서양의 굴절어와의 차이에 대하여 놀라울 정도의 지식으로 설명하였다. 즉, 라틴어와 희랍어에 보이는 굴절에 의한 어형변화가 중국어에서는 전혀 나타나지 않는다는 사실을 밝혔다.

트리고(N. Trigault)는 어휘에서도 동음이의어(同音異議語)를 구별해주는 중국어의 성조(聲調)에 대하여도 언급하였고 특히 지방의 방언에서 글자의 발음이 서로 달라져도 전혀 의사

---

4   마테오 리치의 마테오는 세례명이다. 중국 이름으로 利瑪竇라고 하며 號는 西江 또는 淸泰이고 존칭은 泰西儒士라 하였다.

5   그는 徐光啓 등 많은 중국인 학자들을 천주교도로 만들었다. 그리고 <天主實義>, <坤輿萬國全圖>를 중국에서 출판하여 천주교의 전파와 서양의 지도를 소개하였다.

전달에 방해가 되지 않는 표의문자의 특수성, 즉 한자(漢字)의 특성을 강조하였다. 서양에서는 한자와 같은 표의문자의 사용은 매우 이례적인 일이었기 때문이다.

필자도 중국이 광대한 지역에서 통일 국가를 이루고 있는 것은 발음의 변화와 관계없이 의사전달을 할 수 있는 공통의 한자가 있기 때문이라고 주장한 바 있다(졸저, 2004). 즉, 오랜 역사와 더불어 광대한 중국 대륙에 통일 국가를 유지한 것이 한자(漢字) 때문이라고 본 것이다. 이런 사실을 표음문자인 로마자와 표의문자인 한자가 확연하게 구별되는 점이다.

중국은 국토가 매우 넓은 지역에 흩어져 있어서 각 지역마다 거의 다른 언어의 수준으로 보이는 방언이 있었다. 현재도 7개 정도의 다른 언어로 보아도 손색이 없는 방언이 존재한다. 따라서 각 방언의 한자의 발음도 다를 수 있었으나 표의문자인 한자는 그런 발음의 차이에 구애되지 않고 중국 전역에서 사용될 수 있었다.

16세기말에 중국의 한자가 서양에 소개되어 이 문자의 본질과 체계가 중요한 언어 연구의 과제가 되었다. 또 서양의 굴절어에 비하여 전혀 다른 형태의 고립적 문법 구조를 가진 중국어에 대한 문법서가 봐로(Francisco Varo)와 프레마르(J. H. de Prémare)에 의하여 시도되었다.

즉, 중국 광동(Canton)에서 간행된 Varo(1703)의 <만다린어의 기술>과 Prémare(1727)의 <중국어 지식>(1883년에 홍콩에서 재간)과 같은 18세기 초반에 간행된 중국어 문법서가 서방 세계에 소개된 최초의 것으로 이를 통하여 중국어의 문법이 서양 문법학자들의 관심을 끌었다.

서양의 문법가들은 전혀 문장 내에서 어형 변화를 하여 한자의 실자(實字)로 표기되는 형태들과 소수의 허자(虛字)로 표기되는 형태로 나누어 소수의 허자로 표시된 것이 문법적으로 작용하는 것을 깨닫게 되었다. 이것은 굴절 문법에 익숙해 있는 당시의 사양 문법가들에게 가히 충격적이었다.

3.1.3.3. 문예부흥 이후에 서양에 소개된 중국어학은 본서의 제1부 제2장에서 소개한 중국의 운학(韻學)에 대하여 관심을 가진 것으로 보인다. 특히 운학의 발달로 편찬된 '운서(韻書)'라는 사서(辭書)의 편찬이 중국에서의 언어 연구에 중요한 몫이라는 생각을 한 것 같다. 한자(漢字)는 형태만을 표기하고 음운은 음절 단위로 표기함을 주목하였다.

다만 중국에서 사서(辭書)가 중국어가 아니고 한자와 관련된 것임을 깨닫지는 못한 것 같다. 그리하여 한자의 자서(字書)인 <설문해자(說文解字)>를 중국에서의 가장 오래된 사서라고 본다든지(Robins, 1997:123) 후세에 운서(韻書)가 발달한 것으로 본 것은 모든 중국의 사서가 한자의 자전(字典)이라는 점을 이해하지 못한 탓이다.

즉, Robins(1997:123)에서는 "Later dictionaries attempted to deal with the problem of indicating the pronunciation of characters, in view of phonetic changes that had taken place in the language since the classical literary era."라고 하여 자서(字書)가 먼저 있었고 다음에 운서(韻書)가 발달한 것으로 기술하였다.

그러나 본서의 제1부 동양 언어학사 제2장 2.3.3.3.에서 살펴본 바와 같이 중국의 모든 사서(辭書)는 한자의 자전(字典)이었고 한자의 형(形), 음(音), 의(義)에 맞추어 자서(字書)와 운서(韻書), 그리고 유서(類書)가 있어 각기 한자의 사서(辭書)로 사용하였다. 자서(字書)는 한자의 자형에 따라 분류한 것이고 운서(韻書)는 발음에 따른 것이며 유서(類書)는 의미에 따라 한자를 분류하여 각기 자형과 발음, 그리고 그 뜻을 밝힌 것이다. 그리고 이 사서들은 독자적으로 발달했으며 서로 합쳐진 상태도 있었다.

표의문자인 한자의 발음 표기에 대하여 처음에는 동음이의(同音異義)의 한자로 표음하는 직음법(直音法)만이 있었으나 불교의 포교를 위하 서역의 역경승들에 의하여 반절(反切)이 수용되었고 이 표음 방법에 의하여 한자의 첫 음과 나머지 음으로 나누는 성(聲)과 운(韻)의 구별이 생겨서 이를 따로 연구하는 성운학(聲韻學)이 발달한 것을 요즘에야 안 것 같다 (Robins, 1997:124).

다만 Ribins(1997)에서 Ming(1964)의 <중국 문학의 역사>를 인용하여 기원후 489년에 간행된 주옹(周顒)과 심약(沈約) 등에 의한 성운학(聲韻學)이 처음으로 본 것은 사실과 거리가 있다. 본서의 제1부 제2장 2.1.1.2.에서 거론한 바와 같이 그 이전, 즉 3~4세기경에 이등(李登)의 <성류(聲類)>와 여정(呂靜)의 <운집(韻集)>이 중국의 시운(詩韻)을 연구하였기 때문이다.

3.1.3.4. 중국의 성운학(聲韻學)은 고대인도의 음성학이 불경(佛經)을 통하여 수입되어 본서의 제1부 제1장에서 논의한 고도로 발달한 조음음성학이 발달하였다. 그리하여 조음위치와 조음방식에 따라 음운을 분류하는 자모도와 운경(韻鏡)이라고 불린 음운 분류의 도형이 유행하였다.

역시 본서의 제1부 제2장 2.3.3.4.에서 논의한 것처럼 중국의 성운학에서는 조음위치를 아설순치후(牙舌脣齒喉)의 아음, 설음, 순음, 치음, 그리고 후음의 다섯 부류로 나누어 연구개음, 치경음, 양순음, 경구개음, 그리고 성문음의 오음(五音)을 구별하였다. 모두 조음음성학에서 언어음이 생성되는 중요한 조음위치들이다.

이어서 조음방식을 전청(全淸), 차청(次淸), 전탁(全濁), 그리고 불청불탁(不淸不濁)의 사성(四聲)으로 나누었다. 그리하여 무성무기음의 전청, 유기음의 차청, 유성음의 전탁, 그리고 비음, 또는 구강공명음의 불청불탁의 사성(四聲)을 인정하였다. 예를 들면 연구개음의 /k/는 이런 조음방식에 따라 전청의 /k/와 차청의 /kh/, 전탁의 /g/, 불청불탁의 /ng/으로 나눈다.

그리고 조음위치와 조음방식을 경위(經緯)로 하여 가로로 조음위치, 세로로 조음방식을 배치한 36자모도(字母圖)가 유행하였고 이를 좀 더 구체적으로 분류한 운경(韻鏡)도 널리 쓰였다. 중국의 음운 연구는 이와 같은 성운학의 연구 방법으로 발달하였다. 그리하여 중국 주변의 여러 표음문자를 제정할 때에 이러한 음운 연구 방법, 즉 자모도와 운경이 널리 이용되었다.

중국에서의 언어 연구는 고대인도의 영향을 받았으나 문법보다는 음운 연구에 많은 도움을 받았다. 그것은 중국어와 산스크리트어와는 문법적으로 서로 달랐기 때문이다. 주지하는 바와 같이 중국어는 고립적인 문법 구조를 가졌고 산스크리트어는 굴절어이기 때문에 범어문법의 여러 굴절을 위한 규칙들이 중국어에는 해당이 되지 않았다.

그리하여 후대의 중국어 연구도 주로 음운에 관한 것이어서 서양에 알려진 것도 주로 중국어의 음운 연구에 관한 것이 있을 뿐이다.

3.1.3.5. 서양에 소개된 동양의 언어 중에서 일본어가 가장 중요하게 의식된 것으로 보인다. 주로 일본어의 가나(假名) 문자와 그 사용법이 중국 한자와 관련된 것에 주목하고 그 이유를 역사적 측면에서 고찰하였다(Robins, 1997:125). 그리고 교착적 문법 구조의 일본어가 어떻게 가나 문자로 표기되는 가를 살펴보았다.

가나 문자는 기원적으로 한자의 편방(偏旁)을 떼어내어 문자로 한 것이며 문자의 체계는 본서의 제1부 제3장에서 살펴본 것처럼 고대인도의 실담(悉曇) 문자에 의거하였다. 따라서 중국의 한자에 따른 자형(字形)을 가졌고 고대인도의 실담(悉曇)에 따라 음절 단위로 적는 표음 문자였다. 따라서 한자와 실담(悉曇) 두 문자의 특징을 모두 갖추게 된다.

특히 일본어의 가나 문자 표기에서 훈독(訓讀) 한자의 표기가 서양인의 언어학자들에게 관심을 끈 것 같다. 일본어 표기에서 가나(假名)문자는 한자와 가나를 섞어 표기하는데 한자

는 주로 훈독(訓讀), 즉 뜻으로 읽는다. 그리하여 일본어 '畏まる - 황공하다'는 'かしこまる (kasiko- maru)'이어서 '외(畏)'는 'かしこ(kasiko)'로 읽어야 한다.

이렇게 표음문자와 표의문자가 섞여 쓰이는 표기체계는 세계 문자사에 드문 일이어서 서양인의 일본어 연구에서 가나 문자는 흥미를 끈 것으로 보인다. 필자도 일본의 가나문자가 세계 문자에서 가장 어려운 문자로 본다. 학식이 많은 일본인들도 한자가 섞인 가나문자의 글을 제대로 못 읽는 경우가 많다.

특히 일본의 지방을 다닐 때에 그곳의 지명을 한자를 섞어 쓴 가나 문자의 표기를 읽기는 매우 어렵다. 이 글자를 제대로 읽는 사람은 '地基の人 - 그 지방의 원주민'뿐이란 우수개 소리도 있다. 따라서 가나 문자의 표기법(仮名使い)은 어렵고 배우기 힘들다. 필자가 세상에서 가장 어려운 철자법으로 가나문자를 꼽는 이유가 여기에 있다.

일본어의 문법 연구는 Sansom(1928)에 의해서 20세기 초에 서양 학계에 소개되었다. 그러나 졸저(2022:744~747)에서 일본의 에도(江戶)시대에 난어학(蘭語學)으로 일본어의 라틴문법에 의한 연구가 있어 그에 의한 에도(江戶) 문법이 시작되어 오늘날까지 이어진다는 주장을 했다.

즉, 에도(江戶) 후기에 일본의 오츠키 겐타쿠(大規玄澤, 1847~1928)의 후예들, 즉, 손자인 오츠키 후미히코(大槻文彦, 1847~1928)가 사서(辭書)인 『언해(言海)』(1889~1891)를 편찬하고 이어서 현대적인 일본어의 문법서인 『광일본문전(廣日本文典)』(1897)을 간행하였다. 그리고 이로부터 에도(江戶) 문법이 시작되었다고 주장하였다(졸저, 2022:746).

4) 언어관의 변화

3.1.4.0. 희랍과 로마시대 이후의 라틴문법시대에는 언어를 자유롭게 놓아두면 타락하는 것이라는 통념(通念)이 있었고 언어학자들은 이 타락을 저지하기 위하여 정서법(正書法), 또는 규범문법(規範文法)을 학교문법으로 항상 견지하고 있어야 한다는 생각이 지배적이었다.

그러나 문예부흥 이후의 시대에는 문헌에 남아있는 초기의 라틴어와 당시 실제 사용되고 있는 로망스 제어를 비교하여 프랑스어, 스페인어, 이태리어가 라틴어의 허물어진 타락형이 아니라 시간의 경과에 의하여 달라진 변화형이라는 것이 분명하게 밝혀지게 되었다.

그리하여 언어의 변천은 타락이 아니라 변화라는 생각이 생겨났다.

3.1.4.1. 희랍과 로마시대로부터 중세에 이르는 시대의 서양 언어학은 철학적이었다. 특히 중세시대의 사변(思辨)문법은 논리적 범주나 또는 기능을 기초로 해서 현실 언어를 분석해 나가려는 연역적(演繹的)인 연구 방법이었다. 그러나 문예부흥 시대에 들어와서는 고전(古典)시대의 철학적이고 연역적인 언어 연구의 전통이 차례로 붕괴되어가는 경향을 보였다.

예를 들면 앞의 3.1.2.1.에서 전술한 라무스(Petrus Ramus, Pierre de Ramée)는 그의 <문법강의>(Ramus, 1545)에서 품사의 분류를 오직 수(數, number)만을 기준으로 하여 어미변화를 하는 것과 하지 않는 것의 형태 구별을 시도하였다. 그리하여 먼저 명사, 대명사, 동사, 분사를 다른 구룹과 구별하였다.

이것은 고전시대의 문법가들이 품사분류에서 중요한 기준으로 널리 사용한 격변화가 이 시대에 여러 유럽의 언어에서 차례로 그 기능이 소실되었기 때문이다. 오늘날 영어의 학교문법을 구축한 머레이(Lindly Murray, 1745~1826)는 그의 Murray(1795)의 <영문법>에서 주격, 속격, 목적격의 셋만을 인정하였다. 영어에서 1인칭 대명사가 'I, my, me'의 셋만으로 어형 변화를 하기 때문이다.

다만 "It's me"라는 영어 문장에서 주격과 목적격의 구별은 기능상으로는 실제로 불가능하지만 영어의 격변화에 따른 실용적인 구분이라고 할 수 있다. 머레이(L. Murray)는 영어의 품사 분류에서 명사, 대명사, 동사, 형용사, 부사, 접속사, 전치사, 관사, 감탄사의 9품사를 인정하였다.

희랍의 드락스(D. Thrax)에 의해서 처음으로 고전 희랍어의 팔품사(八品詞)가 정립된 이후 인구어의 품사분류는 몇 차례인가 변화와 발전을 거듭하였지만 머레이(L. Murray)는 그의 Murray(1795)에서 관사(冠詞)를 추가하여 영어의 학교문법에서 9품사로 굳어진 것이다.

3.1.4.2. 전술한 바와 같이 이 시대에는 해외(海外)로부터 많은 새로운 언어가 발견되어 서양 언어학계 상당한 충격을 주었다. 16세기에 아메리카 대륙에서 사는 원주민들의 언어와 필리핀의 언어가 조잡하게 기술된 자료가 유럽에 소개되었다. 그 가운데 아메리카 대륙의 토착어, 페르시아어, 중국어, 일본어 등이 주로 선교사들에 의해서 유럽에 소개된 것이다.[6]

그리하여 18세기말까지 지구상에는 200여 개의 언어가 존재하는 것으로 보고되었다. 독일의 철학자 라이프니츠(Gottfried Wielhelm Leibniz, 1646~1716)의 권고를 받아 러시아의 여제(女帝) 캐서린 2세(Catherine II)의 원조로 독일인 팔라스(P. S. Pallas)가 서기 1787~1789 년 사이에 유럽과 아시아의 언어 200여 개를 비교하는 사전을 만들었다.

이 책은 『흠정(欽定) 전 세계 인어의 비교 어휘(*Linguarum totius orbis vocabularia comparativa augustismae cura collecta*)』란 제목으로 쌍트 뻬제르부르그(St. Peterburg)에서 간행되었다. 이 책은 1790~91년에 미리에프스키(Teodor Janković Mirijevski)에 의해서 증보되었는데 아시아 와 아프리카 대륙의 언어를 약 80여 개 추가하였다.

3.1.4.3. 이것과 더불어 각 글자의 발음과 그 음의 특징을 탐구하는 음성학이 발달한 것이다. 이 음성학의 전통은 16~17세기에 걸쳐 많은 음성학자들을 배출하였고 그 전통은 지금도 영국에서 지켜지고 있다. 그리고 17세기 영국 철학, 즉 귀납주의, 심리주의 실용주 의의 영향은 영국 문법학자들로 하여금 살아있는 구어(口語)에 관심을 갖게 하였는데 이 사실은 언어학사에서 매우 새로운 사실이다(Ivič, 1965:30~41).

이러한 전혀 새로운 언어에 대한 지식은 중세 유럽 사회를 지배하던 유일한 공통어인 라틴어가 내적, 외적인 여러 원인에 의하여 그 권위와 실용성을 잃어버린 때문에 시작된 것이다. 따라서 이 시대에는 라틴어를 대표로 하는 언어의 보편성(普遍性)이 사라지고 새로 운 언어, 즉 유럽의 토착어와 새로 발견된 지구상의 여러 언어로부터 언어의 다양성(多樣性) 이 제기된 시대로의 전환을 맞게 된다.

따라서 이 시대는 이러한 다양한 언어를 정리하고 이 언어들을 지배하는 통일된 원리를 모색하는 언어 연구가 등장하게 되었다. 이미 사어(死語)가 된 고전 희랍어와 쇠퇴의 길을 걷고 있는 라틴어의 연구로부터 얻어낸 전통문법만으로는 새로운 언어들을 정리하고 기술 할 수가 없음을 깨닫고 새로운 문법의 이론적 정립을 추구하게 된다.

---

6   중국어와 일본어는 3.1.3.1.에서 전술한 Francis Xavier에 의하여 유럽에 소개되었다.

2. 새로운 언어 연구

3.2.0. 서양의 언어학계에 다양한 언어가 소개되면서 이러한 언어를 통합하여 정리하기 위하여 새로운 언어 연구가 시작되었다. 특히 16, 7세기경에 유럽은 역시 여러 새로운 철학 이론도 등장하여 이러한 이론에 맞는 여러 가지 문법 연구도 제기되었다.

문예부흥과 그 이후의 시대에 언어의 연구에 나타난 현저한 특색은 영국의 경험주의 언어 연구와 이에 대항하여 유럽대륙에서 희랍-로마시대 이래 중세시대를 거쳐 계속된 철학적이며 사변적인 언어 연구가 합리주의적인 언어 연구의 형태로 나타난 것이다.

16, 17세기는 영국이 해외에 진출을 가장 힘차게 하던 시기였다. 이 시기에 영국에서는 인간의 경험을 절대시하는 새로운 철학으로 경험주의(empiricism)가 생겨났다. 이에 대항하는 합리주의(rationalism)는 경험주의와 달리 인간 지식의 근원을 감성에 의한 경험에서 찾지 않고 인간의 이성(理性), 즉 합리성에 두는 것이다.

이러한 이성의 근거로서 우리가 태어나면서 갖고 있는 생득적(生得的, innate)인 여러 개념을 강조한다. 감성적 파악에 우선해서 생득적인 개념이 먼저 작용한다는 것이다. 이러한 현상이 인간의 인식을 결정하는 원점이라고 본다. 합리주의자들이 생득적 개념의 전형으로 들고 있는 것은 수(數)나 수자를 다루는 수학적 개념이나 논리적 개념들이다.

그리고 이러한 경험주의와 합리주의의 대립은 희랍시대로부터 중세에 이르기까지 언어의 본질에 대한 논쟁에서 있었던 전통을 이어받은 것이다. 전시대에는 언의 이해가 철학적 언어관에 초점을 둔 난해한 것이었음에 비하여 문예부흥 이후에는 인본주의(humanism)의 입장에서 인간의 이성 대 감성의 전통적인 논의를 새롭게 해석하여 이해하기 쉽게 하려고 하였다.

이 절(節)에서는 이에 대하여 구체적으로 살펴보기로 한다.

1) 경험주의와 합리주의 언어 연구

3.2.1.0. 새로운 언어들의 발견은 언어에 대한 새로운 연구를 촉발시켰다. 그 가운데 현대 언어학에 중요한 영향을 끼친 영국의 경험주의(empiricism) 언어 연구와 프랑스의 합

리주의(rationalism) 언어학을 소개하고자 한다.

16세기에 영국에서는 인간의 경험을 절대시하는 새로운 철학으로 경험주의가 생겨났다. 영국의 베이컨(Francis Bacon, 1561~1626)과 로크(John Locke, 1632~1704), 흄(David Hume, 1711~1776) 등이 경험주의(經驗主義) 철학을 주도하였다. 이에 대하여 합리주의(合理主義)는 경험주의와 달리 인간 지식의 근원을 감성에 의한 경험에서 찾지 않고 인간이 이성(理性), 즉 합리성에 두는 것이다.

영국의 경험주의에 의하면 인간의 지식이라는 것은 외계(外界)의 것을 감성(感性)에 의하며 파악하는 것이고 인간의 정신 활동이라는 것도 감성, 또는 경험에 기본을 둔 하나의 정리, 통합 작용에 지나지 않는다는 것이다. 특히 흄(D. Hume)과 같은 극단적인 경험주의자에게는 모든 인간의 지식이 비록 그것이 논리에 의한 것이거나 선험적인 것이라도 경험에 의해서 그 진실이 증명된다고 보았다.

3.2.1.1. 언어 연구에서도 이러한 새로운 사상의 영향을 받아 플라톤(Plato)에서 스콜라 철학에 이르는 언어 연구에서 선험적인 전통문법의 테두리 설정, 예를 들면 품사분류나 문법 범주의 설정과 같은 것이 과연 개개인의 관용적인 실체를 관찰한 결과와 일치하는지 어떤지를 확인해야 한다고 비판하는 안목이 생겨났다.

그리하여 언어의 일반성보다는 각 개별언어의 고유성(固有性)이 중시되어 각 개별언어의 고유문법이 활발하게 연구되었다. 중세시대까지 언어학의 연구 대상은 희랍어와 라틴어였으며 유럽의 여러 토착어들은 아무런 연구가 없었다. 그러나 영국의 경험주의 언어 언어연구는 이러한 토착어의 개별문법을 활발하게 연구하는 계기가 되었다.

영국의 경험주의 언어 연구에서 최대의 성과는 오늘날에 음성학이라고 부르는 언어음의 연구를 개발한 것에 있었다. 음성은 언어의 외형(外形)으로 가장 확실하게 관찰할 수 있는 부분이며 특히 인쇄기의 발명과 인쇄술의 발달은 문자와 발음을 구별하는 일이 의식화(意識化)되어 정서법(orthography)의 확립이 급선무가 되었다,

이것과 더불어 각 글자의 발음과 그 음의 특징을 탐구하는 음성학이 발달한 것이다. 이 음성학의 전통은 16~17세기에 걸쳐 많은 음성학자들을 배출하였고 그 전통은 지금도 영국에서 지켜지고 있다.[7] 그리고 17세기 영국 철학, 즉 귀납주의, 심리주의 실용주의의

---

7   16세기와 17세기에 배출된 영국의 음성학자들은 Z, Hurt, W Bullokar, A. Hume, R. Robinson, C.

영향은 영국 문법학자들로 하여금 살아있는 구어(口語)에 관심을 갖게 하였는데 이 사실은 언어학사에서 매우 새로운 사실이다(Ivič, 1965:30~41).

3.2.1.2. 영국의 경험주의 언어 연구에 대항하여 희랍-로마시대 이래 중세시대를 거쳐 계속된 철학적이며 사변적인 언어 연구의 전통이 유럽대륙에서 합리주의(rationalism)적인 언어 연구의 형태로 나타난 것이다.

합리주의는 경험주의와 달리 인간 지식의 근원을 감성(感性)에 의한 경험에서 찾지 않고 인간의 이성(理性), 즉 합리성에 두는 것이다. 이 이성의 근거를 인간이 태어나면서 가지고 있는 생득적인 여러 개념을 강조한다. 우리가 본능적으로 느끼는 사물에 대한 개념이 지식의 근원이란 것이다.

영국의 경험주의자인 로크(John Locke)는 어떤 물체에 대하여 감성적 파악, 예를 들면 "붉다, 단단하다, 둥글다"라는 느낌이 먼저 이루어진 다음에 보다 복잡한 여러 개념들이 형성한다고 보았다. 그러나 합리주의자들은 반대로 이러한 감성적 파악에 우선해서 인간의 생득적인 개념이 먼저 작용하며 여기에서 인간 의식의 원점(原點)을 찾을 수 있다고 보았다.

합리주의를 추종하는 연구자들이 생득적 개념의 전형으로 들고 있는 것은 전술한 바와 같이 수자를 취급하는 수학적 개념이나 논리적 개념이다. 이러한 개념들은 경험에 의한 지식에 앞서 얻어지는 개념으로 인간의 본능에 의하여 파악되는 것이라고 보는 것이다.

경험주의와 합리주의가 대립한 것은 서양에서 희랍시대로부터 중세시대에 이르기까지 언어의 근본적인 논점이었다. 고전시대의 논쟁이 철학적 언어관에 근거를 둔 난해한 것이었지만 문예부흥 이후의 시대에서는 지식의 원천이 감성(感性)인가 이성(理性)인가 하는 대립을 인본주의(humanism)의 입장에서 새롭고 쉽게 이해하기 위하여 경험주의 언어 연구가 대두된 것이다.

이 외에도 17세기까지 영국의 여러 철학 사상, 예를 들면 귀납(歸納)주의, 심리(心理)주의 실용(實用)주의 등의 영향을 받아 영국의 문법학자들은 살아있는 구어(口語)에 관심을 갖게 하였다. 그리고 이런 사실은 언어학사에서 매우 새로운 현상으로 전시대와 전혀 새로운 언어 연구기 시작되었다고 보아야 한다(Ivič, 1963:30~41).

Butler, J. Wallis, 그리고 W. Halder를 들 수 있다.

3.2.1.3. 경험주의가 영국을 근거지로 하였다면 합리주의는 유럽대륙, 특히 프랑스를 중심으로 발달하였다. 합리주의에 입각한 언어 연구는 역시 새로운 양상을 보여준다. 초기의 합리주의적 언어 연구를 시작한 독일의 라이프니츠(Gottfried Leibnitz, 1646~1716)는 세계어(lingua franca)로서 라틴어가 그 지위를 잃어버린 다음에 이에 대응하는 새로운 언어로서 신(神)이 인간에게 준 언어, 예를 들면 헤브라이어(Hebrew)가 아니고 인간에 의해서 만들어진 인공어(artificial language)라고 보고 이의 작성을 시도하였다.

이를 위하여 라이프니츠는 수학기호를 생각하였다. 그는 인간의 사고 형식, 능력은 인종과 민족을 넘어 공통성을 가졌고 만일 사고와 그 전달을 위하여 수학 기호와 같은 인공 언어를 작성할 수 있다면 자연 언어가 가진 애매성, 난해성을 해소하고 유용하고 정확한 의사소통이 가능할 것이라고 믿었다,

당시에는 인공어라는 세계어의 발명과 탐구는 라이프니츠(G. Leibnitz)에 한하지 않고 이시대의 일반적인 경향이었다. 인공어와 인공 문자의 발상은 멀리 베이컨(R. Bacon)에게까지 거슬러 올라간다. 이러한 연구 경향은 만국음운문자(universal alphabet)의 제정으로 발전하여 후일 국제음성문자(International Phonetic Alphabet, IPA 기호)가 나오게 된다.

즉, 개별언어의 고유한 특징보다는 여러 언어에 공통하는 여러 특징들이 강조한 점이 이 시대의 합리주의 언어 연구에서 나타난 근본 태도였다. 또 이것이 개별언어의 특수성을 강조한 영국의 경험주의 언어 연구와 근본적으로 배치되는 연구 경향이었다.

2) 뽀르 로이야르(Port Royal) 학파의 일반 문법

3.2.2.0. 새로운 영국의 경험주의 언어 연구에 대립해서 고전시대부터 유지되어 온 합리주의 문법을 지키고 발전시키려는 노력이 결실을 올린 것은 프랑스의 뽀르 로이야르(Port Royal) 학파의 일반문법을 들 수 있다.

이것의 대표적인 결과물로 아르놀(Antoine Arnauld)과 랜슬로(Claude Lancelot)가 공저한 『일반 합리 문법(*Grammaire générale et raisonuée*)』(1660)을 들 수 있다. 뽀르 로이야르(port royal)은 프랑스의 베르샤이유(Versaillais) 근처에 있는 수도원의 이름이다.

이 수도원은 17세기 후반에 네덜란드의 기독교 신학자 얀센(Jansen)이 주장한 예정설(predestination)을 신봉하던 수도승들의 사원으로 당시 프랑스의 문학과 어학 연구의 중심

지가 되었다. 아르노(Arnauld)가(家)의 대대로 이어온 학자들이 이 뽀르 로이야르학파의 중핵(中核)이었다.

전게한 Arnauld·Lancelot(1660)의 <일반합리문법>은 희랍어, 라틴어와 같은 고전어와 로망스어의 교본(敎本)으로 편찬되었다. 경험이 많은 랜슬로(C. Lancelot)가 실증적인 연구로부터 얻어낸 여러 결과들, 예를 들면 언어의 일반성과 각 개별언어의 특수성과의 관계를 문제로 들었고 논리학자인 아르놀(A. Arnauld)이 그 해명을 찾아서 집대성한 것이다.

3.2.2.1. 언어의 실증적 연구를 논리학의 협력에 근거를 두고 문법 사항을 탐구하고 해명하는 독특한 방법으로 전개한 뽀르 로이야르(Port Royal) 학파의 언어 연구는 당시 프랑스의 언어 연구에 있어서 하나의 특색을 이룰 뿐만 아니라 서양의 언어학사에서도 특이한 현상이다.

특히 Arnauld·Lancelot(1660)의 <일반합리문법>을 포함한 뽀르 로이야르 학파의 연구가 논리의 우위를 중시하고 있다는 점에서 그들은 중세 사변(思辨)문법의 전통을 이어받은 것이라고 말할 수 있다. 그러나 사변문법과 뽀르 로이야르 학파 사이에는 이미 시대적으로 상당한 차이를 보일 뿐만 아리라 다음과 같은 기본 사상의 차이도 있다.

첫째 사변문법가들이 '범주(範疇)'의 권위를 절대시하는 것에 대해서 이 학파는 인간의 '이성(理性)'을 기초로 하여 설정된 범주이기 때문에 이를 상대적으로 본 것이다. 후자가 17세기 철학자 데카르트(René Descartes, 1596~1650)적이라면[8] 전자는 아리스토텔레스(Aristotle)적이라고 할 수 있다.

즉 사변문법가들이 존재의 양태(modi essendi)와 이해의 양태(modi intelligendi)와의 구별을 강조하였음에 대하여 뽀르 로이야르 학파는 이해의 양태만을 강조하여 이 둘의 구별을 없앴다. 인간 지식의 근원을 감성에 의한 경험에서 찾지 않고 이간의 합리적인 이성에서 얻으려는 합리주의 언어관이 작용한 것이다.

또 사변(思辨)문법에서는 다른 언어들을 무시하고 라틴어에 기반을 두고 철학적인 산물로 일반문법을 만들었지만 뽀르 로이야르 학파는 근대 로망스 제어를 망라하는 문법 자료

---

8   데카르트는 그의 유명한 슬로건 "Cogito ergo sum, Je pense, donc Je suis, 생각한다. 그러므로 나는 존재한다"처럼 物心二元論을 주장한 철학자다. 인간의 정신과 물체는 완전한 實體인 神에 의존하는 것이라고 보았다.

로부터 이 언어들에게 공통되는 문법의 일반성을 탐구하고 이에 근거하여 일반문법을 구축하려 하였다.

3.2.2.2. Lancelot · Arnauld(1660)의 <일반합리문법>은 1753년에 영어로 번역되었다. 그에 의하면 관계대녕사가 쓰인 문장에서 논리적 전세로 인간의 판단과 그에 근거하여 만들어진 실제 문장에는 몇 개의 명제가 있다고 주장하였다.

예를 들면 "Dieu invisible a créé le monde visible(The invisible God has created the visible world)"라는 진술(proposition) 속에는 세 가지 판단이 포함되었다는 것이다. 즉, 첫째 'Dieu est invisible (God is invisible)', 둘째 'il a créé le monde (he has created the world)'. 셋째 'le monde est visible (the world is visible)'라는 판단이 이 문장에 포함된 것으로 본 것이다.

그리고 이 세 판단 중에서 둘째의 판단이 가장 중요하며 또 본질적이라고 보았다. 따라서 이 진술이 모문(母文)이며 첫째와 셋째는 내포문(內包文)으로 삽입되어 결합한 것이라는 것이다. 첫째의 판단이 진술의 주어가 되고 셋째의 판단은 서술어가 되어서 하나의 문장으로 표현될 수 있다는 것이다.

그런데 때로는 이 삽입 진술이 마음속에 머물러 있고 말로 표출되지 않는 경우도 있고 또 때로는 확실하게 겉으로 표시하는 경우도 있다. 이를 위하여 관계대명사의 존재가 도움이 되는 것이다. 따라서 앞의 진술을 "Dieu qui est invisible a créé le monde qui est visible (God who is invisible has created the world which is visible)."로 바꿔 쓸 수가 있다.

이러한 관계대명사에 대한 설명은 그 특성을 말한 것이지만 이것은 관계대명사가 들어 있는 진술이 또 다른 절(clause)의 주어, 또는 서술어의 일부가 될 수 있음을 말한 것이다. 또 모든 진술이 문장 속에서 표출되는 것이 아니고 일부는 마음속에 그대로 들어있을 수 있다는 설명이다.

3.2.2.3. 이러한 문장의 설명은 몇 개의 명제(절로 표시됨)를 포함한 문장의 내적인 논리적 구조가 분명하게 되었고 판단의 수효만큼 명제(절)가 존재한 것을 알 수가 있다. 그러나 그것들이 모든 문장에 표출되었다고 할 수 없다는 사실, 그리고 그로부터 표출과정에서 관계대명사가 사용될 수 있다는 것을 알려준다.

20세기 후반에 촘스키(N. Chomsky)는 <데카르트의 언어학>이란 그의 Chomsky(1966a:

33~34)에서 이 예문들을 인용하고 변형생성문법(transformational generative grammar)의 기본 개념인 심층구조(deep structure)와 표면구조(surface structure)를 구별하였다. 즉, 촘스키는 그가 데카르트(René Descartes)적 언어 연구의 전통을 이어받은 것을 인정하였다. 그러나 실제로는 뽀르 로이야르 학파의 언어 연구에 근거한 것이다.

뽀르 로이야르학파의 문법학자들은 공통적인 일반문법(general grammar)을 목표로 하여 연구를 발전시켰다. 희랍어, 라틴어, 헤브라이어, 그리고 근대 유럽의 여러 언어로부터 예를 구하여 이런 언어의 기저(基底)에 있는 보편적 언어 특성을 찾으려고 노력하였다. 이런 생각은 18세기에 보제(N. Beauzée)의 <일반문법>(Beauzée, 1767)에 계승된다.[9]

그리고 이러한 일반문법은 20세기 전반에 덴마크의 에름스레우(Louis Hjelmslev)에 접목되었고(Hjelmslev, 1935, 1943) 20세기 후반의 촘스키(N. Chomsky)의 언어 연구에서 놀랄 정도로 재현되었다. Hjelmslev(1943)의 <언어이론 서설>에서는 모든 언어에 적용될 수 있는 보편적인 추상상태(état abstrait)가 있고 이것이 각 개별언어에서 구체상태(états concrets)로 실현된다는 것이다. 이를 그대로 반영한 것이 Chomsky(1956)의 <통사구조>로 본다.

3) 언어기원설

3.2.3.0. 18세기와 19세기에 걸쳐 희랍시대의 원초(原初) 언어에 대한 추구와는 다른 언어 기원설이 대두되었다. 그 이전의 언어 기원설은 헤브라이즘적인 단일기원설(monogénesis)로서 가장 오래된 언어로 성경의 언어인 히브리어(Hebrew)가 그 위치를 차지하였다. 기독교 성경의 <창세기(Genesis)>에 등장하는 바벨탑(Babel) 이전의 언어로 히브리어를 선택한 것이다.

그리고 학문의 언어로 희랍어와 라틴어가 뒤를 이었다. 그러나 로마시대로부터 중세시대에 이르기까지 서양에서 라틴어가 세계어(lingua franca)의 위치를 공고(鞏固)히 하면서 이

---

9   Beauzée(1767)에서는 문법에 관계하는 두 가지 원리가 있다고 주장하였다. 하나는 인간 사고의 본질에서 나오는 보편타당한 원리가 있고 또 하나는 변화기 쉬운 인간의 관습에 의하여 만들어진 개별언어의 문법을 구성하는 원리가 있다고 주장하였다. 후자는 개별언어의 문법에서 연구되어야 하지만 전자는 일반문법이 추구해야 하는 원리라고 보았으며 논리적으로는 어떤 개별 언어의 문법에 선행되는 것이라고 하였다.

에 따른 그럴듯한 언어 기원설이 뒤를 이었다. 예를 들면 베카누스(Goropius Becanus)는 인류의 첫 언어(first language)로 Dutch-Flemish, 즉 네덜란드-플란더스(Flanders)에 남아있는 신메리아어(Cinmerian)를 들었다. 베카누스(Becanus)는 유명한 어원(語源)학자였다.

유럽대륙만이 아니라 세계 각국의 새로운 언어가 발견되고 수집되어서 이렇게 소개된 많은 미지(未知)의 언어들에 대한 관심이 생겨났으며 이러한 언어들의 기원(起源)을 탐구하려는 의욕이 언어 연구자들에게 높아졌다. 즉, 다양한 여러 언어의 역사와 기원을 연구하려는 역사비교언어학의 환경이 조성된 것이다.

그리하여 희랍시대의 자연설(自然說, physei)에서 보였던 철학적인 언어 기원설이 아니고 또 중세시대의 헤브라이즘 사상에 근원을 둔 언어 신수설(神授說)도 아닌, 전통의 규제와 속박이[서 벗어나 자유로운 사상에 근거를 둔 언어 기원설의 논의가 이루어졌다.

이러한 논의를 시작한 대표자로 우선 프랑스의 루소(Jean Jacque Rousseau, 1712~1778)와 독일의 폰 헤르더(Johann Gottfried von Herder, 1744~1803)를 들 수 있다. 그리고 이 시대의 언어기원설에 대한 관심과 연구는 필연적으로 언어의 역사적 연구, 즉 역사주의 언어 연구가 시작된 것이다.

3.2.3.1. 루소(J.J. Rousseau)는 그가 죽은 뒤에 파리에서 출판된 Rousseau(1822:163~257)의 "언어의 기원, 또는 언어가 멜로디와 음악을 모방한 것을 말하다"라는 논문에서 언어는 모방으로서의 몸짓과 자연적인 부르짖음으로부터 시작한 것이라고 주장하였다.

그리하여 전달 수단의 정확성이 요구되매 따라 음성이 보다 많이 쓰이게 되고 음의 연쇄와 의미의 결합이 점차 고정화되어 갔으며 이로부터 말소리가 손짓과 완전히 바뀌어서 언어가 확립된 것으로 보았다. 언어의 형성을 자연이나 언어 외적 요인에 의거하여 본 것이다.

또 언어의 확립, 즉 음성과 의미의 결합이 완성된 것은 인간의 사회계약(contrat sociale)에 의한 일반적 의지의 역할이라고 보았다. 그가 사후에 발표된 전술한 Rousseau(1822)에서 주장한 것으로 이전의 언어 기원설이 고전적이고 논리적이었음에 반하여 그의 주장은 낭만적이라고 할 수 있다. 루소는 18세기의 프랑스의 낭만주의를 이끌었다.

루소는 언어에서 음성의 역할을 특히 강조해서 음의 강세, 리듬, 음조 등 원시적 요소를 중시하고 노래와 시(詩)를 최고의 창화(唱和)문학이라고 하였다. 표현의 정확성을 높이기 위하여 언어가 가진 이러한 근원적인 활력과 정감(情感)을 없앤 것이 문어(文語), 글말이라고 하였다.

3.2.3.2. 루소(J. J. Rousseau)가 프랑스의 낭만주의자라고 한다면 폰 헤르더(J. G. von Herder)는 독일의 낭만주의자라고 할 수 있다. 두 사람 모두 인습(因習)을 타파하고 언어의 기원을 탐구했다는 점에서는 공통이지만 루소는 언어의 다양성을 중시하여 자연적이고 동물적인 부르짖음에서 언어의 발달을 강조하였음에 비하여 헤르더는 언어와 사고와의 관련에 의해서 그 기원을 찾으려고 하였다.

루소는 언어를 'langues(언어들)'라고 복수를 썼으나 헤르더는 'sprache(언어)'라고 단수를 썼다. 두 사람의 언어에 대한 인식의 차이를 단적으로 말해주는 대목이다. 루소는 언어의 외적 특징에 의해서 그 기원을 찾으려고 했다면 헤르더는 언어의 내적 기능에서 그 기원을 찾으려고 한 것이다.

1769년에 프러시아 왕립 학술원에서 언어의 기원과 관련된 다음과 같은 논문을 현상(懸賞) 공모하였다. 그 논문의 제목은 다음과 같다.

> 인간은 그 자연적인 능력에 의해서 스스로 언어를 발명할 수 있을까? 그리고 어떠한 수단에 의해서 이 발명에 도달할 수 있을까? 이 문제를 명쾌하게 설명하고 모든 난점(難點)을 만족시킬 가설을 구한다(En supposant les hommes abandonnés à leur facutes naturelles. Sont-ils en étit d'inventer le langage? Et par quel moyens par wiendrant-ils d'eux-mêmes à cette invention? On demande une hypothése qui explique la chose clairement et qui satisfait i toutes les difficultes).

폰 헤르더(J. G. von Herder)는 이 현상 논문에 응모하여 "언어의 기원에 대하여(Abhandlung über den Ursprung der sprache, Essay on the origin of speech)"라는 제목으로 당선되어 수상(受賞)하였다.

여기서 그는 "인간의 언어는 이성(理性)에 근거하여 생겼고 이성의 법칙에 그 뿌리가 있으며 전달과 교육이 언어의 본질적 기능이다"라고 하면서 "언어가 신(神)으로부터 주어졌다면 이것은 비논리적이다. 또 언어가 인간의 사고(思考)에 의한 산물(産物)이라고 하면 사고가 언어에 의해서 가능함으로 모순에 빠진다."라고 하여 그간의 주장을 비판하였다.

그리고 언어는 인간의 내부로부터 필연적인 표출이라는 점을 강조하였다. 언어와 사고의 일정한 결합을 역설하고 각 민족의 사고는 그 민족의 언어를 연구함으로써 해명할 수 있다고 보았다. 즉, 민족과 언어 사이에 언어정신(Sprachgeist)이 있다고 보았다. 그리하여 개별 언어가 독립적으로 존재함을 인정하였다.

이러한 생각은 중세시대의 공통어로서 라틴어가 상징하는 일반성, 통일성에 비하면 폰 헤르더의 언어관은 당시 독일의 낭만주의, 또는 국가주의(nationalism)의 싹이 움튼 것으로 볼 수 있다. 폰 헤르더의 이와 같은 언어철학을 가장 크게 받아드린 것은 19세기에 일반언어학을 창도(唱導)한 폰 훔볼트(Wilhelm von Humboldt)이었다.

3. 이 시대 언어 연구의 특징

3.3.0. 문예부흥 시대로부터 18세기까지의 언어 연구는 전시대와 매우 다른 모습을 보였다. 이 시대에는 중세시대의 종교적 제약과 모은 언어 이론을 라틴어로 통일하려는 속박으로부터 벗어나서 해방된 시대에 새롭게 나타난 언어 연구가 여러 양상으로 분출(噴出)되었다. 그야말로 언어학의 르네상스(Renaissance) 시대라고 할 수 있다.

영국의 경험론에 의한 언어 연구가 기술(記述)음성학이나 언어의 독자적 문법을 기르도록 하였다면 유럽 대륙의 합리론은 철학문법, 특히 뽀르 로이야르(Port Royal) 학파의 문법 연구와 같은 것에서 그 영향을 감지할 수 있다. 그러나 뽀르 로이야르 학파의 언어 연구는 1661년에 일어난 정치와 종교의 투쟁으로 와해되었다.

16, 17세기의 영국에서 경험론에 의한 언어 연구는 영어의 체계적인 음성 기술을 시작하게 하였다. 그리고 영문법에 대한 형식적인 분석이 이때에 시작되었다고 본다. 로마시대의 프리키아누스(Priscian)로부터 전래된 문법의 모델이 영어에 적합한가 하는 문제도 제기되었고 이에 대하여 본격적으로 연구되었다.

그리하여 다음과 같이 이 시대에는 새로운 영어 연구의 특징이 있어서 그에 대하여 이 절(節)에서 살펴보고자 한다.

1) 경험론에 의한 영국의 영어 연구

3.3.1.0. 이 시대에 영국에서 경험론에 의한 언어 연구는 음성에 대한 연구 업적이 가장 두드러진다. 영국에서 음성에 대한 연구는 비록 음성학(phonetics)란 용어가 아직 쓰이지는 않았지만 정서법(orthography)이나 정음법(orthoepy)이란 용어가 등장하여 영어를 표기하는 로마자의 정당한 표기와 그에 대한 올바른 발음에 대한 연구가 시작된 것이다.

이러한 새로운 음운의 연구를 시도한 것은 모두 전술한 베이컨(Bacon)으로부터 흄(Hume)에 이르는 경험주의자들이었다. 이들은 경험론에 입각하여 영어의 철자와 그 발음에 대한 연구를 계속하여 이들을 영어음성학파라고 부르기도 하였다. 오늘날의 음성학이나 음운론에 필적할 만큼 영어의 음운에 대한 심도 깊은 연구가 있었다.

영어의 음성 연구에 관심을 갖고 업적을 낸 학자들은 전술한 경험주의자 이외로 로빈손(R. Robinson), 버틀러(C. Butler), 윌리스(J. Willis), 홀더(W. Holder) 등을 들 수 있다.[10] 이 가운데 Holder(1669)의 <말의 요소들>에서는 유성음이 성대 진동에 의한 것임을 서양 학자로서는 처음 주장하였다(졸저, 2022:77).[11]

본서의 제1부 동양의 언어학사에 살펴본 바와 같이 기원전 수세기경에 고대인도 음성학에서 유성음과 유기음을 분석하고 그 음성의 특징을 살펴본 것에 비하면 참으로 격세지감이 있다.

3.3.1.1. 영국에서 16, 7세기의 영문법의 전체 구조는 후기 라틴문법가들에 의하여 작성된 것이었다. 앞의 2.1.0.2.에서 전술한 바와 같이 고(古)영어를 라틴문법에 적합(適合)시켜 정리하려는 아엘후리크(Aelfric)의 방법이 이 시대에도 그대로 적용되고 있었다.

그러나 문예부흥 이후에 세계가 지적(知的)인 연구 결과를 추구하는 풍조가 강해졌고 자신의 모어(母語)를 사랑하는 마음, 그리고 영국의 경험론의 자세에 따라 새로운 영어 문법이 연구되었다. 그동안은 영문법의 문법 체계는 프리스키아누스(Priscian)의 라틴어 팔품사(八品詞) 체계에 맞추어 고찰하는 풍조가 전부였다.

예를 들면 17세기의 음성학자로 소개한 불로카(W. Bullokar)는 그의 Bullokar(1586) <간략

10 　이들에 대하여는 Danielsson(1955)와 Dobson ed.(1957)을 참고할 것.
11 　졸저(2022:77)에서는 'Holder'를 'Hilder'로 誤字하였다. 독자 제위의 양해를 구한다.

한 영문법>에서 영어의 관사(冠詞) 'a (an), the'가 라틴어에 그에 상당하는 것이 없기 때문에 품사로서 인정하지 않고 형용명사(noun adjective)의 하나로 보았고 이런 상태는 17세기까지 지속되었다.

다만 존슨(B. Jonson)의 <영문법(The English grammar)>(Jonson, 1640)에서는 'a (an), the'를 관사(冠詞)라는 다른 품사를 설정하여 처리하였다. 관사는 영어의 학교 문법을 정립한 머레이(Lindly Murray)의 영문법서인 Murray(1795)에서 받아들여져서 영문법에서 정착된다. 이처럼 라틴어의 문법 체계를 벗어나려는 노력은 앞의 3.1.2.1.에서 전술한 라무스(Petrus Ramus)의 영향을 받은 것으로 보인다.

3.3.1.2. 영국에서 뽀르 로이야르(Port Royal) 학파의 영향을 받은 영어 문법학자들도 있었다. 프랑스의 일부 문법가들은 라틴어의 팔품사(八品詞)를 사고(思考)의 대상을 나타내는 것, 예를 들면 명사, 대명사, 분사, 전치사, 부사와 따로 사고의 양식을 나타내는 동사, 접속사, 감탄사로 나누었다.

영문법에서만 인정한 관사는 명사와 같이 사고의 대상을 나타내는 품사에 들어가 있었다. 이러한 구별을 영문법에 도입한 것은 브라이트랜드(J. Brightland)였다. 그가 쓴 Brightland(1711)의 <영문법>에서 이러한 품사 분류를 시도하였다. 또 당시에는 필수적인(integral) 품사와 부수적인(particle)으로 나누어 필수적인 것은 그 자신이 일정한 의미를 갖는 것이며 부수적인 것은 다른 품사에 걸려있는 것으로 보았다.

예를 들면 명사와 동사는 필수적인(integral) 것이고 나머지는 부수적인 품사로 분류하였다. 이것은 반드시 언어의 형태론적 체계에 의하여 분석한 것이 아니라 의미와 관련한 분류로 보아야 한다. 역시 대륙인 프랑스의 뽀르 로이야르 학파의 언어관이 영향을 준 것으로 보인다.

앞의 3.1.4.1.에서 언급한 바와 같이 영문법의 학교문법을 구축한 머레이(Lindly Murray)는 영어에 주격, 속격, 목적격 또는 대격의 3격만 인정해야 한다고 주장하였다. 라틴어에서도 주격과 대격이 동형(同形)인 명사가 많았지만 이것을 별개의 격으로 보았는데 Murray(1795)에서는 이로부터 유추하여 3격만 인정한 것이다.

또 머레이(L. Murray)의 영어 문법에서 품사 분류는 근대 문법의 전통이 되었다. 즉, Murray(1795)의 <영문법> 34판인 Murray(1821)에서 관사, 명사, 형용사, 대명사, 동사, 부사, 전치사, 접속사, 감탄사의 9품사를 분류하였다. 이것은 오늘날의 영어문법에서 그대로 유지되었다. 형용사를 명사에 넣는다든지 분사를 독립된 품사로 한다든지 하는 고전시대의 문법에서 보여준 품사 분류는 그의 문법에서 보이지 않는다.

3.3.1.3. 16세기 이후에 영국에서 많은 영어 문법을 연구한 문법서가 편찬되었다. 이 문법서들이 갖는 중요한 의미는 라틴문법에 의거하여 기술한 영어 문법을 그대로 계승하지 않고 실제로 관찰된 영어의 형태 구조에 따라 이를 고찰하여 개선(改善)한 점이다.

그러나 이러한 영문법의 개선 절차는 반드시 시간의 흐름과 일치하지 않는다. 어느 연구자는 후대에도 라틴문법 체계를 따르기도 하고 또 어떤 연구자는 일찍부터 새로운 문법 체계를 세우기도 하였다. 개인의 취향에 따라 라틴문법을 고수하기도 하고 또 새로 개선하기도 한 것이다.

이 시대에 유명한 영어 문법가는 무어라 해도 머레이(Lindly Murray)와 코베트(William Cobbett)를 들 수 있다(Robins, 1997:139). 머레이(L. Murray)는 미국의 독립전쟁 이후에 영국으로 돌아온 미국시민이었다. 요크(York) 근처에 살면서 주로 젊은 학생들을 위한 영어 문법서를 간행하였다.

그가 이렇게 쓴 Murray(1795)의 <영문법>은 대단한 인기를 얻어 초판이 간행된 1795년 이래 널리 보급되어 19세기 초반에 34판을 내었다(Murray, 1821). 그리하여 영어의 학교문법이 그에 의해서 구축되었다고 언어학사에서 기술한다. 또 그에 대한 세인(世人)의 평판도 매우 좋아서 많은 이들이 그를 존경하였다.

그의 Murray(1795)의 <영문법>은 이론적인 면에서는 좀 보수적이었으나 영어의 교육면에서는 매우 진보적이어서 영어 자모의 여러 음가를 포함한 정서법(orthography)을 마련하였고 형태론과 품사론, 그리고 굴절변화형을 다룬 어원론(etymology)과 통사론, 운율론(prosody), 구두법(句讀法)의 4부로 되었다.

운율론(韻律論)에서는 영어의 운율만이 아니라 작시(作詩)의 규칙과 장음, 강세, 휴지, 억양(tone)의 기술까지 언급하였다. 그의 문체는 명쾌하고 정연하였다. 뿐만 아니라 젊은이들에게 도덕성을 강조한 것은 이 책의 서문 끝부분에 있는 '젊은 학생들에게 부치는 글'에서 "학문(learning)에 못지않게 덕행(virtue)을 향상하기 위하여"에서 들어나 있다.

역시 학문이 덕행을 위한 것이라는 동양 사상을 긍정적으로 이해한 것으로 보인다. 동양의 유학(Confucianism)은 바로 학문이 인간의 덕성(德性)을 함양하기 위한 것임을 항상 전제로 한 것이다. 머레이(Murray)의 학문에서도 이 점을 중시한 것이 그의 학문에 대한 일반인들의 인간적인 존경심을 가져온 것으로 보인다.

3.3.1.4. 같은 시대의 코베트(William Cobbett)는 급진적인 정치가였고 격렬한 노동운동을 전개하였다. 그가 Cobbett(1819)의 <영어의 문법>에서 새로운 문법 체계를 택한 것은 당시에 조성된 전혀 새로운 별개의 노동 환경에서 고찰한 결과로 보인다.

그가 아들인 제임스(James Cobbett)에게 보내는 편지의 형식으로 썼던 내용에는 "특히 병사, 수부(水夫), 도제(徒弟), 농사하는 아동들에게 도움이 되도록 운운"하는 구절이 있어서 그의 영문법이 노동자들의 교육을 위해서 쓴 것임을 밝힌 것이고 이것은 당시 사회 환경을 반영한 것이다.

또 그가 이 책을 캐로라인(Caroline) 왕비(王妃)에게 받치는 헌정사(獻呈辭)에서 노동자 계급의 문자 교육의 중요성을 역설한 것도 그의 노동운동가로서의 심정을 토로한 것이다. 노동자 계급의 문자 교육을 목표로 한 코베트(W. Cobbett)의 영문법은 젊은 학생들을 위하여 합리적인 영문법을 쓴 머레이(L. Murray)의 집필 태도와 매우 같고 그 문법 이론도 두 사람은 매우 유사하였다.

코베트(W. Cobbett)의 문법에는 이성(理性)문법(grammaire raisonées)이 근간을 이룬 것도 머레이(L. Murray)의 문법과 동일한 모습을 보인다. 다만 문체에서는 서로 달라서 머레이는 논리적인 문장으로 영어의 문법을 알기 쉽게 설명하는데 주력하였다면 코베트는 선동적이고 정치적인 문체로 일관하였다.

2) 유럽 대륙의 합리주의 문법

3.3.2.0. 영국에서 경험론적인 언어 연구가 기술(記述)음성학이나 영어에 대한 독자적인 문법 체계를 세우게 한 것이라면 유럽 대륙에서는 합리론에 의거한 철학문법이 유행하였다. 예를 들면 전술한 프랑스의 뽀르 로이야르(Port Royal)의 학파의 언어 연구는 몇 분야에서 중세시대의 스콜라철학적 언어 연구와 연결되었다.

즉, 뽀르 로이야르 학파의 교육 체계는 건전한 고전 교육을 포함하여 희랍과 로마시대의 고전 문학에 대한 것을 중심으로 가르쳤다. 따라서 희랍어와 라틴어에 대한 지식을 중요시하였다. 특히 중세시대에 라틴어가 유일한 학문과 교육의 언어였으므로 이러한 공통어에 대한 향수가 있었다.

그리하여 프랑스에서는 라틴어와 로망스 제어를 망라하는 일반문법(general grammar)의 이론적 근거를 마련하려고 노력하였다. 다만 스콜라철학과는 달리 인간의 이성(理性)이 모든 권위보다 우월하다는 생각을 가졌다. 그리하여 교육의 기초를 아리스토텔레스(Aristotle)가 아니고 데카르테(Descartes)에서 찾았다.

라틴어 이외의 언어를 무시한 채로 프리키아누스(Priscian)의 라틴문법을 철학적 보편론자의 입장에서 설명하려는 종래의 문법 연구와 달리 여러 다른 언어들의 각기 다른 문법에 깔려 있는 통일된 문법을 찾으려고 하였다. 인간의 지각(知覺), 판단, 추론을 포함하는 사상의 전달이라는 언어의 역할에서 일반적인 형식의 문법을 파악하려고 한 것이다.

3.3.2.1. 이러한 일반문법에 근거하여 뽀르 로이아르 학파는 전통적인 팔품사(八品詞), 즉 명사, 대명사, 분사, 전치사, 부사, 동사, 접속사, 감탄사에 영문법처럼 관사(冠詞)를 추가하여 9품사를 인정하였다.

라틴문법과 같이 형용사를 인정하지 않았고 대신 분사(分詞, participle)를 그대로 존치하였다. 영국의 경험론에 의거한 영문법보다 라틴문법의 흔적이 더 많이 남은 셈이다. 그리고 이 학파의 품사분류에서는 의미론적 특징에 따라 처음의 '명사, 대명사, 분사, 전치사, 부사, 동사' 6품사를 사고의 대상(對象)으로 보았고 나머지 3품사를 사고의 형식, 또는 양식(樣式)으로 보았다.

또 명사와 동사를 기본으로 보는 이분법(二分法)도 살아남았지만 이 두 품사를 다른 품사들과 함께 재분류한 것은 라틴문법과 다른 점이다. 즉, 프리스키아누스(Priscian)의 라틴문법을 그대로 추종하는 것은 아니었지만 그래도 라틴문법의 전통이 여러 유럽의 언어를 고찰한 문법의 기전에 남아있었다.

따라서 라틴어의 6격(格, casus)은 다른 유럽의 언어에서도 그대로 적용되었다(Lancelot et Arnauld, 1660:115). 물론 유럽의 토착어(vulgar language)에는 전치사나 어순(語順)으로 표현하는 경우가 있었다. 예를 들면 프랑스어의 전치사 'de, à'의 용법은 라틴문법에서 말한 속격이나 처격의 기능과 대비하게 된다(Lancelot·Arnauld, 1660:83).

이 시대 유럽 대륙의 문법 연구는 중세시대의 양태론자(modistae)와 거의 유사하게 모든 언어에는 보편적이고 필연적인 요소가 있다고 보았지만 내용은 좀 다르다. 즉, 뽀르 로이아르 학파가 보편적이라고 보는 것은 그 기반에 인간의 이성과 사고가 있었다. 앞의 3.2.2.1.

에서 거론한 바와 같이 양태론자들의 주장은 외계(外界)의 '존재의 양태(modi essendi)'와 이것을 마음속에서 이를 지각(知覺)하고 해석하는 '이해의 양태(modi intellogendi)'로 구분하였다.

그리하여 존재의 양태와 이해의 양태 사이에 존재한다는 교묘한 연결이 지속성과 일시성의 범주에 근거하여 동사와 명사에 본질적인 차이가 있다는 양태론자의 설명은 이태리의 스캘리거(Joseph Justus Scaliger)는 전혀 적절하지 않다고 부정하였다(Scaliger, 1602:137, 220).

3.3.2.2. 이 시대에 주목할 것은 일부 품사의 기능을 구조적으로 해석했다는 점이다. 부사는 전치사구(前置詞句, prepositional phrase)를 단축한 것이 지나지 않는다. 예를 들면 라틴어의 'sapiénter(슬기롭게)'는 'cum sapiéntia(슬기를 갖고, with wise)'를 줄인 것으로 본다.

동사는 올바르게 "긍정임을 표현하다(signify affirmation)"는 말이고 다른 서법으로는 원망법이나 명령법 등이 있을 수 있다고 보았다(lancelot·Arnauld, 1660:88~90). 이로 인하여 뽀르 로이야르 학파의 문법가들은 계사(繫辭, copula) 이외의 동사는 모두가 논리적으로도 문법적으로도 계사 + 분사와 같은 것이라고 보았다.

예를 들면 'Peter lives(피터가 살다)'는 'Peter is living(피터가 살고 있다)'라는 구문 구조이어서 'Peter is a man'과 같은 통사론적 구조와 맞먹는다는 뜻이라고 하여 아리스토텔레스(Aristotle)의 분석과는 뒤바뀌게 되었다. 또 동사의 자동과 타동(능동·수동)의 문법 범주는 동사를 말하는 것이 아니라 동사 가운데 '형용사적' 요소에 속하는 것을 말한 것이라고 하였다(Lancelot·Arnauld, 1660:115).

이러한 분석은 역사적으로 본 것이 아니며 동사 형태론의 표면적 기술로 본 것도 아니고 실제로 문에서 동사가 다른 요소와 결합하여 나타내는 요소를 보다 깊은 구조, 현대 언어학에서 보면 심층구조에서 설정한 것으로 보인다. 후술한 Chomsky(1964)에서는 언어의 층위를 표면(surface)과 심층(deep structure)으로 나누어 고찰하였다.

3.3.2.3. 뽀르 로이야르(Port Royal) 학파의 문법학자들은 일반문법을 목표로 하여 진지한 노력을 경주하였다. 라틴어, 희랍어, 히브리어, 그리고 근대 유럽의 여러 토착어를 아우르는 문법을 상정하고 그 기저에 흐르는 보편적인 언어의 특징을 망라하는 일반문법을 세우려고 애썼다. 다만 그들은 유럽의 언어가 아닌 다른 언어들, 비굴절적인 언어들은 제외

하였다.

그들이 추구하는 일반문법은 어떤 특정한 언어의 문법이 아니라 여러 언어 구조의 기저에 존재한다고 믿은 것 같다. 애국자이기도 했던 뽀르 로이야르 학파의 연구자들은 프랑스어를 좀 더 명료하게 밝히고 우아하고 아름다운 프랑스어를 자랑하기 위하여 문법 연구에 힘을 썼다(Lancelot·Arnauld, 1660:147).

이러한 현상은 문예부흥으로 인하여 유럽의 각 토착어에 대한 태도가 바뀌었기 때문이다. 이 시대에는 각 개별어가 고전어, 즉 히브리어나 희랍어, 그리고 라틴어에 못지않게 중요한 연구의 대상이었기도 했고 그 언어에 대한 관심도 높았다. 그리하여 프리스키아누스(Priscian)가 라틴어에 적용했던 문법이 각 유럽 토착어의 하부 구조에도 나타난다고 생각했던 것이다.

영국의 경험론자들은 특정 언어가 가진 개개의 서로 다른 특성에 주목하여 관찰에 근거하여 범주와 어류(語類)의 분류를 시도한 반면에 합리론에 의거한 대륙의 문법가들은 모든 언어에 나타나는 표면적인 차이의 바닥에 깔린 공통성을 찾으려고 추구하였고 그런 노력은 오늘날의 언어 연구에서도 그대로 남아 있는 문제라고 할 수 있다.

즉, 20세기의 Hjelmslev(1928)의 <일반 언어학의 원리들>에서는 여러 언어에 보편적인 '추상상태(état abstrait)'를 추구하였으며 이것은 각 개별 언어에 실제로 나타나는 '구체상태(états concrets)'에서 여러 가지 형태로 실현된다고 보았다. 그렇지 않으면 언어 이론은 허무주의(nihilism)에 빠지게 된다고 본 것이다(Robins, 1997:143).

20세기의 블룸필드학파(Bloomfieldian)에서 획기적으로 발달시킨 기술(記述)언어학은 기술주의론자(descriptivists)들이 언어의 보편성을 최소한으로 하고 관찰된 형태의 기술을 지상의 과제로 하여 독립된 개별 언어에서 보이는 각각의 문법 범주와 어류(語類)를 설정하려는 태도와 연관되었다.

그들은 블룸필드의 "언어 대해서 유일하고 유익한 일반화는 귀납(歸納)에 의한 일반화일 뿐이다"(Bloomfield, 1935:29)라는 명언(明言)을 남겼다. 또 20세기의 Hjelmslev(1928)의 일반 언어학과 Chomsky(1965, 1966a)의 생성문법론을 따르는 연구자들의 주장은 문예부흥 이후에 유럽의 대륙에서 유행한 합리주위 철학의 문법학자들과 놀라울 정도로 유사하다.

3.3.2.4. 18세기에 뽀르 로이야르 학파의 일반문법을 이어 받은 프랑스의 보제(N. Beauzée)는 Beauzée(1767)의 <일반문법>에서 문법은 두 가지 원리가 있는데 하나는 인간

사고의 본질에서 나오는 보편타당성을 가진 원리이고 또 하나는 개별 언어의 문법을 구성하는, 변하기 쉬운 관습에서 가져온 원리라고 하였다.

전자의 보편타당한 원리는 일반문법의 대상이 되는 것이다. 이것은 논리적으로 어떠한 개별 언어에서도 선행하는 것이며 또 어떤 언어에도 존재하는 가능성 및 그 필요조건에도 관련된 것이라고 하였나(Beauzée, 1767:30). 예를 품사에서 들면 명사와 동사는 어떤 언어에서도 존재가 가능하고 명사는 주어가, 동사는 술어가 될 수 있는 조건을 갖춘 것이다.

보제(N. Beauzée)는 뽀르 로이야르 학파와 교조적(敎條的)으로 일치하지만 그의 문법 체계는 조금 다르다. Beauzée(1767)의 서문에서는 데카르트(Descartes)와 뽀르 로이야르 학파의 중심인물인 아르놀(A. Arnauld)을 칭찬하였지만 본문에서는 몇 부분에서 뽀르 로이야르 학파에 반대하는 논지를 전개하였다.

보제의 품사분류는 라틴문법에 따르지 않고 형용사를 명사와 구별하여 단독의 품사로 설정하는 근대적인 모습을 보였다. 그리고 각 품사에 대한 정의도 모든 언어에 적용되어야 함으로 일반적이 의미의 개념이어야 하고 이에 의하여 품사는 구분되어야 한다고 주장하였다. 이로부터 명사와 대명사가 구분되고 동사와 형용사가 나뉜다고 보았다.

명사와 대명사는 개개의 사물이나 사람, 또는 추상물(抽象物)을 나타내고 형용사와 동사는 그것들의 성질, 상태 및 관계를 나타낸다고 정의하였다. 이것을 보면 보제(N. Beauzée)는 비록 보편론자(universalist)라고 하지만 품사에 대하여 별로 엄격하지 않은 정의를 내린 것으로 보인다.

그리고 유럽의 여러 토착어에 보이는 격변화로부터 단일한 격 체계를 세우려고 하지 않고 각 토착어에서 실제로 일어나는 격 변화를 무시하고 희랍의 6격이 있다고 본 뽀르 로이야르 학파의 주장을 비판하였다. 그리고 모든 유럽의 토착어에 적합한 격 체계를 세울 것을 주장하였다.

3.3.2.5. 언어 연구에서 보이는 경험론자와 합리론자의 사상적 차이는 어느 정도까지 언어 연구의 방법이 다르도록 영향을 주었다. 경험론에 입각한 언어 연구에서는 정평이 있는 작가들이나 사회적으로 인정받는 저명한 화자들이 나름대로 관찰한 것을 근거로 하여 외부로부터 언어를 탐구하는 방법으로 나아갔다.

그러나 합리론에 의거한 언어 연구는 언어의 내부로부터 탐구하는 방법이라 경험론과는 대조적이다. 이와 같이 언어의 외부로부터인가 아니면 내부의 합리성에 의거한 언어 연구인가에 따라 17세기 이태리의 캄파넬라(Campanella)는 후자를 철학문법(grammatica philosophica)이라 하고 전자를 시민문법(grammatica civilis)이라 하였다.

즉, 일반인의 관찰에 의한 언어 외부로부터의 연구를 시민문법이라 하고 언어 내부의 합리성을 추구하는 문법을 철학문법이라고 한 것이다. 프랑스어 문법에서 같은 구별은 시도한 것으로 보쥴라(Vaugelas)는 문장의 정용(正用)과 문자 상의 관례를 관찰하고 이를 근거로 한 문법은 경험론의 시민문법과 기본적으로 같다고 본다.

반면에 뽀르 로이야르(Port Royal) 학파의 문법가들은 청자가 이해하는 의미와 화자가 표현하려는 글의 정확한 의미가 같도록 하기 위한 것이 문법이라고 보았다(Arnauld·Lancelot, 1660:75~83). 이것은 합리론에 근거를 둔 철학문법이라고 할 것이다. 문법을 언어 내부의 합리적 구조에서 세우려고 했기 때문이다.

이러한 언어 연구의 상반되는 견해는 후대에 언어를 역사적으로 고찰할 것인가 아니면 공시적으로 언어를 분석하고 거기서 얻어낸 언어 요소들 체계적으로 고찰하는가의 문제로 발전한다.

3) 문예부흥 이후의 언어 연구 특색

3.3.3.0. 문예부흥은 중세시대의 통일성과 기독교의 속박으로부터 모든 학문 연구를 해방시켰다. 언어 연구에서도 이러한 풍조에 따라 새로운 경향의 연구가 이루어졌는데 이를 정리하면 다음과 같다.

① 새로운 언어, 그리고 유럽 토착어의 발견과 수집에서 언어의 연구에 신경향이 생겼다.
② 중세시대에 언어의 보편성에 대한 연구로부터 언어의 다양성, 고유성이 연구되었다.
③ 새로운 경험주 철학과 고전시대 이래의 철학에 바탕을 둔 합리주의 사상과의 대립으로 영국에서는 음성학과 관찰에 의한 시민문법이 발달하고 프랑스에서는 뽀르 로이야르 학파의 일반문법 연구, 즉 철학문법이 성행하였다. 그리고 인본주의(humanism)에 따른 언어기원설이 대두되었다.
④ 문예부흥 이래 인본주의가 18세기말에 유럽의 낭만주의 언어 연구를 가져왔고 중세(中世)시대의 논리적 범주(範疇)나 테두리 짜기를 버리고 원시 언어의 본질을 탐구하는 언어 연구가 시작되었다.
⑤ 이 시대의 언어 연구에 보이는 중요한 특징의 하나는 언어 연구가 역사주의가 등장한

점이다. 언어기원에 대한 연구로부터 언어의 발달과 변화의 방향에 관심을 갖게 하였다. 역사 변화의 관찰은 뽀르 로이야르 학파의 합리주의 언어 연구가 아니고 경험주의에 입각한 실증적인 방향의 연구라고 할 것이다.

이와 같은 문예부흥 이후 18세기까지의 언어 연구는 다음 세기의 찬란한 역사비교언어학의 발달을 기다리는 여명(黎明)과 같은 시기였다. 누가 뭐래도 문예부흥은 서양에서 근대의 시작이라고 볼 수 있다. 인류의 근대 문명이 이 시대에 준비되어 마치 찬란한 신 새벽을 기다리는 것처럼 다음에 올 새로운 언어 연구를 마지하게 된다.

3.3.3.1. 이 시대는 서양의 산업혁명이 시작되어 인류 문명의 주도권이 유럽으로 옮겨졌다. 영국에서 증기기관의 발명으로 기계화가 진척되어 인간의 힘은 거대해졌으며 이로 인하여 산업에서 수익은 기하급수적으로 늘어났다. 이와 같은 산업의 발달은 국가를 부강하게 하였고 유럽 열강은 지구의 다른 쪽으로 뻗어나가게 되었다.

언어의 연구에서 영국의 인도 침략은 중요한 전환점이 되었다. 제1부의 제1장에서 고찰한 바 있는 고대인도의 문법과 음성 연구가 영국의 인도 점령으로 유럽에 전달되면서 서양의 언어학은 눈에 띄게 변화하기 시작하였다. 그리고 고대 희랍어와 라틴어를 능가하는 산스크리트어의 발견은 유럽 언어의 역사에 대한 의식을 일깨우게 되었다.

산스크리트어가 유럽에 소개된 것은 16세기 말에 가톨릭 선교사였던 필리포 사셋티(Filippo Sassetti)가 인도에서 본국으로 보낸 보고서에서 산스크리트어(Lingua Sanscruta)를 소개하면서 이태리어와 산스크리트 사이에 어휘의 유사성을 감탄하면서 소개하였다. 이것을 이어받아 독일의 슐쩨(B. Schulze)와 프랑스의 쾨르도우(Coeurdoux) 신부(神父)가 산스크리트어를 소개하고 이 언어와 유럽의 여러 언어와의 유사성을 단편적으로 지적하였다 (Arens, 1969:73; Benfey, 1869:336~8; Kukenheim, 1962:31).

여기다가 나폴레옹(Napoleon)의 원정(遠征)으로 인하여 프랑스가 이집트(Egypt)와 근동(近東 the Near East) 지역에 대한 관심을 갖게 되어 이 지역의 고대국가에 대한 고고학(考古學) 연구의 발달을 가져왔다. 이로부터 비 유럽언어에 대한 연구도 프랑스를 중심으로 활발하게 이루어졌다.

또 독일에서도 다음에 논의할 쉴레겔(Friedrich & August von Schlegel) 형제들을 비롯하여 많은 역사언어학자들이 산스크리트어학을 대학에서 교육해야 한다고 주장하였다. 그리하여 쉴레겔(Schlegel) 형제는 『인도인의 언어와 지식에 대하여(*Über die Sprache und Weisheit der Indier*)』(Schlegel, 1808)를 간행하기도 하였다(Robins, 1997:169).

이로 인하여 독일에서는 산스크리트어와 고대 언어에 관심이 높아졌다. 특히 쉴레겔 형제의 동생인 아우구스트(August von Schlegel)가 1818년에 신설된 본 대학(Universität Bonn)의 교수로 창립 다음 해인 1819년에 취임하면서 고대인도의 언어학을 이 대학에서 확립하게 된 것을 다행으로 생각했다고 회상하였다(Robins, Ibid.).

3.3.3.2. 필자의 관심은 본서의 제1부 제1장에서 논의한 고대인도의 음성학과 문법론이 유럽에 소개되어 어떠한 평가를 받았는지 하는 데에 있다. 가장 자세한 서양의 언어학사를 서술한 것으로 알려진 Robins(1967, 1990, 1997)의 <언어학 단사(短史)>에서 이에 대하여 다음과 같이 언급하였다.

> 인도의 언어학은 서양의 유럽에서보다 훨씬 옛날로 거슬러 올라가며 이후 원주민의 학자들에 의해서 연면(連綿)하게 이어져 왔다. 이 학문은 유럽에 알려지기 전에 이미 일찍부터 그들의 역사에서 초기 고전시대에 달성되었다. 인도의 학자들은 주해를 붙이고 해석이 완료된 원전(原典)을 계승시켜왔다(Robins, 1997:170의 필자 번역).[12]

이렇게 고대인도의 언어 연구가 서양의 유럽보다 훨씬 앞선 것은 인정하지만 그러한 연구의 흐름을 추적할 수 없음을 지적하였다. 그리하여 이에 대하여 다음과 같이 언급하였다.

> [전략] 희랍에서는 언어의 학문이 거의 모두 그 시작으로부터 발전한 여러 단계를 우리가 알 수가 있다. 고대인도에서는 현존하는 언어학의 문헌이 거의 모두 유명한 파니니의 산스크리트어 문법이고 이것은 분명하게 선행하는 연구의 흐름에 거의 마지막에 이루어진 것으로 연구의 정점에서 나타난 것이지만 거기까지 이르는 길을 직접 알 수가 없다(Robins, 1997:171의 필자 번역).[13]

---

12 원문은 "Linguistics in India goes back further than in western Europe, and has been maintained by a continuity of native scholarship ever since. It attained its classical period early in its history, and by the time Europeans became aware of it. Indian scholars had recognized definite sources followed by successions of commentaries and exegeses."이다 (Robins, 1997:170).

13 원문은 "In Greece, we have preserved for us, the stage through which linguistic scholarship passed virtually from the its beginnings. In ancient India most of the linguistic literature that

이러한 생각은 고대인도의 언어학이 서양의 것보다 일찍 시작되었으나 산스크리트어 문법뿐이고 우리가 접하는 파니니의 <팔장>은 그 연구의 정점에 이른 것이지만 그러한 문법이 연구되어온 과정은 직접 알려주는 것이 없다고 보았다. 오래된 것은 인정하지만 그 과정을 알 수가 없어서 언어학의 시작을 희랍에서 찾는다는 주장으로 볼 수밖에 없다.

3.3.3.3. 다만 고대인의 범어 문법이 상당히 현대 언어학에 근접한 학문이었음을 지적하였다. 즉, 전술한 Robins(1967, 1990, 1997)의 <언어학 단사(短史)>에서 고대인도의 언어 연구에 대하여 다음과 같이 언급하였다.

> 인도의 학자들은 공시언어학(共時言語學) 연구의 거의 전 영역을 카버하고 있다. 그러한 연구의 대표자로서 파니니는 그의 연구를 한정하고 집중적으로 연구해서 얻어낸 것이다. 인도 인의 학문 연구가 오랜 전통을 계승하고 있다고 할 수 있으며 긴 세월에 걸쳐서 분산해서 연구되었다. 유럽의 언어학에 충격을 준 시점에 대하여 인도인의 업적을 검토한 결과 몇 세기를 일괄해서 다음의 세 분야의 주제에 대한 것으로 생각하는 것이 정당하다. 즉, 일반어학과 의미론, 음성학과 의미론, 그리고 기술문법이다. [하략][14]. Robins(1997:171)의 필자 번역.

이러한 언급은 기원전 10세기 이후에 발달한 고대인도의 언어 연구가 얼마나 현대 언어학의 이론에 가까운지를 말한 것이다. 언어 연구를 철학과 분리시켜 본 것이라든지 공시적인 현대 언어학의 풍조, 조음음성학에 근거를 둔 현대 음운론과 음성학의 연구 방법, 그리고 기술적인 현대 문법이 이미 3천년 전에 인도에서 있었음을 소개한 것이다.

그러한 연구가 서양에 소개되었을 때에 유럽의 언어학자들에게 매우 충격적이었음도 아울러 고백한 것이다. 그럼에도 불구하고 고대인도의 언어 연구가 알렉산더 대왕의 인도

---

we have, and especially the best known piece of linguistic composition. Pānini's Sanskrit grammar, manifestly came at the end and as the culmination of long line of previous work of which we have no direct knowledge."

14   원문은 "Indian scholars covered virtually the whole field of synchronic linguistic studies, though their best known representative. Pānini, restricted his work to the intensive treatment of a limited range. In reviewing the Indian achievement as it was when it made its impact on European linguistics, it is legitmate to span several centuries together and to consider the work of Indian scholarship, divergent in time though united by the continuity of scholary tradition, under three principal headings: general linguistic theory and semantics: phonetics and phonology: and descriptive grammar."

원정(遠征)으로 희랍에 전달되어 알렉산드리아 학파의 드락스(D, Thrax)에게 영향을 준 것에 대하여는 한마디의 코멘트도 없었다.

졸저(2022:71)에서는 고대인도의 문법이 알렉산더대왕의 인도 원정(遠征)으로 희랍에 전달되었고 그로부터 알렉산드리아학파의 드락스(D. Thrax)가 그가 저술한 Thrax(120. B.C.)의 <문법기술(技術)>에서 전시대와 달리 많은 분석적이고 기술(記述)문법적 해석을 한 것이 파니니의 <팔장>이나 고대인도의 비가라론(毘伽羅論)의 영향으로 보았다.

그러나 이러한 연구는 로마의 라틴문법을 거치면서 희랍어와 라틴어의 문법으로 자리를 잡았고 중세 암흑시대에 이르러 완전히 라틴어 문법으로 굳어졌다. 고대인도의 범어문법으로 받은 영향은 역사의 뒤안길로 사라지게 된 것이다. 그리고 문예부흥 이후에 다시 이에 대한 관심이 살아났으며 18세기를 거쳐 19세기에는 본격적으로 고대인도의 문법이 다시 유럽에서 거론되었다.

3.3.3.4. 고대인도에서는 일찍이 뛰어난 언어 연구가 있어 아시아의 중국과 서양의 희랍에 영향을 주었음은 앞에서 누차 언급하였다. 그동안의 언어학사에서는 별로 거론되지 못하였지만 필자는 전부터 고대인도의 굴절어 문법 연구인 비가라론(毘伽羅論)이 알렉산더대왕의 인도 침략으로 희랍에 전달되어 고대 희랍의 고전문법에 영향을 주었다는 주장을 폈다(졸저, 2022:71).[15]

본서의 제1부 제1장에서 살펴본 바와 같이 고대인도에서는 베다(Vedic) 경전의 범어(梵語)를 연구하는 한 무리의 연구자들이 있었다. 고대인도의 문법 연구에는 형태론과 통사론 이외에도 음운론이 포함되었다. 오늘날의 문법연구에도 이 세 분야로 이루어진 것은 굴절어 문법서의 시작이던 파니니(Pāṇni)의 『팔장(八章, Aṣṭādhyāyī)』에서 음운의 연구가 형태론과 통사론과 더불어 포함되었기 때문이다.

흔히 범어(梵語)문법으로 불리는 이 문법서는 모든 굴절어 문법의 효시(嚆矢)가 되었기 때문이다. 그들은 문법만이 아니고 음운에 대한 연구도 상당한 수준이었는데 이들이 남긴 연구서를 '베다학파의 음운서(prāti ṣākhya)'라고 한다. 그중 가장 오래된 것은 아마도 샤우

---

15 毘伽羅論은 梵語의 'Vyākaraṇa'를 漢譯한 것이라면 이 말의 뜻은 "분석하다"여서 비가라론을 '분석문법'이라 하였다(졸저, 2019b:130). 즉, 비가라론은 문장을 분석하여 단위의 요소들을 찾아내고 그것을 범어의 전체 구조 속에서 파악하려 하였다.

나카(Śaunaka)의 『리그베다학파의 음운서(Ṛgveda prātiśākhya)』로 보인다.[16]

이 책의 저자인 샤우나카(Śaunaka)란 이름이 <팔장>(5C.~3C. B.C.)의 수드라(sūtra)에 보인다. 따라서 파니니의 <팔장>보다는 <리그베다학파의 음운서>가 먼저 있었을 것이다. 다만 이 <리그베다학파의 음운서>에 야스카(Yāska, 6C B.C.)란 이름이 거명되므로 이보다는 늦게 나온 음운서로 본다고 한다. 아마도 기원전 6~5세기경에 이루어진 음운서일 것이다.

이어서 야주르베다(Yajur Veda)의 음운을 연구한 『타잇티리아학파의 음운서(Taittirīya-prātiśākhya)』, 『슈클라 야주르베다학파의 음운서(Śukla-yajuh-prātiśākhya)』가 있었고 『아타르바베다학파의 음운서(Atharvaveda-prātiśākhya)』도 있었다. 이 음운서들은 대체로 거명된 순서대로 세상에 나온 것으로 인정하고 있다

그러나 다음에 논의할 파니니의 <팔장>에서는 이들 음운서보다 후대에 편찬되었지만 음운에 대하여 비교적 소략하게 논의하였다. 그것은 아마도 그의 동생 핌갈라(Piṃgala)가 지은 것으로 알려진 『파니니 음성학(Pāṇinīya Śikṣā)』에서 더 자세하게 음운에 대하여 논의하였기 때문으로 보인다.

이와 같은 고대인도의 음성 연구는 베다 경전의 언어인 범어의 산스크리트(Sanskrit)와 당시에 쓰인 속어(俗語)의 프라크르타(Prākṛta)와의 차이, 특히 이 두 언어의 두드러진 음운의 변화를 연구하는 매우 높은 수준의 음성학이었다. 주로 조음(調音)음성학의 방법이어서 오늘날의 음성학과 다를 바가 없었다. 오히려 고대인도의 음성학이 현대 구미(歐美)의 조음 음성학보다 뛰어난 점이 없지 않다.

3.3.3.5. 고대인도에서 인간의 언어음에 대한 연구는 『파니니의 음운학(Pāṇinīya Śikṣā)』에서 많이 다루었다.[17] 이 책에서는 <팔장>의 수드라(sūtra)와 같이 음운의 규칙을 슬로카(śloka)의 숫자로 표시하였다.[18] 이것 역시 <팔장>과 같이 전문가를 위한 음운 연구서이므로 <파니니의 음운학>도 그의 해설서인 『음운학의 주석서(Śikṣā-prakāśa)』에 의해서 이해될

---

16 'prātiśākhya'는 "베다 경전 중의 말에 생겨난 음운 변화를 각 학파의 원전(Prati-śākham)에 따라서 설명한 책"이란 뜻이다. 따라서 'Ṛgveda prātiśākhya'는 "리그베다 학파의 해설서"라는 뜻이지만 특히 음운의 변화에 대한 설명이 많아서 이를 '음운서'로 부른 것이다. 본서 제1부 동양의 언어학사 제1장의 주1을 참고할 것.

17 <음운학의 주석서>에 "동생인 세존 핌가라 스승께서 운운"이라는 기사가 있어 이 <주석서>의 저자를 동생으로 보는 것이다. 본서의 제1부 제1장의 주9를 참고할 것.

18 'śloka'는 sūtra와 같이 음운 변화의 규칙을 수자로 표시한 것이다. 본서의 제1부 제1장의 주10을 참조.

수 있다.[19]

<파니니의 음운학>에서 인간의 발화는 호기(呼氣, prāṇa)가 성대를 통하여 밖으로 배출되면서 성대의 진동에 따른 유성음(ghoṣavat)과 무성음(aghoṣa)이 구분된다고 보았다. 즉, 성문을 폐쇄(saṃvāra)하거나 성대를 '울리지 않는 숨(śvāsa)'으로 발음되는 무성음과 성대를 '울려서 내는 숨(nāda)'으로 발음되는 유성음이 있음을 밝혀놓았다.

또 제1부 동양 언어학사의 1.4.3.3.에서 논의한 바와 같이 호기(prāṇa)의 정도에 따라 무기음(alpaprāṇa)과 유기음(mahāprāṇa)이 구분되고 발음기관(karaṇa)에 의하여 구강(口腔)에서 막히거나 좁아지거나 막았다가 좁아지는 접촉(spṛṣṭa)의 방식에 따라 정지음, 마찰음, 파찰음의 접촉자음(sparśa)이 생겨나는 것을 알고 있었다. 물론 접촉자음(sparśa) 이외에도 중간음(antaḥstha)도 있고 열음(熱音, ūṣman)도 구분하였다.

비접촉음(aspṛṣṭa)은 모음과 구강공명을 수반하는 음운들이고 반접촉음(nemaspṛṣṭa)은 마찰음을 말한다. 접촉(spṛṣṭa)에서는 '어려운 접촉(duḥspṛṣṭa)'과 '약간의 접촉(īṣatspṛṣṭa)'에 의한 음운을 인정하여 '어려운 접촉음'은 /ha, aḥ/와 같이 호기의 머무름(sthita)이 존재하는 음운들을 말한다.

'약간의 접촉(īṣatspṛṣṭa)'에 의하여 파찰음이 생기고 반접촉음(nemaspṛṣṭa)은 마찰음을 만들며 비접촉음(aspṛṣṭa)은 구강 및 비강공명음(anunāsika)과 모음(svara)을 발성한다. 따라서 /aḥ/는 '유기음(visarjanīya)'라고 하고 모음으로 보는 '비(鼻)모음(anusvāra)'의 /aṃ/도[20] 비음(anunāsika)으로 보아서 접속 부위가 정해지지 않은 '부정음(不定音, ayogavāha)'라고 하였지 비접촉음으로 보지 않았다.

3.3.3.6. 인도의 음성학에서는 분절음으로 음운의 기본으로 삼고 접촉(spṛṣṭa)의 유무에 따라 먼저 자음(vyañjana)과 모음(svara)을 구분하였다. 제1부 제1장의 1.4.3.1.에서 살핀 것과 같이 자음(子音)은 범어로 'vyañjana'인데 이 술어는 어근 'añjū(나타나다)'에 접두사 'vi-(강조)'가 앞에 붙어 "vyanj-들어내다, 장식하다"라는 어간을 형성하고 여기에 도구를 나타내는 접미사 '-ana'가 붙은 파생명사이다. 따라서 "나타나게 하는 것, 들어나게 하는 것, 장

---

19 'Śikṣā-prakāśa'는 'śikṣā(음운학)'에 'prakāśa(명료한, 조명한)'가 결합된 복합어로 <음운학의 주석서>로 번역하였다.

20 '비음화모음(anusvāra)'는 '모음(svara)'에 'anu- 후에 다음에'의 접두사가 결합된 술어다.

식"이라는 의미의 술어라고 한다.

일반적으로 고대인도의 음운학에서는 자음을 "모음에 의하여 의미의 차이가 나게 되는 음운"으로 생각한 것으로 보인다. 즉, 모음이 중심이고 자음은 그에 대한 장식 정도로 느낀 것 같다. 'vyañjana'를 일본과 한국에서 '자음(子音)', 중국에서는 보음(輔音)으로 번역하여 쓰는 것은 범어가 갖고 있는 이런 뜻을 살린 것이다. 따라서 <파니니의 음운학>에서는 자음보다 모음에 대한 설명이 더 많다.

모음은 스봐라(svara)라고 하여 <파니니의 음운학>의 또 다른 주석서인 『Pañjikā, 상세한 주석(細疏)』에서는 이 술어가 'svr-(소리 내다)'라는 어근에 도구를 의미하는 접미사 '-a'가 붙어 만들어진 파생명사로 보았다. "자음에 붙어 소리 내게 하다"라는 뜻으로 만들어진 용어라고 한 것이다.

그러나 불가(佛家)에서는 모음이 음절의 근본이라고 보아 이를 범어(梵語)로 모음(mātṛ, 母)이라고 하였고 이 말의 단수 주격의 형태인 'mātā'를 한자로 '마다(摩多)'로 한역하였다. 『대반열반경(大般涅槃經)』(권8)에서 불타(佛陀)는 14개의 모음을 '자본(字本)'이라 하였는데 이로부터 음절의 '어머니'란 뜻의 마다(摩多)라는 술어가 모음의 용어로 굳어진 것 같다.

마다(摩多)를 한국과 일본에서 모음(母音)이라 번역하고 중국에서 원음(元音)이라 한 것은 이런 범어의 뜻을 살린 것이다. 불가(佛家)에서는 모음의 글자를 자본(字本)이라 하는 것도 고대인도의 음운서에서 모음을 중심으로 음절에 대하여 논의하기 때문으로 보인다. 범어에서는 모음은 마다(mātā)와 스봐라(svara, 소리 내다) 이외에 '악샤라(akṣara, 음절)'을 그대로 쓰기도 한다.

모음(svara)은 비접촉(aspṛṣṭa)으로 이루어지는 음운이면서 또 동시에 음절을 형성하는 주체라고 본 것이다. 또 이를 다시 단(單)음절모음(samān akṣara)과 복(複)음절모음(sandhy akṣara)을 구분하였다. 이러한 음운의 분류는 조음방식에 의한 것으로 오늘날의 조음(調音) 음성학의 이론에 비하여 떨어지지 않는다. 물론 불가(佛家)에서는 이것도 마다(摩多)로 본다.

3.3.3.7. 이러한 고대인도의 음성학과 문법론은 문예부흥 이후에, 특히 산업혁명으로 비약적인 발전을 거듭한 유럽의 열강에 조금씩 전달되었다. 본서의 제1부 제1장 1.1.0.7.에서 소개한 바와 같이 파니니의 <팔장>이 독일과 러시아에서 산스크리트어를 전공한 Böhtlingk(1814~1904)에 의해서 번역되어 소개되었다(졸고, 2023c).

그러나 <팔장>은 일반인들을 위한 것이 아니라 전문가들을 위한 문법서임으로 이것을 단순한 번역만으로는 제대로 이해시킬 수가 없었다. 거기다가 모든 학문의 시원을 희랍과 로마로 보는 서양 우월주의 언어학자들에게 기원전 수세기경에 이러한 연구가 있었다는 사실을 인정하기 어려웠을 것이다.

인도에서는 파니니(Pāṇini)에 대한 연구가 계속되었고 서양에서도 영국이 인도를 정복하고 식민지로 통치하면서 고대인도의 언어 연구에 대한 사실이 조금씩 들어나기 시작하였다. 그 결과로 고대 희랍어나 라틴어가 산스크리트어와 관련이 있을 것이라는 존스(Sir William Jones)의 유명한 강연이 있었다.

이것은 언어신수설(神授說)을 신봉하는 서양의 일부 언어학자들에게 원래 언어는 하나였다가 바벨탑의 저주로 여러 언어로 나뉘었다는 성경(聖經)의 말씀을 증명하는 길로 생각하게 되었다. 그리하여 많은 석학(碩學)들이 여러 언어를 비교하고 그 언어의 역사를 찾는 연구에 달려들게 되었다. 이렇게 19세기의 역사비교언어학은 시작이 되었고 이로부터 언어과학이 다른 인문학과 더불어 하나의 학문으로 인정을 받기에 이른다.

제4장 19세기의 역사주의와 비교언어학

4.0. 문예부흥 이후 18세기말까지 다양한 언어가 서양에 소개되어 소략하지만 이 언어들에 대한 연구가 수행되면서 여러 언어들 간의 관계를 살펴보려는 노력이 조금씩 생겨났다. 특히 문예부흥 이후로 유럽의 각 민족들이 자국어에 대한 자각이 일어나서 앞의 3.1.2.0.에서 살펴본 바와 같이 유럽의 여러 토착어들이 국어(national language)로 등장하여 본격적으로 이에 대한 개별적인 연구가 일어났다.

19세기에 들어와서 서양의 언어 연구는 국어(國語)라는 이름으로 등장한 유럽 토착어의 구체적인 언어 자료가 주된 연구 대상이었다. 이러한 개별 언어의 실질적인 언어 사실에 대한 활발한 관심이 19세기 언어학의 현저한 특색이었다. 이로 인하여 앞에서 살펴본 보편적이고 논리적 구조를 추구하려는 18세기 학문의 전통은 단절되었다.

18세기 말부터 싹터온 언어 연구의 역사주의는 19세기에 들어와서 크게 발달하고 1870년대와 1880년대를 풍미(風靡)한 소장문법학파의 활동 시기에는 역사주의가 없이는 언어학이 성립될 수 없다는 신념이 모든 언어 연구의 저변에 깔려 있었다. 소장문법학파의 중심 인물이었던 폴(Herman Paul)은 이러한 주장의 대표자였다(Paul, 1880),

그리하여 이 시대에는 유럽 안의 여러 언어들이 서로 비교되고 그 역사를 살피는 언어 연구가 유행하였다. 따라서 이 시대를 역사비교언어학(comparative and historical study of languages)의 시대, 특히 인구어(印歐語, Indo-European languages) 어족의 성립과 증명을 위한 시대라고 말할 수 있다.

19세기 초엽에 시작된 역사비교언어학은 그 학문의 독자성과 객관성이 인정되어 언어 연구가 문법과 문헌학(文獻學, philology)으로부터 벗어나서 인문학에서 하나의 언어과학(science of language)으로 인정을 받기에 이른다. 비로소 인문과학의 한 분야로 언어학(linguistics)이 정립(定立)하게 된 것이다.

그리하여 서양의 언어학사에서 현대 언어학의 본격적인 시작은 19세기에 들어와서의 일로 본다. 이 장(章)에서는 언어학이란 학문을 가능하게 한 19세기의 언어 연구, 특히 역사주의 언어학과 비교언어학을 중심으로 고찰하고자 한다.

1. 역사비교언어학의 태동 - Sir William Jones

4.1.0.0. 역사비교언어학의 시작은 앞서 고찰한 바와 같이 문예부흥 이후 세계의 다양한 언어가 유럽에 소개되고 유럽의 토착어들도 본격적으로 연구되는 등 여러 가지 요인이 있겠으나 그 하나는 산스크리트어의 연구가 그 중요한 계기를 가져왔다고 생각한다.

문예부흥시대에 인도의 고대 언어인 산스크리트어(Sanskrit)가 선교사들에 의하여 유럽에 전해졌다. 그러나 이때의 그 지식은 매우 단편적이고 부정확하였다. 18세기 말에 영국의 동인도회사 법률고문이던 존스(Sir William Jones, 1746~1794)가 인도에 가서 그곳의 문화와 역사, 그리고 고대어인 산스크리트어를 접하면서 본격적인 연구가 시작되었다.

이 언어에 깊은 관심을 가진 존스(W. Jones)는 이를 주의 깊게 관찰하고 연구하여 그 결과를 1786년 2월 2일에 "On the Hindus(힌디어에 대하여)"라는 제목으로 캘커타(Calcutta)에서 열린 왕립 아시아학회(Royal Asiatic Society)에서 강연하였다. 이 학회의 회장으로 선임되어 그 취임 연설이었다.

이 연설에서 그는 이 산스크리트어가 유럽의 여러 언어, 즉 희랍어, 라틴어, 게르만 제어들과 관련성(relationship)이 있음을 주장하여 이 언어들의 친족관계를 처음 공식적으로 인정하였다. 존스(W. Jones)는 이 강연에서 인구어(印歐語, Indo-European language)의 공통조어가 존재했을 가능성을 다음과 같이 시사(示唆)하였다.

산스크리트어는 그 오래된 정도가 어느 정도이든지 훌륭한 언어 구조를 가졌다. 희랍어보다도 완전하며 라틴어보다도 어휘가 풍부하고 문법도 정교하고 세련되었다. 그럼에도 희랍어, 라틴어와 비교할 때에 동사 어근 및 문법 형태에 있어서 아마도 우연하게 형성되었다고 보기 어려운 뚜렷한 유사성을 가지고 있다. 이 유사성의 뚜렷함을 살펴본다면 이 세 언어들은 반드시 어떤 공통원(共通源) - 아마 현재에는 이미 존재하지 않는 - 에서 발생한 것이라고 믿지 않을 수 없다. 고드(Goth)어와 켈트(Kelt)어도 아직 확실한 근거는 없지만 아주 이질적인 형태가 있더라도 산스크리트어와 동일 기원이라고 볼 수 있는 이유가 있다(Lehman ed. 1967:15, 필자 초역).

이 강연의 내용에는 유럽의 여러 고대어와 산스크리트어 사이에 하나의 공통어로서 원형(prototype)의 언어가 존재할 수 있음을 암시하고 비교방법의 발전에 의하여 이를 밝힐 수 있음을 강조하였다.

여기서 이미 인도-유럽어족(Indo-European language family)이 수립될 수 있는 가능성을 언급한 것이다. 이러한 존스의 강연은 성경의 창세기(創世記)에 언급된 바벨(Babel)탑의 신화(神話)와 연결되어 인도의 고대 언어와 유럽의 여러 토착어들에 대한 연구가 활발하게 수행되었으며 유럽의 동방 진출과 더불어 이런 연구는 더욱 성황을 이루었다.

마치 일본이 한반도에 진출하기 위하여 한국어의 연구에 많은 연구자들을 동원시킨 것과 마찬가지로 열강(列强)이 어떤 지역에 진출하려면 먼저 그곳의 언어를 먼저 연구하는 추세가 있었다. 존스의 인도어의 연구도 그런 맥락에서 이해할 수 있는데 이런 연구가 서양의 언어학사에서 역사비교언어학을 태동(胎動)시키는 중요한 계기가 되었다.

4.1.0.1. 특히 이 시대에 고대인도의 베다(Vedic) 경전의 언어인 산스크리트어의 문법, 즉 비가라론(毘伽羅論)을 집성한 파니니(Pāṇinī)의 <팔장(Aṣṭādhyāyī)>(이하 <팔장>)이 독일어와 영어로 번역되어 유럽에 소개도기 시작한 것이다. 즉, 독일인 Böhtlink(1839~40)의 독일어, 그리고 영국인 Goonatileke(1882)와 인도인 Vasu(1897)의 영어 번역이 차례로 출판되었다.

본서의 제1부 제1장의 1.4.0.4.에서 논의한 바와 같이 독일인 뵈트링크(Otto von Böhtlink)는 러시아의 상트 뻬제르부르그(Ст. Петервург, St. Peterburg)에서 태어나서 활동하다가 독일로 돌아와서 라이프치히(Leipzig)에서 생을 마쳤다. 그는 <팔장>을 번역하여 Böhtlink(1839~40)의 <문법 규칙의 파니니 팔장>을 상트 뻬제르부르그에서 간행하고 다시 Böhtlink(1887)의 <파니니의 팔장 문법>을 독일의 라이프치히에서 출판하였다.

영국인 구나틸레크(W. Goonatileke)가 영어로 번역한 Goonatileke(1882)의 <문법규칙의 파니니의 팔장(Pāṇni's Eight Books of Grammatical sūtras)>도 영국에서 출판되었으나 단순한 영어로의 번역이었으므로 전술한 바와 같이 이 책은 주석에 의해서만 이해가 가능하기 때문에 이 영역서는 별로 주목을 받지 못했다.

이보다 같은 영역으로 인도인 봐수(Srisa Chandra Vasu)가 영어로 번역한 <팔장(The Astadhyaya)>(Vasu, 1897)이 더 많이 알려졌다. 다만 이 책은 인도의 힌두교 성지(聖地) 바라나시(Benares)의 파니니 연구소에서 간행되어 인도인들과 일부 영국인만이 참고할 수 있었다. 거기다가 <팔장>은 주석이 있어야 이해할 수 있기 때문에 유럽의 언어학자들이 쉽게 접근

할 수가 없었다.

　파니니의 <팔장>이 서방세계에 제대로 소개된 것은 20세기에 들어와서의 일이다. 프랑스에서 프랑스어로 <팔장>을 번역한 Renou(1966)는 본서의 제1부 동양 언어학사 제1장의 1.4.0.4.에서 소개한 대로 파탄잘리(Pathanjali) 등의 후대 해설서를 참조하여 번역한 것이어서 비교적 이해가 가능했다.

　최근에 영어로 번역한 Katre(1987)의 <카트르가 번역한 파니니의 팔장(*Aṣṭāhyāi of Pāṇṇi: In Roman Translation by Sumitra M. Katre*)>이 미국의 텍사스 오스틴에서 간행되어 널리 이용되고 있다. 그러나 <팔장>을 비롯하여 고대인도의 문법과 음성학은 유럽인들의 편견에 의해서 아직도 제대로 평가되지 못하고 있다.

1) 인구어(印歐語) 어족의 가설과 역사비교언어학

　4.1.1.0. 물론 존스(W. Jones) 이전에도 유럽의 여러 언어를 몇 개의 어족(語族)으로 나누어 보려는 가설은 이미 있었다. 전술한 단테(Dante, 1265~1321)의 "De vulgári eloquéntïa(俗語論)"에서 유럽의 언어를 셋으로 나누어 북쪽의 게르만 제어, 남쪽의 라틴어, 기타 유럽과 아시아의 접경지역의 희랍어로 나누었다.

　즉, 다음과 같은 분류를 시도하였다.

　　Germanic in the north
　　Latin in the south
　　Greek in the border between Europe and Asia

　유럽의 여러 언어를 어족(語族)으로 나누려는 대표적인 예로 이탈리아의 스캘리거(Joseph Justus Scaliger, 1540~1609)를 들 수 있다. 그는 모든 언어의 기원이 히브리어(Hebrew)에서 시작된 희랍어의 방언으로 생각하고 유럽의 여러 언어를 다음과 같이 구분하였다.

　4개의 주요 어족 (four major family) - 로망스 제어, 희랍어, 게르만 제어, 슬라브 제어[1]

1　이 네 언어는 神을 지칭하는 어휘에 따라 Deus language, Theós lang., Godt lang., Boge lang.로

3개의 주변 어족 (three minor family) - 기타 유럽의 제 언어 (Finno-Ugric, Arabic)

단테(Dante)와 스캘리거(Scaliger) 다음으로 존스(W. Jones)의 영향으로 17~8세기에 유럽의 언어들을 한데 묶어 보려는 많은 연구가 뒤를 이었다. 앞의 3.1.4.2.에서 논의한 독일의 라이프니츠(Gottfried Wilhelm Leibniz)는 히브리어를 아랍어족에 넣었고 핀어(Finnish)와 헝가리어(Hungarian)의 역사적 관계를 최초로 지적하였다.

그는 유럽 북부지역의 모든 언어를 켈트-스키타이어족(Kelto-Scythian)이라든지 또는 야페트어족(Japhetic)으로 묶으려 하였고 유럽 남부지역의 언어들과 셈어족(Semmitic)을 모두 아람어(Aramaic)로 묶었다.

4.1.1.1. 앞의 3.1.4.2.에서 언급한 Pallas(1787~1789)의 <전 세계 언어의 비교 어휘>에서 영향을 받아 유럽의 언어를 수집하여 정리한 아델룽(Johan Christoph Adelung, 1732~1806)은 존스(W. Jones) 이후에 여러 언어의 어휘를 단순하게 종합하여 Adelung(1806)를 간행하였다. Pallas(1787~1789)와 Adelung(1806)의 이런 작업은 계통적 어족으로 묶는 작업의 중간 단계에 있다고 하겠다.

Adelung(1806), 즉 『미트리다테스(*Mithridates oder Allgemeine Sprachen Kunde, mit dem Vater unser als Sprach probe in beinahe fünfhundart Sprachen und Mundarten* - 미트리다테스, 또는 일반 언어학, 주의 기도문을 약 5백 언어 및 방언의 견본으로 하여』(이하 <미트리다테스>)를 간행하였다.[2]

Adelung(1806)의 <미트리다테스>는 1806년에 제1편을 출판한 다음에 제2권은 1809년에, 제3권은 1812~6년에, 그리고 제4권은 1817년에 출판하였다. 존스(W. Jones)의 강연 이후에 이러한 여러 언어의 비교 연구는 19세기의 역사주의에 의한 언어 연구가 본격적으로 수행되었음을 보여준다.

4.1.1.2. 이 시대에 주목할 것은 앞의 4.1.0.1.에서 살펴본 바와 같이 파니니(Pāṇinī)의 <팔장(Aṣṭādhyāyī)>을 비롯한 고대인도의 언어 연구가 본격적으로 유럽에 소개되어 언어연

나누었다.

2 Mithridàtes는 Pontus의 여러 왕들의 이름이다. 특히 Mithridàtes 6세는 Magnus(대왕)의 칭호를 받았으며 로마인들과 격전을 거듭하다가 패하여 자살하였다.

구에 일대 혁신이 일어난 일이다.

본서의 제1부 동양의 언어학사 제1장 고대인도의 범어(梵語) 문법에서 살펴본 바와 같이 고대인도에서는 베다(Vedic) 경전의 언어인 산스크리트어를 연구하는 학문이 기원전 수 세기경부터 매우 깊이 있게 이루어졌다. 그리고 그 연구 결과가 동양의 중국과 서양의 알렉산드리아학파에 전해졌음을 밝혔다.

특히 한역(漢譯) 불경에 전해오는 비가라론(毘伽羅論)이 산스크리트의 'vyākaraṇa(분석하다)'를 한자로 적은 것이라서 분석문법을 말한 것이라고 필자는 주장하였다(졸고, 2016b). 그리하여 고대인도에서는 최대 단위인 문장을 분석하여 더 작은 문법 단위로 나누고 나뉜 문법 요소들이 어떠한 기능을 하는가에 대한 연구가 깊이 있게 이루어졌다.

역시 전술한 본서의 제1부 제1장의 1.4.2.5.에서 논의한 대로 기원전 5~3세기경에 파니니(Pāṇinī)의 <팔장(Aṣṭādhyāyī)>에서 이 문법 요소들이 문장 형성에 작용하는 규칙들을 수드라(sūtra, 실 絲)의 숫자로 정리하였다. 그리하여 산스크리트의 교육은 이러한 문법 규칙, 즉 수드라를 암기하고 이해하는 방법으로 이루어졌다. 이러한 굴절문법은 희랍문법의 정립에 크게 영향을 주었다고 보았다.

또 음운에 대하여도 고대인도의 음성학에서는 최대 단위인 음절을 더 분석하여 음운을 찾아내고 이를 다시 분석하여 변별적 자질까지 찾아내었다. 그리고 모든 음운을 조음위치와 조음방식으로 정리하였으며 각 음운이 실제 발화나 문장 속에서 변화하는 현상을 지배하는 규칙을 찾았다. 그리고 이것도 문법규칙의 수드라(sūtra)처럼 음운 규칙을 슬로카(śloka, 소리, 音)의 숫자로 표시한다.

이러한 고대인도의 음성 연구는 전술한 본서의 제1부 제1장의 1.4.3.0.에서 소개한 바와 같이 사우나카(Śaunaka)의 <리그베다 학파의 음운서(Ṛgveda-prāti śākhya)>에서 시작하여 파니니의 <팔장>과 그의 동생인 핌갈라(Pimgala)의 <파니니의 음성학(Pāṇinīya Śikṣā)>, 그리고 이를 알기 쉽게 해설한 <음성학의 해설(Śikṣā-prakāśa)>에서 그 전모를 살펴볼 수 있다.

<파니니의 음성학>에서는 모든 음운의 규칙을 숫자의 슬로카(śloka)로 표시하여 현대 생성음운론에서 말하는 기저형(underlying form)으로부터 표면형(surface structure)으로의 음운 변화를 슬로카(śloka)의 숫자로 표시하였다. 기원전 수세기의 음성 연구라고는 믿어지지 않는 수준 높은 연구라고 아니할 수 없다.

이러한 고대인도의 음운 연구는 성명기론(聲明記論)이란 이름으로 중국에 들어가서 성운학(聲韻學)을 발달시킨다. 중국어는 고립어여서 산스크리트어와는 문법 구조가 근본적으로

다르기 때문에 음성학만을 받아드린 것이다. 그리하여 중국의 한자음을 정리하는데 성운학이 큰 몫을 하였다.

그리고 주변의 여러 민족들의 언어를 표기할 수 있는 표음문자들을 제정하는데 이론적 근거가 되었다. 한글도 그 가운데 하나여서 고대인도의 조음(調音)음성학 이론에 의거하여 아설순치후(牙舌脣齒喉)의 조음위치와 전청, 차청, 전탁, 불청불탁의 사성(四聲)으로 음운을 분류하고 그에 의거하여 글자를 만들어 희대의 과학적인 문자가 되었다.

4.1.1.3. 고대인도의 문법과 음성학이 알렉산더 대왕의 인도 원정(遠征)으로 희랍에 전달되어 알렉산드리아 학파의 문법 연구에 영향을 주었음을 앞의 1.1.3.0.~3.에서 살펴보았다. 그러나 이러한 고대인도의 문법 연구는 후대에 지속되지 못하였다. 특히 중세 암흑시대에는 이러한 연구의 전통이 단절되기에 이른다.

그러다가 존스(W. Jones)의 노력으로 다시 고대인도의 산스크리트어와 비가라론(毘伽羅論)의 분석문법이 유럽에서 각광(脚光)을 받게 되었다. 특히 고대인도의 음성학이 보여준 음운과 음성 자질의 분석, 특히 조음음성학의 발달로 조음위치와 조음방식으로 음운을 분석하여 분류하는 방법은 음운의 역사적 변화와 여러 언어의 음운 체계를 비교할 수 있는 바탕을 제공하였다.

즉, 어떤 언어에 나타나는 역사적인 음운변화는 음운 자체가 변한 것이 아니라 음운의 자질들이 변한 것이므로 이를 추적하여 변화의 경로를 추정할 수 있다고 본 것이다. 또 이러한 음운 자질의 변화는 주로 조음방식이나 조음위치에서의 변화로 일어나므로 역시 음운의 역사적 변화의 원인까지 추적할 수가 있었다.

이러한 음운의 지식들은 둘 이상의 언어를 비교할 때에도 매우 유용한 비교방법을 제공한다. 즉, 어떤 언어에 존재하는 변별적 자질이 다른 언어에서 사라지는 경우가 있어 두 언어가 차이가 생긴다. 이것은 한 언어의 음운이 어떤 위치에서 발음되고 어떤 방식으로 발음되는가에 따라 비교되는 두 언어의 차이를 찾아 낼 수가 있다.

이런 음운 연구의 발달은 드디어 언어의 역사적 비교연구가 가능하게 되었다. 이 절(節)에서는 유럽에서 19세기에 있었던 언어의 비교와 역사적 연구에서 이런 문제들이 어떻게 전개되었는가를 살펴보기로 한다.

2) 초기의 비교언어학 - Rasmus Rask, Franz Bopp

4.1.2.0. 초기의 비교언어학은 통상적으로 라스크(Rask)와 보프(F. Bopp), 그리고 그림(J. Grimm)으로 시작한다고 본다. 그 가운데 덴마크의 언어학자인 라스크(R. Rask)는 서양 언어학사에서 역사언어학의 창시자로 추앙받는다. 그는 스칸디나비아 반도의 여러 언어들을 비교하고 그 음운의 유사성으로부터 동일 어족의 가능성을 주장한 최초의 인물이었기 때문이다.

그러나 뒤를 이어 독일의 보프(F. Bopp)는 유럽의 여러 언어는 물론이고 산스크리트어까지 비교하여 문법적으로 이들 언어가 묶여있음을 증명하려 하였다. 그는 고대인도의 비가라론(毘伽羅論), 즉 분석문법을 유럽의 여러 언어에 적용하여 상당한 성과를 올렸고 이를 동일 어족의 증거로 삼으려 하였다. 비교문법으로 인구어족의 가능성을 논의한 최초의 연구자로 본다.

역시 독일의 그림(J. Grimm)도 라스크와 같이 비교 음운론적인 방법으로 유럽의 여러 언어들을 하나의 어족으로 묶으려고 시도하였다. 그의 비교음운론은 규칙적인 음운 대응에 의거하였을 뿐만 아니라 산스크리트까지 포함시켜 라스크보다 더 정확한 음운 비교를 한 것으로 알려졌다. 여기서는 이에 대하여 구체적으로 살펴보기로 한다.

4.1.2.1. 라스크(Rasmus Kristian Rask, 1787~1832)는 일찍부터 스칸디나비아 여러 언어의 고어(古語)들, 즉 고대 노르드어(Old Norse)와 당시 독일어가 일련의 공통성을 갖고 있음에 관심을 갖고 비교 연구를 계속하였다. 그리고 이러한 언어의 연구에서 역사적 기준을 적용해야 함을 강조하였다. 그러던 중에 1814년에 실시된 덴마크 과학연구원의 현상논문에 응모하여 수상하는 영예를 얻었다.

당시의 현상 논문의 제목은 두 가지였는데 하나는 "고대 스칸디나비아 제어가 어떤 기원으로부터 성립되었다고 보는 것이 가장 정확한가? 역사적 견지에서 심사하여 적절한 하나를 찾을 것"이고 둘째는 "스칸디나비아 제어의 모든 파생 관계 및 비교법을 확립시킬 수 있는 원리를 정리할 것"이었다.[3]

---

3   이 두 현상 논문의 제목의 첫째는 독일어로 "Mit historischen kritik zu untersuchen und mit passende Beispielen zu erläutern, aus welcher Quelle die alte skandinavische Sprache am

라스크(Rask)는 두 번째 제목을 택하여 "고대 노르드어와 아이슬란드어의 기원에 대한 연구(An investigation on the origin of the Old Norse or Icelandic languages)"란 논문으로 당선되었다.[4] 라스크는 그의 논저 Rask(1818)에서 다른 언어로부터의 차용은 어휘에서 가장 일어나기 쉬움으로 두 언어에서 어휘의 유사성을 차용에 의한 것인가 아니면 계통적 유사인가를 신중하게 살펴야 한다고 주장하였다.

그리고 어휘보다는 문법이나 음성의 면에서 고찰하는 것이 보다 확실하다고 하면서 어미변화에서 일어나는 음운 대응의 중요성을 역설하였다. 라스크(R. K. Rask)의 이러한 주장은 역사비교언어학의 나아갈 길을 올바르게 제시한 것으로 평가되었다. 그리하여 그는 같은 덴마크의 언어학자로 이름을 날리던 톰센(Vilhelm Thmsen)이나 에스페르센(Otto Jespersen)과 같은 쟁쟁한 경쟁자를 물리치고 현상 논문에서 당선의 영예를 안은 것이다.

다만 이 논문은 덴마크어로 쓰여서 유럽의 언어학계에 알려지는데 시간이 걸렸다. 또 그의 비교연구에는 산스크리트어가 들어있지 않았다는 결정적인 흠결이 있었고 인구어족(Indo- European Language family)에 대한 확고한 개념도 없었던 것으로 후세 역사가들은 평가하였다(Ivič, 1965:39).

4.1.2.2. 그리하여 역사비교언어학의 창시는 독일의 보프(Franz Bopp, 1791~1867)로 보는 역사가들이 많다. 특히 이비츠(M. Ivič) 여사는 1816년에 보프가 산스크리트어의 언어 자료를 다른 몇 인구어와 비교해서 쓴 논문이 유럽의 언어학계에 공표되었고 이 해를 기점으로 하여 비교언어학, 나아가서 조직적이고 독립된 과학으로서 언어학이 출발한 것으로 보아야 한다고 주장하였다.[5]

보프는 인구제어의 상호 관련 문제가 독자적 연구 대상이 될 수 있음을 최초로 의식하여 역사비교언어학(historical comparative linguistics)이란 학문 분야를 개척하고 언어의 연구를 하나의 과학으로 정립(定立)하였다. 오늘날에는 언어학(linguistics)이 인문과학의 핵심 분야

---

sichersten bergeleitet werden kann."이고 둘째도 "Die Grundsätz genau zu bestimmen, woraufalle Herleitung und Vergleichung in diesen Sprachen aufgabant werden muss."이다.

4 이의 덴마크어 원문은 Rask(1818)의 "Undersøgelse om det gamle Nordiske eller Islandske Sprogs Oprindelse"이다.

5 이 논문은 "Über des conjugstion system der Sanskrit sprache in Vergleichung mit jenem der Grichischen, Lateinischen, Persischen und Germanischen Sprache." Bopp(1816)라는 제목이었다 (Ivič, 1965:38).

가 되었지만 그 이전에는 문헌학의 일부이거나 철학에서 다룬 것이 전부였다.

보프(F. Bopp)는 1812년부터 1816년까지 4년간 프랑스의 파리에 유학하였다. 당시 파리에는 현대동양어국립연구소(École nationale des langue orientales vivantes)가 있어서 그곳에서 처음으로 페르시아어, 인도어, 아라비아어, 헤브라이어 등과 접하게 되었고 특히 고대인도의 산스크리트어에 깊은 관심을 가졌다.

이때에 연구한 결과가 후에 Bopp(1833~1852)의 야심작인 "Vergleichende Grammatik des Sanskrit, Zend, Griechisen, Lateinischen, Litauschen, Gothischen und Deutschen (Comparative grammar of Sanskrit, Zend, Greek, Latin, Lithuanian, Gothic and German)"(vol. 1~6, 1833~1852)로 결실을 맺는다. 그는 이 책에서 인도문법학파의 연구법을 이용하였다.

특히 그는 산스크리트어에 깊이 빠져있었다. 본서의 제1부 제1장 고대인도의 범어(梵語) 문법의 1.4.3.9.에서 언급한 파니니(Pāṇini)로 대표되는 고대인도의 문법학파들은 연성(連聲, internal samdhi)의 고찰에 의해서 어형성의 각 구성요소를 분석할 수 있었으며 이 요소들의 문법 형태, 범주, 기능 및 기원까지 용이하게 파악할 수 있음을 알고 있었다.

보프(F. Bopp)는 고대인도의 문법학파들이 이러한 연구를 그의 저서에서 아주 많이 소개하였다. 또 희랍어와 라틴어에 대하여도 <팔장>의 비가라론(毘伽羅論)에 의거하여 종래의 문법 연구와 다르게 분석적으로 고찰하였다. 즉, 고대인도의 분석문법에서는 문장의 구성요소를 분석하여 그 요소들이 어떤 역할을 하는가에 관심이 있었다. 보프도 그런 연구 방법을 따라서 다음과 같은 문장의 구성 요소들을 분석해 내었다.

즉, 라틴어의 "potést (he, she, it is able.)"은 'pot + es + t'로 분석하고 't'가 3인칭 대명사, 'és'가 계사, 'pot'가 어근으로 'power'이며 이것이 "he is power"임을 재구하였다. 그리고 이것이 "he is able"의 의미로 변환된 것임을 밝혔다. 라틴어에서 'potéstās'는 사람이나 사물을 조종하고 지배하는 능력을 말하고 'potéstátis'(여성)가 "능력"이란 의미로 정착되었다.

4.1.2.3. 보프(F. Bopp)는 유럽의 고전어, 희랍어와 라틴어에서 이미 변화하여 바뀐 어형(語形)을 어근(語根)으로 보존하고 있는 산스크리트어를 분석하여 이를 활용하여 원형(原形)을 재구성하려고 시도하였다. 그리하여 음성적으로 보면 전혀 분석의 여지가 없었던 어형도 이러한 역사적 및 형태론적 분석으로 원형의 재구에서 눈부신 성과를 올렸다.

즉, 영어의 'genus(부류, 종)'은 라틴어와 희랍어에서 다음과 같은 어형 변화를 보인다.

[표 4-1] 'genus'의 언어 비교

언어＼격	중성단수 주격, 대격	속격	탈격	복수 주격, 대격	속격
라틴어	genus	genĕris	genes	genera	generum
희랍어	génos	géneos	génei	génea	généòn
영 어	genus				
산스크리트	ġanas	ġanasas	ġanasi	ġanassa	ġanasam

먼저 [표 4-1]에서 이 'genus'를 라틴어, 희랍어, 영어와 비교하면 어느 것이 원형인지 알 수가 없다. 여기에 산스크리트어를 비교하면 'ġanas'가 어근이며 라틴어의 경우는 어근의 마지막 '-s'가 모음 간에서 's > r'의 변화를 입었음을 알 수 있다. 희랍어의 경우는 같은 음운 환경에서 '-s'가 소실되었음을 나타낸다. 라틴어와 희랍어의 이른 시기에는 이 기원적인 '-s'가 유지되었을 것으로 추정된다.

4.1.2.4. 이와 같이 "한 언어를 다른 언어로 해명하고 한 언어의 형태를 다른 언어의 형태로 설명하다(eclairer une langue par une autre, expliquer les formes de l'une par les formes de l'autre)"는 이때까지의 유럽에서 이루어진 철학적 언어 연구방법에서 볼 수 없었던 것이며 이로부터 보프가 비교언어학의 원리와 방법론을 확립하였다고 보는 것이다.

그리고 보프(F. Bopp)는 세계의 언어를 삼분(三分)하여 분류하였다.

첫째 어간(語幹)이 단음절로 합성력도 없고 유기성(organismus)도 문법도 없는 언어 - 중국어
둘째 어간이 단음절이지만 합성력이 있어 거의 이 방법으로 유기성과 문법을 성립시키는 언어 - 산스크리트어와 첫째 및 셋째에 속하지 않는 언어.
셋째 어간의 내부적 교체로 합성뿐 아니라 문법 형식을 일으키는 언어, 3자음으로 단어의 기본적 의미를 나타내는 언어 - 셈어.

오늘날에는 고립어(중국어), 교착어(알타이제어), 굴절어(유럽 제어)로 나누는 것이 일반적이지만 당시로서는 이러한 언어의 삼분법도 대단한 연구 결과로 보았다. 보프(F. Bopp)가 비교언어학에 공헌한 것은 라스크(R. Rask)가 음성 영역에서 눈부신 업적을 보인 것에 비하여 보프는 형태론 분야에서 공헌한 것으로 평가한다.

프랑스의 비교언어학자 메이에(Antoine Meillet)는 보프에 대하여 "콜럼버스가 아메리카 대륙을 발견한 것과 같이 보프는 비교문법학을 학립하였다. 콜럼버스는 자신이 인도에 도착한 것으로 생각하였고 보프는 인도-유럽어의 조어(祖語, parent language)를 재구할 것을 바라고 있었다."라고 평가하였다(Meillet, 1922).

아무튼 보프(F. Bopp)는 비교언어학, 더 정확하게 말하면 비교문법의 창시자라고 할 수 있다. 그리고 다음에 논의할 그림(J. Grimm)에 의하여 비교음운론이 시작되어 많은 연구가 있었으며 후일 쉴라이허(August Schleicher)에 의해서 비교 언어학의 여러 방법이 집대성된다.

3) 비교음운론의 발달 - Jakob Grimm

4.1.3.0. 대부분의 비교언어학 연구자들은 음운 비교를 시도했던 그림(Jakob Grimm, 1785~1863)을 전술한 라스크(Rask)를 제치고 비교음운론의 시조로 삼는다.[6] 독일의 동화작가로서 우리에게도 널리 알려진 그림(Grimm) 형제 중에서 형(兄)인 야콥(Jakob Grimm)은 『독일어 문법(Deutche Grammatik)』을 1819년에 출간하였고[7] 1822년에 제1권의 재판이 나왔다.

이 재판(再版)에서 그림은 라스크의 전술한 저서를 읽고 많은 자료를 Grimm(1819)의 <독일어 문법>에 추가하였다. 제2권은 1826년에 출간하였고 제3권은 1831년에, 제4권은 1837년에 간행되었다. 이 책들에서 통사론을 제외한 문법론의 모든 분야를 포함하였다. 이 책에서 독일어의 강(stark) 변화와 약(schwach) 변화란 술어가 독일어의 굴절에서 사용되기 시작하였다. 또 음운론에서 모음 교체(ablaut)와 움라우트(umlaut) 현상 등의 술어가 그림에 의해서 만들어졌다.

그림(J. Grimm)은 전시대에 유행한 사변문법가들의 합리주의적 철학적 언어연구 방법에 대하여 실증주의적 경험론에 입각한 언어연구를 주장하였다. 즉, Grimm(1819)을 1822년에 재판(再版)하면서 쓴 서문에서 "나는 문법에 있어서 보편적 논리의 제 개념에 대하여 반대

---

6   Grimm은 Rask의 논문을 읽고 그의 <독일어 문법>(Grimm, 1819)의 재판(1822)에서 'von den Buchstaben (on the letter)'라는 긴 章을 추가하였고 그의 3판에서는 이를 'von den Lauten (sound)'로 바꾸었다.

7   Jakob Grimm이 말한 'Deutche'는 독일어만이 아니라 게르만 제어를 말한다.

한다. 이들 여러 개념들은 분명히 정의의 정확성과 통일성을 키우는데 도움을 주지만 관찰을 방해하고 있다. 관찰만이 나에게 있어서는 언어과학의 핵심이라고 생각한다."(Grimm, 1822; Waterman, 1963:20)라고 하였다.

이 발언은 전술한 뽀르 로이야르(Port Royal) 학파로 대표되는 18세기 합리주의 언어 연구에 대하여 그림(J. Grimm)은 경험주의를 기본 태토로 하였음을 명확하게 한 것이다. 이것은 사변주의 언어학과 달리 관찰을 기본으로 하는 언어과학(linguistic science)의 방향을 나타내는 것이다. 그리고 이와 같은 과학적인 언어 연구의 태도는 그의 음운 규칙에서 잘 나타나고 있다.

4.1.3.1. 그림의 법칙(Grimm's Gesetz)으로 알려진 인구어 음운 변화의 규칙은 게르만 제어의 자음 변화가 다음의 두 단계로 변화됨을 전제로 한다.

> ① 인도-유럽 공통조어의 자음이 게르만 어군(語群)의 공통어로 변화할 때에 일어나 음운 교체 - 제1 음운 추이(erste Lautverschiebung)
> ② 게르만어군 내에서 고대고지 게르만어(Old high german)의 자음이 다시 변화할 때에 일어나는 음운 교체 - 제2 음운 추이(zweite Lautverschiebung)

이러한 음운 교체를 다룬 것은 전술한 Grimm(1819) <독일어 문법> 제1권의 부제(副題)가 '문자 연구(Die Lehre von den Buchstaben, Study of the letter)'인 것으로 보아 그는 전시대의 언어학자들과 같이 '음성(Laut, sound)'과 '문자(Buchstaben, letter)'의 구별이 없었던 것으로 보인다.

4.1.3.2. 그는 앞에 든 ① 제1 음운교체의 예로 고대 희랍어를 고드어(Gothic)와 비교하였다. 고드어는 게르만 제어에서 가장 오래된 문헌에 나타나는 언어다. 그리고 이 두 언어의 비교 연구가 산스크리트어와의 비교에 맞먹는 중요한 연구라고 믿었다.

그리하여 다음과 같이 고대희랍어와 고드어를 비교하였다.

	희랍어		고드어		영어
p	poùs (πούς, 속격 ποδός)	ph	fōtus		foot
t	treis (τρείς, 속격 τριών)	th	þreis		three

k	kardiā (καρδια)	kh	hairtō	heart
b	-------	(p)	-------	
d	dékha (δέχα)	t	taihun	ten
g	génos (γένος)	k	kuni	race
ph	phérō (φέρω)	b	bairam	bear, carry
th	thygátēr (θυγάτρ)	d	dauhtar	daughter
kh	chórtos (χόρτος)	g	gard	grass, yard

그리고 이러한 비교를 통하여 다음과 같은 대응을 얻었다.

희랍어 - p, t, k : (b), d, g : f, θ, x
고드어 - f, θ, x : (p), t, k : b, d, g

이것은 고대희랍어의 무성정지음(voiceless stops)의 /p, t, k/가 고드어에 있어서는 유기마찰음(aspirated spirant)의 /f, θ, x/로, 유성정지음(voiced stops)의 /(b), d, g/는 무성음(viceless stops) /(p), t, k/로, 유기음(aspirates)의 /f, θ, x/는 다시 유성음의 /b, d, g/로 순환하여 변화하는 음운의 추이(推移)가 있었음을 밝혔다.

여기서 /p, t, k/를 세음(細音, tenues - T), /b, d, g/를 중음(中音, mediae - M), 그리고 /f, θ, x/를 기음(氣音, aspirates - A)으로 하여 다음과 같은 변화의 공식을 만들었다.

인도-유럽 공통어　T　> 게르만 제어　A
　　상동　　　　M　>　상동　　T
　　상동　　　　A　>　상동　　M

이것이 인구어의 음운 추이(推移)에서 유명한 그림의 법칙(Grimm's Gesetz)이다.

4.1.3.3. 그런데 이 법칙에 대하여 일찍부터 예외가 등장하여 비교 연구를 한층 더 발전시킨다. 우선 제1의 법칙 T > A, 즉 무성무기음이 유성무기음으로 변하는 법칙의 예외로는 라틴어의 '[t]'가 고드어에서 그대로 '[t]'로 나타나고 라틴어의 [p]가 고드어에서 [p], 라틴

어의 [k]가 그대로 [k]로 남았다는 점이다.

라틴어 'captŭs (captured)'	> 고드어 'hafts (married)'	t = t
라틴어 'spŭō (spit)'	> 고드어 'speiwan (spit)'	p = p
라틴어 'ist (is)'	> 고드어 'ist (is)'	t = t
희랍어 'skótos (σκότος, darkness)'	> 고드어 'skadus (shadow)'	k = k

이러한 특정 어휘에서 앞에 언급한 T > A의 변화 규칙이 나타자지 않는 것은 음성적 환경에 의한 것으로 설명할 수 있다. 즉, 문제의 무성폐쇄음 /t, p, k/가 모음이 아니라 자음의 뒤에 오는 경우 T > A의 변화는 일어나지 않는다는 것이다. 이것을 음운 추이(推移)에서 제1의 예외(ersten Ausnahme der Lautverschibung)라고 한다.

반면에 인구어의 M이 게르만 제어에서 T로 변하는 M > T, 즉 유성음이 무성음으로의 변화는 다음에서는 일어나지 않는다.

산스크리트 'buddha (notice)'[8]	> 고드어 'biudan (offer)'	b = b
산스크리트 'duhitṛ (daughter)'	> 고드어 'dauhter (daughter)'	d = d
산스크리트 'jañghā (leg)'	> 고드어 'ğagg (street)'	g = g

이것은 제2의 예외로서 인구어 조어의 M의 중음(中音, 유성음)이 게르만 제어에서 T의 세음(細音, 무성음)으로, 즉 M > T의 변화를 입지 않은 것이다.

그라스만(Hermann Grassman, 1809~1877)은 음운 추이의 이러한 예외를 산스크리트어 이전의 단계에서 원인을 찾았다. 즉, 이 변화는 유기음 다음에 연속해서 나타나는 무성음을 이화(異化) 현상으로 인하여 유성음 M으로 변화한 것이기 때문에 그런 환경이 아닌 경우에는 M > T의 변화를 하지 않는 것으로 설명하였다.

즉, 산스크리트어의 'buddha-깨닫다'의 /h/, 'duhitṛ-딸'의 /h/ 'jañghā - 발'의 /h/가 있기 때문에 이러한 변화가 일어나지 않았다고 보는 것이다. 이러한 변화 현상을 음운 추이의 제2의 예외(Zweite Ausname der Lautverschibung)라고 한다.

---

8 산스크리트어의 'bhudda'는 "깨닫다"라는 뜻이 있어 한자로 '佛體'라고 쓰고 여기서 석가모니(釋迦牟尼)를 '부처'라고 한다.

4.1.3.4. 제3의 예외도 설명이 가능하다. 인구어의 무성음의 T가 게르만 제어에서 유기음 A로 바뀌는 현상의 T > A도 다음에서는 일어나지 않고 오히려 유성음의 M으로 변하는 T > M의 변화를 보인다. 이것을 음운 추이의 제3의 예외(Drei Ausname der Lautverschibung)라고 한다.

> 산스크리트 'sapta (seven)', 희랍어 'heptá (ἑπτά, 7)',
>   고드어 'sibun', 고대영어 'seofon', 고대색슨어 'sivun', 고대고지독일어 'sibun', p > b
> 산스크리트 'pitṛ (father)', 고대희랍어 'patēr (πατήρ)',
>   고드어 'fadar', 고대 아이슬랜드어 'faðer' 고대영어 'fæder', 고대고지독일어 'fater' t > d
> 산스크리트 'śvāśrúṣ (father in law)', 고대희랍어 'hēkō (ἥκω)',
>   고대영어 'sweger', 고대고지독일어 'siwigur,'(mother in law) k > g

즉, 인구어의 /p, t, k/가 게르만 제어에서 /b, d, g/로 변하므로 그림(J. Grimm)의 법칙인 인구어의 세음(細音, 무성음)이 게르만 제어에서 기음(氣音, 유기음)으로 변한다는 'T > A'에 어긋난다. 이것이 인구어의 음운 추이에서 보이는 제3의 예외인 것이다. 고대희랍어의 'hēkō, ἥκω'에서는 의미가 달라져 "human"이고 고대고지독일어에서 'mother in law'의 뜻이라 약간의 의미 변화도 있었던 것으로 보인다.

제3의 예외에 대하여 베르너(Karl Verner, 1846~1896)는 그가 쓴 Verner(1877)의 "제1차 음운 추이의 예외(Eine Ausnahme der ersten Lautverschievung)"라는 논문에서 이러한 예외가 악센트(accent)에 의하여 일어난다고 보았다. 즉, 그는 다음과 같이 그림(J. Grimm)의 제1차 음운 추이의 규칙을 수정하였다.,

> ① 인구어 공통어의 악센트가 무성폐쇄음, 즉 T 앞에 올 때에는 그림의 법칙대로 유기음, 즉 A로 변한다. T > A
> ② 그러나 악센트가 뒤에 올 때에는 T > M, 즉 무성폐쇄음이 유성음으로 변한다. T > M

이것이 제3의 예외에 대한 유명한 베르너의 법칙(Verner's Gesetz)이다. 베르너는 그림(J. Grimm)의 법칙에 대한 예외가 그의 처리에 이르기까지 모든 연구자들의 지식이 집적된 것이어서 이러한 자신감이 "법칙에 대한 예외에도 법칙이 있음이 틀림없다. 문제는 그것을 찾아내어 정리하는 일이다(Es muss eine Regel für die Unregel-mässigkeit da sein : es gilt nur, diese aus findig zu machen)"(Verner, 1877:101, Lehman ed., 1967:138)라고 주장하였다.

이러한 태도가 소장문법학자의 첨병(尖兵)이었던 베르너(K. Verner)의 장기로 보인다. 비교언어학은 이러한 예외를 처리하여 나가면서 더욱 더 정밀하게 여러 언어를 비교하였다. 이러한 비교의 핵심이라고 할 수 있는 음성학의 연구는 전 시대의 종속적 위치에서 벗어나서 실증주의 언어 연구의 토대가 되었다.

4.1.3.5. 초기의 비교언어학은 앞의 세 사람, 그림(J. Grimm)과 그라스만(H. Grassman), 그리고 베르너(K. Verner)에 의하여 구축되었다. 물론 당시에 이 세 사람 이외에도 유럽 각국의 개별 언어를 가지고 작업한 언어학자들도 적지 않다. 중요한 몇 연구자와 저서를 소개하면 다음과 같다.

독일에서 쿠르티우스(Georg Curtius, 1820~1885)의 『희랍어 어원학 개요(*Grundzüger der griechischen Etymologie*)』는 고전 문헌학(philology)에 비교의 방법을 도입하였다. 문헌학은 고대희랍에서 발달하여 중세, 문예부흥을 통해서 그 전통을 강화하였다. 특히 18세기 말에 독일의 월프(A. Wolf, 1759~1824)와 그의 제자인 보에크(A. Boeckh, 1785~1867)에 의해서 학문적 체계를 완성했다고 본다.

문헌학의 목표는 희랍과 로마의 고전정신, 즉 문화를 될 수 있는 대로 원래의 모습으로 계승하려고 하는 것이었다. 보에크(A. Boeckh)는 '깨달음의 인식(Erkennen des Erkannten)'이 중요함을 강조하고 비교언어학에서 언어의 비교는 그 기준을 희랍어와 라틴어보다 산스크리트어, 그리고 재구된 조어(祖語)로 해야 함을 주장하였다.

이와 같은 고전어(古典語)의 비교는 비교라는 관점에서 본다면 그 의미, 즉 내용의 비교보다 외형이라고 할 음성이나 형태가 연구 대상이 될 뿐 아니라 때로는 비교의 성과에 의해서 고전어에 대담한 결론을 내리는 경우도 있었다. 이것은 19세기 중엽의 보수적인 문헌학자들에게 참기 어려운 고전 정신의 모독이라고 생각하지 않을 수 없었다.

이러한 보수적인 문헌학자들과 진보적인 비교언어학자들 사이에 조정(調停)을 시도한 것은 쿠르티우스(Georg Curtius)였다. 그는 희랍어를 분석하고 새로운 비교법을 적용하여 새 희랍문법을 수립하는데 성공하였다. 이 문법을 적용한 그의 Curtius(1858) 『희랍어 어휘의 원리』는 지금도 주목을 받는 업적의 하나가 되었다.

그러나 당시로서는 그의 이러한 진보적인 태도가 한 때 그의 절친한 동료였던 부르크만(Karl Brugmann, 1849~1919)에 의해서 부정되었다. 즉, 쿠르티우스와 부르크만이 공편(共編)한

학술지 『희랍어와 라틴어 문법연구(*Studien zur griechkischen und lateinischen Grammatik*)』의 제9호에 "인구어 조어의 유성비음에 대하여(Nasalis Sonans in der indogermanischen Grundsprache)"를 허가 없이 게재하여 쿠르티우스의 이론을 비판하였다.

분노한 쿠르티우스는 이 학술지를 폐간하였고 그의 속박에서 벗어난 부르크만은 새로운 연구지 『인구어 영역에서의 형태론적 탐구(*Morphologische Untersuchung en auf dem Gebiete der indogermanischen Sprachen*)』라는 학술지를 오스토프(Hermann H. Osthoff, 1847~1909)와 함께 발간하였다. 그리고 그 서문에 다음과 같이 지난 비교언어학의 업적을 비난하였다.

> [지금까지의] 진부(陳腐)한 이론으로는 어쨌든 분명하게 밝힐 수 여러 문제들을 해명하려고 하여 비교언어학자들만이 주장하여 지금도 사용하고 있는 연구 방법으로는 종이 위의 언어, 즉 문자만을 관찰하고 모든 전문 용어, 그리고 법칙이나 문법 형식에 빠져서 그것이 언어 현상의 본질을 찾는다고 믿고 있는 연구법으로는 어떠한 믿을만한 성과를 얻을 수 없다(H. Osthoff·Brugmann, 1878: prface; Lehmann ed, 1967:202). 필자 초역(抄譯).

여기에서는 쉴라이허(A. Schleicher)의 가설이나 재구를 지상으로 여기는 것에 대하여 비판하고 문헌학적인 언어 연구의 전통에서 벗어나는 것이 중요함을 역설하였다. 역사 이전의 언어가 이상적이라는 주장이나 희랍과 로마의 고전을 중시하는 태도에서 탈피하고 현대어의 연구로부터 언어 연구가 시작한다는 점을 강조하였다.

더욱이 문자보다 음성을 기초로 하여 연구하는 태도는 종래의 연구와는 전혀 다른 새로운 연구의 근거가 마련되었다. 나중에 이들의 대립은 소장문법학파의 결속을 마련하는 기틀이 되었다. 그리고 쿠르티우스 이후에 조이스(Johann Kaspar Zeuss, 1806~1856)의 『켈트어 문법(*Grammatica Celtica*)』, 그리고 디에즈(Friedrich Diez, 1794~1876)의 『로망스어 문법(*Grammatik der romanischen sprachen*)』(1836~1844) 등도 이 시대의 저술된 중요한 업적이다.

그 외로 도보로브스키(J. Doborovsky, 1753~1829)가 체코인으로서 슬라브어의 비교 연구를 시작하였고 보스토코프(A. X. Vostokov)가 슬라브어의 음성 체계에 대하여 최초로 체계적인 연구를 시작하여 『슬라브어 연구(*Rassuždenie o slavjanskom jazyke*)』(Vostokov, 1829)를 출판하였다.

또 슬로베니아 사람으로 미클로시히(Franz Miklosich, 1813~1891)는 『슬라브어 비교문법(*Vergleichende Grammatike der Slavischen Sprachen*)』(Miklosich, 1870)을 출판하여 슬라브어 연구의 기틀을 마련하였다. 이로부터 본격적인 슬라브어의 비교 연구가 시작되었다.

4.1.3.6. 그리고 언어의 내적 구조(inner structure), 즉 형태론의 유사성을 연구하는 것이 계통적 친족관계를 밝히는데 중요함을 역설하고 비교문법(Vergleichende Grammatik)이라는 술어를 시작한 쉴레겔 형제, 즉 형인 August Wilhelm Schlegel(1767~1845)와 그의 동생인 Friedrich Schlegel(1772~1829)의 연구를 빼놓을 수가 없다.[9]

이 시대에 어원연구가 본격적으로 이루어졌다. 그 창시자로 포트(August Friederich Pott, 1802~1887)를 든다. 그는 어원연구가 현존 낱말의 원형이나 원래의 의미로 추구하는 것이 아니라 언어 자료의 보다 오래된 모습을 추구하는 것으로 변환이라고 생각했다. 또 그는 Pott(1833~1836)에서 인도게르만어(indogermanischen Sprachen)란 용어를 공식으로 사용하였다.

초기의 비교언어학자들은 본격적인 언어 분석의 방법을 개척하였을 뿐만 아니라 인구어 여러 언어의 자세한 정보를 제공하였으며 수집된 자료를 비교하여 평가하는 과학적인 방법을 추구하였다. 이로부터 일반언어학의 이론을 정밀화하여 언어 과학(science of language), 즉 언어학(linguistics)라는 학문을 인문과학의 하나로 인정하게 된다.

2. 언어 연구의 생물학적 자연주의

4.2.0. 이 시대의 19세기 중엽에 생물학 분야에서 다윈(Charles Darwin, 1809~1882)에 의한 혁명적인 변화가 일어났다. 다윈의 진화론(進化論)은 지구상의 생물 전체에 관련된 보편적인 것이기 때문에 모든 학문 분야에 영향을 끼쳤고 인간 활동의 연구에서도 이 진화론은 중요한 사상적 변화를 가져왔다.

언어연구의 생물학적 자연주의는 전술한 바와 같이 다윈(C. Darwin)의 진화론을 언어의 역사적 연구에 적용한 것을 말한다. 인간의 언어도 동물이나 식물과 같이 태어나서 성장하며 나이를 먹으면 죽는다고 보았다. 즉, 언어는 인간으로부터 독립된 유기체로서 그 발전의 진로가 일반적인 생물 진화의 법칙에 의하여 결정된다는 생각이다.

이와 같은 다윈의 진화론을 언어연구에 도입한 언어이론을 생물학적 자연주의 언어 연구라고 한다. 먼저 독일의 쉴라이허(A. Schleicher)는 여러 언어는 한 조상의 언어로부터 분

---

9 동생 Shlegel(1808)의 『인도인의 언어와 그 교육에 대하여(*Über die Sprache und Weisheit der Indier*)』는 비교 문법의 기본을 보여준 것으로 알려졌다.

기(分岐) 발달한 것으로 보고 그 조어(祖語, Grundsprache)를 찾는 일을 중요한 언어 연구의 주제로 삼았다. 언어를 생물학적 생명체로 보고 그 근원을 찾으려던 것이다.

또 독일의 언어학자 훔볼트(Wilhelm von Humboldt, 1767~1835)는 역사비교언어학이 주로 산스크리트어, 희랍어, 라틴어, 아랍어에 의존하여 언어를 비교 검토한 것을 비판하고 구조적으로 이질적인 언어를 포함한 다양한 여러 언어로부터 언어의 본질을 파악하려고 하였다. 그리하여 훔볼트의 언어연구는 피레네 산맥의 바스크(Basque)어나 자바(Java) 섬의 카비(Kawi)어와 같은 비인구어의 언어를 고찰하여 언어의 일반이론을 살피려고 하였다.

진화론에 의거하여 언어의 생물학적 자연주의 연구를 시작한 쉴라이허(August Schleicher, 1821~1868)의 연구가 언어의 외부에 대한 연구라면 훔볼트(von Humboldt)의 언어연구는 칸트(Kant) 철학의 영향을 받아 언어의 내부에 대한 연구로 보았다. 이러한 새로운 언어연구를 훔볼트주의의 일반언어학(Allgemeine Sprachwissenschaft, generale linguistics)이라고 한다. 이러한 언어연구는 20세기의 언어 연구에 지대한 영향을 주었다.

훔볼트주의는 언어연구에서 심리주의 연구 방법을 가져왔다. 쉬타인탈(Hermann Steinthal, 1823~1899)에 의하여 주도된 언어학의 심리주의 언어연구는 다음에 소개할 독일의 교육학자 헤르바르트(Johan F. Herbart)의 영향을 받아 인간 정신의 연상(聯想) 현상을 문법연구에 도입하였다. 개별 언어의 문법이 서로 다른 것은 그 민족어를 사용하는 언중(言衆)들의 민족정신(volksgeist)이 다르기 때문이라고 보고 이러한 민족정신의 차이에 의하여 지구상의 여러 언어를 분류하였다.

19세기에 시작된 유럽의 새로운 언어학으로는 언어지리학(Sprachgeographie, linguistic geography)을 빼놓을 수 없다. 언어의 생물학적 자연주의의 연구에서 언어의 여러 분화(分化)가 계통수(系統樹)와 같이 나누어지는 것이 아니라 파도처럼 번지는 것이라는 파동설(Wellen theorie, wave theory)의 신봉자들에 의하여 언어지리학이 발달한 것이다.

이렇게 다양하게 언어를 연구하는 새로운 방안은 19세기 언어 연구의 특징이라고 할 수 있다. 특히 기존의 비교언어학을 비판하고 새로운 언어연구를 주창(主唱)한 소장문법학파(Jung Grammatiker)의 언어연구도 이 시대의 연구 특성을 잘 반영한 것이라고 할 수 있다. 이제 이 각각에 대하여 고찰하기로 한다.

1) 진화론의 언어 연구

4.2.1.0. 전술한 독일의 쉴라이허(A. Schleiher)는 라스크(R. Rask), 보프(F. Bopp), 그림(J. Grimm)의 언어 연구를 생물학적 자연주의 입장에서 집대성하였다. 쉴라이허는 식물학자 다윈(Charles Darwin)과 철학자 헤겔(Friedrich Hegel, 1770~1831)의 새로운 사상을 받아들여 비교언어학의 초기 연구를 통합할 수 있었다.

그의 대표적인 명저로 알려진 Schleicher(1871)의 『인구어 비교문법 개요(*Compendium der vergleichenden Grammatik der indogermanischen Sprachen*)』는 부제(副題)가 「인도게르만 조어의 음성과 형태론의 요약(Kurzer Abriss einer Laut und Formenlehre der indogermanischen Ursprache)」이라 하였다.

이 Schleicher(1871)에서 쉴라이허는 몇 개의 특징을 공유하는 한 무리의 여러 언어들을 어족(language family)라고 보았고 마치 나뭇가지가 둘로 나뉘어 발전하는 것처럼 원시언어 (Grund Sprache)에서 유사(有史)시대의 실재하는 여러 언어로 나뉘어 간다는 것이다. 그리하여 그는 어족의 계통수설(Stammbaum theorie, family-tree theory)을 주장하였다.

또 이것을 실재하는 언어의 증거로부터 동물과 식물의 계보(系譜)를 연구하는 것과 같이 유사 이전의 언어, 즉 조어(祖語, parent language, Ursprache)까지 찾아볼 수 있다고 보았다. 이와 같이 조어를 찾는 방법은 재구(reconstruction)라고 하였고 재구(再構)된 낱말은 *를 붙여 표시하였다. 그가 처음 시도한 이 표시 방법은 오늘날에도 계속해서 사용한다.

그리고 쉴라이허(A. Schleiher)는 그가 쓴 전술한 Schleicher(1871)의 <인구어 비교문법 개요>에서 라스크(R, Rask), 그림(J. Grimm), 그리고 보프(F. Bopp)에 의해서 확립된 비교언어학의 기초에서 중심 과제였던 음성학과 형태론과의 대립을 분명하게 지적하고 음운 연구의 부족한 부분을 형태론적 연구에서 보충할 수 있음을 강조하였다.

비교언어학에서 쉴라이허의 공헌으로 볼 수 있는 것은 세계의 여러 언어를 형태론적으로 분류하고 이 언어들의 역사적 진화과정을 설명한 것이다. 즉, 중국어와 같이 어순(語順)이 문법적인 기능을 담당하고 낱말 자체의 형태는 전혀 문법적 기능을 갖지 않은 고립어 (isolating language, 일명 radical language)가 있고 헝가리어나 터키어처럼 낱말 형성의 과정을 확실하게 알 수 있고 어근(語根)과 접사(接辭)와의 결합이 명료해서 접사가 독립된 의미를 갖고 있는 언어를 교착어(agglutinative language)라고 하였다.

한편 희랍어, 라틴어, 그리고 게르만 제어와 같이 어근과 접사가 구별되지 않고 함께 융합되어 있는 언어를 융합 굴절어(amalgamating inflectional language)라고 하여 지구상의 언어들을 이와 같은 세 가지 부류(type)로 분류하였다. 그리고 이 세 언어의 부류는 광물, 식물, 동물에 순서대로 대응된다고 보았다. 그리하여 고립어에서 교착어로, 그리고 굴절어로 진화하는 것이라고 주장하였다.

4.2.1.1. 이와 같은 언어의 분류에 적용된 삼분법(三分法, tri-partition)은 헤겔(Hegel)의 변증법(辨證法, dialekt)에 의거한 것이다. 가장 간결한 구조의 고립어를 정(正, thesis)이라고 한다면 형태적으로 복잡한 교착어는 그의 반(反, antithesis)이고 이 양자의 합(合, synthesis)이 굴절어가 된다고 보았다. 여기서도 쉴라이허(A. Schleiher)의 언어가치론과 단계적 진화의 개념이 보인다.

이 언어관에서 유사(有史) 이전의 언어와 유사 이후의 언어 상태에 대하여 다음과 같이 변증법을 적용하여 설명하였다. 산스크리트어, 희랍어, 라틴어는 고도로 발달된 굴절을 가지고 있었지만 현대의 유럽언어, 특히 영어에는 굴절이 적어졌다. 따라서 고대어는 현대어에 비하여 완성체에 가깝다는 것이다.

유사 이전의 언어는 발달한 굴절을 가진 이상적인 언어였으나 유시 이후에 언어가 '타락'의 길을 걸어왔다고 보는 것이다. 그가 조어(祖語)를 재구하는 것도 유사 이전의 이상적인 언어를 확인하기 위한 것이었다. 쉴라이허(A. Schleicher)의 계통수설은 당시 많은 관심을 불러 일으켰으며 찬반의 양론으로 나뉘어 토론하였다.

쉴라이허의 제자인 슈미트(Johannes Schmidt, 1843~1901)는 스승의 계통수설에 의문을 품고 새로운 학설을 개진하였다. 슈미트는 언어의 여러 현상에서 나타나는 혁신은 쉴라이허(A. Schleicher)가 생각한 것처럼 나뭇가지가 갈라지듯이 확산되는 것이 아니라 그 혁신의 방향은 물결의 파동처럼 퍼져나간다고 생각하였다.

혁신의 영향을 받은 언어의 영역은 클 수도 있고 작을 수도 있으며 이것은 우연한 현상이다. 따라서 A, B, C의 언어 영역에서 세 언어에 존재하는 특징들의 목록을 비교해 보면 삼자가 완전히 같거나 또 완전히 다른 경우는 없다. 즉, 새로 생긴 어떤 특징은 A영역의 경계를 넘어 B 영역을 포함하는 경우가 있고 또 C를 포함하는 경우도 있다.

이렇게 언어의 개신(改新, innovation)이 물결의 파동처럼 퍼져나간다는 그의 주장을 파동설(Wellen theorie, wave of innovation theory)이라고 불렀다. 슈미트(J. Schmidt)는 그의 가설인 파동설(wave theory)을 증명하기 위하여 등어선(等語線, isogloss)의 개념을 도입하였다. 즉, 같은 언어의 개신을 보이는 몇 개의 등어선으로 게르만어파(Germanic)와 발토-슬라브어파 (Balto-Slavic)를 한 어군(語群)으로 통합하고 희랍어와 산스크리트어를 한 어군으로 묶어놓 았다.

계통수설에 대한 파동설을 그의 스승인 쉴라이허(A. Schleicher)의 이론을 Ivič(1963)에서 는 전면적으로 이를 부정한 것으로 보았으나 실제로는 네덜란드의 몽고어학자인 슈미트 (Issac Jacob Schmidt)가 파동설(波動說)이 계통수설(系統樹說)의 약점을 보완한 것에 불과하다 고 본 것처럼 파동설은 계통수설을 보완한 것으로 보인다.

4.2.1.2. 언어의 역사적 연구에서 생물학적 자연주의를 보급한 것은 독일인으로 옥스퍼 드(Oxford) 대학의 언어학 교수였던 뮐러(Max Müller, 1823~1900)를 들 수 있다. 쉴라이허(A. Schleicher)는 원래 언어의 과거는 역사적 사실로 볼 것이 아니라 모든 자연현상에 공통된 자생적 성장과정으로 보아야 함으로 언어학은 자연과학에 속해야 한다고 생각하였다. 뮐 러(M. Müller)는 이런 생각에 동조한 것이다.

그리하여 고립어는 가족어(family language)로서 서로 기질과 사상을 잘 알고 있는 가족(家 族)의 구성원들이 아주 간단한 암시에 의해서 의사소통을 하는 언어로 보았다. 반면에 교착 어는 유목어(nomadic language)로서 유목인(遊牧人)들은 서로 만나고 헤어지는 사이에 어근 (語根)만 완전히 보존하고 기타 요소들은 개별적으로 발달시킨 언어라는 것이다.

그러나 굴절어는 사회기 안정되고 질서가 유지되는 농경(農耕)사회에서 어근과 접사가 규칙적으로 통합하도록 발전된 언어이기 때문에 국가어(state language)라는 것이다. 가족 어, 유목어, 국가어라는 개념은 오늘날의 언어 지식에 의하면 일고의 가치도 없는 백인 우월주의의 발상이라고 하지 않을 수 없다. 당시에도 많은 반대가 있었고 오늘날에는 거의 돌아보지 않는 주장이다.

4.2.1.3. 비교언어학의 전통은 전술한 라스크(R. Rask), 보프(F. Bopp), 그림(J. Grimm), 그 리고 쉴라이허(A. Schleicher) 등에 의해서 그 기반을 확립하였다. 그러나 이러한 언어학의 주류를 벗어나서, 그리고 시대를 넘어서 후세의 언어학자들에게 영향을 준 것은 독일의 훔볼트(Wilhelm von Humboldt, 1768~1835)라고 할 수 있다.

그의 심원한 일반언어학은 후대의 여러 언어학자, 폴(H. Paul), 소쉬르(F. de Saussure), 블룸필드(L. Bloomfield), 그리고 촘스키(N. Chomsky)에게 많은 영향을 끼쳤다. 훔볼트는 여러 개별 언어에서 수집한 언어 자료에 입각해서 언어 현상의 일반성을 찾아내려는 일반언어학(general linguistics)의 창시자로 알려졌다.

훔볼트(W. von Humboldt)는 1820년 6월 29일에 베를린의 과학아카데미에서 행한 그의 강연을 그가 죽은 후에 책으로 출판한『자바 섬의 카비어에 대하여(*Über die Kawi Sprache auf der Insel Java,* Berlin)』(Humboldt, 1836~1839)라는 학술서는 자바 섬의 카비어(Kawi)에 대한 연구였다.

카비어는 고대에 자바(Java) 섬에서 살았던 원주민의 언어로서 13세기에 소멸되었으며 9세기에 기록된 언어 자료가 문헌에 남아있다(Humboldt, 1836~39. 영어역, 1971). 이 연구로부터 훔볼트는 그의 Humboldt(1836~39)에서 카비어가 음운과 형태에서는 인도네시아어의 성격을 가졌지만 어휘는 산스크리트어의 것이 남아있음을 밝혔다.

이러한 연구를 통하여 인구어가 아닌 여러 언어에 대한 심층적인 연구가 있었고 그 연구 결과는『인간 언어의 구조적 변화와 인류의 지적 발달에 끼친 영향에 대하여(*Über die Verschiedenheit des menschlichen Sprachbaus und ihren Einfluss auf die geistige Entwickelung des Menschengeschlechts*)』라는 명저로 나타난다(Humboldt, 1836~39).

종래 비교언어학의 연구 대상이 인도-유럽의 언어에 국한되었다면 훔볼트는 구조적으로 아주 이질적인 언어를 포함하여 다종다양한 여러 언어로부터 언어의 본질을 통찰하려고 하였다. 또한 전술한 바와 같이 쉴라이허(A. Schleicher)가 언어의 자연적인 면, 즉 외부에 대한 연구였다면 훔볼트(W. von Humboldt)는 언어의 정신적인 면, 즉 내부를 중요시하였다.

훔볼트는 중세 사변 문법적인 뽀르 로이야르(Port Royal) 학파의 일반문법에 비하여 인구어가 아닌 여러 언어를 포함한 연구로부터 얻어낸 일반언어학이었다. 특히 언어의 역사적 연구만을 고집하지 않고 주어진 시점의 언어 자료를 철저하게 해명하려는 공시적 언어 연구를 추구하였다.

비록 분석적인 언어 연구를 수행하였으나 언어의 친족 관계는 전혀 고려하지 않았다. 또 조어(祖語)를 재구하지도 않았고 인구어가 다른 어족에 비하여 우수하다고 생각하지도 않았다. 이러한 언어 연구는 오늘날의 현대 언어학적인 생각과 일치한다.

2) 훔볼트(Humboldt)의 일반언어학

4.2.2.0. 19세기의 위대한 언어 이론가로 인정받는 훔볼트(W. von Humboldt)는 전술한 바와 같이 여러 개별언어에서 수집된 자료에 입각해서 언어 현상을 검토하는 일반언어학의 창시자로 알려졌다.

이것은 그가 1820년 6월 29일에 베를린 과학아카데미에서 행한 그의 강연으로 세상에 알려졌다. 당시 강연의 제목은 전술한 바 있는 "Über die Verschiedenheit des menschlichen Sprachbaus und ihren Einfluss auf die gestige Entwickelung des Menschen geschlechts(인간 언어의 구조적 다양성과 그것이 인류의 지적 발달에 끼친 영향에 대하여)"이었다.[10]

그리고 이 강연은 그의 사후(死後)에 "Über die Kawi-Sprache auf der Insel Java(자바섬의 카비어에 대하여)"라는 제목으로 Humboldt(1836~9)을 간행하였다. 여기서 말하는 카비어(Kawi-Sprache)는 고대 자바어로서 13세기에 소멸된 언어라고 한다. 다만 9세기의 자바어가 문법적으로 고찰된 것이 남아있어서 이를 통하여 이 언어를 고찰한 것이다.

카비어는 음운이나 형태의 문법 체계는 인도네시아어의 것이지만 어휘는 산스크리트어의 영향을 받은 것이 많다고 하였다. 역시 산스크리트어를 차용한 것이어서 중국어에서 빌려온 우리말의 한자어와 같다고 하겠다. 불경(佛經)의 산스크리트어로부터 어휘가 차용되었지만 카비어의 음운과 형태에 의거하여 변형된 것임을 밝혔다. 마치 중국어에서 차용되었지만 우리말 음운에 의하여 변질된 한국어의 한자어와 같다.

4.2.2.1. 훔볼트(W. von Humboldt)는 고전적인 스콜라학적인 보편문법을 반대하고 개개의 언어에 특유한 언어 사실로부터 귀납적으로 문법 규칙을 찾아야 한다고 주장하였다. 즉, 여러 언어의 다양성에서 찾아낸 언어의 본질은 "언어가 만들어진 것, 즉 작품(Ergon)이 아니고 행동(Energeia)이다"라고 본 것이다.[11]

그는 언어 가운데서 끊임없이 이루어지는 창조적 활동을 찾으려고 하였다. 이러한 창조

---

10   영어로는 "On the structural variety of human languages and its influence on the intellectual development of mankind"일 것이다.

11   이것은 "Die Sprache selbst ist kein Werk, ergon, sondern eine Tätikeit, enenrgia"라 하여 언어는 energeia (creative ability)이지 ergon (product)이 아님을 강조하였다.

력, 또는 창조성에 의해서 우리는 발화를 하는 것이고 타인의 발화를 이해하는 것이라고 보았다. 그리하여 언어의 구성요소로 보고 있는 발음, 어구, 문자, 문법 등을 이 창조적 견해로 본다면 언어 자료의 목록을 만드는데 지나지 않는 말하자면 사물(死物)이란 것이다.

이들은 언어활동 속에 들어가서야 비로소 소생하고 의사전달의 역할을 한다고 보는 것이다. 제한된 언어자료로서 여러 경우에 부응하는 무한한 언어활동을 이룰 수 있는 것은 언어의 이와 같은 창조성에 의한다. 따라서 언어 분석을 아무리 면밀하게 시행하고 기술을 완전하게 하더라도 언어의 본질인 창조성을 이해하지 못한다면 언어를 파악하지 못한다는 것이다. 훔볼트가 언어를 행동(Energeia)으로 본 것은 언어의 원동력이 창조성에 있다는 생각이 저변에 깔려있기 때문이다.

4.2.2.2. 훔볼트(Humboldt)의 언어에 대한 생각 가운데 또 하나 중요한 것은 언어음(言語音)이 단순히 조음활동에 쓰일 뿐만 아니라 언어 구조와 신비하게도 밀접하게 연결되었다고 본 것이다. 언어의 발음 속에는 문법구조 및 의미구조, 더 정확하게 말하면 문법-의미구조가 존재한다고 본 것이다.

즉, 외부의 물리적인 음 연쇄(連鎖)의 형식에 대하여 내부언어형식(innere Sprachform)이 형성되어 있다는 것이다. 우리가 상대의 발화를 듣고 이해가 가능한 것도, 발화의 도중에서는 이해하기 어려운 것은 모두 이 내부언어형식과 관련되는 경우가 많다는 것이다. 내부언어형식으로 언어의 음성면과 의미면이 결합하여 이루어진 화자의 특정한 심리 구조를 이해할 수 있기 때문이다.

훔볼트는 이 내부언어형식의 해명은 형태론적 분석에 의하여 이루어진다고 보았다. 또 언어는 사고와 밀접한 관계가 있음을 강조하였다. 인간의 관찰, 사고, 경험 등이 언어를 달리하면 달라지는 것은 각개 언어가 가지고 있는 내부언어형식의 구성이 서로 차이가 있기 때문으로 본 것이다. 즉 개별언어의 차이는 그 민족정신(volksgeist)이 다르기 때문이며 이러한 생각을 언어 상대주의라고 한다.

4.2.2.3. 특히 훔볼트는 언어의 역사를 탐구할 것을 고집하지 않고 반대로 주어진 시점의 언어 자료를 해명하려는 공시적 연구를 추구하였다. 그는 분석적인 언어 비교를 행하되 친족관계의 설정을 고려하지 않았다.

조어(祖語)를 재구하려고 하지 않았고 인구어족이 다른 어족 이상으로 주목할 만한 것으로 생각하지도 않았다. 훔볼트(Humboldt, 1836~39)의 이러한 생각은 당시에 헤르더(Herder, 1891) 등에 의하여 지지되었고 20세기에 들어와서 바이스게르버(Leo Weisgerber) 등에 의하여 더욱 심도 있게 논의되었는데 이들을 신 훔볼트학파(Neo-Humboldtians)라고 한다.[12]

또한 이 사상은 미국으로 건너가서 다음에 언급할 사피어(E. Sapir)와 워프(Benjamin Lee Whorf, 1897~1941) 등 인류학적 언어 연구자들에게 많은 영향을 주었다. 그리고 이러한 언어 내적형식에 대한 연구는 의미학(Semasiology)이란 언어학의 하위 분야를 가능하게 하였다.

3) 언어학의 심리주의

4.2.3.0. 훔볼트(W. von Humboldt)의 민족정신(volksgeist)과 같은 개념은 민족심리학적 언어 연구에 영향을 주게 된다. 언어의 기본 개념인 연상(聯想) 기구(機構)라는 심리구조는 외부로부터 인간의 연상에 자극을 주어 사상(事象)이 인간의 두뇌 속에서 자발적으로 차례에 따라 전개된다는 것이다.

즉, 언어가 인간정신(menschlichen geist)를 표현하는 기구라면 개인 언어가 개인 심리의 표현인 것처럼 전체의 언어는 집단 심리의 표현이 되어야 한다는 주장이다. 낱말의 의미는 엄밀하게 규정되어 있지 않으며 개개인이 낱말을 사용할 때에 자신의 개인적인 경험, 자기의 개인 심리를 낱말에 드러내게 된다는 생각이다 따라서 낱말은 그것이 실제로 사용되는 순간에 비로소 현실적인 의미를 갖는다는 것이다.

집단심리의 표현으로 보는 언어는 훔볼트의 민족정신(volksgeist)이 주축이 된 민족심리학(völker psychologie)의 연구에 언어 연구로부터 얻은 지식을 활용하게 하였다. 역시 독일의 라싸루스(M. Lazarus)는 『민족심리학 및 언어학 연구지(*Zeitschrift für völker psychologie und Sprachwissenschaft*)』(1860~1890)를 이를 위하여 발간하였으며 이 연구지는 언어학에 있어서 심리학의 보급에 획기적인 공헌을 하게 된다.

19세기에 활동한 언어학의 심리주의자들은 독일의 쉬타인탈(H. Steinthal)과 분트(W. Wundt), 가벨렌츠(G. von der Gabelentz), 러시아의 쁘뜨베니아(A. A. Potbenja), 그리고 마르티

---

12 신 훔볼트학파에 속하는 인물로는 J. Trier, G. Ipsen, F. Dornsief, A. Jolles, W. Porzig, 그리고 W. Wartburg를 들 수 있다.

(A. Marty) 등을 말한다. 그리고 이러한 심리학적 언어 연구의 방법은 20세기에 들어와서 더욱 발달하게 된다(Gardiner, 1932).

4.2.3.1. 언어학의 심리주의는 독일에 뿌리를 내린 Humboldt(1836~39)의 『인간 언어의 구조적 변화와 인류의 지적 발달에 끼친 영향에 대하여』에서 논의한 바 있는 언어 구조의 다양성에 관한 이론으로 쉬타인탈(Hermann Steinthal, 1823~1899)에게 영향을 주었고 그가 주도한 심리적 언어 연구가 유행하였다.

그는 교육학자로 새로운 교육론을 제기한 독일의 헤르바르트(Johann Friedrich Herbart, 1776~1841)의 사상에서 영향을 받았다. 즉, 교육학자로 널리 알려진 헤르바르트는 인간의 정신에 '연상의 기구'라는 개념을 채용하여 언어 습득과 활용을 설명하였다.

연상의 기구란 외부로부터의 연상에 자극되어 사상(事象)이 인간의 주의 속에서 차례로 자발적으로 전개되는 것으로 무의식의 연상이 일어나고 다음에 차례로 사상이 나타나는 형상이라고 보는 것이다. 이것은 연상(聯想)심리학에 근거하여 언어를 이해하려고 한 것이다. 이러한 심리학적 언어 연구의 영향을 받은 쉬타인탈(H. Steinthal) 최초로 심리학적인 문법론을 주창하였다.

그가 저술한 『문법, 논리학, 심리학, 그 원리와의 상호관계(*Grammatik, Logik und Psychologie, ihre prinzipien und ihre verhältnise zu einander*)』(Steinthal, 1855)에서 심리학적인 관점에서 문법을 기술하려고 하였으며 문법에 논리적 보편성이 내재한다는 종래의 생각을 비판하였다.

4.2.3.2. 이와 관련하여 언어의 유형(類型)은 포괄적으로 기술하게 되었고 이미 알려진 지구상의 언어들을 분류할 때에 언어학자들은 쉬타인탈(H. Steinthal)의 심리적 기준에 의거하여 분류하였다.

즉, Steinthal(1850)의 『언어의 분류(*Classification der Sprachen*)』에서 모든 언어를 8종으로 구별하고 그 분류 기준은 실질(stoff, substance)과 형식(form)이 구별되는 유무에 의거하여 먼저 형식어가 없는 언어와 형식어를 가춘 언어로 나누었다.

그리하여 다음과 같이 분류하였다.

┌─ 무형식어(Formlose Sprachen) - 실질사나 형식사의 구별이 없는 언어.
　　　└─ 형식어(Form Sprachen) - 실질사와 형식사가 구별되는 언어.

　그리고 이들을 다시 병렬(並列)적인 언어와 교체(交替)적인 언어로 나누었다. 다음과 같이 세분하였다.

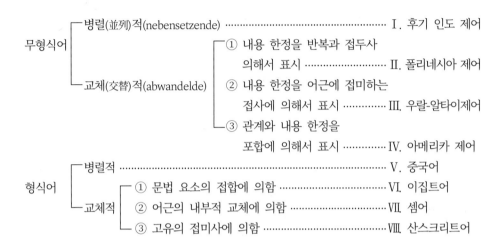

　뿐만 아니라 민족 간의 정신적 친근성은 언어 구조에도 나타나서 친근한 언어 사이에는 민족성의 유사가 있을 수 있고 그 반대도 가능하다고 주장하였으며 후대의 학자들은 이를 증명하려고 여러 가지 시도를 하였다.

　4.2.3.3. 그러한 시도 가운데 두드러진 학자는 분트(Wilhelm Wundt, 1832~1920)을 들 수 있다. 그는 세계 최초로 심리학 실험실을 세운 의사(醫師)였으며 심리학에 많은 업적을 쌓았다. 그는 민족심리학에 관심을 갖고 언어의 심리적 배경을 고찰하였다. 그는 심리학에서 중요한 개념인 통각론(統覺論)에 입각하여 언어를 고찰하려고 하여 쉬타인탈(H. Steinthal)의 연상 심리학과는 달랐다.
　통각론(apperceptionalism, 統覺論)은 인간의 지식이 감각으로부터 수용된 외부의 여러 가지 인상을 기반으로 확립된다는 심리학의 용어다. 통각(統覺, apperception)은 명각(明覺), 또는 유각(類覺)으로도 번역될 수 있으며 이에 의하면 언어는 감각적 용인에 의해서 결정된 사상을 표현하는 것으로 보는 것이다.

분트(W. Wundt)는 쉬타인탈(H. Steinthal)과 같이 민족심리학에 깊은 관심을 갖고 『민족심리학(*Völkerpsychologie*)』(전10권, Wundt, 1900~1920)을 간행하였다. 그 가운데 처음 두 권은 '언어(Die Sprache)'라는 제목을 붙여 언어 전반에 대하여, 주로 언어의 지각에 대하여 관찰한 것을 기술하였다. 특히 '동화현상, 이화현상'을 연상 충동에 의한 인간 심리에 기반을 둔 결과로 보아서 음운 변화가 일정한 인간의 심리과정의 귀결로 보았다.

분트는 언어를 표상이나 표현운동의 심리적 활동에 귀속시켰으며 통사론에서는 전체의 개념, 의미론에서는 통각 개념(Apperzeption begriff)을 도입하여 언어 현상을 심리학적인 측면에서 이해하려고 하였다. 다음에 논의할 소장문법학자들이 언어를 원자론(原子論, atomic theory)에 입각하여 세분하여 파악하려고 하였다면 분트(W. Wundt)는 언어를 통합적으로 이해하였다. 물론 이러한 생각은 소장문법학자들에 의하여 반대되었지만 언어학사에서는 그들의 한계를 극복하는 방안이었다고 기술한다.[13]

4.2.3.4. 이외에 언어학에서 심리주의를 주장한 학자들은 분트(W. Wundt)의 뒤를 이어 나타났다. 민족심리학까지는 주장하지 않았으나 언어 현상을 심리학적으로 이해하려고 하는 학자들은 독일에서 많았다. 가벨렌츠(Georg von der Gabelentz, 1840~1893)는 원초(原初) 언어라는 것은 존재하지 않으며 모든 언어는 그 자체가 완전한 것이라는 주장을 하였다.

전술한 러시아의 슬라브어학자 뽀뜨베니아(A. A. Potbenja, 1835~1891)는 사고 기구와 언어 구조 사이에 깊은 관련이 있다고 보았고 마르티(A. Marty, 1847~1914)는 심리학의 기초 위에 일반언어학의 원리를 구축하려고 하였다. 언어 형식으로 표현되는 의미는 화자의 심리 상태를 표현하는 것이고 청자에게 적절한 반응을 보이도록 하는 것이므로 궁극적으로 심리학의 영역이라고 주장하였다(Ivič, 1963:55).

심리학적 언어 연구의 방법은 미국으로 전달되어 더욱 발전하였다. 따라서 19세기의 언어학은 다음에 논의할 소장문법학자로 대표되는 실증주의, 역사주의의 언어 연구와 앞에 든 분트(W. Wundt)와 마르티(A. Marty) 등의 심리학적 언어 연구가 주류를 이루었다고 볼 수 있다.

---

13 소장문법학자들은 언어를 형식화(Formalisiering)하여 파악하려 하였다면 분트(W. Wundt) 등의 심리 주의자들은 인간의 심리작용으로 이해하였다. 이들은 폴(H. Paul)의 총장 취임사에서 "민족심리학의 제 문제(problem der Völker psychology)"에 대한 Wundt의 답변에 잘 나타난다. Paul은 언어활동을 話者와 聽者의 두 입장을 고려하였으나 Wundt는 주로 話者의 입장에서 파악하였다.

4) 소장문법학파의 역사주의 언어학

4.2.4.0. 유럽에서 19세기 말, 즉 1870년대에 독일의 라이프치히(Leipzig) 대학에 유능하고 진지한 한 그룹의 언어학자들이 나타났다. 그들은 전술한 쿠르티우스(Georg Curtius) 등과 같은 역사언어학자의 장로(長老)들이 주도하는 보수적인 언어연구 방법에 반대하고 새로운 방법을 제시하였다.

Karl Brugmann(1849~1919), Herman H. Osthoff(1847~1909), August A. Leskien(1840~1916), Berthold Delbrück(1842~1922), Herman Paul(1846~1932), Edwards Sievers(1850~1932) 등의 학자들은 서양의 언어학사에서 소장문법학파(Jung grammatiker), 또는 젊은이 문법학파라 부르며 앞선 비교언어학자들과 구별한다.

원래 소장(少壯), 또는 젊은이란 의미의 독일어 'Jung'이란 말은 보수적인 언어학자 짜른케(F. Zarnke)가 농담으로 명명한 이름에서 유래한다. 즉, 라이프치히 대학의 언어 연구자들이 주장하는 자신들과 적대적인 새로운 언어 연구자들을 과소평가하기 위하여 짜른케가 쓴 'Jung'이란 말을 라이프치히 대학의 새로운 언어 연구를 주장하는 사람들이 즐겁게 받아 들여 사용한 것이다. 새롭고 신선한 연구방법을 가졌다는 뜻으로 'Jung'을 환영한 것이다.

그들은 원자론(atomismus)에 입각하여 언어의 수많은 단위들, 즉 음운과 형태를 분석해 내었고 이들의 역사적 변천을 개별적으로 고찰하였다. 다만 이러한 개별적인 사항을 언어의 전체 체계 속에서 그 위치를 찾아보는 것이 아니라 오로지 그의 역사적 변천을 추적하는 것만을 중요한 일로 생각하였다

예를 들면 음운 /a/에 대하여 그 발달 과정을 고대(古代) 고지(高地)게르만 제어에서 신(新)고지게르만 제어 시대까지 관찰하여 그 음운 변화의 환경과 변화형을 추정하였다. 그리고 이러한 개별적인 언어 단위의 역사적 고찰을 언어 연구의 역사주의(hitorismus)라고 불렀다. 소장문법학자들은 언어학을 언어사로 파악하려고 한 것이다.

4.2.4.1. 전술한 그림(J. Grimm)의 여러 규칙들은 처음에 하나의 가설(assumption)이었다. 이 가설이 실제로 많은 인구어의 비교 연구에서 증명이 가능해졌고 여기서는 벗어나는 여러 예외까지 해명할 수 있게 되었다. 이로부터 역사주의의 방법으로 음운 변화의 규칙을

설명하려는 것은 라스킨(A. Laskin)의 "음운 법칙은 예외를 모른다(Die Lautgesetze kennen keine Ausnahme)"(1876)라는 논문을 낳게 하였다.

또 이러한 주장은 부르크만(K. Brugmann)과 델브뤼크(B. Delbrück)의 『인구어 비교문법 개요(Grundriss der Vergleihenden Grammatik der indo-germanischen Sprachen)』(Brugmann·Delbbrück, 1886~1900)에서 일관되게 주장되었다. 이 책은 소장문법학자들 언어연구의 집대성이라고 할 수 있다.

소장문법학자의 대표라고 할 수 있는 폴(Herman Paul)은 언어학이 인류문화를 연구하는 학문으로 출발한다고 보았고 하나의 문화형을 이해하기 위하여 무엇보다도 그 문화형을 형성하는데 직접 영향을 끼친 역사적인 조건을 알 필요가 있다고 하였다. 이러한 확신은 "언어학에서 역사적이 아닌 것은 과학적인 것이 아니다"라는 선언을 하기에 이른다.

물론 이 선언은 후대에 많은 비판에 부딪히지만 소장문법학자들은 언어의 변화를 지배하는 법칙의 일관성을 굳게 믿었고 이 법칙들은 인간의 힘으로 통제할 수 있다고 생각하였다. 뿐만 아니라 소장문법학자들은 "예외가 없는 음운의 법칙(Ausnahmslose Lautgesetze)"을 신봉하였다.

그리하여 음운을 매우 중요시하고 강력하게 이 음운 변화의 법칙을 파악하려고 모든 노력을 경주하였다. 음운법칙은 그 개념상 원래 은유(隱喩)의 일종으로 생각하였으나 이들에게는 이것을 자연의 법칙(natur gesetze)으로 받아들이게 되었다.

4.2.4.2. 이와 같은 법칙의 추구와 수립은 언어학을 정밀과학으로 바꿔놓았고 다른 인문과학과 어깨를 나란히 하면서 언어 현상을 기술할 뿐만 아니라 설명하기에 이르러 드디어 언어 과학(science of language)으로 인정받을 수 있었다. 언어학이 비로소 철학이나 서지학(philology)에서 벗어나 인문과학의 한 분야로 태어난 것이다.

그러나 음운법칙에 예외가 없다는 슬로건은 언어 현상을 자연 현상과 같이 동일한 법칙성을 갖고 있다는 기대 속에서 나온 것이다. 따라서 소장문법학자들은 언어를 인간의 다른 정신 작용으로부터 분리하여 자연 현상과 같은 외적 언어현상만을 다루게 되었다. 그러므로 내적 언어, 언어적 세계관, 민족정신 등의 개념은 제외되었고 음성을 위주로 하는 외적 언어만을 다루게 되었다.

그들은 그림(J. Grimm)의 통합적이고 창조적인 언어 연구에 비하여 분석적이고 비판적인 언어 연구 방법을 발전시켰다. 또 훔볼트(W. von Humboldt)와 같이 언어 연구를 일반적인 철학 문제에 집중시키는 것에도 반대하고 구체적인 개별 과제에 몰두하였다. 그러므로 이 시대의 언어학이 철학적 연구 단계로부터 역사적 연구 단계로 이행하는 과도기라고 할 수 있다.

이 시대에 들어와서는 언어가 더 이상 총체적인 정신생활과 관련해서 관찰되지 않고 자연과학적 형성체처럼 관찰하게 되었다. 따라서 언어의 내용(Inhalt)에 대한 연구보다 형태(Form), 특히 음성(Laut)의 연구가 강조되었다. 따라서 훔볼트(W. von Humboldt)와 그 이후에 이어진 바이스게르버(Leo Weisgerber) 등 신 훔볼트학파(Neo-Humboldtians)에서 중요시한 내용 중심 문법에서 발전한 언어의 내적 형식에 관한 연구는 이 시대에 소홀하게 되었다.

소장문법학파의 역사주의 이론을 종합 정리했다고 평가 받는 폴(H. Paul)의 『언어사의 제 원리(*Prinzipien der Sprachgeschichte*)』(Paul, 1880)에서 내적 언어 형식이란 명칭 내지는 개념조차 취급하지 않은 점은 이 소장문법학파의 연구 성향을 알 수 있게 한다.

4.2.4.3. 소장문법학파의 추종한 음운 변화의 법칙에는 음성학과 방언학의 뒷받침이 있어야 한다. 그리하여 음성학을 중요시해서 지버스(E. Sieverse)의 『음성생리학의 기조』(Sievers, 1876)를 발표했다. 이 책의 부제가 '인도-게르만어의 음운론 서설(序說, *zur Einführung in das Stadium der Lautlehre der indogermanischen Sprache*)'이어서 음운의 변천을 고찰하기 위한 것임을 알 수 있다.

그러나 언어의 음성만이 아니라 그에 대응하는 의미에 관한 관심도 없지는 않았다. 소장문법학파에 속하는 프랑스의 브레알(M. Bréal)은 Bréal(1897)의 서명이 『의미론(*Sémantique*)』이어서 음성만이 아니라 그에 대응하는 의미에 대하여도 관심을 가졌다. 브레알(M. Bréal)은 언어학사에서 '의미론'이란 하위 분야를 처음으로 제기한 연구자로 알려졌다.

음운의 변화는 음성학적인 요인과 더불어 인간의 심리적인 요인에 의한 것이 있었음을 소장문법학파의 대표인 폴(H. Paul)은 간파하고 있었다. 전술한 Paul(1880)의 <언어사의 제 원리>에서 인간 음성의 발달과 심리적 유추(類推)에 의해서 언어는 변하는 것으로 본 것이다. 즉, 언어변화의 두 요인으로 음성과 유추를 동등하게 본 것이다.

그러나 여기서 유추라는 심리적 현상은 실증주의자인 폴(Paul)에게는 추상적인 것임으로 이것이 음성으로 구현되어 역사적으로 변천을 거친 것을 살펴봄으로써 그 실체를 밝힐 수 있다고 볼 수밖에 없었다. 소장문법학파들은 역사적인 사실만이 언어과학의 대상이 될 수 있다고 보기 때문이다.

전술한 분트(Wilhelm Wundt)는 10권으로 된 대저 <민속심리학>(Wundt, 1900~1920)에서 유추와 같은 인간의 심리적 요인에 의한 문제를 집단 심리에 의거하여 살펴보았다면 소장 문법학파의 폴(H. Paul)은 개인의 심리를 중시하였다. 그리하여 개인 심리를 실증적으로 연구한 결과의 집합을 집단심리라고 하였다.

4.2.4.4. 또 하나 폴(H. Paul)은 개인의 언어 'idiolect'를 관찰함으로써 언어 연구가 시작 된다고 보지만 분트(W. Wundt)는 인간의 심리를 먼저 살펴보아야 한다고 주장하였다. 그리 고 폴(H. Paul)이 언어활동에서 말하는 사람과 듣는 사람의 두 방향의 입장을 고려해야 한다 고 보았지만 분트(W. Wundt)는 주로 말하는 사람의 쪽을 취하여 고찰하였다.

즉, 실증주의를 표방하는 소장문법학파는 구체적인 항목(item)에서 시작하지만 심리학 을 기초로 하여 연구한 분트(W. Wundt)는 추상적인 체계(system)로 시작하였다. 그리하여 둘의 차이는 비중을 어디에 두느냐에 달라지는 경우가 많다. 언어의 개인적인 측면과 전체 적인 측면의 어디에 비중을 두느냐 차이가 생긴 것이다.

폴(H. Paul)은 언어의 개인적인 측면을 강조한 것을 'die Rēde(speech, 말)'이라 하고 전체 적인 측면의 것을 'die Sprache(language, 언어)'라고 구별하였다. 반면에 분트(W. Wundt)는 언어의 의미 체계를 민족정신(volksgeist), 국어(die nationāl Sprache), 관습(die Gewohnheit), 그리고 문화일반에 둔 것이라고 하여 언어의 전체적인 면만을 중시하였다.

이러한 구분은 20세기에 들어와서 소쉬르(F. de Saussure)에 의해서 공시태(Synchrony)와 통시태(diachrony)로 발전한다고 보기도 한다(興津達朗, 1976). 그러나 폴(H. Paul)이 주장한 체 계와 변화가 그대로 소쉬르의 공시태와 통시태로 발전했다고 보기 어렵다. 이에 대해서는 더 많은 연구가 필요하고 생각하며 필자는 이에 대하여 동의하지 못한다.[14]

다만 소장문법학파의 폴(H. Paul)이 역사주의를 신봉하고 실증적인 언어 연구를 표방하 였지만 실제로 그가 내린 결론에는 언어의 변화를 철학적 사고로 정리하고 심리적 언어활 동으로 설명한 예가 많다. 언어의 변화가 이를 생성하는 주체인 개인의 심리에 있음을 간과하지 않은 것이다.

---

14 Bloomfield(1933:17)에서는 "폴(Paul)의 <언어사 원리>(Paul, 1880)가 가진 또 하나의 결점은 그가 심 리학적인 해석을 주장한 것이다. 그는 언어 記述에 더해서 언어 사용자가 경험한 것일지도 모른다고 추측되는 심적 과정과 관련된 언어 記述의 바꿔 쓰기(paraphrase)를 하고 있다."고 혹평하였다.

유추(類推)는 기존의 형태에 근거하여 새로운 형태를 창조하는 것이다. 소장문법학파에서는 이것이 언어 변화의 또 하나의 중요한 요인이 되는 것임을 강조하였다. 그리고 그들은 유추의 'Analogie'와 'Systemzwang'을 동의어로 보았다. 여기서 'Systemzwang(체계구속)'은 "체계를 따르게 하는 강제력"을 말하며 결국 이 말은 인간의 연상력(聯想力)을 의미한다. 역시 심리학의 세계다.

언어 변화에서 음의 법칙과 유추를 중심으로 고찰하는 방법에 대하여 음성 연구가 외적 요인으로 한다면 유추는 인간의 심리, 즉 내적 요인이라고 볼 수 있다. 소장문법학파가 유추를 설명하기 위하여 심리학을 도입한 것은 어쩔 수가 없는 일이었을 것이다. 이러한 혼란은 애초에 언어가 가진 외적 음성과 내적 의미를 인정하지 않은 탓으로 보아야 할 것이다.

3. 방언연구와 언어지리학

4.3.0. 서양의 유럽에서 방언 연구는 일찍부터 있었지만 새로운 학문으로서 언어지리학(Sprachgeographie, linguistic geography)이 등장한 것은 앞의 4.2.1.1.에서 전술한 쉬미트(Johannes Schmidt)가 그의 스승인 쉴라이허(A. Schleicher)의 언어 계통수설(系統樹說)을 보완하여 파동설(波動說, Wellen Theorie, wave theory)을 주장하였을 때에 이미 예견된 일이다.

계통수설에 의하면 인도-유럽어가 분열(分裂)해서 그 하나가 게르만어파(German branch)가 되었고 여기서 다시 저지(低地) 게르만어를 거쳐 앵글로 색슨어(Anglo-Saxon), 즉 고대영어가 되었다는 사실은 잘 밝혀진다. 그러나 각 언어의 변화와 상호간의 영향이나 영어가 직계인 독일어와 같은 것은 이해할 수 있지만 프랑스어와 같은 것은 설명할 수 없다.

파동설은 언어의 현상을 중시하고 여러 언어가 일정 지역에 공존하면서 서로 영향을 받아 언어가 변한다고 본다. 마치 연못에 돌을 던지면 물결이 파동을 치며 전달되듯이 한 언어에서 일어난 변화형이 다른 언어에도 물결처럼 전달되어 변화한다는 주장이다. 따라서 언어의 연구가 인접 언어와의 관련을 통하여 이루어져야 한다는 주장이 유럽에서 방언 연구와 언어지리학을 발전시켰다.

1) 유추와 차용

4.3.1.0. 언어 변화의 요인으로 두 가지 중요한 요인이 거론된다. 하나는 전술한 음의 변화 법칙이고 또 하나는 유추에 의한 변화다. 음 법칙을 중핵으로 하여 발달한 비교언어학에서 전혀 이질적인 변화의 요인으로 유추(analogie, analogy)가 거론된다.

산스크리트어와 희랍어에서 발견되는 다음의 예들은 음 법칙으로는 설명이 불가능하다. 즉, 산스크리트어 및 희랍어의 제1인칭 단수 현재형의 동사에 다음과 같은 비교표가 가능하다.

산스크리트어   ‘bhárā-mi’ “I bear, carry”,   ‘é-mi’ “I go”,   ‘dádā-mi’ “I give”
희랍어   ‘phérō’   “상동”   ‘ei-mi’ “상동”   ‘dīdō-mi’ “상동”

이 비교표를 보면 곧 알 수 있듯이 위의 6개의 예에서 희랍어의 ‘phérō’만 다른 굴절형과 다르다. 여기에만 일인칭의 ‘-mi’가 붙지 않았다. 산스크리트어가 희랍어보다 보다 높은 규칙성을 갖고 있다고 보는 당시 비교언어학자들에게는 희랍어의 ‘phérō‘에 ‘-mi’가 탈락된 것으로 볼 수밖에 없었다. 그러나 반대로 산스크리트어의 ‘bhárā-mi’가 다른 인구어의 일인칭 단수의 동사에 ‘-mi’가 추가된 것으로 보는 주장이 있다.

4.3.1.1. 또 이와 같은 형태의 탈락 또는 첨가 현상은 어떠한 음운 변화의 법칙으로도 설명이 불가능하다. 이러한 문제에 대한 해결책은 당시 Sherer(1868)의 『독일어의 역사를 위하여(*Zur Geschichte der deutschen Sprqache*)』에서[15] 인도게르만어의 조어(祖語)시대에 일인칭 현재 동사형에서 일어난 현상으로 설명하였다.

즉, 희랍어의 동사어미 ‘-ō’가 ‘-mi’와 대립하여 존재함을 주목하고 이러한 현상이 희랍어에만이 아니라 모든 유럽의 언어와 고대이란어파에 속하는 아베스타(Avesta)어의 일인칭 단수 현재형의 동사에서 일어났기 때문에 이런 현상은 인도-게르만어의 조어(祖語)에서 일어난 특징이라고 보게 된 것이다.

Sherer(1868)에서는 오히려 다른 인구어의 일인칭 동사형과 같이 ‘-mi’가 탈락되어

---

15   여기서 ‘deutchen’은 게르만 제어의 전체를 말한다.

'*bhárō'이었던 것이 산스크리트어의 다른 1인칭 현재형 'é-mi'(I go), 'dádā-mi'(I give)에 이끌려 'bhárā-mi'(I bear)가 된 것으로 본 것이다. 이것은 당시 여러 언어에서 발견되던 유추(analogy) 현상과 같다고 하였으며 그것도 "잘못된 유추(false analogy)"로 보았다.

유추 현상은 음운의 변화 법칙과는 전혀 관계없이 인간의 심리적 현상에서 생겨난 것이다. 즉, 언어가 가진 규칙성이나 일반 현상에 이끌려 독자적이거나 돌출된 언어 표현을 균일하게 하려는 인간 심리에 의한 것이다. 따라서 당시 모든 언어의 변화를 음운과 관련시켜 살펴보려는 비교언어학자들에게는 받아들이기 어려운 언어 현상이었다.

4.3.1.2. 역사적 언어 연구의 대단한 성과였던 음운의 변화에 대한 법칙을 적용하는 일과 당시 언어에서 발견되는 유추 현상을 응용하는 일은 언어 연구의 방법론에서 서로 용납하기 어려운 사항이었다.

그러나 앞에 든 예를 보더라도 유추 현상은 음운의 변화 법칙으로 설명할 수 없는, 도저히 설명이 불가능한 언어의 변화를 할 수 있게 한다. 다시 말하면 유추는 음 법칙의 예외를 처리할 수 있게 하고 보완할 수 있게 한다. 음 법칙이 고도의 규칙성을 주는 것이고 그림(J. Grimm)의 법칙에 대한 예외를 베르너(K. Verner)가 설명하면서 또 다른 규칙을 세웠지만 이러한 규칙적 변화에 대한 예외도 유추 현상으로 설명이 가능하다.

당시 사용되는 언어의 관찰로부터 출발한 유추 원리는 고전의 여러 언어 및 이후의 언어에도 적용이 가능하기 때문에 그 보편성이 인정되었다. 또 소장문법학파의 폴(H. Paul)이 음 법칙을 포함한 언어의 역사적 변화에 깔려있는 심리적 기반을 유추를 통하여 확인할 수가 있다고 하였다(Paul, 1880).

언어의 음성에 의한 것만이 아니고 인간의 심리에도 원인이 있었음을 간파한 것이다. 음성이던 유추에 의한 것이던 언어의 변화는 개별 언어에서 방언이 먼저 시작한다. 언어 변화의 첨병(尖兵)이라 할 수 있는 방언(方言, dialect)에 대하여 연구가 시작된 것도 이 시대의 일이다.

4.3.1.3. Diez(1836~44)의 <로망스어 문법>은 비교언어학의 방법을 로망스 제어에 적용한 비교문법의 연구였다. 그러나 이후에 로망스 제어의 연구자들 사이에는 조어(祖語)로서 라틴어로부터 로망스 제어, 기준에 따라서 방언으로의 분열(分裂) 과정을 문헌 자료에 의해서 확인할 수가 있었다.

이러한 확인 과정에서 비교방법이나 그에 의한 결론에 대하여 비판이 일어나기 시작했다. 그리하여 쉴라이허(A. Schleicher)의 계통수설(系統樹說)이나 소장문법학파가 주장한 음 법칙의 절대성에 대하여 강한 의문과 비판이 생긴 것이다. 로망스 제어에는 상호간 많은 차용어(loan word)가 있었고 인하여 또 많은 언어의 변화가 생겼기 때문이다.

로망스 어학자로서 쉬하르트(Hugo Schuchardt, 1842~1927)와 포슬러(Karl Vossler, 1872~1949) 등은 음 법칙보다는 차라리 역사적 문화적 사실로서 차용(借用, loan)을 언어 변화의 기본적인 요인으로 생각하기 시작하였다. 차용은 언어의 계통과는 상관없이 일어나는 일이다. 이로부터 언어 변화의 요인은 음운의 변화와 유추 현상에 더하여 차용이 함께 고찰되었다.

2) 방언학의 발달

4.3.1.0. 소장문법학파에서는 부르크만(K. Brugmann)을 필두로 방언에 대한 관심이 일찍부터 강했다. 예를 들면 인구어 공통조어를 켄툼계(Centum languages)와 사템계(Stem languages)로 양분한다. 이것은 '백(百)'을 의미하는 라틴어의 'centum' 계통의 희랍어의 'hekatón', 고드어의 'hund', 게르만어의 'hundert'을 하나로 묶어 이를 서인구어(west Indo-European lang.)라고 하였다(Brugmann·Delbbrück, 1886~1900).

같은 '백(百)'을 의미하는 아베스타어(Avesta)의 'satem'은 같은 계통으로 산스크리트어의 'śatam', 고대교회 슬라브어의 'sŭto'와 이를 따른 언어들은 동인구어(east Indo-European lang.)라 불렀다. 음성학적으로 보면 연구개음 [k]가 구개음화에 의해서 치찰음(齒擦音) [s]로 변한 것인데 이 두 음운의 대립이 두 지역으로 갈라지게 되었다고 본 것이다. 특히 슬라브어에서 'k > s'의 변화가 매우 심하게 나타났다.

4.3.1.1. 로망스어학자인 디에즈(Friedrich Diez)는 언어 상호간의 관계와 그 변천에 관심이 많았고 라틴어에서 분화한 로망스 제어들은 그 변천과정을 증명할 많은 자료가 있었기 때문에 그 역사적 변천의 추론보다는 로망스 제언 사이의 상호 영향에 관심을 가졌다. 그리하여 디에즈는 『로망스어의 문법(*Grammatik der romanischen Sprachen*)』(Diez, 1836~1844)을 저술하였다. 이로부터 그는 로망스어학을 시작한 연구자로 인정되었다.

같은 로망스어학자로 쉬하르트(Hugo Schuchart)와 포슬러(Karl Vossler)도 소장문법학파의 연구방법, 즉 예외 없는 음운 대응의 법칙을 추구하기보다는 각 언어 사이에 일어나는 역사적 문화적 언어의 차용과 영향에 따른 언어 변화에 관심을 가졌다. 특히 독일의 쉬하르트(H. Schuchart)는 언어의 변화가 지리적 요인에 의해서 일어날 수 있음을 처음으로 주장하였다.

쉬하르트(H. Schuhardt)는 언어를 변화시키는 발단이 개인의 역할, 개인의 창조와 모방에 의하여 일반화된다고 보았다. 그리하여 언어의 혼합에 의한 변화에 관심을 가져서 크레올(Creole)과 피진(Pidgin)어의 연구에 몰두하였다. 크레올은 미국 루이지애나(Louisiana) 주(洲)에 이주한 프랑스 사람들이나 남아메리카 서인도 제도의 모리셔스(Mauritius) 태생의 프랑스인과 스페인 사람들의 프랑스어로를 가리키고 피진어는 중국인과 말레이인들이 사용하는 영어를 말한다.

4.3.1.2. 언어 변화의 계통수설과 파동설은 유럽에서 언어지리학을 발달시켰다. 새로운 학문으로서 언어지리학(Sprachgeographir, Linguistic geography)의 시작은 전술한 바와 같이 쉴라이허(A. Schleiher)의 제자로서 그의 학문을 이어 받은 슈미트(Johannes Schmidt)가 계통수설(Stammbaum theorie)에 대하여 파동설(Wellen theorie)을 제창했던 때부터다.

쉴라이허(A. Schleiher)의 계통수설은 한 언어가, 영어를 예를 들면 인구어 공통어로부터 분화된 게르만어가 또 분화되어 저지(低地) 게르만어(low German)를 거쳐 앵글로 색슨어, 즉 고대 영어가 되었다고 본다면 각 언어가 분화하여 독립된 다음에 서로 영향을 받아 변한 것을 설명할 수가 없다. 또 현대 영어가 계통적으로 직계인 게르만 제어는 물론 로망스어계의 프랑스어, 이태리어, 그리고 고대인도의 산스크리트어 등으로부터 많은 영향을 받은 사실을 증명할 길이 없다.

반면에 슈미트(J. Schmidt)의 파동설은 언어의 파동을 중시하여 여러 언어가 일정 지역에 공존하는 한에서는 하나의 언어에서 일어난 변화는 못에 돌을 던졌을 때 일어나는 파문(波紋)과 같이 언어의 계통을 묻지 않고 전파해서 가까운 여러 언어에 영향을 끼친다는 이론이다. 가까운 지역일수록 영향은 커진다는 것이다.

이 두 학설은 언어 발달의 서로 다른 면을 대상으로 하고 있는데 계통수설은 언어의 기원과 발달에, 그리고 파동설은 그 전파와 영향에 각기 초점을 둔 것이다. 아무튼 언어의 변화에 있어서 파동설은 방언의 조사와 그에 의한 언어지리학을 발달시켰다.

2) 언어지리학과 방언지도

4.3.2.0. 부르크만(K. Brugmann)을 비롯하여 소장문법학파 사이에 방언에 대한 관심이 커져서 전술한 바와 같이 백(hundred)을 의미하는 어휘에 따라 인구어 공통조어를 켄툼계 (Centum languages)와 사템계(Stem languagese)로 양분하거 이것을 다시 지역적으로 동서(東西)로 나누었음을 전술한 바 있다.

19세기 말부터 20세기에 걸쳐 유럽의 각지에서는 현지조사(field work)에 의한 각 언어의 방언 조사가 활발하였으며 현지조사에 의한 언어지리학의 방법론이 확립되었고 언어지도가 작성되었다. 모두가 개별 언어보다 그 언어의 방언에 주목하기 시작한 것이고 그에 의하여 언어지리학이 발단한다.

이러한 연구에 공헌한 사람으로는 독일의 벵커(Georg Wenker, 1852~1911)와 프랑스의 질리에롱(Jules Gilliéron, 1854~1926), 이태리의 바르톨리(Matteo Giulio Bàrtoli, 1873~1946)를 들 수 있다.

4.3.2.1. 언어지리학이 독일에서 큰 관심을 일으킨 것은 Wenker(1926)의 <수정 독일어 방언 지도>에 힘입은 바 크다. 그는 다음과 같은 예측을 가지고 독일어의 방언을 조사하였다.

> ① 소장문법가들의 주장대로 각 방언의 여러 현상은 조어로부터 시작된 언어 변화가 그 변화의 도착점에서 나타난 것으로 언어 자료로서 가장 확실한 것이기 때문에 방언 조사에 의해서 음운변화 법칙의 규범성이 입증될 수 있을 것이다.
> ② 언어의 순수성은 표준어와 같이 외부로부터 영향을 많이 받고 통제가 심한 언어보다 차라리 보수적인 방언에 잘 보존되고 있을 것이다.

그러나 실제로 조사 결과는 그의 예상과 정반대였다. 방언의 실태는 음운변화 규칙을 일률적으로 적용하기 어렵게 복잡하였다. 예를 들면 독일어 사용권과 프랑스어 사용권의 경계선은 확연하지 않았다. 또 방언에도 표준어 못지않은 여러 잡다한 요소가 혼입되어 있었다.

벵커(G. Wenker)의 조사 방법은 미리 준비한 40개의 조사용 문례(文例)를 전국 49,363개의 초등학교에 보내어 교사들에게 각각의 방언에 의해서 이 문장을 음성적으로 전사해 줄 것을 의뢰하였다.[16] 그리고 이 자료로 방언 차를 나타내는 제 특징을 지도상의 해당 기점에 기입하여 방언 지도(dialect atlas)를 작성하였다. 이것이 완성되었으면 독일에서 최초의 방언지도가 되었을 것이다.

지도에 그려진 등어선(isogloss)도 그 특징의 하나였으나 각 낱말이 보이는 등어선은 음운 법칙의 결정과는 반드시 일치하지 않았다. 그리하여 Wenker(1876)로 시작한 독일어의 언어지도(Deutscher Sprachatlas)는 Wenker(1926)로 그 일부가 출판되었고 전편은 지금까지 완결되지 못하고 있다.

벵커(G. Wenker)의 방언지도에 보이는 특성은 독일 전역에 걸친 것이라는 점이고 결점은 전사(轉寫) 작업이 비전문가인 초등학교 교사에 의해 이루어졌다는 점이다. 방언의 차이만 아니라 개인의 차이도 혼입되어 있었고 또 하나 치명적인 결함은 조사 목표가 어휘, 어형이 아니라 문장 음성이었다는 점이다.

4.3.2.2. 이보다는 늦었지만 1896년부터 프랑스의 질리에롱(J. Gilliéron)은 Wenker(1876)의 조사 방법을 반성하고 그의 결점을 보완하기 위하여 귀가 잘 발달한 에드몽(Edmond Edmont)을 조사원으로 선택하여 그로 하여금 모든 조사를 담당하게 하였다. 이것은 조사와 표기의 일관성으로 정확성을 얻으려고 한 것이다.

에드몽(E. Edmond)은 자전거를 타고 전국을 일주하면서 그곳에서 자라고 교육을 받지 않은 원주민들을 대상으로 직접 말을 걸어서 화화 중에 방언 자료를 수집하였다. 5년의 세월에 걸쳐 639개 지역의 방언을 조사하였다. 질리에롱(J. Gilliéron)은 이 자료에 의거하여 1910년에 『프랑스 언어지도(L'Atlas linguistique de France)』(Gilliéron, 1902~10)를 완성하였다.

질리에롱의 유명한 모토는 "chaque mot a son histoire(각개 낱말은 독자의 역사가 있다)"이었으며 이것이 언어지리학의 기본 원리가 되었다. 언어지리학은 조사대상이 음성보다 오히려 낱말의 중요성을 강조한다. 낱말에는 음성으로는 알 수 없는 언어의 특징들, 어의(語義), 어감(語感), 어원(語源)을 갖고 있다. 낱말은 또 각 지방의 생활, 문화, 시대에 직결되고 그들의 변화와 더불어 분포상의 차이를 낳는다고 본 것이다.

16 　그 文例의 하나를 소개하면 다음과 같다. "Im Winter fliegen die trocknen Blätter durch die Luft herum (In winter the dry leaves fly around through the air)."

이와 같이 어휘의 차원에서 살펴보면 낱말을 형성하고 있는 음성의 실태는 음운 법칙이 나타내는 것과 같이 일률적으로 계열적인 지배를 받는 것이 아니라 특정의 낱말을 구성하고 있는 음성으로서 개별적으로 취급되어 기술되어야 한다는 것이다. 따라서 언어지리학에 있어서는 언어 단위로서 낱말이 음성에 우선하게 된다.

질리에롱(J. Gilliéron)의 제자로서는 쟈버그(Karl Jaberg)와 쥬드(Jakob Jud)가 있어 두 사람의 공저인 『이태리와 남부 스위스의 언어와 사물의 지도(Sprach-und Sach-atlas Italiens und der Südschweiz)』(Jaberg·Jud, 1928)가 있지만 아직 완성되지 않았다. 그리고 이태리의 바르톨리(M. G. Bàrtoli)도 그의 제자 중의 하나였다.

4.3.2.3. 바르톨리(M. G. Bàrtoli)를 중심으로 하는 이태리어학파는 소장문법학파들이 주장하는 언어 변화의 획일성보다는 각개 언어의 개별성, 표현성을 중시하고 독자적인 언어지리학을 발달시켰다. Bàrtoli(1925)의 『새 언어학 서설(Introductione alla Neolingistica)』에서 방언에 대한 연구는 주로 소장문법학파의 음운의 변화에서 법칙을 비판하는 것으로 시작되었다.

이태리어학파의 크로체(Benedetto Croce, 1866~1952)는 이를 잘 반영한 Croce(1902)의 『표현의 과학으로서 미학과 일반언어학(Estetica come scienza dell' espressionee lingistica generale -Aesthetics as the science of expression and general linguistics)』에서 일반언어학이란 것은 '표현(表現, espressionee)'의 학문이며 표현은 미학(美學)의 분야라는 것이다.

또 바르톨리(M. G. Bàrtoli)는 프랑스의 Gilliéron(1902~10)의 <프랑스 언어지도>를 통해서 그가 주장한 실증적인 언어지리학을 배웠으며 이들은 크로체(B. Croce)와 더불어 신 언어학파(Neolinguistica)로 불린다. 이 학파는 인간은 언어를 물질적인 의미에서만이 아니라 의지, 상상, 사고, 감정 등 정신적인 의미에서 창조된다고 보고 언어는 창조자인 인간의 반영이라고 하였다. 그리하여 소장문법학파에 대항하여 신 언어학파를 결성한 것이다.

그들에 의하면 '말하는 사회(speaking society)'는 존재하지 않으며 오직 '말하는 사람들 (speaking person)'만이 있을 뿐이라는 것이다. 이 말하는 사람들에 의해서 언어의 개신(改新)이 이루어지므로 개인 언어에 영향을 주는 모든 것이 언어의 변화에 영향을 준다고 보았다. 따라서 방언 연구에서도 역사적, 사회적, 지리적 기준에 의한 연구방법을 개발해야 한다고 역설하여 여기서 지역언어학(Areal linguistics)라는 술어가 생겨났다.

지역언어학은 언어의 역사적 연구와 언어지리학적 연구의 성과를 통합시키려고 노력하였다. 그들은 어떤 일정 지역에 공존하는 여러 언어, 또는 방언 형태의 분포를 유형화함에 따라 그들의 역사적 비교, 또는 역사적 관련을 밝힐 수 있다고 주장하였다.

3) 20세기 구미(歐美) 언어학에 미친 영향

4.3.3.0. 이상의 연구를 종합하면 19세기에 성행(盛行)한 역사주의 비교언어학은 언어과학(science of language)이란 새로운 학문을 탄생시켰다. 물론 인류는 역사 이전부터 언어에 대하여 관심을 갖고 이를 고찰하였다. 그리하여 고대인도에서는 기원전 10세기~3세기에 걸쳐 비가라론(毘伽羅論)이란 분석 문법으로 베다(Vedic) 경전의 언어인 산스크리트어를 연구하였다.

고대의 희랍에서는 철학적인 연구의 욕구로 고대 희랍어가 고찰되었고 로마에서는 라틴어의 교육이란 실용적인 목적으로 라틴어의 문법을 고찰하였다. 그러다가 19세기에 지구상의 여러 언어를 역사적으로 고찰하고 다른 언어와 비교하는 역사비교언어학의 등장으로 명실 공히 하나의 인문과학으로 언어학(linguistics)가 자리를 잡게 되었다.

19세기에 성행한 역사비교언어학은 독일이 그 중심지였다. 전술한 바와 같이 인구어족(Indo-European family)의 존재를 실제로 증명한 보프(F. Bopp)와 그림(J. Grimm)을 비롯하여 이들의 언어 변화의 음 법칙을 구체화시킨 소장문법학파도 독일의 라이프치히(Leipzig)를 중심으로 활동하였다.

그리고 새로운 일반 언어학을 창시한 훔볼트(W. von Humboldt)나 이를 이어 받아 심리주의 언어학을 주창(主唱)한 쉬타인탈(H. Steinthal), 그리고 통각론(apperceptionalism)을 언어에 도입한 분트(W. Wundt), 방언 연구의 중요성을 제안한 부르크만(K. Brugmann), 로망스 어학자 쉬하르트(H. Schuchart)와 포슬러(K. Vossler)도 독일의 연구자였다.

중세시대 이후 문예부흥까지 뽀르 로이야르(Port Royal) 학파와 같은 프랑스가 중심이 되었던 시대와는 많이 달라졌다. 19세기 역사비교언어학은 독일에서 그 황금기를 맞았다고 할 수 있다. 이때에 독일에 유학한 언어학자들이 다음 세대, 즉 20세기의 언어학을 이끌어간다. 그 예를 몇 사람만 들면 다음과 같다.

스위스의 소쉬르(F. de Saussure), 미국의 블룸필드(L. Bloomfield), 독일의 투르베츠코이(N. S. Trubetzkoy), 이태리의 바르톨리(M. G. Bàrtoli)가 독일의 여러 대학에 유학해서 부르크만(K.

Brugmann), 오스토프(H. Osthoff), 래스킨(A. Leskien), 그리고 폴(H. Paul)의 지도를 받으면서 역사비교언어학을 배웠다.

그리고 이들은 각기 20세기에 역시 새로운 언어학을 지도하게 된다. 다음에 논의할 20세기의 새로운 언어학은 역시 역사비교언어학의 바탕에서 이루어진 것임을 잊지 말아야 할 것이다.

4.3.3.1. 폴(H. Paul)의 역사주의 언어 연구에는 언어변화와 더불어 언어체계에 대한 관심을 보였음 전술한 바가 있다. 변화의 대상인 언어의 항목을 하나의 체계에 넣어 전체 속에서 이 개별 항목을 볼 때에는 새로운 개념으로 기능주의(functionalism)가 생겨난다는 것을 쉽게 이해할 수가 있었다.

이러한 기능주의 언어학은 20세기에 체코 프라하학파의 마테지우스(Vilem J. Mathesius)로 연결된다. 그리고 트루베츠코이(N. S. Trubetzkoy)의 음운 연구에서 기능(機能)에 의한 분류가 이루어지게 된다. 이어서 야콥슨(Roman Jakobson)의 언어 연구에서도 기능이 중요한 음운 분류의 기준이 된다. 이들은 모두 체코의 프라하학파에 속한다.

한편 언어지리학이 가져온 효과의 하나로 언어는 시간적인 지속의 연장에서가 아니라 공간적으로, 즉 무시간적인 차원에서 관찰될 수가 있음을 깨달은 것이다. 예를 들면 어떤 언어 형태가 현재에 어떤 분포를 보이는가 하는 문제는 시간적인 것이 아니라 공간적인 문제인 것이다.

이를 깨달은 20세기 미국 언어학에서는 Bloomfield(1933)에서와 같이 분포를 기준으로 언어의 단위들을 체계적으로 정리할 수 있었다. 미국의 블룸필드학파(Bloomfieldian school)에서 모든 언어의 항목, 형태라든지 음운과 같은 언어의 요소를 분포(distribution)에 의하여 기술(記述)되는 것이 가장 적합하다고 보았다. 이로부터 구조주의 언어학이 시작되어 20세기 미국 언어학의 특징이 된다.

19세기 역사비교언어학의 특색은 언어의 '변화(變化)'에 두었다지만 후기에 폴(H. Paul)의 기능주의, 또는 언어지리학의 지역적인 방언의 연구는 언어 연구의 기본 태도를 언어의 변화에서 언어의 기술(記述, description)로 옮겨가게 한 것으로 보인다. 인간의 언어 작용을 창조적인 것으로 보고 언어의 변화도 같은 인간의 창조로 이해하였다.

19세기의 역사비교언어학의 후기에는 언어의 변화가 창조에 의한 개인의 중요성을 강조하게 된다. 폴(H. Paul)과 같이 추상적이거나 분트(W. Wundt)와 같이 집단 심리학에 의하

지 않고 실증적이고 개인심리학에 의해서 언어의 변화, 즉 창조의 과정을 해명하려는 풍조
가 널리 퍼졌다.

4.3.3.2. 19세기의 후기에 전술한 언어 연구의 새로운 풍조는 언어에 보이는 역사적
변화와 더불어 동 시대의 언어와 방언에 나타나는 공시적 현상의 관찰이 중요함을 깨달은
것이다. 이것은 20세기에 들어와서 소쉬르(F. de Saussure)에 의하여 언어 연구의 공시적인
중요성을 인식하기에 이른다.

그리하여 그는 언어의 공시태(synchrony)와 통시태(diachrony)를 구별하였다. 그리고 전시
대에는 오로지 통시태만 중요하게 여겼지만 19세기의 후기에 이르러서는 전과 달리 언어
연구에서 공시적인 연구가 중심이 되었다. 따라서 언어의 역사적 변천도 중요한 연구 대상
이지만 그에 못지않게 공시적 변화도 언어학의 연구 대상으로 등장한 것이다. 이로부터
바로 방언학이 시작된 것이다.

뿐만 아니라 폴(H. Paul)에 의하여 구별된 말(Rede)과 언어(Sprache)의 구별은 내용은 다르
지만 역시 소쉬르(F. de Saussure)에 의해서 'langue(언어)'와 'parole(말)'로 바뀌어 언어의
내적인 면과 외적인 면이 구분되었다. 이것 역시 19세기에 훔볼트(W. von Humboldt)가 가졌
던 내부 언어형식(innere Sprachform)과 그리고 음성으로 표현되는 외부 언어형식(aussen
Sprachform)의 구별로부터 시작된 것이다.

다만 폴(H. Paul)의 체계라든지 변화라고 한 것이 그대로 소쉬르(F. de Saussure)에게 전달이
됐는지는 앞으로 더 살펴보아야 할 것이다. 특히 소쉬르가 구별한 공시태와 통시태의 이분
법(二分法)은 폴(H. Paul)의 체계에서 찾아보기 어렵기 때문이다. 그는 단지 원자론(atomism)에
입각하여 분석해 낸 언어 요소들의 총화(總和)를 의미한 것으로 보이기 때문이다.

4.3.3.3. 19세기의 역사비교언어학은 언어의 기원을 탐구하고 그 조어(祖語)를 찾으려는
18세기의 낭만주의적 사고에 의한 산물(産物)이다. 특히 독일의 헤르더(G. Herder)가 주장한
철학적 낭만주의(romanticism)와 더불어 영국의 존스(Sir William Jones)에 의해서 산스크리트
어가 발견되어 인구어의 공통조어(gemein Grundsprache)를 찾으려는 노력으로 역사비교언
어학은 출발한 것이다.

산스크리트어의 등장은 제1부 동양 언어학사 제1장에서 거론한 바와 같이 파니니(Paṇini)
와 같은 고대인도의 문법학자들에 의하여 거의 완벽하게 기술된 언어이었다. 그리하여

유럽 문화의 전통에서 절대적 권위를 가졌던 고전 희랍어와 라틴어를 대신하여 인구어 언어 비교의 기준의 자리를 산스크리트어가 차지하게 되었다.

그리고 이 언어는 유사(有史) 이전의 가장 이상적인 언어로 추앙을 받게 되었다. 이러한 산스크리트어로부터 후대의 언어들은 타락의 길을 걷게 된 것으로 보게 됨으로써 당시 실제의 언어들에 대한 연구가 소홀해지도록 방치되는 결과를 가져왔다. 다만 19세기 말에 시작된 방언 연구와 언어지리학이 이러한 편견(偏見)을 조금씩 바꾸게 된다.

4.3.3.4. 전술한 쉴라이허(A. Schleicher)는 게르만어(Germanisch)의 재구로부터 연구 영역을 확대하여 인구어(Indo-European lang.)로 연구를 이행하였다. 그리고 형태론보다 음성학의 연구에 중심을 두어 '관념적 비약'을 도모했고 선험(先驗)주의적 연구를 주창하였다. 이러한 연구 태도에 대하여 소장문법학파의 부르크만(K. Brugmann)과 오스토프(H. Osthoff) 등의 비판을 받았다.

이들은 유추를 활용하고 인간의 언어활동을 중시하는 새로운 생각에 근거하여 현대어의 중요성을 인식하면서 역사비교언어학이 보인 종래의 방향과는 전혀 다른 쪽으로 흘러가서 "기지(旣知)의 것에서 출발해야 하기 보다는 그로부터 미지(未知)의 것으로 나아가려는 원칙에 의거하여(according to the principle that one has to start with the known and from there advance to the unknown)"를 기본으로 하는 소장문법학파의 실증주의적 연구를 확립하게 된다(Brugmann, 1878; Lehmann ed., 1967:200).

이러한 생각은 역사비교언어학이 추구하던 초기의 연구 태도와 전혀 반대의 방향으로 바뀐 것이다. 따라서 전술한 역사비교언어학의 연구방법이 발달하는 과정에서 본다면 다음과 같은 사실을 알 수 있다.

첫째는 하나의 연구 방법이 발달하는 과정에서 전혀 이질적인, 또는 대조적인 연구 방향이 생긴다. 둘째는 이러한 연구 방향의 대전환도 연속하는 개개의 연구법이 순서에 따라 한 방법이 다른 방법을 요구할 때에 필연적으로 그와 관련되는 여러 사항이 누적되어 일어나는 사항이다.

셋째는 특정한 연구 방법이 순서에 따라 언어 연구에 종사하는 연구자들이 그러한 전체적인 동향과 그 변환을 쉽게 파악하고 이에 따르지만 어떤 경우에는 이러한 연구의 대전환을 알기 어려워 쫓아가지 못하는 경우도 있다. 이런 현상은 역시비교언어학의 시대만이 아니라 오늘날의 언어학 연구에서도 자주 발견되는 일이다.

제5장 20세기의 공시(共時)언어학

5.0.0. 20세기에 들어오면서 언어학은 대전환을 하여 19세기의 언어 연구와는 매우 다른 모습을 보인다. 유럽에서 19세기의 언어학은 독일의 하이델베르그(Heidelberg) 대학에 유학하여 그림(J. Grimm)의 <독일어 문법>(Grimm, 1819)에 빠져있었다고 알려진 스위트(Henry Sweet, 1845~1912)는 당시 유럽의 언어학계를 다음과 같이 기술하였다.

> 오늘날 라틴어로부터 프랑스어로의 음(音) 변화를 이 방면의 전문가들조차 제대로 깨닫지 못하고 있으며 그림의 법칙(Grimm's Gesetz, Grimm's law)도 베르너의 법칙(Verner's Gesetz)을 비롯하여 셀 수 없이 많은 법칙으로 보강하지 않으면 안 되고 유추 작용에 - 오늘날 이러한 작용을 변칙이라고 부정해서 없애는 것은 안 된다 - 의해서 무한하게 복잡화된 현상에서 비교언어학과 어원학을 일반 교육의 일부로 집어넣으려는 시도를 어떻게든 단념시키지 않을 수가 없다(Sweet, 1891~98; 1952: preface, 필자 초역).

여기서 스위트(H. Sweet)가 지적한 바와 같이 비교언어학의 후기에서는 상당한 '정체기(停滯期)'에 빠져있었다고 할 수 있다. 소장문법가들 중에도 폴(H. Paul)은 전술한 바와 같이 음(音) 법칙과 유추라는 언어 변화의 양대 원리를 일체화하려고 노력하였다. 그리하여 Paul(1880)의 <언어사의 제 원리>에서 음 법칙과 더불어 유추 현상에 대하여도 지면을 많이 할애하였다.

폴(H. Paul)은 개인의 언어 'idiolect'를 관찰함으로써 언어 연구가 시작된다고 보았으며 실증주의를 표방하는 소장문법학파는 구체적인 항목(item)의 파악에서 시작했다고 한다. 그리하여 소장문법학파의 연구자들이 가졌던 실증적이면서 원자론적인 비교언어학의 여러 연구를 통합하려고 한 것은 앞의 4.2.4.3.~4.에서 논의한 바 있다.

폴(H. Paul)은 언어의 개인적인 측면을 강조한 것을 'die Rēde(speech, 말)'이라 하고 전체적인 측면의 것을 'die Sprache(language, 언어)'라고 구별하였다. 이것은 훔볼트(H. von Humboldt)가 음 연쇄의 외부형식(aussen Sprachform)에 대하여 내부언어형식(innere Sprachform)

으로 나누어 언어의 이중성(二重性)을 인정하였다.

그리고 이 둘 사이에는 아무런 인과 관계가 없는 자의적(恣意的)인 것으로 보았다. 이렇게 언어를 공시태에서 파악하고 음성 형식과 의미 내용을 분리하여 살펴보면서 이 둘의 관계를 자의적인 것으로 보는 언어 연구의 태도는 20세기 언어학의 주류를 이룬다.

5.0.1. 또 하나 20세기에 들어와서 언어 연구의 특징으로는 역사적인 언어의 변화보다 공시적인 언어의 기술(記述)로부터 언어의 본질을 찾으려고 한 점이다. 19세기 역사비교언어학이 애지중지했던 역사주의가 물러나고 언어의 공시태의 연구로부터 얻어낸 체계를 중시하는 구조주의 언어학이 주류를 이루게 된 것이다.

이렇게 언어의 이중성을 인정하고 이를 체계적으로 고찰하려는 언어의 연구가 20세기를 풍미(風靡)하였다. 그리하여 유럽에서는 소쉬르(F. de Saussure)를 중심으로 하는 쥬네브학파(Geneva linguistic school)를 비롯하여 체코의 마테지우스(V. J. Mathesius)가 창립한 프라하학파(Prague linguistic school), 에름스레우(L. Hjelmslev)를 필두로 하는 덴마크의 쾨벤하은학파(Köbenhavn, Copenhagen school), 그리고 조금 후대이고 본서의 다음 5.6.0.0. 이하에서 논의한 러시아 언어학의 슬라브학파(Slavicist school)를 들 수 있다.

그리고 독일에 유학하여 역사비교언어학을 배우고 미국으로 돌아가서 새로운 언어학을 시작한 블룸필드(L. Bloomfield)의 블룸필드학파(Bloomfieldian school)도 20세기의 새로운 언어학의 시작점으로 보아야 할 것이다. 그러나 그의 연구는 자신이 독일에 유학하여 역사비교언어학을 배웠고 또 유럽의 새로운 소쉬르(F. de Saussure)의 언어학으로부터 영향을 받았다.

5.0.2. 소쉬르의 기념비적인 저서 Saussure(1916)의 『일반언어학 강의(Cours de la linguistique générale)』가 1931년에 정식으로 출판되고 독일에서 롬멜(H. Lommel)이 같은 해에 독일어 번역본(Lommel tr., 1931)을 낸 다음의 2년 후에 유명한 Bloomfield(1933)의 『언어(Language)』가 간행된다.

따라서 언어학의 아메리카학파라고 부를 수 있는 블룸필드학파는 언어의 공시태(共時態)를 연구 대상으로 삼았고 공시적으로 분석된 언어 요소를 체계적(體系的)으로 파악하려 하였을 것은 시대적으로 보아 분명하다. 거기다가 블룸필드는 독일에 유학하여 유럽의 언어학에 대하여 잘 알고 있었다.

유럽의 언어학에서 조금 소외된 감이 있지만 러시아의 카잔학파(Kazan school)도 공시적이면 체계 중심의 연구가 있었다. 폴란드인이지만 러시아의 카잔에서 교편을 잡아서 많은 핍박 속에서 연구를 이어온 보드앵 드 꾸르뜨네(Иван Александрович Бодуэн де Куртнэ)는 소쉬르(F. de Saussure)와 동시대의 인물이었고 그에 못지않게 현대적 안목으로 언어를 고찰하였다.

다만 그는 폴란드인이어서 러시아에서도 인정을 받기가 어려웠고 서방 세계에서도 관심을 얻지 못하였다. 본서에서는 5.6.0.0. 이하의 러시아 언어학에서 이에 대하여 비교적 상세하고 논의할 것이다. 왜냐하면 한국에서는 엄중한 냉전 시대에 이들에 대한 소개가 어려웠고 논의하는데 많은 제약이 있어서 그에 대하여는 별로 알려진 것이 없었기 때문이다.

이처럼 20세기에는 새롭고 다양한 언어 연구가 이루어졌다. 이 장(章)에서는 이 각각의 새로운 언어 연구에 대하여 논의하기로 한다.

1. 소쉬르(Saussure)의 언어 연구

5.1.0.0. 언어학사에서 현대 언어학이라고 하는 20세기의 새로운 언어학은 스위스(Swiss)의 소쉬르(Ferdinand de Saussure, 1857~1913)에 의하여 시작된다고 본다. 그는 독일의 라이프치히(Leipzig) 대학에서 소장문법학파의 거두인 부르크만(K. Brugmann), 오스토프(H. Osthoff), 레스키엔(A. Leskien) 등으로부터 역사비교언어학을 배웠다.

그는 언어의 역사적 비교를 금과옥조로 하는 소장문법학파 속에서 자랐으며 자신이 출판한 첫 논저는 『인구어의 초기 모음체계에 대한 연구(*Mémoire sur le systéme primitif des voyelles dans les langues indo-europiennes*)』(1879, Leipzig)이었다. 이 책은 인구어의 초기 모음에 대한 역사비교언어학적 고찰이었으나 이미 이때부터 모음을 체계(*systéme*) 위에서 파악하려고 하였음을 알 수가 있다.

소쉬르(F. de Saussure)는 독일에서 유학을 마치고 스위스로 돌아가 1891년부터 제네바(Geneva) 대학의 교수로 있으면서 종래 역사비교언어학과 상반되는 새로운 언어 이론을 강의하였다. 여기서 새롭다는 것은 19세기를 풍미(風靡)한 역사비교언어학의 통시적(diachronic) 연구에 반하여 공시적(synchronic) 언어 연구를 주창(主唱)하였기 때문이다.

그는 언어의 본질을 밝히려면 역사적으로 고찰하는 통시적 연구보다 어느 특정한 시기의 언어를 집중적으로 이해하는 것이 더 중요함을 역설하였다. 이것은 앞의 4.3.1.1.~2.에서 논의한 19세기의 언어지리학(linguistic geography)이나 언어방언학(dialectology)에서 이미 예견되었던 언어의 연구 방법이었다.

5.1.0.1. 소쉬르가 제네바(Geneva) 대학에서 행한 강의는 그의 사후(死後)에 세상에 나온 『일반언어학 강의(Cours de la liguistique générale, Geneva)』(Saussure, 1916)로 정리되었다. 이 책은 제자이지만 그의 강의를 한 번도 듣지 않았던 바이(Charles Bailly)와 세슈에(Albert Séchehaye)가 당시 소쉬르의 강의를 들은 학생들의 노트를 정리하여 출판한 것으로 정식으로 간행된 것은 1931년의 일이다.

제네바대학의 일반언어학 강의를 담당하던 교수가 1906년에 퇴직하자 대학은 소쉬르에게 그 강의를 맡겼고 그는 1907년 1월부터 7월까지, 1908년 11월부터 1909년 6월까지, 그리고 1910년 10월부터 1911년까지 7월까지 세 차례의 강의를 계속하다가 1912년 여름 병에 걸려서 1913년 2월에 56세의 나이로 세상을 떠났다.

소쉬르가 제네바대학에서 1907년부터 1911년까지 일반언어학 강의를 했을 때에 강의실에는 6명에서 11명 남짓한 소수의 학생들이 열심히 강사의 말을 받아 적었다. 그리하여 모두 3차례의 강의 노트가 만들어졌다. 이 가운데 가장 중요한 것은 제3차 강의였는데 실제로 <일반언어학강의>는 이 강의 노트를 중심으로 편집되었다.

1913년 2월 22일에 소쉬르가 세상을 떠나자 그의 제자들은 이 강의 노트를 중심으로 스승의 언어 연구 방법을 책으로 출판하려고 하였다. 그리고 이 소문을 듣고 수강생들이 강의 노트를 자발적으로 제출하였고 앞에 언급한 바이(C. Bailly), 세슈에(A. Séchehaye) 두 교수가 이들의 노트를 수합한 결과 1~3차 강의 노트를 수십 권 모을 수 있었다.

그러나 이 모든 노트를 그대로 편집하여 출판하기는 어려워서 많은 상자의 노트 가운데 가장 꼼꼼하게 받아 적었다고 본 두 사람의 강의 노트를 정리하기로 하였다. 즉, 1~2차 강의는 리들링제(Albert Riedlinger)의 노트를, 그리고 3차 강의는 데가이에(George Dégallier)의 노트를 참조하여 1차 세계대전이 한참이던 1916년에 출판되었다.

이러한 정황(情況)은 Godel(1957)의 <소쉬르 일반언어학강의 수고(手稿)의 원전(原典)>에서 자세하게 밝혀두었다. 그러나 당시까지 생존하고 있던 제자들 사이에 다른 강의노트가 무시된 것에 대한 불만이 없지 않았다. 그리고 자신들이 들은 강의 내용과 책이 얼마간 차이가 있음을 지적하였다.

5.1.0.2. 그런 와중에서 Godel(1957)이 발표된 지 1년 후인 1958년에 당시 생존했던 수강생 하나가 제네바 대학의 도서관에 또 다른 강의 노트를 제출하였다. 즉, 제2차, 3차 강의를 수강한 콘스탄탠(Emile Constantin)이 제출한 강의노트는 전술한 바이, 세수에, 그리고 고델(R. Godel)도 알지 못했던 내용이 들어있었고 가장 완벽한 것이었다.

그리하여 엥글러(Rudolf Engler)는 그가 편집한 Saussure(1967) <페르디낭 드 소쉬르 일반언어학, 루돌프 엥글러의 비판본>을 출판하면서 콘스탄탠(E. Constantin)의 강의 노트와 일부 다른 수강생의 노트를 포함하였다. 이 책이 출판하기 전에 간행된 것과 차이가 있고 이것을 구별하게 된다.

즉, Saussure(1916)의 <일반언어학강의>는 프랑스어로 제목을 'Course de Linguistique Generale, F. de Saussure, Publié par Charles Bailly et Albert Séchehaye avec la collaboration de Albert Riedelinger, Grande Bibliothèque Payot'로 표시된다. 콘스탄탠(E. Constantin)의 제3차 강의 노트를 중심으로 새로 편집된 것과 구별하기 위한 것이다.

Saussure(1916)의 책은 발 빠르게 일본에서 小林英夫(1928)로 번역되었으나 번역에 문제가 있어서 여러 차례 수정본을 내었다. 독일에서는 일찍이 Lommel tr.(1931)로 번역본이 나왔으나 영어 번역은 미국에서 Baskin(1959)의 것이 뉴욕에서 출판되었을 뿐이다. 한국에서도 최승언(1990)으로 초역본이 나왔다.

콘스탄탠(E. Constantin)의 제3차 강의 노트를 중심으로 다른 3차의 노트를 수합하여 간행한 책은 Saussure(1993)의 『*Troiseme Course de Linguistique General*(1910~1911), *d'après les cahiers d'Emile Constanti* - 에밀 콘스탄틴 노트 이후의 세 번째 일반언어학(1910~1911)』이다. 이 책도 일본에서 相原奈津江·秋津伶(2003)의 『一般言語學三回講義』로 번역되었고 한국에서도 김현권 역(2021)의 『소쉬르의 1·2·3차 일반언어학강의』가 출판되었다.

바이(Charles Bailly)와 세수에(Albert Séchehaye)에 의하여 작위적으로 정리된 소쉬르의 강의 노트가 비로소 전모를 들어낸 것이다. 일본에서 번역본을 출판한 역자 아이바라 나쯔에(相原奈津江)씨는 이 콘스탄탠(E. Constantin)의 노트를 보고 <일반언어학강의>에서 이상하게 느꼈던 부분이 모두 구름이 걷히듯 분명해졌다고 매우 감동적으로 역자 후기(後記)를 썼다.

5.1.0.3. 소쉬르의 일생은 중요한 이력만을 정리하면 다음과 같다.

1857년 제네바에서 탄생
1874년 산스크리트어를 배우기 시작함.
1875~6년 제네바대학에서 물리학과 화학을 배움.
1876년 파리 언어학회 입회.
1876~8년 독일 라이프치히(Leibzig) 대학에서 역사비교언어학을 배움.
1878년 Saussure(1879)의 <인구어 원초 모음 체계에 대한 각서> 간행.
1878~79년 독일 베를린에서 역사비교언어학을 배움.
1880년 Saussure(1880) "산스크리트어의 절대 속격의 용법에 대하여"로 라이프치히
　　　　(Leibzig) 대학에서 박사학위.
1980년 파리로 옮겨감.
1881~91년 파리 고등연구 실습학원(École pratique des hautes études) 강사.
1891년 프랑스를 떠나 스위스로 돌아갈 때에 슈페리에 드 레온 도네루 훈장(勳章)을 받음.
　　　　제네바 대학 교수에 부임.
1907년 1월~7월, 일반언어학 제1차 강의.
1908년 11월~1909년 6월, 제2차 강의.
1910년 10월~1911년 7월, 제3차 강의.
1910년 프랑스 학술원 특별회원으로 추대됨.
1912년 여름 병에 걸림.
1913년 2월 22일에 56세로 서거.

앞의 이력을 보면 소쉬르 그 자신은 산스크리트어를 배우고 고대인도의 문법에 심취하였으며 그로 인하여 역사비교언어학의 연구를 비판적으로 보면서 자랐다고 볼 수 있다. 그러한 그가 언어의 연구에서 역사주의를 버리고 공시적 연구의 우위를 주장한 것은 역시 고대인도 문법의 공시적이고 분석적인 언어 연구의 영향을 받은 것으로 보지 않을 수 없다.

앞의 제1부 동양의 언어 연구에서 제1장으로 소개한 고대인도의 범어(梵語) 문법은 베다(Vedic) 경전의 산스크리트어를 대상으로 분석하여 고찰하는 공시적 연구였다. 여러 불경(佛經)에서 비가라나(毘伽羅那)로 한자 표기한 'Vyākaraṇa(분석하다)'의 비가라론(毘伽羅論)은 분석문법의 이론이었으며 분석된 언어 요소를 체계적으로 고찰한 것이다.

그는 이러한 고대인도의 분석문법에 의거하여 전술한 Saussure(1916)의 <일반언어학강의>에서 언어의 공시적 연구를 강조했고 문법의 분석적 연구 방법을 기반으로 삼았던 것

이다. 알렉산더대왕의 인도 원정(遠征)에서 들여온 고대인도의 파니니 문법이 알렉산드리아학파의 희랍 문법을 확립시켰다면 소쉬르는 고대인도의 음성학과 문법 연구의 방법으로 현대의 공시적이며 구조주의적인 언어학을 개척하였다.

소쉬르(F. de Saussure)의 산스크리트어 연구로부터 얻은 고대인도의 체계적인 음성학과 분석적인 문법의 연구 방법은 그의 연구에서 저변을 형성하고 있다. 이런 경향은 동 시대의 다른 유럽 언어학파에도 깊은 영향을 주었다. 베다(Vedic) 경전의 산스크리트어의 연구라는 공시적인 연구의 우위로 하는 언어학을 제시하였다.

언어의 공시적 연구와 문법의 분석적인 연구는 자연히 현실 언어의 구조에 관심을 갖게 된다. 그리하여 현존 언어를 분석하여 각 단위 요소를 추출하고 이를 체계적으로 고찰하는 구조주의 언어 연구를 추구하게 되었다. 따라서 Saussure(1916)를 공시적(共時的)이고 구조주의에 입각하여 연구하는 현대 언어학의 시조로 보는 것은 여기에 이유가 있다.

1) 언어의 통시적 연구와 공시적 연구

5.1.1.0. 소쉬르(F. de Saussure)의 언어 이론은 두 개의 대립적인 개념이나 범주(範疇)의 형식으로 보여주는 경우가 많다. 이것을 후대에 소쉬르의 이원론(二元論, dualism)이라고 부른다. 이 이원론은 서로 대립되는 두 개의 기본적인 원리를 보여주는 동시에 방법론에서도 그러한 의의가 있어야 한다.

언어가 가진 신비성(神秘性)은 이것을 해명하는 방법을 찾아내기가 매우 어렵기 때문이다. 언어를 해명하기에는 서로 이질적인 두 항(項)의 대립적인 형식을 이용하여 설명하는 것이 하나의 방법이 될 수 있을 것이다. 고대인도의 언어 연구에서 자주 쓰던 방법이었는데 소쉬르도 이러한 방법으로 언어에 대한 보다 명확한 설명이 가능하다고 본 것 같다.

소쉬르(F. de Saussure) 언어학의 특색으로 전술한 이분법(二分法, dichotomy)과 더불어 공시적(synchronic) 연구와 통시적(diachronic) 연구로 분리하여 공시적 연구에 중점을 두었음을 들 수가 있다. 그리고 전시대의 폴(H. Paul)이 역사언어학에 내재된 두 개의 중심 개념이었던 '체계와 변화'를 날카롭게 식별하고 정리하여 정적(靜的)언어학(linguistique statique, static linguistics)과 동적(動的)언어학(linguistique évolutive, evolutionary linguistics)를 구별하여 설정하고 고찰하였다.

그리하여 그의 Saussure(1916)에서 이에 대하여 다음과 같이 정의하였다.

　　그러나 동일한 대상에 관한 두 개의 차원에서 현상의 대립, 또는 교착(交錯) 같은 것을 좀 더 확실하게 보여주기 위하여 공시적 언어학과 통시적 언어학이라고 부르는 것이 좋다고 생각한다.
　　우리의 과학이 갖고 있는 정태적(情態的) 부분에 관한 것은 모두 공시적인 것이고 진화에 관한 것은 통시적이다. 똑 같이 공시태나 통시태는 각각 언어의 상태와 진화의 위상을 보여주는 것이다.
　　- Mais pour mieux marquer cette opposition et ce croisement de deux orderes de phénomènes relatifs au même objet, nous préférons parler de linguistique synchronique et de linguistique diachronoque.
　　Est synchronique tout ce qui se rapporte à l'aspect statique de notre science, diachronique tout ce qui a trait aux évolotions. De même synchronique et diachronique désigneront respectivement un état de langue et phase d'évolution. Sussure(1949:117).

이렇게 소쉬르는 언어를 진화(進化)의 입장에서 역사적으로 살펴볼 때에는 동적(動的)언어학이고 정태(靜態)된 상태의 언어를 공시적으로 고찰할 때에는 정적(靜的)언어학으로 구분하였다.

5.1.1.1. 전술한 언어의 통시태와 공시태를 비교하여 보면 후대에 소쉬르가 공시태를 중요시 한 것으로 보이지만 앞의 기사에서는 공시태가 언어의 상태(état de langue)를 보여주고 통시태는 진화의 위상(phase d'évolution)을 보여준다고 하여 둘 다 언어의 연구 대상임을 강조한 것이다.

더욱이 소쉬르는 양자의 대립(對立, opposition), 또는 교착(交錯, croisement)을 명확하게 하기 위하여 공시태(共時態)를 '동시성의 축(軸, l'axe des simultanéités, the axis of simul -taneities)', 통시태(通時態)를 '계기성의 축(l'axe des successivités, the axis of success- ions)'으로 하여 수평선과 수직선으로 교차시켰다.

전자의 공시태는 "공존하는 사물의 사이에는 이 축 위에서는 시간의 간섭은 일체 배제되고 있다([l'axe'] concernant les rapports entre chose coexistances, d'oú toute intervention du temps est excluse."(Saussure, 1949:115)라 하여 시간의 흐름, 즉 역사성을 배제하였다.

후자의 통시태는 "이 축 위에서 동시에 하나의 사물 이상을 고찰하는 것은 결코 있을 수 없다. 제1축에서의 사물은 따로 따로 변화를 이어가서 이 위에 정위(定位)한다[l'axe'] sur lequel on ne peut jammais considérer qu'une chose à la fois, mais oú sont situées toutes les choses du premier axe avec leurs changements."(Saussure, 1949:115)라고 하여 통시태에서는 동시대의 개별적인 것보다 시대적 변화만을 다뤄야 한다고 주장하였다.

5.1.1.2. 그러면 공시태와 통시태를 비교하여 본다면 소쉬르(F. de Saussure)의 신 개념에서 통시태를 보다 중시한 것으로 보이지만 위에 든 그의 인용문에서도 분명히 한 것처럼 소쉬르 자신은 역시 공시태와 통시태를 모두 중요하게 본 것 같다. 이것은 그가 언어의 변화를 연구하려고 시도한 몇 개의 자료에서 확실하게 드러난다.

소쉬르의 <일반언어학 강의>(Saussure, 1916)에서 논의된 중요한 과제의 하나는 언어의 변화를 해명하기 위한 것이었으며 이것은 소장문법학파의 폴(H. Paul)과 같다고 하겠다. 다만 후속하는 언어학자들은 Saussure(1916)가 공시적 연구 방법을 중시했다고 강조하고 있다. 프랑스의 언어학자 메이에(Antoine Meillet)는 그의 Meillet(1921~36)에서 소쉬르의 통시태와 공시태가 폴(H. Paul)의 것을 다시 결합하여 연구한 것을 지적하였다(Meillet, 1922).

역시 프랑스의 언어학자 마르띠네(André Martinet)는 전술한 두 가지 연구 방법에 대하여 언급하면서 소쉬르의 언어학에서 공시적 연구 방법의 의의를 다음과 같이 언급하였다.

> 인간이 변화하려는 한없는 여러 요구는 언어 연구의 방법에서도 끊임없이 조정(調整)을 요구하고 있지만 이러한 여러 요구와는 전혀 관계가 없이 순수하게 언어적 사실만 끄집어내어 연구하는 것이 공시적 어프로치다(Martinet, 1960:11~12, 필자 초역).

이것이 소쉬르(F. de Saussure)의 공시적 언어 연구를 가장 분명하게 밝혀준 발언이라고 할 수 있다. 한 시대의 어떤 언어에서 순수하게 언어 사실만을 살피는 것이 공시적 연구라는 것이다.

2) 언어의 형식과 실질 - 랑그(langue)와 파롤(parole)

5.1.2.0. 소쉬르의 언어학이 현대 언어학에 미친 영향은 대단히 크다. 즉, 그의 언어에 대한 이론은 Joos ed.(1957:18)에서 소개한 대로 언어는 우리의 의식적, 무의식적인 상식(常

識)이 되어 그것이 어디서 왔는지 알려고 하는 필요를 느끼지 않을 정도이지만 소쉬르는 이에 대한 하나의 새로운 개념으로 랑그(langue, language, 언어)와 파롤(parole, speaking, 말)을 구분한 것이다.

Saussure(1916)는 언어의 내부와 외부, 즉 랑그(langue)와 파롤(parole)을 구분하는 것으로 시작한다. 파롤이 음성으로 실현되는 실제 언어라면 랑그는 인간의 두뇌 속에 들어있는 실현되지 않은 언어라는 것이다. 그리하여 랑그의 세계에서 이루어지는 랑가쥬(langage, 내부 언어)를 인정하였다.

소쉬르는 그의 Saussure(1949:25)에서 "[무엇을 가리키더라도 먼저] 랑그의 영역에 올라가서 이것으로 랑가쥬의 다른 일체의 의사표시에 대한 규범을 삼아야 한다(Il faut se placer de prime abord sur le terrain de la langue et la prendre pour norme de toutes les autres manifestations du langage)"라고 하여 랑그(langue)의 세계에서 이루어진 언어가 랑가쥬(langage)임을 밝혔다.

이렇게 랑가쥬(langage)가 가진 다양성이나 혼질성(混質性)을 배제한 랑그(langue)를 언어 연구의 주요목표라고 한정한 것은 그의 <일반언어학 강의>(Saussure, 1916)에서 논의할 기본적인 방향을 확립한 것이다. 이렇게 연구 대상을 한정화(限定化), 또는 추상화한 것은 언어의 과학적인 연구를 위해서 빼트릴 수 없는 기초 작업이라고 아니 할 수 없다.

5.1.2.1. 소쉬르 언어학에서 다른 정의와 같이 랑그(langue)와 파롤(parole)에 대한 정의(定義)도 이를 서술한 문맥에 따라 조금씩 다르다. 랑그에 대해서도 "그것은 랑가쥬, 즉 언어 활동의 능력으로 사회적인 소산이며 동시에 이런 능력의 개인적인 행사를 가능하도록 사회가 받아들인 필요한 제약의 총체이다(C'est à la fois un produit social de la faculté du langage et un ensemble de conventions nécessaires, adoptées par le corps social pour permettre l'exercice de cette faculté chez les individus)"(Saussure, 1949:25)라고 하여 랑그가 언어 사용에 필요한 여러 규칙들은 받아들인 협약의 총체(ensemble de conventions)로 보았다.

이에 비하여 파롤(parole)은 말하는 이와 듣는 이 사이에 구성되는 언어의 전달 회로(回路)에 있어서 "수행된 부분이고 그것은 항상 개인적이며 개인이 항상 그 주인이다. 우리들은 그것을 파롤이라 부르기로 한다(Elle[=l'exécution] est toujours individuelle, et l'individu est toujours le maître; nous l'appellerons la parole)"(Saussure, 1949:30)라고 파롤의 특성을 밝혀두었다.

따라서 파롤은 개인차에 따라 천차만별의 변화가 있을 수 있지만 인간의 마음 속에 들어 있는 랑그(langue)는 만인 불변의 동일한 것이며 이로 인하여 인간은 언어로 서로 의사소통을 할 수 있다는 것이다. 역시 내부의 언어 랑가쥬(langage)와 외부의 언어를 분리하 생각한 것이다.

또 랑그와 파롤을 대비하면 첫째 사회적인 것과 개인적인 것, 둘째 본질적인 것과 부차적인 것으로 구별할 수 있을 것이다. 랑가쥬(langage)와 이들과 비교하면 랑가쥬는 랑그와 파롤이 모두 참가한 것으로 보아야 할 것이다. 앞의 인용문에서 랑가쥬를 언어활동으로 번역한 것은 그런 뜻이 있기 때문이었다.

랑그와 파롤의 대비는 전술한 소장문법학파의 폴(H. Paul)이 독일어로 'Sprache'와 'Rede'로 구분한 것과도 비교된다. 후자의 'Rede'는 구체적이고 개인적인 특징을 갖는다면 전자의 'Sprache'는 추상적이고 전체적인 특징을 갖는다. 이것은 랑그와 파롤의 구분과 매우 좋은 대조를 이룬다. 다만 소쉬르의 경우에 사회성을 강조한 것이 주목된다.

이것은 소쉬르와 동시대 사람으로 프랑스의 사회학자 Émile Durkheim(1858~1917)이 '사회적 사실(fait social, social fact)'을 강조한 것의 영향을 받았을 것으로 보인다. 언어는 본래 사회적 사실로서 구현(具現)되므로 언어 사용자인 개인은 외부로부터 사회적 제약을 받게 된다는 사실을 깨닫고 이를 언어의 중요한 기본 원리로 삼은 것이다.

소쉬르(F. de Saussure)에 있어서 랑그(langue)의 특색의 특성으로 주목할 것은 사회성이다. 사회의 구성원인 '개개인의 두뇌(頭腦) 속에(dans chaque cerveau, in each brain)'에 내장되어있는 사회성을 강조한 것이다. 이에 대하여 개인적이고 일시적인 파롤(parole)은 집단적인 모델을 형성하지 못하고 개개의 행위의 총화만이 존재하는 것을 역설하였다.

5.1.2.2. 이러한 생각은 전시대에부터 계속해서 논의가 되어온 언어의 내부와 외부를 아우르는 개념이다. 소쉬르는 언어학의 연구 대상은 당연히 랑그(langue)의 언어임을 천명하였다.

물론 문장의 구성에 관한 것은 파롤(parole)에 속하는 것으로 하여 낱말과 낱말이 통합적으로 결합하는 것은 비교적 간단한 패턴이므로 이를 고찰하는 것은 언어학의 중요한 과제로 보지 않았다. 즉, 문법은 언어학의 중심 과제가 아니고 변두리의 학문으로 본 것이다.

파롤(parole)이라는 것은 언어행동, 즉 발화(utterance) 자체를 가리키는 차원의 것에 사용되는 것이며 랑그(langue)라는 것은 언의 체계적인 면, 즉 개개 발화의 배후에 있으면서 그것을 규제하는 형태를 가리키는 것이다. 구체적 세계의 현상에서 그 배후에서 추상적인 형태가 있다는 생각은 한 걸음 더 나아가면 실질(substance)과 형식(form)이라는 대립 개념에 도달한다.

전술한 것처럼 랑그와 파롤 가운데 언어학의 직접적인 연구 대상은 랑그이었다. 다만 파롤과 랑그라는 개념은 오랫동안 음(音)과 낱말로 대립해서 논의해 왔던 것이다. 실제로 발화로 실현되는 파롤과 그것을 지배하는 랑그의 개념은 앞의 19세기 언어학에서 논의한 언어의 외부와 그리고 내적 구조와 관련이 있는 것이어서 언어 연구의 영원한 과제라고 할 수 있다.

그리고 이 문제는 결국 언어의 실질(substance)과 형식(form)의 문제로 귀착한다. 소쉬르는 "랑그가 형식이고 실질은 아니다(La langue est une forme et non une substance)"이라고 선언하였다(Saussure, 1949:169). 소쉬르는 언어가 다만 음성으로 된 형식임을 강조한 것이다.

그리고 훔볼트(W. von Humboldt)의 영향을 받아 실질에 대한 형식의 의의를 가치(價値, valeur, value)라고 보았다(Chomsky, 1964).[1] 이의 이해를 위하여 먼저 소쉬르 소기(所記, signifié, signified)와 능기(能記, signifiant, signifier)에 대하여 언급하지 않을 수 없다. 언어 단위로서 낱말을 구성하고 있는 관념을 소기(所記)라고 하고 그것을 표현하는 음성을 능기(能記)라고 하여 이 둘 사이를 연결해주는 존재가 바로 가치(valeur)라고 본 것이다.

소쉬르가 생각한 가치는 역설적인 원리에 의해서 지배되고 있어서 반드시 다음 두 가지 위에서만이 성립한다는 것이다.

① 그러한 가치를 결정하는 것과 교환하는 것에서 생겨난 이질적인 것([par] une chose dissemblable susceptible d'être échangée centre selle don't la valeur est à déterminer).
② 그러한 가치는 당면한 문제가 되는 것과 비교가 될 수 있는, 몇 개의 유사한 것([par] des chose similaires qu'on peut comparare avec dong la veleur est en cause).

— Saussure(1949:159).

---

1   이러한 '가치'의 성립은 촘스키가 훔볼트의 영향으로 보아 "[At the same time,] the influence of Humboldtian holism is apparent in the central role of the notions 'term' and 'valeur' in the Saussurian system."이라고 주장하였다(Chomsky, 1964:23). 여기서 'holism(전일론)'은 다음에 논의할 'gestalteinheit'와 연관하여 보는 것이 이해하기 빠르다.

①의 예로 빵을 살 때에 지불하는 화폐를 생각할 수 있다. 빵과 화폐는 전혀 이질적인 것이지만 빵을 사기 위해서 화폐가 필요한 것이다. ②의 예로는 여러 종류의 화폐를 생각할 수 있다. 우리 돈으로 1000원이 미국 돈으로 1달러일 때에 원과 달러가 유사한 단위가 된다. 언어에서의 가치도 이와 같다고 본 것이다.

어떤 낱말이 그것과 전혀 이질적인 것, 즉 의미와 교환할 수 있는 것은 ①과 같은 경우다. 즉, 어떤 낱말이 어떤 의미를 선택하여 소유하는 것이 될 수 있음을 ①의 예가 말해준다. 한국어의 '먹다'가 '식(食, eat)'이란 의미를 갖고 서로 교환됨을 의미한다. 이 낱말이 그런 의미를 선택하여 소유한 것이다. 이때에 후자가 전자의 가치, 즉 의미라는 것이다.

②는 어떤 낱말이 그것과 관련해서, 또는 그것과 배열되어서 다른 비슷한 부류의 것과 비교되는 것이다. 한국어에서 '먹다'에 대하여 '잡수시다'는 경어법(敬語法)이 작용한 말이다. 역시 후자의 추가된 내용이 가치가 된다는 것이다. 즉, 이로부터 의미의 확장이 가능하다.

5.1.2.3. 이러한 언어의 가치(valeur)에 대한 정의를 붙인 것은 말할 것도 없이 언어의 요소를 하나의 체계(system)에서 파악하려고 했기 때문이다. 체계의 구성요소로서 가치가 존재한다고 본다. 언어라는 형상화 된 구조물(Gestalteinheit, structure)을 전제로 한 것이기 때문에 그 체계의 구성요소로서 가치가 존재한다고 본 것이다.[2]

이러한 체계가 소쉬르가 말하는 형식이다. 형식과 실질과의 관련에 대해서는 그는 다음과 말한다.

언어에는 차이(差異)밖에 없다. 더욱 중요한 것은 차이라는 것이 일반으로는 확실한 사항(事項)을 예상해서 그들 사이에 차이가 성립한다고 하지만 랑그에 있어서는 확실한 사항이 없이 차이밖에 없다는 것이다. 소기(所記)에서든지 능기(能記)에서든지 언어의 체계에 앞서서 존재하는 개념(idées, 의미)이나 음성도 랑그에는 없고 다만 체계를 바탕으로 하여 여기서 생겨난 개념적 차이와 음성적 차이밖에 없다. 어떤 기호 속에 어떠한 관념, 또는 음성적 실질이 있는가

---

2   'Gestalteinheit'는 Saussure(1931)을 영역한 바스킨(W. Baskin)의 번역서문에 "[전략] To those investigators, language was simply an inventory or mechanical sum of the units used in speaking. Piecemeal studies precluded the development of an insight into the structure (Gestalteinheit, pattern, or whole) into which the fragmentary facts fit." (Baskin tr., 1959: prface)와 같이 소개되었다.

라는 것은 그것이 어떠한 상태로 다른 기호와 뒤섞이게 되었는지 하는 것과 비교하면 별로 중요하지 않다. 그런 증거로는 사항(事項)의 가치가 사람이 그 의미에도 음성에도 통하지 않고 단순히 그것과 인접한 다른 사항이 변화를 입었다는 것만으로 변화되는 것으로 알 수 있다. [Tout ce qui précède reviant à dire que] dans la langue il n'y a que des différences, Bien plus :une différence suppose en général des termes positifs entre lesquel elle s'établit; mais dans la langue il n'y a que des différence sans termes positif. Qu'on prennc le signifié ou le signifiant, la langue ne comporte ni des idées ni des sons qui préexisteraient au système linguistique. mais seulement des différence conceptuelles et des différence phoniques issues de ce système. Ce qu'il y a d'idée ou de mtière phonique dans un signe importe moins que cequ'il y a autour de lui dans les autres signes. La preuve en est que la veleur d'un terme peut être modifiée sans qu'on que tel autre terme woisin aura subi une modification. Saussure(1949:166).

이 발언에서 주목할 것은 ① 언어에 있어서는 차이, 또는 대립이 모두인 것이며 ② 의미나 음성에서 이러한 차이는 확실하지 않다는 것이고 ③ 체계가 선행하여 여기로부터 형식이 나오고 그에 대한 개별의 여러 언어 항목(terme)과 그에 대한 실질, 그리고 가치가 생겨난다는 것이다.

그리고 ④ 문장에 배열된 낱말과 낱말 사이의 관련은 소기(所記)와 능기(能記)와의 관련보다 긴밀하다는 것이다. 현대 언어학의 새로운 구조주의(structuralism) 언어 연구에서 가장 각광을 받은 구조음운론(structural phonology)의 기본 원리는 소쉬르의 이러한 발상에서 시작된 것이다. 그런 의미에서 그는 새로운 언어학의 개척자로 보아야 한다.

Saussure(1916)에서 언어의 내적 구조를 계열적(paradigmatic)인 것과 더불어 통합적(syntagmatic)인 것으로 나누어 본 것은 결과적으로 랑그의 세계에서 구조주의 연구를 촉발시켰다. 후대에 발달한 구조주의 언어학(structural linguistics)의 가장 큰 특색은 그 연구 태도가 항목 중심(item-centered)이 아니고 구조중심(structure-centered)의 태도가 저변에 깔려 있다는 점이다.

예를 들면 음소(phoneme)나 형태소(morpheme)를 각각의 요소로 개별적으로 파악하지 않고 전체 속에서 이해하려는 것이다. 랑그의 세계인 음소나 형태소는 파롤의 세계인 음성이나 낱말로 실현될 때에 일정한 규칙의 지배를 받는다는 생각이다. 언어의 각 요소를 원자론(atomism)의 시각에서 개별적으로 찾아내는 일에 끝나지 않고 그 요소들이 어떻게 서로 연관을 지어 존재하는 가를 살피려는 것이다.

이러한 생각은 언어학의 시야를 넓히는 결과를 낳게 되었다. 언어의 각 요소를 통시적으로, 역사적인 방법으로 이해하기 보다는 언어의 각 차원에서 공시적으로 존재하는 전체의 체계 속에서 각 개별 요소를 파악하고 이해하려는 태도를 구조주의 언어학이라 한다. 소쉬르의 언어학에서 랑그(langue)와 파롤(parole), 특히 랑그를 이해하기 위하여 당연히 각 언어의 공시적 연구가 우선되어야 하면 거기서 추출된 각 요소를 전체 속에서 파악하게 된다.

5.1.2.4. 언어의 요소를 추출하기 위해서는 공시적인 언어의 기술(description)이 필요하다. 특정 시간의 언어를 공시적으로 분석하여 기술하면서 불변의 요소들을 추출하게 된다. 이 요소들은 그 각개 요소의 추출과 인식만이 아니라 전체 요소와의 관련을 따져서 정리하여야 제대로 파악할 수 있다는 생각을 소쉬르는 가졌던 것이다.

Saussure(1916)에서의 이러한 생각은 고대인도문법학파가 산스크리트어에 대한 문법 연구에서 가졌던 방법이다. 전술한 파니니의 <팔장>에서 보인 고대인도문법학파들은 산스크리트어라는 공시적인 언어 현상을 분석하여 각개 요소를 추출하고 그것을 체계적으로 파악하려 하였다. <팔장>의 산스크리트어 문법을 비가라론(毘伽羅論)이라 하는 이유가 여기에 있다.

비가라론이 산스크리트어의 'Vyākaraṇa'를 한역(漢譯)한 것이라면 이 산스크리트어의 뜻은 "분석하다"여서 비가라론(毘伽羅論)을 졸저(2019b:130)에서 '분석문법'이라 한 것은 이 말의 뜻에 근거한 것이다. 즉, 비가라론은 문장을 분석하여 각 단위의 요소들을 찾아내고 그것을 산스크리트어의 전체 구조 속에서 파악하려 하였다.

여기서 소쉬르(F. de Saussure)가 산스크리트어에 많은 관심을 갖고 파니니(Pāṇini)의 『팔장(八章, Aṣṭādhyāyī)』의 비가라론 문법에 심취했었음을 상기하게 한다. 언어의 구조주의 연구 방법은 다른 많은 분야의 연구에도 영향을 끼쳤다. 다음에 논의할 언어학의 프라하학파를 비롯하여 아메리카 언어학의 구조주의는 모두 소쉬르의 언어 이론에서 발전한 것이다.

3) 연합, 통합관계와 언어의 자의성(恣意性)

5.1.3.0. 앞에서 문장 안에서 각 항목(terme)은 대립적으로 존재한다고 소쉬르는 보았다. 그리하여 대립의 양항(兩項)을 이분법(二分法)으로 정리하여 두 개의 그룹으로 나누는 방법

을 썼으며 이를 소쉬르의 이원론(dualism)이라고 했음을 전술한 바 있다.

그리하여 언어 행위를 '담화(談話) 속에서(dans le discours)'와 '담화 박에서(en dehors du discourse)'로 나누어 보았다. '담화 속에서'는 언어의 모든 요소들이 시간이라는 선상(線上)에 순서대로 나열되는 언어의 선조성(caractère linéaire, linearity)을 강조하였다. 이것을 통합관계(rapports syntagmatiques, syntagmatic relations)라고 하였다.

이 통합관계에 의하면 다음의 예들은 어느 것도 순서를 바꾸어 먼저 나타날 수가 없다고 하였다.

> 예, re-lire (re-read), contre tous (against everyone), la vie humaine (human life), Dieu est bon (God is good), S'il fait beau temps, nous sortiron (If the weather is nice, we'll go out. Saussure(1949:170).

즉, 're+lire, centre + tous, la vie + humaine, Dieu + est + bon, S'il + fait + beau temps, nous + sortiron'과 같은 순서로 결합해야 하지 이 순서가 뒤바뀔 수가 없다는 것이다. 이러한 통합관계의 특성은 담화 속에서 '현재(顯在)하고 있는(in praesentia)'이라고 하였다.

그러나 이러한 담화가 실제로 표출되기 이전의 '담화 박에서(en dehors du discourse)'에서는 우리의 두뇌 속에서 여러 개의 공통적인, 또는 유사한 말들이 연합해서 있을 수가 있다고 하였다. 이것을 연합관계(rapports associatifs, associative relations)라고 부른다. 이 연합관계의 특성으로는 두뇌 속에 '잠재된(in absentia)' 것이라 하였다.

그리고 다음과 같은 예를 들었다.

> 예, 'enseignement (teaching)'는
> ① 어간에서 본다면 'enseigner (teaching)', 'renseigner (acquaint)'
> ② 접미사에서 본다면 'armement (armament)', 'changement (amendment)'
> ③ 어의(語義)에서 본다면 'éducation (education)', 'apprentissage (apprenticeship)'
>   등과 연합관계를 맺고 있다. Saussure(1949:171).

즉, 'enseignement(배움)'이라는 낱말은 어간에서 'enseigner(가르침)'이나 또 'renseigner (알려주다)'와 연합관계에 있었는데 화자가 'enseignement(베움)'을 선택한 것이라는 뜻이

다. 접미사에 있어서는 'enseignement'의 접미사 '-ment'을 'armement'와 'changement'의 둘 중에서 고른 것이다. 또 어의(語義)에서도 'enseignement(배움)' 대신에 'éducation(교육)', 'apprentissage(견습)'를 고를 수 있음을 말한 것이다.

5.1.3.1. 잠재(潛在)적인 연합관계나 현재(顯在)적인 통합관계의 구별도 소쉬르의 이분법(二分法)의 사고에 의한 구별이다. 따라서 전자와 후자와의 관계를 랑그와 파롤의 관계로 보아도 좋을 것이다. 그리고 이러한 랑그에서 파롤의 선택이나 연합관계에 있는 말들 가운데 선택하는 것을 언어의 창조능력으로 보았다.

소쉬르(F. de Saussure)는 이 능력을 유추와 관련해서 "언어 창조의 원리로서 유추(l'analogie principe des créations de la langue"(Saussure, 1949:226)라고 하는 주제로 언급하였다. 즉, 언어의 창조 과정에서 유추의 역할을 다음과 같이 보고 있다.

> 모든 창조에는 랑그의 보고(寶庫)에 저장되어있는 소재(素材)의 무의식적인 비교가 선행되지 않으면 안 된다. 그 가운데 산출되는 여러 형태가 그들의 통합관계와 연합관계에 맞추어 배열되는 것이다. 따라서 현상의 일부는 새로운 형태가 나타나는 것을 보기 이전에 이미 완성되어 있는 것이다. [중략] 그래서 파롤에서 일어나는 실현은 그 새 형태를 형성할 가능성에 비한다면 대수롭지 않은 일이다.
>
> - Toute création doit être précédée d'une comparaison inconsciente des matériaux déposés dans le trésor de la langue où lesformes génératrices sont rangées selon leurs rapports syntagmatiquee et associatifs. Ainsi toute une partie du phénomène s'accomplit avant qu'on voie apparatire la forme nouvelle. [중략] et sa réalisaton dans la parole est un fait insignifiant en comparaison de la possibilité de le former. Saussure(1949:227).

위의 인용문에서 '무의식적 비교'는 그동안 '유추(類推, analogy)'라고 부르던 언어 현상을 말한다. 언어의 창조 능력은 어떤 새로운 형태를 연합관계에 있는 관련된 어군(語群)에서 선택하고 이것을 통합관계에서 결합시키는 일을 말한다.

통합(syntagma)과 연합(associate)의 구별 또는 대립은 유럽의 구조언어학에서 일관되게 보여주는 특색이었으며 후속하는 언어학자들에게 커다란 영향을 주었다. 그러나 연합이 랑그(langue)의 정의에서 보이는 심리적 경향을 띤 것이라고 비판하는 연구자들도 없지 않았다.

다음에 논의하겠지만 코펜하겐학파(Köbenhavn school)의 에름스레우(Hjelmslev)는 이러한 심리주의를 배제하고 '연합(associate)'을 대신하여 '계열(paradigm)'로 할 것을 제안하여 '연합관계' 대신 '계열관계(paradigmatic relation)'를 인정하였다. 이것이 오늘날의 문법에서도 사용하는 술어가 되었다.

또 통합(syntagma)와 계열(paradigm)의 대립은 각각의 연구자들에 의하여 '선택 관계(choice relation), 연쇄 관계(chain relation)', 또는 '체계(system), 구조(structure)', 그리고 'either ~ or 관계(relation), both ~ and 관계'라는 용어로 불리면서 사용되는데 소쉬르의 용어를 좀 더 과학화하여 보급한 것으로 보인다.

5.1.3.2. 소쉬르(F. de Saussure)는 언어 기호가 가진 두 개의 특성으로 기호(記號, sign), 즉 능기(能記)의 자의성(恣意性, l'arbitraire du signe, arbitrariness of sign)과 기호의 선조성(線條性, caractère linéaire, linearity)을 들었다(Saussure, 1949:100~103).

음성 형식과 의미 내용 간에는 아무런 연관이 없이 자의적(恣意的)이라는 사실은 현대 언어학에서 상식이지만 소쉬르 이전에는 전통적인 언어의 자연설(自然說, physei)을 신봉하는 사람들에 의해서 의성어(擬聲語)를 예로 하여 만만치 않게 형식과 내용 사이의 연관성을 믿은 연구자들이 적지 않았다.

소쉬르를 현대 언어학의 시조로 보는 것은 랑그와 파롤의 구별처럼 언어의 이중성을 지적한 것과 언어의 공시적인 연구 이외에도 형식과 의미의 자의적인 관계를 확립한 것에 중요한 이유가 있다. 이러한 생각들이 소쉬르의 언어학에서 근간을 이루는 철학이었다. 언어에 대한 이러한 생각으로 그의 언어 연구가 이루어진 것이다.

음성 형식과 의미 내용 사이에 아무런 관련이 없다는 자의성(恣意性)은 예를 들면 프랑스어의 'sœur(sister)'에서 그 능기(能記, signifiant, signifier)와 소기(所記, signifié, signified)와의 사이에 아무런 내적인 관련이 없다고 하였다(Saussure, 1949:100). 그런 증거로 똑같은 의미의 낱말이 영어에서는 'sister', 독일어에서 'Schwester'이기 때문이다.

그러나 기호의 자의성에는 절대적인 것만 있는 것은 아니다. 상대적인 자의성도 있어서 이에 대하여 소쉬르는 다음과 같이 보았다.

> 기호의 자의성에 대한 근본원리는 각 언어에 있어서 철저하게 자의적인 것, 즉 모티브(motive)가 전혀 붙지 않은 것과 상대적으로 그렇지 않은 것을 구별하는 것에 지장을 주지 않는다. 기호 중에 절대적으로 자의적인 것은 지극히 일부만이어서 그 다른 것들은 자의성을

아주 부정하지는 않지만 거기에 정도를 인정하는 것 같은 상태가 일어나서 기호는 상대적이고 모티브(mitivé)를 붙일 수도 있다. - Le principe fondamental de l'arbitraire du sign n'emphêche pas de distinguer dans chaque langue ce qui est radicalement arbitraire, c'est-à-dire immotivé, de ce qui ne l'est que relativement. Une parti un phénomène qui permet de reconnaître des degrés dans l'arbitraire sans le supprimer : le signe peut être relativement mitivé. Saussure(1949:180~1).

이 인용문에 의하면 랑그의 자의성은 모두가 철저하게 그렇게는 볼 수 없고 일부 모티브 (motive)를 붙일 수 있는 것이 있다는 것이다. 예를 들면 프랑스어의 수사 'vingt (twenty)' 와 'dix-neuf (nineteen)'를 비교하면 전자는 전혀 모티브가 없지만 후자는 'dix(10)'와 'neuf(9)'의 결합으로 보아 비교적 모티브가 있는 것으로 보인다.

한 언어에 절대적인 자의성과 상대적 자의성을 인정하면서 처음으로 언어 실태에 관한 올바른 관찰과 이해가 가능해 진 것이다. 언어가 자의성만으로 지배된다고 보면 그 체계는 극도로 복잡해지지 않을 수 없다. 반대로 자의성이 없이 모든 것이 모티브를 붙일 수 있다 면 그에 의한 체계는 논리학이나 수학처럼 될 것이다.

진리는 중간에 있다. 소쉬르는 언어의 본성(本性)을 자의성에 두고 이를 제한하고 규칙화 한 것으로 보고 이를 탐구하는 것이 언어의 연구의 최선(最善)이라고 보았다. 앞에서 언급한 연합관계나 통합관계의 적용도 언어의 자의성을 제한하려는 하나의 방편으로 보고 이런 언어의 제한과 규칙을 연구하는 것이 언어의 본질을 밝히는 최선의 방법으로 보았다 (Saussure, 1949:182~3).

언어학사에서 멀리 희랍시대의 자연설(physei)과 관습설(thesei)로부터 정합론(analogia)과 부정합론(anomaly)의 논쟁이 여기서 정리된 것이다. 언어의 자의성은 언어의 생성에서 모 티브를 붙이는 여부와 그 정도의 차이로 보아왔으나 자의성이 갖는 의의는 다음 두 가지 관점에서 결정할 수 있을 것이다.

'자의적'은 물론 언어 사용자에게는 능기와 소기와의 결합이 자유인 것은 말할 것도 없고 그 결합이 사회적, 또는 관습적으로 결정되는 한(限)에서는 개인에게는 '비자의적'일 수가 있다는 것이다. 이러한 언어의 자의성, 즉 관습성을 강조하는 처지에서 소쉬르는 더욱 앞으로 나아가서 다른 신호(信號)의 수단, 기관에 비하여 언어가 가장 복잡하며 더욱 독자적 인 체계를 가졌다고 본다.

소쉬르(F. de Saussure)는 언어 이외에 수화(手話), 교통신호, 군용신호, 그리고 수학과 화학 기호 등도 함께 고찰하고 여기에 기본이 되는 제약성을 기초로 한 기호학(sémiologie, semiology)이란 새로운 분야를 개척하였다. 그리고 언어학도 기호학의 하나로 인정함으로써 종래의 철학이나 문헌학, 심리학, 예술 등의 그늘에서 벗어나 독자적인 학문으로 독립하게 되었다.

이에 대하여 Saussure(1916)의 마지막 한 문장이 이 점을 특히 강조하여 "언어학은 독자적이며 그 진정한 대상은 그 자체로서 언어이고 그 자체를 위한 것이다(La linguistique a pour unique et véritable objet la langue envisagée en elle-même)."(Saussure, 1949:317)라고 하였다.

5.1.3.3. 이상 소쉬르의 언어학에 대하여 Saussure(1916)을 중심으로 고찰하였다. 특히 역사비교언어학의 후기에 있어서 거론됐던 문제를 소쉬르의 언어학에서 어떻게 발달시켰는가를 중점적으로 살펴보았다.

Saussure(1916)는 역사비교언어학의 전통 위에서 신언어학의 원리를 제시하였다고 평가된다. 이 책을 영어로 번역한 바스킨(Wade Baskin)은 그의 Baskin tr.(1959) 서문에서 "언어는 고유한 독립성을 가진 체계이고 이를 형성하는 제 부분은 상호 의존하지 않고 전체와의 관련해서만이 기능하며 가치를 갖는다."라고 한 것처럼 Saussure(1916)는 언어의 구조와 그의 체계적인 파악을 강조하였다.

Saussure(1916)는 실증주의적인 연구 경향만이 강조되던 시기에, 더욱이 원자론(原子論)적 자료 중심의 연구가 숭상되던 시기에 일반언어학을 주창(主唱)하면서 새로운 언어 연구의 이론을 계발(啓發)한 점을 높이 평가하지 않을 수가 없다. 이런 이유로 소쉬르(F. de Saussure)를 언어학사에서 현대 언어학의 시조로 보는 것이다.

그는 자신의 저서가 기왕의 연구를 '부연(敷衍)한 것(s'etender en surface)'이 아니라 '깊이 침잠(沈潛)한 것(travailler en profondeur)'이라 하여(Saussure, 1949:10) 그의 연구가 단순히 역사비교언어학을 소개하고 이를 알기 쉽게 설명한 것이 아님을 강조한 것이다.

뿐만 아니라 그는 자신이 주장한 언어 원리, 또는 개념 범주가 개개의 구체적 언어 자료에 의해서 더욱 확실하게 실증되어야 하고 확대되어야 하며 또 수정되어야 한다고 보아 후속하는 그를 따르는 언어학자들에 의하여 더욱 발전될 것을 예상하였다.

실제로 그의 연구는 20세기에 결성된 여러 언어 학파에 의해서 수정되고 확대되어 발전하였다. 다음에 논의할 유럽의 여러 학파, 즉 쥬네브학파(école genevoise, Geneva school),

프랑스학파(école française, French school), 프라하학파(Prague school), 그리고 코펜하겐학파(Copenhagen school)와 미국의 아메리카학파(American school), 특히 블룸필드학파(Bloomfieldian school)에서 소쉬르의 언어학은 수정되고 확대되어 발전한다.

다만 Saussure(1916)의 언어학에서 부족한 부분은 그 자신이 서문에서 밝힌 바와 같이 일반언어학의 이론으로 당연히 포함되어야 할 의론 및 파롤(parole)에 관한 연구가 빠진 것이다. 이것은 이 책이 그의 사후에 강의노트를 정리한 것이라는 특수 사정을 생각하지 않을 수 없다. 그 자신으로서는 이 책이 완성된 책이 아니었고 아마도 그가 살아있었다면 당연히 의미론은 추가되었을 것이다.

또 이 책을 편집한 그의 제자들의 취향도 여기에 반영되었을 것이다. 그들이 이해하는 것만 책으로 편집하려는 편집자의 한계도 분명히 있었을 것이다. 이에 대하여는 Godel(1957)의 『소쉬르의 일반언어학강의에 있는 수고본(手稿本)의 출처(Les sources manuscrites da 'Cours de linguistique générale' de F. de Saussure)』에서 비교적 자세하게 설명되었다.

그에 의하면 Saussure(1916)의 <일반언어학 강의>는 소쉬르 자신의 것만이 아니라 그의 제자들의 생각도 들어있음을 알 수 있다. 다만 엥글러(Rudolf Engler)에 의한 본문의 교정이 붙은 Saussure(1967)로 어느 정도 소쉬르의 생각만을 찾아 고찰할 수 있게 되었다고 본다.

2. 서구(西歐)의 여러 학파

5.2.0. 다음으로 Saussure(1916)의 <일반언어학 강의>의 영향을 가장 직접적으로 받은 쥬네브학파(école genevoise)와 프랑스학파(école française), 그리고 런던학파에 대하여 살펴보기로 한다. 이들은 서구(西歐)의 언어학을 주도했으므로 서구학파라고 불러도 좋을 것이다. 실제로 필자는 졸저(2022:228~231)에서는 소쉬르의 언어학을 프랑코-스위스(Franco-Swiss)학파의 연구에서 다룬 것은 이런 이유가 있었다.

그만큼 소쉬르의 언어학은 스위스 학파라고도 부리는 쥬네브학파(Geneva school)와 프랑스학파에 전승되어 알려졌기 때문이다. 모두 불어권이라 Saussure(1916)을 쉽게 접할 수 있었다. 실제로 쥬네브학파는 소쉬르의 제자들에 의하여 주도(主導)된 학파이며 프랑스학파는 그가 파리에 초대되어 강의할 때에 그의 강의를 들은 제자들이 중심이 된 학파였다.

20세기 초에 소쉬르(F. de Saussure)의 언어학은 유럽의 여러 학파에 강렬한 자극과 영향을 주었다. 다만 각 학파의 특질이나 학풍, 역사적 배경에 따라 그의 언어학, 또는 언어 이론이 주목할 여러 가지 상위(相違)가 생겨났다. 각 학파가 중시하는 것과 관심을 끄는 것에 따라 소쉬르의 이론을 선택하였기 때문이다.

Godel ed.(1969:7)의 <언어학의 제네바학파 독본>에 수록된 세베오크(Thomas Sebeok)의 글에서는 이러한 유럽의 언어학파들에 대하여 다음과 같이 말하였다.

> 쥬네브학파, 프라하학파, 코펜하겐학파, 모스크바학파(본서에서는 러시아 언어학, 또는 슬라브학파), 파리학파(본서에서는 프랑스학파) 등 모든 학파는 각각으로 소쉬르의 학설을 거의 50년에 걸쳐서 연구 추진한 체제의 한 거점을 형성하고 있었다. 대서양의 이쪽에 있어서는 <강의(Cours)>가 출판된 이래 8년 후에 블룸필드(Bloomfield)는 그 존재와 가치를 인정하고 [언어의] 근본 원리를 명석하고 더욱 엄정하게 보여준 것이다.

이 언급을 보면 소쉬르의 언어학은 유럽만이 아니라 대서양을 건너 미국에까지 영향을 주었음을 알 수 있다. 이 여러 학파 중에 "소쉬르의 학설에 신체적으로도 그리고 아마 정신적으로도 가장 가까웠던"(Godel ed. 1969:7) 것은 쥬네브학파일 것이다 먼저 이에 대하여 살펴보기로 한다.

1) 쥬네브학파(Geneva school)

5.2.1.0. 쥬네브학파(école genevoise)라고 자칭하게 된 것은 1908년에 그때까지 소쉬르(F. de Saussure)의 연구 업적을 찬양하기 위하여 열린 기념집회에서의 일이다. 5년 후에 소쉬르가 돌아가자 이 학파의 연구 활동은 조사(祖師)인 소쉬르의 언어 이론을 재검토하고 그 이론을 구체화하는 일이었다.

그리고 외부로부터 소쉬르의 이론을 비판하는 논저에 대하여 반론(反論)하거나 옹호하는 일과 다른 유럽의 언어들에게 소쉬르의 이론을 적용하여 살펴보는 일을 열정적으로 전개하였다. 그리고 이 학파의 기관지로 『소쉬르의 연습장(Cahiers Ferdinand de Saussure)』(이하 CFS)을 1941년에 발간하여 오늘날까지 계속되고 있다.

이 기관지를 주도한 연구자는 Saussure(1916)을 편집한 바이(Charles Bailly, 1865~1947)와

세슈에(Albert Séchehaye, 1870~1946)이었으며 두 사람의 뒤를 이은 부르게르(André Burger, 1896~1980?)는 1980년대까지 활약하였다. 또 프라이(Henri Frei)와 고델(Robert Godel)도 참여했으며 러시아에서 망명하여 이 학파에 참여한 칼체프스키(Serge Karcevskij, 1884~1955)에 의해서 러시아에도 소쉬르의 언어학이 소개되었다.

5.2.1.1. Saussure(1916)에서 의미론과 파롤(parole)에 관한 연구가 부족했음은 이미 전술한 바가 있다. 쥬네브학파의 바이(C. Bailly)는 이런 점을 고려하여 파롤에 포함된 내용을 검토하고 그 분석 방법을 찾으려고 하였다.

그는 언어의 지적인 측면보다 정서적인 측면을 중시하고 아무리 이지적(理智的)인 발화라도 본질적으로는 감정적, 개인적인 의도나 색채를 띤 것을 강조하여 서법(mood)을 갖지 않은 문장(sentence)는 없다고 주장하였다. 그리하여 그가 저술한 Bailly(1913)의 <언어와 삶>에서 전개한 언어 이론을 감정적(affectif, affective)이라고 평가한다.

바이(C. Bailly)는 또 랑그(langue)와 파롤(parole)의 관계에 대하여 랑그를 구체화한 것으로 파롤이라고 보아서 파롤을 중시하고 이러한 구체화 과정을 분석하려고 하였다. 예를 프랑스어에서 들면 'sœur (sister)'는 어떤 인간관계를 보여주는 추상적인 의미밖에 없지만 특정한 장면에서 말한다면, 또는 소유대명사를 붙여서 'ma sœur (my sister)', 또는 'ton sœur (your sister)'로 사용되면 비로소 실재의 특정 인물을 가리키게 된다.

바이는 이와 같은 구체화에 초점을 두고 구체화가 되어가는 수순을 상세하게 해명하려고 하여 문체론에 도달하게 되었다. 그의 대표 논저는 Bailly(1932)의 <일반언어학과 프랑스어학>이다. 역시 프랑스어에 소쉬르의 언어 이론을 적용하여 고찰한 것이다.

5.2.1.2. 세슈에(A. Séchehaye)는 여러 언어를 비교하지 않고 모국어인 프랑스어의 연구에 침잠(沈潛)하여 언어, 특히 문법의 일반성을 살필 수가 있다고 하면서 이론 언어학과 심리 언어학의 연구에 몰두 하였다. 그 결과가 Séchehaye(1908)의 『*Programme et méthodes de la linguistique théorique, Psychologie du langage*(이론 언어학, 언어 심리학의 프로그램과 방법)』이다.

부르게르(André Burger)는 소쉬르의 이론을 로망스 제어, 특히 프랑스어에 적용하려고 노력하였다. 프라이(Henri Frei)는 중국과 일본에 체재한 일이 있었는데 쥬네브학파의 기관지인 *CFS*의 편집 책임자로 활약하였다. 그는 특히 소쉬르의 이론을 활용하여 현대 언어학의 제 이론을 통일하려고 노력하여 스승의 이론을 가장 충실하게 계승한 정통파로 알려졌다.

고델(Robert Godel)은 스승의 <일반언어학강의>가 어떻게 강의노트를 편집하였는지를 그의 Godel(1957)에서 밝혀주었고 Godel ed.(1989)에서 그가 조사한 새로운 자료를 통하여 Saussure(1916)의 정확한 본문을 교정하여 주었다. 칼체프스키(Sergei Karcevskij)는 러시아로부터 프랑스에 망명하여 제네바대학에서 소쉬르를 비롯하여 바이(C. Bailly), 세슈에(A. Séchehaye)에게 배웠다.

칼체프스키(S. Karcevskij)는 트루베츠코이(N. S. Trubetzkoy)가 독일의 비교언어학 연구 방법을 러시아에 전파시킨 것처럼 소쉬르(F. de Saussure) 언어학을 러시아에 소개하고 러시아어에 그 이론을 적용하려고 시도하였다. Karcevskij(1927)의 <러시아어 동사의 체계, 공시적 언어 연구>는 소쉬르의 언어 연구 방법을 러시아어 연구에 적용한 예로 볼 수 있다.

5.2.1.3. 쥬네브학파의 언어 연구가 가진 특색은 스승인 소쉬르(F. de Saussure)의 언어 이론을 충실하게 계승하고 발전시켰으며 특히 그러한 연구의 성과로 바이(C. Bailly)의 문체론 연구를 들 수 있다. 그의 이러한 연구가 Saussure(1916)의 연구에서 부족했던 파롤에 대한 연구를 보충하였고 언어의 창조면이라는 새로운 연구 영역을 개척한 것이다.

더욱이 고델(r. Godel)을 중심으로 이루어진 Saussure(1916)의 본문 교정은 스승의 업적을 재검토하고 새로운 자료를 제공하여 추상적이고 심원(深遠)하기만 했던 소쉬르의 이론을 해명(解明)하고 언어학에서 그 위치를 잡게 해준 공헌이 컸다고 보아야 한다. 이러한 연구는 이후에도 더 많은 성과를 기대해 볼 만하다.

학풍(學風)으로 보든지 또 언어로 보든지 그리고 지리적으로 보든지 가장 친밀한 프랑스 학파로부터 소쉬르 언어학에 대하여 관심과 비판이 강했던 것은 당연한 일이다. 그는 역시 프랑스 학계에서 활동하고 프랑스 대학에서 강의도 담당했던 그의 경력으로 보아 프랑스 학파로부터 관심과 비판을 동시에 받았다.

프랑스학파의 소쉬르에 대한 비판에 대한 반론을 준비하고 소쉬르 이론의 정당성을 주장하려는 노력이 쥬네브학파의 연구를 활발하게 원동력이 되었다. 그러한 노력으로 쥬네브학파의 학문은 한층 더 깊어지고 활성화한 것이다.

다만 스승인 소쉬르(F. de Saussure)의 연구를 지나치게 권위화(權威化)하여 다른 연구를 도외시한다든지 스승을 경모(敬慕)하는 마음으로 학문을 거기에 고착화하려고 한다든지 하는 병폐(病廢)가 쥬네브학파에 있음을 부인할 수 없다.

2) 프랑스학파(French school)

5.2.2.0. 소쉬르는 앞의 4.2.4.3.에서 전술한 바와 같이 브레알(M. Bréal)의 초청에 따라 소쉬르(F. de Saussure)는 프랑스 파리에서 비교언어학을 강의하였다. 당시 제자였던 메이에 (Antoine Meillet, 1866~1936), 그리고 그라몽(Maurice Grammont, 1866~1946)이 프랑스학파 (école française, French school)를 주도하였다.

이 학파의 성격에 대하여는 방드리예(Joseph Vendryes, 1875~1960)는 다음과 같이 정리하였다.

> 독자적인 특권을 점유한다고 말할 수 있는 프랑스 언어학파라는 것은 존재하지 않지만 메이에(Meillet)와 그 제자들 사이에는 개발된 논리의 여러 법칙을 언어학에 응용하기 위하여 상호 이해와 우정 어린 협조의 관념이 존재했었던 것은 분명하다. Cohen(1955).[3]

이러한 언급은 프랑스학파의 특질을 분명하게 보여준다. 이 학파는 특정한 언어 이론 아래에 결성된 모임이 아니며 통일된 단체라고 보기도 어렵다. 몇몇 연구 방향을 공유하고 자유롭게, 그리고 우호적으로 모인 연구 서클(circle)이라고 할 수 있다. 따라서 앞에서 언급한 쥬네브학파와 합쳐서 프랑코-스위스학파(Franco-Swiss school)라고도 부른다.

5.2.2.1. 프랑스에서 음성 연구는 루슬로(P. J. Rousselot)에서 시작했다고 말하지만 그라몽(M. Grammont)의 <인구어와 로망스어에서 자음의 이화(異化) 현상>이라는 Grammont (1895)의 연구를 언급하지 않을 수 없다. 그는 이 책에서 동화나 이와 현상을 묻지 않고 음 변화의 현상을 심리 생리학적 요인으로 해명하려고 하였다.

이러한 심리 생리학적 분석 방법은 그라몽(M. Grammont)만이 아니라 프랑스 음성연구의 특색 중의 하나라고 말할 수 있다. 심리학적 연구 방법으로 일반 언어이론을 구성한 것은

---

3   Cohen(1955)의 서문에 쓰인 Vendryes의 添言.

Vendryes(1921)의 <언어, 역사로의 언어학 입문>이다. 방드리예(J. Vendryes)는 앞의 3.2.3. 1.에서 언급한 루소(Rousseau)와 같이 인간 언어의 기원은 동물적인 '부르짖음'임으로 언어에는 이러한 인간의 감정과 더불어 합리성(合理性)이 공존한다고 보았다.

특히 방드리예(J. Vendryes)는 언어에 있어서 인간의 감정(感情), 그리고 개인성(個人性)을 강조하여 "개인의 수효와 동수(同數)의 언어가 존재한다."라고 하였다. 이러한 측면에서 그는 쥬네브학파의 바이(C. Bailly)와 생각하는 방법이 유사하다. 심리학적 언어 연구와 더불어 두 번째 프랑스학파의 특색으로 인간의 감정과 개인 언어를 중심으로 하는 언어 연구를 든다.

세 번째 프랑스학파의 특색으로는 언어의 사회학적인 접근이다. 이러한 경향은 앞의 4.3.2.2.에서 언급한 질리에롱(J. Gilliéron)의 언어지리학과 5.1.2.1.에서 논의한 프랑스의 사회학자 두르켐(Émile Durkheim)에 의해서 키워진 것이다. 프랑스학파의 대표자인 메이에(A. Meillet)는 그의 Meillet(1921~1936)의 <역사 언어학과 일반언어학>에서 언어의 사회학적 연구에 강한 관심을 가졌다.

소쉬르의 랑그(langue)에 포함된 언어의 사회성이란 새로운 개념이 Meillet(1921~1936)에서 다시 점화된 것이다. 메이에(A. Meillet)는 언어의 실태를 언어가 사용되는 문화적, 경제적, 직업적 계층에서 찾아내어 이것을 문체라고 본 것이다. 이것은 바이(C. Bailly)가 파롤에서 언어의 실현을 개인적인 문체라고 본 것과 좋은 대조를 이룬다. 아마도 메이에(A. Meillet)의 문체는 각 계층에서 일어나는 집단 문체라고 할 수 있을 것이다.

이 집단문체론은 마르크시즘(Marxism)을 응용해서 더욱 강화시킨 것이 이른바 '언어의 사회학(sociology of language)'이다. Cohen(1956)의 <언어의 사회학을 위하여>에서 집단 문체론과 언어의 사회학에 대하여 자세하게 논의하였다. 프랑스의 문체론 연구는 이것 이외에도 귀로(Pierre Guiraud)의 Guiraud(1954) <문체론(La stylistique)>이 있다.

5.2.2.2. 앞에서 언급한 연구자 이외로 프랑스학파에 속하는 마르티네(André Martinet, 1908~1999)와 뱅베니스트(Emile Benvenist, 1900~1975)를 들 수가 있다. 그 가운데 뱅베니스트(Benvenist)는 그의 논문 Benvenist(1939)에서 쥬네브학파의 바이(C. Bailly), 프라이(H. Frei), 세슈에(A. Séchehaye) 등과 논쟁을 가졌었다.

프랑스학파의 연구에서 공통으로 나타나는 현상은 사회학적 연구 태도와 동시에 심리학적인 연구 태도라고 할 수 있다. 그들은 사화학적인 연구 방법을 취하는 한편 심리학적인 연구 방법을 택한다. 예를 들면 전술한 Vendryes(1921)의 <언어, 역사로의 언어학 입문>이 그 대표적인 연구라고 할 수 있다.

Vendryes(1921)는 소쉬르(F. de Saussure)나 폴(H. Paul)이 공통으로 가졌던 역사비교언어학의 전통적인 언어관과 다르다. 전술한 바와 같이 역사비교언어학의 연구과제는 언어의 변화를 구명(究明)하려는 것이고 언어 변화의 원인은 외적인 것, 즉 사회적 요인에 있는 것이지만 그 과정은 내적인 것, 즉 개인의 심리적인 것으로 보았다.

따라서 프랑스학파는 언어의 사회적 특성과 심리적 속성을 함께 고찰하려는 경향을 갖게 된 것이다. 비교언어학자로서 메이에(A. Meillet)는 외적 요인에 의한 언어 변화의 연구라는 전통을 이어받았지만 내적 요인인 심리적 현상에 대하여 비교적 보수적인 경향을 띠게 된다.

5.2.2.3. 프랑스학파의 특색은 두 가지 상반되는 연구 경향, 즉 그 진보적인 경향과 보수적인 경향의 혼합과 그 조화 가운데 있다고 본다. 보수적인 폴(H. Paul)의 역사비교언어학적 전통을 받들고 진보적인 소쉬르(F. de Saussure)는 심리학적인 사회언어학을 조화롭게 계승하여 발전시키려는 것이 프랑스학파의 언어 연구 태도였다.

그라몽(M. Grammont)은 다음에 논의할 프라하학파의 새로운 음성이론으로 연구한 음운론에 관심을 보였으나 그것을 자신의 음성연구에 응용하지는 않았고 메이에(A. Meillet)도 같은 태도를 보였다. 프랑스학파의 연구 경향은 언어 변화에 대한 비교언어학의 실증적 연구를 주요 과제로 삼고 언어 구조나 공시적 연구의 새로운 개념을 충분히 이해했다고 보기 어렵다.

서구(西歐)에 속하는 프랑스학파와 쥬네브학파의 지리적으로, 또는 학풍에서의 친근성에 비한다면 다음에 논의할 동구(東歐)의 프라하학파와 코펜하겐학파는 유럽의 중심지에서 멀리 떨어져 있어서 소쉬르로부터 생겨난 이질적인 언어 연구나 비록 공통적인 연구 경향이 적은 것은 당연한 일로 보인다.

3) 런던학파(London school)

5.2.3.0. 영국에서는 대영제국(大英帝國)의 해외 진출로 인하여 아시아와 아프리카의 여

러 언어들이 영국에 전달되어 언어 연구의 전통에 커다란 자극을 주었다. 영국은 종래 경험주의 언어 연구로 유럽 대륙의 합리주의와 대치했던 것은 앞에서 논의한 바 있다.

17~8세기에 영국의 경험주의에 의하면 인간의 지식이라는 것은 외계(外界)의 것을 감성(感性)에 의하며 파악하는 것이고 인간의 정신 활동이라는 것도 감성, 또는 경험에 기본을 둔 하나의 정리, 통합 작용에 지나지 않는다는 것이다. 특히 흄(D. Hume)과 같은 극단적인 경험주의자에게는 모든 인간의 지식이 비록 그것이 논리에 의한 것이거나 선험적인 것이라도 경험에 의해서 그 진실이 증명된다고 보았음을 전술한바 있다.

이러한 영국의 언어 연구의 특색은 이론보다는 이론의 응용이나 실용에 있다고 본다. 그리하여 음성학과 방언학, 그리고 사전 편찬의 작업이 발달하였다. 음성학은 16세기 이래 John Hart, Thomas Smith, William Bullokar, Edmund Coote 등에 의해서 음성표기, 철자법의 개량, 속기술, 어학교육 등의 기술적인 문제를 발전시켰다.

또 런던언어학회(London Philological Society)가 주도하여 1879년에 시작해서 1928년에 완성시켜 간행한 『옥스퍼드 영어 사전(Oxford English Dictionary, 또는 National English Dictionary)』를 비롯하여 영국 방언 연구의 결산이라고 할 수 있는 라이트(Joseph Wright)의 『영어 방언사전(English Dialect Dictionary)』도 1905년에 완성되어 간행되었다. 이러한 영국의 언어 연구 전통은 경험주의에 입각한 실용주의적 언어학의 소산이라고 할 수 있다.

5.2.3.1. 한편 앞의 4.1.0.0.에서 언급한 바와 같이 1780년대에 동인도회사의 법률 고문으로 인도에 갔던 존스(Sir William Jones)가 고대인도의 산스크리트어를 소개하고 이로부터 유럽에서 역사비교언어학이 시작되었음을 언급하였다. 존스(W. Jones)는 산스크리트어, 페르시아어, 아라비아어 등과 같이 로마자 이외의 문자로 적힌 언어들의 역사를 살펴보았다.

그리하여 Jones(1807:264)에서 오랜 전통을 가진 산스크리트어, 페르시아어, 아라비아어의 표기로부터 로마 표기의 결점을 지적하고 데바나가리(Devanagari script)의 음절 문자로 적힌 힌디어(Hindi)의 표기가 알파벳보다 훨씬 음운과 문자가 일치한다고 칭찬하였다. 당시에 많은 연구자들이 문자와 음운을 혼동하고 있었는데 그는 이를 분명하게 구별하였다.

이러한 존스(W. Jones) 경의 뜻을 이어받아 알파벳을 좀 더 정밀하게 개량하려던 피트만 경(Sir Isaac Pitman)과 엘리스(A. J. Ellis)의 노력이 있었고 결과적으로 영국과 유럽 대륙의 학문적 협력을 가져오게 한 레프지우스(C. R. Lepsius)의 『표준자모(Standard alphabet)』(Lepsius, 1855)를 간행하기에 이른다.

이것은 조음(調音)의 분류에 따라 가능한 모음과 자음의 타이프를 설정하고 이를 기호로서 하나씩 구별해서 많은 언어의 발음으로 예시한 것이다. 이것에 이어서 1889년에 국제음성학협회의 전신인 음성학협회에서 개정 국제음성자모(IPA, International Phonetic Alphabet)를 발표하였고 이 자모는 여러 번 그 배치와 기호, 술어를 고쳐오면서 판(版)을 거듭하였다.

특히 스위트(H. Sweet)가 Sweet(1877)의 <음성학 편람>에서 이를 정정하고 다시 개량하여 Sweet(1890)의 <음성학 입문>에서 거의 오늘날의 IPA 기호에 가까운 것을 완성하였다.

5.2.3.2. 스위트(Henry Sweet, 1845~1912)는 19세기 후반까지의 영국 음성학을 주도한 연구자의 하나였다. 그의 언어 연구는 공시적이며 기술적이었다. 아마도 이것은 그의 극단적이라고 할 수 있는 애국심에 의해서 독일 중심의 역사언어학에 대한 반감으로 공시적인 연구에 기우러진 것으로 보인다(Robins, 1997:227).

그는 인간성의 결함 때문에 대학의 교수직을 얻지 못했으나 그가 영국 음성학에 끼친 영향은 매우 컸다. 19세기에는 생리학과 음향학의 발달로 음성학도 상당한 발전을 이루었다. 음성 실험에 의한 연구는 오늘날에는 일반적인 경향이지만 당시에는 대단히 진보적이었으며 이런 영국의 연구 경향은 미극으로 이민한 벨(Bell) 가(家)가 전화를 발명하기에 이른다.

벨가(家)는 조부인 Alexander Bell(1790~1865)을 필두로 아버지 Alexander Melville Bell(1819~1905), 그리고 아들인 Alexander Graham Bell(1847~1922)의 3대에 걸친 노력으로 전화(電話)가 발명되었다. 2대의 벨(Melville Bell)은 시화법(視話法, visible speech)을 창안하여 각각의 조음(調音) 프로세스를 독특한 기호로 나타내는 방법을 개발하였다. 그리고 부자(父子)의 이러한 연구는 Bell(1867)로 간행되었고 Sweet(1890)의 <음성학 입문>에도 수록되었다.

스위트(H. Sweet)의 시대까지는 음성학의 주요한 관심사는 보조적 알파벳의 기호를 고안하는 것을 포함한 철자의 개량과 보편적인 음성 기호의 체계를 세우는 것이었다. 그러나 19세기를 지나면서 아무리 음성학적으로 정밀한 정서법을 마련하더라도 보이는 다수의 음성적 차이를 모두 기록할 수는 없으며 아무리 정밀한 표기라도 '일자일음(一字一音)'의 경지에 이르지 못한다는 사실을 깨닫게 되었다.[4]

---

4 Sweet의 초기 저작, 예를 들면 Sweet(1877)의 <음성학 편람>에서 이런 딜레마(dilemma)를 해결하려고

스위트(H. Sweet)는 음소(phoneme)이란 술어를 사용하지는 않았지만 그 개념은 분명히 그의 음성 연구에서 기본적이었던 것으로 보인다. 음(音) 내지는 단음(單音)을 음소라는 개념의 술어로 구별한 것은 다음에 논의할 러시아 언어학의 보드앵(Baudouin de Courtenay)이었다. 러시아로 'fonema'라고 하는 전문 용어를 사용하여 음소(音素)를 지칭한 것은 Baudouin(1889)의 <언어학 서설>이다.

즉, Jakobson(1966a)의 "헨리 스위트의 음소론에 이르는 길"이란 논문에서 독일어로 번역된 Baudouin(1895)의 <음운 교체에 관한 시론>을 소개하면서 그가 러시아어로 'фонема(fonema)'라고 한 것이 영어에서는 'phoneme'임을 지적하였다. 또 Stankiewicz(1976)의 <보드앵 드 쿠르트네와 구조 언어학의 창립>에서 이 사실을 확인하였다.

그러나 보드앵은 러시아에서 활약한 폴란드인이었기 때문에 러시아에서는 이를 무시하였고 야콥슨(R. Jakobson)도 미국에 귀화한 러시아 출신이기 때문에 구미(歐美)의 언어학 사회에서는 이 사실을 인정하기 어려워한다.[5]

5.2.3.3. 이런 배경에서 영국의 새로운 언어 연구가 훠드(John Rupert Firth, 1890~1960)에 의해서 시도되었다. 그는 제1차 세계대전 당시에 아시아, 아프리카의 여러 곳에서 군인으로 복무하면서 이곳의 언어들과 접하게 되었다. 특히 그는 1920년에 파키스탄의 라호르(Lahore) 대학에서 영어 교관을 지낼 때에 고대인도의 언어학을 만나게 되어 이에 대한 연구를 시작하였다.

1944년에 훠드(J. R. Firth)는 런던대학에 '동양-아프리카 연구 학부(SOAS, School of Oriental and African Studies)'를 설치하면서 처음으로 개설된 '일반언어학의 주임교수(chair of general linguistics)'로 취임하였다. 이것은 경험주의를 바탕으로 하는 보수적인 영국의 언어학계에서 파격적인 일이었다.

당시 영국에서는 옥스퍼드(Oxford)와 케임브리지(Cambridge) 대학에서 아직 희랍어와 라틴어 등의 고전어와 더불어 인구어족의 비교연구가 언어학 강좌의 핵심으로 있었다. 그런 영국의 심장부인 런던에서 훠드(J. R. Firth)는 이러한 옛 언어학(philology)에 대하여 새로운

노력하였다. 그리하여 언어의 정밀표기(narrow romic)에 대하여 로마자의 간략표기(broad romic)를 제안하기도 하였다.

5   Robins(1997:256)에서는 주20으로 Koerner(1976)의 *Phonetica* 33호의 논문을 들어 프랑스의 A. Dufriche-Desguettes가 최초로 'phonème'이란 용어를 쓴 것으로 보았다.

언어학(linguistics)을 개발하려고 하였다. 특히 음성학과 의미 연구에서 새로운 연구를 시도한 런던대학의 연구자들을 런던학파(London School of Linguistics)라고 부른다.

5.2.3.4. 훠드(J. R. Firth)의 의미론을 형성하는데 큰 영향을 준 것은 폴란드 출신의 인류학자 말리노브스키(Bronislaw Malinowski)의 언어관이다. 말리노브스키는 뉴기니의 트로브리안 섬(Trobriand islands)에 사는 원주민의 생활, 문화, 종교를 조사하고 유럽의 여러 언어와 근본적으로 다르고 표현 방식이 매우 부족한 미개의 언어인 그들의 언어를 영어로 번역하면서 언어 연구에서 의미론의 중요성을 강조하였다.

Malinowski(1936)의 "원초 언어의 의미 문제(The problem of meaning in the primitive language)"에서 그가 말레이시아(Malaysia)어의 방언인 트로브리안 제도의 원주민 언어를 유럽 언어의 시제(時制)에 의하여 이해했던 것이 실제로는 다른 의미였음을 들어서 각 언어에는 그 언어에 해당하는 시제가 별도로 있다고 주장하였다.[6]

즉, 말리노브스키(B. Malinowski)의 실패는 유럽어의 문법으로 말레시아어의 한 방언을 이해하였기 때문이다. 미개어의 분석과 기술(記述)에는 유럽의 고전어를 분석한 문법 체계가 아니고 그 언어에 고유한 문법을 찾아서 그에 의한 이해가 필요하다는 주장을 강조한 것이다. 즉, 유럽의 언어와 근본적으로 다른 언어의 문법은 단순히 형식적인 문법이 아니라 그 민족의 생활, 의식, 관습, 종교, 심리 등의 대화의 문화적 배경을 알아야 한다고 본 것이다.

이로부터 말리노브스키는 '장면의 맥락(context of situation)'이란 새로운 개념을 생각해 내었다. 이 신 개념의 뜻은 종래의 '맥락'의 개념을 확대한 것으로 언어가 말해졌을 때에는 '장면'은 이 '발화'와 아무런 관계가 없어서(irrelevant) 언어의 표현에서 장면은 빠트리게 된다(Ogden·Richards, 1923:306).

그럼으로 언어의 이해를 위한 의미에서는 장면도 함께 고찰되어야 한다는 주장이다. 이와 같은 말리노브스키의 새로운 의미론을 지원해주는 당시의 여러 견해들은 다음 세 가지로 요약할 수 있다. 첫째는 문어(文語)는 자제력(self-contained)이 있어서 그 문맥에만 의존하는 것에 대하여 구어(口語)는 문맥과 장면에 의존하는 경우가 많다. 특히 미개한 언어에서는 장면에 의존하는 경우가 매우 많다.

---

6   Malinowski(1936)의 논문은 Ogden-Richards(1923:303~4)에 부록으로 수록되었다.

둘째는 언어 연구는 문헌학적 연구에서 벗어나서 구어(口語)로서의 현대어를 대상으로 하는 새로운 의미론으로 이행하는 경향이 갖고 있다. 종래 문어를 중심으로 하는 의미론에서 구어를 연구 대상으로 하는 의미론으로의 전환을 바라는 것이다.

셋째로는 '장면의 맥락'을 강조하는 말리노브스키를 비롯하여 1920년대에서 30년대에 걸쳐서 영국의 의미론 연구자들은 언어의 전달 기능을 중시했는데 이런 면에서 전술한 프라하학파의 문체론 연구, 특히 앞의 5.3.2.4.에서 언급한 뷜러(K. Bühler)의 언어 기관론 (organon)에 가깝다.

5.2.3.5. 휘드(J. R. Firth)는 언어의 외부 세계, 즉 비언어적인 현실 세계와 관련을 언어의 의미 속에 넣기 위하여 '장면의 맥락'이란 새로운 개념으로 보는 분석법을 개발하였다. 그는 여기에서 더 나아가서 언어의 내부, 즉 음성과 문법의 언어 형식을 분석하고 기술하는 일에서도 똑 같이 맥락으로 보는 고찰을 더해야 한다고 주장하였다.

즉, "의미가 맥락 속에서의 기능(Meaning is function in context)"이란 등식을 확대해서 음운과 문법에도 적용하려는 것이다. 휘드는 이런 원리를 언어 분석의 각 영역, 각 레벨에서 일관되게 적용해서 각 레벨 내의 언어 요소들이 그 맥락 속에서 어떻게 작용하는지를 명확하게 하려고 하였다.

예를 음성 레벨에서 들면 영어 'board [bɔːd]'의 [d]는 영어의 맥락에 의하면 어미(coda)의 위치를 차지하여 'ball [bɔːl]'의 [l]과 'bought [bɔːt]'의 [t], 'born [bɔːn]'의 [n] 등과 교체되어 다른 의미를 나타내는 낱말을 구성하며 영언의 음운 체계의 한 단위가 된다. 즉, 음성 레벨의 맥락 속에 각 음성이 작용한다고 본 것이다.

어휘 레벨에서 예를 들면 영어의 'cow(암소)'는 'milk(우유)'와 공기(共起, collocate)하여 연결한 문장, 즉 "They are milking the cows, Cows give milk"가 가능하다. 그러나 'tigresses(암호랑이)'이나 'lionesses(암사자)'는 'milk(우유)'와 공기(collocate)할 가능성이 매우 적다. 어휘에서 맥락이란 외부 요인에 따라 공기(共起)의 가능성이 정해진다.

문법 레벨에서도 맥락에 의해서 음의 연속이나 낱말의 연속이 제한된다. 예를 들면 "I saw John there"은 어류(class)와 범주(category)에 의해서 서로 맥락을 갖는다. 즉, 'I'는 주어이고 대명사, 'saw'는 서술어이고 타동사, 'John'은 고유명사이고 목적어, 'there'는 부사이고 부사어이다. 주어로서는 명사, 대명사, 서술어로서는 동사, 목적어로서는 명사, 부사어로서는 부사가 올 수 있어 서로 맥락을 갖는다.

이처럼 음성, 어휘, 문법의 각 레벨에서 내적인 형식적 의미(formal meaning)의 분석에 대해서 언어 항목과 외적인 비 언어세계와의 관계를 분명하게 하는 것이 의미의 레벨에서 장면 의미(situational meaning)의 연구라고 보는 것이 일반적으로 알려진 의미론이다. 장면 의미라는 것은 어휘, 문법만이 아니라 음성과 철자에서도 존재한다고 말할 수 있다.

훠드(J. R. Firth) 식의 언어 연구에 따르면 언어 의미의 분석이나 기술로서 각 언어 레벨에서의 기능을 분명히 했지만 각 레벨에 있어서의 기능인 '맥락과의 관련에서 복합체(complex of contextual relations)'가 훠드가 말한 언어 의미의 연구라고 할 수 있다. 그 자신은 언어 연구의 틀을 어떻게 보는가는 다음의 인용문에서 어느 정도 이해할 수 있을 것이다.

> 언어학의 견지에서 의미를 기술하기 위해서는 우리들은 먼저 언어의 사상(事象)을 전체로서 보며 또 반복적으로 상호 관련된 것을 보면서 이에 따라서 경험에 있어서 하나의 완전한 것(integral)으로 받아들인다. [중략] 이 의미에 있어서 '의미'라는 것은 서로 조화를 이룬 일련의 레벨에서 처리되지만 때로는 장면의 맥락에서 시작하여 항목 연결(collocation), 즉 통사론을 통해서 음운론, 음성학, 그리고 더욱 실험음성학에까지 이르는 하향 방향을 취한다. 그러나 때로는 반대로 상승방향을 취하는 것도 있다. Firth(1957b:8).

이 인용문에서 주목할 것은 언어의 '레벨(level)'이 미국 구조언어학과 같이 분포 조작(操作)에 의한 '상향'의 관계가 아니라 코펜하겐학파의 주장과 같이 내용과 표현이 의존관계로 보면 동등하다는 것이다. 즉, 밑에서 위로도 가능하고 반대로 위에서 밑으로도 가능한 것으로 본 것이다.

5.2.3.6. 훠드(J. R. Firth)의 음성 연구도 의미론과 같이 매우 독창적인 특색을 가졌다. 즉, 그의 음성 연구는 영국 음성학의 전통을 갖고 발달한 것이다. 1930년대에 대두한 존스(Daniel Jones)의 음운론(phonology)은 미국의 구조주의 언어학의 음소론(phonemics)과 공통되는 것이 많다.

다음에 논의할 미국 언어학의 신 블룸필드(Neo-Bloomfieldian)학파에서는 음소(phoneme)를 물리적 실제로 설정하고 상보적 분포(complementary distribution)를 보이는 일련의 음운들을 하나의 음소로 묶어서 설정하였다. 같은 생각을 영국의 음성학에서도 받아들여 Daniel Jones(1950)의 <음소, 그 특성과 사용>에서 그러한 방법을 그대로 이용하였다.[7] 뿐만 아니라 이 시대에 음성의 음향학적인 연구가 크게 발달하여 종래의 음성학에서 다루지 못했던 음의 길이, 강세, 음조, 휴지 등도 연구 대상이 되매 따라 이를 음소로 받아 드릴지의 여부가 논쟁의 초점이 되었다. D. Jones(1950)에서는 자음과 모음만을 음소로 인정하였으나 미국의 구조음운론에서는 자음과 모음을 분절 음소(segmental phoneme)라고 하고 다른 요소들을 초 분절음소(supra-segmental phoneme)으로 음소와 같은 반열에 두었다.

훠드(J. R. Firth)는 1930년대 후반에 미국 음성학의 Twaddell(1935) "음소의 정의에 대하여"에서 크게 영향을 받아 물리적 실재로 인정한 음소를 '허구로서(as a fiction)'로 고쳐보게 되었다. 그리하여 미국의 음소론과 프라하학파의 음운론과의 차이에 주목하게 된다.[8]

훠드는 중화(中和, neutralization)에서 볼 수 있는 각개 음소의 음성 환경을 중시하는 연구를 개발하려고 하였다. 이러한 태도는 음소보다는 의미를 분화시키는 변별적 자질을 우선적으로 연구하는 프라하학파의 음운 분석법에 가까운 것이라고 볼 수 있다. 음소와 변이음의 분포 원리에 근거한 미국의 구조음소론은 획일주의에 의해서 개개의 음운이 어떤 음성의 환경에 의해서 변별적 자질이 변하는 사실을 도외시하게 된다.

훠드는 이러한 잘못에서 벗어나기 위하여 의미론에서 장면의 맥락(context of situation)을 이해의 요인으로 인정한 것처럼 음성적 환경에 의한 음운의 변화를 고찰하였다. 실제로 동양의 여러 언어, 특히 한국어와 같이 음절 말(coda)의 위치에서 일부 음운이 일괄적으로 중화되는 현상을 설명하는 방법으로 음성적 환경에 대한 논의가 필요함을 알 수 있다.[9]

5.2.3.7. 또한 훠드(J. R. Firth)는 의미론에서 중점을 두었던 장면의 맥락의 분석과 같이 음성학에서도 음성적 환경을 중시하는 방법을 응용하여 운율 분석(prosodic analysis)을 확립하기에 이른다. 그리하여 음운적 단위(phonematic unit)와 운율적 단위(prosodic unit)로 나누어 보는 운율 분석을 시도하였다.

즉, Firth(1948)의 "음성과 운율"에서는 음운적 단위로 모음과 자음, 그리고 그 특성까지

---

7 Jones(1950)에서 "음소는 음성적 유사성(phonetic similarity)에 의해서 서로 관계를 맺고 있는 음의 가족(묶음)"이라고 정의하고 한 음소에 속하는 소리들은 서로 배타적으로 나타나는 complementary distribution(상보적 분포)에 있다고 하였다. 이러한 음소의 정의를 동류적 관점(the generic view)이라고 한다.

8 Twaddell(1935)에서는 "음소란 言衆이 인식하는 하나의 虛構的 단위로 상정한 것"으로 보고 음소가 가진 음성학적 현실조차 무시하였다. 이러한 음소의 정의를 허구적 관점(the fictionalistic view)이라고 하고 이런 생각의 음소론자를 형식론자(formalist)로 본다.

9 한국어에서 음절 말의 위치에서 일부 음운이 중화되는 현상은 앞의 5.3.4.1.에서 든 한국어의 예를 참고할 것.

포함한 것이 분절(segment)로서 음의 연속 상에서 배열되어 실현된다고 보았다. 반면에 운율은 음의 연속 상에서 둘 이상의 분절에 걸치는 음의 특성을 추출한 것을 가리킨다고 하였다. 예를 영어에서 들면 음조(pitch)가 그 하나이며 구(句, phrase)나 문장(sentence)의 영역에서 작용하는 운율을 말한다.

미국의 음소론(phonemics)과 프로소디의 분석이 얼핏 보면 유사성이 있지만 양자의 성립 기반에는 커다란 차이가 있어서 개개의 음성 단위로 취급할 때에 그 차이가 나타난다. 프로소디의 분석(prosodic analysis)에서는 길이를 강세, 휴지 등과 함께 음절의 프로소디로 분석하지만 미국 음소론에서는 길이를 음소에 덮어 쓰기보다는 모음 음소에 집어넣는다.

또 하나 프로소디의 예를 들면 러시아어에서는 5개의 모음과 32개의 자음이 음소로서 존재한다. 그러나 자음 가운데 12개는 원래 자음에서 구개음화(palatalization)된 것이므로 프로소디로서는 12개를 뺀 20개의 자음의 음소 단위들 설정하면 족하게 되어 표기법의 간소화를 기할 수 있다. 물론 여기에 구개음화라는 프로소디가 하나 추가된다.

로빈스(R. H. Robins)는 미국 음소론과 대비하여 훠드(J. R. Firth)의 프로소디 분석을 "훠드는 다음과 같은 견해를 굳게 신봉하고 있다. 즉 분석적 개념의 방법은 언어학자의 기술 체계 속에만 존재하는 것이고 [미국 구조언어학자들의 생각과 같이] 언어 자체에 존재하는 것이 아니기 때문에 여러 가지 목적에 부응해서 다양한 개념 체계, 또는 방법이 공존한다는 것은 훠드에게 아무런 문제가 없었다."(Robins, 1997:251)라고 하였다.

프로소디의 분석은 런던학파에서 제안한 음성 영역의 있어서 하나의 대안(代案)으로 보인다. 허드(J. R. Firth)의 프로소디 분석을 현실 언어에 적용시켜 얻어낸 여러 성과를 생성음운론과 관련하여 논술한 것이 Langendoen(1968)의 <언어학의 런던학파 : 말리노브스키와 훠드의 언어학 이론에 대한 연구>라고 할 수 있다.

앞의 5.2.3.2.에서 논의한 영국에서 스위트(H. Sweet)의 음성학은 다니엘 존스(Daniel Jones)에 의하여 계승, 발전된다. 그의 D. Jones(1918)의 <영어 음성학 개요>에서는 소쉬르(Saussure)의 구조주의 언어 이론이 존스(D. Jones)에게 전달되어 스위트의 간략(broad) 표기와 정밀(narrow) 표기를 논의하였다.

5.2.3.8. 이러한 논의에서 음운이 언어의 단위 내지는 음의 부류(class)로서의 위치를 정하는 것이 논의되었다. 또 음소(phoneme)가 심리적인 존재인가 아니면 생리적인 실체인가. 또는 초경험적인 존재인가, 아니면 기술의 편의를 위하여 고안한 형식적인 존재인가

등의 문제가 논의되었다.

일찍이 Baudouin(1889)에서는 "언어의의 분석에서 최종 요소로 모든 언중이 동일한 것으로 생각하는 불변의 요소"로 보았고 이를 다음의 5.6.1.0.에서 논의한 바와 같이 'Фонема(phonema)'라고 하였다. 이에 따라 "음소는 언어음의 심리적 대당자(l'equivalent psychque du son du langue)다"로 보게 된다.

즉, 모든 음운이 마음의 세계에 반영되는 것이 아니며 일시적이고 환경적인 변이를 가지지 않는 언어음의 심적 대상(mental image)을 음소라고 정의한 것이다. 이것은 비크(W. van Wijk)의 "음소는 언어 의식이 불가분리(分離)한 것으로 감지(感知)하는 최소의 단위(les plus petite unités que la conscience linguitique sent comme indivisibles)"라는 정의와 일맥상통한다.

또 Sapir(1925)에서 "음소는 심리적으로 존재하는 것"과도 통하는데 사피어(1925)의 "언어의 음성 패턴"이란 논문에서 'time'의 [t]와 'sting'의 [t]는 음성적으로 서로 다르지만 미국인은 이를 동일한 것으로 의식(conscience)한다고 하였다. 실제로 아메린디안의 하이다어(Haida)에서는 이 두 음을 다른 음운으로 인식함을 예로 들었다. 이러한 음소의 정의를 심리적 관점(psychological view)라고 한다.

이에 대하여는 Sweet(1877)의 <음성학 편람>(p.105)과 Jones(1950)의 <음소, 그 속성과 사용>의 29장, 그리고 Twaddell(1935)의 "음소의 정의에 대하여"이란 논문에서 자세하게 논의되었다. 그러나 무어라고 해도 음소에 대한 이론적인 발전에 기여한 것은 다음에 논의할 프라하학파의 연구라고 할 수 있다. 그러면 이어서 프라하학파에 대하여 살펴보기로 한다.

3. 프라하학파의 기능주의 언어 연구

5.3.0. 동유럽, 즉 동구(東歐)의 심장(心臟)이라고 불리는 체코(Czech)의 수도(首都) 프라하(Praha, Prague)에는 1920년대와 1930년대에 걸쳐서 체코 내의 언어학자들과 국외의 쥬네브학파, 러시아 언어학의 보드앵(Baudouin de Courtenay) 등의 영향을 받아 새로운 학풍으로 언어 연구가 시작되었다.

1926년에 마테지우스(V. Mathesius)가 발의하여 프라하학파(Prague school)를 결성하고 같은 해에 기관지로서 '*Travaux du Cercle Linguistique de Praha* (*TCLP*)'를 간행하였다. 이 *TCLP*는 2차 세계 대전 이후에 '*Travaux Linguistique de Praha* (*TLP*)'로 개명하였다.

이 학파에는 현대 음운론의 구조음운론을 완성시킨 투루벳코이(N. S. Trubetzkoy)를 비롯하여 미국 언어학에 지대한 영향을 준 야콥슨(Roman Jakobson) 등과 같은 거물이 포함되어 서구(西歐)의 언어학파에 못지않은 연구 성과를 올렸을 뿐만 아니라 현대 언어학에서 다른 여러 언어의 연구에 많은 영향을 끼쳤다.

이 학파의 특색은 이 학파가 성립하는 과정에서 볼 수 있는 것처럼 다양한 국가의 연구자가 참여한 국제적인 연구라는 점이다. 당시 알려진 여러 학설과 여러 원리 가운데 어느 것을 보다 중시하고 또 경시할 것인가를 결정하기는 관찰자의 입장에 따라 서로 다르기 때문에 매우 어려운 일이다.

이러한 정황은 기관지인 *TCLP*의 창간호에 공표된 것처럼 다양한 이론과 각국의 언어학자들이 관심을 모은 여러 프로그램을 보아도 알 수 있다. 야콥슨(R. O. Jakobson)은 이런 프라하학파의 당시 상황을 다음과 같이 언급하였다.

> 이와 같이 걸출한 [프라그학파의] 신진학자들의 각자가 공헌한 바탕에는 개인적인 특징을 빼어내는 것은 쉽지만 프라그학파 전체를 상술한 여러 다른 학자들로부터 구별하는 통일된 패턴을 빼어내는 것은 대단히 어렵다. 그렇지만 이들 신진학자들 전체의 연구 성과를 통합해서 이것을 종래의 전통과 구별하고 또 이 학파와 동일하게 1930년대에 그 존재가 분명하게 확인되는 다른 학설로부터 구별되는 기본적인 경향이라는 것이 존재한다. 논문의 제목["Efforts toward a Means-Ends Model of Language in Interwar Linguistics"]을 보면 명확하게 알 수 있는 것처럼 여기의 공통적인 경향이라는 것은 언어의 '수단(means)-목적(ends)'에서의 모델을 확립을 목표로 하는 것이다. 이러한 노력은 일반에게 알리기 위하여 언어 도구관(道具觀)을 주창하는 것이다.
>
> — *TCLP* 창간호 서문.

야콥슨(R. Jakobson)이 언급한 프라하학파의 공통적인 경향으로 인정한 언어의 도구관(道具觀)은 이 학파의 특색으로 보이면 이것은 일반적으로 기능적 언어학(functional linguistics)라고 불리는 것이다. 프라하학파는 기능주의(functionalism)를 음성의 면만이 아니라 언어의 모든 분야에서 철저하게 적용하고 확장하였다.

1) 프라하학파의 성립과 그 특색

5.3.1.0. 졸고(1983)에서는 새로운 언어 연구의 프라하학파 설립에 대하여 다음과 같이 자세하게 언급하였다.

[전략] 마테지우스는 프라하 카렐(Karel)대학의 영어학 교수였으며 프라하언어학파를 창설하고 죽을 때까지 회장으로 있으면서 현대 언어학의 거장인 트루베츠코이(N. S. Trubetzkoy)와 야콥슨(R. Jakbson)을 비롯하여 트른카(B. Trnka), 봐헤크(J. Vachek) 등의 기라성 같은 언어학자들을 길러냈다. 그러나 그 자신은 불우한 시대에 태어나 전쟁과 병마의 질곡(桎梏)에 시달리면서 현대 언어학의 창시자로서 불멸의 업적을 남겼다. 그는 42세를 지나면서 심한 눈병을 얻어 무엇을 읽거나 쓰기가 거의 불가능하였고 대부분의 학문 연구는 보조가가 읽어주거나 자신이 구술한 것을 보조자가 필기하여 진행되었다. 50세를 넘기고 나서는 척추에 병이 생겨 병실에 갇혀 지내야 했는데 이러한 중병은 죽을 때까지 계속되었다. 더욱이 2차 세계대전 당시는 그의 집이 폭격에 파괴되어 부인과 함께 괴로운 피난길에 나서야 했으며 전쟁이 끝나기 전날인 1945년 4월 12일에 영면(永眠)하였다. 이와 같이 인간으로서 견뎌내기 어려운 역경을 헤쳐 나가면서 무한한 인내심과 자기희생적인 연구를 통하여 새 언어학의 발전에 위대한 공헌을 한 것이다.

주지하는 바와 같이 프라하 언어학파가 창설된 것은 오로지 마테지우스의 힘에 의한 것이었다. 그가 1911년 체코의 왕실학술협회에서 행한 언어현상의 잠재성(潛在性)에 관한 강연이 당시 그 협회의 의장이었던 쥬바티(J. Zúbatý)에 의해서 묵살되어 적어도 그때에 언어학계의 획기적인 혁명을 이룩할 그의 새로운 언어연구 방법은 사장(死藏)되었다.[10] 그 후에 마테지우스는 새로운 언어 연구에 대한 공통의 흥미를 갖고 우호적인 토의와 상호 적극적인 비판을 할 수 있는 모임을 갖고자 노력하였다. 그의 이러한 꿈은 10년을 지나서야 실현이 가능하였다. 즉, 1920년 후반에 그의 최초의 제자인 트른카(Bohumil Trnka)가 영어교사의 자격을 얻고 프라하에서 교편을 잡은 것을 계기로 해서 당시 프라하에 장기간 머물고 있던 슬라브어 학자인 야콥슨(Roman Jakobson)과 하브라네크(B. Havránek)의 두 사람, 미학(美學)을 전공한 모카로프스키(Jan Mokařovsky), 그리고 이란어 및 터키어 전문가인 리프카(Jan Rypka)를 창립 멤버로 하여 1926년에 프라하 언어학파를 결성하였다. [하략]

---

10 Jakobson이 1920년대 프라하에 와서 이 강연의 옮긴 논문, Mathesius(1911a)을 읽고 이 논문이 만일 1911년에 모스크바에서 발표되었다면 언어학의 혁명이 일어났을 것이라고 단언하였다. 미국의 Hockett도 1960년대 후반에 영역된 이 논문을 읽고 "당시로서는 상상도 못 할 일"이라고 평가하였다. 다만 당시 프라하에서는 소장문법학파의 전통이 너무 강해서 마테지우스의 새로운 언어학 연구 방법을 받아드리지 못하였다. Mathesius(1961)를 영역한 1975년의 역자 서문과 Mathesius(1965)를 일본어로 번역한 磯谷 孝 譯(1975)을 위한 Vachek의 서문을 참조할 것.

이로 보면 프라하 언어학파는 마테지우스(Vilem. Mathesius, 1882~1945)에 의하여 1926년에 성립되었다. 그리고 후에 러시아의 음운론 연구자인 트루베츠코이(N. S. Trubetzkoy)가 가담하여 구조주의 언어 연구가 더욱 심화되었음을 알 수 있다.

마테지우스(V. Mathesius)의 제자이며 충실한 추종자이기도 한 봐헤크(J. Vachek)는 그의 저서 Vachek(1970)의 <프라그 언어학파>에서 스승이 현대 언어학에 끼친 영향은 무엇보다도 소쉬르(F. de Saussure)와 함께 종래 역사비교언어학의 연구 방법에 반기를 들고 언어학은 현실 언어에 대한 여러 사실을 공시적으로 연구되도록 한 것이라는 것이다.

5.3.1.1. 프라하학파는 마테지우스를 비롯하여 무카로프스키(Jan Mukařovský), 하브라네크(Bohuslav Havránek), 트른카(Bohumil Trnka), 봐헤크(Josef Vachek) 등의 체코파와 다음에 논의할 트루베츠코이(N. S. Trubetzkoy), 야콥슨(R. Jakobson), 칼체프스키(S. Karcevskij)의 러시아파로 나눌 수 있다.

러시아에서 온 두 사람은 다음에 살펴보는 것처럼 음성 연구에 집중하였다면 체코파로서 이 학파를 조직한 마테지우스는 문체론을 연구하여 많은 공적을 남겼다고 언어학사에 평가한다. 앞에서 언급한 마테지우스의 기능주의를 러시아파의 두 사람, 트루베츠코이와 야콥슨은 음운 연구에 도입하였다면 마테지우스와 체코파는 문장에서 그것을 살펴보았다.

즉, 봐헤크(J. Vachek)는 언어의 기능주의적 고찰을 보다 넓게 활용해야 한다고 다음과 같이 주장하였다.

> 어떠한 언어 항목, 즉 문장, 낱말, 형태소, 그리고 음소도 그것이 어떤 목적을 위하여 도움이 되어서 그것에 완수해야 하는 기능(주로 전달 기능)이 있기 때문에 존재하는 것이다(Vachek, 1966~80:7).

이와 같이 광범한 범위의 언어 항목에 대한 연구에서, 특히 문장에서 기능주의를 적용함으로써 문체론의 연구가 있게 되었다. 그는 문장(sentence)의 분석에 두 가지 방법을 고안하였다. 하나는 주어, 술어, 목적어 등의 문장 구성요소로의 분석이다.

또 하나는 발화(發話) 또는 문장의 구성에서 그것이 특정의 장면에서 어떻게 꾸려져서 일체화되어 있는가를 관찰하여 분석하는 방법이다. 다시 말하면 화자가 어떤 장면에서 자명하거나 이미 알고 있는 것을 먼저 골라내어 이것으로 문장의 출발점, 또는 주제(theme)

로 하고 이어서 화자가 주제에 대하여 판단하고 단정하는 것이 문장의 술부(rheme)라고 하였다.

'rheme(술부)'는 앞의 제1장 1.1.1.1.에서 소개한 플라톤(Plato)의 'ρημα (rhēma)'를 말하는 것으로 후대에 이것이 동사(verb)로 번역되었으나 원래는 문장 속에서 'óńoma (όνομα, 이름)'와 'rhēma (ρημα, 말, 속담)'를 구별하여 'onoma'는 "그에 대하여 무언가 진술(陳述)되는 것"으로 정의함으로서 현대문법의 주부(主部)에 해당하는 문장 단위로 보았고 'rhēma'는 "onoma에 대하여 진술하는 것"이라 하여 술부(述部)에 해당하는 단위로 보았다.

5.3.1.2. 프라하학파가 창립되고 얼마 안 된 1928년에 이 학파의 러시아파라고 할 수 있는 트루베츠코이(N. S. Trubetzkoy), 야콥슨(R. Jakobson), 카르체프스키(S. Karcevsky)는 헤이그(Hague)에서 열린 제1차 국제 언어학회(First International Conference of Linguistics)의 벽두에 행한 제안(proposition)에서 공시적인 연구와 통시적인 연구에 공통하는 음운 이론이 있어야 한다고 역설하였다.

이런 제안은 언어의 공시적인 연구에서 얻은 성과를 역사적 연구에도 응용해야 한다는 주장이었다. 공시적이고 통시적인 음운 연구는 Jakobson(1931)의 "역사음운론의 원리"를 비롯하여 프라하학파의 여러 연구에서 '통시음운론(diachronic phonology)'으로 정착되었다. 여기서는 이 통시(通時)음운론의 특징을 몇 가지 소개하고자 한다.

첫째로는 음 변화의 연구가 종래의 비교언어학에서와 달리 개개의 특정한 음운이 점진적인 변화나 변천을 고찰하여 기술(記述)하는 것이 아니라 그 변화를 공시적인 음운체계와 관련을 지음으로써 음 변화의 실태를 보다 가깝게 고찰할 수가 있다고 보는 것이다. 어떤 언어에서 일어난 음 변화가 어떤 음운체계를 형성하는 일부라고 이해하는 것이다.

둘째로는 어떤 음운 체계에 속한 어떤 음소가 다음 시기의 음운체계 속에서는 어떻게 연속되고 수정되었는지, 경우에 따라서는 그런 음소가 완전히 배제되어 소실되거나 다른 음소와 합쳐지는가를 검토해야 한다고 보았다. 통시음운론의 주요 과제가 바로 이런 문제를 다룬 것이다.

셋째 이와 같은 음운의 끊임없는 변화, 수정, 결합, 그리고 소실은 단독으로 일어나는 것이 아니다. 실제로 어떤 음운과 교체, 또는 대응되는 새로운 음운과의 공존하는 기간이 먼저 선행한다. 그리하여 새로운 음소는 처음에 자유 변이음으로서, 또는 문체적인 대응의 음운으로서, 아니면 신구 세대의 관용에서 서로 다른 음운으로 존재하다가 변화되는 것이다.

넷째로 언어의 실태를 확실하고 객관적으로 보여주는 것은 역사적 변화이다. 역사적 변화에는 언어 단위의 공존, 선택, 배제가 사실로서 구현(具現)되고 있기 때문이다. 우리가 감지할 수 있는 언어의 실제 모습은 이러한 언어의 역사적인 변화일 뿐이다.

고대인도의 문법도 베다 경전의 산스크리트(Sanskrit)어와 현실 프라크르트(Prākrt)어와 차이를 의식함으로써 시작되었고 희랍의 언어 연구도 일리아드(Iliad)와 오디세이(Odyssey) 의 고전 희랍어를 연구하는 것으로 시작한 것은 언어의 변화를 통하여 고대 언어의 실체를 밝히려고 했기 때문이다.

5.3.1.3. 프라하학파에서 통시(通時)음운론이 연구의 목표로 삼은 음 변화의 해명은 후에 보다 포괄적인 시점에서 술어를 더 만들었는데 그 하나가 '조화(harmony)'라는 개념이다. 언어의 음운은 부단하게 변화되고 수정되며 결합하고 소실됨에도 불구하고 항상 하나의 음운체계를 유지하려고 하는 조화로운 경향을 언어 자체 속에 내장(內藏)되어 있다고 하는 생각이다.

또 하나는 '경제(經濟, economy)'라는 개념이다. 이 용어는 프라하학파에 가까웠던 프랑스 의 마르티네(André Martinet)에 의해서 보다 적극적으로 사용되었다. 후대의 일이지만 그는 Martinet(1955)의 <음운 변화의 경제>에서 'Économie(경제)'란 용어를 사용하여 음 변화의 원인을 설명하려고 하였다.

즉, 그는 인간의 언어활동에는 의사 전달과 표현을 최고도로 하려는 '의욕(意慾)'과 이를 위해서 신체적 노력은 최소로 하려는 '경제(經濟)'의 경향이나 관성이 공존하고 있다고 보 았다. 그리하여 이 둘의 대립적인 압력이 서로 영향을 주어서 이로부터 언어의 변화가 일어난다는 것이다. 이렇게 일어나는 변화는 발전을 의미한다고 하여 역시 진화론적인 생각을 가졌다.

다만 언어의 변화에는 균형을 계속해서 유지하면서 진행하기 때문에 의사 전달을 최고 도로 하려는 욕망과 반대로 이에 대한 신체적 노력은 최소로 하려는 두 요인은 서로 적절 하게 작용한다고 보았다. Martinet(1955)에서는 이 두 작용이 언어의 변화에서 균형을 잡도 록 서로 협력한다고 주장한 것이다.

예를 들면 어떤 언어에서 음운의 수효가 많으면 많을수록 보다 각 낱말을 표시하는 음운 의 수효는 줄어든다. 반대로 음운의 수효가 적으면 적을수록 낱말을 표시하는 음운의 수효는 늘어난다. 적은 음운으로 의미의 시차(示差)를 가려야 하기 때문이다. 후자의 예로 하와이어를 들 수 있고 전자의 예로 코카서스어(Caucasus)를 들 수 있다.

통시음운론에서는 언어의 변화가 일정한 목적이나 방향으로 진행한다고 보는 일종의 목적론(teleology)이 근저에 존재하고 있는 것 같다. 이러한 생각은 프라하학파의 기능주의에 현저한 특색의 하나라고 보인다.

5.3.1.4. 1926년에 프라하학파가 창립되고 나서 1942년에 야콥슨(R. Jakobson)이 미국으로 이주하기까지 16년간을 이 학파의 황금기라고 할 수 있었다. 이 학파의 새로운 연구 방법, 즉 기능주의 언어 연구 방법, 특히 구조주의 언어학은 그 배경에 소장문법학파의 음성에 대한 원자론적 연구 방법의 비교언어학에 대한 날카로운 비판이 있었다.

프라하학파의 기능주의 언어 연구 방법은 먼저 언어 사실, 즉 언어의 실태를 파악하고 그것을 분석하여 자료를 얻는 것이었다. 이 학파에서 보여준 음운론의 기초가 이 학파의 러시아파인 트루베츠코이(N. S. Trubetzkoy), 야콥슨(R. Jakobson), 칼체브스키(S. Karcevskij)에 의해서 슬라브어의 실태를 조사한 자료가 있었고 이에 근거한 음운 연구가 있었음은 분명한 일이다.[11]

그들의 연구가 음운론만이 아니라 형태론, 통사론, 그리고 문체론에까지 파급된 것은 이 프라하학파가 언어의 실상을 파악하는 일을 얼마나 중시했는가를 보여준다. 그리고 언어의 변화도 실제로 여러 언어에서 일어난 현상을 파악하여 연구하는 방법을 통하여 통시음운론에도 그들의 연구는 많은 업적을 내었고 이 분야의 발전에도 크게 기여하였다.

프라하학파는 소쉬르(F. de Saussure)의 연구로부터 적지 않은 영향을 받았다. 주로 랑그와 파롤의 분리와 대립을 견지하고 이를 그들의 언어 원리에 적용하여 그러한 연구가 얼마나 적절한지를 살펴보았다. 예를 들면 트루베츠코이(N. S. Trubetzkoy)는 '파롤(parole) : 랑그(langue)'의 대립을 '음성학(phonetics) : 음운론(phnology)'으로 대립시켰다. 그리고 공시론적인 연구에 대하여 통시음운론을 발전시켜 역사적 연구와 통합하여 연구하려는 태도를 보였다.

Ivič(1963)에서는 프라하학파의 연구 태도를 어느 의미에서는 경험주의에 입각한 것으로 볼 수 있다고 하고 다음에 논의할 코펜하겐학파, 그리고 미국의 구조주의 언어학과 비교하

---

11   칼체브스키(S. Karcevskij)는 후에 쥬네브학파로 옮긴다.

여 다음과 같이 언급하였다.

　　창립 당초부터 프라그학파의 학자들은 극단주의로 달려가는 일도 없이 매우 구체적인 언어 사실에 관심을 집중하여 왔다. 그들은 [코펜하겐학파와 달리] 언어를 비질료화(非質料化, dematerialize)하려고 하지도 않았고 [미국의 블룸필드학파와 같이] 의미라는 것을 조금도 관련시키지 않으면서 본 그대로 형태론적 기술을 하라는 주장도 하지 않았다(Ivič. 영역본 1965:115).

　그렇지만 이 학파의 언어 사실과 실태만을 중시하고 이로부터 구축된 기능주의 언어학은 언어의 기술(記述)을 위하여 추상화(抽象化)하는 조작이 필요하게 되었다. 이러한 추상화 작업은 이 학파의 음운론 연구에서 변별적 자질과 이항(二項)적 대립을 설정하는데 일관되게 작용하였다.

　더욱이 그들이 추상화에 의하여 설정한 것이 실현화되어서 실제로 존재한다고 보았다. 프라하학파의 이와 같은 추상화와 이의 실현화라는 양면적인 연구 방법은 20세기 후반에 변형생성문법의 출현을 보게 되는 계기가 된 것이다.

2) 마테지우스(Mathesius) 공시적 연구와 문체론

　5.3.2.0. 마테지우스(Vilem Mathesius, 1882~1945)의 영어와 슬라브어를 비교 연구한 획기적인 저서로 들 수 있는 Mathesius(1911a)은 언어의 공시적 연구를 주장한 최초의 논문이어서 실제로 Saussure(1916)의 <일반언어학 강의>보다 먼저 세상에 나온 것으로 인정해야 한다는 주장이 있다.

　Mathesius(1911a)의 "언어에 있어서의 잠재성에 대하여"(Vachek ed., 1964:1-24)에서는 현실 언어의 잠재성을 강조했는데 이것은 실제 언어사회에 나타나는 언어행위의 공시적 '변동'을 중요시한 것이다. 이러한 변동의 중요성을 인정하는 언어 연구방법은 언어가 이것으로 발전을 가능하게하며 또 발전을 촉진시킨다는 것이다. 어떻게 보면 진화론적인 관점이라고도 볼 수 있다.

　이 논문의 언어 연구에서 둘째로 중요한 특징은 언어에 존재하는 여러 경향과 그에 의한 원리를 강조한 점이다. 언어에 존재하는 여러 경향들은 물리학의 여러 원칙처럼 영속적이고 자동적으로 작용하는 것은 아니지만 매우 명확하게 출현해서 통계적 방법으로 규칙화할 수 있다고 본 점이다.

Mathesius(1929b)의 "현대 체코어 어휘의 음운론적 구조"에서는 음성학에서도 통계적 방법을 사용하였는데 이러한 통계에 의한 언어 연구는 프라하학파에서 언어의 수량(數量) 연구가 활발하게 되었다. 그리고 그러한 연구 결과를 Vachek ed.(1964)에 수록하고 이어서 『프라그 수리(數理) 언어학연구(*Prague Studies in Mathematical Linguistics*)』(Series 1~6)의 Vachek(1966~1980)에 게재하여 모두 6권을 간행하였다.

5.3.2.1. Mathesius(1911a)에 의하여 주장된 셋째의 새로운 연구방법은 언어 연구가 역사적이고 계통적인 비교연구에 일방적으로 편중된 것으로부터 벗어나 여러 언어의 공시적인 비교연구를 중요하게 여겼다는 것이다. 이러한 공시적인 언어 비교는 언어의 친족관계와 상관없이 이루어질 수 있다는 것이다.

이것은 같은 프라하학파의 야콥슨(R. Jakobson)에 의하여 주장된 유형적 비교(typological comparison)와 달리 대조적(contrastive) 언어 비교를 주장한 것이다. 이로부터 오늘날 성황을 이루는 대조언어학(contrastive linguistics)이 탄생하였다. 실제로 그의 Mathesius(1907, 1912) 두 논문은 영어와 체코어의 대조 연구였다.

마지막으로 마테지우스(Mathesius, 1911a)의 새로운 언어연구의 네 번째 특성은 언어가 가진 기능(function)을 중시한 것이다. 어떤 언어에 있어서 의사전달을 위한 여러 기능을 분석하고 그 기능에 상응하는 형식을 추출하는 것이 언어학의 핵심적 작업이라고 하였다. 즉, 명명단위(naming unit)를[12] 분석하기 위해 기능적 명명 단위론(functional onomatology)과 기능적 통사론(functional syntax)의 기준이 필요하다고 보았다.[13]

기능적 명명 단위론은 언어 밖의 현실에서 어떤 부분, 어떤 양상이 선택되어 명명될 것인가, 또 그 명명이 어떤 효과를 갖고 있는가를 특정 언어에서 확인하는 것이다. 반면에 기능적 통사론은 각 명명단위가 그 언어의 실제 문장 속에서 어떤 방법에 의하여 상호

---

12 '명명단위'란 Mathesius의 용어는 체코어로 'Pojmenováni'인데 이 말은 일상적인 의미로 부르는 이름, 또는 명칭이란 의미여서 "이름을 붙이는 것", 또는 "붙여진 이름"이란 뜻이다. 이에 대한 영역은 'naming unit'이었다. Mathesius(1961)의 영역판 1975를 참조.

13 기능적 명명 단위론(functional onomatology)과 기능적 통사론(functional syntax)에 대하여는 졸고(1983)에서 구체적으로 예를 들어 설명하였다.

관계를 맺는지 따지는 것이다.

이러한 기능적 명명 단위론과 기능적 통사론에 의한 분석은 각개 언어에 대한 개별적인 성격(character)을 밝혀준다. 그가 언어성격학(linguistic characterology)을 주장한 것은 이러한 연구 결과와 관련이 있다. 각 언어마다 독특한 성격을 가졌음은 대조언어학의 방법으로 잘 알 수 있다. 실제로 마테지우수는 영어와 체코어를 대조적 방법으로 비교한 것을 그의 사후 20년 가깝게 지나서 Mathesius(1961)로 출판하였고 1975년에 영역(英譯)되었다.

5.3.2.2. Mathesius(1961)는 언어의 품사분류와 언어 각 단위의 기능적 분석(aktuálni členěni současné)을 엄격하게 구별하였다. 여기로부터 기능적 문장의 분석(functional sentence analysis)이 나왔고 이 분석의 결과는 특정 언어의 문장에서 실제로 기능적 문장의 투시 (functional sentence perspective)가 될 것이다.

마테지우스(V. Mathesius)를 기능적 구조주의(functional structuralism)의 신봉자로 보는 이 유가 여기에 있다. 그의 이러한 기능주의 언어 연구는 프라하학파의 야콥슨(R. Jakobson)이 나 트루베츠코이(N. S. Trubetzkoy)에게 영향을 주어서 그들의 각종 언어 단위, 특히 음소의 정의에서 변별적 기능을 중시하게 된다.

즉, Jakobson(1975)의 음소에 대한 정의에서 "음소는 동시적(simultaneous)으로 일어나는 변별적 자질의 묶음(a bundle of distinctive features)"이라 하였는데 여기에 보이는 변별적 자질은 의미의 분화를 가져올 수 있는 음소의 기능을 말한다(Jakobson·Halle, 1956). 또 Trubetzkoy(1939)에서 "지적 의의를 분화시키는 기능"으로 음소를 정의한 것도 마테지우 스의 기능주의를 받아드린 것이다.

특히 마테지우스의 제자인 봐헤크의 Vachek(1964)에서는 음소(phoneme)에 대하여 지적 의의(signification intellectuelles)를 분화시킬 수 있는 모든 음성적 대립(toute opposition phonique)을 음운론적 대립(opposition phonologique)으로 보고 이 대립의 각 항을 변별적 음 소적 단위(unité phonologique distinctive)라고 하여 음소를 기능과 대립으로 정의하였다. 모 두 마테지우스에 의하여 주도된 프라하언어학파의 기능주의 언어학을 추종한 것이다.

5.3.2.3. 기능적 문장의 분석(functional sentence analysis) 방법은 발화나 문장 구성에서 장면에 대응하는 정보, 또는 의미 단위들의 순차적인 발전 과정을 관찰하여 분석하는 것이 어서 마테지우스는 이것을 기능적인 문장 투시(透視, functional sentence-perspective)의 응용

으로 보았다.

종래의 문법적 방법에서와 기능적 문장 투시법의 중요한 연구 대상은 각 언어에 있어서 어순(語順)이었다. 마테지우스(V. Mathesius)는 모국어인 체코어를 비롯하여 유럽의 여러 언어의 어순에 대한 연구가 많고 특히 그가 전공한 영어에 대한 연구가 많았다. 그는 체코 프라하의 카렐대학의 영어 교수였었다.

영어에서는 모든 문장이 문법적 어순, 예를 들면 주어와 술어, 그리고 능동태와 수동태의 문체론적인 대립에서 보이는 것처럼 기능적 문장 투시법에 근거한 어순의 상위(相違)가 있다. 즉, 무엇을 강조하는가 하는 문제에 부딪히게 된다. 예를 "Professor Mathesius wrote this book on functional sentence-perspective."에서 들어 보기로 한다.

이 문장을 기능적 문장 투시법으로 분석하면 'Professor Mathesius'가 주부가 되고 다음의 'wrote this book on functional sentence-perspective'는 술부가 된다. 그러나 이것은 수동태인 "This book on functional sentence-perspective was written by professor Mathesius."을 같은 방법으로 분석하면 'This book on functional sentence-perspective'가 주부가 되고 'professor Mathesius'가 술부가 된다.

이와 같은 문장 분석의 문법적 방법과 기능적인 문장 투시법의 대립이나 대응은 다음에 논의할 트루베츠코이(N. S. Trubetzkoy)의 음운론과 음성문체론에서 공통으로 존재하는 프라하학파의 사고나 연구법의 하나로 이 학파의 특색이기도 하다. 다만 이와 같은 문체론 연구는 프라하학파의 연구자들에게 많은 영향을 끼쳤다.

5.3.2.4. 마테지우스(V. Mathesius)의 문체론 연구는 오스트리아의 심리학자인 뷜러(Karl Bühler, 1879~1963)의 언어 기관론(器官論, organon)에 근거한 것이라고 할 수 있다. 원래 'Organon'은 아리스토텔레스(Aristotle)의 저서로서 'Tool of science'로 번역된 것이다.

앞의 2.2.2.1.의 주2에서 살펴본 바와 같이 아리스토텔레스는 Organon에서 10개의 논리 범주(categories)를 설정하고 그 범주를 ① 실체(實體, substance)에 대하여 ② 량(量, quantity), ③ 질(質, quality), ④ 관계(relation), ⑤ 장소(place), ⑥ 시간(time), ⑦ 위치(position), ⑧ 환경(circumstance), ⑨ 능동(activity), ⑩ 수동(passivity)으로 나누어 언어의 단위들은 여기의 어딘가에 속한다고 보았다.

그리고 앞 2.2.2.1.의 주3에서 프리키아누스(Priscian)는 실체에 대한 이들의 관계를 우유성(偶有性), 즉 'accidentia(우발적으로 일어난 일, 附隨돼서 일어난 것, 偶有性, 附隨性)'로 보았다. 그리고 스콜라철학의 양태론자(modistae)들도 나머지 9개의 범주들은 실체(實體)에 대하여 우유성(偶有性, accidents)의 관계로 보았다.

뷜러(K. Bühler)는 이러한 사실을 해명하기 위하여 현상학(phenomenology)의 방법으로 언어활동에서 일어나는 여러 장면을 고찰하여 분석하였다. 그리고 Gardiner(1932)의 <말과 언어의 이론>을 비판하는 Bühler(1934)의 <언어 이론>을 저술하였다. 그는 이 책에서 언어활동이 이루어지는 장면은 정밀하게 구조적으로 분석하고 그 언어활동을 다음의 셋으로 나누었다.

즉, 언어활동의 구성요소를 '송자(送者, Sender, sender)'와 '수자(受者, Empfänger, receiver)', 그리고 담화의 대상인 '사물이나 사태(Gegenstände und Sachverhalte, object and state)'의 셋으로 나눈 것이다. 뷜러(K. Bühler)는 이 세 개의 요인(要因)이 언어 체계에 속하는 [언어] 기호(記號, Zeichen, sign)의 실제 언어활동에서 어떻게 관계를 맺는가를 관찰하는 것으로 언어를 연구하였다.

동일한 기호가 송자(送者)와의 관련에서는 '표출(表出, Ausdruck, expression)'의 기능을 갖게 되고 수자(受者)와의 관련에서는 '부르기(Appell, appeal)'의 기능을 갖으며 사물이나 사태와 관련해서는 '서술(敍述, Darstellung, representation)'의 기능을 갖게 된다. 이 세 개의 기본적인 기능 가운데 '표출(表出)'과 '부르기'는 행동적이기 때문에 파롤(parole)에 속하는 것으로 본다면 '서술'은 추상적이어서 랑그(langue)에 속한다고 볼 수 있다.

마테지우스(V. Mathesius)의 문체론 연구가 뷜러(K. Bühler)의 언어 전달의 3단계, 즉, 표출, 부르기, 서술에 근거하거나 여기에 한정되었다고 할 수 있다. 다만 마테지우스는 새롭게 제4의 기능으로 '심미적(審美的)'을 앞의 3단계에 추가하였다. 이로부터 미학적 문체론 연구를 시작한 것이 전술한 프라하학파의 체코파인 무카로프스키(Jan Mukařovsky)였다.

앞에 든 언어활동의 3기능이 송자(送者)와 수자(受者)와의 사이에 의사전달이라는 실용 목적에 봉사하는 것이라면 심미적 기능은 인간에게 주어지는 자극과 감흥을 표현하는 목적으로 생겨난 기능이라고 본 것이다. 물론 심미적 기능은 우리들의 일상적인 언어생활에서 계획이 없이 작용하는 것으로 무카로프스키(J Mukařovsky)는 특히 시가(詩歌)의 예를 들었다.

무카로프스키는 시가가 가진 작시법(作詩法, prosodic)의 특성과 어순과의 관련을 탐구하였다. 여기서 작시법의 특성이란 강세(stress), 억양(intonation), 휴지(pause), 그리고 음의 길이(length) 등을 말하며 무카로프스키(J. Mukařovsky)는 이러한 특성들이 어순(語順)보다 우위에 있음을 강조하였다.

3) 트루베츠코이(Trubetzkoy)의 음운론

5.3.3.0. 프라하학파를 '프라하 음운학파'라고 부를 정도로 이 학파의 연구 활동은 음운 연구에 집중되었다. 프라하학파의 음운 연구는 트루베츠코이(Николаи Сергеjебіч Трювещцоy, Nikolai Sergejevič Trubetzkoy, 1890~1945)가 중추적 역할을 한 것으로 언어학사에서는 기술하고 있다.

그는 젊어서부터 슬라브어, 특히 코카셔스(Caucasus)의 여러 언어에 연구에 관심을 가졌지만 소쉬르(F. de Saussure)와 같이 1913년에 독일에 유학을 가서 부르크만(K. Brugmann), 레스키엔(A. Leskien) 등의 밑에서 역사비교언어학을 배웠다. 그는 후에 이 연구법을 슬라브 제어의 연구에 적용해서 실증적인 조사 연구에 임하였다.

그가 독일에 유학하던 1890년대에 유럽에서는 새로운 음성 연구법을 음운론의 고찰에 활용하고 있었다. 이때의 음운 연구로서는 소장문법학파의 원자론적 음성연구에 대해서 음운론, 즉 실재 발음에 대하여 관념적인 음운의 존재를 탐구하려는 새로운 연구의 싹이 유럽의 각지에서 트고 있었다.

투르베츠코이는 이러한 연구 경향에다가 Saussure(1916)에서 논의한 랑그(langue)의 세계에서의 음운연구와 다음에 논의할 러시아 언어학에 속하는 보드앵(Baudouin de Courtenay) 등의 공시적인 음운 연구법을 적용하고 자신의 현지 조사에서 얻은 자료를 이용하여 이제까지의 음운 연구와는 비교할 수 없는 정밀하고 체계적인 음운 연구를 발표하였다.

그리하여 만년(晩年)에 이를 정리하여 Trubetzkoy(1939)의 <음운론의 원리>를 간행하였다. 이 책은 1949년에 깡띠노(J. Cantineau)에 의해서 프랑스어로 번역되었고 1969년에 발탁스(C. Baltax)에 의해서 영어로 번역되었다. 그리고 한국과 일본에서 몇 개의 초역(抄譯)이 나왔다. 한국의 허웅(1958) <국어 음운론>은 Trubetzkoy(1939)에 의거하여 한국어 음운을 정리한 것이다.

5.3.3.1. Trubetzkoy(1939)에 의해서 서양에서 음운론이란 언어 연구 분야가 확립된 것

으로 본다. 이 연구는 Trnka(1958)에 의하면 "프라하학파의 야콥슨(R. Jakobson)이나 트루베츠코이, 그리고 칼체브스키(S. Karcevskij) 등이 슬라브어의 현지 조사에 의거한 자료로 음운을 분석하고 그로부터 음운론의 여러 이론을 구축한 것이다. 마치 미국의 구조음운론이 아메리카 인디언의 여러 언어를 현지조사에 의해서 얻은 자료에 의해서 이루어진 것과 유사하다"(Vachek ed. 1964:473)고 하였다.[14]

Saussure(1916)에서 소쉬르는 그의 강의 중에 본서에서 러시아학파로 보았지만 실제로는 폴란드인이었던 보드앵(Baudouin de Courtenay)과 그리고 그이 제자 칼체브스키(Mikołai Karcewski)의 음운에 대한 고찰을 언급하였다. 그리하여 개개의 음성(vocal sound)에 대하여 음운(phonème, phoneme)의 설정이 파롤(parole)과 랑그(langue)에 의한 것임을 분명히 하였다.

즉, 파롤의 세계에서 음성이 랑그의 세계에서 음운이 된다고 본 것이다. 따라서 파롤의 음성은 천차만별의 개인적인 것이지만 랑그의 음운은 만인이 공통적인 것이어야 한다. 또 프라하학파에서 음운의 결정을 최소 쌍의 대립(minimum pair contrast)에 의거한 것도 미국의 구조음운론의 방법론과 매우 유사하다.

그러나 미국의 구조음운론에서는 이를 음소(phoneme)라고 하였기 때문에 왕왕 미국의 음운론을 음소론(phonemics)이라 하고 프라하학파의 음운 연구를 음운론(phonology)라고 하여 구분하기도 한다. 다만 필자를 포함한 많은 연구자들이 이를 구분하지 않고 그저 음운론으로 하기도 한다.

5.3.3.2. 트루베츠코이(N. S. Trubetzkoy)는 '지적 의의를 분화할 수 있는 최종 단위'로 음소를 정의하였다. 그는 지적의의(signification intellectualles)를 분화할 수 있는 모든 음의 대립(toute oppositions phonique)을 음소적 대립(oppositon phonologique)이라 하고 이 대립의

---

14 원문은 "The Russian members of Circle Linguitique de Prague {R. Jakobson, N. S. Trubetzkoy and Karcevskij} were influenced by Šachmatov and Sčerva, as well as by F. de Saussure, while their study of ethnology and of some Caucasian languages enlarged their scope of linguistic vision and strengthened them in their efforts to find a more adequate approach to linguistic materials than the traditional one, used in Indo-European comparative philology. It must be mentioned here that the America was also instrumental in bringing fresh ideas to linguistics and in contributing a good deal to the development of American structuralism."(Vachek ed. 1964:473)과 같다.

각항(各項, chaque terme)을 변별적 음소적 단위(unité phonologique distinctive)라 하여 이들 각각을 음소라고 보았다(Trubetzkoy, 1939; Cantineau tr., 1949).

예를 들면 영어의 'pad'와 'bad'의 대립은 지적 의미가 분화되기 때문에 음소적 대립이고 이 대립의 각항(各項)인 [p]와 [b]는 영어에서 하나의 음소가 된다는 것이다. 여기서 'pad'와 'bad'는 최소 변별쌍(minimal pair)이라 한다. 즉 영어의 'fine'과 'vine'처럼 어떤 음소 하나에 의해서 의미가 분화되는 낱말의 쌍을 말한 것이다.

이러한 트루베츠코이의 음소에 대한 정의는 같은 프라하학파인 봐헤크(J. Vachek)에 의해서 보완(補完)된다. 즉 Vachek(1970)에서 영어의 'blow'와 'grow'와 같은 대립도 앞의 변별쌍과 같이 의미를 분화시키지만 'bl-'와 'gr-'는 더 분할할 수 있다. 그리하여 이러한 대립을 복합 음소적 대립(opposition phonologique complexe)이라 하고 앞의 'pad'와 'bad', 'fine'과 'vine'의 대립을 단순 음소적 대립(opposition phonologique simple)이라 하였다.

그리고 단순 음소적 대립의 각항을 음운 단위(unité phonologique)라 하여 이를 '음소(phonème)'라고 정의한 것이다. 그리고 이 음소적 단위를 동시(同時)적인 분류와 계기(繼起)적인 분류로 나누어 변별 자질의 유성음, 유기음 같은 것은 동시적 음운 단위로 분석되지만 계기적 음운 단위로는 분석되지 않는다고 하였다.

그리하여 이들의 음소에 대한 정의는 "지적 의의를 분화시켜주는 계기적 분석의 최종적인 음성 단위"라고 본 것이다. 주로 프라한 학파에 의해서 주장된 이러한 음소의 정의를 기능적 관점(the functionalistic view)이라고 한다.

트루베츠코이의 음운론에서 보이는 최대의 특색은 음소의 정의에서 그는 "음소란 음성의 형성체들에서 음운론적으로 관여된 특성의 총화(總和)다(Das Phonemist die Gesamtheit der phonologiisch relevanten Eigenschaften eines Lautgebildes)."라고 하여 '음운론적으로 관여된 특성(phonologiisch relevanten Eigenschaften, phonological relevant features)'이란 현대 생성 음운론에서 인정하는 변별적 자질을 강조하였다.

새로운 음운 분석의 단위로 변별적(辨別的) 자질, 또는 시차적(示差的) 자질(distinctive features)을 그가 찾아낸 것이다. 이것은 본서의 제1부 제1장에서 논의한 바와 같이 고대인도 음성학에서 조음위치와 조음방식에 따른 음운의 차이를 인정하고 이를 음운의 분류에 사용했던 점을 떠올리게 한다. 고대인도에서 2천년전에 논의됐던 음운의 여러 자질들이 이때에 비로소 유럽에서 논의하게 된 것이다.

트루베츠코이(N. S. Trubetzkoy)는 음소(Phoneme)가 복합적인 음성 단위로 보고 그 하위 단위로 변별적 자질이란 새로운 단위를 찾아낸 것이다. 그는 음소 형성의 특성들로서 기능이 있는 것과 기능이 없는 것으로 구분하고 기능이 없는 것은 무시할 것을 주장하며 각 특성들, 즉 변별적 자질들이 갖는 기능의 여부에 따라 대립(opposition)한다고 본 것이다.

5.3.3.3. 원래 음운의 대립(opposition)이란 용어는 소쉬르가 처음 사용한 용어다. 그는 Saussure(1949:167)에서 처음으로 이를 사용하였다. 트루베츠코이는 각 음운, 예를 들면 [b]와 [t], [d]와 [t], [g]와 [k]에 보이는 세 쌍은 조음위치와 조음방식에 따라 서로 구별되는 한 쌍의 음운들로 보았다.

즉, [b]와 [p]는 조음위치가 양순음으로 같고 [d]와 [t]는 치경음(alveolar), [g]와 [k]는 연구개음(velar)으로 조음위치가 서로 같다. 또 /b, d, g/는 유성음(voiced)이고 /p, t, k/는 무성음(voiceless)이며 /ph, th, kh/은 유기음으로 조음방식이 서로 같다. 이미 기원전 수세기경에 고대인도의 음성학에서 구분하던 방법이다.

트루베츠코이(N. S. Trubetzkoy)는 이러한 조음위치와 조음방식에 따른 음운의 분류가 음소에 의한 것보다 훨씬 편리함을 깨달았을 뿐만 아니라 이 자질들의 유무에 의하여 서로 대립(opposition)함을 인정하였다. 성대 진동이 있고 없음으로 구별되는 유성 대 무성의 대립은 /b:p, d:t, g:k/와 같은 음소의 대립을 한 번에 지칭할 수 있어 훨씬 편리하고 효율적이다.

Trubetzkoy(1939)에서는 여기서 한 걸음 더 나아가 유성음인 /b, d, g/가 무성음인 /p, t, k/보다 성대의 진동을 수반하는 음운이라 유표(有標, marked)한 것으로 보고 반대로 이러한 성대 진동을 수반하지 않은 음운을 무표(無標, unmarked)로 구별하였다. 그리하여 /p, t, k/는 무표 계열이고 이에 대한 /b, d, g/와 /ph, th, kh/는 유표 계열의 음운이다.

이러한 음운의 구별 방법을 언어 전반으로 확대한 것은 같은 프라하학파의 야콥슨(R. Jakobson)이다. 이에 대하여는 다음의 5.3.4.0.~3.에서 좀 더 논의할 것이다.

5.3.3.4. 본서의 제1부 제2장에서 논의한 중국 성운학(聲韻學)에서 조음위치에 따라 오음(五音)으로 나누고 조음방식에 따라 사성(四聲)으로 나눈 것은 고대인도의 음성학에서 영향을 받은 것으로 보았다.

그렇지만 무표 계열의 전청(全淸)을 맨 앞에 오게 하여 전청, 차청(次淸), 전탁(全濁), 불청불탁(不淸不濁)으로 한 것은 중국의 성운학이 Trubetzkoy(1939)보다 앞서서 자질의 유무에 따라 분류한 것으로 보인다. 그리고 조선의 세종은 이에 따라 전청의 'ㄱ[k]', 차청의 'ㅋ[kh]', 전탁의 'ㄲ[g]', 불청불탁의 'ㆁ[ng]'의 순서로 초성(初聲, onset)의 글자를 만들었다.

트루베츠코이만이 아니라 프라하학파의 기능주의 언어 연구방법을 가능하게 한 이론적 근거는 독일의 심리학자 뷜러(K. Bühler)의 언어 기관론(器官論, organon)에 근거한 것이라고 앞에서 언급한 바가 있다. 그는 언어활동의 구성요소를 셋으로 나누었지만 결국은 파롤(parole)에 속하는 것과 랑그(langue)에 속하는 것으로 이분(二分)하였다.

트루베츠코이(N. S. Trubetzkoy)는 이러한 뷜러(K. Bühler)의 이분법(二分法)에 따라서 그의 음성연구에서도 둘로 나누어 랑그에 속한다고 본 음성의 서술 기능은 음운론에서 다루게 하고 또 파롤에 속한다고 본 음성의 표출과 부르기의 기능은 음성연구의 신 영역으로 보아 이를 제외하였다. 그리고 전술한 마테지우스(V. Mathesius)의 문체론에 의거하여 음성문체론을 제안하였다.

이렇게 언어의 모든 항목의 연구에 기능주의를 접목시키는 프라하학파의 연구 경향에 따라 트루베츠코이(N. S. Trubetzkoy)도 음성 연구에 제한되었지만 이 영향을 받아 평생 음운론에 한정하여 이러한 연구를 계속하였다. 그리고 이 태도는 다음에 논의할 야콥슨(R. Jakobson)에서 계승되었다.

4) 야콥슨(Jakobson)의 이항(二項) 대립

5.3.4.0. 트루베츠코이(N. S. Trubetzkoy)의 음운론, 특히 그의 변별적 자질의 연구를 좀 더 발전시키고 체계화시킨 것은 야콥슨(Р. О. Якобсон, Roman O. Jakobson, 1896~1982)이다. 언어음의 변별적 자질(distinctive features)이 서로 대립(opposition)을 이루는 것은 이미 Trubetzkoy(1939)에 의하여 밝혀졌다.

그러나 모든 대립이 다항(多項)적이 아니고 이항(二項)만의 대립이라는 점, 그리고 그 대립이 변별적 자질의 '존재(存在)'와 '부재(不在)'에 의해서 표시할 수 있다는 점, 즉 이러한 이항(二項) 대립의 원리(binarism)을 확립한 것은 야콥슨(R. Jakobson)이다. 예를 들면 '유성(有聲)'의 존재를 '+', 부재를 '-'로 표시해서 /p, b/는 유성(voiced)의 [+voiced, /b/], [-voiced, /p/]로 표시할 수 있다.

야콥슨은 이러한 새로운 원리에 의거해서 12항의 이항(二項) 대립을 분류하여 다음과 같이 정리하였다.

> vocalic/non-vocalic, consonantal/non-consonantal, nasal/oral, compact/diffuse,
> abrupt/continuant, strident/non-strident, checked/unchecked, voiced/voiceless,
> tense/lax, grave/acute, flat/non-flat, sharp/non-sharp

이 12개 조합의 이항(二項) 대립을 사용하면 세계의 언어를 모두 이로써 음운 체계가 정리될 수 있다. 물론 언어에 따라 이러한 이항 대립의 일부를 쓰지 않을 수도 있지만 대체로 이것으로 모든 언어의 음운을 정리할 수 있게 되었다고 본다. 이로부터 다시 언어의 일반성이 관심이 대상이 되었고 야콥슨(R. Jakobson)의 이러한 방식에 주목하게 되었다.

트루베츠코이는 주로 조음(調音)음성학의 술어를 썼지만 야콥슨은 앞의 12항의 변별적 자질의 용어처럼 음향(音響)음성학의 것을 주로 사용하였다. 그것은 야콥슨이 인간 음성을 스펙트로그라프(spectrograph)로 실험하여 그 특성을 살폈기 때문이다. 음성 자질에 대하여 실험음성학의 방법으로 고찰하여 과학적인 근거를 제공한 것이다.

5.3.4.1. 앞에 언급한 것처럼 트루베츠코이와 야콥슨 등 프라하학파의 언어 연구는 먼저 실태를 파악을 중시하고 그 위에서 보다 높은 차원의 언어 기능을 살핀 것은 모두 언어 도구관(道具觀)에 의거한 것임은 분명하다. 그들의 언어 연구는 추상화 쪽으로 기우러졌고 그 표시로 음운의 중화(neutralization)나 형태음운론(morphophonemics)을 중시하는 것을 추가로 들 수가 있다.

음운의 중화(中和)는 특수한 음성 환경에서만 보이는 현상으로 예를 들면 영어의 'tie'와 'die'에 보이는 [t]와 [d]의 음운 대립이 'wetting'과 'wedding'에서 전혀 구별되지 못한다. 즉, 두 음운이 각기 두 모음 [e, i]에 싸여있는 특수 환경이어서 그 변별력을 잃었다. [t]와 [d]를 구별하는 변별적 자질은 유성성(voiced)의 존재 여부였는데 영어에서 두 모음 사이에서는 그 변별력을 잃게 된다.

이러한 중화의 현상은 여러 언어에서 발견된다. 한국어에서도 '자다(sleep)'와 '차다 (cold)'의 구별은 'ㅈ[ʧ]'과 'ㅊ[ʧh]'와 같이 유가음의 유무인데 음절 말(coda) 위치의 '낮(day), 낯(face)'에서는 이러한 구별이 음성으로 실현되지 않고 [nat̚]으로 발음된다. 이 위치에서 유기음(aspirates) 자질은 중화된 것이다. 이렇게 일시적으로 특정 환경에서 중화되는 두

음을 종합하는 원음소(原音素, archiphoneme)를 인정하기도 한다.

앞의 'wetting'과 'wedding'에서 중화된 [t, d]를 아우르는 원음소 /T/를 인정한다든지 독일어에서 'Paar (pair)'와 'Baar (bar)'의 [p]와 [b]가 'gelb [gelp] (yellow)'와 'Leib [laip]'에서 변별력을 잃은 경우 이를 /p/와 /b/의 중화로 보고 이를 아우르는 원음소 /P/를 인정하면 언어활동의 역학적 실태를 보다 적절하게 해명할 수 있다. 한국어에서 'ㅈ[č]'과 'ㅊ [čh]'도 /Č/를 인정할 수 있다.

형태음운론의 문제를 제기한 것은 영어에서 'logic - logician, music - musician'에서 문자로 보면 아무런 변화가 없지만 음운에서는 같은 문자 /c/로 표시된 것의 발음이 어떤 경우에는 [k], 어떤 경우에는, 즉, [i] 모음 앞에서 [š]로 실현된다. 이와 같은 문자 형태와 음운과의 관련에 대해서 새로운 차원의 형태음운론으로 이를 해결하려고 노력하였다.

즉, 새로운 추상적 단위인 형태음운(morphophoneme)을 설정하고 앞에서 원음소(原音素)처럼 문제의 /c/를 /K/로 하여 이 형태음운이 어떤 환경에서는 [k]로, 또 어떤 환경에서는 [š]로 실현된다고 기술하는 것이 편리하기 때문이다.

5.3.4.2. 야콥슨(R. Jakobson)은 프라하로 가기 전에 모스크바 언어학 서클의 대표자로 활약하였다. 소비에트 사회주의 혁명을 전후한 1910~20년대의 러시아에서는 언어의 사회적 특징에 비상한 관심을 가진 일군(一群)의 연구자들이 나타났다.

이들의 대부분은 러시아 형식주의를 주창한 사람들로서 사회의 혁명사상과 연관되어 나타났기 때문에 학문적 경향이라기보다는 당시의 시대상황이 낳은 하나의 정열이었다. 이들의 언어연구를 하나의 경향으로 보고 '사회언어학적 연구(Социально-лингвистическ ие исследованиа, Social-linguistic studies)'라고 졸고(2013a)에서 소개하였다. 야콥슨(R. Jakobson)은 아마 이 시대에 러시아 혁명에 환멸을 느끼고 프라하로 떠났으며 공산주의 체제의 체코도 등지고 결국은 미극으로 망명한 것 같다.

그는 혁명 이전의 모스크바 언어학 서클을 주도하면서 서방 세계의 언어학을 접하게 되었다. 그가 처음에 소쉬르(F. de Saussure) 언어학을 접하고 느낀 감정을 "정말로 관계(關係)의 문제였다. 그것은 사물 그 자체보다도 그들의 관계에 주목하라고 하는 점에서 분명히 부라크(Braque), 피카소(Picasso) 등의 입체파(cubist) 화가들에게서 볼 수 있는 특징적인 화법(畵法)과 통한다."(Jakobson, 1975:51)라고 표현하여 새로운 연구 방법에 매우 큰 충격을 받았음을 알 수 있다.

그는 러시아 언어학에 서구(西歐) 언어 연구를 접목시켰다. 따라서 그에 대해서는 다음의 러시아 언어학에서 더 많이 논의할 것이다. 다만 러시아 사회주의 혁명 당시에는 급진적인 좌파 연구자들이어서 이론보다는 혁명의 수행이라는 정열이 앞선 시대여서 야콥슨의 언어 연구와 같이 이론적인 연구는 주목을 받을 수가 없었다. 그가 프라하로 떠난 이유일 것이다.

또 그는 1942년 프라하에서 미국으로 이주하여 하버드대학에서 강의하면서 미국 언어학계에서도 많은 활약을 하였다. 그가 미국의 언어학자들과 함께 출판한 Jakobson·Fant·Halle(1955)는 음운의 변별적 자질과 그들의 상관관계를 밝히는 중요한 연구서이었으며 후일 Chomsky·Halle(1968)의 <영어의 음 패턴>의 근거가 되어 20세기 후반의 생성음운론을 완성하였다.

또 Jakobson·Halle(1956)의 <언어의 기본>에서는 당시 미국 언어학과 유럽의 언어학의 에센스만 뽑아서 정리하였다. 뿐만 아니라 그는 동양의 언어 연구에도 관심을 가져 핫토리 시로(服部四郎)의 환갑기념논문집을 편집하여 Jakobson·Kawamoto eds.(1970)을 출판하였다. 그가 얼마나 다양한 활동을 했는지 알려주는 대목이다.

5.3.4.3. 그의 연구 업적은 다른 어떤 언어학자들보다 월등하게 양이 많다. 그가 논저에 사용한 언어만도 러시아어를 비롯하여 영어, 독어 등을 자유자재로 구사하였고 그가 인용한 언어의 수효만도 수백을 헤아린다. 어쩌면 그는 20세기 최고의 언어학자였을 지도 모른다.

그의 논저를 수합한 <로만 야콥슨의 논저 선집(Roman Jakobson Selected Writings)>은 1966년에 Jakobson(1966b)의 '음운 연구'를 시작으로 하여 1988년에 제8집이 나왔으며 수천 쪽에 이르는 이 선집에는 수백 개의 그의 논저가 수록되었다. 여기에 수록된 그의 논저들은 양(量)으로 보나 질(質)로 보아 당대 최고의 것들이었다.

그러나 그가 미국으로 이주하여 보스턴(Boston)의 하버드(Harvard) 대학에 근무하면서 그가 주장한 새로운 언어 연구 방법은 인접한 뉴 헤이븐(New Haven)의 예일(Yale) 대학을 중심으로 하는 예일 학파(Yale school), 즉 신 블룸필드학파와의 갈등을 불러오게 되었다. 주로 미국의 음소론과 야콥슨이 가져온 유럽의 음운론이 대립하는 형태였다.

블룸필드(L. Bloomfield)는 1940년에서 1949년까지 예일 대학(Yale University)에서 근무했기 때문에 그의 학풍을 띤 연구자들을 예일 학파라고 불렀고 후일 신 블룸필드학파의 중심

집단이 되었다. 굴러온 돌인 야콥슨과 박혀있던 돌인 블룸필드학파와의 갈등은 토종 미국 학자와 외래 학자 간의 밥그릇 싸움으로 번져서 후일 미국 토종학자들의 연구에서 야콥슨은 소외되기에 이른다.

또 유럽의 언어학자들에게는 그가 러시아 출신인데다가 미국으로 이주한 말하자면 변절자이어서 역시 그의 연구에 대한 평가를 피하게 되었다. 그럼에도 불구하고 야콥슨(R. Jakobson)은 러시아의 언어학을 비롯하여 유럽의 프라하학파, 그리고 미국 언어학에 지대한 영향을 끼친 위대한 언어학자였다. 그의 이러한 연구 활동에 대하여는 해당 연구사에서 다시 논의하기로 한다.

4. 코펜하겐학파의 언어대수학

5.4.0. 덴마크는 유럽의 언어 중심지에서 조금 벗어나 있지만 역사비교언어학을 창시한 라스크(Rasmus Kristian Rask)를 비롯하여 Thomsen(1902)의 <언어학사>로 이름을 날린 톰센(Vilhelm Thomsen), Jespersen(1924)의 <문법 원리>로 영문법에서 유명한 에스페르센(Otto Jespersen), 그리고 <19세기의 언어학, 방법론과 결과물>(Pedersen, 1924)로 주목을 받은 페데르센(H. Pedersen) 등 기라성(綺羅星) 같은 언어학자들을 배출하였다.

코펜하겐학파(Copenhagen school)는 이러한 찬란한 덴마크 언어학의 전통을 등에 업고 수도인 코펜하겐(Köbenhavn)에서 1934년에 '쾨벤하운 언어학 서클(Cercle Linguistique de Köbenhavn)'이란 이름의 단체를 결성하였다. 학회가 결성되면서 바로 기관지 '*Bulletin du Cercle Linguistique de Copenhague (CLC)*'를 창간하였다.

이어서 '*Travaux du Cercle Linguistique de Copenhague (TCLC)*'가 1944년에 발간되었는데 유럽 언어학계에서 특히 제5호에 '구조 연구(Recherches structurales)'를 주제로 한 특집호(1949)가 특히 주목을 받았다. 이와 더불어 덴마크의 코펜하겐에서 언어 연구의 학술지인 '*Acta Linguitica (Hafniensia)*'도 1939년에 창간되어 학계에 널리 알려졌다.

코펜하겐학파를 결성하는데 주도적 역할을 것은 브뢴달(Viggo Brøndal, 1887~1942)과 에름스레우(Louis Hjelmslev, 1899~1965)이다. 그 후에 H. J. Uldall, E. Fischer-Jørgensen, K. Togeby, H. Vogt 등이 후속학자로서 활약하였고 뒤를 이어 많은 연구자들이 언어 연구에

괄목할 업적을 내었으나 이들의 연구는 너무 독창적인데다가 모두 덴마크어로 쓰였기 때문에 서구(西歐)의 언어학계에 즉시 전달되지는 못하였다.

그러나 점차 이들의 연구가 서구(西歐)와 미국에도 알려져서 Wells(1947)의 "언어학의 소쉬르 체계"라는 논문을 쓴 웰스(R. S. Wells), <성층문법 개요>(Lamb, 1966)를 써서 널리 알려진 램(S. M. Lamb), <언어학의 방법과 이론>(Garvin ed., 1970)의 을 편집한 가빈(P. Garvin) 등에 의해서 코펜하겐학파의 이론이 소개되고 이용되었다.

코펜하겐학파의 중추인물로 새로운 언어 이론을 제기한 에름스레우(L. Hjelmslev)는 자신의 언어 연구 방법을 언어대수학(代數學, algebra of language)이라 부르면서 기왕의 언어 연구와 차별화를 기하려 하였다. 뿐만 아니라 자신들의 언어 연구를 희랍어의 'γλῶσσα (glossa, language)'에서 온 '언리학(言理學, glossematics)으로 불렀다. 이 절(節)에서는 이에 대하여 살펴보기로 한다.

1) 에름스레우(Hjelmslev)의 언리학(言理學)

5.4.1.0. 1937년 페데르센(H. Pedersen)의 후임으로 코펜하겐대학의 비교언어학 교수가 된 에름스레우(L. Hjelmslev)는 그의 주저 Hjelmslev(1943) <언어 이론을 위한 서언>을 출판하면서 언리학(言理學, glossematics)이라는 신 개념의 언어학을 주창(主唱)하였다.

Hjelmslev(1943)는 Whitfield tr.(1953, 증보 1961)으로 영역(英譯)되어 구미(歐美) 학계에 알려지게 되었다. 에름스레우는 이 책에서 소쉬르 언어학을 어떻게 계승하고 발전시켜 왔는가를 역사적 관점에서 고찰하고 그만의 독특한 용어로 설명하였다. 따라서 우리의 언어학적 용어로서는 이해하기 어려운 면이 많은 책이다.

Hjelmslev(1943)에서는 언어에 관한 새로운 이론, 또는 혁신적인 이론을 창조하기 위해서는 '과거를 잊는 것', 즉 종래의 언어학의 방식에서 보이는 제약이나 방법에서 해방되어야함을 강조하였다(Hjelmslev, 1943; Whitfield tr., 1961:7). 그러나 현대 언어학의 개척자로서 소쉬르(F. de Saussure)를 무시하지 않고 오히려 그의 이론을 계승한 학자, 또는 학파로 보아서 코펜하겐학파를 신 소쉬르주의 학파(Neo-Saussurianism)라고 부르기도 한다.

5.4.1.1. 소쉬르에 의한 몇 가지 이분법(二分法) 가운데 에름스레우(L. Hjelmslev)가 특히

중요하게 여긴 것은 "언어는 형식(形式)이지 실질(實質)이 아니다"라는 것이었다. 즉, 언어를 형식 대 실질로 이분(二分)하고 형식을 좀 더 중시한 것이다.

언어 연구에서는 형식이 선행하고 실질은 형식과의 관계로만 존재한다고 보는 원칙이 에름스레우와 코펜하겐학파의 일관된 핵심 주제였다. "어떤 언어의 요소들 사이에는 의존 관계가 존재하며 그것 때문에 '언어에서는 하나의 요소가 다른 요소 없이는 소유할 수 없다'라는 것이 소쉬르 이래로 자주 주장되었다. 소쉬르가 어디서든지 '관계(rapports)'를 찾고 언어는 형식이고 실질이 아님을 강조한 것도 언어에서 의존관계를 우위로 보았기 때문임은 만사 분명한 일이다"(Hjelmslev, 1943; Whitfield tr., 1961:23, 필자 초역)라고 에름스레우가 언급한 것을 보더라도 형식이 우선이고 실질은 다음임을 알 수 있다.

위의 인용문에서 볼 수 있듯이 에름스레우(L. Hjelmslev)는 소쉬르(F. de Saussure)의 '형식'을 '관계', 특히 '의존관계'와 동의(同義)로 해석하고 이로부터 그의 연구는 시작한 것임을 알 수 있다. 여기서 관계라는 것은 쉽게 설명하기가 어려움으로 다음의 예들을 들어 이해를 도울 수가 있다.

예를 영어에서 들면 자음과 모음의 존재는 "만일 자음이 있는 음절이 존재한다면 그때에는 하나의 모음도 존재함이 틀림없다"라고 할 수 있다. 또 라틴어의 문법에서 "만일 형용사의 대격 단수의 여성형이 존재한다면 그 때에는 명사의 대격 단수의 여성형도 존재함이 틀림없다"가 된다.

이 두 예를 보면 전혀 다른 언어에서도 음성이나 문법에서 보이는 언어 요소들의 관계가 "만일 X가 존재한다면 그 때에는 Y도 존재함이 틀림없다"라는 표현으로 통일할 수 있다. 에름스레우는 의존 관계를 상호 의존(interdependence)과 일방 의존(determination), 그리고 상호 무의존(constellation)의 세 가지 서로 다른 종류로 나누었다.

상호 의존은 X와 Y가 서로 상대를 예측할 수 있는 경우이고 일방 의존은 X가 Y를, 또는 Y가 X를 예측할 수 있지만 그 반대는 성립되지 않는 경우를 말한다. 앞에 든 영어의 자음과 모음, 그리고 라틴어의 형용사에서 보이는 예들은 이런 일방 의존의 예들이다. 마지막 상호 무의존의 관계는 X와 Y가 서로 상대를 예측할 수 없이 공존하는 경우다.

에름스레우(L. Hjelmslev)는 이러한 세 가지 의존 관계를 중심으로 하고 여기에 다시 상세한 관계를 구성해서 그의 총화(總和)에 의해서 언어의 제(諸) 요소를 정의하고 통일하려고 하였다. 언어의 여러 요소에 대한 실질(實質)은 그 다음에 논의하는 것이라고 본 것이다.

5.4.1.2. 언리학(言理學)은 이러한 형식 우선주의를 취하여 종래에 언어 요소의 실질, 즉 의미를 분석하는 것을 기점으로 하여 그 결합이나 분류를 찾으려던 언어 연구법을 근본적으로 바꾼 연구 태도라고 할 수 있다. 종래의 언어 연구법은 결국 인접 과학, 예를 들면 문학, 철학, 논리학, 심리학의 도구로서 봉사할 뿐이고 언어 그 자체에 대한 연구는 아니라는 것이다.

에름스레우는 종래의 언어 연구법이 언어 자체에 대한 외재적인(transcendent) 지식을 제공할 뿐이라고 보았다. 따라서 당장 필요한 언어 연구법은 우선 언어의 여러 요소들 간에 존재하는 관계를 확립하는 것에서 출발하여 독자적인 언어 연구법을 발견하는 것임을 강조하였다. 그러므로 종래 무시되어 왔던 언어의 내재적인(immanent) 지식을 획득하기 위한 가능한 연구법을 마련해야 한다고 주장하였다.

스웨덴의 언어학자로 우리에게 Malmberg(1959)의 <언어학의 새 경향>으로 알려진 마름버그(B. Malmberg)는 에름스레우(L. Hjelmslev)의 이러한 태도에 대하여 다음과 같이 평가하였다.

> 에름스레우는 전통적인 언어학이 언어 외적인 것을 전제로 하여 이 전제에 근거하여 구성되었다고 보고 있었다. - 고대중세에 있어서는 논리적이고 규범적인 전제에 의한 것이고 19세기의 여러 학파는 역사적 전제에 근거한 것이며 발전이 있었다면 최근에는 심리학적이고 사회학직인 전제에 의존하였다는 점이다. - 그렇기 때문에 어느 누구도 언어 그 자체를 기술하는데 성공한 것은 없었다. 언어는 언제나 그 자체의 것이 아닌 기준에 근거하여 고찰되어 왔다. 지금까지 언어학은 '외재적'인 언어학이었으며 에름스레우는 이것을 대신하여 '내재적'인 언어학을 수립을 목표로 하였다. Malmberg(1959), 인용은 Carney tr.,(1964:143)에서 필자 초역.

에름스레우(L. Hjelmslev)에게 종래의 언어학은 언어의 외재적인 지식에 의하여 연구되었음으로 자신은 언어의 내재적인 지식으로 연구하겠다는 주장은 언어의 표현과 내용의 문제에 귀착하게 된다. 소쉬르는 그의 Saussure(1916) <일반언어학 강의>에서 언어 기호, 또는 말에 나타난 의미는 음성(son)과 사유(思惟, pensée)의 신비적이라고도 할 수 있도록 결합하고 호응한 것으로 보았던 것과 일맥상통한다.

이에 대하여 소쉬르는 다음과 같이 말한다.

La pensée, chaotique de sa nature, est forcée de se préciser en se décomposant. Il n'y a donc ni mastérialisation des pensée, ni spiritualisation des sons, mais il s'agit de ce fait en quelque sorte mystérieux, que la [pensés-son] implique des divisions et que la langue élabore ses unités en se constituant entre deux masses amorphes. Saussure (1949:156).

- 사유는 본래 혼돈스러운 것이지만 그를 분해하는 과정은 명확할 수가 없다. 사유의 실질화가 이루어지지 않고는 음성의 정신화가 이루어지지 않는다. 얼마간의 신비적인 사실이 있지만 [사유-음성]의 구분을 내재하고 있고 언어가 둘의 무정형과 고정의 사이에 있어서 조립하기 어려운 단위들을 찾아내야 한다. 필자 초역.

음성과 사유의 신비스런 결합을 구분하는 것은 소쉬르(F. de Saussure)에 의하면 병행하는 형식과 의미를 분별하는 일이다. 이를 소쉬르는 앞의 5.1.2.2.에서 논의한 소기(所記, signifié, signified)와 능기(能記, signifiant, signifier)라는 새로운 용어로 설명하였다. 에름스레우는 이에 대하여 후자의 능기(能記)를 표현(expression)이라 하고 전자의 소기(所記)를 내용(content)로 보았다.

5.4.1.3. 에름스레우(L. Hjelmslev)의 표현은 그가 중요시한 언어의 형식을 말한다. 능기와 소기를 언어의 형식과 내용으로 구분한 것은 이것이 단순한 용어의 변경이 아니라 여러 언어의 실상에서 양자를 받아드리는 태도의 차이를 말한다.

에름스레우는 표현-내용에 있어서 표현의 자의성(恣意性)에 주목하였다. 그는 각 언어의 내용을 다른 언어와 비교 분석하여 그에 대한 표현, 즉 형식이 얼마나 자의적인가를 지적하였다. 즉, 덴마크어의 'jeg véd det ikke(나는 모른다)'에 대하여 다른 인구어에서는 형식, 즉 표현은 다음과 같이 전혀 다름을 지적하였다

덴마크어　　- jeg véd det ikke
영어　　　　- I do not know
프랑스어　　- Je ne sais pas
핀란드어　　- en tiedä
에스키모어　- naruvara

이들은 표현뿐만 다른 것이 아니라 문법에서도 일치하지 않는 것이 많다. 덴마크어에서

첫 'jeg (I)'에 후속하는 'véd (know, 직설법 현재형)'가 오고 이어서 목적어 'det (it)'가 온 다음에 마지막에 부정의 'ikke (not)'가 온 것이다. 영어로는 'I know it not'이 된다. 영어에서는 덴마크어의 'véd'와 같은 직설법 현재형의 동사도 따로 구분되지 않는다. 같은 인구어임에도 이러한 문법적 차이가 발견된다.

문법에서 더 자의적인 것은 인구어가 아닌 에스키모어의 'naruvara (I don't know)'에서 발견된다. 이 말은 어근 'nalo (ignorance)'에서 파생한 동사형에다가 제1인칭 주어와 제3인칭 목적어가 붙은 형태다. 영어로 보면 'not-knowing-am-I-it'의 어순이다. 형식은 물론 어순조차 다름을 알 수 있다.

이에 대한 한국어도 '모른다[morinda (I don't know)]'는 '모르-(mori-, ignorance)'에 현재시제의 /-ㄴ[n]/과 종결어미 '-다-(-d-a, sentence final ending)'가 결합된 형식이어서 주어와 목적어가 생략되었다.

이러한 비교를 통해서 분명해지는 것은 각 언어의 내용은 그 모양도 담는 그릇도 제각각이라 무정형(無定形)의 색채(色彩) 스펙트럼(color spectrum)에 따라 서로 다른 분할법이 있다는 것이다. 에름스레우에 의하면 각 언어에서 다른 분석 방법을 취하지 않을 수 없는 것은 내용, 즉, 좀 더 정확하게 말하자면 내용으로 구현되기 이전의 의도, 또는 의미(purport)가 모든 언어에서 다르기 때문이라고 하여 각 언어는 독자적인 의미 체계를 가지고 있음을 강조하였다(Hjelmslev. 1943; Whitfield tr., 1953:51).

의도, 즉 언어의 의미는 각 언어의 내적인 구조인 형식과 직결되어있다. 에름스레우는 "언어 내용에는 특정의 형식으로서 '내용형식(content-form)'이 있고 그것은 의미와는 독립해서 서로 자의적(恣意的)인 관계에 있으며 그래도 의미는 '내용 실질(content-substance)'로서 구현시킨다."(Hjelmslev.1943; Whitfield tr.,1953:52)라고 하였다.

5.4.1.4. 같은 모양의 비교분석은 내용면만이 아니라 표현 면에서도 이루어진다. 모음의 연속체(continuum)는 색채 스펙트럼과 같이 무한정이고 무정형이지만 각 언어에 의해서 모음 간의 경계와 수효는 다르게 결정되었다.

에스키모어에서는 모음이 /i, u, ɑ/의 세 영역밖에 없지만 많은 유럽의 언어에서는 [i]가 보다 좁은 [i]와 [e]로, [u]는 보다 좁은 [u]와 [o]로, 세분되어 5개의 영역이 된다. 이것들도 언어에 따라 더욱 세분되어 원순(rounded)과 비원순 모음(unrounded vowel)으로 나뉘거나 중모음(mid vowel)을 고모음(high vowel)과 저모음(low vowel) 사이에 넣기도 한다. 내용면과 똑 같은 고찰이 가능한 것이다.

모음의 연속체로서의 음성의 의미는 각 언어에 있어서 음이 다른 분할법(分割法), 즉 '표현 형식(expression-form)'과 서로 대립하고 있으며 또 표현 형식에 의해서 실제로 '표현 실질(expression-substance)'로 구현되고 또 이것으로 규제된다고 보는 것이다(Hjelmslev. 1943; Whitfield tr., 1953:56).

소쉬르와 에름스레우는 모두 언어에서 사유(思惟)와 음성(音聲), 또는 내용과 표현과의 발생 단계를 중시하고 이원론(二元論)에 입각하고 있다는 공통점이 있으나 소쉬르는 소기(所記)와 능기(能記)와의 양면성을 지적하는데 그친 것에 비하여 에름스레우는 그 형식주의, 관계주의를 강조하는 입장에서 내용과 형식을 보다 심층적으로 고찰하였다.

내용과 표현에 관해서 각각 형식과 실질과의 관계를 찾은 결과 네 개의 요인이 있음을 지적하였다. 그리하여 이 네 요인에 근거하여 언어에만 존재하는 고유한 사차원적(四次元的) 영역을 만들어 보였다. 다시 말하면 에름스레우는 두 개의 상이한 실질(음성 문자와 의미)을 각각 상이한 형식, 또는 틀에 의해서 조직화하였다고 보아야 한다.

2) 언리학(glossematics)의 확립

5.4.2.0. 앞에서 고찰한 언어 연구 방법으로 에름스레우(L. Hjelmslev)가 짜서 완성한 언어학의 틀은 표현 형식과 내용 형식으로 나누어 후자는 형태론과 통사론이고 전자는 음운론으로 영역을 정하여 이 틀 속에서 언어를 고찰하는 방법을 핵심으로 삼았다.

그리하여 음운과 형태, 통사와의 관련, 또는 상호 기능을 연구 주제로 삼았고 에름스레우는 이러한 상호 기능을 '기호 기능(sign function)'이라 부르면서 이러한 음운과 형태, 통사의 상호 기능, 상호 관련을 해명하는 것이 그의 언리학(言理學)의 연구 목표라고 하였다. 반면에 표현 형식의 실질은 음성이며 내용 형식의 실질은 의미어서 후자는 의미론, 전자는 음성학의 영역으로 구분한다.

그리하여 에름스레우는 언어학을 다음과 같이 정의한다.

언어학은 음성학, 또는 현상학적 전제에 의하지 말고 표현의 과학으로 수립되어야 한다.
목적론적이거나 현상학적인 전제에 의거하지 않은 - 물론 모든 과학이 의존하는 인식론적인 전제는 뺄 수 없지만- 내용의 과학을 수립하지 않으면 안 된다. 이러한 언어학은 전통적인 언어학과 준별(峻別)되어야 하며 그 표현에 대한 과학은 음성학이 아니어야 하고 그 내용에 대한 과학도 의미론이 아니다. 이러한 과학은 언어대수학(代數學, algebra of language)이라고 할 것이며 그것은 명칭이 없는, 즉 자연계에서는 적합한 명칭을 갖지 않는 자의적으로 붙인 명칭을 가진 실체를[15] 대상으로서 조작하는 것이고 그것은 실질(實質)과 직면하면서 처음으로 동기가 붙여진 명명(命名)이 되는 것이다(Hjelmslev. 1943; Whitfield tr.,1953:79).

이 인용문에서 볼 수 있는 것처럼 언어대수학(代數學)으로 완성시킨 전혀 새로운 자신들의 언어학을 종래의 것과 구별하기 위하여 희랍어의 'γλώσσα (glossa, language)'에서 온 '언리학(言理學. glossematics)'이란 용어를 에름스레우와 코펜하겐학파의 인물들이 새로 만든 것이다.

5.4.2.1. 에름스레우로서는 언리학(言理學)이 가진 고도의 추상성, 수학성에 대하여 과학으로서 자기 규제라는 관점에서 경험적 자료(empirical data)에 의거하여 이 이론을 점검하고 검증할 필요성을 크게 느꼈을 것임은 두 말할 필요도 없다. 이론만으로 연구를 진전시킬 경우 순환론(循環論)에 빠지기 쉬운 위험이 있기 때문이다.

언리학(言理學)을 입증(立證)하기 위하여 에름스레우가 가진 고유한 연구법을 언급하지 않을 수 없다. 그것으로 그가 제안한 언리학으로의 보다 깊은 이해가 가능하다고 보기 때문이다. 일반적으로 종래의 언어학에서는 이론의 구축을 경험적 자료에 근거해야 한다고 하여 이론과 연구 대상과의 사이에는 대상이 이론을 한정하고 규제하는 그런 관계가 인정되어 왔다.

에름스레우는 이러한 연구 방법에 대하여 독작적인 고찰을 행하고 있어서 다음과 같이 자신의 주장을 밝혀놓았다.

① 우리들의 이론은 어떠한 경험으로부터도 독립되어 있다. 그 자체는 경험적인 자료로의 적용이라든지 관련의 가능성에 대하여 조금도 언급하지 않는다. 그것에는 실재(實在)에 관한 공리(公理)는 일체 포함되지 않았고 종래 순수하게 연역적 체계라고 칭해져 온 것만을 형성한다. 즉, 이 이론은 여러 전제에서 생기는 가능성의 수효를 계산하는(compute) 것에 사용할 뿐이다.

---

15   예를 들면 代數學에서 기호화된 實數와 같은 것을 말할 것이다.

② 이론연구자라면 어떤 특정한 전제를 - 그 적용 조건을 충족하고 있다는 것을 지금까지의 경험을 통해서 잘 알고 있는 전제를 - 어떤 특정한 경험적 자료에 적용할 수 있으면 그 이론은 도입한다. 이러한 전제는 최대한의 일반성을 갖추고 있고 따라서 최대한의 경험적 자료로의 적용 조건을 채울 수가 있다(Hjelmslev. 1943; Whitfield tr.,1953:14).

이 인용문에서 언급된 에름스레우 자신의 이론에 대한 두 개의 특징 중에 ①은 이론의 자의성(arbitrariness), ②는 그 타당성(appropriateness)을 지적한 것이다. 이 두 기준에 의해서 뒷받침되거나 제한되는 것은 종래의 언어학에 비하여 언리학의 특색을 잘 보여준다.

즉, 자의성이란 것은 언어 연구를 대수학(代數學)으로 본 것이며 타당성이란 것은 그것이 경험적이라는 것이다. 경험적인 언어 자료는 그 언어 이론 자체를 강하게 하거나 약하게 하지 않고 다만 그 언어 이론에 이를 적용하는 것에만 관여함으로써 그 이론의 객관성을 높인다는 것이다.

5.4.2.2. 촘스키(N. Chomsky)는 에름스레우(L. Hjelmslev)의 자의성(恣意性)에 상당하는 것이 자신의 '일반성 조건(condition of generality)'(Chomsky, 1957:50의 note)이고 또한 '내적인 정당화(internal justification)'(Chomsky, 1965)로 보았다. 그리고 그의 타당성(妥當性)은 '외적충분조건(external condition adequacy)'이고 '외적인 정당화(external justification)'라고 한다 (Chomsky, 1965).

두 사람 모두 언어 이론을 확립하기 위하여 대비적이라고도 할 만한 두 개의 기준을 설정할 필요를 인정한 것이다. 예름스레우의 이론을 입증하기 위한 관점에서 보면 그의 방법론은 경험주의의 원리나 경험 원리(empirical principle)에서 찾으려고 한 것이라는 사실은 널리 알려진 것이다.

이와 같은 방법론의 요청으로 설정된 언어학은 종래의 언어 철학적인 성격에서 벗어나서 그 과학성을 일층 강화할 수가 있었다. 예름스레우는 경험주의의 원리에 따라 언어 분석과 기술(記述)의 엄정성을 중시했다. 그리하여 다음과 같이 언급하였다.

언어 기술은 자기모순이 없을 것, 즉 이로(理路) 일관(一貫)할 것(self-consistent), 완전히 포괄적일 것(exhaustive), 가능한 간결할 것(simple)이 요구된다. 자기모순이 없는 요구는 포괄적인 기술이라는 요구를 우선하고 포괄적인 기술의 요구는 간결한 것을 우선한다(Hjelmslev. 1943; Whitfield tr., 1953:11).

이와 같이 언어 기술에서 엄정한 원칙을 중요시하는 경향은 현대 언어학의 연구 방법에 커다란 영향을 주었다.

5.4.2.3. 언리학(言理學)의 언어 연구 방법 중에서 가장 기본적이며 경험주의적이라고 말할 수 있는 것은 교환(交換)에 의한 조작(操作)이라고 하는 교환 테스트(commutation test)이다. 이것은 "한 면에 있어서 어떤 [상관적] 사항이 다른 면에서의 [상관적] 사항과 관련을 갖고 있다"(Hjelmslev. 1943; Whitfield tr., 1953:73)라고 하는 정의로 설명할 수 있다.

이 간결한 정의 안에는 '상호적이면 또 병행적인 표현과 내용과를 결합하는 것이 다름 아닌 교환테스트다'라는 것과 '이 양면 사이에 어떤 관련을 갖는 것은 불변체(invarient), 즉 변별적 요인이고 변이체(varient), 즉 변별적인 아닌 요인이다'는 것이 들어있다. 그리고 또 '교환테스트는 표현에서 내용으로 향해서 관련의 유무를 점검하는 것과 똑 같이 내용에서 표현으로 향해서도 관련의 유무를 점검하는 것'이라는 뜻도 들어 있다.

표현에서 교환 테스트의 예를 들어보면 영어에서 'pat(살짝 건드리기), lad(젊은이), tan(껍질)'의 세 낱말에서 /a/를 /e/로 바꾸어 'pet(애완동물), led(끌린), ten(열)'과 같이 내용에서 전혀 다르게 된다. 영어에 있어서 교환이 가능한 음성 단위로 /e/와 /a/는 표현소(表現素, ceneme)가 되는 것이다. 여기서 표현소(ceneme)는 음소가 가진 음성적 자질을 피하기 위하여 쓰이는 형식적 단위가 된다.

내용에서 교환 테스트는 영어의 'she(그녀)-sheep(암양)', 'she-horse(암말)'은 역시 의미 내용소(plereme)로 'she-gender(여성)'을 'he-gender(남성)'와 교환하여 보면 표현에서는 'sheep'에 대하여 'ram(숫양)', 'horse'에 대해서 '숫말(stallion)'이 선택되어 여기서 새로운 관련이 성립된다.

따라서 'she-gender'와 'he-gender'와는 영어에서 교환이 가능한 의미 단위, 즉 내용소(plereme)가 되는데 여기서 내용소란 형태소가 가진 의미적 실질을 피하기 위하여 쓰이면 형식적 단위가 된다. 내용에 있어서 교환테스트의 활용은 종래의 언어 연구에서는 전혀 볼 수 없었다. 이것은 예름스레우 자신의 새롭게 개척한 분야라고 볼 수밖에 없다.

표현에서도 똑 같이 매우 제한된 수효의 언어 단위로서 내용소(內容素)는 무한하다고 말할 수밖에 없는 의미 현상을 분석해서 환원하는 것이 그 목표였고 이상(理想)이라고 할 것이다. 예름스레우(L. Hjelmslev)가 의미를 분석하는 방법은 현대 언어학에 커다란 영향을 준 것은 말할 것도 없다.

5.4.2.4. 교환테스트는 언어 단위와 그것이 구성하는 여러 범위의 종류를 발견하고 그 수효를 결정하는 것이어서 언어 분석을 위한 발견의 수순(discovery procedure)이라고 하는 점(Hjelmslev. 1943; Whitfield tr.,1953:17)을 살펴보면 다음에 논의할 미국의 구조언어학, 특히 신 블룸필드학파에서 분포주의를 발견 수순으로 하는 것과 공통된 점이 있다고 할 것이다.

무엇보다도 미국의 분포주의를 교환테스트와 비교하여 보면 표현으로부터 교환테스트를 한정하고 있으며 더욱이 엄격하게 의미와의 어떤 의존 관계도 고려하지 않고 완전히 언어 형태에 의거하여 분포에 의한 상호작용(interplay)만을 철저하게 기준으로 한다는 면에서 서로 유사한 면이 많다.

이 방법으로 각 언어의 서로 다른 무한한 내용의 분할법(分割法)을 분명하게 할 수 있다. 이러한 분할법은 각 언어의 내적 구조의 이동(異同)을 비교하여 얻을 수 있다. 유럽의 언어학자들 가운데는 이런 점에서 오히려 미국의 구조언어학의 분포주의야 말로 극단적으로 추상적이며 기계적인 방법이라고 보는 사람도 있다(Leroy, 1963; G. Price tr., 1967:80~81).

음소의 정의에서도 이러한 그의 생각이 깔려있다. 그는 언어가 자연적으로 명명된 것이 아니라 자의적인 명명 단위들로 이루어져 있어서 언어학은 이러한 언어 단위의 대수학(代數學, algebra)이어야 한다고 주장하였다. 그리하여 음소는 "인간의 언술(言述, utterance)을 직접 구성요소(immediate constituent)로 분할하고 또 분할해서 얻어진 최종의 구성요소"라고 하였다.

더 이상의 분할이 불가능한 구극(究極)적인 요소인가를 판별하는데는 치환(commutation)의 방법을 쓸 수가 있다고 주장하였다. 다만 경험과 관계 없이 어떤 언어의 택스트를 단순한 분할에 의해서 구극적인 요소로 추출할 수 있는지는 의문의 여지가 있다. 이러한 그의 음소에 대한 정의는 대수학적 관점(the algebric view)이라 하고 후대의 트루베츠코이에 영향을 주었다.

5.4.2.5. 아무튼 언어대수학으로서 고도의 추상성을 가진 언리학(言理學)은 이와 같은 구체적이고 경험주의적인 기반을 가진 것이 반대로 이 새로운 언어학의 특색이어서 이에 대한 비판도 이런 견지에서 다시 살펴보아야 할 것이다. 덮어놓고 비상식적인 추상적 연구라고 매도할 것만은 아니다.

언리학의 당면 목표가 언어 이론의 구축에 있으며 그러한 연구 활동의 주력(主力)이 이론의 확립을 서론의 단계이므로 이를 음용한 구체적 결과가 부족한 것은 당연하다고 본다.

그런 의미에서 Togeby(1951)의 "프랑스어의 내적 구조"라는 논문에서 코펜하겐학파의 토게비(K. Togeby)가 프랑스어의 음운, 형태에 언리학적인 분석법을 응용한 것은 특기할 만한 성과라고 할 수 있다.

그는 이 연구 논문에서 프랑스어의 음운과 형태에 대하여 프라하학파의 연구, 그리고 미국 블룸필드학파의 연구 방법과 더불어 예름수레우의 언리학적인 방법도 함께 고찰하였다. 그는 프랑스어와 같이 이미 정서법을 갖고 있는 다른 유럽의 여러 언어들의 연구에서 종래의 분석 방법을 비판하고 새로운 언리학적이 분할법(分割法)을 활용하려는 노력은 이제부터 주목할 만한 일이라고 아니 할 수 없다.

5. 미국의 구조주의 언어 연구

5.5.0. 미국의 구조주의 언어학은 소위 언어학의 미국학파(American school)의 연구를 중심으로 19세기말부터 20세기에 걸쳐 아메리카대륙에서 이루어진 언어 연구를 말한다. 19세기에 미국에서 이루어진 언어 연구는 주로 역사도 기원도 알 수 없고 한 번도 문자로 정착한 일이 없는 아메리카 인디언의 언어를 연구하는 것으로 시작한다.

미국언어학의 시작은 19세기말로 거슬러 올라가지만 실제로는 1925년에 미국 언어학회가 창립된 이후의 언어 연구를 말하기도 한다. 특히 제1차, 2차 세계대전으로 유럽의 학문 활동이 극도로 위축되었을 때에도 미국은 독자적인 언어 연구를 지속할 수 있었다. 그리하여 유럽의 프라하학파와 코펜하겐학파 등과 어깨를 겨누는 높은 수준의 언어 연구가 미국의 신대륙에서 이루어졌다.

미국의 언어학은 20세기 후반에는 오히려 유럽을 능가하는 언어학의 우이(牛耳)를 잡았다고 평가할 정도로 발달하였다. 그리하여 졸저(2022)의 <언어학사로 본 20세기까지의 한국어 연구사>에서는 다음과 같은 말로 미국의 구조언어학을 소개하였다.

유럽의 구조주의 언어 연구는 대서양을 건너 미국에도 영향을 주었다. 미국의 구조주의(structura -lism) 언어학은 유럽의 그것과 별도로 전개되었다고 본다. 소쉬르(Saussure, 1916) 언어학의 영향을 받지 않았다고는 할 수 없으나 미국의 언어학은 여러 언어를 기술하며 그것으로부터 얻어낸 결과로부터 언어 이론을 발달시켰다는 점은 유럽의 언어학에서 찾아 볼 수 없는 경향이다.

　　미국의 언어학은 보아스(Franz Boas, 1858~1942)의 인류학적 전통에 의거하여 독자적으로 언어를 연구했다. 보아스는 『아메리카 인디언의 언어 편람(Handbook of American Indian Languages)』(Boas, 1911)를 출판하여 미국 인디언의 여러 언어를 인류학적인 측면에서 고찰하였다. 오늘날 미국의 인류학자, 그리고 언어학자들은 그들의 연구가 모두 보아스로 소급된다.

　　미국의 구조주의 언어학은 사피어(Edward Sapir, 1884~1939)와 블룸필드(Leonard Bloomfield, 1884~1939)에서 시작된 것으로 본다. 당시 미국의 구조주의 언어 연구에서 이 두 사람의 영향을 받지 않은 사람은 거의 없었다고 해도 과언이 아니다. 특히 이 두 사람이 활약한 30여 년은 미국 언어학의 최성기라고 할 수 있었다. 졸저(2022:236).

이렇게 한국에 본격적으로 소개된 미국의 구조언어학은 미국의 평화(Pax Americana)에 힘입어 오늘날 세계 언어학계를 주도하고 있다. 이제 이에 대하여 살펴보기로 한다.

1) 미국 구조언어학의 태동(胎動)과 확립

　　5.5.1.0. 일반적으로 미국의 언어학은 휘트니(William D. Whitney, 1827~1894)로부터 시작한다고 보는 것이 상식이다. 산스크리트어 전공자인 휘트니는 언어학에 대한 개설서도 전혀 없었던 19세기 후반의 미국에서 언어의 본질과 그 변화에 대하여 두 개의 저서, Whitney(1867)의 <언어와 언어 연구>와 Whitney(1875)의 <언어의 일생과 성장>을 발간하였다.

　　소쉬르(F. de Saussure)도 휘트니의 현대 언어학에 끼친 그의 공헌을 인정하고 "Une première impulsion fut donnée par l'Americain Whitney, l'auteur de la Vie du langage. - 최초의 자극은 '언어의 생애'라는 책의 저자인 휘트니로부터 받았다."(Saussure, 1949:18)라고 적을 정도로 그의 연구는 획기적인 것이었다.

　　비교언어학자로서 휘트니(W. D. Whitney)는 인류의 언어가 문명어(文明語)와 미개어(未開語), 문어(文語)와 구어(口語), 또 표준어와 방언 사이에 전통적으로 뿌리 깊은 차별관, 가치론이 있기 때문에 언어과학의 중요한 목표의 하나는 이를 타파하는 것이라고 주장하였다. 희랍과 로마 이래로 전통적인 언어 연구에 대한 반발로 볼 수 있는 이러한 주장은 후대에 미국 언어학을 지탱하는 원동력이 되었다.

그러나 산스크리트어를 전공한 휘트니의 언어 이론이 유럽에서의 역사비교언어학을 바탕으로 한 것이기 때문에 신대륙에서 새로운 언어 작업, 즉 전술한 바 있는 역사도 기원도 모르는 아메리카 인디언 언어(Amerindian)의 연구와는 직접적으로 연관되지 않는다. 필자가 앞의 졸저(2022)에서 미국 언어학의 시작을 보아스(F. Boas)의 인류학적인 언어 연구로 보았던 이유가 여기에 있다.

5.5.1.1. 유럽의 프러시아에서 태어나서 미국으로 건너간 보아스는 아메리카 인디언의 여러 언어를 현장에서 수집하고 익힌 오래 경험을 통해서 이 언어들에게 유럽에서 전통적으로 사용한 언어 이론, 즉 언어 범주나 문법을 그대로 적용할 수 없음을 깨닫게 된다.

즉, 어떤 언어를 분석해서 기술하는데 있어서는 그 언어 자체가 가진 구조(structure)에 의해야 한다는 사실을 알게 된 것이다. 에를 들면 아메리카 인디언의 언어 가운데 과키우틀(Kwakiutl)어에서 수(number)의 구별은 일어나지 않는다. 영어로 보면 'There is a house'와 'There are houses'의 구별은 이 언어에서 없고 하나뿐이다.

이러한 표현은 다른 아메린디안(Amerindian)에서도 거의 같다. 아싸바스카(Athabaska)어와 하이다(Haida)어에서도 동일하다. 다만 시우어(Siouan)에서 생물의 경우에만 수가 구별된다고 한다. 한국어에서도 수(數)에 대하여 딱히 문법적 구별은 없다. 예를 들면 '새가 있다(there, here is a bird)'에 대한 '새들이 있다(there, here are birds)'는 거의 쓰이지 않는다. 앞의 말로 뒤의 말을 함께 표현한다. 한국어와 일본어에서도 유사하다.

그러나 지시사(指示詞)라고 할 수 있는 낱말의 경우는 영어의 경우 'this, that' 뿐이어서 화자가 가까운 것을 지시할 때는 'this'이고 화자와 떨어져 있을 때는 'that'이지만 과키우틀(Kwakiutl)어에서는 'house'에 다음과 같은 6개의 형태를 찾을 수가 있다.

① The (singular or plural) house visible near me
②   // //   invisible near me
③   // //   visible near thee
④   // ·//   invisible near thee
⑤   // //   visible near him
⑥   // //   invisible near him

          — Boas(1911), Hayden·Alworth·Tate eds. (1968:192).

이와 같은 예를 담은 방대한 아메린디안(Amerindian)의 언어 자료들이 Boas(1911) <아메리카 인디언 언어 편람>의 권1과 2에 수집되어 간행되었다. 그리고 권3이 1938년에 간행되었고 하아스(Mary R. Haas)가 담당한 제4권은 1941년에 간행될 예정이었으나 보아스의 급격한 건강 악화로 중단되었다.

Boas(1911)의 서론(Introduction)에서 보아스는 유럽의 인문주의적 구조언어학에 대하여 미국의 인류학적 구조언어학을 주창(主唱)하고 이러한 경향의 학술지로 그가 주도한 『미국 언어학의 국제지(International Journal of American Linguistics, IJAL)』를 1917년에 창간하여 1939년까지 독일에서 간행하였다.

제2차 세계대전 때에는 중단되었으나 전후에 미국 인디아나(Indiana) 대학에서 보글린(C. F. Voegelin)의 주간(主幹) 아래에 재간되었는데 이미 보아스(F. Boas)는 1942년에 세상을 떠났다. 그러나 그의 영향은 후대의 학자들에게 끼쳤기 때문에 Boas(1911)의 권1과 권2가 간행되고 이어서 *IJAL*가 창간된 때로부터 미국의 구조언어학은 시작되었다고 본다.

5.5.1.2. 각개 언어의 자체적인 구조가 있고 이에 따라 언어는 기술되어야 한다는 보아스(F. Boas)의 주장은 그때까지의 언어 연구에서는 없었던 일이고 이로부터 미국의 독자적인 구조주의 언어학이 탄생한 것으로 보는 것이다.

이러한 경향은 그대로 보아스(F. Boas)의 제자였던 사피어(Edward Sapir, 1884~1939)에 의하여 계승되었고 그와 같은 연배의 블룸필드(Leonard Bloomfield, 1887~1949)에게 전달되어 미국 언어학의 전통이 되었다. 이들에게는 자신들의 언어 연구가 종래의 역사비교언어학과 어떻게 다른가를 밝히는 것이 중요하였다.

이에 대하여 먼저 사피어(E. Sapir)의 언급을 소개하기로 한다.

인도-유럽의 어학자에 의하여 발달한 연구 방법은 그들의 언어군(群)에도 적용되어 현저한 성공을 이루어 왔다. 이 방법은 고도로 문명화된 민족의 일반에게 잘 알려진 언어에 적용하는 것과 똑같이 엄격하게 아프리카나 아메리카의 문자도 없는 미개어(未開語)에도 적용되어 충분하게 분명함을 알 수 있다. [중략] 우리가 원시 언어의 계통에 속하는 여러 언어를 비교 연구하는데 전념하면 할수록 현재의 방언이나 여러 현대어가 공통조어에서 발달한 것이라는 것을 해명하기 위하여 음 법칙의 유추라는 것이 유일한 만족스런 열쇠인 것을 더욱 더 확실하게 알 수 있다. 블룸필드 박사의 중앙 알곤퀴안(Central Algonquan)어의 경험 성과와 내 자신의 아싸바스카(Athabaska)어에 대한 경험 성과라는 것이 비난할 곳이 전혀 없는 것이다.

Sapir(1929:208, 필자 초역).

이를 보면 사피어(E. Sapir)와 블룸필드(L. Bloomfield)는 서로 아메린디안(Amerindian)의 언어를 연구하면서 유럽의 언어학을 적용하고 이를 확인하는 작업에 열중하였음을 알 수 있다. 또한 블룸필드도 역시 역사비교언어학의 연구 방법으로 아메린디안(Amerindian)어를 고찰하기 시작했음을 고백하고 있다.

> Meillet·Cohen(1924)에서 언어 변화의 정상적인 작용이 [아메린디안(Amerindian)의 여러 언어에서] 정지되어 있다는 견해는 폐지되어야 할 것이라고 생각한다. 만일 세계의 어디에서 이러한 언어 작용, 즉 의미와 관계없이 일어나는 음의 변화나 유추의 변화가 일어나지 않은 언어가 있다면 이러한 작용은 인도-유럽어의 역사를 설명하는 것은 물론이고 어떤 언어의 역사도 설명할 수 없게 된다. 음 변화의 규칙성과 같은 원리는 어떤 특정한 언어만의 특정한 전통으로서 새로운 화자에 계승되어가는 것이 아니라 인간 언어의 보편적인 특징이다. 그렇지 않다면 전혀 가치가 없는 것, 하나의 오해가 되고 만다. Bloomfield(1925b:130, note 1).

이처럼 미국 구조언어학은 사피어(E. Sapir)와 블룸필드(L. Bloomfield)에 의해서 미국 아메린디안(Amerindian)의 여러 언어의 연구에 역사비교언어학적 연구 방법을 적용하여 고찰하면서 구축된 것임을 알 수 있다.

5.5.1.3. 그러나 초기 단계의 미국 구조언어학은 유럽 언어 연구의 '연장(延長)'에 지나지 않는 경향이 있었다. 이러한 생각 또는 비판은 유럽에서 소장문법학파와 극단적으로 대립하고 있던 이태리학파에 의해서 특히 현저하게 나타났다.[16]

이태리어파에서는 역사비교언어학 연구 방법의 적용 여부는 이미 해결된 것으로 보고 미국의 언어 연구가 슈미트(I. J. Schmidt)의 파동설(波動說) 이전의 쉴라이허(A. Schleicher)의 언어 계통수설(系統樹說)로 돌아가는 이른바 '쉬하르트 이전(pre-schuchardtino)'(Leroy, 1967:80~81)으로 거슬러 올라가는 것으로 보았다.[17]

미국의 언어 연구를 당시 유럽의 언어학의 발전이나 변천과 비교하여 보면 미국의 언어

---

16 이태리어파는 앞의 4.3.2.3.에서 언급되었다.
17 Schleicher의 계통수설과 Schmit의 파동설, 그리고 Schuchardt에 대하여는 각기 앞의 4.2.1.0.과 4.3.1.2., 그리고 4.3.1.1을 참고할 것.

연구가 늦었던 점은 인정할 수 있다. 그러나 미국에 있어서 역사비교언어학의 활용이나 그 의의는 중요하였다. 왜냐하면 다음의 5.5.4.0.에서 소개할 하계 언어학 연수회(Summer Institute of Linguistics)가 주관하여 성경을 토착민의 언어로 번역하여 복음을 전하는 일도 매우 중요한 일이었기 때문이다. 여기서 당연히 언어의 비교가 이루어질 수밖에 없었다.

유럽에서는 역사비교언어학이 언어지리학과 서로 배타적인 관계에 있었지만 미국에서는 이 둘이 서로 보조적인 관계에 있었다. 즉, 역사적 문헌 자료를 대신하여 언어 실태의 현지 조사가 반드시 필요했고 역사비교언어학에 의거한 추정은 언어지리학의 조사 성과에 기댈 수밖에 다른 방법이 없었기 때문이다.

미국구조언어학의 연구자들 사이에는 소장문법학파(Jung grammatiker)들의 연구에 대하여도 유럽처럼 거의 비판적이지 않았고 오히려 호의적인 태도를 취한 것이다. 소장문법학자들을 '신문법학자(Neo-grammarian)'로 번역한 것을 Hall(1964)에서 이를 '규칙주의자(regularist)'로 부를 것을 제안하였다.

여기서 말하는 '규칙주의자'들은 소장문법학파만이 아니라 역사비교언어학을 창시한 라스크(R, C. Rask), 그림(J. Grimm), 보프(F. Bopp)를 비롯하여 미국 구조언어학의 사피어(E. Sapir), 블룸필드(L. Bloomfield) 및 현대 언어학자로서 음 법칙의 규칙성을 신봉하고 이를 적용하려는 모든 언어학자들을 총칭하는 말이었다(Hall, 1964:305).

미국 언어학자들 사이에는 역사비교언어학과 미국 구조언어학이 일체라고 보려는 경향이 있었고 이러한 전통이 언어 과학(science of language)으로서 미국 언어학의 존재 이유라고 생각한 것 같다.

2) 사피어(Sapir)의 인류학적 연구 방법

5.5.2.0. 역사비교언어학의 연구 방법을 아메린디안(Amerindian)의 여러 언어에 적용하려는 미국의 언어학은 기원도 모르고 역사도 알 수 없으며 한 번도 문자로 정착된 일이 없는 전혀 새로운 언어들을 연구하는 일이었다.

그런 점에서 사피어(E. Sapir)와 블룸필드(L. Bloomfield)는 이러한 언어를 현지 조사하면서 언어의 본질을 찾으려고 했다는 점에서 동일한 연구자라고 할 수 있다. 그리하여 블룸필드를 미국 언어학의 뉴톤(Isaac Newton)이라면 사피어는 라이프니츠(Gottfried Wielhelm

Leibniz)와 같은 역할을 한 것으로 비유되었다(Joos ed., 1957:preface).

5.5.2.1. 미국 구조언어학의 특색으로 사피어(E. Sapir)에 의한 음소론(音素論, phonemics)이 초기에 탄생한 점이다. 그의 Sapir(1925) "언어의 음 패턴"이란 논문에서 음소(phoneme)의 연구란 뜻의 음소론을 제안한 것이다.

이 논문은 미국 언어학회(Linguistic Society of America)가 창립되고 이 학회의 기관지로 간행한 'Language'의 창간호에 실린 것이다. 따라서 이 논문집으로 미국의 구조언어학이 출발한 것으로 보기도 한다. 실제로 이 학회지 'Language'의 창간호에는 Bloomfield (1925a)의 "왜 언어학 연구회인가"라는 미국 언어학회의 선언문과 같은 것이 실렸다.

또 이어서 같은 호에 "중앙 알곤퀴안어의 음 체계"(Bloomfield, 1925b)도 실어서 이 학회지가 무엇을 지향하려는가를 밝혀두었다. 그리하여 이 학회지를 통하여 미국의 구조언어학과 유럽의 음운론(phonology)에 대응하는 음소론(phonemics)의 논문들이 발표되었다. 따라서 미국의 구조언어학을 말할 때에는 이 'language'란 학술지를 빼놓을 수가 없다.

5.5.2.2. 사피어(E. Sapir)는 아메린디안(Amerindian)의 여러 언어를 현지 조사에 의해서 깊이 관찰하고 연구하였다. 특히 젊고 똑똑한 인디언을 정보제공자(informant)로 뽑아 보다 심도 깊은 현지 조사(fieldwork)를 통해서 이들 언어의 정밀한 기술(記述, description)이 가능했던 것이다. 이러한 연구를 통하여 그는 다음과 같은 사실을 발견하였다.

① 언어음의 연구는 본질적으로는 심적(心的) 현상에 속하는 것이다.
② 언어음은 심적(心的)이지만 조직체(system)를 이루고 있다.
③ 모든 원어민(native speaker)은 이러한 심적 조직체를 직관(直觀, intuition)에 의해서 인식한다.

그리하여 Sapir(1925)에서 이에 대하여 다음과 같이 언급하였다.

이 조직체에 속하는 [음의] 각 멤버는 약간의 변동은 있지만 서로 명확하게 구별할 수 있는 조음(articulation)과 그에 상응하는 청각 영상(acoustic image)에 의하여 언어음의 특징을 분명하게 알고 있다. 그러나 그것만이 아니라 또 하나 그 조직체의 모든 멤버로부터 일종의 심리적인 간격(間隔, psychological aloofness)에 - 이 점이 매우 중요하다 - 의해서도 특징을 부여할 수 있다. 어떤 언어의 음성 상호간의 상관적인 간격(間隔)은 통상적으로 음의 정의를 위하여 쓰이는 조음, 또는 청각 영상을 무시하고 그것들의 음(音)의 심리적 정의를 행하기 위해서 필요하다. 다른 음(音)과의 관련에 있어서도 '자리를 잡았다(placed)'라고 무의식 가운데 느끼지 못하는 음(音)은 실제로 언어음의 요소가 아니다. 그렇다고 본다면 다만 다리를 들었다는 것으로 그 동작이 댄스의 정의를 하는데 도움이 되는 다른 동작과 관련을 맺어 '자리를 잡았다'는 것이 아니라면 그것은 댄스의 스텝도 아니라는 것과 같은 것이다. Sapir(1925); 인용은 Mandelbaum ed.(1949:35, 필자 초역).

이 논문의 중간 이후 부분에서 말한 것처럼 어떤 음(音)의 '자리를 잡았다(placed)'라는 것은 일종의 도면(圖面)을 가정하고 있으며 사피어(E. Sapir)는 이 도면에 있어서의 각 음(音)의 배치를 '내적 형태화(inner configuration)'이라고 표현하였다. 여기서 형태화(configuration)는 아마도 패턴(pattern)과 같은 뜻으로 사용한 것으로 보인다.

이와 같은 언어음의 이해는 음소(音素, phoneme)에 대한 정의로 이어져서 미국 음소론(音素論, phonemics)이 이로부터 시작된 것이다. 언어음의 기본 단위로서 음소가 가진 심리적 색채를 엷게 하고 보다 객관적인 단위로서 취급하려는 것이 Sapir(1933)의 "음소의 심리적 존재"라는 논문이다.

사피어(E. Sapir)는 인간의 언어음을 조음적인 음성과 심리적인 음성, 즉 음소로 이분(二分)하여 본 것이다. 이것을 음성과 음운으로 보기도 한다. 그는 이와 같은 이분법(二分法)의 연구 방법을 음성의 연구에 한정하지 않고 어휘, 문법에까지 확장하여 적용하였다.

그의 주저인 Sapir(1921) <언어, *Language*>에서는 이미 어미변화, 접사, 어간의 분석을 외적 형태(outer form)에 의거한 것으로 하고 이에 대한 주어, 술어의 관계, 한정적과 서술적인 귀속의 관계를 내적 형태(inner form)로 구별하였다.

5.5.2.3. 인류학자였던 보아스(F. Boas)의 제자로서 사피어(E. Sapir)는 언어를 그 자체로만 보지 않고 언어와 사고, 언어와 문화, 문예, 제도, 종교 등 인접 영역과의 깊은 관련성을 추구하고 인간 활동의 전반에 걸쳐 언어의 본질을 분명하게 하려고 하였다.

사피어의 인류학적 언어 연구 방법은 H. Hoijer, M. Swadesh, C. Voegelin, B. Whorf 등에 계승되어 발전한다. 특히 '사피어-워프 가설(假說, Sapir-Whorf hypothesis)'로 유명한 이 주장은 사고(思考)에 대하여 언어가 우위(優位)라는 점을 강조한 것이다. 언어가 우리의 사고 양식, 또는 현실 세계를 분할하여 보는 방식에 강한 영향을 미친다고 보는 것이다.

따라서 서로 다른 언어를 사용하는 것은 어떤 의미에서는 전혀 다른 세계에 살고 있다는 것을 말하는 것이라고 보는 것이 '사피어·워프 가설'이다. 다만 이 가설은 두 사람이 공동으로 연구한 것이 아니고 양자의 학설에서 공통점을 찾아 후대의 연구자들이 이름을 붙인 것이다.

이런 연구 태도는 이미 앞의 3.2.3.2.에서 소개한 헤르더(von Herder)와 4.2.1.3.에서 고찰한 훔볼트(W. von Humboldt), 그리고 5.4.1.0.에서 논의한 에름스레우(L. Hjelmslev)에서도 이미 언급한 바 있다. 언어와 사고를 서로 관련하여 고찰한 연구, 특히 언어가 사고보다 우위에 있다는 생각은 많은 언어학자들에게 보이는 하나의 경향이다.

5.5.2.4. 사피어(E. Sapir)의 인류학적인 언어 연구를 계승한 것으로 그의 음소론을 충실하게 있고 발전시킨 것은 파이크(Kenneth L. Pike, 1912~2000)라고 할 수 있다. 파이크는 사피어의 음소론(音素論)에서 음성적인(phonetic) 것과 음소적인(phonemic) 것의 구분을 에틱(etic)과 에믹(emic)의 대립으로 설정하였다.

이에 대하여 졸저(2022)에서는 다음과 같이 이를 구분하였다.

> 'emic'과 'etic'은 Pike의 tagmemics(문법소론)에서 주장된 단위로 emic은 언어 행동을 인간 활동이나 문화 체계 속에서 파악하여 개개의 단위가 구조가 전체 속에서 이루는 역할이나 의미의 면에서 기술하는 것을 말한다. 반면에 etic은 언어 행동을 관찰하고 자료를 수집해서 개개의 물리적 특성을 분석하여 기술하는 방법을 말한다. emic에서 보면 한국어의 '안다'와 '다리'의 'ㄷ'은 서로 같은 것이고 etic에서 보면 이 둘의 'ㄷ'은 서로 다르다. 졸저(2022:78-9의 각주 7).

이러한 구분은 언어를 외면적인 것, 즉 자료로 보는 방법이고 내면적인 것, 기능으로 보는 방법과 대립시켜 음성만이 아니라 널리 인간 행동의 전 분야에 이러한 이분법을 적용하려 한 것이다. 이러한 연구 결과가 파이크에 의하여 저술된 Pike(1967) <인간 행동 구조의 단일화 이론과 관련한 언어>라는 대저(大著)로 발표된다.

그의 주저이기도 한 이 책의 벽두에 사피어(E. Sapir)에게 바치는 헌사(獻辭)에서 사피어가 초기 미국 구조언어학에 끼친 공헌을 아주 간결하게 요약해 두었다. 그에 의하면 사피어는 다음과 같이 평가된다.

[Sapir는] 언어의 음(音) 조직의 '내적 형태화', 즉 음성 상호간을 참고하여 직관적인 자리 잡기에 관한 음성연구의 선구자이고 더욱이 인간의 다른 문화 유형과의 관련성을 기술한 개척자다(Trail blazer in the study of sounds witj reference to 'the inner configuration' of the sound system of a language, the intuitive 'placing' of the sounds with reference to one another', and pioneer in the stating of the relation of language to other cultural patterns of man)(Pike, 1967: preface).

그렇지만 1920년대로부터 1930년대까지 미국 언어학계는 멘탈리즘(mentalism)에 근거한 사피어(E. Sapir)의 구조주의보다 메커니즘(mechanism)에 의거한 블룸필드(L. Bloomfield)의 구조주의에 더 기울어져 있었다. 사피어의 연구는 겨우 후대의 파이크(K. L. Pike)에 의하여 명맥을 유지하고 있었을 뿐이다.

그러다가 1950년대의 후반에 미구 구조언어학이 정체기에 들어가서 반성의 소리가 생기자 다시 사피어의 부흥(Sapir Renaissance)이 꿈틀거리기 시작하였다. 특히 Mandelbaum ed.(1949)의 <사피어 논문 선집>으로 1950년대에 미국 언어학계에 사피어의 논문이 널리 소개된 것도 그의 학문이 다시 조명하게 된 원인(遠因)의 하나가 될 것이다.

3) 블룸필드(Bloomfield)의 과학적 언어학

5.5.3.0. 미국의 구조언어학은 사피어(E. Sapir)와 더불어 블룸필드(L. Bloomfield)를 선조(先祖)로 들고 있으나 앞서 언급한 것처럼 오히려 블룸필드에게 더 기우러져 있었다. 그의 언어 연구는 사피어처럼 음운에 치우쳐 있지 않고 언어학의 여러 분야에 걸쳐 이루어졌기 때문이다.

블룸필드는 앞에서 논의한 소쉬르(F. de Saussure), 트루베츠코이(N. S. Trubetzkoy) 등과 같이 독일에서 소장문법학파가 최성기를 이룬 20세기 초엽에 독일로 유학하여 1913년부터 1914에 걸쳐서 라이프니츠(Leibniz) 대학과 그리고 괴팅겐(Göttingen) 대학에서 브루크만(K. Brugmann), 레스키엔(A. Leskien), 오스토프(H. Osthoff) 등에게서 배웠다.

따라서 블룸필드의 언어에 대한 연구도 역사비교언어학의 기초 이론으로 이루어진 것이다. 그리하여 워터만(J. T. Waterman)은 "야콥 그림(Jacob Grimm)에서 소장문법학파 및 블룸필드에 이르는 계통은 직선적이며 계속적이다"(Waterman, 1963:88)라고 하여 그가 독일의 그림과 소장문법학파와의 일직선상에 놓인 연구자로 인정한 것이다.

특히 블룸필드는 소장문법학파의 레스키엔(A. Leskien)의 가르침에서 많은 영향을 받은 것으로 보인다. 레스키엔은 라트비아어(Latvian), 리투아니아어(Lithuanian)의 연구에 권위자였으며 그를 통하여 블룸필드는 미지의 인도-유럽어, 그리고 비(非) 인도-유럽어의 비교 연구에 문헌 자료가 아닌 음성의 기술적(descriptive) 자료가 중요함을 체득한 것이다.

이러한 학습으로부터 미국의 아메린디안(Amerindian)의 연구에서 기술적 자료를 중심으로 연구하는 계기를 갖게 된다. 인디언의 언어에는 문헌자료가 있을 수 없고 따라서 역사적 연구가 불가능하기 때문에 자연히 공시적이고 음성의 기술 자료에 의존할 수밖에 없게 되었으며 이것이 미국 구조언어학의 특색으로 알려지게 된다.

5.5.3.1. 블룸필드는 미국의 아메린디안(Amerindian) 여러 언어에 대하여 기술(記述) 자료에 의거하여 연구해야 함을 다음과 같이 밝혔다.

> 미국의 여러 언어[아메린디안(Amerindian)]의 연구자들은 기술 자료의 필요성에 대하여 자기기만(欺瞞)에 빠진 것과 무관하지는 않다. 멕시코 이북에서만은 연대가 약해져서 전혀 무관계의 어군(語群)이 존재하고 있고 그 언어들은 훨씬 변화가 풍부하고 여러 가지 구조 형태를 보여주기 때문이다. 참으로 신기(新奇)한 언어 형태를 기록하지 않으면 안 되는 필요에서 철학적인 선입관은 반대로 방해밖에 안 된다는 것을 알게 되었다(Bloomfield, 1933:14).

이 인용문에서 얼마 안 있으면 사멸(死滅)할 아메린디안(Amerindian)의 여러 언어를 기술해서 수집하고 조사할 필요성을 강조하였다. 그로부터 유럽의 언어들과 아무런 관련이 없는 이국어(異國語, exotic languages)의 연구를 통해서 언어의 본질을 밝히려는 노력이 휘트니(W. D. Whitney) 등의 전통적인 미국 언어학파에 대한 반발을 엿볼 수 있다.

블룸필드의 이러한 기술언어학의 연구 방법은 유럽에서 새로운 언어학, 예를 들면 소쉬르(F. de Saussure)의 언어 이론의 영향을 받게 되어 더욱 발전한다. 블룸필드가 소쉬르에 대하여 관심을 가진 것은 Sapir(1921) <언어>에 대한 서평으로 쓴 Bloomfield(1922)에서 처음으로 발견된다. 그 서평에서 소쉬르의 공시 언어학에 대하여 다음과 같이 언급하였다.

> 우리들이 언어의 연구를 역사적 연구에 한정하는 것은 불합리하며 궁극적으로는 방법으로서도 불가능하다는 것을 차차 믿게 되었다. 따라서 사피어 박사가 '통시적' 사항을 다루기

이전에 '공시적' 사항을 먼저 취급해야 하고 전자, 통시적인 것에 준 것과 같은 량의 스페이스를 후자, 공시적인 것에도 주고 있음을 볼 때에 기쁘기 한이 없었다(Bloomfield, 1922:142).

이 인용문에 등장하는 '공시적', 또는 '통시적'이란 술어는 소쉬르(F. de Saussure)의 용어로서 그가 이때에 이미 소쉬르의 이론을 섭렵(涉獵)하고 있었음을 말해준다. 이처럼 19세기 이래로 역사비교언어학의 보조 수단으로 출현한 기술(記述) 언어학이 이때에는 이미 그 종속적인 관계를 벗어나서 대등한 연구 방법으로 공시언어학의 방법으로 자리를 잡은 것이다.

이와 같이 공시적인 기술 언어학과 여기에 덧붙여 소쉬르식의 구조주의가 가미된 것이 미국의 구조언어학이며 기술 자료에 의거한 공시적 언어 연구가 바로 이 미국 언어학파의 핵심적인 특색이라고 할 수 있다.

5.5.3.2. 미국에서 Whitney(1867)의 <언어와 언어 연구>라는 언어학의 개설서가 나온 후에 미국 언어학은 장족(長足)의 발전을 이루었다. 그리하여 50년이 지나서 Bloomfield (1914)의 <언어 연구 입문>이 출판된다. 실로 반세기만의 일이다.

블룸필드는 이 책에서 자칫하면 통속 심리학(popular psychology)에 의존하기 쉬운 언어 연구를 보다 과학적인 바탕에 두어야 한다는 필요성을 절감하고 이 책을 쓴 것이다. 그리하여 Bloomfield(1914)에서는 언어 연구의 기본 원리를 앞의 4.2.3.3.에서 소개한 분트(W. Wundt)의 경험 심리학에서 찾고 있었다.

분트는 외계의 세계를 반영(反映)하는 내관(內觀, introspection)을 중시하고 이에 의해서 언어활동을 해명하려고 하였다. 더욱이 분트의 관심은 개개인의 언어 경험을 종합한 민족을 전제하면서 민족 심리학을 확립하였다. 이러한 주장은 앞의 4.2.2.2.에서 논의한 바 있는 훔볼트(W. von Humboldt)의 내부언어형식(innere Sprachform)과 언어 상대주의를 발전시킨 것이다.

블룸필드(L. Bloomfield)가 이러한 언어학의 심리주의에 대하여 "일반심리학이나 언어심리학을 막론하고 심리학에 관해서는 내가 전면적으로 분트에 의존하고 있는 것은 명백할 것이다. 나는 그의 학설을 잘못 이해하고 전하는 것이 아니기를 바랄 뿐이다. 정신과학의 연구자들은 자신 생각하는 통속 심리학에 의존해서 정신 현상에 관한 견해를 피력하는 날은 이미 옛날로 사라졌다"(Bloomfield, 1914:preface. vi)라고 밝혀두었다.

그러나 그의 이러한 '과학적 멘탈리즘(scientific mentalism)'이라고 말할 수밖에 없는 연구 태도는 Bloomfield(1914)의 개정판이라고 할 수 있는 그의 Bloomfield(1933) <언어>에서는 전혀 다른 태도를 보였다. 즉, Bloomfield(1933)는 앞의 책과 완전히 다른 별개의 연구 개설서로 보일 정도로 그의 태도를 바꾼 것이다.

블룸필드는 이러한 심리학적 언어 연구로부터 탈피할 것을 다음과 같이 선언하였다.

> 우리는 어떠한 심리 학설에 의거하지 않고도 언어 연구를 수행할 수 있으며 이러한 연구로도 연구 성과가 보장된다고 보며 그러한 연구 성과가 다른 관련 분야의 연구자들에게도 보다 유의미할 것이다(Bloomfield, 1933:preface, vii).

이러한 그의 주장을 보면 그는 종래의 심리주의에서 벗어나 전혀 새로운 관점에서 언어를 연구하기로 그의 근본 원리를 바꾼 것을 알 수 있다.

5.5.3.3. 이와 같은 연구 태도의 일대 전환은 그만의 연구에서만이 아니라 미국 구조언어학의 근본적인 변화를 가져왔으며 향후 30년간의, 촘스키(Chomsky)의 새로운 변형생성문법론이 나올 때까지 독자적인 언어 연구의 방향을 정한 것이다.

이러한 전환은 1910년대부터 유행하던 행동주의 심리학(behavioristic psychology)으로부터 벗어나서 새로운 언어 연구가 시작된 것이다. 인간의 내관(內觀)을 중시하는 분트(Wundt)의 심리학을 대신하여 미국 대륙에서 새로운 심리학적 언어 연구를 제창한 것은 러시아의 심리학자 파브로프(I. P. Pavlov)를 추종하면서 신 심리학을 제창(提唱)한 왓슨(John B. Watson, 1878~1958)이었다.

블룸필드도 이러한 새로운 미국 심리학에 속하는 바이스(Albert P. Weiss, 1879~1931)와 1921년 이후부터 교유하면서 그로부터 강한 영향을 받은 것이다. 행동주의 심리학에 의하면 유기체로서 인간의 행동은 어떤 환경 속에서 받은 자극(stimulus)에 대한 반응(response)이라고 정의하였다.

따라서 심적 현상도 자극으로서의 욕구에 대한 반응이며 이것을 관찰이 가능한 표층, 즉 언어활동으로 남김없이 환원할 수 있다고 보는 것이다. 이 학파에 주장에 의하면 사고라는 것도 '귀에 들리지 않는(inaudible)' 언어활동이며 왓슨(Watson)의 용어를 빌려 표현하면 사고(思考)는 "숨겨진 근육조직을 써서 말하는 것(talking with concealed musculature)"

이다.

그들은 언어활동을 내관(內觀)과 직결하는 대신에 인간 행동 전체 속에서 파악하여 그것을 나타내는 것으로 본 것이다. 자극 → 반응의 형식으로 나타내지는 행동심리학의 원리는 인간만의 것이 아니라 모든 생명체에 적용되는 것이며 더욱이 물리학과 화학에서 말하는 '원인 → 결과'의 인과율(因果律)과도 관련이 있다고 보아 매우 광범위한 과학적인 일반성을 가진 것이다.

즉, 의사소통이란 언어활동의 관점에서 화자와 청자의 관찰이 가능한 것이다. 언어활동의 차원에 국한해서 형태와 의미를 살피는 것에 대하여 블룸필드는 다음과 같이 말하고 있다.

> 인간은 수많은 종류의 음성을 내서 이것을 활용한다. 어떤 종류의 자극 아래에서 어떤 종류의 음성을 내는 것이며 상대는 이러한 음(音)을 듣고 적당한 반응을 행한다. 하나를 말한다면 인간 언어에 서로 다른 음성은 다른 의미를 갖고 있다. 어떤 음성, 또는 형태와 어떤 의미와의 결합(co-ordination)을 연구하는 것이 언어 연구인 것이다(Bloomfield, 1933:27).

어떤 형태와 어떤 의미와의 자의적인 결합을 언어 연구의 기본으로 하는 점에서 블룸필드는 소쉬르(F. de Saussure)와 에름스레우(L. Hielmslev) 등에서 보이는 유럽 언어학의 이원론(二元論)을 계승한 것으로 보인다. 그러나 블룸필드의 이러한 견해는 소쉬르와 에름스레우가 철학적이거나 심리학적인 것과는 다르게 사회적이라고 할 수 있다.

블룸필드는 형태와 의미의 결합의 전제로서 "어떤 [언어]사회에서 어떤 언어의 발화는 형태와 의미에 관해서 서로 유사하다"(Bloomfield, 1933:144)라고 하여 언어 공동체는 형태와 의미가 유사함을 전제로 들었다. 이것이 동일 언어 사회임을 강조한 것이다.

언어 연구에 있어서 이와 같은 기본적인 전제가 의미하는 것은 어떤 형태는 특정하며 항상적(恒常的)인 의미를 갖고 있으며 형태가 다르면 의미도 다른 것을 말한다. 블룸필드의 의미 사용에 대한 최대의 효과는 형태와 의미와의 결합에 근거하여 설정한 변별적 의미(distinctive meaning)의 활용이라고 할 것이다(Fries, 1961; Mohrmann et al. eds. 1961:214~215).

즉, 블룸필드가 과학적인 언어 연구 방법론으로 미국의 음소론을 완성시킨 것은 다음과 같은 변별적 차이를 지적한 것으로 시작한다.

> 음성학에 관한 지식을 완성시킨 것만으로 어떤 언어의 음성 구조를 밝히는 것은 어렵다.

우리들은 자료로서 음성 특징의 어떤 것이 의미를 나타낸다고 보고 언어 사용자에 의해서 '동일(same)'하고 어떤 것이 '다르다(different)'고 할 것인가를 확인해야 한다(Bloomfield, 1933:128).

블룸필드가 의미를 설정하고 그것을 사용하는 것에 대하여 매우 신중하였고 즉물적(卽物的)인 전제를 출발점으로 한 것은 변별적인 의미로 의미의 사용을 한정하고 통제한 것이다. 이것은 그가 언어 연구에서 과학주의를 신봉하고 동시에 종래의 전통적인 언어 연구에서 의미를 무절제하게 사용한 것에 대한 반발이며 과거의 실용주의적인 언어 연구에 대한 비판이라고 보인다.

5.5.3.4. 블룸필드(L. Bloomfield)의 문법은 흔히 형태 기능문법으로 본다. 그는 자신의 문법 연구의 특징에 대해서 다음과 같이 밝혀놓았다.

> 종래의 언어연구자들은 언어에 형태와 의미의 중간에 또 하나의 아스펙트(aspect)가 있다고 보았다. 즉, 통상적으로 기능(function)이라고 부르는 것이다. 예를 들면 'apple'이라는 말은 일종의 과일을 가리키는 것만이 아니라 명사로서 기능하고 동사의 주어도 되고 전치사와 타동사의 목적어도 되기도 한다. 그러나 신중한 연구에 의하면 이와 같은 기능적인 특징은 형태의 일부가 되는 것이 분명하다. 다시 말하면 그들은 둘 또는 그 이상의 형태가 결합되어 보다 큰 형태가 됐을 경우에 출현하는 형태적 특징이다. 예를 들면 'apple'이라는 말은 선행하는 형용사와 함께 구(句, phrase)를 형성하지만 매우 특수한 표현을 빼고는 이미 "an apple, the apple"과 같이 동종의 선행하는 말이 오는 것이다. 더욱이 이와 같이 해서 형성된 구(句)는 후속하는 정형(定形)동사의 표현과 함께해서 "The apple tastes sour"와 같이 될 수 있다. 또 'apple'이라는 말은 복수형 'apples'와 대비되는 것 등이 이 말의 형태적 특징이다. Bloomfield (1943), 인용은 Hocket ed.(1970:402~403).

이 인용문에서 블룸필드의 독자적인 문법이 형태의 기능을 중심으로 한 형태주의 기능 문법이라고 할 수 있다. 이러한 태도가 블룸필드의 문법 연구에 보이는 기본적인 원리라고 할 수 있다. 즉, "화자는 신호들에 의해서만 신호할 수 있다(The speaker can signal only by means of signals)"(Bloomfield, 1933:168)라고 하는 것이다.

즉, 인간의 언어활동에서는 이미 정해진 신호들이 있고 오직 그에 의해서만 서로 말을 할 수 있다고 본 것이다. 이 신호들은 음성인 형태와 그에 결부된 여러 문법적인 기능이

동반된 것이며 블룸필드의 문법은 이러한 형태의 기능을 밝히는 것임을 분명히 한 것이다. 모든 낱말에는 형태와 의미, 그리고 문법적 기능의 세 요소가 포함되었고 이러한 낱말들이 음운 규칙에 의하여 연결되는 것이 바로 언어활동이라는 것이다.

이러한 형태 기능주의가 미국 구조언어학의 특색이라고 할 수 있으며 이로부터 과학문법, 또는 기술(記述)문법이 발전한다. 덴마크의 언어학자 에스페르센(Otto Jespersen)도 유사한 주장을 폈나. 즉, Jespersen(1924)의 <문법의 원리>에서 형태와 의미의 중간에 문법적 기능이 있다고 보았으나 블룸필드는 이것을 절충주의라고 비판하고 형태, 의미, 그리고 기능의 셋이 뒷받침으로 보는 것이 문법의 원리라고 주장하며 철저한 낱말의 형태주의를 강조하였다.

그리하여 다음과 같이 형태의 기능은 형태적 특징으로만 형성한다고 선언하였다.

> 어떤 형태가 특정의 어떤 위치(position)에 출현할 수가 있다는 특권이 그 형태의 기능이고 더욱이 또 그 형태에 대한 여러 종류의 기능이 있으며 이 기능의 총화(總和)가 그 전체의 기능을 형성한다. 요컨대 어떤 언어 형태의 기능이라는 것은 그것이 보다 포괄적인 형태의 일부로서 작용할 때에 출현하는 형태적 특징만으로 성립된다. Bloomfield(1943), 인용은 Hocket ed.(1970:405).

이어서 블룸필드는 문법적 기능을 가진 형태적 특징으로서 다음의 4개를 인정하였다. 그것은 첫째 선택(selection), 즉 어순(語順, word order)이고 둘째는 위치(position), 셋째는 음조(modulation), 넷째는 음성조정(phonetic modification)으로 보았다(Bloomfield, 1933:163~165). 이 주장에 의하면 어떤 추상적인 언어 형태가 발화로서 보다 큰 형태 속에서 실현되기 위하여 앞에 말한 4개의 과정을 거친다는 것이다.

즉, 어떤 낱말이 선택되어 그 언어의 어순으로 배열되고 그 언어의 음조로 말하게 되는데 그 때에 그 언어의 음운 체계나 조직에 의하여 음성 수정이 일어난다는 것이다. 블룸필드는 이들의 요소들이 대립적으로 존재한다고 보았다. 예를 들면 음조(音調)에서 'John!', 'John?', 그리고 'John.'은 서로 음조에서 대립적이라고 본 것이다.

이들을 모두 배열(arrangement)의 요소, 즉 문법 특성소(taxeme)이라고 이름을 붙이고 음소나 형태소에 대응시켰다. 그리고 1개, 또는 2개 이상의 문법 특성소가 결합한 것을 문법소(tagmeme)이라고 하였다. 지금까지 없었던 연구 태도라고 할 수 있고 언어의 실태를 밝히는데 한 걸음 나아간 것으로 볼 수 있다.

블룸필드의 문법 연구는 이상 살펴본 바와 같이 첫째 형태주의가 그의 문법관(文法觀)에서 일관되게 중심을 이루고 있으며 그것을 알려주는 구체적 방법으로 배열 또는 문법 특성소에 의한 분석과 기술이라는 점이다. 종래의 연구에서 전술한 넷의 요소 가운데 어순을 가장 현저한 것으로 보았으나 블룸필드는 어순과 더불어 음조(音調), 음성 수정을 같이 들었다.

5.5.3.5. 지금까지 살펴본 블룸필드 언어학의 특색으로 다음 4가지를 들 수 있다. 첫째는 그가 역사비교언어학의 방법으로부터 기술적, 또는 구조적 언어학을 확립시킨 것이다. 그리고 둘째는 종래의 멘탈리스트(mentalist)의 언어 연구로부터 행동주의 심리학을 거쳐 메카니스트(mechanist)로의 진전을 보았다는 점이다.

그리하여 전통문법에서 의미의 무제한적인 사용을 비판하고 변별적 의미의 사용을 제한하고 문법 연구에 있어서 기능 형태주의를 강조한 것이다. 이것을 한마디로 말한다면 블로흐(B. Bloch)가 블룸필드에게 받치는 조사(弔辭)에서 "언어학의 과학화를 위한 긴 싸움"(Bloch, 1949:7)이라고 한 것으로 요약할 수 있다.

블룸필드(L. Bloomfield)의 언어학을 과학화하는 것을 보통 물리주의(physicalism)라고 한다. 그것은 모든 언어의 과학적인 기술(記述, description)은 물리주의라는 용어로 표현된다고 하였기 때문이다. 그가 강조한 물리주의는 언어 연구를 과학적으로 하려는 일종의 선어이라고 보아야 한다.

물리주의 기술에 대하여 Lyons(1970a:109)에서는 "한 개인의 사상, 감정 및 감각에 관하여 이루어지는 모든 기술은 이것을 해당한 사람의 신체적 상태와 관찰이 가능한 행동에 관하여 기술하는 것이어서 재정형화(reformulate)할 수가 있으며 이렇게 해서 그 기술을 '물리적' 법칙의 범주 내에 들여보낼 수가 있다."라고 하였다.

블룸필드는 이런 물리주의를 그의 언어 연구에서 전 분야에 걸쳐서 적용하려고 노력하였고 그의 문체에까지 퍼졌다. 그의 Bloomfield(1933) <언어>는 그러한 문체의 전형으로 보여서 Waterman(1963:91~92)에서 Bloomfield(1933)의 문체가 심리적인 어구를 배제하고 일상용어에 의한 정확하고 간결한 표현을 모범으로 삼고 있다고 평가하였다.

블룸필드는 이와 같이 언어학의 과학화를 위하여 물리주의를 표방하면서 모든 과학에 공통하는 수학적 표현을 염두에 두었음을 알려주는 그의 주장이 있다.

수학은 다른 모든 과학과 동렬(同列)에 있는 것이 아니다. 그것은 원칙으로서 각 과학의 일부가 되고 있어 최대한으로 획일적인 반응을 불러일으키는 것과 같은 언어 형식을 써서 말을 기술(記述)하는 기술(技術)이다. 기호논리학과 언어학에 있어서 음소(音素) 표기법은 수학적 성격을 갖고 있다. 수학적인 표현에 의한 논술은 최대한 반응의 획일성을 확보할 수 있는 것으로 보인다. 이와 같은 비 수학적 표현 타입의 부문 [논리학과 언어학]을 적어도 이론적으로는 수학적 형식으로 환원하는 것이 유익할 것이다. Bloomfield(1935:512).

블룸필드의 언어학을 과학화하려는 노력은 특히 그의 물리주의가 언어 연구의 전 영역에 침투해서 그의 뒤를 이어가는 어학자를 위한 기본 노선을 확정하였다. 다음 세대의 언어학자들은 "그가 이끄는 차에 타고"(Bloch, 1949:92) 그가 바라보는 시선을 바라보며 연구를 이어간 것이다.

그가 주장한 언어학의 과학화, 엄정화(嚴正化)는 그를 이은 여러 학자들이 같은 관점에서 그의 업적을 돌이켜 보면서 비판하는 계기도 주게 되었다. 새로운 엄정(嚴正)주의를 갖고 그때까지의 엄정주의와 대결하려는 세력이 바로 신(新)블룸필드학파(Neo-Bloomfieldian school)라고 부르는 연구자들을 말한다.

5.5.3.6. 블룸필드는 음소에 대하여 "음소는 소리가 아니라 화자가 실제 말소리의 흐름 속에서 산출하고 인지하도록 훈련된 소리의 단순한 자질에 지나지 않는다(The phonemes of language are not sounds, but merely features of sound which the speakers have been trained to produce and recognize in the current of actual speech sounds)."라고 정의하였다(Bloomfield, 1933).

여기서 소리의 자질(sound features)은 총체적 자질(gross acoustic features)로 보고 이를 다시 무관자질(indifferent features)과 변별자질(distinctive features)로 나누어 변별자질의 최소단위(a minimum unite of distinctive sound features)를 음소(phoneme)라 하였다.

이러한 정의는 프라하학파의 야콥손(R. Jakobson)이 '음소란 동시적(simultaneous)으로 일어나는 변별 자질의 묶음(bundle of distinctive features)'이라는 정의와 일맥상통하며 마르티네(A. Martinet)가 "음소는 동시적으로 나타나는 변별자질의 총체(Un phonème peut être condidéré comme un ensemble de traits pertinents qui se realisent simultanément)."라는 정의와 통한다.

앞의 5.2.3.6.의 주7에서 언급한 D. Jones의 동류적 관점(the generic view), 주8의 William

Freeman Twaddell이 주장한 허구적 관점(the fictionalistic view), 그리고 프라하학파의 트루베츠코이(N. S. Trubetzkoy)와 봐헤크(J. Vachek)가 주장한 기능적 관점(the functionalisitc view), 그리고 앞의 5.2.3.8.에서 언급한 보드앵(Baudouin de Courtenay)과 사피어(E. Sapir) 등이 주장한 심리적 관점(the mentalistic view)의 음소 정의를 외적(外的) 접근에 의한 것이라고 한다.

반면에 상술한 블룸필드(L. Bloomfield). 야콥슨(R. Jakobson), 마르티네(A. Martinet) 등의 이와 같은 음소의 정의를 내적(內的) 접근에 의한 음소의 정의라고 한다. 음소를 외적 접근이 아니라 내적 접근, 즉, 음소의 내적 특징에 의하여 정의하는 것은 외적 접근보다 여러 가지로 편리한데 이를 정리하여 보면 다음과 같은 우수성을 가질 수 있다.

① 언어 분석의 구극(究極)적 단위로 변별적 자질(distinctive features)을 둔다.
② 언어에는 음소보다 변별적 자질의 수효가 적으므로 소수의 단위를 기술하는 것이 쉽다.
③ 존스(D. Jones)의 음소 정의에서 핵심이던 음성적 유사성(phonetic similarities)을 객관적으로 설명할 수 있다. 즉, 변별적 자질을 공유하는 수효가 많을수록 유사한 음성이 된다.
④ 음운론적 대립과 음운 체계에 대하여 역시 객관적으로 설명할 수 있다.

이와 같은 음소의 내적 정의는 '변별적 자질(distinctive features)'의 설정이 핵심이다. 앞의 5.3.4.0.에서 논의한 바와 같이 야콥슨(R. Jakobson)은 그의 Jakobson(1931) "역사음운론의 원리"라는 논문에서 음운의 변별적 자질을 12항을 들고 그 자질의 유무(有無), 유(有)는 '+', 무(無)는 '-'로 표시하는 이원론(二元論, binarism)으로 설명하였다.

4) 신(新)블룸필드학파(Neo-Bloomfieldian school)

5.5.4.0. Fries(1961)의 "블룸필드학파"라는 논문의 초두에서 저자는 "이 장(章)의 타이틀이 어찌됐든 블룸필드에게는 유쾌하지 않을 것이다"라는 변명으로 시작하였다. 이것은 언어학의 과학화를 평생 추구해온 블룸필드(L. Bloomfield)가 그동안 미국 언어학회의 내부에서 당파가 형성되어 상호 교의(敎義)적인 증오(odium theologicum)에 이르게 되는 것을 극도로 경계하여 왔기 때문이다(Bloomfield 1946: Hocket ed., 1970:493).

그러나 신(新)블룸필드학파, 또는 후기 블룸필드학파(post Bloomfieldian school)라고 불러야 할 연구 집단이 생긴 것은 부정하기 어렵다. 블룸필드는 사피어(E. Sapir)와 달리 직계 제자가 없었고 후계자도 정하지 않았다. 다만 그의 주저(主著)인 Bloomfield(1933) <언어>가 미국 언어학계에 영향을 주어 그를 추종하는 연구 집단이 생긴 것이다.

따라서 이 학파에 속하는 연구자도 특정하기 어렵다. 다만 블룸필드의 연구와 맥을 같이 하는 주류의 연구자로 1940년대에 'Bernard Bloch, George L. Trager, Henry Lee Smith Jr., Zellig S. Harris'를 들 수가 있고 1950년에 이르기까지는 Charles F. Hocket와 그리고 Kenneth L. Pike를 중심으로 하는 하계 언어학 연수회(Summer Institute of Linguistics) 회원들,[18] 그리고 개별적으로 구조 언어학의 방법을 추종했던 'Morris Swadesh, Robert A. Hall Jr.' 들을 들 수 있다.

5.5.4.1. 블룸필드(L. Bloomfield)의 엄정주의에 대하여 신(新)블룸필드학파의 새로운 엄정주의의 특색은 의미의 사용을 완전히 배제하는 것이었다. 원래 블룸필드는 언어의 연구에서 의미를 제한적으로 사용하여 왔는데 신 블룸필드학파에서는 이러한 방법의 이완(弛緩)을 비판하고 의미의 사용을 완전히 배제함을 강조하였다.

그리하여 다음과 같이 의미에 조금도 의존하지 않고 오로지 객관적으로 수집된 자료에 의하여 언어를 분석하고 체계를 수립할 것을 주장하였다.

> 이론적으로는 음성학과 분포(分布)에만 의거하여 의미에는 조금도 의존하지 않고 한 방언의 음소 체계에 도달하는 것은 가능할 것이다. - 무엇보다도 그 방언의 발화에는 모든 가능한 음소 결합이 실제로 이루어지지 않는다고 가정하고 있을 지라도 -, 그 방언에 대해서 충분한 자료 샘플이 주어진다면, - 예를 들면 자료 제공자에 의한 연속적인 발화로 20분에서 30분 사이의 분량으로 고성능 기계로 녹음한 것, 또는 세부에 걸쳐 정확하게 음성 표기된 것 - 연구자는 그 자료의 각 부분이 어떤 의미를 갖고 있는가?, 임의의 두 부분이 같은 의미일 것인가? 아니면 다른 의미일까? 이런 것을 알지 못하더라도 아마도 그 음소 체계를 작성할 수 있을 것이다(Bloch, 1948:5 note 8, 필자 초역).

---

18 이 연수회의 회원으로는 'Eugene A. Nida, Robert E. Longacre, Howard McKaughan, Joseph Grimes, Richard S. Pittman'이 있고 미시간학파(Michigan school)를 주도했다고 볼 수밖에 없는 C. C. Fries도 여기에 넣어야 할 것이다. 이들은 아메린디안에게 기독교를 전파하기 위하여 성경을 그들의 언어로 번역하는 일을 주로 논의하였다.

이와 같이 의미 사용을 배제한 연구 방법은 음운론만이 아니라 형태론에도 적용할 수 있다고 보았다. 그리하여 이처럼 의미와 형태를 격리함으로서 양자의 혼동으로 일어나기 쉬운 분석의 불철저와 순환론적인 결론 찾기를 없앨 수 있으며 각 분야에 있어서 있는 그대로 객관적인 상황을 파악할 수 있었다.

그러나 신 블룸필드학파의 내부에서는 경험파라고 할 수 있는 제2 그룹으로부터 이론파라고 할 수 있는 제1 그룹에 대한 심한 반발이 있었다. 프리즈(C. C. Fries)와 파이크(K. L. Pike)를 비롯한 제2 그룹의 연구자들은 오랫동안 현지 조사와 연구의 체험을 통해서 언어의 분석과 기술(記述)에서 문법적 의미의 활용이 얼마나 유효함을 주장하기에 이른다.

이러한 두 파의 논쟁은 예를 들면 Pike(1947a)의 "음소 분석에서 우선적인 문법적 필수"와 이에 대한 Hocket(1949)의 "음소론에서 두 가지 기본 문제", Pike(1952)의 "좀 더 우선적인 문법적 필수에 대하여", 그리고 또 Fries·Pike(1949)의 "공존적 음소 체계" 등에서 경험파의 주장이 분출되었다.

Hocket(1949)가 내부 연접(internal juncture)을 설정하여 음성학적인 음소론의 입장을 고수하려고 했다면 Pike(1947a, 1952)에서는 낱말의 경계(word boundary)를 인정하고 이로부터 음소에 대하여 새로운 의견을 개진하였다. 이 논쟁의 결과로 의미를 완전히 배제하여 방법론의 일관성을 추구하는 주류들이 실용적인 소수의 연구에 압도당하게 되었다.

1950년대 후반에 이르러서 신 블룸필드학파는 연구 경향을 소수인 경험파에 의하여 변경되는 것 같았으나 여전히 다수인 이론파에 의하여 미국의 학계는 주도되어 과학적인 언어 연구라면 여기에 의미를 개입시키는 것을 타부로 여겨서 의미의 완전 배재라는 연구 경향을 계속되었다.

그리하여 사피어(E. Sapir), 블룸필드(L. Bloomfield)로부터 1950년대까지 중요한 논문을 모은 Joos ed.(1957)의 <언어학 논문선 Ⅰ>에 프리즈(C. C. Fries), 파이크(K. L. Pike)의 논문은 들어가지 못했다. 적어도 1950년대 후반까지의 미국 언어학의 연구 경향을 보여주는 좋은 예로 보인다.

멀리 현대 언어학의 시조였던 소쉬르 이래로 프라하학파, 코펜하겐학파, 그리고 블룸필드에 이르기까지 계승되어온 의미와 형태의 결합에 근거한 이원론적 연구를 신 블룸필드학파가 언어의 음운 연구에서 의미를 완전히 배제하여 부정한 것이다. 이러한 신 블룸필드학파의 연구에 반발하여 촘스키(N. Chomsky)의 변형생성문법이 미국의 언어학계에 등장하게 된다.

5.5.4.2. 앞의 Bloch(1948:5 note 8)을 인용하면서 언급한 대로 신 블룸필드학파의 언어 분석과 기술(記述)에서 의미를 완전히 배제할 수 있었던 것은 분포(distribution)와 분포 원리를 활용하였기 때문이다.

분포 원리라는 것은 블룸필드의 형태주의와 기능문법에서 보였던 것으로 그는 "어떤 언어 형태가 특정의 어떤 위치에 출현할 수 있게 해 준 것은 그 형태의 기능에 있다"(Bloomfield, 1933:185)라고 하여 '형태의 기능', 즉 의미를 전제로 하여 언어의 분포를 설명하였다. 그리하여 그는 문법 현상을 해명하기 위하여 '배열(配列, arrangement)'을 설정하고 이를 구성하는 4종류의 문법 특성소의 하나로 '어순(語順)', 즉 분포를 인정하였다 (Bloomfield, 1933:123~4).

신 블룸필드학파에서 분포(分布)가 음성, 형태, 문법 분야에서 이루어지는 언어연구의 전 분야에서 획일적으로 적용할 수 있는 통일 원리가 되었다. 이러한 이론이 가능한 것은 미국 언어학의 전통이기도 하며 특히 신 블룸필드학파에 의해서 심도 있게 조사된 아메리카 대륙의 아메린디안(Amerindian)의 언어에 대한 실증적인 연구와 그로부터 발달한 언어 이론에 의한 것이기 때문이다.

그 대표적인 성과로 Harris(1951)의 <구조언어학의 방법>을 들 수 있다. 이 책에서 언어 분석의 수순(手順)에 대하여 다음과 같이 언급하였다.

> 다음의 각 장(章)에서 개설되는 분석 수순의 대강(大綱)은 - 이것은 음성 자료로부터 시작되면 문법 구조의 기술로 끝나지만 요점을 말하면 두 개의 중요한 수단의 - 요소의 설정과 이 요소 상호간의 분포 기술 - 반복적인 사용이다. 먼저 변별적인 음소가 결정되어 이들 음소간의 분포 관계가 심사된다. 이로부터 변별적인 형태가 결정되고 이들의 형태소 간의 분포 관계가 심사된다. Harris(1951:6, 필자 초역).

언어의 분석을 위한 앞과 같은 그의 대강(大綱)은 Harris(1951)의 결론이기도 하며 1940년~50년대 신 블룸필드학파의 분포에 대한 연구 경향이기도 하다. 이렇게 미국 구조언어학적 연구 방법의 뼈대(frame work)가 확립된 것이다.

일반적으로는 구조언어학의 연구 방법은 음소론, 형태론의 2단계이거나 통사론을 더한 3단계로 보기도 한다. 다만 이러한 연구 방법의 뼈대 설정은 "언어 분석은 하위 단계, 즉 하위 레벨에서 단계적으로 상위 레벨로 올라가야지 그 반대는 허용되지 않다"고 하고 "레벨 사이와 엄정하게 분리되어 있어서 상위 레벨의 기준을 하위 레벨에 가져와서는 안 된다"고 보았다.

그리고 "각 레벨에서 음소, 형태소, 문법소의 각각을 결정하거나 분포를 심사하는데 의미는 필요하지 않다"고 하여 "의미는 이러한 세 레벨로 구성된 소언어학(micro-linguistics)의 상위에 있는 후단, 즉 상위언어학(meta-linguistics)에서 처음으로 고찰된다"라고 보아 이를 언어 연구의 원리로 삼은 것이다.

이러한 여러 원리를 근거하여 미국 구조언어학은 일종의 완성기에 들어가는 많은 연구성과가 있었다. 예를 들면 Bloch·Trager(1942)의 <언어 분석의 개요>라든지 Trager·Smith(1951)의 <영어 구조의 개요>, Hocket(1955)의 <음운론 편람>, Hill(1958)의 <언어 구조 서설 - 영어의 음성에서 문장까지>, 그리고 Harris(1951)의 <구조언어학의 방법론> 등이 그에 해당될 것이다.

Waterman(1963)의 <언어학의 전망>에서는 앞에 든 Harris(1951)의 연구를 칭찬한 것은 당시 미국 구조언어학에서 있었던 일반적인 평가를 보여준 것이다. 그는 "미국 구조언어학은 분명히 성인기(成人期)에 이르러서 당당하게 언어의 과학적인 연구에 전념하는 성숙한 연구법으로 일반 학문 중에서 그 지위를 확보할 수 있었다"(Waterman, 1963:98)라고 하였다.

5.5.4.3. 블룸필드의 물리주의(physicalism)가 신 블룸필드학파의 연구 활동에서 핵심을 이루었다고 보는 것을 앞에서 살펴보았다. 다시 말하면 언어 자료의 분석, 그리고 분석 내용과 상호 관계에 있는 분석 방법이나 수순(手順)에 있어서 엄정화(嚴正化)가 요구되는 것은 당연한 일이다.

언어를 대상, 또는 수단으로 하는 언어 연구는 진술 내용(a set of statements)과 진술 방법(a way of stating)과를 준별(峻別)할 필요가 있다고 보았으며 신 블룸필드학파에서 양자를 혼동하는 것을 특히 피하려고 경계하였다. 그 위험성에 대하여 비유하기를 마치 "목제 스토브에 불을 지피는 것(keeping a fire in a wooden stove)"(Joos ed., 1957:vi)과 같다고 하였다.

진술 내용과 진술 방법을 준별하고 이에 대한 일련의 분석 수순을 적용한 후에도 필요에 따라 재생(recoverable)할 수 있고 재검토가 용이하게 하기 위하여 새로운 전문 용어로서 상위, 즉 메타언어(meta-language)를 만들었다. 메타언어에 대하여 "이렇게 해서 우리들은 언어 자체만을 논하는 것이 아니라 언어의 진술법에 대해서도 논할 수 있게 되었다"(Haugen, 1951:212). 라고 하였다.

메타언어가 이상(理想)으로 내건 것은 수학이나 수식(數式)이었으며 이에 대하여는 블룸필드가 이미 지적한 바가 있었다. 자료를 제일로 하여 있는 그대로 언어 사실을 분석하고 기술하려는 것을 목표로 출발한 연구 방법이 가장 추상적이고 방식화된 수학을 이상으로 삼는 대전환은 하나의 모순으로도 보인다. 그러나 이것은 언어 자료에 충실하고 엄정하려는 신 블룸필드학파의 연구 노력이 가져온 결과라고 볼 수 있다.

이와 같은 고도의 엄정화(嚴正化)된 - 기술 방법의 간결화, 정밀한 방식화 및 정의에 순화된 - 언어 분석의 결과로 Harris(1951) <구조언어학의 방법>을 그 하나로 들 수 있다. 그의 분석 기술은 음소론과 형태론의 2단계에 한정되어 있다. 다만 그의 형태론에는 통사론의 레벨에 들어갈 수 있는 많은 문법 사항이 포함되었다.

해리스(Z. S. Harris) 및 다른 신 블룸필드학파의 다른 학자들은 음소론과 형태론의 2단계 분석 작업에 성공한 후에 같은 엄정주의를 갖고 통사론 레벨에 분석을 시도하면서 일종의 정체(停滯)에 빠지게 된 것이 아닌가 한다. 미국 구조언어학에서 이러한 정체를 타파하기 위하여 우선 지금까지 취한 연구 방법에 대한 반성과 재검토가 필요하게 되었다.

5.5.4.4. 그리하여 전혀 새로운 연구 방법이 탐구되어야 했으며 1950년대 후반에 이것을 위하여 많은 언어학자들이 노력하게 된다. 그 노력 중에는 Hocket(1954)의 "문법 기술에서 두 모델"에서 시도한 IP(item and process) 방식과 IA(item and arrangement) 방식에 의한 문법 기술이다.

이 두 방식 가운데 IP 방식이 좀 더 오래된 것이어서 그 원형은 멀리 사피어(E. Sapir)의 '문법적 과정(grammatical process)'에서 논의한 연구법까지 거슬러 올라간다(Sapir, 1921: 59~85). IP 방식에 의한 문법 기술로 예를 들면 영어의 'baked'는 기본어로서 'bake'에 접미사추가(suffixation)라는 과정(process)을 거쳐서 만들어진 것이다. 이런 방식은 기존의 문법 범주를 자유롭게, 또는 자의적으로 활용한 것이어서 전통문법의 문제 해결의 방법과 다른 것이 없다.

이에 대하여 IA 방식은 블룸필드를 비롯한 신 블룸필드학파, 특히 블로흐(B. Bloch), 해리스(Z. S. Harris), 나이다(E. A. Nida)의 연구에서 나타나는 방법으로 'baked'는 'bake'라는 형태소와 '-ed'라는 형태소가 이 순서로 배열(arrangement)되어 생긴 것으로 본다. 이 방식은 분포 원리에 근거한 것으로 언어 현상을 분석하고 기술하는데 그곳에 현존하는 언어 자료만으로 한정하여 살펴보는 태도다.

Hocket(1954)에서는 IP 방식과 IA 방식의 둘 중에서 우열(優劣)을 결정하지는 않았다.

다만 결론으로 이러한 대표적인 모델, 물론 새로운 모델을 포함해서 재통합(reintegration)되기를 기대한다고만 하였다. 그동안 Hocket(1954)에서 IP 방식에 대하여 IA 방식을 그가 선호한다고 본 것은 아마도 잘못 된 것으로 보인다.

Hocket(1968)의 <기예의 위치>에서는 "우리들이 순수한 IP 방식의 모델을 달성했는지 못했는지, 정말로 이것이 우리들이 진실로 구하던 것인지 어떤지 하는 의문이 생긴 것은 주목할 만한 흥미로운 일이다"(Hocket,1968:29)라고 한 것으로 보아 그가 양립적인 태도를 취한 것임을 암시한다.

다만 그의 논저와 Hocket ed.(1970)의 <레오나드 블룸필드 선집>에 대한 반응은 특별한 것이 없어서 1950년대 후반에 보이는 미국 구조언어학의 정체(停滯)된 모습을 보여준다고 볼 수 있다.

5.5.4.5. 1940년대 후반에서 1950년대 전반에 걸쳐 미국 구조언어학이 신 블룸필드학파에 의해서 독자적으로 발전했다고 보면 50년 후반부터는 정체기(停滯期)라고 볼 수밖에 없지만 이때의 주목할 만한 것은 외부로부터 반발과 비판이다.

제2차 세계대전 중에 체코에서 미국으로 이주한 야콥슨(Roman Jakobson)은 종래의 미국 구조언어학과 다른 새로운 언어 연구를 보이기 시작하여 그가 미국으로 이주하여 근무한 보스턴(Boston)의 하버드(Harvard) 대학을 중심으로 형성된 언어학의 연구에는 그가 미국으로 오기 전에 활약했던 프라하학파의 경향이 짙게 묻어 있었다.

따라서 이들의 연구는 인접한 뉴 헤이븐(New Haven)의 예일(Yale) 대학을 중심으로 하는 신 블룸필드학파의 예일 학파(Yale school)와 부딪히게 되었다. 1940년에서 1949년까지 블룸필드(L. Bloomfield)는 예일 대학에서 교편을 잡았기 때문에 예일 학파는 자연히 블룸필드의 연구 성향을 그대로 답습하여 이른바 신 블룸필드학파의 중심이 되었다.

이러한 예일대학의 신 블룸필드학파와 하버드대학의 야콥슨 학파와의 논쟁은 주로 미국의 음소론과 유럽의 음운론의 대결이었다. 이른바 음소론과 변별적 자질이론의 대결이 된 것이다. 음소론에서는 음소와 이음과를 분포의 원리에 의해서 식별하고 설정하며 그 결합과 분포 상태를 밝힘으로써 언어의 분석과 기술을 이룰 수 있다고 보았다.

이에 대하여 유럽의 음운론에 기반을 둔 변별적 특징의 이론은 두 음소를 구분하는 더 작은 단위, 즉 변별적 자질을 추출하여 이를 기술하려고 한 것이다. 예를 들면 앞의 5.3.4.1. 에서 논의한 바와 같이 영어의 /t/와 /d/는 '유성성(voiced)'과 더불어 '긴장성(tense)'과

'이완성(lax)'도 이 두 음소를 구분하는데 참가함을 들어서 이 음소 /t/와 /d/는 언어 분석의 최소 단위가 아니라 이 음소의 여러 자질 가운데 의미를 분화시켜주는 변별적 자질의 묶음(bundle)이라고 본 것이다.

그리고 언어의 기술에서 음소의 수효보다 이러한 변별적 자질의 수효가 적음으로 훨씬 편리함을 주장하였다.[19] 음성 연구에서 이 두 방법의 옳고 그름이 심하게 논의된 것은 음소론이 언어 자료로서 분포의 원리를 적용하여 추출한 것을 근거로 한 것에 대하여 변별적 자질의 이론은 음소 특징의 2항 대립을 근본으로 하는 프라하학파의 기능주의에 바탕을 두고 있다. 여기서 기능은 의미를 배제할 수가 없게 된다.

미국에서 음소론과 변별적 자질이론의 대립은 유럽으로부터 건너온 외래 학자와 미국의 토종학자와의 대립으로 번져서 감정이 개입되기 시작하였다. 거기다가 밥그릇 싸움으로 확대되어 자신들이 충분히 훈련을 받고 취임한 직장, 주로 대학에서의 교편이지만 빼앗길 위험에 처하게 되었기 때문이다.

그리하여 미국의 토종학자들은 외래 학자들에게 "유럽 사람들에게 꿈에도 생각지 못한 것을 보여주자(We'll show those Europeans we have something they never dreamed)"라고 하면서 감정적으로 야콥슨(R. Jakobson)을 비롯한 세계대전으로 미국에 이주한 언어학자들을 배척하였다.

그 대표적인 예로 알타이어학으로 세계적인 명성을 얻고 있던 포페(Nicholas Poppe)를 들 수 있다. 그는 소련의 러시아인이었으나 독일에 부역(賦役)한 일로 소련으로 돌아가지 못하고 미국으로 망명하였는데 그 때 야콥슨이 큰 역할을 하였다. 그는 여러 차례 독일 주둔 미군 사령관에게 편지로 포페(N. Poppe)의 미국 송환을 요청했다고 한다(Poppe, 1983).

그는 미국으로 가는 항공기에서 내릴 때까지 자기는 하버드대학이 있는 보스턴으로 가는 줄 알았으나 막상 내리고 보니 워싱턴대학이 있는 시애틀(Seattle)이었다고 그의 Poppe(1983)의 <회상록>에 서술하였다. 하버드대학에는 알타이어학자로 몽고어를 전공한 클리브스(F. W. Cleaves) 교수가 언어학과에 있었기 때문이다.

---

19   실제로 앞의 5.3.4.0.에서 언급한 대로 12항의 변별적 자질로 모든 언어를 기술할 수 있다고 보았다.

5) 파이크(Pike)의 문법소론과 램(Lamb)의 성층문법

5.5.5.0. 다음으로 미국 구조언어학의 정체기에 나타나서 새로운 언어 연구를 선보인 파이크(K. L. Pike)의 문법소론(Tagmemics)과 램(S. M. Lamb)의 성층문법(Stratificational Grammar)에 대하여 고찰하기로 한다.

파이크(Keneth L. Pike, 1912~2000)는 앞의 5.5.2.4.에서 소개한 바와 같이 사피어(E. Sapir)의 음소론에 근거하여 인간의 발화음(發話音)을 Etic과 Emic으로 구별하였다. 음소론이 풍미하던 시대에 이러한 새로운 시도는 신 블룸필드학파의 엄정주의, 특히 언어의 분석에서 의미를 완전히 배제한 것에 대한 반발이었다.

파이크는 선교사로서 미지의 여러 언어와 오래 동안 접하게 되었고 그로부터 언어의 실제와 기능을 중시하게 되는 언어 연구를 시작한 것이다. 그가 주장한 문법소론(tagmemics)도 일반적인 언어 이론으로 보기 보다는 주로 멕시코의 믹스테크어(Mixtec)와 마자테크어(Mazatec)의 분석 자료에서 생겨난 연구 수순(手順)의 총괄이라고 할 수 있다.

다시 말하면 그가 이러한 작업에 필요해서 만들어 그 언어의 분석에 적용한 성과라고 보아야 한다. 파이크(K. L. Pike)는 신 블룸필드학파가 갖고 있던 엄정주의가 가져온 연구상의 문제점, 특히 통사론 레벨에서 일어난 많은 문제를 타개하기 위하여 분포 원리를 철저하게 엄수할 것이 아니라 다른 문제들을 고려해야 한다고 주장하였다.

즉, 어떻게 언어의 기능을 통사론 연구에 넣을 수 있는가, 그때까지 엄정하게 적용된 기초 개념의 규정에 대해서 어떻게 하면 좀 더 유연하게 활용할 수 없을까를 고찰한 것이다. 그리하여 그는 먼저 음소의 설정에 비교할 만한 문법소(tagmeme)를 설정하였다. 그리고 이에 대하여 다음과 같이 부연 설명하였다.

> 음소는 과학자에 의해서 '발견되기' 이전에 이미 수천 년에 걸쳐서 글자로서 반영되어 있었고 'X광선으로' 발견한 것은 세포(細胞)이었다. 똑 같이 문법상의 단위로, 실제로 언어 교사의 실천과 두뇌 속에는 '문법상의 단위'가 존재하는 것이 틀림없지만 그것은 아직 언어 구조에 관한 현재의 이론 속에는 충분히 반영되어있지 않다(Pike, 1967:5).

여기에 등장하는 '문법상의 단위'는 설정한 문법소(tagmeme)인데 처음에는 'grameme, grammeme'이라 하였으나 후에 이를 고쳐 명명한 것이다. 원래 문법소(tagmeme)는 블룸필드의 문법소와 동명이었다. 이것은 언어 이론의 체계에서 음소(音素)와 등등한 위치에 있고 파이크의 에틱(etic)과 에믹(emic)의 조건에 맞는 것이며 언어의 이해, 학습용의 교육 자료에도 쓰일 수 있는 것이라야 했다.

5.5.5.1. 문법소는 단일한 요소가 아니라 언어 연구에서 새로운 개념으로서 낱말들의 상관관계(correlation)을 그 실체로서 하고 있다. 즉, 분포상의 '위치'와 이것을 채워서 구현 하는 '말뭉치(語群)'와의 상관성을 말하는 것이다. 파이크는 분포상의 '위치'를 '채울 자리 (slot)'라 하고 구현되는 말뭉치를 '채울 것(filler)'이라고 불렀다.

'채울 자리(slot)'로서는 개개의 낱말이 아니고 유어(class word)이며 또 하나만의 말뭉치 가 아니라 다른 것도 이믹적(emic)인 그곳에 넣을 수가 있다는 것이다. 예를 들면 주어의 채울 자리에는 명사, 대명사 등이 들어간다. 언어에 따라 주어의 자리에 동사가 들어가는 수가 있는데 믹스테크(Mixtec)어의 'To err is human'과 같은 예다.

문법소론의 이론은 음소론, 형태론, 통사론의 3단계를 독립적이지만 서로 의존적인 관 련이 있어서 각 레벨 간에 문법소론을 적용할 수 있다고 보았다. 즉, 분포적이고 또 기능적 인 문법소론에 의한 분석을 동시에 행할 수 있지만 이 분석법은 사피어(E. Sapir)와 같이 언어 영역에만 한정하지 않고 언어 외적 영역, 즉 비언어적인 영역, 예를 들면 인간 행동의 연구에서 출발하여 그 분석법에 근거하여 언어 영역에까지 분석을 전개할 수가 있다고 보는 것이다.

이와 같이 문법소론을 언어, 또는 언어 외적 영역에 걸친 언어 이론으로 완성한 것이 Pike(1967)의 <인간 행동의 구조와 통일된 이론에 관련된 언어>라는 대저다. 이 책은 3권 (Ⅰ, 1954; Ⅱ, 1955; Ⅲ, 1960)으로 편집되었다가 Pike(1967)로 종합되어 출판되었다. 이 문법소 론은 파이크 이외로도 하계 언어학 연수회(Summer Institute of Linguistics)의 회원인 R. E. Longacre, B. Elson, V. Pickett 등에 의해서 발전하여 갔다.

파이크(K. L. Pike)의 문법소론 이론이 신 블룸필드학파에서 언어 연구의 큰 과제였던 문법 분야의 연구에 새롭고 독자적인 어프로치를 제공한 공헌은 매우 크다. 또 그가 언어 분석이나 기술(記述)에만이 아니라 언어의 이해, 교육이라는 기능면을 중시하여 그의 이론 을 시도한 것은 특히 평가되어야 한다.

5.5.5.2. 미국 구조언어학의 반성과 비판은 램(Sidney M. Lamb, 1929~)의 연구에서 더욱

두드러지게 나타난다. 그는 언어의 분석을 위해서 레벨을 분리하여 보려고 하였다. 레벨 사이의 관계가 신 블룸필드학파가 생각하고 있던 것과 같이 획일적이고 기계적으로 결정 되었을까 하는 의문이 강했다.

이런 점에 대하여 특별히 관심을 갖고 있었던 것은 학케트(Charles F. Hocket)이었는데 그는 예를 들면 음소와 형태소와의 관계는 종래 생각했던 것처럼 양적인 견해에서 '형태소 는 음소로 구성 되었다(A morpheme is composed of phonemes)'고 보지 않고 음소와 형태소 사이에는 질적인 차이가 있다고 보았다.

그리하여 "형태소는 음소로 나타난다(A morpheme is presented by phonemes)"(Hocket, 1961:37)라고 하여 음소와 형태소의 관계는 결합(composition)이 아니고 표시(representation) 라고 보았다. 따라서 램(S. M. Lamb)은 레벨 간의 관계에 대해서 학케트(C. F. Hocket)의 새로 운 견해를 이어 받은 것이다. 뿐만 아니라 각 레벨의 내부는 각각 독자의 구조를 형성하고 있음을 강조하였다.

이와 같은 램(S. M Lamb)의 레벨관(觀)에 대한 생각의 근거는 전술한 코펜하겐학파의 에 름스레우(L. Hjelmslev)의 이원론(二元論)을 받아드린 것이며 이러한 관점에서 신 블룸필드학 파의 형태주의는 너무 획일적이어서 일원론(一元論, monism)으로 볼 수도 있을 것이다. 램은 이에 반발하여 이원론을 주장한 것이다.

에름스레우(L. Hjelmslev)는 언어가 형태와 의미, 즉 표현과 내용이라고 말하고 전혀 이질 적이며 대립적인 양면에서 언어는 이루어진 것이라고 하였다. 그리고 표현은 본질적으로 선조적(線條的, linear)인 반면에 내용은 다원적(多元的, multi-dimensional)인 것으로 보았다. 이 러한 에름스레우의 생각을 이어받은 램은 언어의 분석적인 수순에서 그도 마찬가지로 '위 에서 아래로'를 인정한 것은 당연한 일이고 전술한 파이크의 문법소론도 같은 것이다.

램(S. M Lamb)은 각 레벨 사이에서 보이는 표시 관계와 동일 레벨에서 가진 내적 구종에 의해서 형성되는 복잡한 '관계의 체계(a system of relation)'를 해명하려고 노력하였다. 그리 고 레벨을 특히 '층(層, stratum)'으로서 파악하려고 했다. 이러한 문법의 층위(層位)적인 파악 을 성층 문법(stratificational grammar)이라고 한다.

Lamb(1966)의 <성층 문법의 개요>에 의하면 모든 언어에는 네 개의 층(層, stratum)을 설정할 수 있다고 보았다. 그리고 의미층(層, semantic stratum)에는 언어의 변별적인 의미 단위들이 구조를 이루려고 결합된다. 어휘층(lexeme stratum)에서는 변별적인 어휘 단위가 문 구조를 이루기 위하여 결합하고 형태층(morphemic stratum)에서는 각 형태소가 연쇄적으로 배열된다는 것이다.

그리고 음소층(phonemic stratum)에서는 음소가 연쇄되어 실제로 문장이 완성된다. 이것을 "The man caught the tiger(그가 호랑이를 잡았다)"를 예로 한다면 의미층에서는 'tiger, catch, male, human, agent, goal'의 연쇄를 말하며 어휘층에서는 'the + man + -ed + catch + the tiger'일 것이고 형태층에서는 'the man # caught # the tiger'가 되며 음소층에서 'The man caught the tiger'와 같은 음의 연쇄로 나타날 것이다.

이와 같은 각 층(層, stratum) 사이는 표현의 관계로 구현(realized)된다고 하여 주목을 끌고 있다. 성층문법의 이론과 방법에 대하여 고찰한 것으로 Lamb(1966)의 <성층문법 개요>가 있으며 성층문법의 연구서를 안내해 주는 Fleming(1969)의 "성층 이론 : 주석된 참고문헌"이란 논문도 있다.

성층문법은 아직 이론의 수립 단계에서 벗어나지 못하고 있고 구체적인 성과를 기대할 뿐이지만 미국 구조언어학의 반성과 비판에서 출발한 이 문법이 코펜하겐학파의 언리학(言理學)의 이론을 응용하려 했다는 점에서 주목해야 할 것이다.

5.5.5.3. 이상 미국 구조언어학이 침체기를 맞이하여 이를 극복하려는 여러 노력으로 학케트(C. F. Hocket), 파이크(K. L. Pike), 램(S. M. Lamb)의 연구를 살펴보았고 미국으로 이주한 새로운 언어학자들의 도전을 살펴보았다.

특히 다음에 논의할 러시아의 언어 연구에서 모스크바학파에서 활약하다가 프라하학파로 옮겨 기능주의 언어 연구를 깊이 공부하고 미국으로 건너가서 미국의 음소론과 대립한 야콥슨(R. Jakobson)의 새로운 음운 연구는 유럽의 언어 연구로의 귀환이었으며 미국 구조언어학에 대단한 도전이었다.

야콥슨에 대하여는 앞의 프라하학파에서 이미 소개한 바 있고 앞으로 러시아 언어학에서 다시 논의하겠지만 20세기 최고의 언어학자 가운데 하나였던 그에 대하여는 그가 미국에서 활약하였기 때문에 미국의 토종학자들에 의하여 기피된 탓인지 그의 방대한 논저는 별로 중요한 업적으로 제시되거나 눈부신 성과로 들지 않는다.

이것은 미국에서 언어의 구극(究極)적인 원리를 파헤칠 것으로 믿고 있는 '절대파(God's truth school)'의 영향에서 벗어나기 어려웠기 때문인지 모른다. 이제부터는 미국에서 새로운 언어 연구 방법으로 가정(假定)의 운용을 바라는 '요술파(hocus-pocus school)'로의 전환이 기대된다(Hocket, 1968:35)고 할 것이다.

5.5.5.4. 미국에서는 1860년대에 역사비교언어학자인 휘트니(W. D. Whitney)에 의해서 언어 과학의 중요성을 인식하고 언어를 대상으로 하는 연구가 본격적으로 시작되었다. 이러한 연구는 인류학자인 보아스(F. Boas)와 그의 제자인 사피어(E. Sapir), 그리고 역시 유럽에서 역사비교언어학을 배우고 돌아온 블룸필드(L. Bloomfield)에 의하여 아메린디안(Amerindian)의 여러 언어를 현장에서 조사하여 연구한 경험으로 미국의 구조언어학은 발전하였다.

그 결과 희랍과 로마의 고전어, 문화어를 중심으로 발달한 전통적인 언어 연구에 반발하여 미지의 언어를 포함한 각 언어의 독자성을 존중하고 종래의 언어 가치관을 타파하려는 과학적이며 진보적인 언어 연구가 미국 구조언어학의 바탕이 되었다. 특히 블룸필드에 의하여 조직화되고 그의 뒤를 이은 신 블룸필드학파의 연구가 방법론으로 완성되어 미국 구조언어학의 독립성이 확립되었다.

그러나 유럽의 언어학에 대하여 미국 구조언어학의 독립성이 인정되지만 미국은 유럽의 언어 연구 방법으로부터 많은 영향을 받은 것도 무시할 수 없는 사실이다. 특히 제2차 세계대전 이후에 유럽의 소쉬르 구조언어학에 대하여 미국 구조언어학의 반목, 또는 격리는 이미 1939년 이전부터 그 기미가 보였다(Hall, 1951~2:98).

세계 대전의 전장(戰場) 터를 벗어난 미국에서는 비교적 안정적으로 독자적인 언어 연구를 이어갈 수 있었다. 다만 이 시대에 이어서 신 블룸필드학파의 침체기에 들어가 그들의 이론에 대한 수정과 반발이 내부에서 요구되기 시작하여 전술한 바와 같이 여러 가지 새로운 시도가 이루어지고 또 외래 연구자들에 의한 도전도 받게 되었다.

이러한 절체절명의 순간에 혜성처럼 나타나서 미국의 구조언어학을 살리는 연구, 종래의 언어 연구를 면목 일신해서 소위 코페르니쿠스적 혁명(Copernican revolution)을 이룩한 촘스키(N. Chomsky)의 변형생성문법론이 등장하게 된다. 이에 대하여는 장(章)을 바꾸어 제6장에서 살펴볼 것이다.

6) 할리데인의 체계문법과 몬태규 문법

5.5.6.0. 미국 구조언어학의 정체기에 나타난 새로운 언어학으로 파이크의 문법소론과 램의 성층문법이 있었음을 앞에서 살펴보았다. 그리고 다음에 소개할 촘스키의 변형생성

문법이 뒤를 잇지만 그 사이에 영국의 Halliday(1961) "문법 이론의 범주"로 시작된 할리데이(M. A. K. Halliday)의 체계문법(systemic grammar, 이하 SG)과 미국의 몬태규(Richard Montague) 문법(Montague grammar, 이하 MG)을 소개하고자 한다.

이 두 새로운 언어 연구는 다음에 소개할 촘스키의 초기 변형생성문법과 시대를 같이 하지만 그 연구 방법은 독특한 것이고 이를 추종하는 연구자들도 없지 않아서 이를 소개하지 않을 수가 없다고 보기 때문이다.

5.5.6.1. 먼저 할리데이의 체계문법은 처음에는 '척도와 범주의 문법(scale and category grammar)'으로 불렸는데 그 후에 '체계문법(systemic grammar)'으로 개명되었다. 본인 자신은 그의 문법을 종합 정리한 Halliday(1985)의 서명이 <기능 문법의 입문>임으로 그는 자신의 문법을 기능문법이라고 주장한 것 같다.

체계문법이 시작된 Halliday(1961)에서 언어 행위는 사회적 활동이며 언어가 오늘날과 같은 모습으로 나타난 것은 사회에서 언어가 이룩한 여러 기능 때문이라고 보았다. 할리데이는 언어가 사용되는 사회에 의존하고 있으며 장면의 여러 맥락 속에 완수하는 여러 기능을 의미라고 본 것이다.

즉, 사회생활을 영위하기 위하여 인간들이 행하는 언어 행위는 여러 장면의 맥락에 맞추어 실제로 무엇을 의미할 것이며 그것은 언어로 어떻게 표현될 것인가를 고찰하려고 한 것이다. 한 마디로 그의 언어관은 언어 표현의 의미가 어떤 용법을 가졌으며 어떤 역할을 행하는지 찾는 것이었다.

할리데이는 1970년대에 영국을 떠나서 오래 동안 호주의 시드니대학(Sydney University)에 근무하다가 1987년에 퇴직한다. 그러나 그의 Halliday(1961)가 영국에서 작성된 것이므로 체계문법은 영국의 학문으로 본다. 그가 영국에서 활약할 때에 이 문법을 주장하였기 때문이다.

원래 이 문법은 앞의 5.2.3.4.에서 언급한 바 있는 영국의 문화인류학자인 말리노브스키(B. Malinovski)로 거슬러 올라간다. 그의 언어관은 언어 표현의 '의미'는 그의 용법, 또는 그것이 수행하는 역할이라고 보았던 비텐쉬타인(L. Wittenstein)의 주장과 거의 같다. 말리노브스키의 생각은 언어학에서 영국 언어학의 기초를 쌓은 런던학파의 창시자인 훠드(J, R. Firth)에게 이어진다(앞의 5.2.3.3.~7. 참조).

5.5.6.2. 할리데이는 앞의 5.3.3.2.에서 살펴본 휘드(J. R. Firth)의 문하인이었고 체계문법은 휘드의 의미론에서 발전한 것이라고 스스로 인정하였다. 장면의 맥락, 체계와 구조의 구별, 어휘 항목의 연결 등 독자적인 의미를 갖은 용어가 휘드에게서 이어진 것이다. 그래서 체계문법을 때로는 신휘드학파(Neo-Firthian school)라고 불리기도 한다.

그러나 휘드 이론은 자주 불명확하고 통일되지 않는다고 비판을 받았다. 할리데이는 다음 두 가지 점에서 휘드의 이론을 수정하고 발전시켰다. 첫째는 언어 이론으로서 언어의 레벨을 명시하는 것이며 둘째는 언어가 왜 오늘날과 같은 모습을 보이는가를 분명하게 하기 위하여 언어 기능의 이론을 구축한 것이다.

전자는 앞의 5.4.1.0.~4.에서 언급한 에름스레우(L. Hjelmslev)의 언리학(glossematics)이나 앞의 5.5.5.2.에서 소개한 바 있는 램(S. M. Lamb)의 성층문법(Stratificational rammar)은 이것을 기초로 하였는데 이에 대하여는 앞의 5.3.1.0.~4.에서 소개한 프라하학파의 영향을 받았다고 본다.

소쉬르(F. de Saussure)도 '언어는 사회적 사실이다'라고 자주 말했고 그런 면에서는 할리데이와 소쉬르도 공통인 점이 있다. 다만 소쉬르가 언어학의 연구 대상은 '사회적 약속인' 랑그(langue)로 제한하였고 사회적 활동과는 분리해서 랑그(langue)의 구조를 구명하려 하였다.

그러나 이에 대하여 할리데이(M. A. K. Halliday)의 체계문법에서는 랑그(langue)와 파롤(parole)을 구별하지 않고 장면의 맥락 속에서 사람이 쓰고 있는 행동거지에 관여하는 일체의 사상(事象)을 언어학의 연구 대상으로 해야 한다고 주장하였다. 어찌 보면 이것이 소쉬르와 할리데이의 기본적인 차이라고 할 수 있다.

5.5.6.3. 초기의 체계문법에서는 중요한 언어 레벨로 실질(substance)과 형식(form), 그리고 맥락(context)의 셋을 인정하였다. 실질은 말하자면 언어의 소재가 되고 형식은 이 소재를 유의미한 언어의 사상(事象)으로 조직하는 것이며 맥락은 이 형식과 비언어적인 사상의 장면(situation)과의 관계를 말한다(Halliday·McIntosh·Strevens, 1964).

언어학의 대상인 셋의 일반 레벨은 다시 문법, 어휘론, 음운론, 문자로, 그리고 의미론의 다섯으로 하위 구분되었다. 문법이 자주 언어학과 같은 뜻으로 혼동되는데 이를 구별하였다. 각 레벨이 항목을 선상(線上)에서 어떻게 배열될 것인가, 더욱이 배열된 항목의 하나하나를 어떻게 선발되는가를 기술하였다.

어휘 항목이 선상에 배열되는 것을 통합(syntagmatic), 또는 연쇄(chain) 관계라고 하고 항목의 선발을 계열(paradigmatic), 또는 선택(choice) 관계라고 불렀다. 1960년대 전반에는 체계문법이 형식에 직접 걸리는 문법 및 어휘론의 개발을 중심으로 하였다. 문법의 기술에는 넷의 범주를 설정하였다.

여기서 문법 기술의 네 범주란 단위(unit), 구조(structure), 류(class), 체계(system)의 넷을 말한다. 너욱이 넷의 범주 사이에 상호 관계와 그리고 범주와 언어 자료와의 관계를 설명하기 위한 셋의 척도(scale)를 마련하였다. 즉, 위계(rank), 구현(exponence), 정도(精度, delicacy)의 세 척도(尺度)를 말한다.

단위는 문법적인 모습으로 되는 연쇄를 말하고 영어에서는 문장, 절, 구, 단어, 형태소의 5종을 인정한다. 각 단위는 위계 척도라고 부른 계층 관계를 맺고 있고 하나의 단위는 위계 척도에서 보다 하나 아래인 단위에서 구성된다. 좀 더 알기 쉽게 설명하기 위하여 다음의 영어 문장을 예로 하여보자.

① Jill is playing with her dolls(질은 인형과 놀고 있다).
② The house where I live is very damp(내가 사는 집은 습기가 많다).
③ Where I live it always rains(내가 사는 곳은 언제나 비가 온다).

앞의 ①의 문장은 하나의 절(節), 셋의 구(句), 여섯의 단어, 그리고 여덟의 형태소가 있다. 구조는 각 단위의 연쇄 관계를 보인다. 구조는 각 단위의 연쇄 관계를 보인다. 예를 들면 절의 구조는 주어 'S', 술어 'P', 보조어 'C', 부가어 'A'의 네 가지 요소로 되었고 명사구의 구조는 전치수식어 'm', 주요어 'h', 후치수식어 'q' 등에 의해서 이루어진다.

여기서 구조상으로 보면 ①의 절(節)은 SPA(주어 + 술어 + 보조어), ②의 'S'는 'mhq(전치수식어 + 주요어 + 후치수식어)'의 형식을 갖춘다. 'SPA'의 예를 ①에서 들어보면 주어 'Jill', 술어 'is playing', 보조어 'with her dolls'가 된다. ①의 보조어는 구(句)가 차지한 것이다. 'mhq'의 예를 ②에서 들어보면 이 문장의 주어는 'The house'이어서 전치수식어와 주요어만 있고 후치수식어는 없다.

특정의 구조 요소로서 작용하는 항목에는 각각의 공통성이 있어서 하나의 류(class)를 만든다. 따라서 류(類)는 위계 척도에 있어서 하나 상위의 단위 구조 가운데 항목이 완수하는 기능에 의해 규정된다. 예를 들면 절(節)은 상위 단위인 문장의 구조가 단문(單文)이냐 아니냐에 따라 자유절(自由節)과 구속절(拘束節)의 류(類)로 나뉜다.

또 구(句)는 절 구조의 'S, P'로서 기능하는가에 따라 명사구, 동사구로 류(類)가 갈린다. 앞에 든 '단위, 구조, 류, 체계'의 네 범주 가운데 마지막 체계(体系)는 같은 구조에서 단위의 류(類)가 어떠한 선택의 범위를 갖는가를 지정한다. 일반적으로 체계는 "만일 a라면 x이던가 y의 어떤 것을 선택하다"의 형식으로 기술한다.

예를 들면 영어의 서법(mood) 체계는 직접법과 명령법의 어느 것을 선택하고 다시 직접법은 평서문(平敍文)과 의문문(疑問文)의 어는 것인가를 선택한다. 똑 같이 동사구에 적용하는 체계는 수(數)에 있어서 단수와 복수, 그리고 시제에서 과거, 현재, 미래를 선택하고 태(態)에서는 능동과 수동의 어느 것을 의무적으로 선택한다.

이와 같은 넷의 범주(category)는 서로 관련을 맺고 있다. 예를 위의 영어 예문 ③에서 들면 'it always rains'는 단위로서는 절(節)이고 구조로서는 SAP(주어 + 보조어 + 술어)이며 류(類)로서는 자유절에 속하고 체계로서는 직접법에 평서문을 선택한 것이다. 영어의 모든 문장을 이와 같이 넷의 범주로 유형화할 수 있다.

또 셋의 척도(尺度) 가운데 위계(位階)는 전술한 바와 같이 그보다 하나 상위단위의 구조 가운데 항목이 완수하는 기능을 말한다. 구현(具現) 척도는 추상적인 범주를 순차적으로 구체적인 범주로 실현하는 척도를 말한다. 예를 앞에 든 영어 문장 ②의 절(節) 구조에 나타나는 'S'는 구(句)의 단위에서 명사구의 류(類)이며 'mhq(전치수식어 + 주요어 + 후치수식어)'의 구조로 실현되고 다시 단어의 단위나 류(類)로 실현된다.

정도(精度) 척도는 구현(具現) 척도와 대조적으로 동일한 단위 내에서 적용된다. 각 단위는 각각 독자적인 구조와 류(類)를 갖고 또 류(類)는 자주 체계를 형성하지만 이 요소는 구조상에서 다시 한정사, 명사, 절(節)로 구분된다. 더 이상의 하위 구분이 될 수 없는 단계에서 문법의 분석이 끝나고 어휘론의 영역에 들어가게 된다.

5.5.6.4. 할리데이(M. A. K. Halliday)의 SG, 즉 체계문법은 그 언어관이나 목표, 방법에 있어서 변형생성문법과 양극(兩極)을 이루고 있다. 두 문법의 중요한 차이를 들어보면 대체로 다음과 같지 않을까 생각한다.

첫째로 변형문법으로서는 모어(母語) 화자가 언어에 대해서 무엇을 알고 있는가 하는 심리학상의 '지식'에 대한 여러 양상을 중시하는데 반하여 체계문법에서는 언어 사용에 의해 무엇을 이루는가를 사회학상의 '활동'에 대한 면을 중시한다. 즉, 사회적 맥락 가운데서 기호 체계의 일종인 언어를 쓰고 있는 사람들이 어떻게 의미를 고르고 교환하는가에 관심을 갖는다.

둘째로 변형문법이 일련의 규칙이나 원칙으로 되었고 다양한 언어의 표현을 문법적인 문장과 비문법적인 문장을 명확하게 구별하는 것에 대해서 체계문법은 일종의 체계의 망(網)으로 되어 그곳에서 선택되는 항목으로서의 결합도가 높은가 낮은가의 개연성(probability)에 응해서 문법성을 상대적으로 규정한다. 체계문법에서는 문법적인 문장의 범위보다 오히려 문법적인 문장이 어떠한 맥락에서 쓰이고 있는가에 관심이 있었다.

셋째로 변형문법이 언어능력과 언어운용을 구별하고 전자를 언어학의 연구 대상으로 삼은 것에 대해서 체계문법은 양자의 구별을 하지 않는다. 맥락 가운데 화자가 선책하려는 의미의가능성(= 체계)과 맥락 속에서 화자가 발화하는 언어 표현(text)은 불가분리(不可分離)여서 체계와 텍스트가 유리된 기술은 무의미하다는 생각이다. 그 결과 체계문법에서는 고쳐 말하거나 다시 말하는 것을 포함해서 여러 텍스트를 대상으로 그에 적합한 체계 망(網)을 해명한다.

넷째로 변형문법에서는 많은 경우 통사론을 기초로 하여 통사 구조에 의미해석 규칙이 적용된 의미가 표시된 것에 대해서 체계문법은 의미론을 기초로 하고 통사 구조는 의미를 표시하는 의미 체계에서 파생하는 것으로 보았다.

다섯째로 변형문법을 포함한 많은 언어 이론이 연쇄 관계를 중시하고 언어가 일련의 구조에 의해서 되었다고 보는 것에 대해서 체계문법은 선택 관계를 중시하고 언어는 일련의 체계에서 되었고 구조는 체계에서 파생한다고 보았다.

여섯째로 변형문법은 언어의 보편성을 강조한 것에 대해서 체계문법은 여러 언어의 다양성을 강조한다. 체계문법의 추상적인 레벨에서 보편성이 있다고 인정하지만 오히려 관심은 여러 언어의 차이가 어떠한 의미 체계에서 생겨나는 것인지를 설명하려는데 있었다.

체계문법을 연구하는 국제적인 연구회가 매년 1회씩 열리고 이 연구회에서 언어 이론만이 아니라 담화분석, 외국어교육, 기호체계, 컴퓨터에 의한 언어정보 처리 등의 다양한 분야에 대하여 논의하였다. 할리데이(M. A. K. Halliday)도 요즘의 언어 연구가 자기만족을 위한 것은 아닌지 반성해야 한다고 촘스키(N. Chomsky)의 변현생성문법의 연구 방법에 대하여 간접적인 비판을 가했다(Halliday, 1966).

5.5.6.5. 반면에 MG의 몬태규 문법(Montague Grammar, 이하 MG)은 미국의 철학자이며

윤리학자였던 몬태규(Richard Montague)가 자연언어를 기술하려고 짠 틀을 말한다. MG의 핵심적인 내용은 Montague(1974)의 <몬태규 선집>에 수록된 "형식 철학(Formal philosophy)"에 집중되었다.

그중에서도 제8장 '일반 영어에서 수량화의 적정한 처리 방법(The proper treatment of quantification in ordinary English)'에 채용한 방법이 일반에게 유포되어 PTQ(proper treatment of quantification) 모델로 널리 알려졌다. 여기서도 이를 중심으로 간략하게 소개하고자 한다.

몬태규(R. Montague)의 MG에 대하여 가장 좋은 입문서로 널리 알려진 Dowty·Wall·Peters(1981)의 <몬태규 의미론의 입문>에서는 이 문법에 대하여 다음과 같이 요약하였다. 즉, 자연어의 문법이라면 MG는 의미론을 언어학에 불어넣은 새로운 바람이라고 할 수 있다고 보았다. 지금까지는 의미를 추상적이고 관념적으로 언어학자들이 받아들였다면 MG는 엄밀한 수학적인 기반을 갖은 형식주의(formalism)를 제안했다고 보아도 좋다고 하였다.

일반에게 MG에서 채용한 것으로 보는 의미론을 형식의미론(formal semantics)라고 부른다. 형식의미론의 특징은 다음 세 가지 기둥이 있다.

① 진리조건 의미론(truth conditional semantics)
② 모델이론 의미론(model-theoretic semantics)
③ 가능세계 의미론(possible worlds semantics)

먼저 ①의 진리조건 의미론이라는 것은 서술된 문장의 의미를 안다는 것이 문장이 진리이기 위해서는 해당 문장이 기술하려고 하는 세계, 또는 상황이 어떤 조건을 만족하지 않으면 안 되는가를 아는 것이며 이것이 의미론이라는 것이다.

왜냐하면 그 조건에 호응해서 우리들은 주어진 문장의 진위(眞僞)를 판정할 수 있기 때문이며 문장의 진위를 판정할 수 있다는 것은 곧 그 문장의 의미를 알고 있기 때문이라고 보는 것이다. 여기서 진리조건 의미론에서는 일반적으로 문장의 의미 해석을 한다는 것과 이 진리조건을 준다는 것이 동일하게 취급되었다.

②의 모델이론 의미론이라는 것은 자연언어의 표현, 예를 들면 고유명사나 술어 등의 지시 대상, 또는 의미로서 집합론(集合論)적으로 규정할 수 있는 실체들(entities)을 부여하는

의미론적인 수법을 가리킨다. 예를 들면 'John'이나 'Paul'에는 그에 해당하는 개체 (individuals)가 대응하고 'student'나 'teacher'에는 집합체가 대응한다.

자연 언어가 '기호 체계로서의 언어' 이외의 세계에 관한 언명(言明)이라고 생각하는 경우에 그러한 기호 체계와 주위 세계와의 '의미론적' 다리를 놓은 것이라는 것이 모델이론 의미론이라고 생각해도 좋을 것 같다.

③ 가능세계 의미론이라는 것은 문장의 의미 해석에 있어서 주어진 특정의 상황만이 아니라 여러 가지 논리적으로 가능한 상황과의 관련에 있어서 그 의미를 생각하려고 하는 입장이다. 이때에 논리적으로 가능한 상황의 각각을 가리켜서 가능세계(possible worlds)라고 한다. 우리들이 현실세계도 단순한 하나의 가능세계에 지나지 않기 때문이다.

5.5.6.6. 앞에서 MG를 형식의미론의 3대 지주(支柱)에 근거하여 구축되었음을 살펴보았다. MG에 있어서 중심 과제는 자연언어의 문장이 갖는 진리조건(truth condition)과 더불어 함의(含意)조건(entailment condition)을 규정하는 일이다. 그중에서도 MG가 주목하는 것은 소위 내포적 맥락(intensional contexts)이다. 맥락에 많이 보이는 어떤 퍼즐에 하나의 답을 제공해 준다고 보아 예를 들어보기 한다.

> ① The morning star is the Evening star(아침별은 이브닝 스타다).
> ② Necessarily, the morning star is the Morning Star(아침별은 모닝 스타라는 것이 논리적으로 필연이다).
> ③ Necessarily, the morning star is the Evening Star(아침별은 이브닝 스타라는 것이 논리적으로 필연이다).

만일 ③의 문장이 진(眞)이라면 ①의 문장도 진이 되고 ②의 문장이 진이라면 ①의 문장은 위(僞)가 된다. 여기서 ①과 ③의 문장은 현실세계라고 하는 가능세계에서 진(眞)이고 ②의 문장의 'Necessarily' 이하의 명제가 모두 모든 가능세계에서 진(眞)임을 나타낸 것이다. 그래서 이 퍼즐의 답은 ③이 진리라면이란 조건으로 ①의 진(眞)이 확인된다.

②와 ③에서 보이는 'Necessarily'가 만들어 낸 맥락에서 문장 전체의 의미는 모든 가능세계를 고려하지 않고 결정할 수 없다. 이러한 의미 결정에서 어떤 특정한 가능세계, 앞에서는 현실세계라고 했지만 이외의 세계를 고려해야 하는 필요가 생겨날 것 같은 환경을 가리켜서 내포적 맥락(intensional contexts)이라고 한다.

내포적 맥락을 만들어 내는 언어 표현을 다음의 영어 예문에서 찾아 저선(底線)으로 표시하면 다음과 같다.

    a. <u>Necessarily</u>, the morning star is the Morning Star

    b. John <u>seeks</u> a unicorn.

    c. John is a <u>former</u> senator.

    d. John <u>believes</u> that the Earth is flat.

    e. John is talking <u>about</u> a unicorn.

이런 종류의 자연언어에서 내포적 맥락을 취급하는 PTQ 모델에서의 내포논리 (intensional logic)가 채택되었다. PTQ 모델의 이해에는 내포논리가 불가결이고 내포논리는 통사론적으로 유의표현(meaningful expressions)에 속하는 것이다.

MG는 이와 같은 내포논리(IL)와 유의표현(ME)의 방법을 통사론과 의미론의 레벨에서 고찰하여 언어의 의미와 문법을 언어 내부와 외부의 세계와 연결하여 고찰한 독특한 방식의 언어 연구라고 할 수 있다. 여기서는 그 내용을 소개하기는 너무 번잡하여 생략한다.

6. 20세기 초엽의 러시아 언어학

5.6.0.0. 유럽의 언어 연구사에는 러시아의 언어학이 포함되지 않는 서술이 많고 이것은 영국의 저명한 언어학사의 하나인 Robins(1967~1997)의 <언어학 단사(短史)>에서도 마찬가지다. 체코를 비롯한 동구(東歐)의 여러 나라들에서 이루어진 언어 연구는 유럽 언어학에 넣기도 하지만 러시아 언어학은 항상 따로 소개한다.

그 이유는 필자로서 알 수 없지만 서구(西歐) 중심의 사고에서 러시아는 이단(異端)일 수 있기 때문이다. 거기다가 오랫동안 냉전(冷戰)시대가 계속되어 러시아를 유럽에서 배제하려는 의식은 점차 커져만 간 것이 아닌가 한다. 그것은 러시아가 공산 혁명에 의하여 서구(西歐) 여러 나라와 다른 체제를 가졌고 그 결과 언어에 대한 연구의 태도도 달라졌기 때문일 것이다.

제정(帝政) 러시아는 레닌이 이끄는 볼셰비키의 2월 및 10월 혁명에 의하여 멸망하고

1918년부터 러시아 공산당이 통치하는 소련(蘇聯), 즉 소비에트 사회주의 연방국가(the Union of Soviet Socialist Republic, U.S.S.R.)가 되었다. 이러한 혁명의 와중에서 인문과학의 하나인 언어학도 근본적인 변화를 겪었는데 이렇게 변모된 러시아의 언어학은 소쉬르(F. de Saussure)에 의하여 창도(唱導)된 서방세계의 언어학과 매우 다르게 되었다.

그러나 러시아 언어학은 구소련의 수많은 언어들의 연구를 조사 연구한 것이므로 결코 서방세계의 언어학에 비하여 열등하거나 거론의 여지가 없다고 하기 어렵다. 실제로 소비에트 연방에서 사용되는 언어는 130여 개나 되고 이에 대한 연구는 지난 30년간 거의 알려지지 않았다.

Ivič(1963)에서는 처음으로 이러한 구소련의 언어 연구를 언어학의 슬라브 학파(Slavist schools)라 하여 러시아 혁명 이전까지 소비에트 연방의 광대한 지역에서 사용되는 언어를 연구한 것을 포함하여 살펴보았다. 본서에서는 요즘 일반적인 러시아란 용어를 사용하여 러시아 언어학으로 하고 Ivič(1963)의 슬라브 학파의 언어 연구를 고찰하고자 한다.

5.6.0.1. 러시아 언어학으로 보드앵 드 꾸르뜨네(Baudouin de Courtenay)의 카잔(Kazan) 학파와 포르뚜나또프(Fortunatov)의 학파로 알려진 모스크바(Moskva) 언어학 서클, 뻬제르부르그(Peterburg) 학파, 그리고 마르크시즘 언어학에 입각하여 서방 세계의 언어학과는 매우 다르게 급진적인 마르주의(Marrism) 언어 연구가 있었다.

러시아의 언어학은 남한의 한국어학이나 언어학에 직접적인 영향을 끼치지는 않았다. 그러나 남북이 분단되어 서로 왕래가 끊기고 냉전의 엄혹한 시대에 서방세계와 단절된 북한에서는 구소련과 러시아 언어학의 영향을 주로 받았으며 남한과는 다른 언어 연구가 이루어졌다. 따라서 북한의 언어학을 살펴보기 위하여 구소련의 언어 연구를 살펴보지 않으면 안 된다.

남한의 한국어학이나 언어학에서 미국 언어학의 영향은 지나칠 정도로 많아서 이에 대한 언급은 오히려 췌언(贅言)이 될 수 있다. 실제로 현대 한국어 연구에서 각 분야, 예를 들면 음운론이나, 형태론, 통사론, 그리고 의미론에서 미국 언어학의 그림자가 없는 곳이 없을 정도다.

그러나 북한에서는 정치적 이유로 미국이나 서방세계와의 접촉은 거의 완전하게 끊어졌다. 반면에 구소련이나 러시아의 언어학은 북한의 언어 연구에 직접적으로 많은 영향을 주었다. 그럼에도 불구하고 이에 대한 연구는 거의 없는 것 같다.

이 절(節)에서는 서구(西歐)의 언어학보다 오히려 선구적(先驅的)인 러시아 언어학에 대하여 살펴보기로 한다.

1) Baudouin de Courtenay의 카잔학파

5.6.1.0. 제정(帝政)러시아의 말기로부터 공산혁명을 거쳐 구소련과 러시아를 거쳐 변모해가는 동구권의 언어학에서 가장 중요한 것은 우리에게 잘 알려지지 않은 보드앵 드 꾸르뜨네(Jan Ignacy Nieisław Baudouin de Courtenay, Иван Александрович Бодуэн де Куртнэ, 1845~1929)의 카잔(Kazan) 학파를 먼저 들지 않을 수 없다.

제정러시아로부터 구소련에 걸쳐 현대 구조주의 언어학을 수립한 선각자로 알려진 프랑코 스위스학파의 소쉬르(F. de Saussure), 또는 프라하학파의 마테지우스(V. Mathesius), 투르베츠코이(N. S. Trubetzkoy), 야콥슨(R. Jakobson)과 이름을 같이할 수 있는 연구자로 러시아 언어학에 속한다고 보는 보드앵(Baudouin de Courtenay)을 들 수 있다.

보드앵(Baudouin)은 1845년 3월 13일 폴란드 바르사와 근교의 작은 마을인 라지민(Radzymin)에서 태어났다. 러시아어로는 이반 알렉산드로비치 보드엥 데 꾸르뜨네(Иван Александрович Бодуэн де Куртнэ)라고 불리고 폴란드어로는 얀 이그나찌 니에치스와브 보드앵 드 꾸르뜨네(Jan Ignacy Nieisław Baudouin de Courtenay)라고 불린다.

얀 이그나찌 니에치스와브(Jan Ignacy Nieisław)는 가톨릭교도의 이름이고 성(姓)으로 부르는 보드앵(Baudouin)은 프랑스의 것이다. 아버지는 폴란드 제국(帝國)의 측량사(測量士)였으며 어머니는 지주의 딸이었다. 보드앵은 바르사와(Warszawa) 대학 문학부에 들어가 언어학을 전공하였고 1866년에 동 대학을 졸업하였다.

그 후 그는 여기 저기 전전하다가 러시아의 쌍크뜨 뻬제르부르그(Ст. Петервург)대학의 대학원에 입학하여 '14세기 이전의 고대 폴란드어에 대하여'라는 제목으로 석사학위를 취득하였다. 그리고 이어서 '레지아방언의 음운연구 시고'란 제목으로 쌍크뜨 뻬제르부르그 대학(St. Petersburg University)에서 박사학위를 취득하였으나 폴란드인이기 때문에 러시아에서 교수직을 얻기가 어려웠다.

이후 시베리아의 볼가(Volga)강 중류에 위치하여 구소련의 타타르(Tatar)자치공화국의 수도였던 카잔(Kazan)의 카잔대학에 부임하여 비로소 정착하게 된다. 그는 여기서 카잔학파를 만들어 연구 활동을 계속하였으며 음소(Фонема, phonema)란 술어를 처음으로 사용한 논문을 발표하였다. 1881년에는 파리에서 개최된 언어학회에서 소쉬르(F. de Saussure)와 만났다.

보드엥(Baudouin de Courtenay)은 1883년 학교와의 마찰로 카잔을 떠나 도르파트(Dorpat)로 갔다. 1897년에는 쌍크뜨 뻬제르부르그(Ст. Петервург) 과학아카데미의 준회원이 되어 뻬제르부르그에 돌아왔으나 여전히 대학에서는 전임으로 받아드리지 않았고 시간강사로 근무할 수 있었을 뿐이었다.

1913년에는 1907년에 썼던 소수민족을 옹호한 논문 때문에 체포되어 재판을 받았고 학교에서 해고되었다. 1918년에 폴란드에 귀국하여 바르사와(Warszawa) 대학에서 활동하였고 1929년 11월 3일 고국에서 생애를 마쳤다.

5.6.1.1. 19세기 말부터 20세기 초에 활약한 러시아 형식주의자(formalist)들이 매우 진보적인 언어관을 갖고 있었던 것은 이미 널리 알려졌다. 그리고 보드앵(Baudouin de Courtenay)의 참신한 학설이 러시아 새로운 문학 연구에서 형식주의 시학(詩學)의 성립에 결정적인 역할을 한 것도 주지의 사실이다.[20]

19세기말에는 러시아에서도 통시태(通時態)와 공시태(共時態)의 언어연구가 주목되었고 Baudouin(1888, 1889)에 의하여 이미 1880년대에 공시태의 연구가 우선되어야 함이 주장되었다. 보드앵의 애제자(愛弟子)였고 일본에 러시아 구조주의 언어학, 특히 구조방언학을 전수한 폴리봐노프(E. D. Polivanov)는 공시적 언어연구의 창시자로서 인정되는 소쉬르 유저(遺著)인 『일반언어학강의』(Saussure, 1916)에 대하여 Polivanov(1928:34)에서 다음과 같이 전혀 새로운 것이 없다고 극언을 퍼부었다.

> 많은 사람들에 의해서 무엇인가 일대 발견인 것처럼 받아들이고 있는 소쉬르의 유저(遺著)는 옛날 우리의 보드앵 및 보드앵 학파가 이미 자기 장중(掌中)의 것처럼 알고 있었던 것이었음에 비하여 일반언어학적인 문제의 제기와 그 해결에 있어서 이 책에서는 문자 그대로 하나도 눈에 새로운 것이 보이지 않는다. 桑野隆 譯(1979:13)의 번역에서 인용. 역문의 번역은 필자.

---

20 뽀모르스카는 그의 Pomorska(1968)에서 '오포야즈(詩的言語硏究會)'가 전개한 문학이론의 기본적인 원천으로서 첫째 人文學의 一般方法論, 둘째 훗써얼의 現象學的 哲學, 셋째 근대언어학의 方法論, 넷째 近代藝術의 이론과 실천의 넷을 들고 있다.

이하 같음.

이것을 액면 그대로 받아 드릴 수는 없지만 당시 카잔학파가 이미 공시적이고 구조주의적인 언어 연구를 시도하고 있었음을 말해준다. 실제로 보드앵(Baudouin de Courtenay)과 그의 제자들은 공시적(共時的)인 언어 연구의 타당성을 인정하고 있었고 그러한 방법의 언어 연구가 적지 않았다.

5.6.1.2. 러시아 형식주의의 언어학 방법론은 당시로서는 매우 진보적이었으며 '일상 언어와 시적(詩的) 언어의 구별'에 대하여 보드앵(Baudouin de Courtenay)이 갖고 있었던 '언어적 사고에 있어서 무의식적인 것과 의식적인 것의 구별'이라든지 '언어의 다기능성' 등에 대한 집요한 주장은 러시아 형식주의의 근간이 되었다(桑野 隆, 1975).

그러나 뽀모르스카(K. Pomorska, К. Поморска)나 바흐친(Baxchin, М. М. Бахтин)은 러시아나 구소련의 언어학이 소쉬르의 언어학에서 영향을 받았다고 생각한다. 桑野 隆 譯(1979:11)에서 인용한 Pomorska(1968:19)의 이에 대한 언급은 다음과 같다.

> 소쉬르 및 러시아에 있어서 그의 신봉자들은 공시적 연구를 우선하였지만 그것은 어떠한 역사적 해석도 포함하지 않고 체계(system)로서 언어를 완벽하게 기술하는 것을 의미하였다. 기원론적인 문제에 대해서는 그 특유의 방법을 별도로 사용함으로써 맞서야 한다고 본다. 소쉬르적인 방법론의 두 번째 중요한 특징은 랑그와 파롤의 구별, 즉 체계 전체와 개인 언어활동을 구별한 것이다.

이 언급에 의하면 러시아 언어학자들은 언어의 공시적 연구라든지 체계적인 언어의 기술 같은 것을 소쉬르로부터 받아온 것으로 생각하고 있음을 알 수 있다.

1920년대에도 이러한 생각이 널리 퍼져있었는데 예를 들면 바흐친(Baxchin, Mikhail M. Бахтин)은 그가 쓴 글 가운데 "우리나라의 언어학적 사고를 대표하는 사람들의 태반은 소쉬르 및 그 제자들 -바이와 세슈에-의 결정적인 영향 아래에 있다"(Boloschinov, 1928)라고 하여 보드앵(Baudouin de Courtenay)의 영향을 인정하지 않았다.

그러나 소쉬르(F. de Saussure)의 이론이 칼쩨프스키(S. I. Karcevskij)에 의하여 러시아에 소개된 것은 1917년 3월의 일로서 그 이전에 쉬크로프스키(V. B. Shkrovskij)의 『말의 復活』(1914)이나 쉬크로프스키와 야쿠빈스키(L. P. Jakubinskji), 그리고 폴리봐노프(E. D. Polivanov)

등에 의하여 편찬된 『시적언어논집(Поэтика, Poetica)』제1호(1916) 및 제2호(1917)가 소쉬르의 영향을 받았다고 볼 수는 없다.

보드앵이 카잔(Kazan) 대학으로 옮긴 다음 그곳에서 강의를 들은 제자들, 특히 폴란드 출신의 끄루제우스키(Nikolai Kruszewski, 1851~1887)와 다른 제자들, 예를 들면 부리치(S. K. Burič) 등과 함께 발전시킨 언어학 사상을 카잔학파(Kazan school)라고 한다.[21] 이들의 언어학 사상은 비록 그것이 1870년대의 것이지만 그 내용에 있어서는 매우 진보적이어서 먼 뒷날인 금세기에 이르러서야 그들의 학설을 이해할 수 있을 만큼 전혀 새롭고 신선하며 독특한 체계를 보여준다는 평가를 얻었다(Ivič, 1963: §186).

보드앵(Baudouin de Courtenay)과 끄루제우스키(N. Kruszewski)의 두 사람이 활약한 카잔(Kazan)은 러시아에서 변두리에 속하며 학문 활동을 하기에는 적합하지 않은 곳이다. 쌍크트 뻬쩨르부르그(Cт. Петервург, St. Peterburg)에서 수학하고 카잔 대학으로 부임한 보드앵이 학위를 받으려고 이곳에 온 끄루스제우스키(N. Kruszewski)를 만난 것은 참으로 행운이었다고 할 수 있다.

이 두 사람의 대화에는 그 때까지 논의된 일이 없는 언어에 대한 많은 문제가 들어있었으며 일반언어학에 대한 정밀하고 새로운 이론을 세워나갔다. 그러나 이들이 하나의 학파로서 그 사상을 정리할 수가 없었다. 왜냐하면 보드앵은 폴란드의 민족주의자로 인식되어 러시아정부의 박해가 계속되었고 급기야 카잔 대학의 교수직을 사임하게 되어 카잔(Kazan)을 떠나게 되었기 때문이다.

또 제자이며 그와 더불어 새로운 언어이론을 수립하던 끄루스제우스키(N. Kruszewski)도 젊은 나이에 요절하였다. 실로 그의 스승인 보드앵(Baudouin de Courtenay)의 회상(回想)이 없었다면 그의 이름은 영원히 망각되었을 것이다.[22]

---

21 이들은 모두 보드앵 드 꾸르뜨네의 강의에 매료되어 모여든 학생들이었다. 보드앵의 강의에 대하여는 부리치(S. K. Burich)가 "학문으로 쏟아 붓는 격렬한 정열, 스스로 모두가 한 마음이 되어 다른 사람도 자기와 같이 무아의 경지에 도달하게 하는 능력, 이러한 특징도 역시 또 천부적인 재능이 풍부함을 증명하는 것이다. 그리고 그것에 의해서 멀리 떨어진 카잔 대학의, 청강생에게도 수자로 들어가지 않는 미미한 문학부에서 비교적 단기간에 보드앵 드 꾸르뜨네를 둘러싼 [중략] 젊은 학자들이 자립된 완전한 하나의 학파가 탄생할 수 있었던 이유도 설명이 가능한 것이다"(Burich, 1897:48~49)라고 하여 얼마나 보드앵의 강의가 열정적으로 이루어졌으며 학생들을 감동시켰는지를 말하고 있다.

22 끄루스제우스키에 관하여는 Jakobson의 "The Kazan School of Polish Linguistics and Its Place in the International Development of Phonology,"(Jakobson, 1970, II:389~428)와 Baudouin (1888:837~849)의 "미꼬라이 끄루스제우스키, 그 생애와 업적(Mikolaj Kruszewski, jgo zucie i prace

2) 뻬제르부르그(Peterburg)학파

5.6.2.0. 러시아의 쌍크트 뻬쩨르부르그에서 20세기 초에 활약하고 있던 오포야즈(詩語 연구회, Obščestvo poizučeniju poètičeskogo jazyka)의 언어 연구를 뻬쩨르브르그 학파라고 부른다. 보드앵의 제자였던 폴리봐노프(E. D. Polivanov)와 야쿠빈스키(L. P. Jakubinskij), 그리고 쉬체르바(L. V. Ščerva) 등이 함께 오포야즈(Oppojaz)의 발기인으로 참가한다.

이 세 사람을 러시아 형식주의(formalism)의 온실이었던 오포야즈의 3대 언어학자로 부르기도 한다. 모스크바 언어학 서클이 주로 젊은 언어학자들로 구성되었다면 이 학파는 야쿠빈스키(Л. П. Якубинский, L. P. Jakubinskii)라든지 폴리봐노프(E. D. Polivanov), 쉬체르바(L. B. Ščerva) 등의 중진 언어학자와 시크로프스키(Shkrovskii), 에이헨바움(Aihenbaum) 등의 문학이론가들로 구성되었다.

이렇게 시작된 새로운 언어 연구는 3인의 뻬쩨르부르그학파 언어학자가 모두 보드앵(И. А. Бодуэн де Куртенэ)의 제자였다. 폴란드인이었지만 러시아에서 활약한 보드앵은 독특한 언어연구로서 특히 러시아 언어학계에 지대한 영향을 끼쳤다. 러시아에서는 그를 소쉬르(F. de Saussure)와 동등하게 취급하기도 한다.

프라그 학파를 창시한 빌렘 마테지우스(Vilem J. Mathesius)는 이 점에 대하여 "보드앵의 여러 견해는 언어학적인 연구를 생리학적인 음상론(音相論)의 중압감에서 해방시켰으며 보드앵 덕분에 러시아 언어학자들은 소쉬르의 사상이 그의 강의록이 출판되어 한 층 더 명성을 날리기 이전에 이 새로운 이론을 받아드릴 준비를 이미 어느 정도 끝내고 있었다."(Mathesius, 1965)라고 하여 보드앵의 생각이 소쉬르 이전에 러시아 언어학에 영향을 주었고 그것은 소쉬르의 언어학에 필적할 새로운 것이었음을 시사하고 있다.[23]

5.6.2.1. 보드앵(Baudouin de Courtenay)의 제자였던 언어학자들, 예를 들면 칼쩨프스키 (Karcevskij), 쉬크로프스키(Shkrovskij), 폴리봐노프(Polyvanov), 야쿠빈스키(Jakubinskij), 쉬체르바(Ščerva)와 후에 추가된 바흐친(Baxchin)에 의하여 주도된 뻬쩨르부르그(Петервург) 학

---

naukowe)," 및 <Prace filologicane, III, Fasc.,1>(Baudouin, 1889), pp.116-175 등을 참조할 것.
23 프라그 학파를 창설하여 학파를 이끈 폴란드의 영어학자 빌레 마테지우스에 대하여는 졸고(1983)을 참고할 것.

파의 언어연구는 다음과 같은 특징을 가졌다.

첫째는 앞의 4.2.2.1.에서 논의한 바와 같이 독일의 훔볼트(W. von Humboldt)가 최초로 주장한 언어는 에르곤(ergon)이 아니라 에네르기아(energeia)이며 언어는 언어 현상에서 추출되어 확립된 각종의 응고한 규칙이 집성된 것이 아니라 끊임없는 프로세스, 바꿔 말하면 끊임없이 계속되는 운동으로 보았다(Jakubinskji·Ivanov, 1932:41).

이것은 보드앵의 영향이 잘 나타난 것으로 마르크시즘의 언어학을 연구하여 바흐친이 자신의 친구인 볼로쉬노프(B. H. Boloschinov)의 이름으로 발표한 Boloschinov(1929)의 <마르크시즘과 언어철학>에서 "언어·말의 리얼리티(reality)라는 것은 언어의 상호 작용에서 생겨나는 사회적 산물인 것이다. [중략] 언어는 분명히 구체적인 의사소통 속에서 생겨나며 역사적으로 생성되어 가는 것이다"(일어역, 桑野 隆 譯, 1989에서 인용)라고 하여 언어의 역동성과 역사성을 강조하고 있다.

이런 점에서 뻬쩨르부르그학파는 바흐친(Baxchin)과 같은 사상을 갖고 있었다. 이들의 스승인 보드앵(Baudouin de Courtenay)은 언어의 심리적인 면과 동시에 사회적인 면을 중요시하였지만 제자들에게서 역시 언어활동을 사회적인 것으로 간주하려는 태도가 분명해졌다. 물론 개중에는 언어의 심리적인 면에 비중을 두려는 사람도 없지 않았다.

예를 들면 1910년대에 쉬체르바(Sčerva, Л. В. Щерьа)는 오히려 스승인 보드앵보다 더 선명하게 심리주의의 경향을 띠고 있었다. 또 초기의 야쿠빈스키(L. P. Jakubinskji)는 언어의 심리적 요인과 사회적 요인을 대등하게 보았으나 1920년대 후반부터는 사회적 요인을 강조하게 되었으며 이윽고 다음에 소개할 마르주의(Marrism)의 색채조차 언뜻 보이게 되었다. 다만 폴리봐노프(E. D. Polivanov)만은 처음부터 언어의 사회성에 비중을 두었다.

5.6.2.2. 뻬쩨르부르그학파 언어연구의 중요한 특징은 언어의 변천에 대하여 언어내적 요인 - 변화의 제 법칙과 - 언어외적 요인의 - 사회적·경제적 - 구별이었으며 이들과 더불어 각 요인의 상호관계가 주목되었다는 점이다. 특히 폴리봐노프는 이런 점에 대하여 마르주의자들과 다투게 되어 드디어 비운의 죽음을 맞게 된다.[24]

24　폴리봐노프(E. D. Polivanov)는 러시아의 시월혁명 이후 유물론적 언어이론가로 자처하여 권력을 잡은 마르(Marr)주의자들의 언어진화론에 반대하였다가 결국은 그들의 공격을 받아 1929년에 모든 직위에서 해직되었다. 그러나 이후에도 계속해서 마르주의에 반대하자 마르학파의 고발로 인하여 1937년 3월에 체포되었고 그 이듬해 1월 25일에 獄死하였다(졸저, 2006a:255).

또 하나의 특징은 언어적 사고에 있어서 의식적인 것과 무의식적인 것을 철저하게 구분하려는 태도다. 이것 역시 보드앵의 생각으로 소급되며 이러한 태도는 러시아 형식주의에서 시적 언어와 일상 언어가 구별되는 결과를 낳게 하였다.[25] 주로 야쿠빈스키(Л. П. Якубинский)에 의하여 주도된 이러한 철저한 구별은 그의 스승인 보드앵의 방법을 계승한 것으로 베르그송(Henri Louis Bergson)의 유심론(唯心論)에서 말하는 'automatism(자동현상)'과 얽혀 있다.

보드앵은 소장문법학파와는 달리 국제인공어의 가능성을 인정하였으며 그 배경에는 "언어는 스스로 내부에 폐쇄된 유기체가 아니며 불가침의 우상도 아니다. 그것은 도구(道具)이며 활동(活動)이다"(Baudouin, 1963:140)라고 하는 보드앵의 언어관이 있었는데 이 언어관은 언어의 도구설을 신봉하는 것이었다.

보드앵은 자연발생적인 일정한 소산(所産)이 우리들이 의식적으로 내세운 목적에 잘 맞지 않을 경우에 인간은 스스로 그 도구의 제작 목적에 맞도록 해야 하는 권리가 있고 또 의무도 있다고 하였다. 그리하여 "언어는 인간으로부터 분리되어 떨어져 있지 않고 항상 인간과 함께 있는 이상 인간인 우리들은 언어를 다른 심리적 활동의 여러 분야에서 찾으려 하기 보다는 완전히 그것을 지배하고 자신의 의식적인 간섭에 의존하는 것으로 하지 않으면 안 된다"(Baudouin, 1963:140~151)라고 생각하였다.

5.6.2.3. 뻬쩨르부르그학파는 의식적인 사고에서 언어가 무의식적인 것과는 달리 하나의 도구적인 역할을 한다고 본 것 같다. 이것이 후일 유물론적(唯物論的) 언어도구관(言語道具觀)으로 발전하여 구소련의 마르크스 언어학에서 가장 중요한 원리가 된다. 그리고 북한에

---

25 좋은 예로서 이 학파의 야쿠빈스키(L. P. Jakubinskji)가 실용언어와 시적언어를 구별하려는 노력을 들 수 있다. 그는 '詩語의 音에 대하여'(Jakubinskji, 1919)이란 소논문에서 "언어현상은 화자가 스스로 어떤 목적의 언어적 소재를 이용하는가에 따라 분석하여야 한다. 만일 화자가 언어적 소재를 순수하게 실용적인 의사소통의 목적으로 쓰고 있다면 우리들은 실용언어의 체계를 다루고 있는 것이 되고 그곳에서는 언어적 표상(音, 형태론적 부분, 기타)들이 자립해서 가치를 갖지 못하며 모두 하나의 의사소통을 위한 수단에 지나지 않는다. 그렇지만 실용적인 목적이 뒤로 물러나 있고 언어적 결합이 그 자체로 가치를 갖고 있는 다른 언어체계도 있을 수 있다. 현대의 언어학은 전혀 실용언어만을 고려하였다. 그러나 다른 체계의 연구도 또한 커다란 중요성을 나타낸다. 이 소논문에서 필자는 시인이 시를 지을 때에 취급하는 언어체계에 대하여 그 심리음성학상의 특성을 약간 지적하려고 한다. 필자는 이러한 체계를 '시적언어'라고 이름을 붙였다"(Jakubinskji, 1919:37)라고 하여 日常言語와 詩的言語를 분리하여 고찰할 것을 제안하였다.

도 영향을 주어 이른바 언어 도구설이 북한의 언어 연구에서 주목을 받게 된 것이다.

또 다른 특징은 언어의 기술과 언어의 기능적인 면을 구별하려는 태도다. 이것은 당시에 처음으로 논의가 시작된 음소(音素)의 정의와 관련을 갖고 있다. 예를 들어 보면 쉬체르바(Л. В. Щерба, L. B. Shčerba)가 1912년에 발표한 "질(質)과 량(量)의 점에서 본 러시아어의 모음(母音)"이란 논문에서 "음소라고 불리는 것은 의미적 표상과 연합하여 말을 구별하려는 [중략] 주어진 언어에서 최소의 일반적인 음의 표상을 말한다."(Shčerba, 1974:121)라고 하여 '의미를 구별해 주는 최소의 언어단위'라는 기능적인 음소의 정의가 포함되었다.

음운의 변천에 대하여도 "언어음(言語音, 相)의 역사라는 것은 한편으로 의식으로부터의 어떤 음(相)의 구별이나 어떤 음소의 소멸에 돌아가는 것을 말하며 또 한편으로는 어떤 종류의 뉘앙스를 자각하거나 어떤 새로운 음소의 출현에 귀착하게 하는 것을 말한다."(Shčerba, 1974:123)라고 하여 음운의 변천도 그 기능의 변화로 보았던 것이다.

쉬체르바(L. B. Shčerba)가 활동하던 1912년대에는 아직 Trubeztkoy(1939)의 『음운론 원리』와 같은 음소의 기능적 관점을 보여주는 정의가 나오지 않은 때이므로 매우 선구적인 언어의식을 보여준다고 하겠다. 우리가 구소련의 언어학을 무시할 수 없는 것은 이러한 선구적인 언어 연구가 있었기 때문이다.

5.6.2.4. 뻬쩨르부르그학파를 말할 때에 가장 어려운 점은 소쉬르(F. de Saussure)와의 영향 관계다. 앞에서 모스크바 언어학 서클이 주로 소쉬르의 영향 아래에 있었음을 언급한 바 있다. 그러나 뻬쩨르부르그학파는 초기에 보드앵(Baudouin de Courtenay)의 제자들에 의하여 창도(唱導)되었기 때문에 소쉬르의 영향을 직접적으로 받았다고 보기 어렵다.

그러나 후일에 이르러서는 뻬쩨르부르그학파에도 소쉬르의 열풍이 불기 시작하였다. 소쉬르의 공시적인 연구는 비단 언어학만이 아니고 민족학·민속학에도 영향을 주었다. 이에 대하여는 야콥슨(R. Jakobson)에 의하여 후일 여러 차례 지적되었으나 러시아의 민속학자인 보가트레프(P. G. Bogatyrev; П. Г. Богатырев)가 자신의 『자칼파쳬의 주술행위(呪術行爲)·의례(儀禮)·신앙(信仰)』(1929)에 대한 1969년판 서문에서 소쉬르의 영향이 러시아에서는 언어학만이 아니었음을 말하고 있다(Bogatyrev·Jakobson, 1966).

즉, 이 책의 서문에서 "스위스의 언어학자 소쉬르의 공시적(정태적- synchrony) 언어 연구 방법은 러시아 학자들에게 뚜렷한 영향을 주었다"고 기술하였다. 이와 같이 모스크바로부터 퍼져나간 소쉬르의 언어학은 러시아 전역에 공시적 언어연구 방법의 열풍을 불게 하였다. 그러나 이에 대한 뻬쩨르부르그학파의 태도는 매우 복잡하다.

전술한 바와 같이 이 학파를 창도한 폴리봐노프(E. D. Polivanov)는 소쉬르에게는 어떠한 신기한 점도 없다는 태도를 보인 반면 쉬체르바(L. B. Sčerba)는 그의 Shčerba(1957:94~95)에서 처음으로 접한 소쉬르의 언어학을 다음과 같이 평가하였다.

> 1923년에 레닌그라드(뻬쩨르부르그를 말함)에서 소쉬르의 『일반언어학강의』를 손에 넣었을 때에[중략] 우리들은 소쉬르의 학설에서 우리에게 이미 친숙한 여러 명제와 많이 일치하는 점이 있는 것을 보고 매우 놀랐다. 체계로서의 언어와 활동으로서의 언어(아마도 소쉬르의 랑그와 파롤을 말하는 것으로 보임-필자)를 구별하는 것은 소쉬르처럼 명료하고 심화된 것은 아니지만 보드앵에게도 고유한 것이었다. [중략] 더욱이 소쉬르에게 가장 특징적인 '공시(共時)언어학의 우위(優位)'는 보드앵의 학문 활동 전체에서 볼 수 있는 기초의 하나였다. 소쉬르가 강조한 언어의 기호적 성격에 대해서도 '의미화 내지는 형태화'라는 개념과 병행한 것으로 들 수가 있다. 이 개념에 의하면 '의미화 내지는 형태화'시킨 것, 즉 어떠한 기능을 가진 '기호(記號)'가 된 것만이 언어학적 사실로 간주될 수 있다. 세부적인 점에서 일치를 찾는다면 음상론(음운론을 말함)과 형태론에 있어서 제로에 대한 학설을 위시하여 상당한 수효에 이를 것이다. 桑野 隆 譯(1979:51~52)의 번역에서 인용함.

같은 뻬쩨르부르그학파에 속해있던 뷔노그라도프(B. B. Виноградов) 등도 쉬체르바와 동일한 의견을 발표하였다(Baudouin, 1963:12). 실제로 보드앵은 '살아있는 언어'에 관심을 갖고 현대 언어연구의 중요성을 강조해왔다. 그 예로 러시아 형식주의(formalism) 이전에 활약했던 신 언어·문학연구회를 들 수 있다. 이 연구회는 보드앵의 영향 아래에 있던 뷔세로프스키(А. Н. Веселовский)에 의해서 창설되었는데 그는 보드앵과 매우 친한 사이였으며 서로 편지를 주고받으면서 학문을 교류하였다.

이 연구회의 설립목적은 현대의 살아있는 언어와 문학의 연구를 종합해서 살펴보려는 것으로 1895년에는 보드앵의 제자인 부리치(С. К. Бурич, Burich)를 우두머리로 하는 언어학 부문을 새롭게 설치하였다. 보드앵도 1901년에 뻬쩨르부르그에 옮겨와서는 바로 이 연구회에 직접 가담하여 가장 능동적인 회원이 되었고 그의 제자 쉬체르바도 이 활동에 참가하였다.

5.6.2.5. 보드앵은 그의 카잔 언어학 시대에 벌써 현대의 살아 있는 언어의 연구를 집요하게 주장하였다. 그리하여 그는 "살아있는 식물상(植物相)이나 동물상(動物相)을 전면적으로

연구한 생물학자만이 고생물학적(古生物學的) 흔적의 연구에 몰두할 수 있다. 살아있는 언어를 연구한 언어학자만이 사어(死語)의 특성에 관해서 가설을 세울 수가 있다"(Baudouin, 1963:349)라고 하여 역사언어학은 현대 언어학의 연구에 의하여 정밀화될 수 있음을 주장하였다.

따라서 뻬쩨르부르그학파의 사람들은 소쉬르의 이론으로부터 혁명적인 언어 연구방법을 찾아내기보다는 오히려 자신들의 은사(恩師)였던 보드앵의 선구적인 언어연구를 새삼스럽게 깨닫는 것으로 만족한 것 같다. 보드앵의 이론에서 심리주의(心理主義)의 안개를 헤쳐버리면 굳이 소쉬르의 학설이 필요하지 않다고 생각한 것이다.

그러나 그들에게 있어서 심리주의와의 투쟁이 그렇게 쉽지 않았으며 심리주의와 교체하여 바로 속된 사회학의 파도가 몰려온 것이다. 이런 점에서는 야콥슨(R. Jakobson)을 대표로 하는 모스크바 언어학 서클이 뻬쩨르부르그학파보다 먼저 심리주의를 극복하는데 성공했다고 생각한다.

모스크바 쪽이 먼저 이러한 성과를 올린 것은 그들에게 보드앵의 영향이 간접적이었다는 점도 있겠지만 야콥슨 스스로가 말한 바와 같이 후서얼(Edmund Husserl)의 현상학(現象學)에서 더 많은 영향을 받은 것으로 지적되고 있다. 야콥슨(R. Jakobson)은 이에 대하여 다음과 같이 언급하였다.

> 과학체계 최상위의 위치에 현상학적(現象學的) 태도가 승격하여 자연주의적인 어프로치를 파헤치기 시작하였을 때에 언어학에서는 언어체계, 언어의 내적 구조, 언어의 여러 층위 사이에 존재하는 관계 등의 여러 문제에 대하여 드디어 적극적으로 관심을 보임으로써 이러한 경향을 반영하였다. 형태(形態)에 대하여 이론적으로 설명한 정의(定義)가 유행이 되었고 초점은 형태와 기능(機能)의 관계로 옮겨갔으며 음운론에 있어서도 자연과학의 개념이 차례로 언어학적 기능의 분석으로 그 자리를 양보하지 않을 수 없게 되었다. 따라서 언어변화에 있어서 내적 법칙의 문제가 역사언어학에서도 우선되었던 것이다(Holenstein, 1976:3).

이 글에서 볼 수 있는 것처럼 뻬쩨르부르그학파의 언어연구에서 현상학적인 경향이 구조주의, 기능주의, 공시적 연구 등에서 나타나고 있음을 말하고 있다.

또 야콥슨은 여기에서 끝나지 않고 소쉬르의 <일반언어학강의>(Saussure, 1916)를 읽고 감명을 받은 것은 "정말로 관계(關係)의 문제였다. 그것은 사물 그 자체보다도 그들의 관계에 주목하라는 점에서 분명히 부락크(Braque), 피카소(Picasso) 등의 입체파(cubist) 화가들에서 볼 수 있는 특징적인 화법(畵法)과 통한다."(Jakobson, 1975:51)라고 하여 선험적 환원(還元)을 거쳐 얻어진 순수의식(純粹意識)을 본질(本質)에서 기술(記述)하려는 후서얼(Husserl)의 현상학의 그림자를 볼 수 있다.

3) 모스크바(Moskva) 언어학 서클

5.6.3.0. 포르뚜나또프(Fortunatov) 학파로 불리는 모스크바 언어학 서클은 러시아에서 볼쉐비키(Bolscheviki) 혁명이 일어나기 직전에 모스크바대학의 비교문법학 교수였던 포르뚜나또프(F. F. Fortunatov; Филив Федрович Фортунатов, 1848~1914)에 의하여 주도된 언어 연구 모임이었다.

뻬쩨르부르그학파보다 앞서지만 이 학파가 보드앵과 연관된 학파라 먼저 그를 소개하고 다음에 모스크바 언어학 서클을 살펴보기로 한 것이다. 포르뚜나또프는 보드앵(Baudouin de Courtenay)과 같은 시대의 사언어학자로서 비록 까잔 학파와 같은 수준의 언어관은 아니었으나 당시로서는 매우 진보적인 사상을 갖고 있었다.

포르뚜나또프의 언어연구는 매우 실천적이었으며 주로 현실의 언어자료를 연구했지만 학문적 통찰력을 갖고 있었다. 그는 언어의 통시태(通時態)와 공시태(共時態)의 구별이 필요함을 인식하고 있었으며 심리학적 방법을 원용하지 않고 직관(直觀)에 의하여 올바른 언어 분석의 기준을 세웠다고 언어학사에서 평가된다(Ivič, 1963).

포르뚜나또프 자신은 많은 논저를 남기지 않았으나 뻬스코프스키(А. М. Пешковский), 샤흐마또프(А. А. Шахматов), 벨리치(А. Белич) 등의 저명한 슬라브 언어학자들을 규합하여 후일 모스크바학파로 불리는 언어연구의 새로운 경향을 창출하였다. 이러한 연구 모임을 모스크바 언어학 서클(Moscow linguistic circle)이라고 부른 것이다.

유고슬라비아의 언어학자인 벨리치(А. Belič)는 포르뚜나또프의 학생이었으며 소장문법 학파를 사숙하였다. 그는 세르보-크로아티아어(Servo-Croatian)에 대하여 연구하였고 후일 이 언어들에 대한 연구는 그의 문하생에 의하여 독점되었다. 그는 소장문법학파의 영향을 받아 슬라브어의 역사적 연구에 관심을 가졌으나 후일 언어이론에 몰두하여 단어의 형태론적 구조의 차이라든지 그 연결의 원리를 이해하기 위한 단어의 통사론적 기능을 강조하였다.

이것이 통사론 층위에서 단어의 결합에 관한 이론으로 발전하여 오늘날 '통합론(統合論, syntagmatics)'의 시초가 되었다. 이들의 연구는 포르뚜나또프(Fortunatov)의 제자들 모임인 모스크바 언어학서클로 발전하여 구소련의 언어학을 대표하게 되고 야콥슨에 의하여 그 일부가 서방세계에 소개되기도 하였다.

5.6.3.1. 모스크바 언어학 서클(Moskovskij lingvističeskij kružok, Moscow Linguistic Circle) 은 1915년 야콥슨(P. O. Якобсон), 보가뜨레프(П. Г. Богатырев), 부스라에프(А. А. Буслаев), 아프레모프(Ф. Н. Афремов), 야코블레프(Н. Ф. Яковлев), 라고진(С. И. Рагозин), 스베쉬니코 프(П. П. Свешников) 등 언어학과 민속학에 관심을 가진 7명의 학생에 의하여 창설된 것이 다(Jakobson, 1971a, Ⅱ:530).

야콥슨은 이 서클의 50주년을 기념하는 글("移住하는 術語와 制度 모델의 一例", 1965)에서 저간(這間)의 사정을 다음과 같이 기억하였다.

> 이와 같은 서클은 1세기 전과 같이 관헌(官憲)의 적의(敵意)를 불러일으키기 쉬웠다. 그것 때문에 어려움을 피하기 위하여 러시아 과학 아카데미와 연결된 모스크바 방언위원회의 추진 자이며 우리들이 좋아하는 우샤코프(Д. Н. Ушаков) 선생에게 말씀을 드려 우리 그룹이 이 위원회의 후원 아래에 활동할 수 있도록 의존하였다. [중략] 우샤코프선생의 친절한 신청의 덕분에 방언위원회 의장 콜쉬(Ф. Е. Корш)에 의해서 1914년 말에 아카데미에 정식으로 제출 되었다. 러시아어·러시아문학 부문의 서기(書記) 샤흐마토프(А. А. Шахматов)가 공식적으 로 서명한 아카데미로부터의 회답은 우리들이 '방언위원회와 제휴(提携)함과 더불어 언어학, 시학, 운율론, 민속학의 연구를 목적으로 하는 젊은 언어학자들의 서클(circle of young linguists, Кружок из молодых лингвистов)'을 창설할 것을 인정하였다. 우리들은 콜쉬 의 내락을 얻어 그를 명예회장으로 뽑을 예정이었으나 1915년 3월 2일 첫 모임의 그날에 우리 서클은 그의 逝去를 알게 되어 언어와 운문(韻文), 구전(口傳) 전통문학의 위대하고 과감 한 연구자인 그에게 묵도를 올리게 되었다. 18세에서 20세 전후였던 학생들은 - 7명의 창시자 들과 후에 참가한 2인, 바질레비치(Д. И. Базилевич), 딩게스(Г. Г. Дингес) - 콜쉬의 연구 로부터 얻은 교훈을 충실하게 지켰다. [중략] 후에 활동적인 멤버가 되어 서기(書記)가 된 뷔노쿠르(Г. И. Винокур)는 1922년에 민속학과 민족학 문제와 똑 같이 실용언어와 시적언어 쌍방의 언어학적 문제를 해명하는 임무를 수행하였다. 조사 방법은 공동의 집단적 연구에 의함을 목표로하였다"(桑野 隆 譯, 1979:41에서 일부 재인용)라고 하여 이들의 연구가 민속학, 시학, 그리고 언어학의 연구에 있음을 알 수 있다. 1918년 이래로 이 서클은 자신들의 집회실과 도서실을 갖게 되었고 그곳을 방문한 젊은 언어학·시학(詩學)의 연구자들 모두에게 학문적

흥미를 고취시키는 역할을 하는 등 1919년~20년 사이에 모스크바에서 대단한 활약을 하였다 (Roman Jakobson Selected Writings, Ⅱ, 1971:530-531).

모스크바 언어학 서클은 1924년 여름에 정식으로 해산하였다. 이 해는 러시아에서 형식주의(formalism)의 바람이 강하게 불기 시작한 때다. 아무튼 이 서클은 단순한 언어 연구만은 아니고 야콥슨 등에 의하여 주도된 언어학과 문학, 특히 시학(詩學)의 만남이 되어 후일 그의 학문이 나아갈 바를 예견하게 된다.

그는 이들의 시적 언어에 대한 연구를 "지금까지 전통적인 언어학이 방치하여 온 이 영역을 통하여 신문법학파(新文法學派)의 흔적에서 벗어날 수가 있었고 더욱이 언어에 있어서 전체와 부분의 문제라든지 목적과 수단의 관계, 즉 그 구조적인 법칙이나 창조적인 양상은 일상적인 말에 있어서보다 시적언어에 있어서 관찰자에게 한 층 잘 파악할 수 있기 때문이다"라고 하여 이들이 주도한 언어학과 시학의 만남이 의도적이었음을 강조하고 있다(ツヴェタン・トドロフ編, 『文學の理論』, 理想社, 1967:7).

5.6.3.2. 모스크바 언어학 서클의 가장 큰 특징은 이 시대의 소련 언어학에서 소쉬르(F. de Saussure)의 언어학을 수입하여 전통적인 러시아 언어학과 대항하려했다는 점이다. 소쉬르의 『일반언어학강의』(Saussure, 1972)는 1916년에 그의 제자들에 의하여 세상에 알려지게 되었지만 실제로는 1910년~20년대에 러시아에 있어서 상당한 영향을 끼쳤다.

바흐친(M. M. Baxtchin)이 썼다고 하는 '서구(西歐)에 있어서의 최신 언어학 사조'라는 논문에서 "러시아에서는 포슬러(K. Vossler) 학파가 친해지지 않은 것만큼 소쉬르학파가 인기를 넓히고 있으며 영향력을 구사하고 있다. 우리나라 언어학적 사상을 대표하는 사람들의 태반은 소쉬르 및 그의 제자들--바이와 세슈에--의 결정적인 영향 아래에 있다"(Binokur, 1923:100~101)고 하여 그 시대에 얼마나 소쉬르의 영향이 컸던가를 증언하고 있다.

모스크바 언어학 서클의 일원이었던 롬(А. И. Ром; A. I. Rom, 1898~1943)은 1922년 소쉬르의 『일반언어학강의』를 번역하여 바이(C. Bailly)와 세슈에(A. Séchehaye)에게 출판하겠다고 편지를 보냈으나 그들로부터 허가를 얻지 못하여 단념한 일도 있었다.[26] 모스크바 언어학

---

26 러시아에서 소쉬르의 『일반언어학강의』가 번역된 것은 페첼숀(Печелшон--그는 바흐친에 의하여 소쉬르 신봉자의 대표자로 불렸다)이 『出版과 革命』 1923년 제6호에 '일반언어학'이란 소논문을 실어 소쉬르의 『일반언어학강의』의 개요를 짧게 소개하였다. 이때에 'langage'는 'речь', 'langue'는 'язык', 'parole'

서클은 전술한 보드앵에게서 직접 언어학을 배우지 못하였기 때문에 후술할 뻬제르부르그(Петервург) 학파보다 더 직선적으로 소쉬르의 이론을 수용하게 되었다.

특히 소쉬르의 정태적(靜態的) 연구, 즉 공시적 언어연구방법은 이들에게 강렬한 영향을 주었다. 당시 모스크바대학에서 이 서클을 주도하던 야콥슨도 보드앵의 영향을 일찍이 경험한 바 있음을 회상하였다. 야콥슨은 뻬제르부르그(Петервург) 대학 시절의 회상기에서 다음과 같이 언급하였다.

신입생인 저자가 자신이 만든 독서계획의 문헌리스트를 첵크하여 주십사하고 우샤코프(Д. Н. Ушаков) 선생께 말씀드렸더니 선생께서는 쉬체르바(Л. В. Щерьа) 저(著)의 러시아 모음에 관한 1912년의 모노그라프(Щерь, 1912)를 제외하고는 나머지 모두를 찬성하였다. 쉬체르바의 그 책은 보드앵의 탐구로부터 성장한 것이며 모스크바 언어학파의 정통적인 이론과는 전혀 이질적인 연구 흐름을 따른 것이다. 당연한 일이지만 저자(야콥슨)가 최초로 읽은 것은 다른 것이 아니라 이 금지된 글이었으며 필자는 그 도전적인 책의 서문에서 음소의 개념에 대한 주석을 읽고 곧 바로 마음을 뺏기고 말았다. 얼마 지나지 않은 1917년에 칼쩨프스키(С. З. Карцевскы)가 제네바에서의 연수를 마치고 모스크바에 돌아와서 우리들에게 소쉬르의 이론을 전해주었다(Jakobson, 1971a, Ⅰ. p.631).

이 언급에서는 우리는 소쉬르(F. de Saussure)가 본격적으로 러시아에 영향을 주기 이전에는 보드앵의 이론이 모스크바에까지 영향을 끼치고 있었음을 알 수 있다.

4) 바흐친(Бахтин)의 언어학 비판과 마르크시즘 언어학

5.6.4.0. 공산주의를 창시한 마르크스(Karl Heinrich Marx, 1818~1883)는 인간의 의식이 언어의 형태로 나타난다는 사변문법학파의 견해를 갖고 있었다. 그리하여 Marx·Engels (1845~46)에서 마르크스는 "언어는 그 기원이 의식과 마찬가지로 오래다. 언어는 곧 사람을 위하여 존재하는 또 오직 그럼으로써만이 나 자신을 위하여서만 존재하는 실천적이며 현

은 'слово'로 번역하였다. 이 책이 정식으로 러시아로 번역된 것은 1933년의 일로서 이때에는 'langage'는 'речевая деятельность', 'langue'는 'язык', 그리고 'parole'은 'речь'로 번역되어 그대로 굳어지게 되었다.

실적인 의식이다. 그리고 의식과 마찬가지로 언어도 오직 다른 사람들과 접촉하려는 요구, 그러한 간절한 필요로부터 오직 발생한다."(Marx·Engels, 1845~46; 번역 『독일 이데올로기』, 1957:23; 김민수, 1985:100에서 재인용)라고 하여 언어는 인간의 의식과 함께 생겨났으며 인간의 사회적 접촉을 위하여 발생된 것으로 보았다.

마르크스와 더불어 공사주의의 이론을 완성한 엥겔스(Friedrich Engels, 1820~1895)도 인간이 사회를 이루면서 언어가 발생되었고 언어가 음성언어로 발전한 것은 인간의 사회적 접촉을 위한 목적이 있었기 때문으로 보았다.

즉, Engels(1935)에서 음성언어가 발전하는 과정에 대하여 "간단히 말하면 형성 중에 있던 인간들은 서로 무엇인가를 말할 필요가 있는 단계에 도달하였다. 필요는 기관을 만들어 냈다. 즉 원숭이의 발전하지 못한 인후(咽喉)는 완만하기는 하나 그러나 끊임없이, 음조의 변화에 의하여 부단히 음조를 더 변화시키면서 개조되어 갔으며 구강 기관들은 점차로 유성음을 발음하는 것을 하나하나 배워갔다"(Engels, 1935; 번역 『자연변증법』, 1966:53에서 인용)라고 하여 필요에 의하여 음성언어가 발전한 것으로 보았다.

이러한 유물론적 언어관은 러시아혁명 이후에 구소련에서 중요한 언어관으로 모든 언어 연구의 기본이론이 되었다. 1917년 러시아혁명의 지도자였던 레닌(Lenin, Владимир Ильич Ленин, 1870~1924)은 마르크스와 엥겔스의 이론을 좇아 Lenin(1924)에서 "언어는 인간 교제의 가장 중요한 수단이다. 언어의 통일과 그 자유로운 발전은 현대 자본주의에 상응하는 진실로 자유롭고 광범한 상품 유통과 모든 개별적 계급에로의 주민의 자유롭고 광범한 집결의 가장 중요한 조건의 하나다"(번역 『민족자결에 관하여』, 1958:496, 김민수, 1985:100에서 인용)라고 하여 언어는 인간 교섭의 수단임을 강조하고 있다. 이러한 공산주의적 언어관은 구소련의 멸망에 이르기까지 일관되게 유지되었다.

5.6.4.1. 소비에트 사회주의 혁명을 전후한 1910~20년대의 러시아에서는 언어의 사회적 특징에 비상한 관심을 가진 일군(一群)의 연구자들이 나타났다. 이들의 대부분은 러시아 형식주의를 주창한 사람들로서 사회의 혁명사상과 연관되어 나타났기 때문에 학문적 경향이라기보다는 당시의 시대상황이 낳은 하나의 정열이었다.

러시아혁명이 무르익은 1920년대에 예술가들의 죄익전선(左翼戰線)인 레흐(Леф)가 결성되었고 이 가운데 언어를 프롤레타리아 공산 혁명의 도구로서 역시 혁명적인 개혁의 대상으로 보려는 레닌의 견해에 추종하는 한 무리의 언어학자들이 있었다. 이들의 언어연구를

'사회언어학적 연구'라고 부르고자 한다.

사회언어학적 연구는 물론 오늘날 사회언어학과는 다른 것으로 러시아 사회주의 혁명 당시에 러시아에서 이루어진 급진적인 좌파 언어연구자들을 말한다. 이들은 혁명이전의 모스크바 언어학 서클이나 뻬쩨르부르그(Петербург, Peterburg) 학파의 언어학자들을 망라 하게 된다. 이 시대는 이론보다는 혁명의 수행이라는 정열이 앞섰으며 새로운 시대에의 커다란 몸부림이었다.

아직도 사회주의 국가체제를 유지했던 1989년에 구소련에서 공간된 『사회언어학적 연구』의 벽두에 다음과 같은 글이 실렸다.

> 이미 금세기 초두에 언어의 수평적 구분(지역적 구분)과 수직적 구분(사회적 구분을 말함) 이라는 견해를 보드앵은 개진(開陳)하였다. 그의 저서 가운데는 언어적 사실의 사회적 피제약 성(被制約性)에 관한 구체적인 연구도 포함되어 있다. 한편으로는 언어의 발달·기능화, 또 한 편으로는 사회적 과정(過程)·현상 등에 대한 것으로 이 쌍방의 관계를 연구함에 있어서 폴리봐 노프, 야쿠빈스키, 세리시체에프, 뷔노크르, 지르문스키, 기타 등등의 20세기 전반에 걸출한 언어학자들의 저서가 발표되었다. 『사회언어학적연구』(Социально-лингвистические исследованиа M., 1989:3).

이로 보면 구소련에서는 이들의 연구를 매우 높게 평가하고 있었던 것으로 보인다. 이들 의 언어연구는 언어기술학(言語技術學)이라고 부를 수밖에 없는 미래 지향적인 새로운 시대 의 새로운 언어를 목표로 한 것이다. 전술한 레흐(Леф)에 모여든 언어학자들은 인간의 생 활과 문화의 모든 분야에서 혁명이 이루어져야 하며 그를 위하여 언어도 함께 개혁되어야 한다는 생각이었다.

즉 트레챠코프(С. М. Третьяков)는 『어디서 와서 어디로 가는가 - 미래주의 전망-』에서 "미래주의자의 최대 강령이 생활 속에서 융해되어 새로운 생활양식에 부응하는 언어의 의식적 재구성에 있다면 언어 연구에 종사하는 미래주의자의 최소 강령은 자신의 언어소 재를 오늘의 실천적 과제에서 도움이 되게 하는 것에 있다"(Trečakov, 1923:202; 일어역, 桑野 隆 譯, 1979 참조).

5.6.4.2. 이와 같은 혁명 전후 러시아의 언어연구는 혁명에 수반되는 사회 개혁의 수단 으로서 언어를 도구화하고 민중을 선동 선전하는 기술(技術)로서의 언어연구가 자리를 잡

게 된다. 이것은 언어의 연구가 고대 로마시대의 수사학(修辭學)으로 전락됨과 같은 과정을 말한다.

전술한 뻬쩨르부르그 학파의 언어학자였던 야쿠빈스키(Л. П. Якубинский)는 언어 연구가 언어 개혁을 위한 것이 되어야 한다고 다음과 같이 주장하였다.

> 학문의 임무는 현실을 연구만 하는 것이 아니고 그것을 개조(改造)하는데 있는 것이다. 언어학은 학교에서의 언어교육이라는 실천적인 연구를 위하여 이론적 기초를 제공하여 왔고 또 지금도 그것을 제공하는 있는 이상 얼마간 그 임무를 수행하여 왔다고 말할 수 있다.
> 그것의 중요성, 즉 응용적 가치는 대중을 앞에 두고 연설하는 말이나 공중을 향한 글과 같이 일상생활 속에서 존재하고 있어서 그 생활로부터 조건이 붙여졌고 기술적으로 여러 가지 형태의 조직이었던 언어활동에 주의를 기울린다면 훨씬 증대할 것이다. 말의 기술(技術)이라는 것은 말의 기술학(技術學)을 암시한다. 그리고 이 말의 기술학이라는 것은 현대의 과학적인 언어학이 스스로 뱃속에서 만들어내지 않으면 안 되는 것이고 또 그렇게 하도록 현실이 시키고 있는 것에 지나지 않는다." Jakubinskji(1924:71~73). 일어역 桑野 隆 譯(1975) 참조.

러시아 혁명 이후에 일어난 새로운 언어연구 경향은 바흐친에 와서 일단 정리되고 체계화된다. 바흐친의 생애는 여기에 소개하는 것이 새삼스러울 정도로 널리 알려졌다. 여기서는 Frank(1990)의 『바흐친의 생애와 사상』(여홍상 번역, 1995)에서 그의 생애에 대하여 중요한 부분만 간추려 보기로 한다.

1895년에 태어난 미하일 바흐친(Михаил Бахтин, Mikhail Bakhtin)은 오랜 러시아의 귀족 집안이었다. 그의 조부는 은행을 설립했고 부친도 은행업에 종사하였다. 부모들은 교양이 있고 자유분방한 사람들이었으나 자식들에 대하여는 사려 깊고 수준 높은 교육을 받도록 하였다.

그에게는 세 명의 누이와 한 명의 형이 있었는데 형인 니콜라이(Николаи Бахтин)는 미국에 망명하여 버밍햄대학의 언어학 교수를 지냈다. 바흐친 형제는 어려서부터 독일어를 비롯한 유럽의 여러 언어를 교육받았고 특히 독일어 교사로부터 고전에 대한 흥미를 배우게 되어 두 형제가 모두 고전(古典)에 관심을 갖게 되었다.

바흐친이 희랍과 로마 등의 고전문학에 대하여 해박한 지식을 가진 것은 이때의 교육에 힘입은 바가 많다. 그의 형인 니콜라이는 영국의 옥스퍼드대학에 유학을 갔는데 철학자 루드비히 비트겐슈타인과 친구였다고 하며 그에게 많은 영향을 주었다고 한다. 여홍상 역(1995:19).

5.6.4.3. 바흐친은 1914~18년에 뻬쩨르부르그 대학에서 공부했으며 여기서 그의 평생의 스승인 젤린스키를 만난다. 폴란드 계(系) 고전학자 젤린스키(F. Zelinsky)는 당시 국제적으로 고전학자로서 명성을 떨치고 있었다.

또 바흐친은 평생 마르틴 부버(Martin Buber)를 존경했고 그를 당시대 유일한 철학자로 생각하였다고 한다. 1918년에 대학을 졸업한 바흐친은 네벨(Неебежл)이란 시골 마을과 비테부스트크(Витбстк)의 고등학교에서 교편도 잡았고 강연이나 경제 자문, 때로는 회계사의 일도 하면서 생계를 꾸려나갔다.

어릴 때부터 골수염(骨髓炎)을 앓았기 때문에 환자로서 연금을 받기도 하였는데 그의 정규수입은 이것뿐이었으며 현실적인 부인의 절약으로 근근이 살아갈 수가 있었다. 4년 후 바흐친은 모스크바에서 레닌그라드(구명 뻬제르부르그)로 이주하였다. 이곳은 그가 대학시절을 보낸 곳으로 그와 생각을 같이 하는 음악가, 작가, 자연사가, 문학가, 그리고 다양한 학자들이 모여들어 하나의 그룹을 형성하였다.

클라크(Clark)와 홀퀴스트(Hallquist)는 이 그룹의 활동을 다음과 같이 묘사하였다.

> 바흐친 그룹은 결코 고정된 조직이 아니었다. 그들은 단지 친구들로서 집단으로 만나서 서로가 생각하는 바를 토론하기를 좋아했고 철학적인 관심을 공유하고 있었다. [중략] 이들이 다루었던 주제는 광범위했으며 프루스트, 베르그송, 프로이트와 신학적인 문제를 포함하였다. 때로는 한 사람이 다른 참석자를 위하여 강연을 하기도 하였으며 그 가운데 가장 유명한 것은 바흐친이 1925년에 8번이나 행한 칸트의 『판단력 비판』에 대한 강의였다. Clark·Halquis (1984:103), 여홍상 역(1995:22)에서 인용.

이를 보면 바흐친의 사상은 시월혁명 이후 소련의 통치이념이었던 마르크스주의와 거리가 있다. 특히 신학(神學)에 대한 관심은 유물론적인 마르크스-레닌 사상과는 상치되는 것이다. 당시 러시아 정교를 신봉하는 그룹인 부활(voskresenie)이 있었으며 이 그룹의 일원인 페도토프(Georgey P. Fedotov)의 증언에 의하면 이 그룹에서는 혁명적 마르크스주의는 유태-기독교의 종말론적 한 분파로 보았으며 공산주의적 이상을 초대 교회에서 찾으려고 하였다.

시월혁명은 러시아 차르(Czar) 체제하에서 국가로부터 통제를 받던 교회를 해방시켰으나 얼마 후 러시아정교의 교부들은 다시 교회에 대한 국가의 일시적 권한을 인정하게 되었으며 이를 반대하는 요셉분파가 생겨났다. 요셉파는 교회가 다시 국가에 의하여 통제되는 것을 원치 않았으며 이를 반대하기 위하여 비밀회합이 자주 열렸다.

바흐친도 이 회합에 참여하였고 급기야는 요셉분파로 몰려 1928년 체포되어 북극의 솔로베츠키(Solovetsky) 섬에 수감(收監)되는 형을 받았다. 그러나 알렉세이 톨스토이(Aleksei Tolstoy)와 막심 고리끼(Maxim Gor'kii) 등의 구명운동이 있었고 당시 계몽인민위원이던 루나차르스키(Анатол Руначарскы)의 호의를 얻어 4년간 카자흐스탄으로 유배형으로 감형되었다. 루나차르스키는 그 자신도 문학가로서 바흐친의 학문적 재능을 높이 평가하고 있었다.

그는 카자흐스탄의 유배지에서 서고(書庫)지기도 하며 회계사의 일도하고 집단농장의 간부에게 경제를 교육하기도 하면서 6년간을 보낸다. 1936년에 그는 유럽계 러시아의 한 시골 사범학교에서 교편을 잡게 되었다. 1년 후 숙청을 두려워하여 일시 사직하고 모스크바에 돌아와 박사 학위 논문을 집필하였다.

어릴 때부터 앓던 골수염이 1933년부터 더욱 악화되어 결국 1938년에 다리를 절단하였다. 2차 대전 중에는 모스크바 근처의 고등학교에서 외국어를 교육하였고 전쟁이 끝난 다음에 다시 먼저의 사범학교로 돌아왔으며 이 학교가 대학이 되어 1961년에 은퇴할 때까지 여기에서 러시아어 및 외국문학의 교수로서 근무하였다.

이러한 전력이 있기 때문에 그가 체포된 이후의 많은 저서가 다른 사람의 이름으로 간행되었다. 특히 체포 직후에는 그의 제자이기도 하며 친구인 볼로쉬노프(В. Н. Волошинов)와 메드베제프(П. Н. Медьецев)의 이름을 빌려 그의 저서를 간행하였다.[27] 1929년 도스토예프스키(Fyodor M. Dostoevskii)의 연구서가 겨우 그의 이름으로 간행되었으나 이미 1928년에 볼로쉬노프의 이름으로 그의 업적이 간행되기도 하였다(Boloschnov, 1928).

1940년에 그는 학위논문인 라블레(François Rabelais)에 관한 논문을 제출하였지만 논문 심사는 전쟁이 끝난 이후로 미루어졌고 이 논문의 공간은 1965년에 모스크바에서 이루어졌다(Baxchin, 1965). 이 논문은 교수들의 격렬한 논쟁이 있은 후에 결국 심사에서 떨어졌고

---

27 예를 들면 V. N. 볼로쉬노프의 『마르크스주의와 언어철학』(Boloschinov, 1928)과 『프로이트주의: 마르크스주의 비판』(Boloschinov, 1976), 그리고 P. N. Медьецев(1928)의 『문학연구의 형식적 방법』 등을 들 수 있다.

국가가 개입하기에 이르렀다. 그는 1975년에 80세의 나이로 세상을 떠나게 된다.

5.6.4.4. 러시아 볼세비키 혁명시대에 활약한 바흐친(M. Bakhtin)은 혁명의 소용돌이 속에서 불운한 생애를 살았으며 체포와 유배, 숙청의 공포 속에서 살아간 혁명의 희생양이기도 하다. 그리하여 바흐친을 마르크스주의 비판자로 보려는 견해가 정설인 것처럼 알려졌지만 본서에서는 당시 시대상황으로 보아 소련 혁명의 와중에서 마르크스주의 이론에 입각한 언어연구를 가장 본격적으로 전개한 언어학자로서 이해하고자 한다.

바흐친은 볼로쉬노프의 이름으로 간행한 *Марксизм и Философия языка - Основные проблемы социологического метода в науке о языке*(『마르크스주의와 언어철학--언어학에 있어서 사회학적 방법의 기본적인 제 문제--』(Boloschnov, 1929)에서 기존의 언어이론을 포함한 아리스토텔레스 이래의 전통적인 언어의 연구 방법을 비판하고 마르크스주의에 입각한 언어연구의 새로운 방안을 제시하였다.

그의 언어철학은 위의 책에서 종합되었으며 여기서 개진된 그의 이론은 구소련의 언어학자들에게 계승되어 스탈린(Joseph B. Stalin)에게 영향을 주었다. 비록 혁명시대에 투옥의 경험이 있어 그의 이론은 매우 조심스럽게 젊은 학자들에 의하여 수용되었고 그 출판도 많은 제약을 받았지만 소련에서 그 이론의 본질은 1975년까지 중심적 언어 사상이었다.

그의 저작물들이 그의 친구이기도 하며 또 제자이기도 한 볼로쉬노프(Волошинов)와 메드베제프(Медьецев)의 이름으로 발표된 것이 많다. 그러나 이들 저서에 바흐친이 어떤 식으로 그리고 어느 정도 기여했는지는 분명히 밝히기 어렵다. Boloschinov(1929)의 <마르크스주의와 언어 철학>은 1930년에 제2판이 나왔지만 내용상의 변화는 없고 오자(誤字)가 정정되었다든지 제본 스타일의 변경 등으로 페이지수가 바뀌었을 뿐이다.

이 책에서 바흐친은 먼저 이데올로기적 형성물에 관한 마르크스주의 학문의 기초 그 자체, 즉 '과학론, 문예학, 종교학, 도덕학' 등의 기초 그 자체는 매우 긴밀하게 언어철학의 문제와 서로 얽혀있다고 보았다.

5.6.4.5. 일체의 이데올로기적 소산은 물체나 생산용구, 소비재와 같이 자연 및 사회의 현실적인 일부분일 뿐만 아니라 이러한 현상과는 다르게 그 외부에 존재하는 다른 현상을 비쳐서 굴절시키기도 하는 것이다. 모든 이데올로기적이란 것에는 의미가 갖추어져 있다. 이데올로기라는 것은 그 외부에 존재하는 무엇인가를 보여주기도 하고 형용(形容)하기도

하며 그것을 대리하는 역할을 갖는다. 즉 '기호(記號)'가 되는 것이다.

"기호가 없는 곳에는 이데올로기도 없다"라는 것이 바흐친의 선언이었다. 그리하여 그는 "일체의 이데올로기라는 것에는 기호적 의미가 갖추어져 있다"라고 하였으며 또 "기호로 되었다는 점에서는 어떤 이데올로기적 현상도 공통이다"라고 보았고 "말은 우수한 이데올로기적 기호"라고 결론하였다.

그는 전술한 『마르크스주의와 언어철학』(Boloschinov, 1929)의 제1장에서 '이데올로기적 기호(記號)와 의식(意識)', '말의 이데올로기적 중립성'에 대하여 논하고 제2장에서는 '토대(土臺)와 상부구조(上部構造)와의 관계에 대한 문제'를 다루면서 사회와 언어완의 관계를 심도 있게 다루었다. 제3장에서는 '언어철학과 객관적 심리학'이란 제목으로 심리학의 견지에서 본 언어 문제를 다루었고 내적기호(內的記號=내적 언어)에 대하여 많은 지면을 할애하여 고찰하였다.

바흐친에 의하여 주장된 '마르크스주의 언어학의 갈 길'은 제2부에서 논의되었는데 제1장에서는 주로 언어에 대한 주관적 견해와 객관적 견해의 장단점을 살피고 통시언어학과 공시언어학의 문제점을 다루었다. 제2장에서 소쉬르의 랑가지(langage), 랑그(langue), 파롤(parole)에 대하여 언급하면서 이를 변증법적 이론으로 설명하였다.

여기서 당연히 언어의 의미에 관한 문제가 제기되었다. 제3장에서는 단일한 일정의 의미는 전체로서 '발화'에 속한다고 보아 이를 '테마(Тема, thema)'라고 명명하였다. 제4장에서는 이 '테마'의 의미론적 고찰이 구체적으로 고찰되었으며 의미와 인식의 문제 등이 거론되었다.

제3부에서는 '간접화법과 직접화법 및 그 변형'이란 제목으로 언어 연구에서 표현의 문제를 다루었는데 주로 문체론적인 연구가 중심을 이루었다. 해방 후에 북한에서 왜 문체론적인 연구가 그렇게 많이 이루어졌는지 이를 통하여 알 수 있다.

북한의 국어연구에서 서양언어이론의 도입은 제정러시아로부터 구소련에 걸쳐 발달한 러시아 전통적인 언어학과는 별도로 이데올로기 언어연구로 시작된 마르크스주의 언어학이 영향이 컸던 것을 알 수 있으며 북한 정권 수립 초기에는 마르주의 언어학도 당시 젊은 소련파 공산주의자들에 의하여 소개되었다.

5.6.4.6. 바흐친(M. Bakhtin)의 언어·문학·철학이론이 서방세계에 알려진 것은 그가 죽은 이후의 일이었으며 이론가로서 바흐친의 폭 넓은 중요성을 인정한 서방 세계의 최초의

연구로서 1989년에 나온 줄리아 크리스테바의 "언어, 대화 그리고 소설"(『기호학』, 파리)을 들 수 있을 것이다.

1981년 츠베탕 토도로프(T. Todorov)는 바흐친의 저작에 대한 소개를 하였고 홀퀴스트(Hallquist)와 에머슨(Emerson)이 편집하여 프랑스어로 번역한 4편의 논문이 발표되었다(여홍상 역, 1995:186). 이후 주로 문학가로서 바흐친에 대한 서방세계의 연구가 뒤를 이었으나 그의 언어 연구에 대한 연구는 별로 조사된 바가 없다.

바흐친은 당시의 언어철학, 즉 일반언어학의 유파(流波)를 크게 둘로 나누어 생각하였다. 그 첫째는 훔볼트(Wilhelm von Humboldt, 1767-1835)에서 포슬러(Karl Vossler, 1872~1947)에 이르는 「개인주의적 주관론」의 언어관을 가진 언어연구의 경향이다. 이들은 다음과 같은 4개의 기본명제를 갖고 있었다.

① 언어라는 것은 활동이며 개인의 발화행위에 의하여 끊임없이 창조되는 프로세스, 즉 에네르게이야(energeia)이다.
② 언어창조의 법칙이라는 것은 개인심리학의 법칙이다.
③ 언어창조는 창조예술과 같으며 의미가 있는 창조다.
④ 기성의 소산(ergon), 안정된 체계(어휘, 문법, 음운조직)로서의 언어는 말하자면 생기를 잃어버린 지층이며 언어창조의 응한 용암이다. 언어학자는 이것으로부터 기성의 도구로서의 언어를 실용적으로 가르치기 위한 추상적 구조물을 만든다.
— Boloschinov(1929:59)를 일어역 桑野 隆 譯(1979:72-73)에서 참조하여 한국어로 옮김.

이에 대하여 데카르트(René Descartes), 라이브니쯔(Gottfried W. Leibniz)에서 시작되어 소쉬르(F. de Saussure)에 이르는 제2의 유파는 「추상적 객관론」의 언어관을 갖고 있었으며 이들은 다음과 같이 기본 명제를 정리할 수 있다.

① 언어라는 것은 기본적으로 동일한 제언어형태의 체계이고 개인의식은 그것을 기성의 것으로 찾아내어 의문을 품을 수가 없다.
② 언어의 법칙이라는 것은 주어진 폐쇄적 언어체계 내에서 言語記號間의 관계에 대한 특수한 언어학적 법칙이다. 이러한 법칙들은 모든 주관적 의식에 대하여 객관적인 것이다.
③ 특수한 언어적 관계는 예술적이거나 인식적인, 또는 기타 어떠한 이데올로기적 가치와 아무런 공통점도 있지 않다. 어떠한 이데올로기적 동기도 언어현상을 근거로 붙이지 않는다. 말과 그 의미 사이에는 의식으로서 이해하고자 하는 자연적인 관계라든지 예술

적인 관계가 하나도 존재하지 않는다.

④ 개인의 발화행위는 언어의 편에서 규범적으로 동일한 형태의 우연한 굴절이나 변화, 혹은 단순한 왜곡(歪曲)에 지나지 않는다. 그러나 개인의 발화에서 이러한 행위야말로 언어형태의 역사적 변화, 그 자체의 언어체계에서 본다면 비합리적이고 무의미한 변화를 설명하는 것이다. 언어의 체계와 그 역사 사이에는 관련성도 동기의 공통성도 존재하지 않는다. 그들은 서로 아무런 연관도 없는 것이다. Boloschinov(1929:69~70)를 일어역 桑野 隆 譯(1989:85~86)의 번역을 참조해서 한국어로 옮김. 이하 같음.

그리고 바흐친은 이어서 "여기에서 명백한 것처럼 상기의 언어철학 사상의 제2 유파에 보이는 네 개의 기본명제가 제1 유파의 기본명제에 대응되는 안티테제(antithese)가 되었다"(Boloschinov, 1929:69~70, 일어역 桑野 隆 譯, 1989:85~86)라고 하여 제1 유파와 제2 유파의 구별기준을 말하고 있다. 바흐친의 이러한 2분법은 프로이드 심리학에서도 「주관(主觀) 심리학」과 「객관(客觀) 심리학」이라는 형태로 채용되었다.

이러한 주장은 언어학에만 제한한다면 소쉬르의 연원을 데카르트까지 소급한다는 점에서 위력을 발휘할 것이다. 그는 "합리주의 전체에서 특징적인 것은 언어가 약속에 근거하고 있으며 자의적(恣意的)이라는 생각이다. 또 언어체계와 수학적 기호 체계와의 대조도 그 특징의 하나로 꼽을 수 있다. 기호는 그것이 반영하는 현실, 혹은 그것이 산출하는 개인에 대하여 존재하는 관계가 아니고 이미 받아드려져서 인정된 폐쇄 체계 내에서 기호 대 기호의 관계가 수립된다는 것이 수학적 사고법을 가진 합리주의자들의 관심을 끌게 되었다. 바꾸어 말하면 그들이 흥미를 자아내는 것은 대수학(代數學)이 있어서도 같은 모양으로 기호를 가득 채우고 이데올로기적인 의미와는 전혀 관계없이 받아드린 기호체계(記號體系) 그 자체의 내적논리에 지나지 않는다."(Boloschinov, 1929:70를 일어역, 桑野 隆 譯, 1989:86~87)라고 하여 바흐친은 소쉬르의 밑바탕에 있는 철학적 기초를 분명하게 밝히고 있다.

5.6.4.7. 의미의 문제에 대하여도 "의식은 사회적 교류의 과정에서 조직된 집단에 의해서 만들어진 기호의 물질성 안에서 형성된다. 의식에서 기호성 - 이데올로기적 적용 - 을 배제한다면 아무것도 남는 것이 없을 것이다. [중략] 기호의 물질성을 벗어나서 영혼은 없는 것이다. [중략] 그 실존적인 특성으로 인하여 주관적인 영혼은 유기체와 외부 세계의 두 영역을 분리하는 경계선에 국한되어 있다"(Boloschinov, 1929:13~26를 일어역, 桑野 隆 譯, 1989:17~22)라고 하여 언어 의미의 연구에서 마르크스주의의 이론이 번뜩이고 있다.

이어서 "[전략] 말은 훌륭한 이데올로기적 현상이다. 언어의 현실성은 기호로서의 기능에 진력(盡力)시키는 것이다. 말에는 이러한 기능과는 관계가 없으며 이러한 기능에 의하여 산출되는 것은 하나도 없다. 말이란 가장 순수하고 매우 정밀한 사회교통의 매체다"(Boloschinov, 1929:18을 일어역, 桑野 隆 譯, 1989:22)라고 하여 언어는 기호로서 단수한 의사소통의 도구로 보려는 유물론적 언어관을 보여준다.

그리고 종래 인어철학의 주요한 결점에 대하여 언어학자·문체 분석자·현상학자들이 공유한 결점은 언어 혹은 의식과 그 대상 혹은 그 주제 사이에 직접적인 관계가 있다고 전제한 것이 가장 두드러진 잘못으로 보았고 말하는 실제 상황 속에서 의미는 파악되어야 한다는 생각을 갖고 있었다. 이것 역시 종래의 언어학을 근본부터 바꾸려는 혁명적인 발상에서 비롯된 것이다.

바흐친(M. Bakhtin) 학파는 소쉬르에 대하여도 같은 공격을 가하였다. 바흐친의 평생에 걸친 언어연구에서 얻어낸 신념은 언어학, 특히 소쉬르의 언어학은 담화(談話) 분석의 적절한 모델이 될 수 없다는 것이다. 담화의 연구는 소위 과학적 분석의 목표를 지향하는 데카르트적인 전제에서 고안된 랑그(langue)의 추상성에 근거하기 보다는 실제로 쓰는 언어, 즉 파롤(parole)에 초점을 맞추어야 한다고 보았다.

볼로쉬노프(B. N. Boloschinov)로 간행된 『마르크스주의와 언어철학』(Boloschinov, 1929)에서 바흐친은 소쉬르(F. de Saussure)와 포슬러(Karl Vossler)에서 시작된 현대 언어학의 서로 다른 언어 연구의 경향에 대하여 "게르만어 편에서 영향력이 있는 포슬러 학파는 낭만주의 전통과 빌헤름 폰 훔볼트(Wilhelm von Humbold)의 사상에서 그 연원을 찾을 수 있으며 역동적이고 역사적 삶을 구성하는 언어의 개인적 활용을 강조한다. 이것은 바로 소쉬르의 파롤(parole)의 중요성을 말하는 것이다"라고 하면서 주관적이고 개인적인 전제를 바흐친은 비판하였다. 그러나 포슬러(K. Vossler) 학파가 가진 역사에 대한 관심과 언어학이 문체론과 구별됨을 강조한 것은 가치가 있는 시도라고 인정하였다.

5.6.4.8. 소쉬르(F. de Saussure)의 추상적 객관주의에 대하여 바흐친은 더욱 신랄한 비판을 퍼부었다. 언어에 관한 사회성과 역사성의 모든 문제를 단순히 랑가지(langage)란 추상적인 언어로 묶어서 처리하려고 했다는 점에서 이의를 제기하고 반대하였다.

또 언어를 공시적인 언어체계인 랑그(langue)와 개별화자의 언어사용인 파롤(parole)로 양분하는 것은 제한적인 타당성만을 가질 뿐 담화를 분석하는데 많은 장애를 주며 특히 랑그의 추상성은 오해를 불러올 수 있다고 비판하였다. 언어학을 규범에 따라 동일한 형식으로 구성된 안정된 공시적인 체계라는 탈(脫) 역사적인 개념에 고정시킴으로써 소쉬르는 다른 언어학자와 문헌학자들과 공유하는 관점을 철저하게 파괴하려고 하였다고 비판한 것이다.

소쉬르에게 있어서는 문헌학자들의 언어연구란 현재 쓰고 있는 언어가 사회생활 속에서, 또는 언어의 관용적인 어투에 의하여 변화를 겪는 모습을 연구하는 것이 아니라 죽은 언어를 재구성하고 이를 집대성하여 교육하는 데에만 적절한 전제를 근거하여 세워진 언어의 기초적인 이론이라고 바흐친은 그의 공시론 위주의 연구태도를 매도하였다.

그는 "러시아의 두 언어학파, 즉 포르뚜나도프 학파와 소위 까잔 학파(보드앵과 끄루제프스키의)는 우리들이 윤곽을 보여준 언어철학 사상의 제2 유파의 범주에 완전히 포함된다."(Boloschinov, 1929:72)라고 하여 이 두 언어학파가, 특히 후자가 구조주의 언어학의 선구(先驅)였음을 인정하였다.[28]

그러나 바흐친은 제1·제2 유파가 모두 잘못되었다고 보았다. 먼저 제2유파는 "화자에 있어서 언어형태가 중요한 것은 안정되고 항상 자기와 동일한 신호(信號)로서가 아니고 끊임없이 변화하기 쉽고 탄력성이 있는 기호(記號)로서 필요한 것이다. [중략] 신호라는 것은 내적으로 고정된 단일한 것이며 현실석으로 다른 어떤 것으로도 내신할 수도 없고 어떤 것을 반영하지 않으며 굴절시키지도 않는다. 어떤 일정한, 또는 부동의 대상이나 어떤 행위를 지시하는 기술적 수단에 지나지 않는 것이다. 신호는 어떤 경우에도 이데올로기적인 영역에 속하지 않고 기술적 장치의 세계, 넓은 의미의 생산용구에 속한다."(Boloschinov, 1929:81~82, 일어역, 桑野 隆 譯, 1989:100~101)라고 하여 언어를 기호로서, 그것도 기술적 수단이며 생산 용구로 본 것이다.

제2유파의 추상적 객관론에서 주장된 언어는 규범적으로 동일한 제형태의 체계였으며 이것은 죽은 언어를 해독하고 그것을 학습하는 경우에만 해당되는 이론적으로, 또는 실천적으로 정당화된 추상화라고 보았다. 제2 유파에서 주장된 언어체계는 "언어현상을 그 현존과 생성 가운데 이해하고 설명하기 위한 기초가 될 수 없다. 반대로 그것은 언어가

---

28   바흐친이 까잔학파의 보드앵 드 꾸르뜨네를 비롯하여 뻬쩨르부르그학파를 일괄해서 생각하는 것은 문제가 있는 것 같다. 기능의 다중성을 둘러싼 논쟁에서 이 두 학파는 서로 다른 견해를 갖고 있기 때문이다. 뻬쩨르부르그학파의 경우는 훔볼트의 영향 아래에 있다고 보기 때문이다.

살아서 생성하는 현실이라든지 그 사회적인 기능에서 멀어지게 된다"(Boloschinov, 1929, 일어역, 桑野 隆 譯, 1989:122)라고 선언하였다.

이어서 "추상적 객관론의 기초가 된 것은 역사의 올바른 이해를 근거로 하기에는 가장 무력한 합리주의요 기계론적 세계관을 전제로 한 것이기 때문이다. 그러나 언어라는 것은 완전히 역사적인 현상이다"(Boloschinov, 1929, 일어역, 桑野 隆 譯, 1989:122)라고 하여 추상적 객관론이 주장한 공시적 연구의 우월성을 비난하였다.

반면에 제1유파의 개인주의적인 주관론도 비판하였다. 이에 대하여 바흐친은 "개인주의 객관론이야말로 말의 진정한 현실을 파악하는데 성공한 것은 아닐까? 그렇지 않으면 진리는 가운데 있어서 제1 유파와 제2 유파의 사이, 개인주의적 주관론의 테제와 추상적 객관론의 안티테제의 사이에서 타협하여 존재할까? 진리는 중용에 있지 않으며 테제(these, 正)와 안티테제(antithese, 反)의 사이에서 타협하는 것도 아니다. 진리는 그들의 저편에 존재하는 것으로 테제도 안티테제도 부정한 것, 즉 변증법적인 신테제(synthese, 合)에 있다"(Boloschinov, 1929, 일어역, 桑野 隆 譯, 1989:123)라고 하여 개인주의적 주관론은 하나의 테제(these)에 불과함을 말하고 있다. 개인주의적 주관론은 언어가 사고나 의식의 매체로서 언어를 상정하며 독백적인 발화도 현실로 인정되었다.

5.6.4.9. 바흐친(M. Bakhtin)은 언어의 개인성과 창조성도 중요하다고 생각하였으나 그와 못지않게 언어의 사회성이나 상호작용을 중시하였다. "말의 행위는, 혹은 좀 더 정확하게 그의 소산은(발화) 엄밀한 의미로서 개인적인 현상이라고 결코 인정할 수 없으며 또 말하는 사람 자신의 개인적인 심리, 또는 정신심리학적 조건으로는 설명할 수 없다. 발화는 사회적 현상이기 때문이다.[중략] 개인의 언어는 말하는 상대를 향한 것이며 말이라는 나와 다른 사람과를 연결하는 교량이다"(Boloschinov, 1929:102; 일어역, 桑野 隆 譯, 1989:123-124)라고 하여 언어의 사회성을 중시하였다.

그는 언어(=말, langage)의 진정한 현실이 되는 것은 언어형태의 추상적 체계도 아니고 고립한 독자적 발화도 아니며 그 현실의 심리·생리적 행위도 아니다. 발화로 실현되는 언어적 상호작용에 의하여 사회적으로 일어난 일로 보았다. 즉 언어의 사회적 효과가 궁극적인 언어작용으로 본 것이다.

이로부터 그는 언어연구가 다음과 같은 순서로 이루어져야 한다고 주장한다.

(1) 언어적 상호작용의 구체적 조건과 관련된 언어적 상호작용의 형태와 타잎.

(2) 긴밀하게 연결된 상호작용의 제요소로서의 개별적인 발화, 개별적인 말의 운용의 제형태, 즉 언어적 상호작용에 의하여 규정된 생활이나 이데올로기적 창조물에 있어서 말의 운용의 여러 양식.

(3) 이것을 기초로 하여 언어형태를 그 통상적인 언어학적 해석에 있어서 재검토할 것.
— Boloschinov(1929:114)의 것을 桑野 隆 譯(1989).

바흐친은 이러한 순서로 언어가 실제로 생성된다고 보고 "말의 현실로 된 것은 언어형태의 추상적 체계도 고립한 발화도 그를 실현하기 위한 정신생리학적인 행위도 아니며 발화에 의해서 실현된 언어적 상호작용이라고 하는 사회적 사건이다. [중략] 사회적 교통이(토대를 기초로 하여) 생성하며 그 안에서 언어적 의사소통이라든지 상호작용이 생성하고 상호작용 속에서 말의 운용의 제형태가 생성된다. 그리하여 이 후자가 결국은 언어형태의 변화를 반영하는 것이다"(Boloschinov, 1929:114; 일어역, 桑野 隆 譯, 1989:145~147)라고 주장하였다.

이와 같이 언어의 상호작용을 중시하는 태도는 '대화(對話)'에 의하여 언어의 진정한 역할이 이루어진다고 보게 되며 의미도 대화 속에서 결정된다고 보는 것이다. 그는 "이렇게 하여 우리들은 발화 가운데에서 분리 가능한 의의(意義)적 요소(要素)의 각각, 또는 전체로서의 발화를 응답이 있는 능동적인 콘텍스트에 옮긴다.

모든 이해는 대화적이다. 이해는 대화에서 한편의 말이 다른 말에 대치(對峙)해서 있는 것처럼 발화에 대치해 있다. 이해라는 것은 화자의 말에 대치하고 있는 말을 찾으려는 것이다"(Boloschinov, 1929:123; 일어역, 桑野 隆 譯, 1989:158)이라 하여 독백이 아니고 대화로서의 말을 파악하려 했던 언어학사상 매우 독특한 방법을 제시하였다.

이와 같은 생각은 당연히 언어의 외언(外言, 발화되는 말)과 내언(內言, 머리 속에 잠재된 말)의 구별을 가져오고 내언에 대한 설명을 필요로 하게 된다. 이에 대하여 바흐친 "내언(內言)은 말의 마이너스 음(音)이 아니라 그 구조와 기능에 있어서 전혀 특수하고 독자적인 기능으로 간주해야 한다. 내언의 첫째로 중요한 것은 그 전혀 다른 통사 구조다. 외언에 비하면 내언은 외견상 단속성, 단편성, 생략성을 갖는다"(Bugodskii, 1956, 일어역, 柴田義松 外 飜譯, 1964)라고 하여 내언(內言)의 특성에 대한 연구가 대화(對話)를 이해하는 첩경임을 강조하였다.

5.6.4.10. 또 하나 바흐친(M. Bakhtin)에게서 특징적인 것은 마르크스주의적 기호학을

창시하였다는 점이다. 요즘에는 언어학과 기호학의 관계가 문제가 되고 있는데 바흐친은 자연의 물체, 생산수단, 혹은 소비물과는 달리 이데올로기적 소산에는 '기호성(記號性)'이 마련되었다고 보는 것이다.

즉 "모든 이데올로기적인 것은 의미를 갖고 있다. 다시 말하면 어떤 것이 그 외부에 존재하는 무엇인가를 표시하고 묘사하며 그에 의하여 변한다면 그것은 '기호'라고 할 수 있다. 기호가 없는 곳에는 이데올로기도 없다"(Boloschinov, 1929:18; 桑野 隆 譯, 1989:14~15)라 고 하여 모든 이데올로기는 기호로 표시된다고 본 것이다.

그가 생각하는 기호의 주요한 특징은 어떤 물질적 사물과 의미와의 결합이다. 이것은 소쉬르가 생각한 "언어라는 것은 기호의 체계이며 그곳에서는 의미가 청각영상(聽覺映像)과 의 합일(合一) 이외에는 본질적인 것은 없고 또 그와 같은 기호의 두 부분은 같이 심리적이 다"(Saussure, 1972:32)라 하여 언어학을 포함하는 기호학(記號學)을 사회심리학의 일부분으 로 보았으며 따라서 일반심리학의 한 부문으로 생각하였다.

바흐친은 이에 대하여 "모든 기호적·이데올로기적 현상은 소리, 물체, 색깔, 몸의 움직임 등으로서 무엇인가 물질 속에서 구체화된다. 이러한 의미로서 기호의 현실성은 충분히 객관적인 것이며 유일한 일원론적인 객관적 연구방법으로 받아드릴 수가 있다. 기호라는 것은 외적 세계의 현상인 것이다"(Boloschinov, 1929:17)라고 하여 기호의 심리학적 접근을 강하게 반대하였다.

역시 기호연구의 유물론적 접근으로 볼 수 있고 그런 의미에서 바흐친의 마르크스주의 적 언어관을 확인할 수 있다. 바흐친은 '이데올로기적 기호의 철학으로서 언어철학'을 주 창한 것이다.

5) 마르주의(Marrism) 언어학

5.6.5.0. 엔. 야. 마르(Николаи Якоблевич Мapp, N. Ja. Marr, 1864~1934)의 신기(新奇)한 언어연구를 마르주의 언어학이라고 부른다. 러시아 볼셰비키(Bolsheviki) 혁명 이후 수년 동안은 앞의 5.6.0.1.에서 전술한 포르뚜나또프(Fortunatov) 학파의 전통이 러시아에서 계속 되었으나 1920년 이후에 혁명의 새로운 기운이 언어학에도 불어 닥쳤다.

마르(N. Ja. Marr)의 주장을 따르는 언어학자들이 이 새로운 이데올로기의 사조에 의한 언어연구를 주도하였으며 후세에 이러한 언어학의 연구 경향을 마르주의(Marrism)라고 부르게 되었다. 마르는 포페(N. Poppe)의 『*Reminiscences*(回想錄)』(Poppe, 1983)에서 다음과 같이 회고되었다.

> 내가 대학에서 공부를 시작하면서 만난 학자 가운데에 니콜라이 야코블레비치 마르가 있다. 그는 아르메니아어와 그루지아어에 정통한 뛰어난 문헌학자로서 유명하였다. 그는 스코틀랜드 출신의 정원사(庭園師)와 구르지아인 여성과의 사이에 태어나서 구르지아어를 구르지아인처럼 말하였다. 그에게 있어서는 그것이 모국어였기 때문이다. 1920년대 후반에 '신언어학(新言語學)'의 창시자로서 유명하게 되었다. [중략] 구르지아인을 어머니로 가진 혼혈아(混血兒)이며 구르지아어를 매우 잘 말한다고 하여 마르는 스탈린과 아는 사이가 되었고 스탈린과 모국어로 대화하였다. 그가 스탈린에게 매우 사랑을 받은 것은 틀림이 없다(下內充·板橋義三 譯, 1990:69~70).

엔. 야. 마르(N. Ja. Marr)는 소장문법학파의 전통 속에서 수학하였으며 코카사스제언어의 역사적 연구에 전념하였다. 후일에 일반언어학에도 관심을 가졌으나 오늘날에 그의 이론은 별로 인정되지 않는다. 마르는 비인구어(非印歐語) 자료를 접하고 이로부터 자극을 받아 여러 언어의 상호관계, 특히 언어의 기원에 관심을 갖게 되었다.

언어의 기원에 대한 마르의 생각은 이탈리아의 언어학자 트롬베티(A. Trombetti) 등에 의하여 제창된 일원기원설(一元起源說, Monogenesis)과 일치한다.[29] 마르는 오늘날 존재하는 언어의 유형은 모두 하나의 기본언어에서 발생한 것으로 보았고 모든 언어는 단계적 언어변화에 의해서 발전하며 시간이 경과함에 따라 높은 단계의 언어로 발전한다고 주장하였다.

이것이 소위 언어 발전 단계론으로 오늘날에도 최고의 발전단계에 도달한 언어와 그렇지 못한 언어 사이에는 현저한 유형적 차이가 있다는 것이다. 따라서 제언어간에는 명확한 계층적 서열이 있으며 현존하는 언어들은 상위와 하위로 구분되는 계층 서열에 의하여 구분할 수 있다고 하였고 인구어가 그 최고의 발전단계에 있는 언어들이라고 본 것이다

---

29 트롬베티(Alfredo Trombetti)는 20세기 초에 이탈리아에서 활약한 신언어학(Neo-linguistics)의 추종자로서 세계의 모든 언어는 하나의 공통 언어에서 발전했다는 가설을 세웠는데 이것이 후일에 유명한 일원기원설(monogenesis)이다. 이 이론은 그의 "언어의 일원기원설(L'unita d'origine del linguaggio, Bologna)"(Trombetti, 1905)에서 주장된 것으로 후세에 커다란 비판을 불러일으켰다.

(Ivič, 1963:§199~§202).

5.6.5.1. 마르(N. Ja. Marr)는 1924년에 자신을 언어학에 있어서 마르크스주의(Marxism) 의 투사라고 선언하였다. 1926년에 그는 자신의 초기 저술에서 주장한 생각들을 포기하였 으나 언어의 일원기원설이나 야페트설(Japhetic theory)에 관한 주장을 단념한 것은 아니 다.[30] 오히려 언어는 분명하게 계급적 특성을 가진 사회적 경제적 상층구조라는 생각을 덧붙였다.

그에 의하면 언어의 발전에서 보이는 각 단계는 각기 사회적 경제적 정황에 의하여 좌우 되며 언어의 구조는 사회의 구조 및 그 경제적 기반과 더불어 변화한다고 주장하였다. 언어의 여러 범주들은 다른 모든 형태의 상층구조와 같이 현실의 사회적 관계를 반영하는 것이기 때문에 언어발전은 어느 단계에서는 다음 단계로 항상 혁명적으로 비약하여 진행 한다는 것이다.

또한 문화형태와 문화수준의 변화에 따른 새로운 이데올로기는 직접 새로운 언어체계의 창조를 유도한다고 보았다(Ivič, 1963: §203). 모든 언어는 혼합과 결합에 의하여 발생하며 언어는 국가와 같은 정치단체의 흥망성쇠와 보조를 같이 한다는 생각을 가졌다. 여러 언어 의 부단한 혼합이 언어발전의 보편적 원리를 제공한다는 주장이다.

이러한 마르의 생각은 스탈린(Joseph B. Stalin)의 후광(後光)을 입고 구소련의 언어학을 지배하고 모든 언어의 이론적 연구에 군림하게 되었다. 따라서 그로부터 적지 않은 폐해가 생겨났다. 마르는 고전문법에서 중요한 테마였던 조어(祖語)의 재구는 무가치한 허구(虛構) 에 지나지 않는 것이며 이러한 술어와 개념은 완전히 폐지시켜야 한다고 생각하였다. 이로 인하여 구소련에서는 한동안 고전적 비교문법의 연구가 쇠퇴하였고 언어사의 연구가 몰락 하게 되었다.

마르의 학설에는 마르크스-엥겔스의 계급이론이 가미되었다. 그리하여 민족어라는 것 은 존재하지 않으며 있는 것은 계급어(階級語)뿐이라고 보았다. 어떤 문화에도 착취자와

---

30 야페트설(Japhetic theory)은 언어발전 段階說에서 햄·셈어족(Hamitic-Semitic)보다 하위의 발전단계 에 있는 언어를 야페트어군(Japhetic group)이라 하고 모든 언어는 동일한 발전단계를 거쳤기 때문에 야페트어군의 언어를 연구함으로써 인구제어의 선사시대의 모습을 재현할 수 있다고 주장하였는데 이러 한 마르(N. Ja. Marr)의 생각을 야페트설이라고 한다. 이 이론은 야페트어군이 어떤 언어들인가에 초점 이 모아진다. 마르는 처음에는 코카서스제어만을 야페트어군으로 보았다가 후일에 점점 확대하여 교착 적인 문법구조의 언어를 포함시켰다(Ivič, 1963: § 201-202).

피착취자의 두 문화층이 있는 것처럼 언어도 혼합과정에서 생겨나므로 착취계급의 언어와 피착취계급의 언어라는 두 개의 공존하는 언어를 갖고 있으며 피착취자의 언어는 착취자의 언어를 언젠가는 정복하기 마련이라고 주장하였다(Ivič, 1963: §205).

1934년 마르(N. Ja. Marr)가 죽은 뒤에는 '언어·사상연구소'를 중심으로 그의 이론이 전개되었다. 이때의 지도자는 메쉬챠니노프(И. И. Мешчанинов, I. I. Meščaninov)였으며 마르의 이론은 주로 이들에 의하여 1930에서 40년 사이에 완성되었다. 마르주의 언어학으로 인하여 구소련에서 고전적인 언어학의 전통이 일시적으로 중단되게 하였으며 서방세계나 다른 곳의 주요한 언어학 사조와도 단절되게 하였다.

구소련의 언어학은 마르주의에 의하여 심대한 손실을 입었고 그 피해는 근본적으로 그릇된 하나의 학설을 무리하게 발전시키려고 함으로써 일어난 손실 이상의 것이었다. 러시아로부터 전승된 언어학의 전통은 이들에 의하여 단절되고 파기되었으며 또한 그 이론들이 왜곡되었다. 다만 단어의 의미 문제를 사회생활과 관련하여 고찰하고 구소련내의 비인구어자료에 대하여 관심을 갖게 하였다는 점은 긍정적인 평가를 받을 수 있을 것이다.

5.6.5.2. 상술한 메쉬챠니노프(I. I. Meščaninov)의 이론을 비롯하여 마르주의(Marrism) 이론은 북한에 소개되었다. 즉 평양에서 1949년에 간행된 북한에서의 국어연구를 대변하는 기관지 『조선어연구』에는 마르주의 이론을 비롯하여 그의 추종자들에 대한 논문이 번역되어 소개되었다.

예를 들면 『조선어연구』(제1권 제2호:63~94)에는 이. 이. 메쉬챠니노프(И. И. Мешчанинов)가 쓴 "'신언어이론(新言語理論)' 발전(發展)의 현단계(現段階)"가 김수경에 의하여 번역되어 게재되었다.[31] 또 『조선어연구』 창간호(1949. 4)에는 에스. 데. 까쯔넬손(С. Д. Кжнелбон)의 "쏘베트 일반언어학의 30년"(창간호:99-125)이 실렸는데 이 논문에서는 당시 소련의 언어학이 마르주의에 의해서 주도되고 있음을 말하고 있다.

까쯔넬손(S. D. Kaznelson)의 이 논문은 원래 『소련 과학 아까데미야 문학·어학 분과 기관지』의 1947년 제5호에 수록된 것을 김수경(金壽卿)이 번역하여 수록한 것으로 마르주의 언어학에 관한 구절을 인용하면 다음과 같다.

---

31   이 글은 구소련의 레닌그라드 국립대학에서 간행한 메쉬챠니노프의 『신언어이론 발전의 현 단계』(1948)를 대본으로 하여 김수경이 이를 번역하였다고 함.

마르크스主義 言語學의 基本的 諸問題 硏究에 있어, 부르쥬아 言語學의 理論的 基礎 批判에 있어, 巨大한 役割을 논 것은 아까데미야 회원 Н. Я. 마르에 依하여 創造되고, 아까데미야 會員 И. И. 메쉬챠니노흐에 依하여 繼承되어 本質的인 몇 가지 点에서 補充된 新言語理論이였다(原註-新言語理論의 發展段階에 關하여는 Н. Я. 마르 選集 第1卷; 아까데미야 會員 И. И. 메쉬챠니노프: 新言語理論. 레닌그라드, 1936, 序說章 參照). '야페트 學說'로부터 자라난 Н. Я. 마르의 言語學 理論은 初期에 있어는 避ㅎ지 못할 그 모든 缺點과 誤謬에도 不拘하고, 다른 이띠한 言語學의 見解보나도 마르크스主義에 接近하여 있었으며, 그 以後의 自己批判的 成長 가운데에, 內包한 缺點 克服과 基本的 命題 및 硏究手法의 精密化로써, 分散된 努力의 集結과 쏘베트 言語學의 鞏固化를 促進시켜, 永久회 우리 時代의 先進的 科學 方向의 빛나는 土臺로 되었다. 『조선어연구』 창간호 p.104. (띄어쓰기, 철자법, 한자는 원문대로. 다만 고유명사의 底線은 하지 않았음. 이하 같음)

5.6.5.3. 또 『조선어연구』 제1권 제6호(1949. 9)에는 역시 김수경에 의하여 쭈께르(И. И. Шугерман) 만이 쓴 "Н. Я. 마르와 쏘베트 언어학"(pp.89~130)이 번역되어 북한학자들에게 마르주의 언어학을 소개하고 있다.

이것은 원래 1946년 12월 4일자 『프라우다(Правда)』지에 실린 것을 전술한 메쉬챠니노프의 논문처럼 레닌그라드 국립대학에서 1948년에 『신언어이론 발전의 제 단계』라는 제목의 소책자로 간행하였는데 이를 번역한 것이다. 여기에서는 마르주의 언어학이 서구(西歐)의 언어학과 다른 마르크스-레닌의 사상에 따른 언어학임을 자부하고 있다. 이에 관한 구절을 인용하면 다음과 같다.

그러나 쏘비트 言語學 前進의 길을 개척한 것으로 또 하나의 決定的 契機가 存在한다. 쏘베트 言語學者들에는 强力한 武器 - 마르크스·레닌主義의 理論이 맡겨져 있다. В. И. 레닌과 И. В. 스탈린의 同時代人이며 그 弟子인 쏘베트 言語學者들은 外國 正統科學에 支配的인 부루쥬아 形式主義의 鐵鎖로부터 解放되여있다. [중략] 마르크스·레닌主義의 이론은 Н. Я. 마르에게 靈感을 주었으며, 엔. 야. 마르의 後繼者들인 쏘베트 言語學者들에게 앞질러 引導하는 새 별로 되어 있다(김수경역, 『조선어연구』 제1권 6호, p.127, 한자는 원문대로, 이하 같음).

이 글을 보면 마르주의 언어학을 단순히 중요한 언어이론으로 받아드린 것이 아니라 서방세계의 언어학과 대립하려는 의도로 도입된 것임을 알 수 있다. 그러나 그 동안의 언어학적 성과는 결코 배척하지 않는 태도를 보인다.

즉, 같은 글에서 "쏘베트 言語學은 巨大한 言語學的 遺産의 利用을 결코 拒否하지 않았으며 또한 지금도 拒否하지 않고 있다. 쏘베트 言語學 앞에 나선 課業의 遂行은 낡은 言語學의 批判的 改造와 그 모든 成果의 利用을 豫想한다"라고 하여 기존 언어학의 성과도 수용함을 천명하고 있다.

『조선어연구』는 해방 이후 북한의 '말과 글에 지도적 역할을 할 만한 잡지'(1949년 3월 1일자 李克魯의 創刊辭에서)로 간행된 것으로 한국어연구의 전문학술지의 성격을 가진 잡지다. 여기에는 전술한 바와 같이 창간호부터 구소련의 마르주의 언어학을 소개하였으며 거의 매호(每號)에 마르주의 언어이론을 싣고 있었다.

예를 들면 창간호에 실린 S. D. 까즈넬손(Kaznelson)의 "쏘베트 一般言語學의 三十年"(이 논문은 소련 과학 아카데미야 문학·언어학 분과 기관지의 1947년 제1권 제5호에 실린 것을 김수경이 번역한 것임)과 "쏘베트 언어학의 당면과제"(앞에 든 기관지 1948년 제2권 제5호에 실린 것을 김수경이 번역한 것임)를 비롯하여 역시 앞에 들은 И. И. 메쉬챠니노프의 글(제1권 제2호), 그리고 Ф. П. 필린의 "三十年間의 로씨야 語學"(李揆現 역, 제1권 제4호), 그리고 Н. 베르니노브와 В. 브라긴쓰끼의 "선진적 쏘베트 언어학을 위하여"(김영철 역, 제1권 제5호) 등이 그 예로 들 수 있다. 따라서 북한에서는 해방 직후에 주로 마르주의 언어학이 소개되었음을 알 수 있다.

그러나 1950년 6월에 간행된 『조선어연구』(제2권 제3호)에서는 N. S. 체모다노프가 "이. 브 스탈린과 쏘베트 언어학"(pp.37-55, 이 논문은 소련 교육성 기관지 『로씨야어 교육』 1949년도 제6호에 실린 것을 황부영이 번역함)에서 스탈린의 언어관이 소개되어 마르주의에 대한 비판을 게재하기 시작한다. 주지하는 바와 같이 스탈린에 의하여 마르주의 언어학이 비판을 받은 다음에 구소련에서는 엔. 야. 마르(N. Ja. Marr)를 추종했던 언어학이 소멸되었으며 북한에서도 마르주의 언어이론은 자취를 감추게 된다.

5.6.5.4. 구소련에서 마르 이론에 대한 반박은 그의 생존 시부터 있었는데 그 가운데 가장 유명한 것은 폴리봐노프와의 논전이다. 한국어의 알타이어 기원설을 최초로 주창한 역사언어학자로서 우리에게 널리 알려진 폴리봐노프(E. D. Polivanov)는 러시아혁명 이후 구소련의 언어학계를 주름잡고 있었던 마르주의에 반기를 들어 그들로부터 위해를 받아서 러시아에서 가장 비참한 최후를 맞은 언어학자의 하나가 되었다.

폴리봐노프(Евгний Дмитриевич Поливанов, Evgenij Dmitrievič Polivanov, 1891~1938)는 쌍크트 뻬쩨르부르그(Ст. Пешербург, St. Peterburg) 대학에서 수학하고 일본 등지에서 현지답사를 하여 언어학자로서 성예(聲譽)를 높였으며 결국 뻬쩨르부르그 대학의 교수가 되었다.

또 그는 전술한 뻬쩨르부르그(Пешербург) 학파를 창시한 3인의 언어학자의 하나이기도 하다.

그의 친구인 카붸린(B. A. Каверин)은 "일본어학자이며 중국어학자였던 폴리봐노프는 프랑스어, 독일어, 영어, 라틴어, 희랍어, 스페인어, 세르비아어, 폴란드어, 타타르어, 우즈베크어, 투르크멘어, 카자흐어, 키르키즈어, 타지크어에 능통하였다. 연구자들은 그가 아는 이 언어 리스트가 고의로 축소된 것이며 폴리봐노프는 이 외에 18개국 언어를 마스터한 것으로 보고 있다."(Kaverin, 1989:59)라고 하여 폴리봐노프의 탁월한 언어능력을 증언하고 있다.

폴리봐노프는 일본의 방언학을 창시한 사람으로 그의 일본의 센다이 방언연구는 오늘날에도 높이 평가되고 있다. 뿐만 아니라 훌륭한 알타이어 연구자로서 한국어가 알타이제어와 친족관계를 맺고 있음을 처음으로 주장하였으며 투르크어에도 조예가 깊었다. 또한 그는 시의 운율에 관심이 있어서 중국 한시의 운율에 대한 논문을 썼고 알타이제민족의 시적기법에 관한 논문을 쓴 일도 있는 문학연구가이기도 하며 러시아혁명 이후 곧 그는 트로츠키정권에서 외무장관 대리(代理)까지 지낸 정치가이기도 하다(Poppe, 1983).

폴리봐노프(E. D. Polivanov)는 처음부터 마르주의에 반대한 것은 아니다. 처음에는 마르(N. Ya Marr) 이론의 발전을 흥미 깊게 보아왔고 한 때는 그의 이론에 공감하기도 하였다. 1922년 악명 높은 마르의 "언어에 관한 신(新)학설"이 발표되고 1926년에 "야페트이론에서 발전의 제 단계에 대하여"가 공간된 다음부터 폴리봐노프는 그의 이론에 의심을 품기 시작하였다. 그리고 같은 해에 간행된 "볼가에 있어서 추바쉬 야페트족"을 계기로 하여 마르의 견해를 재검토하기 시작하였다.

1926년에는 폴리봐노프가 전(全)러시아 사회과학연구소 연합의 리더이었던 후리체(B. M. Фриче, V. M. Furiče)의 초청으로 타쉬켄트(Tashkent)에서 모스크바로 옮겨갔다. 거기서 마르(N. Ja. Marr)의 '언어·사상연구원'에 소속되어 언어학연구소 연구원, 동양학연구소 교수, 그리고 동양근로자 공산주의대학의 민족어 부문의 책임자, 동방제민족연구소의 소원, 언어와 문학연구소의 언어학 부문 운영위원 등 여러 요직을 겸임하고 1927년에는 전(全)러시아 사회과학 연구소 연합의 언어학부문 의장(議長)이 되었다.

5.6.5.5. 폴리봐노프는 1927년부터 1929년에 이르기까지 '야페트 이론'에 대하여 몇 번인가 공식적인 비판을 가했다. 전술한 마르의 "언어에 관한 신학설"을 규범화하고 그것만

을 유일한 마르크스주의적 언어이론으로 추종하던 구소련의 어용학자들에게는 폴리봐노프가 아주 위험천만한 반동적 인물로 보이기 시작하였으며 이를 방어하기 위하여 '폴리봐노프 토론'이라고 불리는 토론회를 1928년 12월 27일에 개최하였다.

이 토론회에서 마르주의 추종자들은 야페트 이론을 유일한 유물론적이고 변증법적인 마르크스주의 언어이론임을 재삼 확인하고 이에 반대하는 폴리봐노프를 비난하는 것으로 일관하였다. 이에 대하여 폴리봐노프는 1929년 2월 4일에 자신의 소견을 발표하였으며 이때의 발표내용이 '마르크스주의 언어학의 문제점과 야페트이론'에 속기록에 기재되어 현재도 남아있다(Polivanov, 1968).

이 속기록에 의하면 그의 주장은 스승인 보드앵(Бодуэн де Куртнэ)의 생각을 아직도 계승하고 있음을 알 수 있고 그의 정당하고 논리가 정연한 비판이었음에도 불구하고 이 토론회에 참석한 17명의 언어학자 가운데 한 사람밖에 지지를 얻지 못하였다. 이러한 그의 생각은 마르(Marrism)학파에 의하여 폴리봐노프 주의란 이름으로 매도되었으며 그들에 의한 조직적인 배척운동이 뒤를 딸았다.

그러나 폴리봐노프는 이에 굴하지 않고 1931년에 이를 반박하는 "마르크스주의적 언어학을 위하여"라는 180여 페이지에 달하는 언어학논문집을 간행하였으며 이 책의 서문에서 다음과 같이 마르주의를 매도하였다.

> 학문으로서는 야페트학과의 논쟁이 전혀 필요 없다. 다소라도 조예가 깊은 언어학자라면 마르주의에 대한 태도는 매우 분명하며 주석은 필요 없다. 그러나 과학적 사고 자체를 위한 것이 아니라 반대로 문제가 어디에 있는지조차 모르는 비전문가의 대중을 위하여 마르주의에 대한 자신의 태도를 공표할 필요성을 느낄 때도 있었다. 그리하여 우리도 이러한 의무를 반드시 수행할 작정이다. 그렇지만 우리 반대자들은 - 이런 문제로 말을 거는 것이 곱셈도 모르는 사람에게 아인슈타인의 이론을 말하는 것만큼 절망적인 비언어학자들에게 - 해답을 구하는 것이 전혀 쓸데없는 에너지를 소모하는 것이 될 것이다(Polivanov, 1931:6~7).[32]

---

32 실제로 마르주의자들의 추종자들은 언어학자들보다 혁명의 투사들이 더 많았던 것 같다. 전술한 포페 (1983)의 'Reminiscences, 『回想錄』에 의하면 "[전략] 그러나 그의(엔. 야. 마르를 말함) 학설을 지지하거 나 그에 精通한 사람들의 대부분은 무절제한 惡漢과 같은 자들로서 마르와 의견을 달리하는 사람들을 反革命分子, 반 마르크스주의자로 몰아 부쳤다. 마르 자신이 매우 많은 사람들을 비밀경찰의 악랄한 손으로부터 구출해낸 것은 그에게 매우 명예스러운 일이다"(Poppe, 1983), 일어역, 下內充·板橋義三 譯, 1990:70)라고 하여 그 시대를 살아온 포페는 마르 자신보다 그 추종자들에 의하여 마르주의를 부정하는 사람들에 대한 박해가 恣行되었다고 보았다. 폴리봐노프가 그들을 곱셈도 모르는 무식한 사람으로 본 것은 이러한 사정을 말하는 것으로 보아야 할 것이다.

당연한 일이지만 마르주의자들의 총공격이 시작되었다. 이미 폴리봐노프는 1929년에 모든 보직에서 해임되었으며 사마르칸트로 이주하게 되었다. 그리고 그 해에 간행하기로 한 동양학전문대학용의 언어학입문 제2부를 비롯하여 그의 저서에 대한 출판이 계속해서 방해를 받았다. 정력적으로 계속되던 저작활동도 마르학파의 방해로 인하여 결국 1931년 이후에는 작은 서평 하나를 빼고는 전국 규모의 잡지에 발표하는 일이 없게 되었으며 1934년도 말에는 후룬쎄로 쫓겨났다.

5.6.5.6. 그러나 구소련 이외의 언어학자들은 그를 위하여 구명운동을 전개하였다. 예를 들면 그동안 프라하학파에서는 그의 논문을 자신들의 기관지인 TCLP의 제4호(1931)에 "외국어 음성의 수용"을 실어 주었고 동 6호(1936)에는 "악센트의 기능에 대한 문제에 붙여서"를 게재하여 폴리봐노프를 지원하려 하였다.

트루베츠코이(N. S. Trubetzkoy)가 야콥슨(R. Jakobson)에게 보낸 편지에서도 여러 번 폴리봐노프를 언급하였다.[33] 그러나 이러한 노력에도 불구하고 폴리봐노프는 이미 마약과 알코올 중독으로 거의 폐인이 되었으며 마르주의자들의 집요한 공격에서 벗어날 수 있는 기력을 이미 상실하였다.

결국 그는 1937년 3월에 체포되어 다음 1938년 1월 25일에 옥사(獄死)하였다. 이에 대하여 포페의 *Reminiscences* 『회상(回想)』(Poppe, 1983)에서는 다음과 같이 회상하였다.

폴리봐노프는 또 아편의 상습 복용자였으며 알코올 중독자였고 방탕벽(放蕩癖)이 있었다. 대학의 기숙사에서 생활하고 있었을 때에 그는 술을 마시고 언쟁하는 일이 자주 있었다. [중략] 러시아 소설가 벤야민 카붸린(B. A. Каверин)은 당시 동양어를 전공하는 학생이었으며 그의 소설 『스캔달리스트』(B. A. Каверин, *Скандалист*, Москва, 1928, 즉 Kaverin, 1928을 말함 -필자)의 주인공은 폴리봐노프가 원형이라고 말하였다. 그 후 폴리봐노프는 우즈베키스탄으로 옮겼고 가끔씩 잠간동안 모스크바에서 연구하고 가르치게 되었다. 그곳에서 그는 마르의 설을 지지하는 사람들과 대립하였고 우즈베키스탄에 돌아가기 전에 마르의 학설을 자신의 출판물 가운데서 공격하였다. 1937년 우즈베키스탄에서 체포되어 마약을 갑자기 그만두게

---

[33] 1933년 11월 15일에 마르주의자들의 압박으로부터 폴리봐노프를 구하려고 야콥슨에게 쓴 트루베츠코이의 편지를 하나 소개하면 "[전략] 손메르휄트가 러시아에서 폴리봐노프를 끌어내어 망명자의 입장으로 옮겨놓을 수는 없겠는가 하고 물어왔습니다. 만일 이것이 실현된다면 손메르휄트 그가 아마도 노르웨이나 스칸디나비아에서 폴리봐노프가 있을 곳을 찾을 것입니다. 급히 兄의 의견을 듣고 싶습니다. [하략]"(Trubetzkoy, 1975)와 같은 것이 있다.

된 것을 이겨내지 못하고 구치소에서 죽었다. 그의 죽음은 학계로서는 대단한 손실이었다. 그의 악습, 부도덕한 행동, 그리고 몇 사람에게 대한 잔인한 행위에도 불구하고 그는 훌륭한 학자였다.

— Pope(1983), 일어역, 下內充·板橋義三 譯(1990:71~72)에서 인용.

1950년 6월에 스탈린에 의하여 마르주의 언어학이 비판을 받고 몰락한 후 10여 년이 지난 1963년 3월에 그의 무죄가 인정되어 신원(伸寃)이 되었으나 그가 죽은 지 이미 20년이 훨씬 넘은 후의 일이었다.

6) 스탈린(Stalin)의 신언어학과 그 이후

5.6.6.0. 마르주의 언어학은 구소련의 최고 권력자 스탈린(Иосиф Виссалионович Сталин, Joseph B. Stalin, 1879~1953)에 의하여 비판되면서 비로소 그 이론의 부당성이 공개적으로 논의되어 혁파(革罷)되었다.

폴리봐노프(E. D. Polivanov)에 대한 무자비한 마르학파의 탄압을 보아 온 구소련의 언어학자들이 자신들만으로 이러한 사태를 개선할 수 없음을 깨닫고 구소련의 최고 수뇌부에 도움을 요청한 것이다. 그리하여 다음과 같은 이유를 들어 마르주의 언어학의 부당함을 스탈린에게 호소한 것이다.

언어는 특유한 현상이어서 기층이나 상부구조와 직접 관련되지 않는다는 주장은 다음과 같은 견해를 유도할 수 있고 이것으로 마르주의의 기초를 이루고 있는 모든 사상들이 분쇄되었다. 즉, 언어가 인간의 사회적 계급과 직접적으로 관련을 맺지 않는다는 생각은 다음과 같은 견해를 가능하게 한다.

(1) 각 기층에는 상층구조가 있고 그것은 기층과 불가분하게 결합되어 있어서 기층의 파괴와 더불어 상부구조가 소멸한다. 러시아에서 혁명 후에 자본주의가 폐지되고 사회주의가 수립되었다. 그러나 그 언어는 새로운 단계에 들어서지 않았다.
(2) 각 상부구조는 그 자신의 기층에 따른다. 이것은 언어의 경우 각 계급이 그들 자신의 언어를 가져야한다는 것을 의미한다. 그러나 현대 유럽제국에서 자본가난 프롤레타리아나 동일한 언어를 사용하고 있다.
(3) 상부구조와 기층은 시간적으로 연결되어 있다. 즉 상부구조는 기층보다 오래 지속하지

못한다는 것을 의미한다. 그러나 뿌쉬킨(Пушкин)이 사용한 러시아어는 봉건제도나
자본주의보다 오래 살아있다.

(4) 상부구조는 인간의 생산 활동과 직접 연결되어 있지 않다. 그러나 언어는 연결되어 있다.
기층은 변하지 않아도 문명의 새로운 성과는 사회생활에 새로운 말을 가져다준다.
— Ivič(1963:§211) 및 국역본 김방한(1982:109) 참조.

이러한 생각은 마르크스주의 쪽에서 마르주의자들을 공격하는 논거로 들었으며 이에
의하여 마르주의의 운명은 판가름 나게 되었다. 드디어 스탈린 자신이 마르주의를 공격하
게 되었고 이 학파는 종언을 고하게 된다.

5.6.6.1. 마르주의 언어학에 대하여 1950년 5월에 구소련의 일부 언어학자들이 통렬한
비판을 가하였다. 그 해 6월에 구소련의 최고 통치자인 스탈린(Joseph B. Stalin)이 종래의
태도를 바꾸어 마르주의를 스스로 비판하기에 이른다.

스탈린은 그 동안의 언어학을 비판하고 마르주의도 반(反)마르크스주의적이며 마르크스
주의를 이해하고 적용하는 것을 그르쳤고 언어의 본질에 대한 이해를 잃고 있다고 지적하
였다. 스탈린이 1950년 6월 20일에 『프라우다(Прауда)』지에 발표한 "마르크스주의와 언어
학의 제 문제"(Stalin, 1950)에서 언어는 상부구조가 아니며 본질적으로 언어는 계급적이지
도 않다는 것이다.[34]

스탈린의 마르주의 비판은 김민수(1985:104-109)에서 그의 논문(Stalin, 1950)을 북한에서
번역한 『스탈린 선집』(1965)으로부터 인용하여 상세하게 논의되었다. 그 가운데 해당부분
을 다시 인용하면 다음과 같다.

> 소위 『바꾸 강의』(바꾸에서 엔.야.마르가 한 강의)…실패작으로 인정된 『강의』를 충분히
> 가치 있는 참고서인 듯이 함으로써 대학생들을 기만하였다는 것을 의미한다. 만일 내가 메싸
> 니노브 동지와 기타 언어학 활동가들의 성실성을 믿지 않았더라면 나는 그러한 행위가 해독행
> 위와 다른 것이 없다고 말하였을 것이다.
> 천만에 엔. 야. 마르의 '마르크스주의'를 집어 치우라. 그는 기껏 해서 '프로문학파'나 '로씨
> 아 프로 작가 협회원'과 같은 마르크스주의를 단순화하고 비속화하는 자에 불과하였다.

---

34 스탈린의 이 논문은 그 이전에 『프라우다』지에 12회에 걸쳐 게재하여 자유토론을 거친 것으로 논문의
    원제목은 "Марксизм и ьопросы языкознания(마르크시즘과 언어학의 제문제)"이다.

엔. 야. 마르는 언어를 상부구조라고 하는 그릇된 비 마르크스주의적인 정의를 언어학에 도입하여 자신을 혼란시키고 언어학을 혼란시켰다.

엔. 야. 마르는 마르크스주의와는 인연이 없는 불손하고 오만하고 건방진 태도를 언어학에 끌어들였는데 그러한 태도는 엔. 야. 마르 이전의 언어학이 가지고 있던 모든 것을 무근거하게 분별없이 부인하는 결과를 초래하였다.

엔. 야. 마르는 비교-력사적 방법을 '관념론적'이라고 요란스럽게 비난하고 있다. 그러나 비교-력사적 방법은 비록 중요한 부족점을 가지고 있지만 그래도 엔. 야. 마르의 실제 관념론적인 4요소 분석보다는 훌륭하다고 말할 필요가 있다.

　　　　　　　　　　—『스탈린 선집』(1965) 3(pp.401-409), 김민수(1985:104-109)에서 재인용.

5.6.6.2. 이러한 스탈린의 비판은 30년간 구소련의 혁명의 언어학으로 군림하던 마르주의(Marrism)의 종언을 고하는 것이었다. 스탈린은 언어의 기원은 물질적 생산력과 결부하여 설명하였는데 사람이 살기 위하여 생산하고 생산하기 위하여 손이 있으며 생산 수단으로서 도구가 발명되는 것인 것처럼 언어도 사회적 교섭의 도구로서 발전시켜온 것으로 보았다.

즉, 언어는 사회적 교섭의 도구며 사회적 공동작업에 불가결한 요소로서 생산과정의 필수적인 보조물로 보려는 것이다. 따라서 언어는 사회적 기초 위에 생산관계에 의해서 구조되는 정치·법제·종교·예술과 같은 상부구조 형태는 아니라는 것이다. 오히려 사회적 생산을 가능하게 하는 중요한 유대적(紐帶的) 요소로서 그 기초 구성의 필수조건이라는 것이다. 이에 대하여 스탈린은 다음과 같이 말하였다.

　　언어는 사회가 존재하는 전 기간을 통하여 작용하는 사회적 현상의 하나이다. 언어는 사회의 발생 발전과 함께 발생 발전한다. 또한 언어는 사회의 사멸과 함께 사멸한다. 사회를 떠나서는 언어가 없다.

　　언어는 사람들이 서로 교제하고 사상을 교환하며 호상간의 리해를 달성하는 수단이며 도구이다.

　　사상을 교환하는 것은 항시적이며 사활적인 필수조건이다. 그것은 사상교환이 없이는 자연력과의 투쟁에서나 필요한 물질적 부를 생산하는 투쟁에서 사람들의 협동 동작을 조직할 수 없고 사회의 생산 활동에서 성과를 달성할 수 없으며 결국은 사회적 생산의 존재 자체가 불가능하기 때문이다.

　　　　　　　　　　—『스탈린 전집』(1965) 3(pp.418~419), 김민수(1985)에서 재인용.

또 스탈린은 언어는 전 민족적인 것이어서 비록 그 사용에 있어서 지역적·계급적인 방언의 차이는 나타날 수 있지만 계급적으로 다른 언어가 존재하지는 않는다는 전통적인 언어 정의를 재확인하였다.

그리고 언어의 2대 구성요소인 문법구조와 기본어휘는 변화하지 않음을 역설하여 마르가 주장한 이른바 사요소설(四要素說)을 부정하였다. 언어구조는 그 문법조직과 기초어휘가 몇 세대를 걸쳐 이룩된 역사의 소산이며 결국 언어는 역사적 산물이고 사회적 필요성에 의한 것이라는 종래 역사언어학적인 언어관으로의 회귀를 보인다.

> 씨족어로부터 종족어에로, 종족어로부터 준민족어로, 준민족어로부터 민족어에로의 가일층 발달에 관하여 말한다면 발달의 모든 단계마다 어디서나 사회의 인간 교제수단으로서의 언어는 사회에 공통적이고도 유일하였으며 사회적 지위에는 관계없이 사회의 성원들에게 평등하게 복무하여 왔다.
> 마르크스는 최고의 형태로서의 유일한 민족어의 필연성을 인정하였는데 이 최고형태에 최저 형태로서의 방언이 종속되는 것이다. 레닌의 말을 인증하고는 레닌이 자본주의 하에서의 두 가지 문화, 부르조와 문화와 프롤레타리아 문화가 존재한다는 것을 인정하였다는 것, 자본주의 하에서의 민족 문화의 구호는 민족주의적 구호라는 것을 상기시키곤 한다. 이 모든 것은 옳으며 레닌은 여기에서 전적으로 정당하다. 그런데 여기 어디에 언어의 '계급성'이 있는가?
> 이 동지들의 오유(誤謬를 말함-인용자)는 그들이 언어를 문화와 동일시하고 혼동하는 데 있다. 그러나 문화와 언어는 두 개의 서로 다른 산물인 것이다. 문화는 부르조와적일 수도 있고 사회주의적일 수도 있지만 교제의 수단으로서의 언어는 항상 전 인민적인 언어이므로 부르조와 문화에도, 사회주의 문호에도 복무할 수 있다.
> ―『스탈린 선집』(1965) 3(pp.408-418), 김민수(1985)에서 재인용. 맞춤법은 원문대로.
> 이하 같음.

5.6.6.3. 그리고 사회를 구성하고 구성원들을 연결하는 것은 언어의 역할이며 한 사회에서 하나의 언어가 존재한다고 보아 마르주의자들이 갖고 있던 언어의 계급성을 부정하였다. 그리하여 스탈린은 언어를 "첫째 교제 수단으로서의 언어는 항상 사회에 유일적이며 그 성원들에게 공통적이다. 둘째 방언과 통용어의 존재는 전 인민적 언어의 존재를 부정하는 것이 아니라 오히려 확증하며, 방언과 통용어는 전 인민적 언어의 곁가지로서 전 인민적 언어에 종속되었다. 셋째 언어의 '계급성'에 관한 정의는 그릇된 비 마르크스주의적 정의다"(전게 『스탈린 선집』 같은 부분)라고 하여 언어는 전 인민에게 공통된 것으로 어떠한

계급성도 없다고 주장한 것이다.

뿐만 아니라 스탈린은 언어가 상부구조에 속한다고 본 마르주의자들의 오류를 지적하였다.

> 토대란 사회의 일정한 발전 단계에 있어서의 사회의 경제 제도이다. 상부구조 - 이것은 사회의 정치적, 법률적, 종교적, 예술적, 철학적 견해들과 그에 상응하는 정치적, 법률적 및 기타의 기관들이다.
>
> 언어는 이러한 면에서 상부구조와는 근본적으로 다르다. 언어는 소여의 사회 내부에서 이런 또는 저런 토대, 낡은 또는 새로운 토대에 의하여 생겨난 것이 아니라 수세기에 걸친 사회의 력사 및 토대의 력사의 전행정에 의하여 생겨난 것이다. 그것은 어떤 한 계급에 의해서가 아니라 사회 전체에 의하여, 사회의 모든 계급들에 의하여, 수백 세대의 노력에 의하여 창조되었다. 그것은 어떤 한 계급의 요구가 아니라 사회 전체의, 사회의 모든 계급들의 요구를 만족시키기 위하여 창조되었다.
>
> 바로 그렇기 때문에 그것은 사회에 유일적이고 사회의 전체 성원들에게 공통적인 전인민적 언어로서 창조된 것이다. 그러므로 인간 교제의 수단으로서의 언어의 복무적 역할은 한 계급에만 복무하고 기타 계급에는 불리하게 하는 데 있는 것이 아니라 사회 전체, 사회의 모든 계급들에게 동일하게 복무하는 데 있다. 『스탈린 선집』(1965) 3(pp.401~409), 김민수(1985)에서 재인용.

이러한 주장에서 마르주의자들이 강조하던 상부구조에 속하는 언어의 계급성은 부정되며 이러한 주장은 중대한 오류라고 선언하였다.

즉, 스탈린은 "첫째 마르크스주의자는 언어를 토대 우에 서 있는 상부구조로 간주할 수 없다. 둘째 언어를 상부구조와 혼동하는 것은 엄중한 오유를 범하는 것을 의미한다."(『스탈린 선집』 3 위와 같은 곳)라고 하여 마르주의 잘못을 지적하였다. 스탈린의 이러한 마르주의의 비판은 그 자신의 창의적인 의견이 아니라 폴리봐노프(Polivanov, 1931) 등에 의하여 이미 비판된 것이며 바흐친(M. M. Baxchin) 등이 러시아혁명 직후에도 이미 주장된 것이다.

5.6.6.4. 물론 이것은 초기 마르크스-엥겔스의 Marx·Engels(1845~46)에 의하여 주장된 유물론적 언어관에 근거하는 것이다. 공산주의를 창시한 마르크스(Karl Heinrich Marx, 1818~1883)는 인간 의식이 언어의 형태를 취하여 나타남을 지적하고 다음과 같은 언어관을 피력하였다.

언어는 인간의 의식과 마찬가지로 오래된 것이다. 언어는 사람을 위하여 존재하는 실천적이고 현실적인 의식이고 오직 그렇게 함으로써, 나 자신만을 위하여 존재하는 것이다. 그리고 의식과 마찬가지로 언어도 오직 다른 사람들과 접촉하려는 요구, 그러한 간절한 필요로부터만이 발생한다"(Marx·Engels(1845-46), 번역. 『독일이데올로기』, 1957, 조선노동당출판사, 평양. 김민수, 1985에서 재인용)

이러한 주장에 의하면 마르크스는 언어가 인간의 의식과 같은 것으로 보았고 인간의 의식이 생겼을 때에 이미 언어도 존재한 것으로 간주하였다. 또 인간의식은 언어를 통하여 실천적이고 현실적인 것으로 형상화한다고 본 것이다. 그리고 다른 사람들과 접촉하려는 욕구와 그런 필요에 의해서 발생하였다고 하여 언어의 사회적 본질을 언급하였다.

마르크스와 함께 공산주의를 완성시킨 엥겔스(Friedrich Engels)는 언어의 형성을 진화론적인 입장에서 설명한다. 즉 그의 유명한 『자연변증법(*Natur dialektik*)』(Engels, 1935)에서 "형성 중에 있던 인간들은 서로 무엇인가를 말할 필요가 있는 단계에 도달하였다. 필요는 기관을 만들어 냈다. 즉 원숭이 정도밖에 발전하지 못한 인후(咽喉)는 완만하기는 하나 끊임없이 음조의 변화에 따라 개조되어 갔다. 그리하여 구강기관들은 점차로 음절이 나누어지는 발음을 하나하나 배워갔다"(번역, 『자연변증법』, 조선로동당출판사, 1957, 평양. 김민수, 1985에서 재인용)라고 하여 생물학적 자연주의 언어관에 입각한 진화론적 언어관을 피력하였다.

엥겔스의 이러한 생각은 언어가 인간의 사상을 표현하는 수단이며 인간 스스로가 발전시켜 온 발성기관에 의하여 더 복잡한 수단으로 발전한 것이라고 보는 것이다. 이것은 앞의 4.2.1. 0.에서 논의한 바 있는 진화론에 입각해서 언어를 살펴본 생물학적 자연주의와 일맥상통하는 내용이다.

이러한 생각은 중세시대의 사변(思辨)문법학파들이 주장한 "이성이 곧 언어다(Ratio est oratio)"와는 반대이고 헤라클리투스(Heraclitus)에 의하여 제기되었고 소크라테스(Socrates)나 플라톤(Platon) 등에 의하여 지지된 언어의 자연설(physei)과도 매우 다르다.[35] 오히려 앞의 2.2.1.3.에서 논의한 개념론(conceptionalism)과 유사하다고 할 것이다.

언어의 생성과 발전, 그리고 소멸을 진화론적 관점에서 고찰한 대표적인 사람은 앞의 4.2.1.0.에서 소개한 독일의 언어학자 쉴라이허(August Schleicher)를 들 수 있다. 그는 언어가 동물이나 식물과 같이 태어나서 성장하여 나이를 먹으면 죽는다고 보았다. 즉, 언어는

---

35 언어의 자연설(physei)에 대하여는 앞의 1.1.0.3, 특히 주4를 참조할 것.

인간으로부터 독립한 유기체로서 그 발전의 진로가 일반적인 생물 진화의 법칙에 의하여 결정된다는 이론이다.

이와 같은 생물학적 자연주의 언어관은 마르크스의 언어관과 더불어 유물론적 도구관으로 발전한다. 유물론에서는 언어의 기원을 물질적 생산력에 결부시켜 설명한다. 인간이 산다는 것, 살기 위해서 생산한다는 것은 근본적인 원리다. 그런데 무엇을 생산하기 위해서는 우선 손이 있어야 하고 생산수단인 도구가 발견되지 않으면 안 된다.

인간은 도구를 발견하고 사용함으로써 그 생산성을 급속하게 증대시켰다. 인간이 동물과 다른 점은 이러한 도구를 사용하는 것이고 인간 지성이 발달하면 할수록 도구의 사용도 복잡해진다. 그럼으로 유물론(唯物論)에서 도구(道具)가 갖는 의미는 매우 큰 것이다.

5.6.6.5. 마르크스와 엥겔스의 공산주의 이론을 러시아 혁명 이후에 구소련의 언어학에서 실현시킨 레닌의 언어관에 대하여 살펴보기로 한다. 1917년 러시아혁명의 지도자였던 우라디미르 일리츠 울리아노프(Vladimir Ilič Ulyanoff), 즉 레닌(Nikolai Lenin, 1870~1824)은 마르크스와 엥겔스와 같이 언어를 인간이 의사소통과 사회적 교제의 수단으로 보는 언어 도구관을 가졌다.

즉, 그의 『민족자결을 위한 민족의 권리에 대하여』(О Праве наций на самоопределение, Lenin, 1924)에서 "언어는 인간 교제의 가장 중요한 수단의 하나다. 언어의 통일과 자유로운 발전은 현대 자본주의에 상응하는 진실로 자유롭고 광범한 상품 유통에 주요한 조건의 하나며 모든 개별적인 계급에로 인민의 자유롭고 광범위하게 집결하는 데 가장 중요한 조건이 된다"(번역: 민족자결에 관하여, 조선로동당출판사, 1958, 평양, 김민수, 1985에서 재인용)라고 하여 언어 도구관에 입각한 언어의 통일을 주장하고 있다.

그의 주장에 따르며 프롤레타리아 공산혁명이 완수된 날에 전 세계 노동자 농민이 함께 사용할 하나의 국제어를 도구로 사용한다는 것이다. 스탈린은 이 국제어가 민족어로부터 발달하는 것이라고 보았다. 레닌의 이러한 언어관은 그의 구소련 언어정책, 특히 소연방내의 소수민족과 그 언어정책에서 실제로 구현되었으며 로산스끼의 "언어에 대하여서 브. 이. 레닌,"(『조선어 연구』 제2권7호, 1949. 12) 등으로 북한의 공산정권 지도자들에게도 소개되었다(졸저, 2019).

이러한 구소련의 언어관은 스탈린에 의하여 공식화되었고 구소련의 위성국들에게 지대한 영향을 끼쳤다. 북한도 초기의 민족주의적 국어연구에서 점차 벗어나 구소련의 언어학으로부터 영향을 받게 된다. 이에 대하여는 졸저(2019)에서 비교적 구체적으로 논의하였다.

5.6.6.6. 1950년 이후의 러시아 언어학은 마르주의가 지배하던 공백(空白) 기간을 지나서 한동안 고립 상태에 빠진다. 구소련의 방대한 영토에는 문자로 정착된 일이 없는 수많은 언어들이 실제하고 있었다.

코카샤스 산악지방으로부터 시베리아의 대평원에 이르기까지 서로 다른 많은 민족들이 살고 있었으며 이들 언어는 제대로 연구된 바가 없는 원시적인 상태로 구어(口語)만이 존재했는데 이 언어들을 기술(記述)하기 위한 음운과 형태, 그리고 통사적 연구가 시급했던 것이다.

그들에게 적절한 표기 체계를 제공하여 그들의 언어를 기록하도록 해야 했으며 또 표준어인 러시아어를 보급할 때에 적절한 문법과 음운을 합리적이고 알기 쉽게 소개해야 했었다. 러시아 볼쉐비키 혁명 직후에 외무장관 대리를 역임한 전설적인 언어학자 폴리봐노프(E. D. Polivanov)는 초기에 러시아의 끼릴 문자가 아니라 로마자로 이들의 언어를 표기하도록 권유했다.

예를 들면 당시 소련의 위성국의 하나였던 몽고 인민공화국은 그때에 받아들인 로마자 표기를 지금도 사용하고 있다. 그러나 폴리봐노프가 사임한 다음에는 끼릴 문자를 쓰도록 강권하였다. 언어학자인 그는 끼릴 문자보다 로마자가 보다 나은 표기 체계를 가졌다고 본 것이다.

구소련의 언어학이 고립 사태를 계속한 것은 동, 서로 나뉘어 각측하던 엄중한 냉전(冷戰) 체제에서 구소련은 서방 세계와는 정치적으로 담을 쌓게 되고 자연히 문화나 학문에서도 원활한 소통이 어렵게 되었다. 다만 1950년대에 구소련에서도 사방 세계의 언어학 전문서가 러시아로 번역되어 소개되었다.

그 중요한 것만 소개하면 다음과 같다.

Bloomfield(1933)의 Language, Gleason(1955)의 Introduction to Descriptive linguistics, Jespersen(1924)의 Philosophy of Grammar, Kuryłowicz(1960)의 Esquisses linguistiques (Linguistic study), Martinet(1955)의 Économie des changements phonétique, Trubetzkoy (1939)의 Grundzüge der Phonologie, Paul(1880)의 Prinzipien der Sprachgeschichte, Benvenist(1966)의 Problémes de linguistiqur générale.

이러한 서방 세계, 즉 서구(西歐)와 미국의 언어학 이론서가 구소련에 전달되어 그들의 언어 연구에 이용되었을 것이다.

5.6.6.7. 스탈린 사후에 러시아에 유입된 서방 세계의 새로운 언어학은 유럽과 미국의 구조언어학이 주종을 이루었다. 이미 전시대에 프라하학파였던 트루베츠코이(N. S. Trubetzkoy)와 야콥슨(R. Jakobson)은 러시아 출신이고 야콥슨은 초기 구소련의 러시아 형식주의 언어 연구를 주도했던 인물이다.

특히 Šaumjan(1958)의 *Structural linguistics as immanent linguistic theory*(내재 언어 이론으로서 구조 언어학)에서 에름스레우(Hjelmslev)가 주장한 언리학(glossematics)를 소개하였다. 앞의 5.4.1.0.~4에서 소개한 에름스레우의 새 언어 이론은 코펜하겐학파로 불리는 새 소쉬르주의(neo-Saussurianism)의 언어 연구를 말한다.

에름스레우의 주저인 Hjelmslev(1943) <언어이론을 위한 서언>은 영어로 번역한 Whitfield(1953, 증보 1961)에서 영역본이 소개되어 서방 세계만이 아니라 전 세계의 언어학계에 알려진 이론이다. 구소련에서도 Šaumjan(1958)으로 러시아어로 번역되어 소개한 것이다.

이와 같은 서방의 새로운 언어 이론이 러시아에 도입될 때에는 이를 받아드리려는 소장학자와 구소련의 독자적인 언어 연구를 고수하려는 기성학자들 사이에 서로 엇갈리는 태도가 있어 일종의 분열상태였다. 미소(美蘇)가 대립되던 엄중한 냉전 시대에 러시아에서 미국의 구조언어학에 대하여 다음과 같은 비판적인 시각이었다.

> 소비에트 언어학자의 많은 수가 구조언어학은 언어를 둘러싸인 사회적 현실을 간과해서 그로 인하여 추상적이고 관념적인 개념론으로 - 이것이야 말로 소비에트 학자의 독자적인 역사적 유물주의적 견지에서 정반대의 것이지만 - 떨어져 내려 버렸다고 비판하였다. 반면에 구조언어학의 연구법 발달에 강한 관심을 보이는 학자도 있었다(Leroy, 1963, G. Price tr., 1967:119, 필자 초역).

이 인용문에서 구소련에서 서방 세계의 언어학을 받아들이는데 젊은 연구자들과 기성학자들 사이에 갈등이 있었음을 알 수 있다. 어찌 보면 마르주의(Marrism)와 같이 극단적인 유물론적 언어관을 갑자기 버리고 어쩌면 추상적이라고 할 수 있는 구조주의 언어학을 받아들이기는 쉽지 않았을 것이다.

그리하여 소비에트 과학아카데미(Akademija nauk, SSSR, Soviet Academy of Science)에서 출판한 기관지, *Vja*(Voprosy Jazkoznaniaya, Questions of linguistics)에서 발표된 논문들을 보면 전통을 지키려는 보수주의자와 개신을 받아들이려는 진보주의자의 갈등이 적나라하게 보인다.

제6장 촘스키(Chomsky)의 변형생성문법론

6.0.0. 팍스 아메리카나(Pax Americana)의 영향으로 20세기의 언어학은 미국이 주도하고 있다. 19세기까지 유럽, 특히 서구(西歐)가 주도하던 언어학은 20세기에 들어와서, 특히 제2차 세계대전 이후에 미국을 중심으로 발전하게 된다.

제2차 세계대전 이후에 독일과 동구(東歐)의 언어학자들이 미국으로 몰려갔기 때문이기도 하며 미국의 국력이 세계를 압도해서 서양의 문물이 미국을 통하여 전 세계로 퍼져나갔기 때문이기도 하다. 이러한 언어학의 추세에 기름을 끼얹은 것은 촘스키(Noam Chomsky, 1928~)의 전혀 새로운 방법이 온 세계의 언어 연구를 압도하면서 더욱 가속화되었다.

촘스키학파(Chomskyan school), 또는 엠아이티학파(M.I.T Linguistics), 그리고 변형문법학파(Transformationalists)로도 불리는 촘스키의 언어 연구는 종래의 언어 연구에서 비교적 소홀했던 통사론을 기본으로 하여 언어 연구가 전개되어 음운론과 형태론은 물론 의미론에서도 새로운 연구 방법을 제시하였고 상당한 성과를 올리고 있다.

이러한 새로운 언어 연구에 대하여 졸저(2022:281~2)에서 다음과 같이 소개하였다.

> 20세기 서양의 언어학은 촘스키(Noam Chomsky, 1928~)를 분기점으로 하여 그 이전과 이후로 나누어진다.[1] 촘스키가 1957년에 발표한 『통사 구조(*Syntactic Structure*)』(Mouton, The Hague, 이하 <통사 구조>로 약칭)는 불과 116쪽의 소책자였다. 29세의 청년이 쓴 이 책은 미국에서 간행해줄 출판사가 없었지만 유럽의 전통 있는 출판사에서는 이 책의 가치를 간파하여 간행하였다.
>
> 이 작은 책에서 주장한 언어연구 방법이 이른바 20세기의 후기 구조주의 새로운 언어 연구를 가져온 혁명적인 변형생성문법론(transformational generative grammar)이다. 여기서 언어이론이 아니고 문법론이라고 한 것은 '문법(grammar)'이 종래의 의미와 달리 '언어이론'의 뜻으로 쓰인 것이다. 이 명칭에서 언어에 적용되는 여러 규칙들이 마치 문법처럼 비친 것이다.

---

[1] 1970년대 이후의 한국어 연구에서도 촘스키의 영향을 받지 않은 연구를 필자와 주변의 연구자들이 농담으로 BC의 논문으로 불렀다. 즉, 'Before Chomsky'란 의미로 본 것이다.

변형과 생성은 또 다른 의미가 있다. 같은 의미의 문장이 여럿 가능한 것은 같은 내용의 문장이 여러 형태로 변형(transform)하기 때문이라는 것이다. 또 이러한 변형을 지배하는 규칙들이 있고 이 규칙들은 문법으로 본 것이다. 또 의미를 가진 문장을 생성(generate)할 때에도 일정한 규칙의 지배를 받는다는 것이다. 이러한 규칙들, 즉 변형하고 생성하는 규칙들을 찾아내는 것이 언어학의 과제로 삼은 것이다.

촘스키(Chomsky, 1957)의 변형생성문법론은 19세기의 언어 연구를 혁명적으로 바꾸었다. 우선 음운이나 형태 중심의 '밑에서 위로'라는 언어 연구의 모토가 사라진 것이다. 그리하여 그동안 등한하였던 통사론이 언어 연구의 중심이 되어 '위로부터 밑으로'의 언어 연구가 살아난 것이다. 그리고 또 금기로 여겼던 의미의 기준도 등장하였으니 소위 '언중(言衆)의 직관(intuition)'이 문법의 중요한 기준이 되었다.

6.0.1. 이렇게 종래의 언어학과 근본적으로 다른 발상으로 시작된 새로운 연구 방법은 20세기 후반의 언어학계에 상당한 충격을 주었다. 이에 대하여 전게한 졸저(2022:282~3)에서 다음과 같이 감동적으로 서술하였다.

촘스키의 역저인 『통사 구조(Syntactic Structure)』(1957)가 출판되었을 때에 미국의 언어학계는 경악(驚愕)을 금치 못하였다. 당시 미국의 저명한 심리학자였던 매클레이(S. M. Maclay)는 1930년대 이후의 미국언어학을 개관하면서 <통사 구조>에 대하여 "트라우마(trauma)가 생길 정도의 이례적인 것이었다. [중략] 도저히 이해할 수 없을 정도였다"(Maclay, 1971:163)라고 충격을 받았음을 밝혔다.

또 영국에서 언어학사로 유명한 로빈스(R. H. Robins)는 "촘스키의 <통사 구조>가 공간되어 언어의 기술과 분석은 가슴이 두근거릴 정도의 큰 소동에 빠졌다"(Robins, 1971:33)라고 하여 이 책이 얼마나 파격적인 내용이었는가를 말해주고 있다. 특히 라이온즈(John Lyons)는 촘스키의 <통사 구조>에 대하여 "짧으면서 전문적인 색채가 비교적 엷은 책이지만 언어의 과학적인 연구에 혁명을 불러일으켰다"(Lyons, 1970a:1)라고 평가하였다.

Chomsky(1957)에 의해서 창도(唱導)된 변형생성문법은 이제까지 어떤 시대의 언어 연구와 비교해도 독특하고 혁신적이었다. 또 어느 언어 연구보다도 강력해서 20세기 후반에는 이 연구방법이 세계의 언어학계를 석권(席捲)하게 된다. 따라서 변형생성문법론은 20세기 언어 연구의 대미(大尾)를 장식했다고 해도 과언이 아니다. 인류가 인지(認知)의 발달과 더불어 언어 연구의 혁명을 가져온 것이다.

다만 변형생성문법론은 초기의 이론을 여러 번 수정하였다. 촘스키 자신에 의하여 주요 내용이 수정된 것이 무려 9차례나 된다. 이제는 어느 정도 정착한 이론으로 인정되지만 한때는 1년이 멀다하고 수정에 수정을 거듭하였다. 그리하여 불안정한 상태의 언어 이론으로 지탄을 받기도 했다.

6.0.2. 이 장(章)에서는 Chomsky(1957)의 <통사 구조>에서 전혀 새롭게 등장한 언어 이론인 변형생성문법(Transformational generative grammar)의 학문적인 배경과 간단한 소개를 곁들이고자 한다. 그러자면 당연히 그의 생애와 교육의 배경을 살피지 않을 수가 없다.

촘스키는 구조주의 언어학 속에서 자라났다. 그의 지도교수가 미국 구조주의 언어학의 거장(巨匠)인 해리스(Z. S. Harris)였으며 그의 지도 아래에 펜실베이니아(Pennsylvania)대학에서 작성된 촘스키의 석사논문인 "Morphophonemics of Modern Hebrew"(Chomsky, 1951)는 구조주의 언어학의 색채가 매우 강한 논문이었다.

당시 그가 추종했던 미국 구조주의 언어학은 데이터에서 추출이 가능한 요소를 간결하게 분류하는 방법에 지나지 않았지만 촘스키는 "인간의 언어로 될 수 있는 모든 것"이 가진 특징을 엄밀하게, 그리고 형식적으로 규정하는 것을 언어학의 목표로 삼았다. 즉, 문법적 조작으로서 언어를 실제로 생겨나게 하는 것과 생겨나지 못하는 것을 될 수 있는 대로 명확하게 구별하는 것이 언어학의 중요한 과제로 본 것이다.

그러다가 그의 박사학위논문인 Chomsky(1955b)의 "Transformational Analysis"와 전술한 Chomsky(1957) 이후로 그는 구조주의 언어학과 결별하고 새로운 언어 연구를 시작하였다. 그의 연구를 후기 구조주의 언어학(post-structural linguistics)으로 보는 이유가 여기에 있다. 그는 초기 구조주의 언어학에서 등한하게 여겼던 사피어(E. Sapir)의 언어 연구로 회귀한 감이 있다.

6.0.2. 촘스키가 할레(Morris Halle)와 공저한 *The Sound Patterns of English*(Chomsky· Halle, 1968)는 사피어의 '*sound patterns*'(Sapir, 1925)를 이어받은 것이다. 이것은 언어의 음성(sound)이 결코 물리적 현상만으로 파악할 것이 아니라 그 배후에 있는 개념적인, 음성의 심리적인 투영을 고찰해야 한다고 강조한 것이다.

이것은 오히려 Sapir(1933)의 "La réalité psychologique des phonèmes(The psychological reality of phonemes)"의 음성 인식을 쫓았다고 볼 수 있다. 촘스키가 구조주의 언어학의 연구 방법, 특히 표면적인 언어 구조를 잘라내서 분류를 하는 작업의 잘못을 깨달은 것은 그가 1953년에 대서양을 건널 때의 일이라고 회상하였다(Chomsky, 1979).

흔들리는 배안에서 뱃멀미를 하면서 구상한 거대한 통사 구조에 대한 그의 생각은 1년 반도 안 돼서 1천 쪽이 넘는 Chomsky(1955a)의 <언어이론의 논리적 구조>로 나타났다. 그리고 1년이 지나서 드디어 <통사 구조(*Syntactic Structure*)>(Chomsky, 1957)가 출판되어 미국 구조주의 언어학에 대한 그의 혁명이 시작된 것이다.

Chomsky(1957)에서 그는 그동안의 언어 연구에서 문(文)을 외측에서 그 표면적인 형식을 분석해갔으나 그는 문(文)을 내측에서 생성해간다고 보았던 것이다. 이로부터 음운 연구로부터 문장 연구로 언어 연구의 초점이 옮겨갔다. 이 장(章)에서는 이에 대하여 좀 더 구체적으로 살펴보기로 한다.

1. 20세기 후반의 후기구조주의 언어학

6.1.0. 미국 구조언어학이 1950년대에 침체기에 들어가서 이를 극복하기 위한 여러 노력이 있었다. 앞의 5.5.4.2.~4.에서 이미 살펴본 것처럼 Harris(1951) <구조언어학의 방법>과 Hocket(1954)의 "문법 기술에서 두 모델"에서 시도한 여러 언어 연구 방법들은 모두 더 이상 갈 길을 잃은 미국의 구조언어학의 나아갈 길을 타개하려던 것이었다.

해리스(Z. S. Harris)의 이러한 연구 경향이 급기야 그의 제자인 촘스키(N. Chomsky)에 연결되어 이제까지 미국의 구조언어학에서만이 아니라 세계 언어학사에서 찾아볼 수 없었던 새로운 언어 연구가 생겨난 것이다. 이 절(節)에서는 후기 구조주의라고 부른 이 연구 경향에 대하여 살펴보기로 한다.

1) 해리스(Harris)의 변형문법

6.1.1.0. 미국 구조언어학의 교본이라고 할 수 있는 전게한 Harris(1951)의 <구조언어학의 방법>은 미국 구조언어학의 당면한 과제로 등장한 문법, 특히 그곳에 내장되어 있는 여러 문제를 해결하기 위하여 새로운 방향을 모색한 것이다. 그리하여 '담화와 분석(discourse analysis)'에서 그 길을 찾았다.

해리스(Z. S. Harris)는 통사론에 대한 연구를 발전시키기 위하여 문장(sentence)보다 더 큰 단위인 담화(discourse)에 주목하고 하나의 담화를 구성하고 있는 몇 개의 문장이 서로 의존하고 있는 관계를 분석하려고 한 것이다. 단지 문장을 모아놓은 것이 아닌 담화에는 하나의 분명한 문맥(context)이 존재하기 때문이다.

문맥은 문장과 문장의 문법적인 의존 관계와 분포 관계로서 실현되는 것으로 보면서 이러한 문장의 상호 의존관계를 밝힘으로써 새로운 시점(視點)과 그에 근거한 많은 성과를 얻게 되었다. 이러한 성과는 단일한 문장을 분석해서는 얻을 수 없는 것이다.

해리스는 문장과 문장 사이의 동등관계(equivalence), 동일한 언어 요소의 공기(共起, co-occurrence), 분포 단위로서의 어류(class) 등을 설정하여 두 개의 문장 가운데 하나가 변형(transform) 관계임을 밝혀내었다. 예를 '① Casals plays the cello'와 '② The cello is played by Casals'의 두 문장에서 찾아보기로 한다.

①의 문장은 'N₁ + V + N₂'의 형식이고 ②는 'N₂ is V-en by N₁'의 형식이다. ①의 'N₁ + V + N₂' 형식을 갖는 문장은 '③ He met us'에서 그대로 적용된다. 또 '④ His meeting us'에서는 'N₁'s + Ving + N₂'라는 새로운 문장 형식도 찾아낼 수 있다. 여기서 ②는 ①의 변형(transform)이고 ④는 ③의 변형이라는 것이다.

이때의 각 요소가 같은 공기 요소를 동일하게 포함하고 있는 한은 비록 형태가 다르더라도 동등문(同等文)임을 밝힌 것이다. 즉, ①과 ③은 'N₁ + V + N₂'를 동일하게 갖는 동등문이다. 해리스는 앞의 예에서 ①과 ③은 핵문(kernel sentence)이고 이를 기본문이라고 하였다. 그리고 ②와 ④를 변형문(transformed sentence)이라고 하여 구분하였다.

6.1.1.1. 그리고 핵문, 즉 기본문은 유한(有限)하고 변형문은 무한(無限)하게 만들어갈 수 있다고 보았다. 따라서 담화에 들어있는 문장들은 기본문(基本文)이든지 변형문(變形文)이든지 어느 하나에 소속되며 이러한 구분 방법에 근거하여 문장과 문장의 상호 의존관계를 분석할 뿐만 아니라 문장 자체를 분해(decomposition)할 수도 있게 된다.

해리스(Z. S. Harris)의 변형문법에서 첫째 그가 문장보다 큰 단위로서 담화(discourse)를 모체로 하여 그것을 구성하는 문장과 문장의 동등관계, 또는 변형관계임을 밝히려고 한 점을 주목해야 한다. 둘째는 그가 변형문법의 목표를 상위 레벨에서의 문장 분해에 중점을 두었다는 점도 역시 유의해야 한다.

셋째는 미국 구조언어학의 기본 원리라고 할 수 있는 분포의 이론에 대하여 문장과 어류라는 언어 단위로서 새로운 응용을 시험한 것도 관심을 가져야 할 것이다. 이와 같은 해리스의 생각은 그대로 촘스키(N. Chomsky)에게 녹아들어가서 그의 변형생성문법으로 다시 탄생하기 때문이다.

촘스키는 해리스와 같이 구체적 담화라고 하는 문장과 문장과의 관련성을 밝히려고 하는 것에서 출발한 것이 아니라 추상적인 일종의 문장의 집합체를 가정하고 그것이 어떻게 개별적인 문장으로 구현되는 것에 초점을 두고 언어를 기술하고 문장의 생성을 위한 수단을 탐구하였다.

그 결과로 Chomsky(1956)에서는 언어 기술을 위한 세 개의 모델(Three models for the description of language)을 고안하였다. 여기에서 주장한 모델에 대하여 살펴보면서 촘스키 이론, 즉 변형생성문법의 전개 과정을 살펴볼 수가 있다.

6.1.1.2. 먼저 Chomsky(1956)에서 주장한 세 개의 언어 기술의 모델 가운데 첫째는 '유한 상태의 문법(finite state grammar)'이다. 이것은 구소련의 수학자 마르코프(А. А. Марков, A. A. Markov, 1856~1922)의 학설에 의거하여 발화에서 최초의 단위로부터 최종의 단위에 이르는 전(全) 과정에는 유한한 단계 또는 상태가 형성되어 있다는 학설에 근거한 것이다.

그리고 각 단계에서 나타나는 언어 단위는 그 언어 고유의 규칙에 의해서 결정되어 그 출현을 통계학적으로 추정할 수 있다고 본 것이다 예를 영어의 'That man comes'에서 들면 최초의 'that'은 영어 문장에서 최초로 올 수 있는 다른 낱말들, 즉 'a, this, some, these, those, the' 등의 추상적인 목록에서 선정한 것이다.

다음의 'man'도 다른 추상적 목록, 즉 'woman, policeman, doctor, dog, men, dogs'에서 선발된 것이며 'comes'도 다른 목록, 'arrives, sleeps. cries, reads, come, arrive'에서 선정된 것이라고 한다. 이에 대하여 제1어 'that' 대신에 'those'가 선발된다면 제2어에서는 'men'이 'man'을 배제하여 선발되고 그 다음에 'comes' 대신에 'come'이 온다.

이러한 문장의 생성 과정에는 일정한 제한이 동시에 작용하고 있음을 주목하지 않을 수가 없다고 한다. 더욱이 또 'that man'의 사이에 예를 들면 'old', 또는 'old, old'를 삽입한다면 생성되는 문장의 수효는 배로 늘어난다. 그리고 이것은 반복해서(recursive) 일어나서 'That man comes and this man goes'와 같이 복문(複文)으로 형성되면서 생성되는 문장의 수효는 한(限)이 없게 된다는 것이다.

그러나 아와 같이 왼쪽에서 오른쪽으로 향해서 언어 단위를 첨가하여 가면 이 모델에는 다음과 같은 거울 이미지(mirror image)라고 해야 할 정도로 문법 기술이 어려워진다. 예를 영어의 'Anyone who says that is lying(이런 말하는 사람은 거짓말을 하는 거다)'라는 예에서 제1어의 'anyone'과 'is lying' 사이에는 의존 관계가 있다.

그리고 이것과 격리된 'who says that' 속의 'who'와 'say that' 사이에 의존관계가 있어서 이 예문을 더욱 복잡하게 만든다. 그리하여 'Anyone who says that people who deny that -- are wrong is foolish(사람들이 틀렸다고 부정하는 것을 그렇다고 말하는 사람은 누구라도 바보다)'라는 문장에서는 의존관계가 매우 복잡해진다.

즉, 'anyone'과 'is foolish', 'people'과 'are wrong', 'who deny'와 'that--'이 서로 의존관계에 있어서 문법적 지배를 받고 이러한 의존관계가 있는 종속절을 추가로 삽입해서 전술한 거울이미지에 의해서 무한한 문장을 생성할 수 있다. 그러나 앞의 각 요소들이 갖는 의존 관계를 포함하여 적용되는 문법은 제한되어 있어서 유한 상태의 문법이라고 한 것이다. 즉, 변형에 의하여 무한(無限, infinite)한 문장을 생성하는 문법은 유한(finite)하다는 것이다. 다만 거울이미지(mirror image)와 같이 문장의 정보 이론에 근거하여 단위마다 추가해 가는 유한 상태의 문법으로는 문장의 생성과 기술을 하기 어렵다고 본다.

6.1.1.3. 유한문법(finite grammar)으로는 시간이라는 선상(線上)에 '수평으로' 언어단위들을 결합시켜 문장을 생성시켜 가는 과정을 해명할 수 있지만 구절구조문법(phrase structure grammar)은 '수직으로' 문장의 원형인 추상적인 문장에서 다시 쓰기 규칙(rewriting rule)에 따라 실제 문장을 생성하여 가는 모델을 보인 것이다.

즉, Chomsky(1957)에서 구절구조문법의 방향에 대하여 다음과 같이 언급하여 이것이 IA 방식이 아니라 IP 방식에서 온 것임을 상기하게 한다.

The [phrase structure] grammar can [also] be regarded as a very elementary process that generates sentences not from 'left to right' but from 'top to bottom'. - 구절구조문법은 '왼쪽에서 바른쪽으로'가 아니라 '높은 데서 낮은 데로' 문장을 형성해 가는 가장 기초적인 과정이다(Chomsky, 1957:37).

여기서 '왼쪽에서 바른쪽'은 언어활동의 시간적 순서를 말하는 것이라 언어 요소들이 시간이라는 선상(線上)에서 물리적으로 순서대로 결합하는 모습을 말한 것이다. 반면에 '높은 데서 낮은 데로'는 직접구성요소(IP)의 분성을 응용하여 추상적으로 상정한 문장의 형성 단계를 말한 것이다.

앞의 5.5.4.4.에서 언급한 Hocket(1954)의 "문법 기술에서 두 모델"에서 시도한 IP (item and process) 방식과 IA (item and arrangement) 방식에 의한 문법 기술에서 유한문법은 IP 방식에 의한 것이라면 구절구조문법은 IA 방식에 근거한 것임을 알 수 있다. 촘스키의 문법이 후기구조주의의 연구에 속함을 보여주는 단적인 예가 될 것이다.

실제로 Hocket(1968:36)에서는 다음과 같이 촘스키를 평가하였다.

> Lacking any explicit guidance as to where to turn for broadened basis for linguistic theory, Chomsky was forced on his own resources and taste, and turned towards the abstract fields of logic, mathematics, and philosophy, rather than science.

이 인용문에서 문법이 과학보다는 추상적인 분야(abstract fields)에 빠져있다고 그의 IA 방식으로 향한 구절구조문법을 폄하하였다. 촘스키가 이후에 IP 방식의 문법으로 전환하게 된 동기가 여기에 있지 않았나 생각한다.

직접구성요소의 분석(immediate constituent analysis, 이하 IC 분석)으로 문장을 분석해서 그 구성의 수직적인 형성 과정을 살피는 것은 분포(分布)에 따른 미국 구조언어학의 기본 원리였다. 종래의 유한 문법으로는 영어의 'old men and women'의 예에서 이것이 'old men + old women(노인 남성과 노인 여성)'인가 아니면 'old men + women(노인 남성과 일반 여성)'인가 구별할 수가 없다.

그러나 여기서 IP 분석에 따른 문장의 구성은 직접구성요소가 'old'와 'men, women' 사이에 어디에 있는가에 따라 의미가 달라지므로 IC 분석으로 이러한 의미의 애매성을 해명할 수 있다. 즉, IC 분석에 의한 구절구조문법(phrase structure grammar)은 이러한 목적으로 설정된 것이다. 따라서 유한 문법보다 훨씬 강력하다고 볼 수 있다.

2) 촘스키(Chomsky)의 문법관

6.1.2.0. 촘스키는 종래의 수평적으로 무한한 문장을 생성하는 유한한 문법이란 유한 문법에 대하여 수직적으로 추상적인 문장 형성의 과정을 살피는 구정구조문법을 처음으로 시도하였다. 이것은 전술한 IC 분석에 의하여 얻어진 문장 구성요소의 결합을 수직으로 본 것이다.

예를 Chomsky(1957)에서 든 것과 같이 영어의 "The man hit the ball"을 들어본다. 이 문장을 구성은 다음과 같다.

Sentence → NP + VP   NP - noun phrase, VP - verb phrase

NP → T + N   T - the, N - noun

VP → verb + NP

T → the   N → man, ball

Verb → hit

여기서 '→'는 다시쓰기(rewriting rule)에 따라 실현된 것이다. 그리고 이 문장 형성의 과정을 도형으로 그리면 다음과 같다.

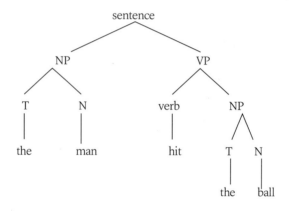

이러한 문장 구성을 수직적으로 보여준 동형을 수형도(樹型圖, tree diagram)라 하고 수평적으로 실현되는 문장의 구성요소들이 실제로는 이 수형도와 같이 상호 의존도에 따라 계층적으로 형성됨을 보여준 것이다.

6.1.2.1. 구절구조문법의 이와 같은 수직적인 문장 구성으로 생각하는 것은 그 배후에 미국 구조언어학의 오랜 연구 결과에 의한 것이다. 이 문법을 지탱하는 생성 원리는 인접 과학, 예를 들면 수학, 철학, 논리학 등의 원리를 언어학에 종합적으로 응용하여 처음으로 이루어진 것이다.

원래 구절구조문법은 매우 복잡하고(complex) 임의적이며(ad hoc) 비명시적(unrevealing)인 종래의 문법으로 언어를 기술하기 어렵기 때문에 보다 명징한 언어 기술이 가능한 구절구조문법을 제시한 것이라고 한다(Chomsky, 1957:34).

이러한 문장의 구성을 수직적으로 살피려는 이러한 문법을 변형생성문법(transformational generative grammar), 또는 줄여서 변형문법(transformational grammar)이라고 한다. 그리하여 세 개의 레벨을 인정하였는데 이것은 종래 구조언어학의 음소론, 형태소론, 통사론으로 구분한 것과 대조된다.

그 세 개의 레벨은 다음과 같다.

구구조 레벨(phrase construction level)
변형구조 레벨(transformational construction level)
형태음소론 레벨(morpho-phonemics level)

이 가운데 상위의 구구조 레벨은 문장에서 핵문을 생성하는 일련의 규칙을 포함하고 있으며 하위의 형태음소론 레벨을 음소, 형태소에서 이루어진 실제 문장을 생성하는 일련의 규칙을 포함하고 있고 중간의 변형구조 레벨은 이 양자를 연결해 주는 규칙을 갖추고 있다. 따라서 세 레벨에서의 문법이 가능하다.

이 3종류의 문법은 각기 특색과 발달과정을 중시한 것으로 설명하고 있다. 다만 이 3문법의 공통성은 '형식과 의미를 배제한(formal and non-semantic)' 원칙이다. 그런 면에서 촘스키의 언어 연구 태도는 신 블룸필드학파의, 특히 해리스(Harris)의 엄정주의, 나아가서 물리주의(physicalism)를 계승한 것으로 보기도 한다(Lyons 1970a:47).

촘스키의 형식주의(formalism)는 신 블룸필드학파에서 레벨의 분리를 엄격하게 하고 '밑에서 위로'라는 연구법을 강조한 것에 비하여 레벨을 혼합적으로 연구하고 '위에서 밑으로'라는 연구 경향을 보였다. 그를 단순한 신 블룸필드학파의 아류(亞流)로 보기 어려운 점이 여기에 있다.

촘스키의 Chomsky(1957)의 <통사 구조> 서문에서 통사론의 연구는 두 가지 관련성을 갖고 있는데 '협의(俠義)로는' 음소론, 형태론에 관한 것이고 '광의(廣義)로는' 의미론에 관한 것이다. 음소론, 형태론에 대한 협의의 문법 연구는 구절구조문법과 변형문법을 들 수 있고 광의 의미론에 대한 관련은 통사론에서 의미와의 관련을 어떻게 보는가를 밝히는 일이다.

6.1.2.2. 촘스키가 주장하고 있는 통사론(syntax)과 의미론(semantics)의 각 영역에서 문장이 어떻게 구성되고 이것이 의미와 어떤 관련이 있는지 밝히는 상위이론(meta-theory)을 고찰하려면 그가 '의미'를 어떻게 보고 어떻게 취급하고 있었는지 살펴보아야 한다.

그는 형식주의에 근거하여 확립한 변형문법의 각 레벨이 의미론적인 관점에서도 그 타당성을 갖고 있음을 입증하였다. 즉 이를 위하여 그는 문장에 보이는 '구조상의 동음이의(constructional homonymity)'의 여러 예에 주목하고 이를 해결하는데 IC 분석을 이용하였다.

예를 영어에서 들면 [əneim]이란 말은 'a name'과 'an aim'으로 들릴 수가 있다. 이것은 'a + name'과 'an + aim'으로 IC를 분석하여 해명할 수가 있다. 이것은 음성에서 한 레벨 높은 형태론의 레벨로 승격하여 'a, name, an, aim'이란 형태 분석으로 의미의 애매성을 해결하는 것이다.

그러나 'Flying planes can be dangerous'라는 종속절을 가지 문장의 경우에 일어나는 구조상의 애매성은 IC 분석으로 해결되지 않는다. 이것은 이 문장의 바탕에 깔린 핵문을 정함으로써 해명된다. 즉, 'plane + s + be + fly'와 'someone + fly + plane + s'를 설정하여 어느 것이 핵문이가를 결정하매 따라 의미의 구조상 동음이의가 해결된다. 만일 후자를 핵문으로 하면 "그가 모는 비행기들은 모두 위험하다"가 되고 전자를 핵문으로 하면 "날라다니는 비행기는 모두 위험하다"가 된다.

이 예문에서 보여주는 것 같이 어떤 문장을 이해하기 위해서는 각 레벨에서 수행하는 역할을 중요하게 여기지 않으면 안 된다. 촘스키는 '문장을 이해하다'라는 것은 어느 정도 '의미를 알다'라는 언어의 레벨을 인정하지 않았는가 하였다. 그리하여 그는 "모든 레벨에서 문장이 어떻게 분석되고 있는지 반드시 알 필요가 있다"(Chomsky, 1957:87)고 하여 이를 강조하였다.

6.1.2.3. 이와 같이 하여 촘스키는 원래 언어 기술을 위한 모델로서 고찰되고 확립된 구절구조를 포함하여 각 레벨의 언어 요소들을 문장의 이해라고 하는 새로운 관점에서 고쳐보게 되었다. 그리하여 각 레벨의 의미를 이해하여 이 사실을 입증하려 하였다. 이러한 새로운 인식을 근거로 하여 그의 원래의 이론이 구성을 시도한 것이다.

촘스키는 초기에 언어를 도구로서 이해하였고 이를 이해하기 위해서 하위 이론인 언어에 대한 형식(form)의 이론과 사용(use)의 이론이 필요하게 된다고 보았다. 형식의 이론은 언어 자체의 측면에서 그 근저를 이루고 있는 형식을 적합(適合)하게 파악하기 위한 것이어서 의미를 고려하지 않아야 하며 의미를 혼입(混入)하여 그로부터 오는 방법론적으로 부정확성을 피할 수가 없다고 보았다.

반면에 사용의 이론은 언어 구조나 언어 형식에 대하여 깊은 통찰에 근거하여 언어 실태, 즉 언어 사용을 해명하는 것이다. 원래의 이론은 이 두 개의 하위 이론을 통합하므로 구성되는 것이지만 그에 대한 촘스키의 생각은 다음과 같이 Chomsky(1957)에서 밝혀놓았다.

> 우리들은 언어를 수단으로서 도구로서 연구하여 왔지만 이 도구를 실제로 사용하는 방법은 전혀 언급하지 않고 그의 구조를 기술하려고 시도하였다. 문법에 관해서 이와 같은 형식주의를 스스로 부여한 동기는 참으로 간단했다. 즉, 그것 [형식주의] 이외에는 언어 구조에 대해서 엄격하고 효과적이며 또 명시적인(revealing) 이론을 만들어낼 근거가 없다고 생각했기 때문이다. 이 이론이 전혀 형식적인 방법론이어야 한다는 요구로 이 이론 [통사론]이 그에 대응하는 의미론과 시사적이며 또 유의적인 관련을 갖도록 그것을 정식화(定式化)하고 싶다는 바람과 어떤 모순도 없다고 본다. 우리가 앞의 §8에서 지적한 것은 언어 구조에 관하여 이것을 도구로 보고 그에 대한 형식적 연구가 언어의 실제 사용, 즉 문장의 이해를 위하여 깊은 통찰을 줄 것으로 기대될 수 있다(Chomsky, 1957:103, 필자 초역, 이하 같음).

Chomsky(1957) <통사 구조>의 단계에서는 앞의 인용문과 같이 언어 형식과 언어 사용을 엄격하게 구별하였고 언어 사용에 대한 연구가 선행되어야 언어 형식에 대한 연구가 완성될 수 있음을 강조하였다.

이와 같이 의미론에 대하여 통사론을 우위(優位)에 놓으려는 태도가 그의 <통사 구조>(Chomsky, 1957)가 보여준 특색이라고 할 수 있고 종래의 의미론과 비교하면 좋은 대조를 이루고 있다. 이 <통사 구조>에서는 종래 의미론의 구성 요소인 지시(reference), 의의(significance), 동의(同義, synonymity) 등은 종속적인 위치에 놓였을 뿐이다.

6.1.2.4. 촘스키의 문법을 변형생성문법(transformational generative grammar)으로 부르는 이유는 변형(transform)과 생성(generate)의 개념이 그의 언어 연구의 주축임을 말한다. 변형(變形)이란 어떤 원형(原形)이 있고 그로부터 바뀐다는 뜻이다. 여기서 원형은 불변의 요소를 말하고 변형은 어떤 규칙의 지배 아래에 바뀌는 현상을 말한다.

논리학(論理學)에서 '변형(變形)'은 실질이 변하지 않고 표현이나 정식(定式)에서 모습을 바꾸는 것을 말한다. 낮은 차원에서 불규칙성이나 변이형들이 보다 높은 차원에서는 규칙성이나 동일성으로 환원할 수 있음을 말한다. 변형생성문법에서 변형은 반드시 이것과 일치하지는 않지만 매우 유사한 개념이다.

하나의 의미를 가진 문장은 여러 가지로 변형할 수 있으며 이때에는 반드시 일정한 규칙이 따르게 된다. 이러한 규칙을 문법(grammar)이라고 한 것이다. 또 하나의 의미를 표현하기 위하여 여러 문장을 생성할 수 있다. 물론 여기에도 규칙이 따르는데 이것도 문법이라는 것이다. 변형생성문법이란 이와 같이 문장을 변형하거나 문장을 생성해내는 규칙, 즉 문법의 연구를 말한다.

여기서 당연히 문제가 되는 것은 '문법의 구조'라고 할 수 있다. 인간이 스스로 언어를 발명하여 사용하는 동안 그 안의 이를 지배하는 규칙, 즉 문법을 마련하여 언어를 설계하였다. 따라서 이러한 언어의 해명은 설계된 문법의 구조를 살핌으로써 가능하다고 본 것이다. 언어를 통하여 인간정신의 역할을 살핀다는 원대한 목적이 변형생성문법의 이론에 들어있었다.

이로 인하여 이러한 언어 연구는 구조주의 언어학과는 달리 심리학, 생리학, 사회학, 철학, 수학, 전자공학 등의 여러 분야에서도 관심을 갖게 되었다. 그리하여 인문학의 중심에 다시 언어학이 그 중심 자리를 잡게 되었다. 특히 현대의 인공지능 연구에서 언어의 생성은 당면한 초미(焦眉)의 과제이기도 하기 때문이다.

이러한 변형생성문법의 연구에는 당연히 인간의 언어 습득의 문제, 보편문법의 문제들이 거론되었다. 그리고 언어능력(competence)과 언어운용(performance)의 논의가 뒤를 이었다. 언어운용에서는 변형 이전의 언어 차원에 대한 논의에서 또한 당연하게 심층구조와 표면구조에 대한 논의를 불러일으키게 되었다.

어린 아이들의 언어 습득 과정을 종래의 경험론에 의한 것이 아니라 합리론에 입각해서 아이들의 언어 습득이 유전적이며 생득적(生得的)임을 갈파하였다. 또 인간정신이 만국 공통이라고 본다면 보편문법(universal grammar)도 가능하다고 보았다.

2. 변형생성문법론

6.2.0. 앞의 6.1.2.4.에서 촘스키의 독특한 문법 연구를 변형생성문법(transformational generative grammar)라고 부르는 것은 언어의 여러 문장을 만들어내는 변형(transform)과 생성(generate)에는 반드시 일정한 규칙이 있으며 이 규칙을 고찰하는 것이 문법이라고 보았기 때문임을 강조하였다.

그리고 언어의 연구는 문법의 구조를 밝히는 것이며 여기에는 언어 습득과 언어 사용, 그리고 인류 보편문법 등의 문제를 고찰해야 한다. 그리하여 인간의 언어능력(competence)과 언어운용(performance)의 문제가 논의되어야 했다. 그리고 언어운용에서는 변형 이전의 심층구조(deep structure)와 이후의 표면구조(surface structure)의 문제로 등장한다.

이러한 촘스키의 언어 이론은 초기의 <통사 구조>(Chomsky, 1957)로부터 <통사 이론의 양상들>(Chomsky, 1965)에서 크게 바뀐다. 이렇게 바뀐 이론을 흔히 표준이론(standard theory)이라고 부르며 이러한 그의 이론은 'Aspect'라고 부르는 Chomsky(1965)에서 정리된다.

그러나 이후에도 계속 변천을 거듭하는데 이에 대하여 졸저(2022)에서는 다음과 같이 정리하였다.

> 위에서 주장된 촘스키의 보편문법은 Aspect로 약칭되는 Chomsky의 *Aspect of the Theory of Syntax*(Chomsky, 1965)에서 정리된 것이다. 촘스키의 *Aspect*는 그가 몇 차례 시행착오를 거친 초기의 이론을 종합하였다. 그리고 이 책이 변형생성문법론을 가장 잘 보여준다고 생각해서 출판된 지 얼마 안 되어 이 책의 이론을 표준이론(standard theory)으로 불렀다.
>
> 그러나 이를 보완하기 위하여 1972년에 확대표준이론(extended standard theory)을 발표하고(Chomsky, 1972a,b) 뒤를 이어서 1970년대 중반에 증보확대표준이론(revised extended standard theory)이 나오게 된다(Chomsky, 1975a,b). 이후 계속해서 촘스키는 자신의 이론을 수정하여 발전시킨다.
>
> 그리하여 Chomsky(1981, 1982)의 지배결속이론(government and binding theory)으로 한 걸음 나아가고 Chomsky(1986)의 장벽이론(barriers theory)에서 한층 더 발전한다. 그리고 1990년대에 최소주의 이론(theory of minimalism)으로 그의 이론은 다시 수정되었다. 촘스키는 끊임없이 자신의 이론을 수정하고 보완하였으며 또 발전시켰다.
>
> 이러한 그의 생각은 언어학의 경계를 넘어 인접학문에도 지대한 영향을 끼치게 되었다. 촘스키가 20세기의 후반에 혜성과 같이 나타나서 이 시대 언어학의 대미(大尾)를 장식했다고

보는 이유가 여기에 있다. 졸저(2022:287).

따라서 아직 생존하고 있는 촘스키가 그의 이론을 어떻게 바꿔갈지는 아직 모르지만 대체로 20세기 말에 그의 연구는 완성되었다고 보고 그때까지의 연구에 대하여 좀 더 구체적으로 살펴보기로 한다.

1) <통사 구조>에서 표준이론으로

6.2.1.0. 앞에서 언급한 바와 같이 촘스키의 이론은 초기의 <통사 구조>(Chomsky, 1957)에서 언어의 연구에서 혁명적인 변환을 시도했다면 흔히 'Aspect'라고 부르는 <통사 이론의 양상들>(Chomsky, 1965)에서 이러한 태도가 다시 크게 변한다. 이로부터 표준이론(standard theory)이라고 부르는 새로운 변환이 시작됐다고 한다.

두 책의 차이를 비교해 보면 우선 목차에서 <통사 구조>에서는 마지막의 두 장(章)에서 처음으로 의미론이 추가되지만 <통사 이론의 양상들>에서는 처음의 제1장에서 의미론을 다루었다. 전자의 책에서는 형식주의에 근거하여 그때까지 기술되고 확립된 문법에 의거하여 되도록 의미를 배제하려는 신 블룸필드학파의 연구 태도가 남아 있었기 때문이다.

반면에 후자의 책에서는 의미론을 포함한 변형문법의 여러 원리들과 여러 전제들이 제시되어 후속하는 구체적인 언어 기술을 위한 서론으로 제1장을 꾸렸던 것이다. 그리하여 후속하는 언어의 기술을 위하여 서론을 삼은 것이다. <통사 구조> 이후의 8년간 촘스키의 생각이 의미론으로 옮겨가는 것을 <통사 이론의 양상들>에서 보여준 것이다.

즉, 'Aspect'의 이러한 통사 이론의 양상은 '의미 부문(semantic component)'이 다른 부문과 관련하여 다음과 같이 설정되었다.

> [문법의 음운 부문(phonological component)이 문장의 음성 형식을 결정하는 것과 같이] 의미 부문은 문장의 의미 해석을 결정한다. 이 부문은 통사 부문(syntactic component)에 의해서 생성되는 구조를 어떤 의미 표시에 결합되는 것이다. 따라서 음운 부문과 의미 부문은 함께 순수한 해석적(interpretive)이다. 양 부문이 함께 형식소(formative)의 내재적인 특성과 문장 가운데 있어서 그들 상호 관계에 관해서 통사 부문에 의해서 주어지는 정보를 이용한다. 그러므로 문법의 통사 부문으로서는 각각의 문장에 있어서 그 문장의 의미 해석을 결정하는

심층구조(deep structure)와 그 문장의 음운 해석을 결정하는 표면구조(surface structure)를 지정하지 않으면 안 된다. 이들 가운데 심층구조는 의미부문에 의해서 해석되고 표면구조는 음운 부문에 의해서 해석된다(Chomsky, 1965:15).

이 인용문에 의하면 그의 초기 이론이 <통사 구조>(Chomsky, 1957)에서 의미론과 그 도입의 방법이 바뀌었음을 알 수 있다. 이 초기 이론에서는 의미 부문과 음운 부문이 동등한 관계였으나 표준이론에서는 'Aspect'(Chomsky, 1965)에서는 통사 부문에서 의미 부문이 종속적임을 보여준다.

즉, 의미 부문에 대하여 통사부문이 우위에 있음을 보여준 것이다. 이러한 태도는 그의 변형생성문법에서 일관된 것으로 나타난다. 통사부문에 대한 의미 부문과 음운 부문이 해석적으로 동등함을 강조한 것이다. 결국 심층구조와 표면구조에서 심층구조가 우위에 있음을 보여주는 언급이라고 할 수 있다.

이런 점에서 볼 때에 <통사 이론의 양상들>은 <통사 구조>에서 제시한 변형 문법의 여러 원리와 여러 개념을 다시 구성한 것으로 보아야 한다. 그리고 이를 명확하게 재구성해서 그의 변형 이론의 새로운 출발점으로 삼은 것이다.

6.2.1.1. 1970년 미국 로스엔젤레스(Los Angeles)에서 발견된 13세의 여아(女兒)는 부친의 이상한 성격으로 완전히 세상과 격리되어 살았는데 그 아이가 경찰에 의하여 구조되었을 때에 한마디의 영어도 하지 못했다고 한다. 앞의 1.1.0.2.에서 살펴본 삼메티쿠스(Psammetichus) 파라오의 원초 언어를(primitive lang.) 찾으려는 실험을 연상시키는 일이었다.

이 늑대 소녀의 이야기는 인간이 언어를 할 수 있는 능력을 가졌지만 그것은 후천적인 교육에 의해서 이루어진다는 사실을 말해준다. 그리하여 이에 대한 많은 연구가 있었는데 그에 의하면 통상 4~5세 때에 대뇌(大腦)의 분화(分化)가 생겨서 보통 사람이라면 뇌의 좌반구(左半球)가 언어와 논리를 맡고 우반구(右半球)가 음악이나 미술을 감상하도록 분담하게 된다고 한다(林 榮一·小泉 保, 1988:103~4).

인간은 모든 인종(人種)를 초월해서 지구상의 어떤 동물과도 다르게 언어를 사용하는 능력을 갖고 태어났고 이를 후천적인 교육으로 학습하여 사용한다는 것이다. 촘스키는 이러한 언어 수득(修得)의 여러 과정을 해명하는 것이 언어학의 목표라고 보았다. 그리하여 종래 미국 구조언어학의 경험주의(empiricism)에서 벗어나 합리주의(rationalism)에 입각한 언어 연구를 시도한 것이 변형생성문법이이어서 그의 연구를 언어학의 혁명으로 부른다.

이러한 연구 방법의 기반을 위하여 인간이 태어날 때 갖고 나온 '언어능력(competence)'과 후천적 교육에 의해서 실제로 사용하는 '언어운용(performance)'을 구별하였다. 촘스키에 의하면 언어능력은 '화자와 청자의 언어 지식'을 말한다면 언어운용은 '구체적인 장면에 있어서 언어 사용'을 말하는 것이라고 정의하였다(Chomsky, 1965:4).

언어능력에서 말하는 화자와 청자라는 것은 실재(實在)하는 화자나 청자를 말하는 것이 아니라 그 둘을 포함한 관념적이며 이상적(理想的)인 존재를 말하는 것이며 두 존재는 등질적(等質的)인 언어 사회에서 완전하게 그 언어를 알고 있다는 것을 전제로 하는 것이다.

이와 같은 언어의 이상화(idealization)는 소쉬르(F. de Saussure) 이래로 현대 언어학에서 채용한 수단인 것이다. 예를 들면 소쉬르의 랑그(langue)와 파롤(parole)을 구별하고 랑그가 만인 공통으로 본 것은 바로 언어의 이상화에서 온 것이다. 이러한 현상은 언어학만이 아니라 일반 과학에서도 중요하게 여기는 현상이다.

반면에 언어운용은 구체적인 장면에서 언어 사용, 즉 운용이 문법과 언어와 관계가 없는 여러 조건, 예를 들면 기억의 한계, 주의(注意), 관심의 산만(散漫), 우연 또는 습관에 의한 오류 등의 영향을 받는 한에서 언어운용은 구상적(具象的)이며 경험 분야를 대상으로 연구된다. 그의 *Aspect*, 즉 Chomsky(1965)에서는 언어 연구의 궁극적인 목표는 언어능력의 해명에 있다고 하였다.

그렇다면 언어능력(competence)이 언어운용(performance)보다 우위에 있다는 것은 부정하기 어려운 일이지만 실제로 언어의 연구는 언어운용의 활동, 즉 언어 자료에 의해서 이루어지기 때문에 그 근저에 있는 언어능력이라는 심적 존재(mental reality)에 도달하기 위해서 언어운용에 대한 연구가 실제적으로 필요함을 의식하지 않을 수 없다. 따라서 초기의 형식주의가 표준이론에서도 그대로 살아있다고 해야 할 것이다.

6.2.1.2. 촘스키의 *Aspect*, 즉 Chomsky(1965)에서 우리는 그가 언어의 일반 이론으로 언어능력, 언어운용, 그리고 심층구조와 표면구조라는 개념을 기본으로 제시하였다. 이것들은 모두가 언어 수득(修得)의 과정을 해명하기 위한 것이었다. 즉, 말을 배우는 과정을 해명하기 위하여 도움이 되는 것을 목표로 이러한 개념을 설정한 것이다.

그러나 언어 수득, 즉 말을 배우는 과정은 언어적, 심리적, 생리적, 물리적인 여러 복잡한 요인을 포함한 것이어서 현재의 언어학적 지식을 갖고 이것을 완전하게 해명하기는 어렵다. 촘스키는 이 문제로의 접근 방법으로 언어 수득의 모델을 설정하고 그로부터 언어의 보편성(universal)을 탐구하려고 하였다. 그리하여 다음과 같은 모델을 제시하였다.

즉, Chomsky(1965:64)에서는 다음과 같은 모델을 도식으로 보였다.

언어 자료 → 언어수득 모델 → 문법

이 모델에 의하면 '→'로 표시되어 입력(input)한 언어 자료가 언어수득 모델을 거쳐 역시 '→'로 표시한 출력(output)이 되는 것이 문법으로 본 것이다. 그리고 양자, 언어 자료와 문법을 연결해주는 매개 장치로서 언어수득의 모델이 갖고 있는 구조와 특질을 어떻게 밝힐 수 있는가에 문제의 초점이 있었다.

종래의 역사비교언어학에서는 역사적인 관점에서 그 해결을 찾으려 했고 촘스키의 연구에서는 합리주의에 입각하여 인간의 생득적인 개념(innate idea)에서 찾으려고 한 것이다. 역사적 연구에서는 경험주의에 의존하여 고찰하려고 하였으나 촘스키는 합리주의에 입각하여 살폈던 것이다. 촘스키는 이 두 사상의 대립이 바로 종래 미국 구조언어학과 자신의 변형생성문법의 차이라고 주장한다.

6.2.1.3. 그러면 언어능력(competence)이란 구체적으로 어떤 것인가? 촘스키는 그것을 보편문법(universal grammar)이라 한다. 그리고 이 문법은 기본적으로 3종의 부문으로 구성되었는데 통사론, 음운론, 의미론이 그것이다. 그가 중점적으로 검토한 것은 통사론으로서 이 부문에서 언어능력은 다음 5가지를 이해하는 능력이다.

첫째는 무한하게 문장을 만들어 내고 그것을 이해하는 능력이 있다. 무한한 문장은 앞의 6.1.1.2.에서 언급한 대로 구소련의 수학자가 주장한 마르코프 프로세스(Markov process)에 의해서 문장은 언어 요소의 치환(置換)과 추가에 의해서 무한하게 만들 수가 있다고 본 것이다. 그리고 이렇게 무한하게 만들어진 문장을 이해하는 능력이 있다는 점을 주목한 것이다.

그리고 이러한 무한한(infinite) 문장을 만들어 내는 문법은 유한(finite)하다고 보아 유한문법(finite grammar)을 주장하였다. 촘스키는 인간이 가진 언어의 무한한 창조력을 중시하고 이것은 인간의 언어능력이 작용하는 것으로 보았다. 그리하여 무한한 문장도 유한한 문법에 의하여 정리되어 만인이 공유할 수 있다고 본 것이다.

둘째는 문장의 문법성을 판단하는 능력을 언어능력의 하나로 보았다. 예를 들어 일본어를 하는 사람들은 "あの大きいの建物は何ですか?"라고 물었을 때에 즉시 이 문장이 이상하다고 생각한다. 밑줄 친 'の'가 필요 없이 들어가 있기 때문이다(林 榮一·小泉 保 編, 1988:104). 생성문법은 이러한 문법의 판단 능력을 명시하여 문법적인 문장만을 생성하고 비문은 배제하도록 만들어진 문법이다.

셋째는 문법 기능에 관하여 문장 속에서 각 언어 요소들이 맡고 있는 역할을 구분하여 판단하는 능력을 언어능력의 하나로 본다. 한국어에서 "쓰기 어려운 한자"는 "한자를 쓰다"에서 온 것이지만 "쓰기 어려운 종이"는 "종이에 쓰다"이어서 '한자를'과 달리 '종이에'가 되어 후자는 부사어이고 전자는 목적어가 된다. 이것이 문법의 기능을 판단하는 언어능력의 하나다.

넷째는 문장의 구조에 관한 언어능력으로 연결된 언어 요소를 적절하게 구분하여 파악하는 능력이다. 예를 들어 옛날 한글 문헌에는 띄어쓰기가 없어서 "태산이높파다한들하늘아래뫼이로다"와 같이 고시조(古時調)를 써 놓았다 이것을 "태산이 높다한들 하늘 아래 뫼이로다"로 분별해서 이해하는 능력도 언어능력에 의한 것이다.

다섯째로 문장의 동의성(同意性)을 판단하는 능력도 언어능력의 하나다. 예를 들면 "사장이 비서와 결혼했다"와 "비서가 사장과 결혼했다"는 동의의 문장이다. 다만 그 뉘앙스는 다를 수가 있는데 이러한 차이를 판단하는 것도 언어능력으로 본다. 같은 의미가 보기에 서로 다른 문장으로 실현되는 것을 '변형(變形)'이라는 조작으로 설명되었다.

6.2.1.4. 촘스키는 어린 아이들의 언어 습득 과정을 종래의 경험론에 의한 것이 아니라 합리론에 입각해서 아이들의 언어 습득이 유전적이며 생득적(生得的)임을 갈파하였다. 또 인간정신이 만국 공통이라고 본다면 보편문법(universal grammar)도 가능하다고 보았다. 그리하여 인류의 모든 언어에 적용할 수 있는 다음과 같은 보편문법을 제시하였다.

이러한 보편문법에 의하면 언어의 가장 근저(根底)에 구 구조규칙이 있어 이것으로 언어의 심층구조(deep structure)가 형성되며 이 심층구조에 변형규칙(transformational rule)이 적용되어 표면구조(surface structure)가 형성된다고 보았다.

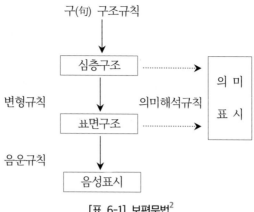

[표 6-1] 보편문법[2]

이에 대한 예를 영어의 "John will marry Mary"로 들어본다.

구구조규칙 - S → NP Aux VP
　　　　　　 VP → V NP

구구조표시

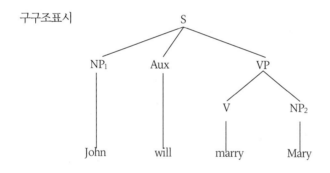

[표 6-2] "john will marry Mary"의 분지 수형도(tree diagram)

그리고 이 언어의 표면구조인 "John will marry Mary"에 음운규칙(phonological rule)이 적용되어 음성 표시로 언어가 발화된다. 한편 심층구조와 표면구조에서 다시 의미해석규

2　이 술어는 구 구조규칙(phrase structure rule), 변형규칙(transformational rule), 의미해석 규칙 (semantic interpretation rule), 음운규칙(phonological rule), 심층구조(deep structure), 표면구조 (surface structure), 음성표시(phonetic representation), 의미표시(semantic representation)이다.

칙(semantic interpretational rule)이 적용되어 언어의 의미 표시(semantic representation)가 된다는 것이다.

이들의 상호 관계에 대하여는 Chomsky(1965:16)에서 다음과 같이 밝혀두었다.

> [문법의 음운 부문(phonological components)이 문(文)의 음성형식을 결정하는 것과 같이] 의미부문은 문의 해석을 결정한다. 즉, 이 부문은 통사 부문(syntactic components)에 의해서 생성된 구조를 어떤 의미 표시에 연결시켜주는 것이다. 따라서 음운부문, 의미부문은 둘 다 순수하게 해석적(interpretive)이다. 두 부문은 모두 형식소(formative), 그 내재적 특수성 및 문(文) 중에서 그들 형식소의 상호 관계에 관해서 통사부문에 의해서 주어지는 정보를 이용한다. 그러므로 문법의 통사부문으로서는 각각의 문(文)에 대해서 그 문의 의미해석을 결정하는 심층구조(deep structure)와 그 문의 음운해석을 결정하는 표면구조(surface structure)를 지정하지 않으면 안 된다. 이 가운데 심층구조는 의미부분에 의해서 해석되고 표면구조는 음운부문에 의해서 해석된다.

이러한 촘스키의 의미 부문(semantic components)의 설정에 대한 주장은 종래의 의미론과는 거리가 있었다. 그리하여 Chomsky(1965)의 표준이론(Standard Theory)에서 의미에 대한 많은 논의가 있었다.

6.2.1.5. 앞의 6.2.0.에서 인용한 바와 같이 촘스키의 보편문법은 *Aspect*로 약칭되는 Chomsky의 *Aspect of the Theory of Syntax*(Chomsky, 1965)에서 정리된 것이다. 촘스키의 *Aspect*는 그가 몇 차례 시행착오를 거친 초기의 이론을 종합하였다. 그리고 이 책이 변형생성문법론을 가장 잘 보여준다고 생각해서 출판된 지 얼마 안 되어 이 책의 이론을 표준이론(Standard Theory)으로 불렀다.

그러나 이를 보완하기 위하여 1972년에 확대표준이론(extended standard theory)을 발표하고(Chomsky, 1972a,b) 뒤를 이어서 1970년대 중반에 증보확대표준이론(revised extended standard theory)이 나오게 된다(Chomsky, 1975a,b). 이후 계속해서 촘스키는 자신의 이론을 수정하여 발전시킨다.

그리하여 Chomsky(1981, 1982)의 지배결속이론(government and binding theory, GB 이론)으로 한 걸음 나아가고 Chomsky(1986)의 장벽이론(barriers theory)에서 한층 더 발전한다. 그리고 1990년대에 최소주의 이론(theory of minimalism)으로 그의 이론은 다시 수정되었다.

촘스키는 끊임없이 자신의 이론을 수정하고 보안하였으며 또 발전시켰다. 이를 도표로
보이면 다음과 같다.

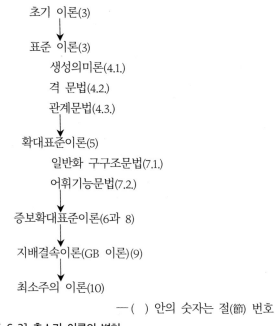

초기 이론(3)

표준 이론(3)
생성의미론(4.1.)
격 문법(4.2.)
관계문법(4.3.)

확대표준이론(5)
일반화 구구조문법(7.1.)
어휘기능문법(7.2.)

증보확대표준이론(6과 8)

지배결속이론(GB 이론)(9)

최소주의 이론(10)

— ( ) 안의 숫자는 절(節) 번호

[표 6-3] 촘스키 이론의 변천

이러한 그의 생각은 언어학의 경계를 넘어 인접학문에도 지대한 영향을 끼치게 되었다.
따라서 졸저(2022)에서 촘스키가 20세기의 후반에 혜성과 같이 나타나서 20세기 언어학의
대미(大尾)를 장식했다고 보는 이유가 여기에 있다.

6.2.1.6. 표준이론에서 주목할 것은 생성의미론과 격 문법, 그리고 관계문법이다. 생성
의미론은 후에 따로 논의하기로 하고 우선 격 문법(case grammar)에 대하여 살펴보기로
한다. 표준이론에서 심층구조의 불비(不備)함은 문법 관계의 규정 방식에 있다고 지적하
였다.

표준이론에서는 문장의 주어나 목적어라고 하는 문법 관계가 심층구조의 분지수형도
(tree diagram)에서 자동적으로 알 수가 있다. 앞에 보인 [표 6-2]에서 볼 수 있는 것처럼
주어는 'S(문장)'의 직접 지배를 받는 명사구 'NP₁'이고 목적어는 동사구 'VP'의 직접지배를

받는 'NP₂'로 규정되었다.

그러나 이것만으로는 문장의 의미를 해석하는데 충분하지 않다. 예를 들어 한국어의 "비가 새다"와 "천정이 새다"에서 주어인 '비'는 새는 물질을 말하고 다음 주어 '천정'은 새는 장소를 말한다. 같은 주어라도 지시하는 것이 다르다. 표준이론에서 지적한 이 문제에 주목하여 새로운 주장이 나왔다.

Fillmore(1968)에서는 '물체'와 '장소', 또는 '동작주(動作主)'와 '수단' '기점(起點)과 착점(着點)'이라는 의미 기능을 중시하여 이로부터 그것을 심층구조와 직접 짜서 넣은 격 문법(case grammar)을 제안하였다. 이러한 문장의 이해는 후일 촘스키의 GB 이론에서 모습은 다르지만 활용되고 오늘날에 AI의 기계 번역에 응용된다.

문법 관계를 의미 기능의 관점에서 해명하려로 격 문법에 대해서 관계 문법(relational grammar)은 문법관계를 일차적으로 원시적 개념으로 다시 보고 이것에 근거하여 여러 가지 통사 규칙을 규정하려는 것이다. 이것은 문법 기능을 직접적으로 이용하지 않으면 설명이 되지 않는 현상이 많이 있기 때문이다.

지구상의 여러 언어들이 어순(語順), 동사의 여러 태, 시상(時相) 등이 있고 동작주의 표시도 다종다양하다. 다만 모든 언어에서 심층구조의 직접목적어가 표면구조에서 주어로서 표출된다. 예를 들면 한국어의 '밥을 먹다'의 목적어 '밥'이 '밥이 먹히다'에서는 주어가 되는 것을 말한다.

단일 언어의 통사론을 깊이 파내려감으로써 오히려 일반 모든 언어의 보편성을 찾으려고 하는 데 주안을 둔 이 필모어(C. J. Fillmore)의 문법은 1970년대 후반에 시작돼서 한 때 꽤 퍼져나갔으나 1980년 후반에 들어와서 점차 쇠퇴하였다. 촘스키는 문법관계는 2차적 개념이라는 입장을 취하고 있다.

2) 확대표준이론(extended standard theory)

6.2.2.0. 표준이론에서 발견되는 여러 모순을 해결하기 위하여 이 이론을 보완한 Chomsky(1972a,b)의 <생성문법의 의미론 연구>(1972a)와 <생성 문법에서 의미론 연구>(1972b)로부터 시작된 새로운 경향의 촘스키 연구를 확대표준이론(extended standard theory)이라고 한다.

이 두 책의 제목에서 볼 수 있는 것처럼 촘스키 이전의 미국 구조언어학에서 금기시되었던 의미의 문제를 어떻게 통서론 연구에서 취급할 것인가가 촘스키 확대표준이론의 중심 관제였다. 촘스키 이전의 신 블룸필드학파는 전술한 바와 같이 언어의 연구에서 의미를 완전히 배제하는 물리주의(physicalism)나 기계주의(mechanism)을 추구하는 엄정주의(strictism)를 택한 것에서 벗어나려는 노력이었다.

생성문법론은 촘스키학파 사이에 격렬한 '언어학 전쟁'을 계속해서 퍼져나가게 했고 후에 쇠퇴하고 있지만 이 전쟁으로 통사론의 대상과 가능한 자료의 범위를 분명하게 했다는 점에서 의미가 깊다. 그 가운데 하나가 통사론에서 어휘 항목을 취급하는 방법이다. 즉, 어휘항목이 심층구조에 들어가는가 아니면 변형규칙이 적용되는 표면구조의 것인가 하는 문제다.

촘스키는 영어의 파생명사에 대하여 예를 들면 명사 'refusal'을 동사 'refuse'에서 변형규칙에 의거해서 파생된다는 생성의미론에 대해서 'refuse'도 'refusal'과 더불어 독립된 어휘항목으로 심층구조에서는 별개로 취급하였다. 이에 의해서 생성의미론에서는 어휘항목에서는 변형주의가 배제되어 "어휘항목은 심층구조에 삽입되어 있어서 통사부문의 변형규칙은 어휘형식을 변경할 수 없다"라는 어휘론의 가설(lexicalist hypothesis)이 확립되었다.

그리하여 확대표준이론에서는 다음과 같은 문법 부문이 제시되었다.

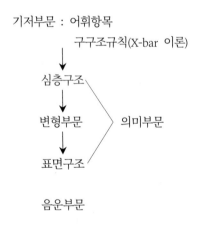

[표 6-4] 확대표준이론

확대표준이론에 의하여 새롭게 주목된 생성의미론은 의미의 표시가 어디에서 이루어지는가 하는 문제를 불러일으켰다. 생성의미론에서는 의미의 표시는 심층구조의 의미구조에서 표한다는 표준이론의 기본 노선을 지켰다. 그러나 여기에 문제가 생긴 것은 표면구조가 문장의 해석에 공헌한다는 사실이다.

따라서 표면구조에서 의미 해석을 집어넣는 것이 확대표준이론(extended standard theory)의 새로운 주장이다. [표 6-4]의 모델은 주어나 목적어 등을 해석하는 심층구조와 부사의 수식 관계나 악센트 등을 해석하는 표면구조의 두 방향으로 의미 부문에 입력(入力)하는 것이 특징이다.

또 이전에는 변형규칙으로 도입되던 'him, himself' 등의 대명사류가 심층구조에서 생성되어 의미해석의 규칙에 의해서 선행사(先行詞)가 결정된다고 보았다. 더불어 전술한 어휘론의 가설과 관련해서 동사 'refuse'와 파생명사 'refusal'의 평행적 관계임을 알려주기 위하여 'X -bar'이론이 개발되었다.

6.2.2.1. 촘스키의 초기 이론에서는 심층구조에만 한해서 의미해석의 기능이 있었다고 했으나 확대표준이론에서는 의미 해석의 기능이 표면구조에까지 확장되었음을 앞에서 살펴보았다. 그러나 앞의 [표 6-4]에서 보인 것과 같이 심층과 표면의 두 독립된 층위에서 의미부문에 연결되는 것이 별로 스마트하지 않다.

심층구조에서 의미해석에 관여한다고 생각되는 것은 문장의 주어나 목적어를 이루게 된 문법 관계이지만 만일 이 정보가 표면구조에서 이용할 수 있다면 모든 의미 해석을 표면구조에서 수납하는 것이 가능하게 되어 보다 간결한 도식을 만들 수 있다고 생각하기 시작하였다.

실제로 이것이 실현된 것은 Chomsky(1975a,b)의 <언어에 대한 사상>(1975a)과 "형식과 해석의 제 문제"(1975b)에서의 일이다. 그는 확대표준이론의 모델을 다음과 같이 고쳤는데 이것이 증보확대표준이론(Revised extended standard theory)이다.

다음의 [표 6-5]를 보면 심층의 문법 관계가 어떻게 해서 표면구조에서 판별되는 알 수 있게 된다. 다만 "변형으로 어떤 요소를 이동시킬 경우 이 이동하는 곳은 구(句)구조규칙이 생성할 수 있는 구조 위치가 아니면 안 된다"라는 제약이 있다.

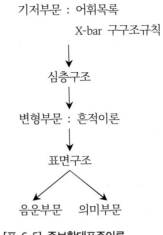

기저부문 : 어휘목록

X-bar 구구조규칙

심층구조

변형부문 : 흔적이론

표면구조

음운부문   의미부문

[표 6-5] 증보확대표준이론

6.2.2.2. [표 6-5]에서 나타난 흔적(痕迹)이론은 역시 설명이 필요하다. 영어의 예로 "Yale was beaten by Harvard."에서는 다음과 같은 계층적 단계의 표시가 가능하다.

심층 : Harvard was beaten Yale by [①]   ① - 주어
주어 후치 규칙
→ [②] was beaten Yale by Harvard   ② - 목적어
목적어 전치 규칙
→ Yale was beaten [③] by Harvard (예일이 하버드에 졌다) ③ - 부사어

이때에 수동태 변형을 그것만의 독립된 하나의 규칙으로 보지 않고 주어 후치, 또는 목적어 전치라는 명사구 이동의 기본적인 조작으로 분해한 것이다. 앞의 파생도를 보면 구절구조규칙으로 생성 가능한 후치 [ ]로 주어, 목적어가 이동한 것이다.

그러면 'Yale was beaten by Harvard'라는 예문에서 'Harvard'가 의미상의 주어라는 것은 'by'라는 전치사에 의해서 판단된다. 그렇다면 'Yale'이 의미상의 목적어에 해당한다는 것은 이렇게 해서 나뉘는 것으로 보이는데 이것은 앞의 파생도의 최후 단계, ③을 보면 알 것이다.

이 자리는 비어있지만 원래 'Yale'이 왔어야 할 자리인데 이 '파생의 역사'를 기록해 보면 'Yale'이 심층(深層)에서는 동사의 직접 뒤에 오기 때문에 목적어라는 것을 자동적

으로 알게 된다. 여기로부터 촘스키는 일반적으로 어떤 요소가 이동변형을 받으면 그 자취가 흔적(trace)으로 남는다는 흔적 이론(trace theory)을 제안하였다.

이것에 따르면 앞의 예문은 다음과 같은 표면구조를 가졌다고 본다.

Yale₁ was beaten t₁ by Harvard   t - trace : Yale₁ = t₁

6.2.2.3. 흔적(trace)에는 '지표'가 붙어서 Yale₁ = t₁ 라는 등식이 가능하고 똑 같이 주어 올리기 문장은 다음과 같이 분석한다.

[ ] seems [Mary to be sick]
→ Mary seems [t₁ to sick] (t₁ = Mary)

흔적은 문에 보이지 않는 가건물이지만 그 실재를 시사(示唆)하는 증거를 들 수가 있다. 구어(口語) 영어에서는 'I want to go'가 'I wanna go'와 같이 발음된다. 이것은 'want'와 'to'가 축약되어 'wanna'가 된 것이다. 그러나 이러한 축약은 다음 예에서는 허용되지 않는다.

*Who₁ do you wanna t₁ come? - 너는 누가 오기를 원하느냐? - 비문

이것은 'want'와 'come' 사이에 흔적 't₁'가 개입되었기 때문이다. 실제로 'want'와 부정사 'to' 사이에 어떤 요소가 있으면 축약은 저지된다.

* I wanna Bob come - 밥이 왔으면 좋겠다. - 비문

이상과 같이 흔적(trace)의 도입에 의해서 문장의 의미 해석을 표면 구조만으로 한정하는 길이 열렸다. 이와 같이 높아진 표면 구조의 중요성에 대한 인식은 증보확대표준이론의 외부에도 강한 영향을 주어 몇 개의 새로운 문법 모델이 제안되었다.

6.2.2.4. 그 하나를 소개하면 일반화 구(句)구조문법(generalized phrase structure grammar)을 들 수 있다. 컴퓨터 과학자들에 의해서 개발된 이 GPSG(일반화 구구조문법)는 종래의 구(句)구조규칙을 수정한 것으로 표면구조에서 변형 조작을 제거하여 의미 해석을 해명하려는 것이다.

촘스키 이론에서 이동 변형으로 설명되는 흔적(trace)이나 공백을 구(句)구조규칙 그 자체로 적용하였다. 예를 들면 'What did you eat?'와 같은 의문문에서 'what'은 애초부터 문두에서 생성되어 그것이 서술동사 'eat'의 목적어가 되는 것은 다음과 같은 수형도(tree diagram)에서 설명된다.

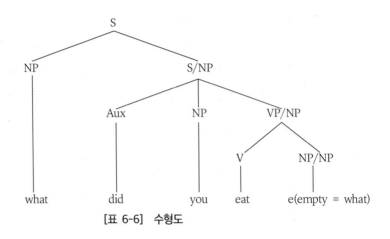

[표 6-6] 수형도

이 수형도에서 슬라쉬(slash)로 표시한 'NP/NP'는 어휘 항목을 뺀 명사구로서 이러한 불완전한 범주를 'S'에 소급하게 하여 공백의 'e(empty)'가 'what'임을 시사(示唆)한다는 것이다. 일반화 구(句)구조문법은 이와 같이 생성된 통사 구조에 대해서 앞의 5.5.6.5.에서 소개한 몬태규 문법(Montague Grammar)의 의미론과 연동하여 언어와 외부 세계와의 관계를 포착하려고 하였다.

일반화 구(句)구조문법(GPSG)이 몬태규의 문법을 받아드렸다면 어휘 기능 문법(lexical functional grammar, LFG)은 전술한 관계 문법(relational grammar)이나 아니면 격 문법(case grammar)에 가까운 연구 방법을 취해서 주어나 목적어 등의 문법관계, 또는 동작주, 목표라고 하는 의미 기능을 짜 넣은 '기능 구조'를 설정한다.

이것이 의미를 나타내는 구조이고 그에 대응하는 표면구조에 상당하는 '구성소 구조'를 설정하였다. 말하자면 통사론이라고 하는 것은 실질적으로는 제로이고 변형에 상당하는 조작은 어휘부문의 기능 구조에 대해서 행해진다. 촘스키 자신은 심층구조를 인정하지 않은 문법에는 회의적임을 알 수 있다.

3) 증보확대표준이론(revised extended standard theory)

6.2.3.0. 전술한 바와 같이 Chomsky(1975a,b)의 <언어에 대한 사상>(1975a)과 "형식과 해석의 제 문제"(1975b)에서 새롭게 그의 이론을 개진한 것을 증보확대표준이론(revised extended standard theory)라고 한다. 확대표준이론에서 의미의 문제를 다루었다면 이 증보이론에서는 변형과 제약의 추상화를 다루었다고 볼 수 있다.

앞의 [표 6-5]에서 보인 증보확대표준이론에서는 흔적 이론(trace theory)을 도입하여 의미 부문에로의 입력이 표면구조에 한정되게 되었으나 이렇게 증보된 이론에서는 특별히 중요한 수정과 증보가 이루어진 것이다. 먼저 변형 규칙 그 자체의 의의가 고쳐 보게 된 것을 들 수가 있다.

확대표준이론에서는 문법이라고 하는 것을 '변형규칙의 체계'라고 간주하고 하나하나의 통사 규칙에 대하여 '수동형 규칙', '주어 올리기 규칙', '주제화 규칙', 여격 이동 규칙'라고 형편에 맞는 개별적인 변형 규칙이 설정되었다. 그러나 변형이라고 하는 것을 아무런 제한이 없이 방치해 두면 인간의 언어에는 존재할 수 없는 엉터리 변형 조작까지 허락되는 위험성이 있다.

이것은 '인간의 언어로서 올바른 문장을, 그리고 그것만을 취급하다'라는 생성문법의 이념에서 벗어나는 것을 의미한다. 여기서 변형이라는 개념을 인간 언어의 실정에 맞는 한에서 될 수 있는 한 엄격하게 제한할 필요가 있게 되었다. 그동안 방치된 변형의 여러 제약을 논의하기 시작한 것은 확대표준이론이었고 증보확대표준이론에서는 이것이 중점 과제였다.

6.2.3.1. Emonds(1976)에서 변형 규칙을 셋으로 분류하였다. 첫째는 구조 유지 변형, 둘째 근본 변형, 셋째 국소 변형으로 구분하여 첫째 구조 유지 변형으로는 수동 변형과 같이 단문(單文) 내에서 명사구의 이동을 포함하지만 앞에서 살펴본 것처럼 수동 변형은

주어 후치(後置), 목적어 전치(前置)라고 하는 두 가지 명사구 이동으로 분해된다. 촘스키는 이를 더욱 추상화시켜서 첫째 구릅을 명사구 이동으로 일괄하였다.

한편 둘째 구릅은 'wh-'의 이동이나 주제화 등 문장의 선두위치로 요소를 이동시키는 규칙을 가리키지만 이것들은 문장의 선두 위치에 설치된 보문표지(補文標識, COMP)라는 범주로의 이동으로 통합하였는데 이것을 'wh- 이동'이라고 한다.

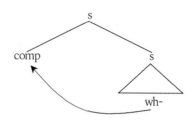

[표 6-7] wh-이동

변형 규칙의 추상화를 진행시키는 것과 평행으로 변형의 적용을 규제하는 여러 제약도 보다 일반화된 모습으로 고쳐 올려졌다.

6.2.3.2. 첫째의 구조 유지 변형의 예로 몇 개를 들어보면 복합명사 구 제약으로 다음의 영어 문장에서 찾아보기로 한다.

*Who₁ do you believe [the rumor that John loves t₁] - 비문
(당신은 존이 누구를 사랑한다는 유언비어를 믿습니까?)

이 예문은 복합명사구 제약에 해당되는 것으로 두 개 이상의 복합문장에서 wh- 이동이 불가능한 문장이다.

*Who₁ is [that John loves t₁] llkely? - 비문
(존이 누구를 사랑하고 있는 것이 있을 수 있습니까?)

이 예문은 문장주어 제약으로 문장의 주어 내부에서 요소를 이동시킬 수가 없다는 제약

을 받은 것이다. 즉 문장 주어 제약에 해당되는 것에 의한 wh-의 이동이므로 따라서 비문
이다.

*Which books₁ did you ask John [where Bill bought t₁ - 비문
  (당신은 빌이 어디서 어떤 책을 샀는지 존이 물었습니까?)

이 예문은 간접 의문절 내부에서 요소를 빼어 낼 수는 없다는 제약, 즉 의문절 내부에서
는 wh-이동이 불가능함으로 따라서 비문이다.

6.2.3.3. 이러한 세 개의 제약은 종래에 여기저기 흩어져서 설정되었으나 촘스키는 이
들을 하접(下接) 조건(subjacency condition)의 하나로 통합하였다. 여기서 말한 '하접 조건'이
란 "둘 이상의 순환절점(NP, S, S')을 넘어서 이동 변형을 적용하지 않으면 안 된다"는 조건
이다. 즉 복합명사구, 문 주어, wh-절은 각각 다음의 현상을 말한다.

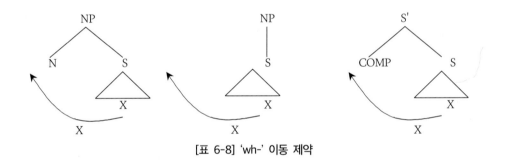

[표 6-8] 'wh-' 이동 제약

복합명사구, 문장주어, wh-절은 각각 [표 6-8]에서 보이는 구조를 가지며 그 내부에서
외부로의 이동은 두 개 이상의 순환절점을 건너뛰게 되기 때문에 잘못된 것이다.

이상 살펴본 바에 의하면 증보확대표준이론(revised extended standard theory)에서는 규칙
과 제약의 추상화가 진행되었다.

4) 지배결속(GB) 이론과 이후의 생성문법

6.2.4.0. 인간의 언어는 구어(口語)이던지 문어(文語)이던지 상당히 복잡한 구조로 되어 있지만 그것을 만들어내는 인간의 두뇌는 유한하다. 특히 모어(母語)를 습득하는 유아(幼兒)는 생후 4~5년이라는 짧은 기간에, 그리고 주변에 언어의 정보를 전해줄 만한 친구나 접촉할 사람이 제한되어 있음에도 불구하고 훌륭하게 언어를 습득하는 기적에 가까운 일을 해낸다.

따라서 인간의 언어능력은 것이 기본적으로 간단한 짜임이지만 이것이 갖고 있는 규칙과 제약이 언어에 작용하여 표면상의 복잡한 다양성을 가져오는 것이 아닌가 하고 촘스키는 생각한 것 같다. 그리하여 그가 생성문법론을 발전시켜 가면서 언어능력에 대하여 보다 추상적이고 보다 보편적인 특성을 추구하려고 노력하였다.

그리하여 그는 앞에 살펴본 규칙이나 제약을 추상화하는 실제를 소개하였다. 그런데 촘스키의 이러한 추상화 작업은 그의 Chomsky(1981) <지배 결속에 대한 강의>에서 시작하는 GB(government and binding) 이론에서 극대화된다. 이 이론에서 변형 규칙이나 여러 제약이 그 추상화가 극대화되었다.

촘스키가 추구한 합리주의적인 언어관은 표준이론에서부터 이후의 이론에 일관되게 지켜온 것인데 그의 GB 이론에서 이러한 연구 경향이 한층 더 선명하게 나타난다. Chomsky (1986a)에서는 실제로 말하거나 글로 쓰는 것은 언어가 아니라 가건물(假建物)이며 그것을 만들어 내는 인간의 두뇌 속에 언어능력이 진짜 언어라고 하였다.

따라서 언어학의 사명은 이 능력(=문법)을 해명하는 것에 있다고 하였다. 이런 생각에 따라서 보편문법을 제안하고 이 문법이 지구상의 모든 언어에 존대하며 이로부터 언어는 지배당하고 결속하는 것이라고 주장하였다. 그리하여 언어를 지배하고 결속하는 여러 규칙들은 다음의 [표 6-9]와 같이 구성된다고 보았다.

이러한 GB 이론에 의거하면 보편문법이라는 것은 인류 공통의 언어능력을 말하는 것이고 백지 상태의 언어능력에 후천적 교육에 의하여 인구어와 같은 SVO가 알타이제어에서는 SOV로 교육될 뿐이라는 것이다. 이것은 언어가 가진 파라미터(parameter), 즉 매개 변수이어서 태어나는 언어 환경에 따라 스스로 선택하게 된다고 보았다(Chomsky, 1981).

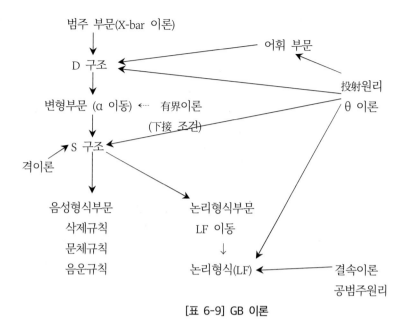

[표 6-9] GB 이론

각 언어의 개별문법은 보편문법(general grammar)에 각 언어에 특유하고 잡다한 주변적인 요소(periphery)가 더하여 개별 문법이 되는 것이다. 인간은 태어나면서 자신에게 주어진 개별 언어를 언어능력에 따라 습득하는 것이다. 따라서 각 개별 언어는 개별 문법을 따로 갖고 있으며 각 개별 문법은 [표 6-9]로 보인 것과 같은 각 언어 부문에서 작용하는 각종 규칙과 제약을 말한다.

6.2.4.1. 촘스키는 표준이론 이래로 계속해서 통사론의 '자율성'을 주장하여 왔는데 특히 GB 이론에서 이를 강조하였다. 그리하여 문법을 형성하는 여러 부문을 '모듈(단위, module)'로 보고 각 부문의 분업화를 GB이론에서 보다 분명하게 보였다.

다만 각 부문이 멋대로 움직이지 않도록 조일 필요가 여러 가지 원리(原理)가 설정되었다. 문법을 변형 규칙의 집합이라고 보았던 옛날의 이론 모델에 대해서 '원리와 파라미터의 문법'이라고 부르는 이유가 여기에 있다. 구조표시로서는 'D구조(D-structure)'가 종전의 심층구조(deep structure)를 대신해서 사용되고 'S구조'도 종전의 표면구조(surface str.)보다 더 추상적인 의미를 갖게 되었다.

D구조와 S구조에 더하여 음성형식(PF, phonetic form)과 논리형식(LF, logic form)을 설정

하여 4개의 레벨을 가정하였다. 변형부문에서는 대폭적으로 간략화가 이루어져서 처음에는 50개 가깝던 변형규칙이 증보확대표준이론에서는 수동(受動)화나 주어 올림을 포함한 '명사구 이동'과 'wh-의문', '주제화'를 포함한 'wh-이동'의 두 가지 이동규칙이 일반화되었다.

GB이론에 들어와서는 이 2종의 규칙이 다시 추상화되어 'α 이동'으로 단일화(單一化)되었다. 이러한 단일화의 중요한 이유는 명사구 이동도 wh-이동도 함께 문법 제약에 따른 것이라는 점은 같다. 여기에 필요한 '하접 조건(subjacency condition)'도 유사하다.

그 예를 영어의 "It seems $_{s1}$[that everybody expects $_{s2}$[John to be guilty]] - 존이 유죄라고 모두가 의심했다."에서 보기로 한다. 즉 이 복합문은 S_1과 S_2의 2개 종속절을 포함한 복합문인데 이것을 "*John seems that everybody expect to be guilty"와 같이 주어 올림의 변형할 수는 없다. S_2의 요소가 상위 문의 주어로 나올 수 없다는 하접 조건이 다르기 때문이다.

6.2.4.2. 그렇지만 이러한 변형규칙을 단일화해도 명사구 이동과 wh-이동의 차이가 없어지지 않는다. 양자의 결정적인 차이는 wh-이동의 경우에 wh구가 이동하는 자리가 'COMP' 위치임에 대하여 명사구이동은 동일한 문장 내에서만 한정되는 것이다.

WH 이동　　: $_{comp}$ [What$_1$] $_s$[did you eat t$_1$]?
명사구 이동 : $_s$[Bob$_1$ was hit t$_1$ by Bill]

관점을 바꿔서 이동의 자국에 남아있는 흔적(trace)과 그 선행사와의 관계로부터 본다면 대명사(흔적을 포함한)가 그 선행사와 동일 사물을 지시하는 관계와 결합되는 것을 결속 (bind)이라고 부른다면 명사구의 흔적은 동일한 문장에서 결속된다. 이를 A결속이라 하고 wh 흔적은 A결속이 아니고 COMP에 의한 결속, 즉 Ā결속(A-bar)을 받는다.

따라서 다음 두 가지 결속 유형이 생긴다.

① 명사구의 흔적은 A결속이 된다.
② wh 흔적은 Ā(A-bar)결속이 된다.

이러한 문법 종래와 다른 문법관이 모습을 드러낸다. 즉, 표준이론에서는 여러 변형 규칙을 세워서 그것 자체들을 규제하는 구조 제약을 세우므로 적격한 문장과 그렇지 않은 문장을 구별하였다. 그렇지만 증보확대표준이론에 들어오면 변형 규칙이 명사구 이동과 wh 이동, 급기야는 α 이동으로 추상화되어 변형의 종류에 의해서 제약을 구별할 수가 없게 되었다.

α 이동은 전혀 무제한으로 적용하게 되어 그 결과 적격한 문장만이 아니고 그렇지 않은 문장도 이른바 과잉 생성이라고 생각하게 되었다. 하지만 흔적이란 개념을 활용하면 명사구 이동과 wh 이동의 틀린 것은 표면구조에서 그 흔적의 결속 상황을 첵크하는 것만으로 판정할 수 있다.

즉, 파생과정은 이미 문제가 아니고 그 결과로 얻을 수 있는 흔적 그것의 존재 의의가 중요한 것이다. 앞의 ①과 ②와 같은 원리에 비추어 흔적의 존재가 인정된다. 다시 말하면 완전 해석(full interpretation)이 이루어져 표시 형식만이 적격한 것으로서 패스하고 존재의 의가 없는 것은 부적격한 것으로 배제된다고 한다.

6.2.4.3. 흔적은 무형의 명사구이지만 같은 방법으로 여러 종류의 유형의 명사구에도 적용시킬 수가 있다. 먼저 재귀대명사 'self'의 해석을 생각해 보면 다음의 예문에서 정문과 비문의 판단은 그것이 갇 제한 때문임을 알 수 있다.

① John$_1$ criticized himself $_{t1}$ (존은 자신을 비판하였다) - 정문 John = himself
② *Himself was wrong(자신은 틀렸다)   - 비문

비문인 ②는 영어에서 'oneself'가 선행사(先行詞)를 동일한 문장 안에 반드시 필요하다는 제약이 있기 때문이다. 따라서 그 선행사가 없기 때문에 비문이 된 것이다. 이것은 앞에서 언급한 명사구의 흔적과 평행하는 특징이다.

또 이제까지 '동일한 문장 내에서'라는 환경만을 말했지만 같은 제약이 명사구의 내부에서도 보인다.

① John$_1$s criticism of himself$_1$ (존의 자신에 대한 비판) - 정문 John = himself
② *Himself's criticism (자신의 비판)   - 비문

대명사를 포함한 최소(最小) 문장(S)과 명사구(NP)을 '통솔 범주'라고 부르며 다음과 같은

일반적이 조건이 도출(導出)된다.

① [결속원리 A]
재귀대명사, 상호대명사, 명사구 흔적, 즉 조응(照應) 표현은 통솔 범주 내에서 A결속이
되지 않으면 안 된다.
② [결속원리 B]
대명사는 통솔 범주 내에서 A결속이 되지 않는다.
③ [결속원리 C]
wh 흔적은 Ā결속된다.

①의 경우에 재귀대명사와 대조적인 것이 보통의 인칭대명사, 예를 들면 'he, his, him'
로서는 결코 동일 문장, 또는 동일한 명사구 안에서 선행사(先行詞)를 취하지 않는다. 예를
들어 "John criticized him.(존이 그를 비판하였다)"에서 'John ≠ him'으로 John과 him은
결코 동일인이 아니다.

②의 결속원리 B는 대명사가 통솔 범주 내에서는 A결속이 되지 않는다는 원리인데 이미
앞의 예문 "John criticized himself"는 "*Himself was wrong"이 안 되고 "He was
wrong"이 가능함으로서 확인할 수 있다. 재귀대명사 'himself'는 A결속이 일어나지만
대명사 'he'는 그것이 일어나지 않는다는 원리다.

③의 결속원리 C는 wh 흔적에 대한 것으로 wh 흔적은 Ā결속이 된다는 것이다. 전술한
바와 같이 wh 흔적은 A결속이 아니고 COMP에 의한 결속, 즉 Ā결속(A-bar)을 받기 때문이
다. 또 앞에서 예를 든 "*Who is that John loves likely?"가 비문이 되는 것은 두 개 이상
의 복합문장에서 wh- 이동이 불가능하기 때문이다.

이상 셋의 원리는 각각 매우 단순한 내용이지만 이것들이 '결속이론(binding theory)'으로
서 합쳐진다면 각종 대명사류(類)의 복잡한 사용의 예들을 해명할 수 있다. 앞에 보인 [표
6-9]에는 명사구의 추상적인 격(格)을 취급하는 '격 이론'과 명사구의 의미 기능을 담당하
는 'θ 이론', 어휘구조, D구조, S구조, 논리 형식의 일관성을 보증하는 '투사원리' 등이 보이
고 있다.

이들의 이론이나 원리도 개별적으로 보면 간단한 내용이지만 이들이 분업(分業)이 총합
되어 유기적으로 연계해서 문장 전체의 적격성이 판정되는 것이다. 그리고 이러한 이론을
모우고 원리들도 한데 모아 한층 더 일반적인 모습으로 만들려는 방향의 연구가 진행되고

있다. 그것이 촘스키가 1986년에 제안한 방벽(barriers) 이론이다.

6.2.4.4. 아직 촘스키는 살아있다. 따라서 그의 학문은 더 발전할 수도 있지만 21세기에 들어와서는 별다른 업적을 내지 않고 있다. 따라서 20세기까지의 촘스키의 생성문법에 대한 역사적 변천을 살펴보면 다음과 같이 정리할 수 있을 것이다.

> 구조언어학 : 개별적인 구문
> 표준 이론 : 표면구조로의 기울어짐
> 확대표준이론 : 규칙의 간결화와 제약의 일반화
> 증보확대표준이론 : 규칙의 간소화와 제약의 일반화
> GB 이론 : 추상적인 원리군(群)에 의한 여러 가지 구조 표시의 적격성 판정
> 방벽(barriers)
> 최소주의

먼저 GB 이론에서 일반 모델로 4개의 레벨로 나누어 DS (deep structure), SS (surface structure), PF (phonetic form), LF (logical form)을 인정하고 이를 다음과 같이 정리하였다.

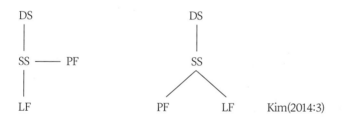

Kim(2014:3)

여기서 SS(표면구조)는 DS(심층구조)와 변형 조작에 의하여 이루어진 것이고 PD(음성 형식)과 LF(논리 형식)에 바로 관견을 맺고 있다. GB에서 DS는 파생의 시작점이다. 변형 조작의 입력에 대한 어휘 항목을 집어넣은 것을 더한 구절 구조의 결과물이다.

표면구조에서 파생한 논리 형식은 보이지 않는 이동 작업을 거쳐 논리 형식(LF)는 상호 작용이 적용되는 레벨이고 음성 형식(PD)은 음운 규칙의 적용을 거쳐 표면 구조로부터 파생된 것이다. 그리하여 다음과 같은 모델이 형성된다.

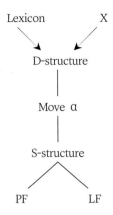

이때에 제어 이론(control theory), θ 이론(theta theory), 접합 이론(bonding theory), 격 이론(case theory), 결속(binding)이 관여한다.

3. 촘스키 이론의 철학적 배경

6.3.0. 언어는 의미를 전달하는 음성 내지는 문자를 말하여 따라서 언어에서 의미를 제외할 수가 없다. 그리하여 의미를 언어의 내적 형식이라 하고 음성이나 문자를 외적 형식으로 나누기도 한다. 서양의 언어학에서는 주로 언어의 외형에 대한 연구로 일관하였다. 그리하여 보통 문법이라 하면 음운론, 형태론, 통사론을 말하며 의미론은 문법에서 제외하는 경우가 많다.

미국에서 출판된 언어학의 개론서에는 의미론을 다룬 장(章)을 뺀 곳이 많다. 그 만큼 의미론의 연구는 어렵다는 말도 된다. 언어의 의미를 연구하려면 여러 방면의 연구가 함께 이루어져야 한다. 우선 의미라는 문제는 인간의 심리 속에 존재하는 것이기 때문에 그를 파헤쳐 내기가 어렵다고 여기는 것이다.

현대 언어학을 주도한 소쉬르는 언어를 기호(記號)로 보았고 기호는 '가리키는 것(能記, signifiant)'과 '가리켜지는 것(所記, signifié)'으로 나누어 후자가 의미라고 하였고 전자를 음성 표시로 보았다. 전술한 코펜하겐학파의 에름스레우(Hjelmslev)는 전자를 표현(表現)이라 하였고 후자를 내용(內容)이라 하였다.

'가리키는 것'의 구조에 대하여는 음운론, 형태론, 통사론으로 각 레벨에서 고찰되었다. 그러나 '가리켜지는 것'은 의미론의 연구 대상이 되어 앞의 세 레벨과 별도로 연구 대상이 정해지는 것이다. 이것을 도표로 보이면 다음과 같다.

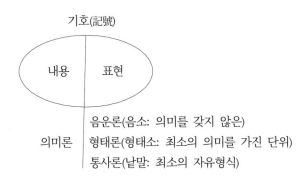

[표 6-10] 기호에 있어서 의미

[표 6-10]에서 각 레벨의 괄호 내에 그 레벨에서 다루는 단위가 제시되었다. 그러므로 가리키는 것(signifiant)과 가리켜지는 것(signifié)의 기호 관계에 의해서 연결되어 있는 것으로 볼 때에 가리켜지는 것으로 연구 대상을 삼은 의미론이 가리키는 것의 연구 영역에서 여러 단위로 구분하여 음운, 형태, 통사로 구분한 것을 주목하지 않을 수 없다.

즉, 음운론 레벨의 음소나 형태론 레벨의 형태소. 그리고 통사론 레벨의 통사소에 해당하는 의미소가 있어야 함을 뜻하는 것이다. 그러나 의미론에서는 아직 이러한 단위를 설정하지 않는다. 다만 의미를 가진 최소 단위가 형태소임으로 이것이 갖는 의미를 최소 단위로 하는 경우가 없지 않으나 보통은 최소자립형식인 통사소, 즉 낱말의 의미를 편의상 의미론의 최소 단위로 하는 경우가 많다.

낱말의 의미를 쌓아 올려 구(句)의 의미를 얻고 구의 의미를 쌓아 올려 절(節)의 의미를 얻으며 절의 의미를 쌓아 올려 문장의 의미를 얻는 수순(手順)을 취하는 것이다. 이것은 표현의 형식을 연구하는데 무엇보다도 통사론이 큰 위치를 차지한다는 것을 피하기 어렵다. 어찌됐든지 표현 형식이 주가 되고 의미 내용은 그에 따르는 것이라는 사실이 분명하다.

다시 말하면 표현 형식의 구조에 근거하여 표현 형식의 단위에 대응하는 의미 내용을 짜 맞추기 때문에 통사론이 가장 큰 단위가 되기 때문이다. 이것을 의미론에서는 '구성성 원리(principle of compositionality)'라고 부른다. 즉 전체의 의미와 부분의 의미에 있는 어떤 조작을 구성 구조에 따라 행한 것이라고 하는 것이다.

1) 촘스키의 생성의미론(Generative semantics)

6.3.1.0. 앞에서 살펴본 바와 같이 변형문법의 연구와 발전은 초기 <통사 구조> (Chomsky, 1957)에서 형식주의를 확립하려고 했다면 표준이론의 Chomsky(1965)에서는 의미 부문을 더해서 멘탈리스틱(mentalistic)한 관점에서 연구의 새로운 방향을 강화시켜 왔다. 이러한 연구 성과는 여러 논집(readings)에 수록되었다.

예를 들면 Reibel·Schane eds.(1969)의 <영어의 현대 연구>라는 '변형문법의 연구논집 (readings)'과 Jacobs·Rosenbaum eds.(1970)의 <영어 변형문법 논집>, Steinberg· Jakobovits eds.(1971)의 <철학, 언어학, 심리학의 학제 논집>, Fillmore·Langendoen eds.(1971)의 <언어 의미론 연구>에 수록되었다.

이들 연구 논집으로 보면 촘스키의 일반적인 특색 또는 연구 경향이 언어 연구가 통사론 중심(syntax-centered)에서 의미론 중심(semantics-centered)으로 이행해 가는 것이 분명하다는 것이다. 이러한 새로운 경향을 중시하는 연구자들 가운데 촘스키의 연구를 세 시기로 나누어 <통사 구조>을 제1기, 표준이론을 제2기, 그리고 통사론에서 의미론으로 연구 중심이 바뀐 시기를 제3기로 보기도 한다.

촘스키의 생성의미론은 제3기 이후의 논저에서 살펴보는 것이 타당하다. 왜냐하면 제1기와 2기에서는 미국 구조언어학의 신 블룸필드학파의 언어 연구에서 의미를 배제하는 엄정주의가 일부 남아있어서 되도록 의미를 참가사키지 않으려는 의식이 그의 연구에 일반적으로 남아있었기 때문이다.

6.3.1.1. 촘스키는 자신의 문법 연구에서 전제(presupposition)와 초점(focus)과의 관계를 중시하고 이것을 자신의 연구 방법에 받아드렸다(Chomsky, 1969). 예를 들면 "Brutus killed Caesar(브루투스가 시저를 죽였다)"에서 문장의 강세는 'Caesar'에 있으며 전제와 초점의 관계는 다음과 같다.

① Brutus killed somebody.
② Brutus did something.
③ something happened.

먼저 앞의 예문에서 ①의 "브루투스가 누구를 죽였다"가 이 문장의 전제(presupposition)이고 '누구(somebody)'의 위치에 오는 'Caesar'가 초점(focus)이 될 것이다. 또 ②의 '브루투스가 무엇을 했다'가 전제가 되면 'did something'에 오는 'killed Caesar'가 초점이 될 것이고 ③의 '무슨 일이 일어났다'가 전제가 되면 'Brutus killed Caesar'의 전부가 초점이 될 것이다.

그리고 'Brutus killed Caesar'로 문장 강세를 옮기면 'Somebody killed Caesar'가 전제가 될 것이고 'Brutus'가 초점이 될 것이다. 이와 같은 전제와 초점과의 문제는 변형문법에서 아무래도 경시되어 온 표면구조로의 관심을 불러일으키는 계기가 되었다. 앞에서 살펴본 표준이론에서 확대표준이론으로 그가 수정한 이론들을 정리한 것으로 보인다.

이러한 새로운 경향으로 바뀐 또 하나의 예로서 Fillmore(1968)의 격(格) 문법을 들 수 있다. 필모어(Charles J. Fillmore)는 촘스키의 변형문법이 주어, 목적어라고 하는 전통적인 범주의 지배관계에 기반을 두고 있는 것에 대하여 새롭게 보다 깊은 층에서 관계개념, 즉 격 개념의 존재를 인정하고 그것을 해명하려 하였다.

이미 인구어의 격에 대하여 Hjelmslev(1935)의 <격 분류>에서 다룬 바가 있으나 필모어의 격 문법에 대한 기본적인 구상은 다음의 필모어가 쓴 Fillmore(1969) "격에 대한 현대이론을 향하여"의 다음 글에서 찾아 볼 수 있다.

격 문법의 기본적인 생각의 방법은 필자가 10년 정도 전에 오하이오 주립대학에서 일본어의 통사론에 대한 연습에 참가했을 때에 생각이 난 것이다. 일본어는 문절(文節) 가운데 명사구의 모두가 현재적(顯在的)으로 표시된 언어라는 사실로부터 문법이론은 아마도 어떤 레벨에 있어서 적어도 명사구와 그것을 포함한 문절과를 관계시켜주는(relate) 곳의 일관된 방법을 마련했을 것이라고 시사(示唆)를 받았다. 또 필자의 생각으로는 전통적인 '주어', '목적어'와 전혀 관계가 없이 작용하는 수많은 의미상의 역할개념(semantic role notion)이 존재하고 그것들은 '조사의 선택, 의미가(意味價, semantic valence)에 의한 동사와 형용사의 분류 - 이것은 많은 일본어문이 활용형밖에 갖고 있지 않다는 것으로 봐서 필요하다 - 'は(일본어의 주제화 조사)'는 주제화에 대한 조건, 소위 이중주어 구문 등과 같은 문제를 정식화하는 경우에 도움이 될 것이라고 생각된다.

— Fillmore(1969)의 일어역 田中春美·船城道雄 共譯(1975:18)에서 재인용.

이상의 예들을 보면 전제와 초점과의 문제가 표면구조가 가진 역할을 재인식시켜주지만 격 문법은 촘스키의 통사론에서 심층구조보다도 더 깊은 의미론적 심층구조를 해명하려고 한 것이다.

6.3.1.2. 이로부터 표준이론에서 확립된 여러 이론들이 수정되고 비판되었다. 언어 연구의 발전으로 보면 필연적이 결과라고 할 수 있다. 그가 생성문법론에 의미를 도입하면서 생성문법론의 연구자들 사이에 당연히 생성의미론(generative semantics)의 필요성이 제창되었다.

그런 연구자의 하나였던 레이코프(George Lakoff)는 Lakoff(1969)의 "생성의미론에 대하여"에서 다음과 같이 말하였다.

생성의미론은 Harris, Chomsky, Lees, Klima, Postal과 그 외의 다른 학자들에 의해서 개발된 변형문법의 자연적인 발전이다. 그의 입장은 Postal, Fillmore, Ross, McCawley, Bach, R. Lakoff, 필자, 그 외의 학자들이 변형문법의 방법론을 끊임없이 증대해서 많은 언어 자료에 시종일관 적용하려고 하는 시도에 의해서 구축된 것이다. 우리들은 반드시 동일 결론에 도달하지 않았고 여기서 보인 결론도 내 자신의 것이다. 그렇다고 하더라도 이 그룹에서 최근 의미론은 통사론 가운데 있어서 중심적 역할을 수행한다고 전반적으로 합의가 생겨나고 있다고 하는 것이 과언은 아니다. 생성의미론의 입장이라는 것은 본질적으로는 통사론과 의미론과의 분리가 될 수 없어서 변형의 역할, 일반적으로는 파생제약(derivational constraint)의 역할로서는 의미 표시와 표면구조와를 연결시켜주는 것이다.

— Lakoff(1969), Steinberg·Jakobovits eds.(1971:232)

생성의미론에 있어서 촘스키의 표준이론을 지지하던 사람은 이미 소수파에 속하는 것처럼 보이지만 이 소수파의 활약은 변형문법의 제3기에 들어와서 좀 더 새로운 연구를 전개하여 다시 평가되었다. 촘스키는 <통사 구조>(Chomsky, 1957)에서 처음으로 미국 구조언어학에 의미론을 도입하였다.

특히 Chomsky(1965)의 표준이론에서 의미론을 통사론에 적용하는 방법을 확립했다는 평가를 받게 되었다(Katz·Fodor, 1963). 다만 이때의 의미론은 통사론에 적용되는 협의(俠義)의 것이지만 곧 새로운 광의(廣義)의 의미론에 대한 연구로 발전한다. 전술한 격 문법과 같은 언어적 의미로부터 벗어나 보다 넓은 의미의 연구가 전개된 것이다.

이것은 촘스키에 있어서 자연적인 발전이지만 그의 의미론은 언어적 범위에 한정된 것이 주목할 만하다. 이후 그의 연구는 명사구 이동이나 wh 이동과 같은 변형 문법의 제약 현상에 대한 연구로 퍼져나가고 급기야 지배결속(GB)의 이론과 방벽(barrier) 이론으로 확대된다.

6.3.1.3. 촘스키의 표준이론을 확립한 Chomsky(1965)의 *Aspect*에서는 변형문법의 심리적 연구가 일층 강화되었다. 이러한 태도를 잘 보여주는 것으로 다음과 같은 그의 주장을 들 수가 있다.

　　언어 형식의 추상적인 조직체로서 바닥에 깔려있는 심층구조는 여러 규칙에 따라 신체의 음성기관에 의하여 표면구조로 생산되어 청취될 때에 상대방의 '마음에 출현하는(is present to the mind)' 것이다. 더욱이 심층구조와 표면구조를 결합시킬 때에 일어나는 변형 조작이라는 것을 사실 심적(心的) 작용이며 그 작용에 의하여 문장이 생산되고 이해될 때에 마음의 '움직임'에 의하여 수행되는 것이다(Chomsky, 1972a:18).

이 인용문에서 볼 수 있는 것처럼 "변형 조작이라는 것은 심적 작용이다"라는 말은 언어학은 '마음의 연구(the study of mind)'라는 새로운 생각은 모든 언어 현상을 심적 실재로 환원해서 연구의 옳고 그름을 심적 실재에 의해서 점검한다는 지능론(mentalism)에 입각한 것이다.

물론 촘스키가 이러한 지능론(知能論)적인 언어 연구를 취한 것은 관련 과학인 심리학에 있어서 블룸필드(L. Bloomfield)의 행동주의 심리학으로부터 변하여 인지(認知) 심리학으로 발전해 왔다는 학문적 배경이 있었기 때문이다. 미국의 구조언어학에서 그 바닥에는 행동주의 심리학이 깔려있었고 후대에 인지 심리학으로 변해간 것이다.

또한 촘스키는 자신의 변형문법을 미국 구조언어학과 통합(synthesis)한 것이다. 이 두 언어학은 방법론의 특징으로 각각의 독자적인 목적으로 연구 방향을 잡으려고 하지만 그 상보성도 인정하여 새 연구법을 확립한다는 점이 서로 유사하다. 일방적인 새 연구법의 개발이 아니라 상호 보정(補正)에 의하여 새로운 방법을 찾는 것이다.

즉, 미국의 구조언어학이 풍부한 자료를 수집하고 그것을 분석하여 분류를 정밀화함으로써 제(諸) 언어 간의 구조 관계를 발견해 나아가는 새로운 연구법을 개발하였다면 촘스키는 여러 언어의 문법 연구에 의해서 보편문법이나 변형문법을 추구하고 이를 명확하게 하여 언어의 수득(修得)과 사용을 해명하려고 한 것이다(Chomsky, 1966c).

언어 사실을 수집하고 이를 기술(記述)하는 것과 이를 추상화하고 일반화하는 두 개의 대조적인 방법을 통합하여 원리를 찾는 것은 언어학만이 아니라 현대과학의 모든 분야에서 반드시 이루어져야 하는 과업이다. 한국어의 연구에서도 자료를 수집하고 이를 기술하는 작업을 게을리 할 수 없지만 그에 못지않게 이를 추상화하고 일반화하는 작업도 더불어 이루어져야 한다.

6.3.1.4. 변형문법의 발달과 현상을 파악하기 위한 하나의 방법은 미국 구조언어학과 변형문법, 그리고 생성의미론과의 관련을 비교하여 그 특색을 살피는 것이다. 즉, 언어학의 하위 분야로 음운론과 통사론, 그리고 의미론과의 관계를 화살표로 그 전개 과정을 살피면 다음과 같을 것이다.

미국 구조언어학	변형문법	생성의미론
음소론 → 통사론 → 의미론	음운론 ← 통사론 → 의미론	음운론 ← 통사론 ← 의미론

[표 6-11] 세 언어학의 하위 분야의 상호 관련   Palmer(1971:186).

여기에 사용한 화살표, 즉 연구 조작의 방향성(direction)은 엄밀한 의미로는 세 연구법에서 동일한 개념을 보이는 것은 아니고 미국 구조언어학에서는 분석의 수순을 순서로서 말한 것이다. 변형문법과 생성의미론에서는 모델로서 개념 설정의 방향성, 즉 입력과 출력의 방향을 보인 것이다.

앞의 [표 6-11]에서 살펴본다면 미국 구조언어학에서의 이 짜임은 언어의 분석과 기술이라는 직접적인 목적에 도움을 줄 뿐만 아니라 구조언어학의 비판을 위한 근거로서, 또 새로운 구상을 모색하기 위한 기점(基點)으로 도움이 된다. 음소론에서 통사론으로, 그리고 의미론으로 나아가는 것이다.

그러나 변형문법은 통사론을 중심으로 하여 화살표에 따라서 내려가거나 올라가는 점에서는 구조언어학과 상반된다. 의미론을 분리하고 있는 한은 양자 간에 공통점이 있다. 물론 분리의 정도와 성질은 서로 크게 다르지만 의미론을 따로 분리하여 살펴보는 점에서는 서로 유사하다고 본다.

생성의미론이 의미론적 심층구조를 기점으로 하여 그곳에서 내려가는 점에서 변형문법과 다르지만 둘 다 화살표가 보이는 생성, 즉 심층에서 표면으로 변하는 것을 중시하고 있다. 구조언어학과 생성의미론과는 각각 음성 또는 의미라고 하는 경험적인 단위에서 출발하는 점에서 공통이다.

변형문법은 의미의 중요성을 인정하면서도 생성의미론과 격 문법에 대해서 항상 통사론이란 추상적 체계, 특히 통사론적 심층구조를 기반으로 하고 있으며 이 원칙은 <통사 구조>의 초기부터 현재에 이르기까지 어떠한 변경도 없다. 언어와 사고, 심리와의 관계를 탐구하는 것을 언어학의 주요 과제로 생각하는 것은 촘스키의 기본적인 태도로 보인다.

2) 변형문법의 언어학사적 위치

6.3.2.0. 앞에서 변형문법의 탄생과 그 발달과정을 이론과 방법론의 핵심부분을 중심으로 고찰하였다. 그리고 촘스키에 의해서 확립된 변형문법이 종래의 언어학 연구와 어떤 관계에 있는가를 조금씩 밝혀왔다. 여기서는 그에 대하여 좀 더 구체적으로 살펴보기로 한다.

촘스키에 의해서 전개된 혁신적인 변형문법은 이미 19세기 유럽의 언어학과 연결되었다고 보아야 한다. 초기의 <통사 구조>(Chomsky, 1957)에서 시작된 그의 새로운 언어 연구는 <통사 이론의 양상>(Chomsky, 1965)에서 일차적으로 그 이론이 확립된다. 그런데 무한한 문장을 생성하는 유한한 규칙의 연구는 이미 1세기 이전에 훔볼트(Wilhelm von Humboldt)가 주장한 바가 있다.

Humboldt(1836~39)에서 주장한 일반언어학개론에서 촘스키의 새로운 언어 연구가 시작된 것임을 스스로 다음과 같이 밝혀두었다.

> 언어는 그 무한하게 많은 문장의 해석을 결정하는 규칙의 체계에 근거하고 있다는 생각은 결코 새로운 것이 아니다. 1세기 이상 앞서서 훔볼트에 의해서 그의 유명한 일반언어학개론 (Humboldt, 1836~39:§5.8)에서 꽤 명확하게 말하고 있다(Chomsky, 1965:5).

이 인용문에서 밝힌 것처럼 촘스키가 훔볼트 언어학의 전통을 이은 것이라는 주장은 그의 표면구조와 심층구조의 이론에서도 찾아볼 수 있다. 앞의 4.2.2.2.에서 살펴본 바와 같이 언어에 대하여 외부와 내부로 구별하여 훔볼트의 내부언어형식(innere Sprachform)의 중요성을 논의한 것과 일맥상통한다.

이러한 언어 연구 경향을 촘스키는 '데카르트의 언어학(Cartesian linguistics)'이라 불렀다. 이에 대하여는 Chomsky(1966a)의 <데카르트 언어학>과 Chomsky(1968)의 <언어와 심리>에서 구체적으로 지적하였다.

6.3.2.1. 촘스키가 추구한 데카르트 언어학을 합리주의에 입각한 언어 연구라고 한다면 같은 생각을 가졌던 소쉬르의 언어학과는 어떤 관계에 있는가를 살펴볼 필요가 있다. 특히 촘스키가 중시했던 언어능력(linguistic competence)과 언어운용(linguistic performance)의 구별을 소쉬르의 랑그(langue)와 파롤(parole)의 구분과 비교해서 살펴보면 좀 더 명확해질 것이다.

앞의 5.1.2.0.~2에서 논의한 소쉬르(F. de Saussure)의 랑그와 파롤의 이분법(二分法)은 언어 능력과 언어 운용의 이분법과 유사하지만 내용에 있어서는 상당한 차이를 보인다. 우선 심리적이고 사회적인 규정을 가진 소쉬르의 랑그는 촘스키의 언어능력과 심리적인 특성을 공유(共有)하고 있는 것으로 보인다.

그러나 소쉬르는 랑그가 기억에 의해서 축적된 언어 요소들, 즉 어휘항목의 목록에 불과할 뿐이고 문장의 구성이란 자유로운 언어활동은 파롤에 속한다고 보았다. 이에 대하여 촘스키는 문장의 구성은 무한한 문장을 생성할 수 있는 문법 규칙에 의한 것이고 자유롭게 규칙적이지 않은 파롤에 속하는 것이 아니라고 본다.

언어의 특질로서 문법 규칙의 반복성(recursiveness)을 중요하게 생각하였다. 더욱이 소쉬르가 문장 구성의 배후에 유추(analogy)를 인정하고 있었으나 촘스키는 소쉬르 이전의 훔볼트(W. von Humboldt) 언어 철학에서 주장한 창조성(creativity)에서 근거하여 생성의 원리를 찾았다.

촘스키가 소쉬르의 유추와 같은 심리적 현상을 제외한 것은 미국 구조주의 언어학, 특히 신 블룸필드학파의 물질주의(physicalism)에서 쉽게 벗어날 수가 없었기 때문이다. 그리하여 소쉬르의 랑그와 파롤보다 심리적 요소를 제외한 언어 능력과 언어 운용으로 이분(二分)한 것이다. 여기서 언어능력은 심리적인 것과는 무관하고 훔볼트의 창조성에 근거한 언어의 창조적 능력을 말한 것이다.

6.3.2.2. 이와 같은 언어의 본질에 대한 합리적인 생각은 데카르트(Cartesian)의 언어관으로 소급된다. 데카르트(René Descartes, 1596~1650)는 언어의 본질을 동물처럼 기계적인 '전달(transmission)'이 아니라 '표현(expression)'으로 보았다. 즉, 다른 동물들도 의사 전달의 기제(mechanism)를 갖추고 있지만 그것은 단순히 정보의 기계적인 전달일 뿐이라는 것이다.

그렇지만 인간의 언어는 의사의 전달만이 아니라 표현도 들어있다는 것이다. 뿐만 아니라 다른 동물들의 전달은 범위가 제한되어 있는데 비하여 인간의 표현에는 무한하며 창조적 원리만으로 이를 해명할 수 있다고 본 것이다. 데카르트가 언어의 창조성을 강조한 것은 그가 인간의 육체를 지배하는 물리적이고 생리적인 원리가 있고 이에 수반하여 정신을 지배하는 심리적이고 철학적인 원리가 있다는 것이다.

이것을 준별(峻別)하려는 데카르트의 언어관은 소쉬르의 랑그와 파롤로 반영되었고 촘스키의 언어능력과 언어운용으로도 나타난 것이다. 그러나 데카르트의 언어관은 앞의 3.2.2.0~3에서 논의한 대로 뽀르 로이야르학파(Port Royal school)에서 더욱 두드러지게 나타났으며 촘스키는 스스로 이 학파의 영향을 받았음을 밝혔다.

즉, <데카르트 언어학>(Chomsky, 1966a:33~34)에서는 이 학파의 예문을 그대로 인용하여 심층구조와 표면구조의 차이를 설명하였다. 촘스키는 이 책에서 뽀르 로이야르(Port Royale)학파의 연구법이 첫째 고전시대 이래 중세에 완성된 전통문법과 둘째로 르네상스 시대의 스페인의 상티우스(Sanchez Sanctius)의 언어 연구로부터 이루어진 것으로 보았다.

즉, Sanctius(1587)의 <미네르바, 또는 라틴어에 관하여>에서는 언어 기능의 본질로서 '말의 생략(ellipsis)'의 원리를 들었다. 그는 어떤 문장의 의미는 문의(文意)를 결정하기 위하여 그 원문을 돌려서 말하거나(paraphrase), 보다 정확하게는 이상적인 문장을 생략하여 문장으로 한 것으로 보고 정하는 것이라고 하였다.

그가 Sanctius(1587)에서 제시한 문예와 논술은 현대 언어학에서 표면구조와 심층구조의 관계를 암시하는 것이 매우 많다. 무엇보다도 상티우스(S. Sanctius)가 언어의 생략법을 전개한 목적이 본문의 해석(textual interpretation)이라는 실용적인 것이었으며 이 점에서 뽀르 로이야르학파의 체계적인 언어 연구와는 본질적으로 다르다.

촘스키는 전통문법과 뽀르 로이야르학파, 그리고 변형문법과의 관련을 대비하여 비교적 자세하게 진술하였다(Chomsky, 1966a). 뽀르 로이야르학파가 전통문법의 품사론, 어형론 연구보다 새롭게 통사론을 중심으로 연구 초점이 옮겨 간 것을 지적하고 자신이 왜 통사론 중심의 문법을 전개하였는가를 설명하였다.

뽀르 로이야르학파에서는 문장은 구(phrase)에서 온 것이며 구(句)는 하나의 판단을 보여주는 것이고 문장은 이러한 판단의 복합체라고 보았다. 이러한 생각이 언어의 표면구조에 대한 심층구조를 설정한 기본적인 개념의 원형으로 보인다.

6.3.2.3. 문장의 구성이나 그보다 더 일반적인 언어 연구 자체에 관하여 소쉬르와 촘스키의 기본적인 연구를 비교하여 보면 소쉬르는 언어의 본성(本性)은 자의성(恣意性)에 있다고 가정하고 언어의 연구는 이 자의성을 제한하는 일(la limitation de l'arbitraire), 즉 규칙화하는 하는 일로 보았다.

예를 들면 앞의 5.1.3.0.에서 논의한 언어의 연합관계(rapports associatifs, associative relations)와 통합관계(rapports syntagmatiques, syntagmatic relations)는 소쉬르가 이를 설정하여 규칙화한 것으로 그의 중요한 성과의 하나로 볼 수 있다. 특히 연합관계는 두뇌 속에 잠재된(in absentia) 언어 요소를 끄집어내어 만들어지는 것이다.

이에 비하여 촘스키의 변형문법은 언어 연구의 원점을 언어의 규칙성에 두고 무한한 문장의 생성은 유한한 규칙에 의하여 이루어진다고 보았다. 이러한 언어의 실제적인 운용은 그의 용어에 따르면 언어능력(competence)에 의하여 연마된 언어의 여러 규칙을 실제로 적용하여 실현시킨 언어운용(performance)으로 보고 이 둘 사이를 연결하는 언어 규칙을 연구하는 것을 언어학의 본령(本領)으로 삼았다.

언어의 규칙성을 중사하는 촘스키와 언어의 자의성을 중시하는 소쉬르와의 대립적인 언어관은 멀리 희랍시대의 유추론(αναλγια, analogia)과 변칙론(ανωμαλια, anōmalia)으로 소급된다. 이에 대하여는 앞의 1.1.0.3.에서 언급한 바가 있지만 '규칙성'은 소쉬르에게는 유추에 근거한 것으로 본 것이다.

반면에 촘스키는 유추를 규칙 변경의 창조성(rule-changing creativity)을 가리키는 것이고 모두가 규칙 지배의 창조성(rule-governed creativity)에 의한 것이라고 한다(Chomsky, 1964:22). 이러한 차이는 두 사람이 갖는 기본적인 언어관의 차이에서 온 것이며 이것은 멀리 희랍시대의 언어관으로부터 있었던 논쟁의 주제였다.

6.3.2.4. 변형생성문법이 제기된 이후 전통문법의 연구가 설 땅을 찾기가 어려워졌다. 미국의 구조언어학에서 전통문법에 대한 반감이나 비판은 정당한 이유가 있었고 아메리카

대륙의 아메린디안(Amerindian)의 제 언어를 연구하여 얻은 자료에 의하여 새로운 문법 체계를 세울 수가 있었다.

그리하여 이 시대에 종래의 전통문법은 미국의 기술문법에 비하여 비과학적이라는 평가가 지배적이었고 이로부터 전통문법의 가치는 저하되었다. 그러나 변형문법의 출현으로 전통문법에 관한 평가가 크게 변하였다. 전통문법과 변형문법과의 관련이나 계보에 관하여 촘스키는 매우 긍정적으로 생각하였다.

전통문법에서 음성과 의미의 결합을 변형문법에서는 심층구조에서 표면구조로 생성되는 것과 같은 것임을 촘스키는 분명히 밝혀두었다. 보아스(F. Boas)를 비롯하여 초기의 구조 언어학자들은 아메린디안의 여러 언어를 현지 조사에 의하여 연구 결과로부터 희랍어, 라틴어와 중세 유럽언어의 연구를 모체로 한 체계적인 전통문법의 여러 범주를 직접 아메린디안의 언어에 적용하는 것이 곤란하다는 것을 통감하게 되었다.

그리하여 언어에는 그 자체의 구조를 분석하고 기술해야 한다는 생각을 하게 되었다. 또 방법론적으로 의미를 엄격하게 배제해야 한다는 엄정주의를 견지하려는 미국의 구조 언어학으로부터 형태와 의미를 혼동한 선상에 성립한 전통문법의 비과학성이 더욱 분명해졌다.

더욱이 전통문법이 규범문법으로서 올바름(correctness)도 그 기반이 흔들리게 되었다. 전통문법의 규범성(prescriptive)에 대해서는 Chomsky(1968), 그리고 Chomsky(1972:14~15)에서 비판되었다. 이렇게 해서 1950년대 전반까지 미국 언어학계에서는 전통문법에 대한 비판과 경멸이 지배적이었다고 해도 과언이 아니다. 똑 같이 Jespersen(1924)와 Sweet(1952)에 의한 기술문법이 발달하면서 전통문법의 가치는 더욱 낮게 평가되었다.

6.3.2.5. 그러나 촘스키가 변형문법을 주장하면서 전통문법도 재평가되었다. 변형문법에 내장되어 있는 언어 연구의 원동력(driving force)은 추진을 계속해서 그 연구 결과는 정통적인 연구에 그치지 않고 격 문법, 생성의미론으로 발전하였고 언어의 제반 규칙도 제약과 이동, 지배와 결속으로 뻗어나가면서 그 영역을 확대하였다.

이와 같은 언어 연구의 주류에 대해서는 다른 이면에서는 별도의 연구도 진행되고 있음을 간과해서는 안 될 것이다. 이러한 현실에 대하여 Haugen(1974)의 "언어학회의 반세기"라는 논문에서 다음과 같이 언급하였다.

많은 레벨에서 이미크(emic)와 에티크(etic)의 구별을 고안한 것은 이 세대의 미국 구조언어학의 연구자들이며 이러한 구별은 현대에 맞는 말이라고 말해야 하고 심층과 표면으로 구조를 이분한 방법의 원점이 된다고 본다. 자랑이 스며들면서 변형문법의 눈을 번쩍 뜨게 하는 새로운 문법도 1930년대와 40년대의 견고한 기술 작업 위에서 착실하게 쌓아올린 것임을 인정해야 할 것이다. 자식은 조부의 위대함을 생각하더라도 어버이는 자신이 젊어질 것을 인정하기가 어려운 것이다.

— Haugen(1974:620).

20세기 이후의 변형문법은 지나치게 현학적이어서 점차 일반 언어학자들에 의하여 경원(敬遠)되고 있다. 지나친 기호화 내지는 도식화는 언어를 인문학의 경지를 넘어서고 있지는 않는가 하는 생각은 비단 필자만의 우려가 아닐 것이다. 특히 팍스 아메리카나(Pax-Americana)의 세계에서 모든 것이 미국에 의존하는 것도 결코 바람직한 일은 아니다.

지구상의 다양한 언어와 다양한 사고에 의해서 다양한 언어 연구가 수행되어야 하며 이로부터 새로운 언어 연구의 방법이 모색되어야 할 것이다. 서양의 언어 연구 방법, 특히 현재 전 세계의 언어 연구를 주도하는 미국의 언어학이 지구상의 다른 여러 언어들, 예를 들면 한국어를 제대로 이해하고 파악하기에 부족한 이론인 경우를 많이 보아온 필자로서는 새로운 언어학의 모색을 더욱 절실하게 바라는 바이다.

마치기 Ⅱ
— 서양 언어학사 고찰의 의의

Ⅰ. 이제까지 어쩌면 인류 최대의 발명일 수도 있는 '언어'에 대하여 서양에서 어떻게 연구하여 왔는지를 시대별로 고찰하였다. 물론 언어는 각 민족마다 다르게 사용하고 그 언어들의 문법도 각양각색이다. 이를 연구하는 방법도 여러 가지 다르게 시도되었음을 살펴보면서 다만 이들의 언어 연구는 상호 영향을 주고받았음을 강조하였다.

마지막으로『동·서양 언어학사 Ⅱ』의「제2부 서양의 언어 연구」를 마치면서 서양의 언어학사는 언어를 어떻게 연구하여 왔는가를 정리하여 결론을 대신하고자 한다. 우선 제2부 서양 언어학사의 내용을 좀 더 요약하여 이 책에서 무엇을 집중적으로 소개하였는지 고찰하고 이러한 연구가 무엇을 위한 것인가를 살펴보기로 한다.

제2부 서양의 언어학사에서는 제1장 서양 고전문법의 정립(定立)에서 1. 고대 희랍의 언어 연구로 시작하여 드락스(D. Thrax)와 그 이후의 알렉산드리아학파의 문법을 소개하였다. 그리고 2. 로마의 라틴 문법에서 봐로(M. T. Varro)와 그 이후의 문법에 대하여 고찰하고 3. 프리스키아누스(C. Priscian)의『문법교정(Institutiones Grammaticae)』(Priscian, 500 A.D.)에서는 라틴문법을 확립한 프리스키아누스의 문법을 논의하였다.

고대 희랍어 문법을 정립(定立)한 드락스(D. Thrax)는 고대인도의 언어 연구가 파니니의 <팔장>으로 대표되는 범어 문법을 도입하여 같은 굴절어인 희랍어의 굴절 문법을 확립하였다고 보았다. 즉, 제1권 제1부 동양 언어학사의 1.4.6.0.~6.에서 고대인도의 비가라론(毘伽羅論)이란 굴절문법이 파니니(Pāṇinī)의『팔장(八章, Aṣṭādhyāyī)』에서 정리되었음을 소개하였다. 그리고 이러한 문법이 알렉산더 대왕의 인도 원정(遠征)으로 희랍에 전해져 알렉산드리아학파의 희랍문법으로 발전한 것이라고 주장하였다(졸저, 2022:71).

물론 그 이전의 고대 희랍에서 언어 연구가 없지는 않았지만 대부분 철학적인 연구로서 인류의 언어의 기원이 자연적(φυσιζ, physis, nature)인가, 관습적(θεςιξ, thesis, convention)인가에 관심이 있었을 뿐이다. 즉, 언어의 기원과 본질에 대한 의문을 제기하면서 언어에 대한 철학적인 연구를 시도한 것이다.

그러다가 알렉산드리아학파의 드락스(D. Thrax)의 『문법기술(技術, Τέχνη Γραμματικη, Téchnē Grammatikē)』(Thrax, 120 B.C.)에서는 그때까지 보지 못했던 희랍어의 문법 연구가 나타난다. 제1부 동양 언어학사의 고대인도의 파니니(Pāṇinī)의 <팔장>의 문법 연구에서 논의된 내용들이 이 책에서 희랍어의 문법 연구를 통하여 전개된 것이다.

앞의 1.1.3.1.에서 논의한 것처럼 드락스의 <문법기술>에서 굴절어인 희랍어의 실용문법 으로 <팔장>의 분석문법과 같이 문법 기술의 최대 단위인 문장(logos, λόγος)과 최소단위인 낱말(lexis, λέξις)을 구분하고 이어서 다시 문장 속에서 갖는 낱말의 문법 속성(παρεπόμενα, parepómena)을 분석해 내었기 때문이다.

그리하여 앞의 1.1.3.3.에서는 고대인도의 문법에서 논의한 것과 같이 각 낱말은 문장에 서 스스로 문법적 특성을 갖는다고 하였다. 예를 들면 명사와 동사의 문법 속성(παρεπόμενα, parepómena)을 구별하여 명사의 문법 속성으로 성(性, γένος, gender), 유형(είδος, eidos, type), 형태(σχήμα, form), 수(數, αριθμός, number), 격(πτώσις, case)을 들고 이것들이 문장 속에서 각 낱말의 문법 속성으로 작용한다고 보았다.

특히 드락스(D. Thrax)는 파니니(Pāṇinī)의 <팔장>의 8격을 받아 들여 희랍어의 5격(πτώσις, case), 즉, 주격(ονοματικέ, onomatiké)과 원인격(αιτιατικη, aitiatikē), 속격(γενικη, genikē), 여격 (δοτική, dotikē), 그리고 호격(κλητικι, klētiki)의 5격으로 나눈 것을 들 수가 있다. 그리고 이것 을 주격인 직격(πτώσις εύθια)과 나머지 격인 사격(πτώσις πλαγιαι)을 구분한 것도 <팔장>의 문법을 따른 예 가운데 하나다.

동사(rhēma)의 문법 범주로 드락스(D. Thrax)는 서법(mood, τρόπος), 태(voice, διαθεσις)를 인정하고 시제(τενσ, tense)는 서법에서 다루었다. 즉, 아리스토텔레스가 시제를 서법과 함 께 고찰하였다면 드락스의 <문법기술>에서는 여기에 태(態)를 더하여 종합적으로 본 것이 다. 서양에서 기술(記述) 문법이 이로부터 시작된 것이다.

제2장의 중세시대의 언어 연구에서는 스콜라철학의 문법 연구에 기초한 사변(思辨)문법 에 대하여 고찰하였다. 앞의 2.2.3.0.에서 논의한 바와 같이 고대인도의 <팔장>에서 영향을 받은 드락스(D. Thrax)의 희랍문법과 프리스키아누스(C. Priscian)의 라틴문법에서 보여준 실 용적이면서 기술적인 문법에 대하여 그 전시대 희랍의 철학적이고 형이상학적인 문법 연

구로 회귀한 감이 없지 않다.

이 시대의 언어 연구는 사변문법, 즉 양태언어학(mode linguistics)은 앞의 2.2.1.3.에서 논의한 바와 같이 3. 서양 중세시대의 양태(樣態)언어학(mode linguistics)가 문법의 연구에 집중되었고 음운과 의미는 중요시하지 않았다. 사변문법의 이론은 많은 새로운 기술적인 용어를 만들어 내었다.

프리스키아누스(C, Priscian) 등 라틴문법의 여러 술어도 좀 더 세분되어 설정되었고 정밀하게 설명되었다. 이런 와중에서 양태(樣態) 언어학의 싹이 트이게 된 것이다. 이들은 인간의 언어활동에 대하여 종전의 이론과 색다르게 인간의 인식과 관련하여 이해하려고 하는 다음과 같은 생각을 가졌다.

즉, 앞의 2.2.1.4.에서 언급한 바와 같이 양태론(樣態論)의 핵심 이론을 그들의 술어로 설명하면 인간의 심리(心理)가 사물로부터 존재의 양태(modi essendi)를 추상하여 이들을 이해의 양태(modi intelligendi activi)로서 인지하고 언어는 이러한 추상적인 개념을 언어의 양태(modi significandi)라는 수단으로 타인과의 의사소통이 가능하다는 주장이다.

또 실체성(modus entis)과 실존성(modus esse)도 구별하였다. 실체성, 즉 실재물의 양태(modus entis)는 기본적으로 존재의 양태(modi essendi)에서 사물이 실체로서 인식되는 것처럼 시간으로 보면 영속적인, 또는 존속(存續)되는 본성을 말한다. 실존성, 즉 실존의 양태(modus esse)도 존재의 양태(modi essendi)의 또 하나의 양태로 본 것이다.

실존의 양태는 존속하는 사물을 인간이 인식하는 변화하는 시간적 계기(繼起)의 본성을 말한다. 그리하여 그 안에서 유동성(流動性, modus fluxūs)이 살아있고 생성성(形成性, modus fierī)이 이루어지면 운동성(運動性, modus mōtūs)이 담겨있다고 보았다.

중세시대의 양태론자(modistae)들은 순수한 논리적이고 의미 중심의 관점에서 품사를 분류하고 그에 대한 정의를 시도하였다. 그러나 구체적인 정의에서는 역시 드락스의 실용적인 설명을 벗어날 수는 없었다. 오히려 이들의 언어 연구는 드락스(D. Thrax)와 프리스키아누스(C. Priscian)가 기초를 놓은 기술(記述) 문법에서 후퇴한 철학적인 문법이라는 평가를 면하기 어렵다고 하지 않을 수 없다.

제3장 문예부흥에서 18세기말까지의 언어 연구에서는 유럽에서 새로운 언어의 발견과 그동안 라틴어에 눌려서 빛을 보지 못하던 많은 유럽의 토착어들이 언어학의 연구 대상으로 등장하였다. 또 지리상의 발견으로 세계의 여러 언어, 중국어를 비롯한 일본어 등의

다양한 동양어가 서양에 소개되었고 연구 대상이 되면서 그로 인하여 언어관이 바뀌게 되었다.

앞의 3.1.4.1.에서 논의한 바와 같이 희랍과 로마시대로부터 중세에 이르는 시대의 서양 언어학은 철학적이었다. 특히 중세시대의 사변(思辨)문법은 논리적 범주나 또는 기능을 기초로 해서 현실 언어를 분석해 나가려는 연역적(演繹的)인 연구 방법이었다.

그러나 문예부흥 시대에 들어와서는 고전(古典)시대의 철학적이고 연역적인 언어 연구의 전통이 차례로 붕괴되어가는 경향을 보였다. 이것은 고전시대의 문법가들이 품사분류에서 중요한 기준으로 널리 사용한 격변화가 이 시대에 여러 유럽의 언어에서 차례로 그 기능이 소실되었기 때문이다.

그리하여 새로운 언어 연구 방법이 모색되었는데 루소(Rousseau)와 헤르더(Herder)의 경험주의와 합리주의 언어 연구가 있었는가 하면 뽀르 로이야르(Port Royal) 학파의 일반 문법도 시도되었다. 모든 인류의 언어에 공통으로 적용되는 일반 문법은 그동안의 언어학에서 꾸준히 모색된 것인데 뽀르 로이야르(Port Royal) 학파에 의해서 본격적으로 그러한 연구가 시도되었다.

이와 더불어 당연히 등장하는 것은 언어의 기원에 대한 논의를 들 수 있다. 희랍시대에도 논의되었던 언어기원설은 이 시대에 들어와서 다양한 언어의 등장과 함께 좀 더 심도 있게 고찰되었고 결국 다음 시대의 역사비교언어학으로 발전한다. 인류의 언어에 대한 기원을 해명하려는 오랜 욕망의 발로라고 아니할 수 없다.

앞의 3.3.3.0.에서 정리한 것처럼 문예부흥은 중세시대의 통일성과 기독교의 속박으로부터 모든 학문 연구를 해방시켰다. 언어 연구에서도 이러한 풍조에 따라 새로운 경향의 연구가 이루어졌다. 이와 같은 문예부흥 이후 18세기까지의 언어 연구는 다음 세기의 찬란한 역사언어학의 발달을 기다리는 여명(黎明)과 같은 시기였다.

제4장 19세기의 역사주의와 비교언어학에서는 19세기를 풍미(風靡)한 역사비교언어학에 대하여 소개하였다. 인구어족(Indo-European language family)의 설정과 그 친족관계의 증명을 핵심으로 하는 이 시대의 언어 연구는 언어를 비교하고 그 친소관계를 따지며 궁극적으로는 그 언어의 기원과 발달을 살피는 역사비교언어학이 주류를 이루었다.

인구어족의 시작은 존스(Sir William Jones)의 유명한 강연에서 시작된다. 그가 1786년 2월 2일에 "On the Hindus(힌디어에 대하여)"라는 제목으로 캘커타(Calcutta)에서 열린 왕립 아시아학회(Royal Asiatic Society)에서 행한 강연은 산스크리트어가 유럽의 여러 언어, 즉 희랍어, 라틴어, 게르만 제어들과 관련성(relationship)이 있음을 처음으로 주장하였다.

앞의 4.1.0.0.에서 언급한 대로 이러한 존스의 강연은 성경의 창세기(創世記)에 언급된 바벨(Babel)탑의 신화(神話)와 연결되어 인도의 고대 언어와 유럽의 여러 토착어들에 대한 비교 연구가 활발하게 수행되었으며 유럽의 동방 진출과 더불어 이런 연구는 더욱 성황을 이루었다.

이로부터 인구어의 비교언어학이 시작된 것인데 앞의 4.1.2.0.에서 논의한 대로 초기의 비교언어학은 통상적으로 라스크(R. K. Rask)와 보프(F. Bopp), 그리고 그림(J. Grimm)으로 시작한다고 본다. 이 세 사람을 역사비교언어학의 창시자로 언어학사에서 서술한다.

그 가운데 1814년에 실시된 덴마크 과학연구원의 현상논문에 응모하여 수상하는 영예를 얻은 덴마크의 언어학자인 라스크는 서양 언어학사에서 역사비교언어학을 최초로 시작한 연구자로 추앙받는다. 그는 스칸디나비아 반도의 여러 언어들을 비교하고 그 음운의 유사성으로부터 동일 어족의 가능성을 주장한 최초의 인물이었다.

그러나 뒤를 이어 독일의 보프(F. Bopp)는 유럽의 여러 언어는 물론이고 산스크리트어까지 비교하여 문법적으로 이들 언어가 묶여있음을 증명하려 하였다. 그는 고대인도의 비가라론(毘伽羅論), 즉 분석문법을 유럽의 여러 언어에 적용하여 상당한 성과를 올렸고 이를 동일 어족의 증거로 삼으려 하였다.

역시 독일의 그림(J. Grimm)도 라스크(R. K. Rask)와 같이 비교 음운론적인 방법으로 유럽의 여러 언어들을 하나의 어족으로 묶으려고 시도하였다. 그의 비교음운론은 규칙적인 음운 대응에 의거하였을 뿐만 아니라 산스크리트까지 포함시켜 라스크보다 더 정확한 음운 비교를 한 것으로 알려졌다.

역사비교언어학은 다양한 언어 연구 방법을 개발하였다. 특히 언어 연구에서 생물학적 자연주의를 도입한 일군의 연구자들은 다윈(C. Darwin)의 진화론을 신봉하여 그에 의거하여 언어도 진화하고 발전하는 것을 굳게 믿었다. 그리하여 독일의 쉴라이허(A. Schleicher)는 여러 언어는 한 조상의 언어로부터 분기(分岐) 발달한 것으로 보고 그 조어(祖語, Grundsprache)를 찾는 일을 중요한 언어 연구의 주제로 삼았다. 언어가 생물학적 생명체로 보고 그 근원을 찾으려던 것이다.

그러나 칸트(E. Kant) 철학에 입각하여 언어의 내적 연구에 기반을 둔 훔볼트(W. von Humboldt)는 일반언어학을 주장하여 오늘날에 이르기까지 많은 영향을 주고 있다. 뒤를 이어 심리주의 언어 연구도 있었고 철저한 언어 연구세서 역사주의를 주창(主唱)하는 소장 문법학파도 19세기 후반에 활약하였다.

특히 이 시대에 방언에 대한 연구도 많이 이루어졌고 그 결과로 언어지리학이 성행하였다. 이와 같은 동 시대의 언어에 대한 방언 연구와 언어의 분포를 다루는 언어지리학에 대한 연구는 언어의 공시적인 연구에 관심을 갖게 된다.

제5장 20세기의 공시(共時)언어학에서는 유럽에서 역사비교언어학이 종언(終焉)을 고하고 소쉬르(F. de Saussure)에 의해서 창도(唱導)된 공시적인 언어 연구가 유행하였다. 그리하여 종래의 역사주의 연구에서 벗어나 공시적인 언어 연구를 주장하는 많은 학파가 생겨났다.

소쉬르의 제자와 추종자들이 주도한 쥬네브학파(Geneva school)와 이 학파와 궤를 같이 하지만 일방적인 소쉬르의 추종을 거부하며 새로운 공시 언어학을 발전시키려던 프랑스학파(French school), 그리고 경험주의에 입각한 런던학파(London school)에 대하여 살펴보았다. 특히 기능주의 이론을 편 프라하학파(Prague linguistic school)에 대하여 많은 지면을 할애하여 고찰하였다.

프라하학파(Prague linguistic school)에는 트루벳코이(N. S. Trubetzkoy)와 야콥슨(R. Jakobson)와 같이 현대 언어학을 이끌던 뛰어난 연구자들이 있었다. 특히 야콥슨은 후일 모스크바학파로 불린 러시아의 모스크바 언어학 서클(Moscow Linguistic Circle)을 비롯하여 프라하학파를 거쳐 미국의 언어학에도 참여하면서 수많은 연구업적을 남겼다. 다만 러시아에서는 체코로 옮겨간 그를 인정하지 않았고 앞의 5.3.4.3.에서 언급한 대로 미국에서는 밖에서 굴러온 돌로 취급되어 제대로 평가될 수가 없었다.

제5장에서 거론한 코펜하겐학파(Copenhagen school)의 연구는 우리에게 약간 생소할 것이다. 이 학파의 중심인물인 에름스레우(L. Hjelmslev)의 언리학(glossematics)은 우리가 일반적으로 이해하는 언어학과는 매우 다른 술어로 설명되었고 내용도 매우 색다르다. 그는 소쉬르(F. de Saussure)의 이론을 계승한 언어 연구로 언어학사에서는 서술되었다.

II. 제5장에서 특기할 만한 것은 미국의 언어학에 대하여 언급하기 시작한 것이다. 그동안 언어의 연구사는 유럽을 중심으로 서술되었는데 20세기에 들어와서 미국의 구조언어학이 언어학의 주류를 이루었다고 할 수 있다. 근래에는 팍스 아메리카나(Pax Americana)에 의하여 미국의 언어학이 세계를 지배한다고 보지 않을 수 없다.

미국의 언어학은 19세기 중반에 휘트니(W. D. Whitney)와 같은 역사비교언어학자가 있었지만 곧 언어 연구의 본류가 아메리카 대륙의 원주인 언어를 대상으로 하는 보아스(F. Boas)의 인류학적인 언어 연구로 바뀐다. 그리하여 보아스의 제자인 사피어(E. Sapir)는 스승의 구조주의 언어학을 이어받아 한 번도 문자로 정착된 일이 없고 또 한 번도 문법으로 기술된 일이 없는 아메린디안(Amerindian)의 언어 연구를 중심으로 하는 미국의 언어학을 주도하였다.

그리고 유럽에서 소장문법학파로부터 역사비교언어학을 제대로 배우고 돌아온 블룸필드(L. Bloomfield)는 사피어와 같은 연배여서 둘은 미국의 언어학을 역사를 모르는 원주민의 언어를 공시적으로 연구하고 그 문법 요소들을 분석하여 체계적으로 파악하는 미국의 구조언어학을 이끌어갔다.

그 결과 희랍과 로마의 고전어, 문화어를 중심으로 발달한 전통적인 언어 연구에 반발하여 미지의 언어를 포함한 각 언어의 독자성을 존중하고 종래의 언어 가치관을 타파하려는 과학적이며 진보적인 언어 연구가 미국 구조언어학의 바탕이 되었다. 특히 블룸필드에 의하여 조직화되고 그의 뒤를 이은 신 블룸필드학파의 연구가 방법론으로 완성되어 미국 구조언어학의 독립성이 확립되었다.

블룸필드는 소장문법학파의 영향을 받아서 언어 연구에서, 특히 음운의 연구에서 의미를 배제하는 엄정주의를 주창하고 이를 철저하게 지켰다. 그리하여 이러한 과학적인 언어 연구의 Bloomfield(1933) <언어>를 출간하였는데 이를 추종하는 많은 언어학자들이 그가 봉직하던 에일(Yale) 대학을 중심으로 운집하였다. 이를 블룸필드학파(Bloomfieldian school), 또는 예일학파(Yale school)이라 불렀다.

후대에 의미에 조금도 의존하지 않고 오로지 객관적으로 수집된 자료에 의하여 언어를 분석하고 체계를 수립하려는 언어 연구가 이 학파들 사이에서 세력을 얻어 이들을 신(新) 블룸필드학파(Neo-Bloomfieldian school)라고 부른다. 원래 블룸필드는 언어의 연구에서 의미를 제한적으로 사용하여 왔는데 신 블룸필드학파에서는 이러한 방법의 이완(弛緩)을 비판하고 의미의 사용을 완전히 배제함을 강조한 것이다.

신 블룸필드학파도 오랫동안 현지 조사와 연구의 체험을 통해서 언어의 분석과 기술(記述)에서 문법적 의미의 활용이 얼마나 유효함을 깨달은 프리즈(C. C. Fries)와 파이크(K. L. Pike) 등의 경험파들에 의해서 비판을 받게 되고 2차 세계대전과 맞물려 신 블룸필드학파는 길고 깊은 정체기(停滯期)에 들어간다.

물론 이 정체기에도 이를 극복하려는 학케트(C. F. Hocket), 파이크(K. L. Pike), 램(S. M. Lamb)의 연구가 있었다. 그리고 야콥슨(R. Jakobson)과 포페(N. Poppe)와 같은 2차 세계 대전 이후에 미국으로 이주한 러시아의 언어학자들도 있었다. 이들에 의하여 정체기에 빠진 미국의 구조언어학이 되살아나는 것 같았으나 이들과는 전혀 관개가 없는 촘스키(N. Chomsky)에 의하여 언어학의 혁명이 시작된다.

III. 제5장에서는 20세기 초엽의 러시아 언어학에 대하여 많은 지면을 할애하여 비교적 자세하게 언급하였다. 그것은 엄중한 냉전 체제하에서 남한에서는 구소련, 즉 러시아의 언어학에 대하여 접할 기회가 많지 않았기 때문에 이에 대하여 좀 더 자세하게 설명하는 것이 이 책의 한국인 독자들에게 유용할 것으로 보았기 때문이다.

20세기에 러시아에서는 소쉬르(F. de Saussure)와 동 시대인 초엽에 보드앵(Baudouin de Courtenay)이라는 걸출한 언어학자가 있었다. 그는 러시아인이 아니고 폴란드인이었으므로 쌍크뜨 뻬제르부르그(Ст Петервург) 대학에서 학위를 했지만 변방인 까잔(Kazan) 대학에 근무하면서 당시로서는 매우 첨단적이고 진보적인 언어 연구를 수행하였다.

여기서 첨단적이란 언어 요소의 구조와 이를 체계적으로 파악하려는 구조언어학을 말하며 진보적이라 함은 종래의 역사주의를 타파하고 공시적인 언어 연구를 말한다. 그리하여 음운 연구에서 음소(Фонема, phonema)란 술어를 처음으로 사용한 논문을 발표하면서 그의 학설은 뜻있는 러시아 언어학자들에 의하여 평가되기 시작하였다.

앞의 5.6.1.1.에서 살펴본 바와 같이 19세기 말부터 20세기 초에 활약한 러시아 형식주의자(formalist)들이 매우 진보적인 언어관을 갖고 있어서 보드앵(Baudouin de Courtenay)의 참신한 학설이 러시아 새로운 문학 연구에서 형식주의 시학(詩學)의 성립에 결정적인 역할을 하였다.

그러나 뽀모르스카(K. Pomorska, К. Поморска)나 바흐친(Baxchin, М. М. Бахтин)은 러시아, 또는 구소련의 언어학이 소쉬르의 언어학에서 영향을 받았다고 생각한다. 실제로 소쉬르(F. de Saussure)의 이론이 칼쩨프스키(S. I. Karcevskij)에 의하여 러시아에 소개된 것은 1917년 3월의 일이므로 러시아에서 그 이전의 공시적이고 구조주의적인 언어 연구는 보드엥에 의거한 것으로 보아야 하지만 그 이후는 소쉬르의 영향이 있었을 것이다.

앞의 5.6.2.0.에서 논의한 바와 같이 러시아의 쌍크트 뻬쩨르부르그에서 20세기 초에 활약하고 있던 '시어연구회(오포야즈, Obščestvo poizučeniju poètičeskogo jazyka)'의 언어 연구를 뻬쩨르브르그 학파(Petersburg linguistic school)라고 부른다. 보드앵의 제자였던 폴리봐노프(E. D. Polivanov)와 야쿠빈스키(L. P. Jakubinskij), 그리고 쉬체르바(L. V. Ščerva)와 함께 오포야즈(Oppojaz)의 발기인으로 참가하였으며 이들이 뻬제르부르그학파의 중심 연구자였다.

앞의 5.6.3.0.에서 소개한 바와 같이 러시아에는 이 외에도 포르뚜나또프(Fortunatov) 학파로 불리는 모스크바 언어학 서클은 러시아에서 볼쉐비키(Bolscheviki) 혁명이 일어나기 직전에 모스크바대학의 비교문법학 교수였던 포르뚜나또프(F. F. Fortunatov, Филив Федрович Фортунатов) 에 의하여 주도된 언어 연구 모임이었다.

포르뚜나또프 자신은 많은 논저를 남기지 않았으나 뻬스코프스키(А. М. Пешковский), 샤흐마또프(А. А. Шахматов), 벨리치(А. Белич) 등의 저명한 슬라브 언어학자들을 규합하여 후일 모스크바학파로 불리는 언어연구의 새로운 경향을 창출하였다. 이러한 연구 모임을 모스크바 언어학 서클(Moscow linguistic circle)이라고 부른 것이다.

앞의 5.6.3.1.에서 살핀 것과 같이 모스크바 언어학 서클(Moskovskij lingvističeskij kružok, Moscow Linguistic Circle)은 1915년 야콥슨(Р. О. Якобсон), 보가뜨레프(П. Г. Богатырев), 부스라에프(А. А. Буслаев), 아프레모프(Ф. Н. Афремов), 야코블레프(Н. Ф. Яковлев), 라고진(С. И. Рагозин), 스베쉬니코프(П. П. Свешников) 등 언어학과 민속학에 관심을 가진 7명의 학생에 의하여 창설된 것이다.

모스크바 언어학 서클의 가장 큰 특징은 이 시대의 소련 언어학에서 소쉬르의 언어학을 수입하여 전통적인 러시아 언어학과 대항하려했다는 점이다. 이것은 보드앵을 따르려는 뻬제르부르그학파와 대조되는 점이다. 특히 소쉬르의 정태적(靜態的) 연구, 즉 공시적 언어 연구방법은 이들에게 강렬한 영향을 주었다. 당시 모스크바대학에서 이 서클을 주도하던 야콥슨도 보드앵의 영향을 일찍이 경험한 바 있음을 회상하였다.

이어서 러시아의 언어학으로 바흐친(Бахтин)의 언어학 비판과 마르크시즘 언어학을 소개하였다. 러시아의 공산 혁명은 언어 연구에서도 영향을 주어 유물론적인 언어관, 즉 언어 도구관이 러시아 언어학의 주제로 떠올랐고 사회언어학적 연구가 성행하였다. 사회언어학적 연구는 물론 오늘날 사회언어학과는 다른 것으로 러시아 사회주의 혁명 당시에 러시아에서 이루어진 급진적인 좌파 언어연구자들을 말한다.

이와 같은 혁명 전후 러시아의 언어연구는 혁명에 수반되는 사회 개혁의 수단으로서 언어를 도구화하고 민중을 선동 선전하는 기술(技術)로서의 언어연구가 자리를 잡게 된다.

이것은 언어의 연구가 고대 로마시대의 수사학(修辭學)으로 전락됨과 같은 과정을 말하며 진정한 의미의 언어 연구는 잠시 중단되었다고 보아야 할 것이다.

이런 와중에서 바흐친(M. Бахтин)의 언어 연구는 매우 특이하다. 러시아 볼세비키 혁명 시대에 활약한 바흐친은 혁명의 소용돌이 속에서 불운한 생애를 살았으며 체포와 유배, 숙청의 공포 속에서 살아간 혁명의 희생양이기도 하다. 그리하여 바흐친을 마르크스주의 비판자로 보려는 견해가 정설인 것처럼 알려졌다.

그러나 그는 기존의 언어이론을 포함한 아리스토텔레스 이래의 전통적인 언어의 연구 방법을 비판하고 마르크스주의에 입각한 언어연구의 새로운 방안을 제시하였다. 그의 언어철학은 구소련의 언어학자들에게 계승되어 스탈린에게 영향을 주었다. 비록 혁명시대에 투옥의 경험이 있어 그의 이론은 매우 조심스럽게 젊은 학자들에 의하여 수용되었고 그 출판도 많은 제약을 받았지만 구소련에서 그 이론의 본질은 1975년까지 중심적 언어 사상 이었다.

특히 우리의 주목을 끄는 것은 스탈린 시대에 등장한 마르주의(Marrism) 언어학이다. 러시아 볼세비키(Bolshevik) 혁명 이후 수년 동안은 포르뚜나또프(F. F. Fortunatov) 학파의 전통이 러시아에서 계속되었으나 1920년 이후에 혁명의 새로운 기운이 언어학에도 불어 닥쳤다. 엔. 야. 마르(Николаи Якоблевич Mapp)의 주장을 따르는 언어학자들이 이 새로운 이데올로기의 사조에 의한 언어연구를 주도하였으며 후세에 이러한 언어학의 연구 경향을 마르주의(Marrism)라고 부르게 되었다.

마르(N. Ja. Marr)는 1924년에 자신을 언어학에 있어서 마르크스주의의 투사라고 선언하였다. 1926년에 그는 자신의 초기 저술에서 주장한 생각들을 포기하였으나 언어의 일원기원설이나 야페트설(Japhetic theory)에 관한 주장을 단념한 것은 아니다. 오히려 언어는 분명하게 계급적 특성을 가진 사회적 경제적 상층구조라는 생각을 덧붙였다.

그에 의하면 언어의 발전에서 보이는 각 단계는 각기 사회적 경제적 정황에 의하여 좌우되며 언어의 구조는 사회의 구조 및 그 경제적 기반과 더불어 변화한다고 주장하였다. 언어의 여러 범주들은 다른 모든 형태의 상층구조와 같이 현실의 사회적 관계를 반영하는 것이기 때문에 언어발전은 어느 단계에서는 다음 단계로 항상 혁명적으로 비약하여 진행한다는 것이다.

이와 같은 마르의 생각은 스탈린(Joseph B. Stalin)의 지지를 받는 것으로 인정되어 당시 언어학의 주류가 되었고 이에 반대하는 연구자들은 무자비하게 짓밟혔다. 마르주의로 인한 폐해는 고전문법에서 중요한 테마였던 조어(祖語)의 재구가 무가치한 허구(虛構)에 지나지 않는 것이며 이러한 술어와 개념은 완전히 폐지시키려고 한 점이다.

이로 인하여 구소련에서는 한동안 고전적 비교문법의 연구가 쇠퇴하였고 언어사의 연구가 몰락하게 되었다. 구소련의 언어학은 마르주의에 의하여 언어연구에 심대한 손실을 입었고 그 피해는 근본적으로 그릇된 하나의 학설을 무리하게 발전시키려고 함으로써 일어난 손실 이상의 것이었다. 러시아로부터 전승된 언어학의 전통은 이들에 의하여 단절되고 파기되었으며 또한 그 이론들이 왜곡되었다.

특히 폴리봐노프(E. D. Polivanov)와 같은 저명한 비교언어학자가 마르주의 언어학에 반대하니까 그를 핍박하다가 투옥하고 결국은 죽음에 이르게 하였다. 견디다 못한 구소련의 언어학자들은 비록 마르(N. Ja. Marr)가 죽은 다음이지만 최고 통치자인 스탈린이에게 호소하여 그 자신의 비판을 얻어내었다. 그리하여 1950년 6월 20일자 <프라우다(Правда)>지에 스탈린의 반대 글이 실리면서 마르주의 언어학은 몰락하고 역사의 뒤안길로 사라졌다.

Ⅴ. 제6장 촘스키(N. Chomsky)의 변형생성문법론에서는 20세기 후반에 미국의 후기 구조주의 언어학에 대하여 논의하면서 언어학의 일대 혁명으로 받아드리는 변형생성문법론에 대하여 소개하였다. 그의 혁신적인 언어 연구가 언어학사에서 20세기의 대미(大尾)를 장식했기 때문이다.

먼저 해리스(Z. S. Harris)의 변형문법에서 시작된 촘스키의 문법관을 살펴보면서 무한한 문장을 생성하는 유한한 문법(finite grammar)에 대하여 논의하였다. 뿐만 아니라 촘스키는 종래의 수평적으로 무한한 문장을 생성하는 유한한 문법이라 하여 수직적으로 추상적인 문장 형성의 과정을 살피는 구절구조문법(phrase structure grammar)을 처음으로 시도하였다.

앞의 6.2.1.1.에서 논의한 대로 인간은 모든 인종(人種)를 초월해서 지구상의 어떤 동물과도 다르게 언어를 사용하는 능력을 갖고 태어났고 이를 후천적인 교육으로 학습하여 사용한다는 것이다. 촘스키는 이러한 언어 수득(修得)의 여러 과정을 해명하는 것이 언어학의 목표라고 보았다.

종래 미국 구조언어학의 경험주의(empiricism)에서 벗어나 합리주의(rationalism)에 입각한 언어 연구를 시도한 것이 변형생성문법이어서 그의 연구를 언어학의 혁명으로 부른다. 이러한 연구 방법의 기반을 위하여 인간이 태어날 때 갖고 나온 '언어 능력(competence)'과 후천적 교육에 의해서 실제로 사용하는 '언어 운용(performance)'을 구별하였다.

촘스키에 의하면 언어 능력은 '화자와 청자의 언어 지식'을 말하면 언어 운용은 '구체적인 장면에 있어서 언어 사용'을 말하는 것이라고 보았다. 그리하여 언어운용에서는 변형이전의 심층구조(deep structure)와 이후의 표면구조(surface structure)와 같은 언어학에서 해묵은 과제가 다시 등장한다.

이러한 촘스키의 언어 이론은 초기의 <통사 구조>(Chomsky, 1957)로부터 <통사 이론의양상들>(Chomsky, 1965)에서 크게 바뀐다. 흔히 표준이론(Standard Theory)이라고 부르는 후자의 이론은 'Aspect'라고 부르는 Chomsky(1965)의 <통사 이론의 양상들>에서 정리된다. 그러나 이후에도 계속 변천을 거듭한다.

이에 대하여 졸저(2022:283)에서는 "Chomsky(1957)에 의해서 창도(唱導)된 변형생성문법은 이제까지 어떤 시대의 언어 연구와 비교해도 독특하고 혁신적이었다. 또 어느 언어연구보다도 강력해서 20세기 후반에는 이 연구방법이 세계의 언어학계를 석권(席捲)하게된다. 따라서 변형생성문법론은 20세기 언어 연구의 대미(大尾)를 장식했다고 해도 과언이아니다. 인류가 인지(認知)의 발달과 더불어 언어 연구의 혁명을 가져온 것이다."라고 소개하였다.

이어서 "다만 변형생성문법론은 초기의 이론을 여러 번 수정하였다. 촘스키 자신에 의하여 주요 내용이 수정된 것이 무려 9차례나 된다. 이제는 어느 정도 정착한 이론으로 인정되지만 한 때는 1년이 멀다하고 수정에 수정을 거듭하였다. 그리하여 불안정한 상태의 언어이론으로 지탄을 받기도 했다."(Ibid.:283)고 평가하였다.

V. 이 책의 '제2부 서양 언어 연구'에서는 서양 고전문법의 정립(定立)이 고대희랍의문법과 로마의 라틴문법에서 이루어졌다고 보고 그러한 고전문법의 성립에 대하여 고찰하였다. 그리고 중세시대, 문예부흥에서 18세가까지, 19세기의 역사비교언어학, 20세기 전반의 공시 언어학, 그리고 마지막으로 20세기 후반의 촘스키(N. Chomsky)의 변형생성문법론을 소개하였다.

이러한 서양 언어학사의 서술은 일반적으로 그동안 언어학사에서 주로 다뤘던 시대 구분에 따른 것이었다. 다만 이 책에서는 알렉산더 대왕의 인도 원정(遠征)에 따라 고대인도의비가라론(毘伽羅論)이라는 분석문법이 알렉산드리아 학파에 도입되어 드락스(D. Thrax)의 희랍문법을 낳게 하여 희랍어의 기술문법이 확립되었다고 본 것이 그동안의 언어학사와 다른 점이다.

고대인도의 언어 연구였던 비가라론(毘伽羅論)의 굴절문법이 알렉산더 대왕의 인도 원정(遠征)으로 희랍에 전해져 알렉산드리아학파의 희랍문법을 낳는다고 주장하였다(졸저, 2022:71). 물론 고대 희랍에서 언어 연구가 없지는 않았지만 대부분 철학적인 언어 연구로서 언어의 기원에 대하여 자연적(φυςιζ, physis, nature)인가, 관습적(θεςιξ, thesis, convention)인가에 관심이 있었을 뿐이다.

그러다가 알렉산드리아학파의 드락스(D. Thrax)의 『문법기술(技術, Τέχνη Γραμματικη, Téchnē Grammatikē)』(Thrax, 120 B.C.)에서는 그때까지 희랍에서 보지 못했던 문법 연구가 나타난다. 제1부의 동양의 언어학사에서 논의한 고대인도의 파니니(Pāṇinī)의 『팔장(八章, Aṣṭādhyāyī)』에서 논의된 비가라론(毘伽羅論)의 분석 문법들이 드락스의 책에서 희랍어의 문법 연구로 전개된 것이다.

앞의 1.1.3.1.에서 논의한 대로 드락스의 <문법기술>에서 희랍어의 실용문법으로 <팔장>의 분석문법처럼 문법 기술의 최대 단위인 문장(logos, λόγος)과 최소단위인 낱말(lexis, λεξις)을 구분하고 다시 문장 속에서 갖는 낱말의 문법 속성(παρεπόμενα, parepómena)을 분석해 내었기 때문이다. 그리하여 고대인도의 문법에서 논의한 것처럼 각 낱말은 문장에서 스스로 문법적 특성을 갖는다고 하였다.

역시 앞의 1.1.3.3.에서 논의한 대로 명사와 동사의 문법 속성(παρεπόμενα, parepómena)을 구별하여 명사의 문법 속성으로 성(性, γένος, gender), 유형(εἶδος, eidos, type), 형태(σχήμα, form), 수(數, αριθμός, number), 격(πτώσις, case)을 들고 이것들이 문장 속에서 각 낱말의 문법 속성으로 작용한다고 보았다. 이들은 모두 <팔장>에서 논의된 것들이다.

예를 들면 <문법기술>에서는 <팔장>의 8격을 받아 들여 희랍어의 명사들은 5격(πτώσις, case), 즉, 주격(ονοματικέ, onomatiké)과 원인격(αιτιατικη, aitiatikē), 속격(γενικη, genikē), 여격(δοτική, dotikē), 그리고 호격(κλητικι, klētiki)의 5격으로 나누고 이것은 다시 주격인 직격(πτώσις εύθια)과 나머지 격인 사격(πτώσις πλαγιαι)을 구분한 것도 각 낱말의 문법 속성을 말한 것이다.

동사(rhēma)의 문법 범주로 드락스(D. Thrax)는 서법(mood, τρόπος), 태(voice, διαθεσις)를 인정하고 시제(τενσ, tense)는 서법에서 다루었다. 즉, 아리스토텔레스가 시제를 서법과 함께 고찰하였을 뿐이라면 드락스의 <문법기술>에서는 여기에 태(態)를 더하여 종합적으로 본 것이다. 모두 고대인도의 <팔장> 등에서 논의한 분석문법의 연구 방법이다.

이렇게 확립된 고대 희랍어 문법은 바로 로마의 라틴어 문법으로 전달되고 이 라틴문법은 모든 유럽의 언어의 문법에서 기준이 되었다. 그리고 기독교 선교사들에 의하여 전 세계로 뻗어나가서 우리의 한국어 문법도 그에 준하여 고찰되고 있다. 현대 한국어 문법에서는 이러한 서양 문법에 의거하여 우리말의 문법을 논의한다.

고대인도의 성명기론(聲明記論)이란 음성 연구가 중국의 성운학(聲韻學)을 발전시켜 여러 민족의 표음문자를 제정할 때에 그 이론적 근거가 되었으며 한반도에서 한글이란 희대의 문자를 탄생시켰다. 한글은 조음 음성학의 이론을 극대화한 표음문자로서 과학적이며 합리적인 문자로 현대 문명의 전산 기기(器機)에 잘 적응하도록 고안된 문자다.

중국에서 성명기론이 성운학을 발달시켜 한자음 연구와 주변의 많은 민족어의 표음 문자를 제정하게 하였다면 비가라론(毘伽羅論)이라고 부르는 굴절문법은 희랍과 로마, 그리고 중세 유럽의 언어들, 그리고 오늘날 전 세계의 언어 연구에 근간을 이루고 있다. 고대인도의 언어 연구가 동양과 서양의 언어 연구를 촉발시켰고 그 뿌리가 된 것이다.

본서에서는 그리하여 고대인도의 언어 연구가 세계 언어학의 모태라고 생각한다. 그동안 서양학자들에 의하여 저술된 언어학사에서 이렇게 노골적으로 표현된 것은 없다. 학문에서 굳이 백인 우월주의를 말하고 싶지는 않지만 서양의 많은 언어학사에서 고대인도의 음성 연구와 문법 연구를 언급은 하더라도 그 영향에 대하여 매우 제한적이거나 축소해서 언급되었다.

본서는 이러한 편견에서 벗어나려고 노력하였다. 오히려 반대로 동양의 우월주의에 입각해서 인류의 언어 연구사를 서술하고 있는지도 모른다. 그러나 한반도에서 한글 창제에 대하여 고대인도의 음성학을 논외로 한 것처럼 서양의 문법 연구사에서도 고대인도의 비가라론(毘伽羅論), 즉 분석문법이 소외되었다는 생각은 변함이 없다.

특히 18세기에 인구어족을 암시하여 언어의 역사 연구를 촉발시킨 존스(Sir William Jones)를 비롯하여 19세기 역사비교언어학을 창시한 보프(F. Bopp)와 현대 공시적인 언어학을 시작한 소쉬르(F. de Saussure), 미국의 구조언어학을 탄생시킨 블룸필드(L. Bloomfield), 그리고 20세기 후반에 언어학의 혁명을 가져온 촘스키(N. Chomsky) 등이 모두 산스크리트어를 전공한 것은 이러한 추측을 불러일으키기에 충분하다.

이 책의 머리말에서 소개한 "빛은 동방에서"라는 인도 타골(Sir Rabindranath Tagore) 시인의 시구(詩句)를 다시 한 번 음미해 본다.

참고문헌

국문논저(저자명의 가나다순)

강길운(1988), 『한국어 계통론』, 형설출판사, 서울.

_____(1993), 『國語史精說』, 형설출판사, 서울.

김신항(1980), 『鷄林類事 高麗方言 研究』, 成均館大学校出版部, 서울.

_____(1984), "世宗朝의 語文政策," 『世宗文化研究』 II, 韓國精神文化研究院, 서울.

_____(1987), 『訓民正音 研究』, 成均館大學校 出版部, 서울.

_____(1990), "『訓世評話』에 대하여," 『大東文化研究』(성균관대학교 대동문화연구원), 제24집.

김민수(1990), 『全訂版 신국어학사』, 一潮閣, 서울.

김완진(1963), "國語母音系의 新考察," 『震檀學報』(震檀學會), 제24호 pp.63~99. 이 논문은 김완진(1972a)에 재록됨.

_____(1972), 『國語音韻體系의 研究』, 一潮閣, 서울.

_____(1978), "母音體系와 母音調和에 대한 反省," 『어학연구』, 14-2호, pp.127~139.

_____(1996), 『음운과 문자』, 신구문화사, 서울.

_____(2000), 『향가와 고려가요』, 서울대학교 출판부, 서울.

김완진·정 광·장소원(1997), 『국어학사』, 한국방송통신대학교출판부, 서울.

김주원(2016), "세계 여러 문자의 모음 표기 양상과 훈민정음의 모음자," 『국어학』, 제80호, pp.77~108.

김진우(1973), "Gravity in Korean phonology," 『언어』(한국언어학회), 1-1.

_____(1988), 『言語 小典(Sojourns in Language)』 I. II, 탑출판사, 서울.

김일성(1968), 『김일성 저작선집』, 조선로동당출판사, 평양.

김한규(1999), 『한중관계사 I』, 아르케, 서울.

김현 역(1972), 『構造主義란 무엇인가』, 文藝출판사, 서울. Fage(1968)의 번역.

김현권 역(2021), 『소쉬르의 1·2·3차 일반언어학강의』, 그린비, 서울.

남권희(1997), "<月印釋譜> 卷四 覆刻本의 形態 書誌," 『月印千江之曲 第四 釋譜詳節 第四』(경북대 출판부 고전총서 1, 경북대학교 출판부, 대구, pp.133~168.

南星祐(2008), "월인석보 제19에 대하여," 『역주 월인석보 제19』, 세종대왕기념사업회, 서울.

남풍현(1975), "漢字借用表記法의 發達," 『檀國大 國文學論集』(檀國大學校 國語國文學科), 제7·8호.

_____(1980), "口訣과 吐," 『국어학』(국어학회), 제9号. 南豊鉉(1999)에 再録.

_____(1981), 『借字表記法研究』, 檀國大출판부, 서울.

_____(1986a), 『借字表記法研究』, 學術叢書6. 檀國大學校出版部. 서울.

_____(1986b), "舊譯仁王經의 口訣에 대하여," 『國語學新研究』, 塔出版社. 서울.

_____(1988), "釋讀口訣의 起源에 대하여," 『국어국문학』, 제100호, 南豊鉉(1999)에 "釋讀口訣의 起源"으로 再録.

_____(1994), "借字表記의 '詩經釋義," 『退溪學研究』(단국대, 退溪學研究所), 제8집.

_____(1999), 『國語史를 위한 口訣研究』, 太學社, 서울.

_____(2000), "高麗時代의 點吐口訣에 대하여," 『서지학보』(韓國書誌學會), 제24호.

남풍현·김두찬·윤승준(1995), 『국어사와 차자표기』, 태학사, 서울.

남풍현·심재기(1976), "舊譯仁王經의 口訣研究(其一)," 『東洋學』(단국대 동양학연구소), 제6집.

노태조(2005), 『佛敎系 孝行文學 硏究』, 중앙인문사, 대전.

려증동(2001), 『배달글자』, 한국학술정보(주), 파주.

劉 烈(1983), 『세나라시기의 리두에 대한 연구』, 과학, 백과사전출판사, 평양.

孟仁在(2015), "月印釋譜 玉冊에 대하여," 『글마루(宗文)』, No. 54(2015년 2월호), pp.58~60.

閔泳奎(1969), "月印釋譜 解題," 『韓國의 名著』, 玄岩社, 서울.

朴炳彩(1962), "月印千江之曲의 編纂經緯에 대하여," 『文理論集』, 제6집, pp.2~23.

_____(1991), 『論註 月印千江之曲』 [附 原本影印], 世英社, 서울.

朴相國(1977), "월인석보 목판고," 『文化財』(문화재관리국), 제11호, pp.1~20.

史在東(2006), 『月印釋譜의 佛敎文化學的 研究』, 中央人文社, 대전.

세종대왕기념사업회(1991a), 『역주 석보상절 제6·9·11』, 세종대왕기념사업회, 서울.

_____(1991b), 『역주 석보상절 제13·19』, 세종대왕기념사업회, 서울.

_____(1993), 『역주 월인석보 제7·8』, 세종대왕기념사업회, 서울.

_____(2008), 『역주 월인석보 제19』, 세종대왕기념사업회, 서울.

송기중(2016), "서평 정광 저 <몽고자운 연구>," 『알타이 학보』, 제26호, pp.157~180.

沈在箕(1975), "舊譯仁王經 上 口訣에 대하여," 『불교미술』, 제18호.

沈載完(1962), "月印釋譜 第21, 異本攷," 『靑丘大學論文集』, 제5집.

沈載完, 李鉉奎 編著(1991), 『月印釋譜 ― 無量崛板 第21研究 ―』, 慕山學術研究所, 대구.

安炳禧(1994), "『月印釋譜』의 編刊과 異本," 震檀學會編 『韓國古典 심포지엄』 第4輯, 一潮閣, 서울.

_____(2007), 『훈민정음 연구』, 서울대학교출판부, 서울.

梁伍鎭(1998), "老乞大 朴通事 研究 ― 漢語文에 보이는 語彙와 文法의 특징을 중심으로 ―," 고려대 대학원 박사 학위 논문.

여홍상 역(1995), 『바흐친과 문화 이론』, 문학과 지성사, 서울.

유창균(1966), 『東國正韻研究』, 螢雪出版社, 서울.

_____(1975), 『蒙古韻略과 四聲通攷의 研究』, 螢雪出版社, 大邱.

李基文(1961), 『国語史概説』, 民衆書館, 서울.

_____(1963), 『국어 표기법의 역사적 연구』, 한국연구원, 서울.

_____(2008), "訓民正音 創制에 대한 再照明," 『韓國語研究』, 제5호, pp.5~45.

이기문·김진우·이상억(1984), 『국어음운론』, 학연사, 서울.

李能和(1918), 『朝鮮佛敎通史』, 上中下 3권 2책, 新文館, 京城. 1968년 재판.

李民樹(1972), 『역주 父母恩重經』, 乙酉文化社(乙酉문고 100), 서울.

李東林(1959), "月印釋譜와 關係佛經의 考察," 『白性郁博士頌壽記念佛敎學論文集』, 서울.

_____(1974), "訓民正音創製經緯에 對하여 ― 俗所謂 反切二十七字와 相關해서 ―," 『국어국문학』(국어국문학 회), 제64호, pp.59~62.

이동술(1997), 『韓國寺刹寶鑑』, 우리출판사, 서울.

이숭녕(1964), "崔萬理 硏究,"『李相佰博士 회갑기념논총』, pp.43~73, 이숭녕(1981 : 211~239)에 재록.

_____(1976),『혁신 국어학사』, 박영사, 서울.

_____(1978),『신라시대의 表記法體系에 관한 試論』, 탑출판사, 서울.

_____(1981),『世宗大王의 學問과 思想』, 亞細亞文化社, 서울.

_____(1986), "信眉의 譯經事業에 關한 硏究,"『대한민국 學術院論文集(人文社會科學篇)』, 第25輯, pp.1~42.

李載駿(2015), "세계적 보물 대한민국 한글 문화유산 '월인석보옥책' 고증 문화재 지정사업,"『글마루(宗文)』, No. 54(2015년 2월호), pp.53~57.

李珍昊·飯田綾織(2009),『小倉進平과 國語音韻論』, 제이앤씨, 서울.

이태승·안주호(2004),『悉曇字記와 望月寺本 眞言集 硏究』, 글익는들, 서울.

李泰鎭(2012),『새 韓國史 ― 선사시대에서 조선 후기까지 ―』, 까치글방, 서울.

임근동(2022), "고려대장경의 실담문자 ― 瑜伽金剛頂經釋字母品의 문자 배열과 음운을 중심으로 ―,"『훈민정음 창제에 대한 새로운 관점』(영축총림 통도사 특별학술대회 예고집, pp.165~204), 학회 일시 : 2022년 10월 7일 13 : 00~18 : 00, 장소 : 통도사 해장보각.

임홍빈(2006), "한글은 누가 만들었나 : 한글 창제자와 훈민정음 대표자,"『국어학논총』(이병근선생 퇴임기념), 태학사, pp.1347~1395.

_____(2008), "訓民正音의 몇 가지 問題," 한국학중앙연구원 主催 '八思巴文字와 訓民正音' 國際學術會議 자료집.

_____(2012), 千田俊太郎 역 "訓民正音創製者と音價表示の代表字に関する問題,"『朝鮮學報』, 제222집, 뒤에서 1~51.

_____(2013), "正音 創制와 관련된 몇 가지 問題," 훈민정음학회 :『2013년 훈민정음학회 제2회 전국학술대회 발표논문집』, pp.1~39, 일시 : 2013년 5월 11일, 장소 : 서울대학교 규장각국학연구소 지하 강당.

정 광·양오진(2011),『노박집람 역주』, 태학사, 서울.

정 광 외(1999), 남권희, 양오진 : "元代 漢語 <老乞大> ― 신발굴 역학서 자료 <구본노걸대>의 한어를 중심으로 ―,"『국어학』, 제33호, pp.3~68.

_____(2002a),『原本老乞大』(解題·原文·原本影印·倂音索引), 鄭光 主編, 編著 梁伍鎭·鄭丞惠, 外語敎學与硏究出版社, 北京.

_____(2002b),『吏學指南』, 정승혜·양오진 공저, 태학사, 서울.

_____(2015), 정광·Alexander Vovin·Martine Robbeets·홍재성·목정수·박진호 공저 :『한국어의 좌표 찾기 ― 계통론과 유형론을 넘어서 ―』, 역락, 서울. Chung ed.(2015).

_____(2017), 정광·劉鳳翥·張少珊·吉田 豊·Г. эрэгзэн·Василий Соенов 공저.『유라시아 문명과 알타이』(가천대학교 아시아문화연구소 아시아 학술연구총서 10), 역락, 서울.

정 광·허승철 역(2004), "뽈리봐노프의 한국어와 알타이제어의 친족 관계,"『한국어학』(한국어학회), 제24호 pp.355~378.

　　 "Е. Д. Поливанов, "К вопросу о родственных отношениях Корйског и 'Алтайких' языков", Izvestija Akademii nauk SSSR(Series VI, Vol.XXI, Nos. 15~17, Leningrad)의 번역.

정 광·本鄕照夫 공편(2006a),『朝鮮吏讀辭典』, ペン·インタプライス, 東京.

鄭明鎬(2013), "月印釋譜玉冊所見書,"『월인석보 옥책의 감정서』, 紅山中國陶瓷박물관, 서울.

_____(2019), "正統 12年 佛日寺의 月印釋譜 玉冊 工藝에 대한 考察," 국회 백봉정치문화교육연구원 2019 하계

　　　　심포지엄(일시 : 2019년 6월 4일 10 : 00~12 : 00, 장소 : 국회의원회관 제1회의실) 발표.

精文硏(1986), 『譯註 經國大典 [註釋篇]』, 한우근·이성무·민현구·이태진·권오영 역주, 한국정신문화연구원, 서울.

鄭然燦(1972), "月印釋譜 第一·二 解題," 『影印月印釋譜 第一·二』, 西江大 人文科學硏究所, pp.373~389.

졸 고(1983), "빌렘 마테지우스의 機能構造言語學," 『덕성어문학』(덕성여대 국문과), 창간호, pp.6~36.

＿＿(1987), "朝鮮朝 譯科漢學과 漢學書 — 英·正祖시대의 譯科漢學試券을 중심으로 —," 『震檀學報』(震檀學會), 63호 pp.33~72.

＿＿(1997), "한국어의 형성과정", 국어사연구회 편 『國語史硏究』(전광현·송민 화갑기념논문집), 태학사, pp.175~210.

＿＿(1999), "元代漢語의 <舊本老乞大>," 『中國語學硏究 開篇』(早稻田大學中國語學科), 제19집, pp.1~23.

＿＿(2000), "元代 漢語 <舊本 노걸대> — 新發掘 역학서 자료 <舊本 노걸대>," 『元代 漢語本 <노걸대>』, 경북대학교출판부 고전총서 9, pp.83~124.

＿＿(2001a), "淸學書 <小兒論>攷," 『梅田博之敎授 古稀記念』, 太學社.

＿＿(2001b), "所謂 佛日寺版 『月印釋譜』 玉冊에 대하여," 제28회 국어학회공동연구회(일시 : 2001년, 12월 21일, 장소 : 국제청소년센터) 발표요지.

＿＿(2002a), "훈민정음 중성자의 음운대립 — 한글창제의 구조언어학적 이해를 위하여 —," 『문법과 텍스트』(고영근선생 정년기념논문집), 서울대학교 출판부, 서울, pp.31~46.

＿＿(2002b), "The Formation and Change of <LaoQita>," Gregory K. Iverson ed.; Pathways into Korean Language and Culture, Pagijong Press, Seoul, pp.85~102.

＿＿(2003a), "국어학의 언어학적 방법," 『인문언어(Lingua Humanitas)』(국제언어인문학회), 제5집, pp.37~53.

＿＿(2003b), "韓半島에서 漢字의 受容과 借字表記의 變遷," 『口訣硏究』, 제11호, pp.53~86.

＿＿(2003c), "파평윤씨 모자 미라 부장(副葬) 언간(諺簡)," 『坡平尹氏 母子 미라 종합 연구 논문집 I. II』, 고려대학교 박물관, 서울, pp.87~98.

＿＿(2004a), "朝鮮時代的汉语教育与教材 — 以<老乞大>为例 —," 『国外汉语教学动态』(北京外国语大学), 总第5期, pp.2~9.

＿＿(2004b), "韓半島における日本語教育とその教材," 『日本文化研究』(동아시아 일본학회), 제10집, pp.43~68.

＿＿(2005a), <서평> Christopher I. Beckwith : Koguryo the language of Japan's continental relatives의 서평, 『북방사논총』(고구려재단), 제5호 pp.369~377.

＿＿(2006), "吏文과 漢吏文," 『口訣硏究』, 제16호 pp.27~69.
　　　　일어역, 竹越孝 譯 : "吏文と漢吏文", 『開篇 — 中國語學』(東京 : 好文出版社) Vol. 27(2008. 4), pp.83~107.

＿＿(2008), "언어의 분기(divergence)와 통합(convergence)," 서울대학교 대학원 국어연구회 편 『이숭녕 현대국어학의 개척자』(심악 이숭녕 선생 탄신 100주년 기념논집), pp.815~840.

＿＿(2009), "朝鮮半島での外国語教育とその教材 — 司訳院の設置とその外国語教育を中心に —," 『譯學과 譯學書』(譯學書學會), 創刊號, pp.1~22.

＿＿(2010), "契丹·女眞文字と高麗の口訣字," 『日本文化研究』(동아시아일본학회), 第36輯, pp.393~416, 이 논문은 國際ワークショップ「漢字情報と漢文訓讀」(日時 : 2009년 8월 22일(土)~23일, 場所 : 札幌市·北海道大學人文·社會科學總合敎育研究棟 W408)에서 일본어로 발표한 것을 수정 보완한 것이다.

＿＿(2011a), "훈민정음 초성 32자와 파스파자 31자모," 『譯學과 譯學書』(譯學書學會), 제2호, pp.97~140.

_____(2011b), "<蒙古字韻>喩母のパスパ母音字と訓民正音の中聲," 『東京大學言語學論集』(東京大學 言語學科), 제31호, pp.1~20.

_____(2012a), "<몽고자운>의 파스파 韻尾字와 훈민정음의 終聲," 『譯學과 譯學書』(譯學書學會), 제3호, pp.5~34.

_____(2012b), "元代漢吏文と朝鮮吏文," 『朝鮮學報』(일본조선학회), 제224輯, pp.1~46.

_____(2012C), "고려본 <용감수경>에 대하여," 『국어국문학』(국어국문학회), 제161호 pp.237~279.

_____(2013a), On Polivanov's Study of the Genealogy of Korean : Focused on Polivanov's Life and Scholarship, IROKS(International Review of Korean Studies, Sydney, Australia), Vol. 10, No.1, pp.19~45.

_____(2013b), "≪월인석보≫의 舊卷과 훈민정음의 언해본 ― 正統 12년 佛日寺판 ≪월인석보≫ 옥책을 중심으로 ―," 『국어학』, 제68호, pp.3~49.

_____(2015a), "朝鮮 前期의 女眞學書 小攷 ― 위구르인 偰長壽의 高麗 歸化와 더불어 ―," 『譯學과 譯學書』(국제역학서학회), 제6호(2015. 12), pp.5~48.

_____(2015b), "高麗本<龍龕手鏡>ついて," 藤本幸夫 編『龍龕手鏡(鑑)研究』(麗澤大學出版會, 千葉), pp.98~134.

_____(2016a), "朝鮮半島における仏経玉冊の刊行について," 『朝鮮學報』(일본조선학회), 제238輯 pp.35~79.

_____(2016b), "毘伽羅論과 훈민정음 ― 파니니의 <八章>과 佛家의 聲明記論을 중심으로 ―," 『한국어사 연구』(국어사연구회), 제2호, pp.113~179.

_____(2017a), "다시 살펴 본 최세진의 생애와 학문," 『한국어사 연구』(국어사연구회), 제3호, 147~196.

_____(2017b), "反切考," 『어문논집』(민족어문학회), 제81호, pp.127~184.

　　　일본어 역, 鄭光 譯: "反切考 ―「俗所謂反切二十七字」を解明するために ―," 『中國語學 開篇』(東京 : 好文出版) vol. 36(2018), pp.23~48.

　　　중국어역, 曹瑞炯 譯: "反切考 ― 理解 '俗所謂反切二十七字 ―," 張西平 主編『國際漢學』(北京 : 外語教學與研究出版社), 秋之卷, pp.83~102.

_____(2018a), "훈민정음의 새로운 이해 ― 毘伽羅論과 파스파 문자와의 관련을 중심으로 ―," 『한국어사 연구』(국어사연구회), 제4호, pp.123~188.

_____(2018b), "파스파 문자의 喩母와 훈민정음의 欲母 ― 왜 한글에서는 모음자에 /ㅇ/를 붙여 쓰는가? ―," 『국제고려학(International Journal of Korean Studies)』, 제17호, pp.489~520.

_____(2018c), "司譯院 譯學書의 諸 文字," 『譯學과 譯學書』(國際譯學書學會), 제9호, pp.5~56.

_____(2019a), "한글~어떻게 제정되었는가? I," 『인문언어(Lingua Humanitas)』(국제언어인문학회), 제20권 2호, pp.86~120.

_____(2019b), "신미대사와 훈민정음," 『한국어사 연구』(국어사연구회), 제5호, pp.135~196.

_____(2019c), "한글~어떻게 제정되었나? II," 『인문언어(Lingua Humanitas)』(국제언어인문학회), 제21권 1호, pp.86~131.

_____(2019d), "한국어의 형성 과정," 『국어사 연구 1』(서울 : 태학사), pp.64~127.

_____(2020a), "훈민정음의 <언해본> ― 고려대도서관 육당문고 소장의 『훈민정음』을 중심으로 ―," 『어문논집』(민족어문학회), 제88호, pp.5~48.

_____(2020b), "한글과 梵字," 『국어학』, 제96집, pp.59~107.

_____(2021), "ハングルとパスパ文字," 金文京 編(2021 : 77~89).

_____(2022), "중국 북방민족의 표음문자 제정과 훈민정음 ―한글 제정의 배경을 중심으로―," 『한국어사 연구』

(국어사연구회), 제7호.

_____(2023a), "<월인석보> 구권(舊卷), 신편(新編) 그리고 옥책(玉冊);" <월인석보 옥책> 연구회(일시 : 2023년 2월 16일 14시 : 00~17 : 00, 장소 : 서울 프레스센터 19층 기자회견장, 주관 : 동아시아 문화유산 보존관리협회) 발표문.

_____(2023b), "심악선생의 <혁신국어학사>로 본 한글 창제", 『인문언어』(국제언어인문학회), 제25권 1호, pp.143~184.

_____(2023c), "최만리의 언문 반대상소," 『역학과 역학서』, 제10~12호 합병호, pp.5~44.

졸 저(1988), 『司譯院 倭學 研究』, 太學社, 서울.

_____(2004), 『역주 原本老乞大』, 김영사, 서울.

_____(2006a), 『훈민정음의 사람들』, 제이앤씨, 서울.

_____(2006b), 『역주 번역노걸대와 노걸대언해』, 100대 한글문화 유산 45, 신구문화사, 서울.

_____(2009), 『몽고자운 연구』, 박문사, 서울. 중문판(2013), 일문판(2015).

_____(2010), 『역주 원본 노걸대』, 박문사, 서울. 2004년 김영사 판본의 수정본.

_____(2011), 『삼국시대 한반도의 언어 연구』, 박문사, 2012년 학술원 우수도서.

_____(2012), 『훈민정음과 파스파 문자』, 도서출판 역락, 서울.

_____(2014), 『조선시대의 외국어 교육』 김영사, 서울, 2015년 학술원 우수도서, 일문판(2016).

_____(2015), 『한글의 발명』, 김영사, 서울. 2016년 세종도서 우수학술도서.

_____(2017), 『역학서의 세계 — 조선 사역원의 외국어 교재 연구 —』, 박문사, 서울.

_____(2019a), 『증정 훈민정음의 사람들』, 박문사, 서울.

_____(2019b), 『동아시아 여러 문자와 한글』, 지식산업사, 서울 2020년 세종도서 우수학술도서.

_____(2021), 『월인석보 옥책(玉冊) 연구』, 아카넷, 서울, 대우학술총서 631.

_____(2022), 『언어학사로 본 20세기까지의 한국어 연구사』, 박문사, 서울.

졸편저(1988), 『諸本集成 倭語類解』, 태학사, 서울.

_____(2004), 『四本對照 倭語類解 上,下』, 제이앤씨, 서울.

_____(2007), 『한국어와 일본어의 어휘 비교 I』, 제이앤씨, 서울. 김동소 외 14인 공편.

_____(2008), 『한국어와 알타어의 비교어휘』, 제이앤씨, 서울. 김동소 외 14인 공편.

허 웅(1958), 『국어 음운론』, 정음사, 서울

허 웅·이강로(1999), 『주해 월인천강지곡 상』, 신구문화사, 서울

洪起文(1927), "朝鮮文典要領," 『現代評論』, 1-5, 1-6, 京城.

_____(1946), 『正音發達史』 上·下, 서울신문사 出版局, 서울.

_____(1947), 『조선문법 연구』, 서울신문사 출판국, 서울.

_____(1956), 『鄕歌解釋』, 科學出版社, 平壤.

_____(1957), 『리두연구』, 과학원출판사, 평양.

영문 논저(저자명의 알파벳순)

Aarsleff(1982), H. Aarsleff : *From Locke to Saussure*, London.

_____(1967), *The Study of Language of England, 1780~1860*, Princeton. second edition, London, 1982.

Abel-Rémusat(1820), Jean Pierre Abel-Rémusat : *Recherches sur les langues tatars*, Paris.

Adelung(1806), Johan Christoph Adelung : *Mithridates order Allgemeine Sprachen Kunde, mit dem Vater unser als Sprach probe in beinahe fünfhundart Sprachen und Mundarten,* Vol. 2(1809), Vol. 3(1812~6), Vol. 4(1817). Berlin.

Allen(1953), W. S. Allen : *Phonetics in ancient India,* London.

Ahlovist ed.(1987), A. Ahlovist : "Les premières grammaires des vernaculaires européens, " *Historia épistémologie langage* 9-1.

Amirova 외(1952), A. Амирова & В. А. Ольховиков & Ю. В. Рождественский; *Очерки по истории лингвистки.* Москва.

Amsterdamska(1987), Olga Amsterdamska : *Schools of Thought : The Development of Linguistics from Bopp to Saussure,* D. Reidel Publishing Company, Dordrecht.
한국어 역, 임혜순 역(1999), 『언어학파의 형성과 발달』, 서울 : 아크넷, 대우학술총서 번역 435.

Anderson·Jones eds.(1974), John M. Anderson & C. Jones : *Historical Linguistics,* 2 vos., North-Hilland, Amsterdam.

Anderson·Kiparsky eds.(1973), John M. Anderson & P. Kiparsky : *A Festschrift in Morris Halle,* Holt, Rinehart & Winston, New York

Apresyan(1966), Ю. Д. Апресян : *Иден н метды современной структурной лингвистки.* Москва.

Arens(1955), Hans Arens : *Sprachwissenschaft : der Gang ihre Entwicklung von der Antike bis zur Gegenwart,* München.
_____(1969), Second edition, *Sptrachwissenschaft, der Gang ihre Entwicklung von der Antike bis zur Gegenwart,* Freiburg/Munich.

Aristotle(320? B.C.), *De Interpretation,* Athene.
일어역, 山本光雄 譯注(1971), 「命題論」, 『アリストテェス全集 I』, 岩波書店, 東京.

Arnauld·Lancelot(1660), Antoine Arnauld et Claude Lancelot : *Grammire générale et raisonuée,* Versaillais.
영어역(1753), *A general and rational grammar,* Nourse, London.
일어역, 南館英孝 譯(1972), 『ポール·ロワイヤル文法』, 大修館, 東京.

Asher ed.(1994), R. E. Asher : *The Encyclopedia of Language and Linguistics,* Pergamon Press.

Averintsev(1977), Sergei Averintsev : "The world of Mikhail Bakhtin," *Soviet Literature,* No. 1.

Bach·Harms eds.(1968), E. Bach & R. T. Harms : *Universals in Linguistic Theory,* Holt, Rinehart and Winston, New York.

Bacot & Toussaint(1940), F. W. Thomas Bacot & Ch. Toussaint : *Documents de Touen~houang relatifs à histoir du Tibet,* Paris [DTH].

Bally(1913), C. Bally : *La langage et la vie,* Atar, Geneva.
일어역, 小林英夫 譯(1941), 『言語活動と生活』, 岩波書店, 東京.
_____(1932), *Linguistique géenérale et linguistique française,* Geneva.

Baroschian(1974), Vahan D. Baroschian : *Russain Cubo~Futurism 1910~1930.* Mouton. London.

Bàrtoli(1925), M. G. Bàrtoli : *Introductione alla Neolingistica,* Geneva.

Baskin tr.,(1959), Wade Baskin : *Course in General Linguistics,* Philosophical Library, New York.

Baudouin(1888), Baudouin de Courtenay, И. А. Бодуэн де Куртенэ : "Mikolaj Kruszewski, jgo zucie i prace naukowe," *Prace filologiczne*, II, Fasc., 3(1888), pp.837~849

_____(1889), *Prace filologiczne*, III, Kazan.

_____(1895), 독어역, *Versuch einer Theorie phonetischer Alternationen,* Strassburg.

_____(1909), *Zarys historii językoznawstwa czyli lingwistyki*(glottologii). Warzawa.

_____(1963), *Избранные труды по общему языкознани, ю*, т.1·2, Москва.

Baxchin(1963), М. М. Бахтин : *Проълемы поетики Достоевского.* Москва.

　　　일어역, 新谷敬三郎 譯(1968)『ドストエフスキ論』(1963年版より), 冬樹社, 東京.

　　　영어역, Holquist(1984), " Problems of Dostoevsky's Poetics," Michael Holquist & Caryl Emerson ed.(1984), *Theory and History of Literature* 8. University of Minnesota Press, Minneapolis.

_____(1965), *Творчестово Франсуа Рабле и нароная кулътура Средневековъя и Ренессанса.* Москва

　　　일어역, 川端香男里 譯(1974),『フランソワ·ラブレ―の作品と中世ルネッサンスの民衆文化』せりか書房、東京.

　　　영어역, Michael Holquist & Caryl Emerson(1981), "The dialogic Imagination," M. Holquis & C. Emerson ed,(1981) *Four Essays by M. M. Baxchin*, University of Texas Press, Austin.

_____(1974), "К методологии литературоведеная," *Контекст·1974*, Москва.

　　　일어역, 新谷敬三郎 譯(1978) "文藝學の方法をめぐって"、『はいまあと』, 6.

_____(1975), *История лингвистис тистических учений.* Москва.

　　　영어역, Caryl Emerson tr. and ed.,(1984), *Theory and History of Literature* 8. University of Minnesota Press, Minneapolis.

　　　일어역, 新谷敬三郎 譯(1989?), "文藝學の方法をめぐって"、『はいまあと』, 6.

Baxter(1992), William H. Baxter, *A Handbook of old Chinese Phonology.* Mouton de Gruyter, Berlin.

Beauzée(1767), N. Beauzée : *Grammaire générale ou exposition raisonnée des éléments nécessaires du langage pour servir de fondement à l'étude de toutes les langues,* Paris.

Bell(1867), Alexander Melville Bell : *Visible speech : the science of alphabetics*, London.

Belvalkar(1915), S. K. Belvalkar : *System of Sanskrit grammar,* Poona.

Benfey(1869), Theodor Benfey : *Geschichter der Sprachwissenschaft und orientalischen Phiologie in Deutchland*, München.

Bennett(1974), Michael Bennett : Some extensions of a Montague fragment, UCLA Ph.D. Dissertation. (1975), reproduced by the Indiana University linguistic club

Benson·Greaves eds.(1985), James D. Benson & William S. Greaves eds : *Systemic Perspectives on Discourse,* Volume 1 and vol. 2. Ablex Publishing Corporation, Norwood.

Bentley(2001), John R. Bentley : *A Descriptive Grammar of Early Old Japanese Prose.* Brill. Leiden.

Benveniste(1939), E. Benveniste : "Nature du signe linguistique," *Acta Lingistica* 1, pp.23~29.

_____(1964), "Documents pour l'histoir de quelques notions saussuriennes." *Cahiers Ferdinand de Saussure*, 21, Paris.

_____(1966), *Preblèmes de linguistique générale*, Ballimard, Paris.

_____(1968), *Психология искусства Изд.* 2, Москва, 柴田義松 他 飜譯(1971)『藝術心理學』, 明治圖書, 東京.

Bierwisch(1971), M. Bierwisch : *Modern Linguistics, its introduction, methods, and problems*, Mouton, The Hague.

Binogradov(1926), В. В. Виноградов : "Проблема сказа в стилистике," *Поэтика, Ленинград.* 일어역, 新谷敬三郎·磯谷孝 編譯(1971); 『ロシア·フォルマリズム論集』, 現代思潮社, 東京.

_____(1952), "쏘베트 언어학의 발전을 위하여 이. 웨. 스딸린(И. В. Сталин)의 로작들이 가지는 의의," 김일성종합대학 역(1955).

Binokur(1923), Г. О. Винокур : "Культура языка." *Печать и революция*, No. 5(1923).

Black(1989), J. A. Black : "The Babylonian grammatical tradition : the first grammars of Sumerian," *TPS* vol. 87 : pp.75~99.

Bloch(1948), B. Bloch : "A set of postulates for phonemic analysis," *Language* 24, pp.3~46.

_____(1949), "Leonard Bloomfield," *Language*, 25, pp.87~94.

Bloch·Trager(1942), B. Bloch & G. L. Trager : *Outline of linguistic analysis*, Special Publication of the Linguistic Society of America, Waverley Press, Baltimore.

Bloomfield(1914), Leonard Bloomfield : *An Introduction to the study of language,* Henry Holt, New York.

_____(1922), "Review of Sapir, Language," *the Classical Weekly*, 15, pp.142~143, Hocket eds.(1970), pp.91~94.

_____(1925a), "Why a linguistic society?" *Language* 1, pp.1~5, Hocket eds.(1970), pp.109~112.

_____(1925b), "On the sound system of central Algonquian," *Language* 1, pp.130~156.

_____(1933), *Language*, Allen and Unwin, New York.,(1935), Holt, London. 일어역, 勇康雄·增山節夫 譯(1959), 『言語』, 研究社, 東京; 三宅鴻·日野資純 譯注(1962), 『言語』, 大修館, 東京.

_____(1935), "Linguistic aspects of science," *Philosophy of Science* 2, pp.499~517.

_____(1943), "Twenty-one years of the Linguistic Society," *Language*, 22, pp.1~3.

Boas(1911), F. Boas : *Handbook of American Indian languages,* Bureau of American Ethnology, Washington D.C.

Bogatyre·Jakobson(1966), P. Bogatyre & R. Jakobson : "Die Folklore als besondere Form des Schaffens," *Roman Jakobson : Selected Writings*, 4. Mouton, London.

_____(1970), *Current Trends in Linguistics*, 1. Mouton, London.

Boloschinov(1928), В. Н. Волошинов : "Новейшие течния лингвистичекой мысли на Запде," *Литература и марксизм*, кн. 5, Москва.

_____(1929), *Марксизм и Философия языка~~Основные проблемы социологического мотода в науке о языке~~.* Ленинград. 일어역, 桑野隆 譯(1989), 『マルクス主義と言語哲學』, 未來社, 東京.

_____(1976), *Freudianism, A Marxist Critic.* Academic Press. Moskba.

Bopp(1816), Franz Bopp : "Über des conjugstion system der Sanskrit sprache in Vergleichung mit jenem der Grichischen, Lateinischen, Persischen und Germanischen Sprache." Berlin.

_____(1833~52), *Vergleichende Grammatik der Sanskrit, Zend, Armenischen, Griechischen, Lateinischen, Gothischen, und Deutschen*, Vols. 1~6, Berlin.

Botha(1979), R. P. Botha : "External evidence and the validation of mentalistic theories : A Chomskyan paradox," *Lingua* 48, pp.299~328.

Böhtlink(1839~40), Otto von Böhtlingk : *Pāṇini's acht Bücher grammatischer Regeln*, St. Petersburg.

_____(1887), *Pāṇini's acht Bücher Grammatik*, Leipzig.

Breklr·Luelsdorff(1975), H. E. Brekle & P. Luelsdorff : "Notes on Chomsky's extended standard version," *Foundation of Language* 12, pp.367~382.

Brend ed.(1972), R. Brend : *Kenneth L. Pike : Selected writings*, Mouton, The Hague.

Brightland(1711), J. Brightland : *A grammar of English tongue*, London.

Brown(1967), R. L. Brown : *Wielhelm von Humbolt's conception of linguistic relativity*, Mouton, The Hague.

Brugmann(1876), K. Brugmann : "Nasalis Sonans in der indogermanischen Grund-Sprache," *Studien zur grichischen und lateinischen Grammatik* 9, pp.287~338.

Brugmann·Delbbrück(1886~1900), K. Brugmann & B. Delbbrück : *Grundriss der vergleichende Grammatik der indo-germanischen Sprashen*, Strassburg.

Bugodski(1956), Л. С. Выгодский : *Избранные психологические исследования*, Москва.

일어역, 柴田義松 外 譯(1964), 『思考と言語』, 明治圖書, 東京.

_____(1968), *Психология искусства Изд. 2*, Москва.

일어역, 柴田義松 他 譯(1971) 『藝術心理學』, 明治圖書, 東京.

Bühler(1934), K. Bühler : *Sprachtheorie, Die därstellung Funktion der Sprach*, Jena.

Buiskool(1939), H. E. Buiskool : *The Tripādī*, Leiden.

Bullokar(1586), W. Bullokar : *Brief grammar for English*, London.

Burich(1897), С. К. Бурич : "Бодуэн де Куртенэ И. А. Критико-биографический словарь русских писателей и ученых", *под ред.* С. А.. Венгерова. т.5. СПб.

Bursill-Hall ed.(1972), G. L. Bursill-Hall : *Speculative grammar of Middle ages*, The Hague.

Bu ston rin chen grub(1729~33), *bDe bar gshegs pa'i gsal byed chos kyi ḥbyung gnas gsung rab rin po che'i mdzod*, sDe dge edition, 203 fols. [SRD]

Bühler(1880), Georg Bühler : *Indische Palaeographie*, Trübner, Strsßburg.

_____(1996), *Indian Paleography*, Oriental Books Reprint, Delhi. Bühler(1880)의 영역본.

Campbell(1984), R. N. Campbell; "The immersion education approach to foreign language teaching," In Studies on immersion education : A collection for United States educators, pp.114~142.

Carey(1806), W. Carey : *Grammar of the Sanskrit*, Serampore..

Carney tr.,(1964), E. Carney : *New trends in linguistics*, Lund, Stockholm. Malmberg(1959)의 영역.

Carter(1973), M. G. Carter : "An Arab grammarian of the eighth century," *JAOS* 93, pp.146~157.

Chafe(1970), W. L. Chafe : Meaning and the Structure Language, Univ. of Chicago Press, Chicago.

일어역, 青木晴夫 譯(1974), 『意味と言語構造』, 大修館, 東京.

Chakravarti(1930), *The phiolosophy of Sanskrit grammar*, Calcutta.

Chomsky(1951), Noam Chomsky：Morphophonemics of Modern Hebrew, Master's Thesis, University of Pennsylvania.

_____(1955a), *The Logical Structure of linguistic theory,* Mimeographed. Rpt. 1975, Plenum, New York.

_____(1955b), Transformational Analysis, Ph. D. Dissertation, Univ. of Pennsylvania.

_____(1956), "Three models for the description of language," I. R. E. Transactoons on Informational Theory, IT-2, pp.113~124.

_____(1957), *Syntactic Structure*, Mouton, The Hague.

　일어역, 勇康雄 譯(1963), 『文法の構造』, 研究社, 東京.

_____(1959), "Review of B. F. Skinner, Verbal behavior(1957)", *Language,* 35：26~58.

_____(1964), *Current Issues in Linguistic Theory,* Mouton, The Hague.

　일어역, 橋本万太郎、原田信一 共譯(1972), 『現代言語學の基礎』, 大修館, 東京.

_____(1965), *Aspects of the Theory of Syntax,* MIT Press, Cambridge. MA.

　일어역, 安井稔 譯(1970), 『文法理論の諸相』, 研究社, 東京.

_____(1966a), *Cartesian linguistics*, Harper & Row, New York, London.

　일어역 川本茂雄 譯(1976), 『デカルト派言語學』, みすず書房, 東京.

_____(1966b), *Topics in the Theory of generative Grammar*, Mouton, The Hague.

_____(1966c), "The current scene in linguistics：Present directions," *College English* vol. 27, pp.587~195, Reibel·Schane eds.(1969：3-12).

_____(1968), *Language and Mind*, Haracourt, Brace & World, New York.

　일어역, 川本茂雄 譯(1976), 『言語と精神』, 河出書房新社, 東京.

_____(1969), "Deep structure, surface structure, and semantic interpretation", Jakobson·Kawamoto eds.(1970).

_____(1970a), "Deep structure, surface structure, and semantic interpretation," Jakobson· Kawamoto eds.(1970).

　이 논문은 Chomsky(1972b)와 같다.

_____(1970b), "Remarks on nominalization," Jacobs & Rosenbaum eds., 1970. 이 논문은 Chomsky(1972b)와 같다.

_____(1972a), *Studies on Semantics in Generative Grammar*, Mouton, The Hague.

　일어역, 安井念 역(1976)：『生成文法の意味論研究』, 研究社, 東京.

_____(1972b), "Some empirical issues in the theory of transformational grammar," Peters ed.(1972)

_____(1973), "Conditions on transformations," In Anderson and Kiparsky eds.(1973). Chomsky (1977b).

_____(1975a), *Reflections on Language*, Pantheon Books, New York.

　일어역, 井上和子·神尾昭雄·西山佑司 共譯(1979)：『言語論』, 大修館, 東京.

_____(1975b), "Questions of form and interpretation," *LA* 1, pp.75~109. In Chomsky(1977b).

_____(1976), "Conditions on rules of grammar," *LA* 2, pp.303~351, In Chomsky(1977b).

_____(1977a), "On the nature of language," In Chomsky(1977b).

_____(1977b), *Essays on form and interpretation*, Elsevier North-Holland Inc. New York.

일어역, 安井念 譯(1982), 『形式と意味』, 研究社, 東京.

_____(1977c), "On wh-movement," In Culicover et al. eds.(1977).

_____(1979), *Language and Responsibility,* Pantheon Books, New York.

일어역, 三宅德嘉·矢野正俊 共譯(1980), 『チョムスキーとの対話』, 大修館, 東京.

_____(1980), *Rules and Representation,* Columbia Univ. Press, New York.

_____(1981), *Lectures on Government and Binding*, Foris, Dordrecht.

일어역, 安井稔, 原口庄輔 共譯(1986) : 『統率·束縛理論』, 研究社, 東京.

_____(1982), *Some Concepts and Consequences of the Theory of Government and Binding,* MIT Press, Cambridge, MA.

일어역, 安井稔, 原口庄輔 共譯(1987), 『統率·束縛理論の意義の展開』, 研究社, 東京.

_____(1986a), *Knowledge of language : His nature origin, and use,* Preeger.

_____(1986b), *Barriers*, MIT Press, Cambridge MA.

Chomsky·Halle(1968), Noam Chomsky & Morris Halle : *Sound Patterns of English*, Harper & Row, New York.

Chung(2004), Kwang Chung : "On Polivanov's Study of the Genealogy of Korean ─ Focused on Polivanov's Life and His Scholarship ─," Paper presented ICKL 2004(July 13~14) at Ankara Univ., Antalia, Turkey.

_____(2005), "<Review> Christopher I. Beckwith, *Koguryo-The language of Japan's continental relatives*," 『北方史論叢』(高句麗財團) No.5, pp.369~377.

Chung et Ali. eds.(2015), Kwang Chung Alexander Vovin, Martine Robbeets, 홍재성, 목정수, 박진호 : *Pinpoint the Linguistic coordinate of Korea-beyond genealogy and typology*, Yoekrak, Seoul.

Clark·Halquist(1984), Katerina Clark & Michael Halquist : *Mikhail Bakhtin,* Cambridge, Mass.

한국어역, 여홍상 편역(1995), 『바흐친과 문화이론』, 문학지성사, 서울.

Cobbett(1819), William Cobbett : *Grammar of the English language*, London.

Cohen(1955), Marcel Cohen : *Cinquante années de recherches linguistiques, ethnologique, sociologique, critiques et pédagogiques,* Paris.

_____(1956), *Pour une sociologie du langage,* Paris.

Collinder(1952), Björn Collinder : "Ural~Altaisch", *UAJ(Ural-Altaisch Jahrbücher,* Wiesbaden) 24, pp.1~26.

Comrie(1981), B. Comrie : *The Languages of the Soviet Union*, Cambridge, London.

Coseriu(1969), E. Coseriu : *Die Geschichte der Sprachphilosophicon der Antike bis zur Gegenwart,* Tübingen.

Covington(1984), M. A. Covington : *Syntactic theory in the high Middle age*, Cambridge.

Croce(1902), Benedetto Croce : *Estetica come scienza dell' espressionee lingistica generale*, Rome.

Crystal(1971), D. Crystal : *Linguistics*, Harmondsworth, Middlesex : Penguin Books.

일어역, 瀧本二郎 譯(1975), 『言語學とは何か』, 南雲堂, 東京.

Culler(1976), Jonathan Culler : *Saussure*, Fontana, London-Glassgow.

　　일어역, 川本茂雄(1978), 『ソシユール』, 岩波現代叢書 12, 岩波書店, 東京.

Culicover et al. eds.(1977), P. W. Culicover & T. Wasow & A. Akmajian : *Formal Syntax*, Academic Press, New York.

Curtius(1858), Georg Curtius : *Grundzüge der grichischen Etymologie*, Leipzig.

Curtius·Brugmann ed.(1869~1868), Georg Curtius & Karl Brugmann : *Studien zur griechkischen und lateinischen Grammatik,* Leipzig.

Dallet(1874), Ch. Dallet : *Histoire de l'Eglise de Corèe*, Paris.

Dani(1963), A. H. Dani : *Indian Palaeography*, Oxford Univ. Press, London.

Daniels(1990), Peter T. Daniels : "Fundamentals of Grammatology", *Journal of American Oriental Society*, No.110, pp.727~730.

Danielsson(1955), B. Danielsson : *John Hart's works on English orthography and pronunciation,* Stockholm.

Danilov(1931), G. Danilove : review, "E. Polivanov, Za marksistskoe jazykoznaie," *Russkij jazyk v sovetskoj škole*, Nos. 6-7.

Dasgupta(1958), C. C. Dasgupta : *The Development of Kharoṣṭhī Script,* Calcutta.

Davidson·Harman eds.(1972), D. Davidson & G. Harman : *Semantics of Natural Language*, Reidel, Dordrecht.

Derrida(1967), Jacques Derrida : *De la grammatologie*, Minuit, Paris.

Diez(1836~44), Friedrich Diez : *Grammatik der romanischen sprachen*, Bonn.

Diogenes(3C. B.C.), *Vitae Philosophorum*, Athene.

Dobson ed.(1957), E. J. Dobson ed. : *The phonetic writings of Robert Robinson*, London.

Donatus(330 A.D.), Aelius Donatus : *Ars Grammatica,* Rome.

Doroszewski(1969), W. Doroszewski : "Quelques remarques sur les rapport de la sociologie et de la linguistique," E. Durkheim et F. de Saussure. *Essais sur le langage,* Les Éditions de Minuit, Paris.

Dowty·Wall·Peters(1981), David Dowty·R. E. Wall·S. Peters : *Introduction to Montague semantics,* D. Reidel publishing company, Dordrecht(Holland).

Dragunov(1930), A. Dragunov : The hP'ags~pa Script and Ancient Mandarin, *Izvestija Akademii Nauk*, SSSR, (1941년 北京 勤有堂書店 影印本 참조).

Durand(1990), Jacques Durand : *Generative and Non-linear Phonology*, Longman Ltd., New York.

Dyer(1983), Svetlana Rimsky-Korsakoff Dyer : *Grammatical Analysis of the Lao Ch'i-ta, With an English Translation of the Chinese Text*, Faculty of Asian Studies Monographs : New Series No. 3, Australian National University, Canberra.

＿＿＿(2005), *Pak The Interpreter-An annotated translation and literary-cultural evaluation of the Piao Tongshi of 1677-*, The Australian National University, Pandanus Books, Canberra.

　　이 책은 2006년 2월에 University of Hawaii Press에서 재간됨.

Eliséèv(1924), Serge Eliséèv : "La langue Coréenne," A. Meillet & Marcel Cohen eds. *Les langue du monde,* 1924, Paris.

Elson ed.(1960), B. Elson : *A William Cameron Townsend en el XXV aniversario del I.L.V,* Instito Linguistico del Verano, Mexico, D. F.

Emmerick et al. eds.(1996), *Turfan, Khotan und Dunhwang, Vorträge der Tagung "Annemarie v. Gabain und Turfanforschung",* Academie Verlag, Berlin.

Emonds(1976), J. Emonds : *A Transformational Approach to English Syntax,* Academia Press.

Engels(1935), F. Engels; *Naturdialektik,* 우리말 번역 『자연변증법』, 조선로동당 출판사, 평양, 1957. 개정판, 1966.

Erasmus(1528), Desiderius Erasmus : *De recta Latini Graeique sermónis pronunciátĭone,* Basle.

Erlich(1959), Victor Erlich; *Russian Formalism.* 3 edition, Mouton, New York~London.

Faddegon(1936), B. Faddegon : *Studies on Pāṇini's grammar,* Amsterdam.

Fages(1968), J. B. Fages : *Comprendre le Structualism,* Paris.
　　　　한국어 역, 김현 역(1972), 『構造主義란 무엇인가』, 文藝출판사, 서울.

Fillmore(1968), C. J. Fillmore : "The case for case," In Bach and Harms eds.(1968).

_____(1969), "Toward a modern theory of case," Reibel and Shane eds.(1969), pp.361~375.
　　　　일어역, 田中春美·船城道雄 共譯(1975), 『格文法の原理 ― 言語の意味と構造』, 三省堂, 東京.

_____(1971), "Some problems for case grammar," *Monograph Series on Language and Linguistics,* 24.

Fillmore·Langendoen eds.(1971), C. J. Fillmore & D. T. Langendoen : *Studies in linguistic semantics,* Holt, Rinehart and Winston, New York.

Firth(1935), John. Rupert Firth : "The technique of semantics," *TPS,* pp.36~72. Firth ed.(1957a) pp.92~120.

_____(1946), "The English school of phonetics," *TPS,* pp.92~132. Firth ed.(1957a) pp.92~120.

_____(1948), "Sounds and prosodies," *TPS,* pp.127~152. Firth ed.(1957a), pp.121~138.

_____(1957a), "Ethnographic analysis and language with reference to Malinowskis view," Firth ed.(1957) pp. : 93~118.

_____(1957b), *Man and Culture,* London.

_____ ed.(1957), *Papers in linguistics, 1934~1951,* Oxford Univ. Press, Oxford.

Fleming(1969), I. Fleming : "Stratificational theory : an Annotated Bibliography," *Journal of English Linguistics,* Western Washington State College, Seatle.

Fodor·Katz eds.(1964), J. A. Fodor & J. J. Katz : *The structure of language : Readings in the philosophy of language,* Prentice-Hall, Englewood Cliffs, N, J.

Frank(1990), Joseph Frank, "The Voices of Bakhtin," Ch. 2 in Through *the Russian Prism : Essays on Literature and Culture,* Princeton UP, Princeton, pp.18~33.
　　　　한국어 역, 여홍상 역(1995), "바흐친의 생애와 사상", 『바흐친과 문화이론』(현대의 문화이론 총서 24), 문학과 지성사, 서울, pp.17~43.

Fries(1961), C. C. Fries : "The Bloomfield 'school'," In Mohrmann et al. eds.(1961).

_____(1962), *Linguistics and Reading,* Holt, Rinehart & Winston, New York.

Fries·Pike(1949), C. C. Fries & K. L. Pike : "Coexistent phonemic systems," *Language,* 25, pp.29~50

Gabelentz(1892), G. von der Gabelentz : "Zur Beurtheilung des Koreanischen Schrift und Lautwesens", *Sitzungsberichte der Königlich Preussischen Akademie der Wissenschaften* zu *Berlin*, Berlin.

_____(1901), *Die Sprachwissenschaft, Ihre Aufgaben, Methoden und bisherigen Ergebnisse,* Leipzig.

Gardiner(1932), A. H. Gardiner : *The theory of speech and language*, Clarendon Press, Oxford.

Garvin(1969), P. Garvin : "The Prague school of linguistics," Hill ed.(1969), pp.229~238.

_____ ed.(1970), *Method and theory in linguistics*, Mouton, The Hague.

Giles(1892), Herbert A. Giles : *A Chinese-English Dictionary*, London.

Gilliéron(1902~10), J. Gilléron : *L'Atlas linguistique de la France*, Paris.

Gleason(1955), H. A. Gleason Jr. : *An Introduction to descriptive linguistics*, Holt, Rinehart and Wiston, New York.

　　　일어역, 竹林滋·橫山一郎 共譯(1970), 『記述言語學』, 大修館, 東京.

Godel(1957), Robert Godel : *Les sources manuscrites da 'Cours de linguistique générale' de F. de Saussure,* Genève~Paris.

____ ed.(1969), *A Geneva school reader in linguistics*, Indiana Univ. Press, Bloomington, London.

Goldsmith(1990), John A. Goldsmith : *Auto-segmental and Metrical Phonology*, Basil Blackwell Ltd., Oxford.

Goonatileke(1882), W. Goonatileke : *Pāṇini's Eight Books of Grammatical Sutras*, London.

Grabmann(1926), M. Grabmann : *Mittellaterliches Geistesleben*, Munich.

Grammont(1895), Maurice Grammont : *La dissimilation consonatique dans les langues indo-européennes et dans les langue romanes,* Dijon.

Grierson(1919), G. A. Grierson : *Linguistic Survey of India*, Vol. 8, 1990년 재판.

Grimm(1819), Jakob Grim : *Deutche Grammatik*, vol. I.

_____(1822), *Rev. Deutche Grammatik*, vol.1, Gütersloh : C. Bettelman, Göttingen. vol II(1826), vol. III(1831).

Grgar(1973), М. Грыгар : "Кубизм и поэзия русского и чешского авангарда", *Structure of Texts and Semiotics of Culture*』, Mouton, New York~London.

Guiraud(1954), Pierre Guiraud : *La stylistique*, R.U.F., Paris.

　　　일어역, 佐藤信夫 譯(1959), 『文體論―ことばのスタイル―』, 白水社, 東京.

Hall(1950), Robert A. Hall Jr. : *Leave your language alone*, Ithaca & New York.

　　　일어역, 鳥居次好·興津達朗 譯注(1956), 『記述言語學入門』, 三省堂, 東京.

____(1951~2), "American linguistics, 1925~1950," *Archivum Linguisticum,* vol. 3, pp.101~125. reprinted (1958), Univ. of Glasgow, Glasgow.

　　　일어역, 興津達朗 譯註(1958), 『アメリカ言語學史 1925~1950』, 英語教育シリーズ 9, 大修館, 東京.

____(1963), Idealism in romance linguistics, Chilton, Philadelphia.

____(1969), "Some recent developments in American linguistics," *New philologiche Mitteilungen* vol. 70, pp.192~227.

Halle(1962), Morris Halle : "Phonology in Generative Grammar," *Word* vol. 18, pp.54~72.

Halliday(1961), M. A. K. Halliday : "Categories of the theory of grammar," *Word* 17, pp.241~292.

_____(1966), "Some notes on 'deep' grammar," Journal of Linguistics, Vol. 2-1, pp.57~67.

_____(1985), *An Introduction to Functional Grammar*, Edward Arnold, London.

Halliday·McIntosh·Strevens(1964), M. A. K. Halliday, A.. McIntosh, and P. Strevens : *The linguistic sciences and language teaching,* Longman, London.

Harris(1941), Z. S. Harris : "Review of Trubetzkoy, Grundzüge der phonologie," *Language,* 17, pp.345~349.

____(1951), *Methods in structural linguistic*s, Univ. of Chicago Press, Chicago.

____(1970), *Papers in Structural and transformational linguistic*s, D. Reibel, Dordrecht Holland.

Haugen(1951), E. Haugen : "Direction in modern linguistics,", *Lg* vol. 27, pp.211~222. Joos ed.(1957, pp.357~363)에 재록.

_____(1974), "Half a century of the Linguistic Society," *Lg* vol. 50, pp.619~621.

Häusler(1976), Frank Häusler : *Das Problem Phonetik und Phonologie bei Baudouin de Courtenay und in seiner Nachfol*ge, 2. erweiterete Auflage. VEB Max Niemeyer Verlage. Berlin.

Hayden·Alworth·Tate eds.(1968), D. E. Hayden · E. P. Alworth ·G. Tate : *Classics in linguistic*s, Peter Owen, London.

Hayman(1975), L. Hayman : *Phonology-Theory and Analysis-*, Holt, Reinhart and Winston, New York.

Helbig(1970), Gerhard Helbig : *Geschichte der neueren Sprachwissenschaft-Unter dem besonderen Aspekt der Grammatik Theorie*, Leipzig.

한국어역, 임환재(1984), 『言語學史』, 經文社, 서울.

일어역, 岩崎英二郎·早川東三·千石喬·三城滿禧·川島淳夫 譯(1972), 『近代言語學史 ― とくに文法理論を中心に ―』, 白水社, 東京.

Heintel(1964), *Johann Gottfried Herder : sprachphilosophischem Schriften,* Hamburg.

Herder(1891), G. Herder : "Abhandlung über den Ursprung de Sprache," in B. Suphan ed. *Herder's sämmtliche Werk,* Berlin, vol. 5 : 1~156.

일어역, 木村直司 譯(1972), 『言語起源論』, 大修館, 東京.

Hill(1958), A. A. Hill : *An Introduction to Linguistic Structures-From sound to sentence in English-*, Harcout, New York.

일어역, 筧壽雄 譯注 『言語構造序說(音素論)』, 南雲堂, 東京.

____ ed.(1969), *Linguistics today*, Holt, Rinehart & Winston, New York.

Hjelmslev(1928), Louis Hjelmslev : *Principes de grammaire générale*, Copenhagen.

_____(1935), *La catégorie des cas*, Aarhus. Copenhagen.

_____(1943), *Omkring sprogteories grundloeggelse,* Munks gaard, Copenhagen.

영어역, Whitfield(1953), F. J. Whitfield : *Prolegomena to a theory of language*, The Univ. of Wisconsin Press, 1961 증보.

일어역, 林榮一 譯述(1959), 『言語理論序說』, 研究社, 東京.

Hockett(1949), Charles F. Hockett : "Two fundamental problems in phonemics," *SIL*, vol. 7, pp.29~51.

_____(1954), "Two models of grammatical description," *Word*, vol. 10, pp.210~231.

_____(1955), "A manual of phonology," *IJAL,* pp.21~24.

_____(1958), *A Course In Modern Linguistics,* The Macmillan, New York.

_____(1961), "Linguistic elements and their relation," *Lg.,* vol. 37, pp.29~53.

_____(1968), *The state of the art,* Mouton, the Hague.

_____ ed.(1970), *A Leonard Bloomfield anthology,* Indiana Univ, Press, Bloomington.

Hoernle(1916), R. Hoernle : *Manuscript Remains of Buddhist Literature found in Eastern Turkestan,* Oxford.

Holder(1669), W. Holder : *Elements of Speech,* London.

Holenstein(1976), Elmar Holenstein : *Roman Jakobson's approach to language,* Indiana University Press, Bloomington.

Humboldt(1836~39), Wilhelm von Humboldt : *Über die Verschiedenheit der menschlichen Sprachbaues und ihren Einfluss auf die gestige Entwickelung des Menschen-geschlechts,* Berlin.

_____(1971), *Linguistic Variability & Intellectual Development,* University of Miami Press, Miami, Hunboldt(1836~39)의 영역.

Hunt(1941~3), R. Hunt : "Studies on Priscian in the eleventh and twelves centuries", *Mediaeval and renaissance studies,* vol. 1, pp.194~231.; vol. 2(1950).

____(1989), T*he History grammar in the middle ages,* Amsterdam studies in the theory and history of linguistic science, series III, volum 5.

Hymes ed.(1974), D. Hymes : *Studies in the history of linguistics : Traditions and Paradigms,* Indiana Uni. Press, Bloomington.

Ivanov(1976), В. В. Иванов : *Очерки по истории семиотики в СССР.* Москва.

Ivič(1963), Milka Ivič : *Pravci u lingvistici,* Belgrade.

영역본 M. Heppell tr.(1965), *Trends on Linguistics,* Mouton, London.

영역본의 일역본, 早田輝洋·井上史雄 駅(1974), 『言語學の流れ』, みすず書房, 東京.

일역본의 국역본 김방한(1982), 『言語學史』, 형설출판사, 서울.

Jaberg·Jud(1928), Karl Jaberg & Jakob Jud : ·*Sprach-und Sach-atlas Italiens und der Südschweiz·* Paris.

Jacobs·Rosenbaum eds.(1970), R. A. Jacobs & P. S. Rosenbaum : *Readings in English Transformational Grammar,* Ginn & Co., Waltham, MA.

Jakobson(1921), Роман О. Якобсон(Roman O. Jakobson) : *Новейшая поэзия.* Прага.

일어역, 水野忠夫 編(1971), 『ロシア·フォルマリズム文學論集 1』, せりか書房, 東京.

_____(1931), "Prinzipien der historischen phonologie," *TCLP* 4, pp.247~267.

불어역, Cantineau(1939), "Primciples de phonologie historique," Trubetzkoy's "Principes de phonologie" pp.315~336.

_____(1966a), "Henry Sweet's paths toward phonemics", In *memory of J. R. Firth*(eds C.E. Bazell et ali.), pp.242~254.

_____(1966b), *Roman Jakobson Selected Writings*, I., Phonological Studies, Mouton, The Hague.

_____(1970), *Main Trends in the Science of Language,* New York.

_____(1971a), *Roman Jakobson Selected Writings*, I. II, Phonological Studies, Second expended edition, Mouton, The Hague.

_____(1971b), *Word and Language,* Mouton, The Hague·Paris.

_____(1975), "Очередные задачи оыцей лингвстики," *Sound, Sign, and Meaning*, Ann Arbor, Michigan. Jakobson(1985 : 283~292)에서 인용.

_____(1981), *Poetry of Grammar and Grammar of Poetry,* Mouton, The Hague.

_____(1985), *Roman Jakobson Selected Writings* VII, Mouton, Berlin·New York·Amsterdam.

_____(1988), *Roman Jakobson Selected Writings* VIII, Completion Volume One, Major Works, 1976~1980, Mouton de Gruyter, Berlin·New York·Amsterdam.

Jakobson·Fant·Halle(1955), R. Jakobson & H. Pant & M. Halle : *Preliminaries to speech Analysis, the distinctive features and their correlates*, MIT, Boston.

Jakobson·Halle(1956), R. Jakobson & M. Halle : *Fundamentals of Language*, The Hague, New York.

Jakobson·Kawamoto eds.(1970), R. Jakobson & Kawamoto Sigeo(川本茂雄) : *Studies in General and Oriental Linguistics* : Presented to Shiro Hattori on the Occasion of His Sixtieth Birthday, TEC Co., Tokyo.

Jakubinskji(1919), Л. П. Якубинский; "О звуках стихотворного языка." *Поэтика, Пг.*

_____(1924), "О снижении высокого стиля у Ленина," *Леф,* No. 1(5).

　　　일어역, 桑野 隆 譯(1975), シクロフスキ 他 『レ~ニンの言語』, 三一書房, 東京.

_____(1926), "Ленин о <революционной> Фразе и смежных явленях," *Печать и революция,* кн. 3.

_____(1953), *История древнерусского языка*, Москва.

Jakubinskji·Ivanov(1932), Л. П. Якубинский и Н. М. Иванов : *Очерки по языку*, Москва.

Janhunen·Rybatski(1999), Juha Janhunen & Volker Rybatzki : *Writing in the Altaic World, Studia Orientalia*(The Finnish Oriental Society), Helsinki.

Jean(1987), Georges Jean : *L'écriture : mémoire des hommes*, Gallimard, Paris.

　　　일어역, 矢島文夫 監修, 『文字の歴史』 知の再發見 叢書 01, 東京 : 創元社.

Jespersen(1922), Otto Jespersen : *Language, its nature, development and origin*, Allen & Unwin, London.

　　　일어역, 市河三喜·神保格 共譯(1927), 『言語, 本質·發達および起源』, 岩波書店, 東京.

_____(1924), *The Philosophy of Grammar*, George Allen & Unwin, London.

　　　일어역, 半田一郎 譯(1958), 『文法の原理』, 岩波書店, 東京.

Johanson·Robbeets eds(2009), Lars Johanson & Martine Robeets eds : *Transeurasian verbal morphology in comparative perspective : genealogy, contact, chance*, Turcologica 78, Harassowitz, Wiesbaden.

Jones(1807), Sir William Jones : *Works,* London.

____(1807), *Dissertation on the orthography of Asiatic words in roman letter*, *Works*, vol. 3 pp.253~318.

Jones(1918), Daniel Jones : *An outline of English phonetics*, first edition, London.

____(1947), *An outline of English phonetics*, sixth edition, London.

____(1950), *The phoneme : its nature and use,* Heffer, Cambridge.

____(1951), "History and meaning of the term 'phoneme'," *Maitre phnoetique*(July to December, 1951).

supplement.

Jonson(1640), B. Jonson : *The English grammar,* London.

Joos(1958), Martin Joos : "Semiology; A linguistic theory of meaning," *SIL* 13, 53~70.

____(1964), *The English Verb; Form and Meaning,* The Univ. of Wisconsin Press, Madison.

Joos ed.(1957), *Readings in Linguistics I : The Development of Descriptive Linguistics in America* 1925~56, The Univ. of Chicago Press. Chicago.

Kahn(1976), Daniel Kahn : *Syllable based generalizations in English phonology,* MIT. Ma.

Karcevskij(1927), Sergei Karcevskij : *Sytéme du verbe russe, Essai de linguistique synchronique,* Prague.

Karlgren(1954), Bernhard Karlgren : *Compedium of Phonetics in Ancient and Archaic Chinese,* Stockholm.

_____(1957), *Grammata Serica Recensa.* Museum of Far Eastern Antiquities, Stockholm.

Katre(1981), Sumitra M. Katre : *A Glossary of Grammatical Elements and Operation in Aṣṭādhyāyi,* CIII. Occasional Monograph Series 20, Central Institute of Indian Languages, Mysorè, Bloomington.

____(1987), *Aṣṭādhyāyi of Pāṇini :* In Roman Translation by Sumitra M. Katre, University of Texas Press, Austin.

Katz(1966), J. J. Katz : *The Philosophy of language,* Harper & Row, New York.

일어역, 西山佑司 譯(1971), 『言語と哲學』, 大修館, 東京.

Katz·Fodor(1963), J. J. Katz & J. A. Fodor : "The structure of semantic theory," *Language,* 39-2, pp.170~210.

Katz·Postal(1964), J. J. Katz & P. M. Postal : *An integrated theory of linguistic description,* M.I.T Press, Cambridge, Mass.

Kaverin(1928), В. А. Каверин : *Скандалист,* Москва.

_____(1989), *Петроградский студент,* Москва.

Kenstowicz(1994), Michael Kenstowicz : *Phonology in Generative Grammar,* Blackwell, Cambridge MA. Oxford UK.

Kiparsky(1985), Paul Kiparsky : *Explanation in Phonology,* Foris, N.J.

Kim(2014), Jeong-Seok Kim : *Generative Analysis-A second course-,* Sejin, Seoul.

Klaproth(1812), J. von Klaproth : *Abhandlung über die Sprache und Schrift der Uiguren,* Berlin.

Koerner(1832), J. Koerner : *Aperçu de l'origines des dioverses écitures de l'ancien monde,* Paris.

_____(1976), E. F. K. Koerner : "Phoneme," *Phonetica* vol. 33, pp.222~231.

_____(1982), E. F. K. Koerner et al. eds. : "Studies in medival linguistic thought", *Histographia linguistica,* 7. 1-2.

Krause·Thomas(1960), W. Krause and W. Thomas : *Tocharische Elementarbuch,* Band 1 : Grammatik, Winter, Heidelberg.

Kukenheim(1932), L. Kukenheim : *Contributions à l'histoire de la grammaire italienne, espagnol, et française à l'époque de la Renaissance,* Amsterdam.

_____(1951), *Contributions à l'histoire de la grammaire grecque, latine, et hébraique à l'époque de la Renaissance*, Leiden.

_____(1962), *Esquisse historique de la linguistique française*, Leiden.

LaCapra(1984), Dominick LaCapra; *Rethinking Intellectual History* : "Bakhtin, Marxism, and the Carnivalesque,"

Ladefoged(1975), Peter Ladefoged : *A Course in Phonetics,* 2nd ed.(1982), New York.

Lakoff(1969), George Lakoff : "On generative semantics," Steinberg·Jakobovits eds.(1971).

Lamb(1967), P. Lamb : *Linguistics in proper perspective*, Charles E. Merrill, Columbus.

Lamb(1966), S. M. Lamb : *Outline of stratificational grammar,* Georgetown Univ. Press, Washington D.C.

Langendoen(1968), D. T. Langendoen : *The London school of linguistics : A study of the linguistic theories of B. Maliniwiski and J. R. Firth*, Research monograph 46, M.I.T. Press. Boston.

Law(1982), V. A. Law : The insular Latin grammarians, Woodbridge.

Lehmann(1962), W. P. Lehmann : *Historical linguistics : An introduction*, Holt, Rinehart & Winston, New York.

　　일어역, 松浪 有 譯(1967), 『歷史言語學序說』, 研究社, 東京.

_____ ed.(1967), *A reader in nineteenth-century historical indo-european linguistics,* Indiana Univ. Press, Bloomington.

Leibig(1891), B. Leibig : *Pāṇini : ein Beitraag zur Kenntnis der indischen Literature und Grammatik,* Leipzig.

Leitner ed.(1986), G. Leitner : *The English reference grammar*, Tübingen.

Lenin(1924), В. И. Ленин : *О праве наций на самоопределение*, Москва.

　　한국어 역(1958) 『민족 자결에 관하여』, 조선 로동당출판사, 평양.

Leont'ev et ali.(1974), A. A. Leont'ev et ali. compiled, *E. D. Polivanov Selected Works, Articles on General Linguistics,* Mouton, The Hague & Paris.

Leont'ev·Rojzenzon·Xajutin(1974), A. A. Leont'ev & L. I. Rojzenzon & A. D. Xajutin : "The Life and Activities of E. D. Polivanov," Leont'ev et ali.(1974 : 11~31).

_____(1974), A. A. Leont'ev et ali. compiled, *E. D. Polivanov Selected Works, Articles on General Linguistics*, Mouton, The Hague & Paris.

Lepsius(1855), C, R, Lepsius : *Standard alphabet,* London.

Leroy(1963), *Les grands courants de la linguistique moderne,* Univ. of Brussels & Univ. of France Press, Brussels : Paris.

　　영어역, G. Price tr.(1967), *The main trends in modern linguistics*, Blackwell, Oxford.

Leskien(1876), A. Leskien : *Declination im Slawisch-Litauischen und Germanischen,* Leipzig.

L'Hermitte(1969), René L'Hermitte : "La linguistique sovietique," *Language* vol. 15.

Liberman(1975), Mark Liberman : The Intonational system of English, Cambridge, Mass. MIT Ph.D dissertation.

Lotman(1970), Ю. М. Лотман : *Структура художествнного текста*, Москва.

　　일어역, 磯谷 孝 譯(1977), 『文學理論と構造主義』, 勁草書房, 東京.

Loya(1968), Я. В. Лоя : *История лингвистических учений*, Москва.

Lyons(1970a), John Lyons : *Noam Chomsky*, Viking Press, New York.

　일어역, 長谷川欣佑 譯(1973), 『チョムスキー』, 新潮社, 東京.

＿＿＿(1970b), *New horizons in linguistics*, Penguin Books.

　일어역, 田中春美 監譯(1973), 『現代言語學』, 大修館, 東京.

Maclay(1971), S. M. Maclay : "Linguistics : Overview," D. Steiberg & L. Jakobovits eds. *Semantics*, Cambridge Univ. press, Cambridge.

Malinowski(1936), B. Malinowski : "The problem of meaning in primitive languages," Ogden and Richards(1923, 1952), Supplement 1, pp.296~336.

Malmberg(1959), B. Malmberg : *Nya vägar inom språkforsingen*, Svenaka Borkförlaget, Stockholm.

　영어역, E. Carney tr.,(1964), *New trends in linguistics*, Lund, Stockholm.

Mandelbaum ed.(1949), D. G. Mandelbaum : *Selected Writings of Edward Sapir in Language, Culture and Personality*, Univ. of California Press, Berkeley & Los Angeles.

Markov(1968), V. Markov, *Russian Futurism*, Berkeley.

Martin(1954), Samuel E. Martin : *Korean Morphophonemics*, Linguistic Society of America, Baltimore

＿＿＿(1966), "Lexical Evidence Relating Korean to Japanese," *Language* No. 42, pp.185~251.

＿＿＿(1987), *The Japanese Language Through Time*. Yale University Press, New Haven.

＿＿＿(1990), Morphological clues to the relationship of Japanese and Korean.' In : Philip Baldi(ed.). *Linguistic Change and Reconstruction Methodology*. Trends in Linguistics : Studies and Monographs 45, pp.483~509.

＿＿＿(1991), "Recent Research on the Relationships of Japanese and Korean." *Sprung from Some Common Source*, 269-292. Stanford : Stanford University Press.

＿＿＿(1995), "On the Prehistory of Korean Grammar : Verb Forms," *Korean Studies*, No. 19 pp.139~150.

＿＿＿(2000), "How have Korean vowels changed through time?" *Korean Linguistics* No.10, pp.1~59.

Martinet(1949), André Martinet : *Phonology as functional phonetics*, Oxford, London.

＿＿＿(1955), *Économie des changements phonétique, Traité de phonologie diachronique*, Francke, Berne.

＿＿＿(1958), "Function, Structure, and Change," *Word* Vol. 6, No. 1.

　일어역, 黑川新一 譯(1958), 『機能·構造·音韻變』, 研究社, 東京.

＿＿＿(1960), *Eléments de linguistique générale*, Armand Colin, Paris.

　일어역, 三宅德嘉(1972), 『一般言語學要理』, 岩波書店, 東京.

Marx·Engels(1845~46), Karl H. Marx & F. Engels, *Die deutsche ideologie.*, Berlin.

　우리말 역(1957), 『독일 이데올로기』, 조선 로동당 출판사, 평양.

Mathesius(1907), Вилэм Матезиус : "Studié k déjinám anglickèho slovosledu," *Véstnik Čes, akademie* 16, pp.261~275.

＿＿＿(1911a), "O potenciálnosti jevü jazykovych", *Véstnik Kráhl Čes, společnosti nauk*, tr. histor., pp.1~24.

　영어역, Vachek ed.(1964), pp.1~32.

_____(1911b), "Poznámky o tzv. elipse a anglických vètach neslovenských," *Sbornik filogiscky* vol. 2, pp.215~234.

_____(1912), "O apposici v moderni angličtinĕ," *Sbornik filogiscky*, vol. 3, pp.240~251.

_____(1916), "Z nove literatury o rhthmu a slovosledu současné angličtumy," *Véstnik Čes, akademie* 19, pp.496~519.

_____(1928), "On linguistic characterology, with illustrations from modern English," Premier Congress International de Linguistes a la Haye L. Prepositions(Nimĕgu 1928) pp.28~34.

_____(1929a), "Zur Satzperspektive im moderen English," *Herrigs Archv* 155, pp.202~210.

_____(1929b), "La structure phonologique du lexique du tchéque moderne," *TCLP* I, pp.67~84, Vachek(1966 : 156~176).

_____(1935), "Zur synchronischen Analyse fremden Sprachguts," *Englisch Studien* vol. 70, pp.21~35. Vachek.(1964 : 306~319).

_____(1961), *Obsahovy rozbor současnĕ angličtini na základĕ obesnĕ lingvistickĕm*, Praha. 영역판(1975), The Hague, Paris.

_____(1965), "Куда мы пришли в языкознании," *История языкознания XIX~XX веков в очер ках и извлечениях*, В. А. Звегинцева, ч. 2. 일어역, 磯谷孝 譯(1975), "19世紀から20世紀へ," 『現代思想』(靑士社) 1975年 6月號.

Maue & Sims-Williams(1991), D. Maue and N. Sims-Williams : "Eine sanskrit-sogdische Bildung in Brāhmī," *Bulletin of the School of Oriental and African Studies*, Vol. 54(3), pp.486~495.

Meillet(1921~36), Antoine Meillet : *Linguistique historique et linguistique générale*, 2 vols. Paris.

_____(1922), *Introduction à L'Étude Comparative des Langues Indo-Européennes,* Paris. 페이지 수는 Septième édition(1934)의 알라바마 대학 복사본(1964, Univ. of Alabama Press)의 second printing(1966)에 의함.

Meillet·Cohen(1924), Antoine Meillet & Marcel Cohen : *Les langue du monde,* CNRS, Paris. 일어역, 泉井久之助 編(1954), 『世界の言語』, 朝日新聞社, 東京.

Miklosich(1870), Franz Miklosich : *Vergleichende Grammatike der Slavischen Sprachen*, Ljubjana.

Ming((1964), Lai Ming : *A history of Chinese literature*, London.

Miśra(1966), V. N. Miśra : *The descriptive technique of Pāṇini : an introduction*, The Hague.

Mohrmann et al. eds.(1961), C. A. Sommerfelt Mohrmann & J. Whatmough : *Trends in European and American Linguistics 1930~1960,* Spectrum, Utrecht & Antwerp.

Montague(1974), Richard Montague : *Formal Philosophy : Selected Papers of Richard Montague,* ed. by Richmond Thomason, Yale Univ. Press, New Haven.

Mounin(1968), George Mounin : *Saussure ou le structuraliste sans le savoir*, Éditions Seghers. Paris. 일어역, 福井芳男·伊藤晃·丸山圭三郎 譯 『ソシュ-ルー 構造主義の原點』, 大修館, 東京.

_____(1970), *Histoire de la linguistique*, Paris.

Müller(1855), Max Müller : *The Languages of the Seat of Far in the East, With a Survey of Three Families of Languages, Semitic, Arian, and Turanian,* London-Edinburgh-Leipzig.

_____(1869), *Essays* I, Leipzig.

_____(1884), *Anecdota Oxonniensa*, Vol.1, Part 3.

Murray(1795), Lindly Murray : *English Grammar, Adapted to the Different Classes of Learners,* London
_____(1821), *English Grammar*, thirty-fourth edition, York.

Narkyid(1983), Nagawangthondup Narkyid : "The Origin of the Tibetan script," in E. Stein-kellner &
H. Tauscher eds. *Contributions on Tibetan language, history, and culture,*(Proceedings
of the Csoma de Kőrös Symposium held at Velm-Vienna, Austria, 13–19 September 1981,
Wiener Studien zur Tibetologie und Buddhismuskunde 10), Wien : Arbeitskreis für
Tibetische und Buddhistische Studien Universität Wien, pp.207~220.

Newmeyer(1986a), Fredrick J. Newmeyer : *Linguistic Theory in America*, Kul Press, New York.
한국어역, 나병모 역(1991), 『현대 언어학의 흐름』, 도서출판 글, 서울.

_____(1986b), "Has there been a 'Chomskyan revolution' in linguistics?" *Language,* 62, pp.1~18.

Nida(1951), E. A. Nida : *A Synopsis of English Syntax*, Afghan Institute of Technology, South Pasadena,
CA.

_____(1960), "Some problems of semantic structure and translational equivalence," In Elson ed.(1960).

Ogden·Richards(1923), C. K. Ogden & I. A. Richards : *The meaning of meaning*, Harcourt, Brace, New
York. 1952 재판.
일어역, 石橋幸太郎 譯(1936), 『意味の意味』, 興文社, 東京. 新泉社에서 1967에서 재판.

Osthoff·Brugmann ed.(1878), Hermann Osthoff & Karl Brugmann : *Morphologische Untersuchung en
auf dem Gebiete der indogermanischen Sprachen,* Leipzig.
영어역, Lehmann(1967).

Paetow(1914), L. J. Paetow : *The battle of the seven arts*, Berkeley.

Pallas(1787~1789), P. S. Pallas : *Linguarum totius orbis vocabularia*-Comparativa Augustissimae cura
Collecta, St. Petersburg.

Palmer(1971), F. Palmer : *Grammar*, Harmondsworth : Penguin Books.
일어역 高橋久 譯(1974), 『グラマー』, 文化評論出版, 東京.

Pandey(1952), *Indian Palaeography,* Indo : Benares.

Papp(1966), Ferenc Papp, *Mathematical Linguistics in Soviet Union.* Mouton, New York~London.

Paul(1880), Hermann Paul : *Prinzipien der Sprachgeschichte*, Berlin.
영어역, Strong(1889), *Principles of the history of language*, London.
일어역, 福本喜之助 譯(1965), 『言語史原理』, 講談社, 東京.

Pauthier(1862), G. Pauthier : "De l'alphabet de P'a~sse~pa", *JA(Journal Asiatique,* Paris*)*, sér.V, 19 :
8(Janv, 1862), pp.1~47.

Pedersen(1924), H. Pedersen : *Sprogvidenskaben i det Nittende Aarhundrede : Methoder og Resultater,*
Gyldendalske, Köbenhavn.
영어역, J. W. Spargo tr.(1931), *Linguistic science in the nineteenth century : Methods and results,*
Cambridge.
Reissued(1962), *The discovery of language*, Indiana univ. Press, Bloomington.

Perrot(1971), Jean Perrot : *La Linguistique,* Que sais~je N. 570, Neuvième edition, Paris.

　일어역, 高塚洋太郎, 內海利郎, 滝沢隆幸, 矢島猷三(1973)：『言語學』, 白水社, 東京.

Peters ed.(1972), S. Peters : *Goals of Linguistic Theory,* Englewood Cliffs, Prentice Hall, NJ.

Pike(1943), Kenneth L. Pike : *Phonetics-A Critical Account of Phonetic Theory, and a Thechnique for the Practical Description of Sounds-,* Univ. of Michigan Press, Ann Arbor.

____(1947a), "Grammatical prerequisites," *Word,* vol. 3, pp.155~172.

____(1947b), *Phonemics ~ A Technical for Reducing Languages to writing,* Univ. of Michigan Press, Ann Arbor.

____(1948), *Tone Languages, -A Technique for Determining the Number and Type of Pitch Contrasts in a Language, with Studies in Tonemic Substitution and Fusion,* Univ. of Michigan Press, Ann Arbor.

____(1952), "More on grammatical prerequisites," *Word,* vol. 8, pp.105~121.

____(1954), *Language in Relation to a Unified Theory of the Structure of Human Behavior,* Mouton, The Hague.

____(1967), *Language in relation to unified theory of structure of human behavior,* Mouton, The Hague.

Pinborg(1967), J. Pinborg : *Die Entwickilung der Sprachtheorie im Mittellater,* Copenhagen.

_____(1972), *Logik und Semantik im Mittelalter,* Stuttgart.

Polivanov(1927), Е. Д. Поливанов, "K voprosu o rodstevennyx otnošenijax koreikogo i 'altajskix' jazykov" *Izvestija Akademii nauk SSSR*(Series VI, Vol.XXI, Nos. 15-17, Leningrad.

_____(1928), *Введение в языкознание для востоковедных вузов.* Ленинград.

_____(1931), *За марксистское языкознание,* Москва.

_____(1968), *Статьи по общему языкознание,* Москва.

Pomorska(1968), K. Pormorska : *Russian Formalist. theory and its Poetic Ambiance,* Mouton, New York~London.

Poppe(1933), Nicholas Poppe : *Бурят~монгольское языкознание,* Leningrad.

____(1950), "Review of G. J. Ramstedt's 'Studies in Korean Etymology'," *Harvard Journal of Asiatic Studies* 3.4.

____(1954), *Grammar of Written Mongolian,* Otto Harassowitz, Wiesbaden.

____(1957), *The Mongolian Monuments in ḥP'ags~pa Script,* Second Edition translated and edited by John R. Kruger, Otto Harrassowitz, Wiesbaden.

____(1960), *Vergleichende Grammmatik der Altaischen Sprachen,* Otto Harrassowitz, Wiesbaden.

____(1965), *Introduction to Altaic Linguistics,* Otto Harrassowitz, Wiesbaden.

____(1983), *Reminiscences,* Center for East Asian Studies, Western Washington University, Bellingham.
　일어역, 下內充·板橋義三 譯(1990), 村山七郎 監修, 『ニコラス·ポッペ 回想錄』, 三一書房, 東京.

Poppe et al.(1964), N. Poppe & L. Hurvitz & H. Okada, *Catalogue of the Manchu-Mongol Section of the Toyo Bunko.* Tokyo : The Toyo Bunko & Washington : The University of Washington Press. Seattle.

Pott(1833~6), August Friederich Pott : *Etymologische Forschungen auf dem Gebeite der indogermanischen Sprachen,* Lemgo.

Pozdněev(1895~1908), A. M. Pozdněev : *Lekcii po istorii mongolskoĭ literatuturĭ*, vol. I~III, St. Petersburg.

Prémare(1727), J. H. Prémare : *Notítĭa linguae Sinicae*, Hongkong(1883).

Prinsep(1837), J. Prinsep : "Note on the Facsimiles of Inscription from Sanchi near Bhilsa," *JASB*, Vol. VI.

Priscian(500. A.D.), C. Priscianus : *Institutiones grammaticae*, Constantinople.

Propp(1969), В. Я. Пропп, "Морфология сказки". Изд. 2~е, Москва.
　　일어역, 大木伸一 譯(1972), 『民話形態論』, 白馬書房, 東京.

Průcha(1972), Jan Prucha, *Soviet Psycholinguistics*. Mouton, New York, London.

Puraimond et al.(1979), J. M. Puyraimond & W. Simon & M. R. Séguy; *Catalogue du fonds mandchou. Bibliothèque Nationale*, Paris.

Radford(1981), Andrew Radford : *Transformational Syntax,* Cambridge University Press, London.
　　한국어역, 서정목·이광호·임홍빈 공역(1985), 『변형생성문법이란 무엇인가』, 을유문화사, 서울.

_____(1988), *Transformational Grammar*, Cambridge University Press, London.
　　한국어역, 서정목·이광호·임홍빈 공역(1990), 『변형문법』, 을유문화사, 서울.

Ramus(1545), Petrus Ramus : *Scholae grammaticae,* Paris.

Rask(1818), Rasmus K. Rask : "Undersogeles om det gamle nordiske eller islandske sprogs oprindelse," Copenhagen.
　　Hjelmslev ed.(1932), *Ausgewählte Abhandundlungen* Vol. I, pp.49~51, Levin & Munksgaad, Copenhagen.

_____(1834), *Den Skytiske Sproget, Sammlede filldells forhen utskyte Afandlingen* I, København.

Raza(1963), K. K. Raza : *Indian theory of meaning*, Madras.

Reibel·Schane eds.(1969), D. A. Reibel & S. A. Schane : *Modern studies in English : Readings in transformational grammar*, Prentice-Hall, Englewood Cliff, New Jersey.

Renou(1948~54), Louis Renou : *La grammaire de Pāṇini treduite du sanskrit avec des extraits des commentaires indigénes,* Paris.

_____(1966), *La grammaire de Pāṇini traduite du sanskrit avec des extraits des commentaires indigénes*, Revised edition, Ecole Française d"Extrme-Orient, 2v, Paris.

Ridel(1880), Félix-Clair Ridel(李福明) : *Dictionnaire Coréen-Français*(韓佛字典), Yokohama.

_____(1881), *Grammaire Coréene*(韓語文法), Yokohama.

Robeets(2005), Martine Robeets : "Is Japanese related Korean, Tungusic, Mongolian?," *Turcologica* 64, Harrassowitz. Wiesbaden.

_____(2015a), *Dictionary of Verb Morphology : Japanese and the Transeurasian Languages*, Mouton de Gruyter, Berlin.

_____(2015b), "Korean and the Transeurasian Type," Chung ed.(2015).

Robey ed.(1973), D. Robey : *Structuralism : an introduction*, Clarendon Press, Oxford.

Robins(1951), Robert Henry. Robins : *Ancient and Mediaeval Grammatical Theory in Europe,* Bell & Sons, London.

_____(1967), *A Short History of Linguistics*, Longman, London & New York : Longman Linguistics Library, First published 1967, Second edition 1979, Third edition(1990), 필자가 참고한 것은 Fourth Edition(1997).

_____(1971), "Malinowski, Firth, and Context of Situation," E. Ardener ed. *Social Anthropology and Language*, Tavistock, London.

_____(1986), "The evolution of English grammar books since the Renaissance," Leitner ed.(1986 : 292~306).

_____(1990), 3rd edition, *A Short History of Linguistics*, Longman, London & New York.
일어역, 中村 完·後藤 齊 공역(1992), 『言語學史』, 硏究出版社, 東京. Third edition(1990)의 일어역.

_____(1997), 4th Edition, *A Short History of Linguistics*, Longman, London & New York : Longman Linguistics Library, Geoffery Horrocks(Univ. of Cambridge), David Denison(Univ. Manchester) eds. London.

Rocher(1964), R. Rocher : "'agent' et 'object' chez Pāṇini," *JAOS* 84, pp.44~54.

Roos(1952), H. Roos : "Die modi significandi des Martinus de Dacia", *Beiträge sur Geschichte der Philosophie und Theologie der Mittelalters,* 37-2.

Rosier(1983), I. Rosier : *La grammaire spéculative des Modites*, Lille.

Rousseau(1822), Jean Jacque. Rousseau : "Essai sur l'origine de langues ou il est parle de la Melodie et de L'imitaton Musi-cale", *Oeuvre de J. J. Rouseau,* Paris, Vol. 13, pp.163~257.
일어역, 小林善彦 譯(1970), 『言語起源論』, 現代思潮社, 東京.

Rowe(1974), J. H. Rowe : "Sixteenth and seventeenth century grammars," Hymes ed.(1974)

Salomon(1998), R. Salomon : Indian Epigraphy : *A Guide to the Study of Inscription in Sanskrit, Prakrit and the Other Indo-Aryan Languages*, Oxford Univ. Press, New York.

Salus(1969), P. H. Salus : *On Language, Plato to von Humboldt*, Holt, Rinehart & Winston, Inc., Ney York.

Sampson(1980), Geoffrey Sampson : *Schools of Linguistics*, Stanford university Press, Stanford.

_____(1985), *Writing Systems—A linguistic introduction—*, Hutchinson, London.

Sander(1968), L. Sander : *Paläographisches zu den Sanskrithandschriften der Berliner Turfansammalung,* Steiner, Wiesbaden.

_____(1983), "Einige neue Aspekte zur Entwicklung der Brāhmī in Gilgit und Bamiyan," in K. Röheborn & W. Veenker eds. *Sprachen des Buddhismus in Zentralasien*, Harrassowitz, Wiesbaden, pp.113~124.

_____(1986), "Brāhmī scripts on the Eastern Silk Roads," *Studien zur Indologie und Iranistik,* 11/12, pp.159~192.

_____(1989), "Remarks on the Formal Brāhmī of Gilgit, Bāmiyān, and Khotan," in K. Jettmar ed. *Antiquities of Northern Pakistan. Report and Studies*, Vol. 1 : *Rock Inscriptions in the Indus Valley*(Phillipp von Zabern, Mainz), Text 107~130, Plates 196~207.

Sandys(1921), J. H. Sandys : *History of classical scholarship*(third edition), Cambridge.

Sansom(1928), G.S. Sansom : *An historical grammar of Japanese,* Oxford.

Sanctius(1587), Sanchez Sanctius : *Minerva seu de causis linguae Latinae*, Amsterdam.

Sapir(1907~8), Edward Sapir : "Herder's 'Ursprung der Sprache'," *Modern Philology*, no. 5, pp.109~142.

____(1921), *Language, An Introduction to the study of speech*, Harcourt, New York.

일어역, 木坂千秋 譯(1943), 『言語 — ことばの研究序說』、刀江書院, 東京 : 泉井久之助 譯(1957), 『言語 — ことばの研究』, 紀伊国屋書店, 東京.

____(1925), "Sound patterns in language," *Language* vol. 1, pp.37~51.

Mandelbaum ed.(1949)에 재수록.

일어역, 木坂千秋 譯(1957), 『英語音韻論』(東京 : 研究社), 英語ライブラリー 10, pp.20~39.

黒川信一 譯注(1958), 『音聲構造の型』(東京 : 大修館), 英語教育シリズ 11, pp.26~48.

____(1929), "The status of linguistics as a science," *Language* vol. 5, pp.207~214.

____(1933), "La réalité pschologique des phonèmes," *Journal de pschologie normale et pathologique*, No. 30, pp.247~265.

일어역, 黒川信一 譯注(1958), 『音素の心理的存在』, 英語教育シリズ 11, 大修館, 東京 pp.26~48.

Śāstrī(2005), Bhīmasena Śāstrī : *Laghusiddhāntakaumudī-Bhaimī Prakāśana*, Dilli. Fifth edition.

Šaumjan(1958), Г. Саумиан : *Strukturnaja lingvistika kak immanentnaja teorija jazyka*, Moskva.

Saussure(1879), Ferdinand de Saussure; *Mémoire sur le systéme primitif des voyelles dans les langues indo-europiennes*, Leipzig.

_____(1880), *De l'emploi du génitif absolu en sanscrit,* Leibzig대학 박사학위 논문.

_____(1916), *Cours de la linguistique générale,* Geneva. 정식 출판은 아님.

일어역, 小林英夫 譯(1928), 『言語學原論』, 岩波書店, 東京 개정본 1940, 2000.

독어역, Lommel tr.(1931), H. Lommel : *Grundfragen der allgemeinen Sprachwissenschaft*, Berlin.

_____(1931), *Cours de la linguistique générale,* Leipzig.

_____(1949), *Cours de la linguistique générale,* Payot, Paris. 4th edition에서 인용.

영어역, Baskin tr.(1959), W. Baskin : *Course in General Linguistics*, Philosophical Library, New York.

한국어역, 최승언 역(1990), 『일반언어학강의』, 민음사, 서울.

_____(1967), *Cours de linguistique générale,* kritische Ausgabe von Rudolf Engler, Otto Harrasowitz, Wiesbaden.

_____(1972), *Cours de linguistique générale, édition critique préparée par Tullio de Mauro*, Payot, Paris.

일어역, 山内貴美夫 譯(1976), 『ソシュ~ル~一般言語學講義校注』、而立書房、東京.

_____(1993), *Troisieme Cours de la linguistique générale*(1910~1911), d'après les cahiers d'Emile Constantin, Pergamon, Paris.

일어역, 相原奈津江·秋津伶(2003), 『一般言語學三回講義』, エデイット·パルク, 京都.

한국어역, 김현권 역(2021), 『소쉬르의 1·2·3차 일반언어학강의』, 그린비, 서울.

Scaliger(1602), Joseph C. Scaliger : *De causis linguae Latinae*, Rome.

Schaade(1911), A. Schaade : *Sibawaihi's Lautlehre*, Leiden.

Schane(1973), Sanford A. Schane; *Generative Phonology, Evolution and Current Practice*, Holt, Rinehart and Winston, New York.

Scherer(1868), W. Scherer : *Zur Geschichte der deutchen Sprache,* Berlin.

Schlegel(1795), A. W. Schlegel : "Briefe über Poesie, Silbenmass und Sprache," *Kritische Schriften und Briefe,* Vol. I, *Sprache und Poetik,* W. Kohlhammer, Stuttgart. 1963.

Schlegel(1808), F. Schlegel : *Über die Sprache und Weisheit der Indier,* Mohr und Zimmer, Heidelberg.

Schleicher(1871), August Schleicher : *Compendium der vergleichenden Grammatik der Indogermanischen Sprachen,* Hermann Böhlau, Weismar.

Schmidt(1829), I. J. Schmidt : *Geschichte der Ost-Mongolen und ihres Fürstenhauses verfasst von Ssangnang Ssetsen Chungtaischi,* St. Petersburg~Leipzig.

Shčerba(1957), Л. В. Щерьа, "И. А. Бодуэн де Куртенэ и его значение в науке о языке," *Избранны е работы по русскому языку,* Москва.

_____(1974), *Языковая система и речевая деятельность.* Москва.

Sechehaye(1908), A. Sechehaye : *Programme et méthodes de la linguistique théorique, Psychologie du langage,* Geneva.

Sebeok ed.(1963), Th. A Sabeok : *Current trends in linguistics,* Vol. I, *Soviet and East European linguistics,* Mouton, The, Hague.

_____(1969), *Current trends in linguistics,* vol. 5. The Hague.

Sechehaye(1908), A. Sechehaye : *Programme et méthodes de la linguitique théorique, Psychologie du langage,* Paris, Leipzig, Geneva.

_____(1926), *Essai sur la structure logique de la phrase,* Champion, Paris.

Sims-Williams(1996), N. Sims-Williams : "The Sogdian manuscripts in Brāhmī script as evidence for Sogdian phonology," in Emmerick et al. eds.(1996 : 307~315).

Sivaramurti(1952), C. Sivaramurti : *Indian Epigraphy and South Indian Script,* Madras.

Sievers(1876), E. Sivers : *Grudzüge der Lautphsiologie : zur Einführung in das Stadium der Lautlehre der indo-germanischen Sprache,* Leipzig.

Sledd(1959), J. Sledd : *A Short Introduction to English Grammar,* Scott, Foresman & Co., Chicago.

Spencer(1996), Andrew Spencer : *Phonology,* Blackwell, Oxford.

Staal(1969), J. F. Staal : "Sanskrit philosophy of language," Sebeok ed.(1969), vol. 5, pp.499~531.

_____ ed.(1972), *A Reader on the Sanskrit Grammarians,* Studies on Linguistics 1, Cambridge & London.

Stalin(1950), Иосиф Виссалинович Сталин, "Марксизм и ьопросы языкознания," *Прауда* 1950. 6.20.

우리말 역(1965), 『스탈린선집』, 3, 평양 : 조선로동당 출판사, 평양.

Stankiewicz(1976), E. Stankiewicz : *Baudouin de Courtenay and the foundations of structural linguistics,* Lisse.

Starostin·Dybo·Mudrak(2003), Sergei Starostin & Anna Dybo & Oleg Mudrak : *The Etymological Dictionary of the Altaic Languages.* E. J. Brill, Leiden.

Stary(1985), G. Stary; *Oper Mancesi in Italia e in Vaticano,* Otto Harrassowitz, Wiesbaden.

Steinberg·Jakobovits eds.(1971), D. D. Steinberg & L. A. Jakobovits : *Semantics : An interdisciplinary reader in philosophy, linguistics and psychology,* Cambridge univ. Press, Cambridge.

Steinthal(1850), H. Steinthal : *Classification der Sprachen,* Berlin.

_____(1855), *Grammatik, Logik und Psychologie, ihre prinzipien und ihre verhältnise zu einander,* Berlin.

_____(1890), *Geschichte der Sprachwissenschaft bei den Griechen und Römern*(2nd edition), Berlin.

Sweet(1877), Henry Sweet : *Handbook of Phonetics,* London.

_____(1890), *Primer of phonetics,* Oxford.

_____(1891~98), *A new English gramma,* London.

_____(1952), *A new English gramma,* 2 vols. Clarendon Press, Oxford.

Taylor(1883), Isaac Taylor : *The alphabet,* London.

Tenjakov·Jakobson(1928), Ю. Н. Тынянов и Р. О. Якобсон; "Проблемы изучения литратуры и языка." Новый *Леф,* No. 12.

　일어역, 新谷敬三郞·磯谷 孝 編譯(1974), 'ツヴェタン·トドロフ 'フォルマリズムと未來派', 『藝術俱樂部』, 1974年 1~2號 및 『ロシア·フォマリズム論集』 現代思潮社, 東京.

Theme(1935), P. Theme : *Pāṇini and the Vedas,* Allahabad.

_____(1957), "Pāṇini and the pronunciation of Sanskrit," E. Pulgram ed. Studies presented to Joshua Whatmough, The Hague, pp.263~270.

Togeby(1951), K. Togeby : Sreucture immanente de la langue française, *TCLC* vol. 4, Copenhagen.

_____(1965), reissued, Larousse, Paris.

Thomas(1350), Thomas of Erfurt(Duns Scotus) : *Grammatica speculativa,*(Bursill-Hall ed. 1972).

Thomsen(1902), Vilhelm L. P. Thomsen : *Sprogvidenskabens historie,* Copenhagen.

　일어역, 泉井久之助·高谷信一 共譯(1937), 『言語學史』, 弘文堂, 東京. 1953 재판.

Thompson(1971), M. Thompson : *Russian Formlism and Anglo~American New Criticism.* Mouton, New York~London.

Togeby(1951), K. Togeby : Structure immanente de la langue française, *TCLC* 4. Copenhagen. 1965, Larousse, Paris.

Trager(1949), George L. Trager : *The Field of Linguistics,* Batternburg Press, Norman, UK.

Trager·Smith(1951), G. L. Trager & H. L. Smith, Jr. : *An outline of English structure,* Battenburg, Washington D.C.

Thrax(120. B.C.), Dionysus Thrax : *Τέχνη γραμματική, Téchnē Grammatikē,* Alexandria.

Trečakov(1923), С. М. Третьяков : "Откуда и куда," *Леф,* No. 1.

　일어역, 桑野 隆 譯(1979), 『資料, 世界プロレタリア文學運動』 第1卷, 三一書房. 東京.

Trnka et al.(1958), B. Trnka and Others : "Prague structural linguistics," Vachek ed.(1964), pp.468~480.

Trombetti(1905), Alfredo Trombetti : *L'unita d'origine del linguaggio,* Bologna.

Trubetzkoy(1936), Nikolai Sergejevič Trubetzkoy : "Gedanken über das Indo~germanen problem," *Acta Linguistica* 1~2, Copenhagen.

_____(1939), *Grundzüge der Phonologie,* Travaux de Circle linguistique de Prague VIII, 2 aufl. 프랑스어역, J. Cantineau tr.,(1949), *Principes de phonologie,* Paris.

영어역, C, Baltax tr.,(1969), *Principles of Phonology,* Berkeley & Los Angeles.

한국어역, 한문희 역, 『음운학 원론』, 대우학술총서 번역 35, 민음사, 서울.

_____(1975), *N. S. Trubetzkoy's Letters and Notes,* Mouton, New York.

Twaddell(1935), William Freeman Twaddell : "On defining the phoneme," *Language Monograph.* No. 16. In Joos ed.(1957), pp.55~79.

Unger(1975), Marshall J. Unger : "Studies in Early Japanese Morphophonemics." Ph.D. Dissertation, Yale University.

_____(2008), *The Role of Contact in the Origins of the Japanese and Korean Languages,* University of Hawai'i Press, Honolulu.

Vachek(1966~80), Josef Vachek : *Prague Studies in Mathematical Linguistics*(series vol. 1~6), Indiana Univ. Press, Bloomington.

_____(1970), *The Linguistic School of Prague. An introduction to its theory and practice,* Indiana University Press, Bloomington.

Vachek ed.(1964), Josef Vachek : *Prague School Reader in Linguistics,* Indiana Univ. Press, Bloomington.

Valla(1471), L. Valla : *De linguae Latinae elegentia,* Venice.

Varo(1703), Francisco Varo : *Arte de la lengua mandarina,* Canton.

Varro(1C. B.C.), Marcus. Terentius Varro : *De Lingua Latina libiri,* Rome.

Vasu(1897), Srisa Chandra Vasu : *The Astadhyaya,* Benares, India.

Vendryes(1921), J. Vendryes : *Le langage, introduction linguistique à l'histoire,* Michel, Paris.

영어역, P. Radin tr.(1952), *Language, a linguistic introduction to history,* Routledge & Kegan Paul, London.

일어역, 藤岡勝二 譯(1942), 『言語學槪論』, 刀江書院, 東京.

Verezin(1968), Ф. М. Березин; "Очерки по истории языкознания в России,"(*конец XIX~начало X в.*), Москва.

_____(1975), *История лингвистистических учений.* Москва.

_____(1976), *Русское языкознание конца XIX~~начала XX в.,* Москва.

Verner(1877), Karl Verner : "Eine Ausnahme der ersten Lautverschiebung," *Zeitschrift für vergleichende Sprachforschung auf dem Gebeite der der indogermanischen Sprachen* 23, 2, pp.97~130.

Vladimircov (1929), *Сравителъная грмматика монголъского письме-нного языка и халхаского наречия, Vvedeni i fonetica,* Leningrad.

Vološinov(1976), V. N. Vološinov; *Freudianism; A Marxist Critic.* Academic Press, Moskva.

Vossler(1904), Karl Vossler : *Positvismus und Idealismus in der Sprachwissenschaft,* Heidelberg.

Vostokov(1829), A. X. Vostokov : *Rassuždenie o slavjanskom jazyke,* Moskva.

Vovin(1993), Alexander Vovin, "About the phonetic value of the Middle Korean grapheme Δ," *Bulletin of the School of Oriental and African Studies,* IV I.2 : pp.247~259.

_____(1993), "Notes on Some Japanese-Korean Phonetic Correspondences," In *Japanese/Korean Linguistics,* ed. Sonnja Choi, 3, pp.338~350, Stanford Center for the Study of Language and Information, Stanford University.

_____(1994), Genetic affiliation of Japanese and methodology of linguistic comparison,' *Journal de la Société Finno-Ougrienne,* No.85 : pp.241~256.

_____(1995), "Once again on the accusative Marker in Old Korean," *Diachronica* 12.2 pp.223~236.

_____(2003), "Once Again on Lenition in Middle Korean," *Korean Studies* XVII : pp.85~107.

_____(2005a), *A Descriptive and Comparative Grammar of Western Old Japanese.* Vol. 1 : Phonology, Script, Lexicon, and Nominals. Global Oriental, Kensington.

_____(2005b), "The End of the Altaic Controversy." *Central Asiatic Journal* 49.1.

_____(2010), *KOREO-JAPONICA-A critical study in the language relationship*, Univ. of Hawai'i Press, Honolulu.

Wallis(1653), J. Wallis : *Grammatica linguae Anlicanae*, Oxford.

Waterman(1963), J. T. Waterman : *Perspective in Linguistics,* Univ. of Chicago Press, Chicago.

Wells(1947), R. S. Wells : "De Saussure's system of linguistics," *Word* 3, pp.1~31.

Wenker(1876), Georg Wenker : *Deutscher Sprachatlas*는 미완성.

_____(1926), S*prachatlas des Deutschen Rechtes, Deutscher Sprachatlas*의 축소판.

Whitney(1867), W. D. Whitney : *Language and the study of language,* Charles Scribner, New York.

_____(1875), *The life and growth of language*, Appleton, New York.

　　　　일어역, 保科考一(1899) 초역, 『言語發達論』, 富山房, 東京.

Wilkins(1806), C. Wilkins : *Grammar of the Sanskrit*, London.

Wundt(1900~1920), Wilhelm Wundt : *Völkerpsychologie : Erster Band : Die Sprache*, 3rd ed., 1911, Leipzig.

Zveguncev(1960), V. A. Zvegincev : *Istoria ja jazykoznania XIX i XX vekov v ocerkax i izvlecenijax,* vol. 1,2, Moskva.

일문논저(저자명의 假名 五十音圖 순)

石川謙·石川松太郎(1967~74), 『日本教科書大系』, 第1~15, 講談社, 東京.

石川松太郎(1978), 『藩校と寺子屋』, 教育社, 東京.

入矢義高(1973), 陶山信男 : 『朴通事諺解·老乞大諺解語彙索引』序, 采華書林. 台北.

江田俊雄(1929), 『鄕札及び吏讀の研究』, 京城帝國大學 文學部 紀要 第一, 京城帝大, 京城.

_____(1935), "三韻通考及び增補三韻通考に就いて", 『藤岡博士公的記念言語學論文集』, 京城.

_____(1934), "朝鮮語譯佛典に就いて," 『靑丘學叢』(靑丘學會), 第15號(昭和 9年 2月號), 江田俊雄(1977)에 재록.

_____(1936a), "釋譜詳節と月印千江之曲と月印釋譜," 『朝鮮』(朝鮮總督府), 第255號(昭和11년 9月2日號), 江田俊雄(1977)에 재록.

_____(1936b), "李朝刊經都監と其の刊行佛典," 『朝鮮之圖書館』, 第5卷 第5號(昭和 11年 10月號). 江田俊雄(1977)에 재록.

_____(1977), 國書刊行會編 『朝鮮佛教史の研究』, 昭和 52(1977), 東京.

太田辰夫(1953), "老乞大の言語について," 『中國語學研究會論集』第1号.

_____(1954), "漢児言語について," 『神戸外大論叢』, 5-3.

_____(1987), 『中國語歷史文法』 中文版(日文原版 : 1958), 北京大學出版社, 北京.

_____(1991), 『漢語史通考』 中文版(日文原版：1988), 重慶出版社, 重慶.

太田辰夫·佐藤晴彦(1996), 『元版 孝經直解』, 汲古書院, 東京.

大矢透(1918), 『音圖及手習詞歌考』, 大日本圖書株式會社, 東京.

小倉進平(1940), 『增訂朝鮮語學史』, 刀江書院, 東京.

興津達朗(1976), 『言語學史』, 英語學大系 14, 大修館書店, 東京.

尾崎雄二郎(1962), "大英博物館本 蒙古字韻 札記,"『人文』, 제8호, pp.162~180.

龜井 孝·河野六郎·千野榮一(1988), 『言語學大辭典』, 第1卷 「世界言語編」上, 三省堂, 東京.

干瀉龍祥(1920), "梵文古寫經雜報,"『哲學年譜』(九州大學), 2집.

岡敎 邃(1910), "朝鮮華藏寺の梵夾と印度指空三藏法,"『宗敎研究』, 新 3-5, pp.140~152.

金文京(2011, "日韓訓讀史の比較 ― その共通點と相違點 ―,"麗澤大學 第3回「日韓訓讀ジンポジウム」, 平成 23 年 10月29日, 麗澤大學 廣池千九郎記念講堂 2層 大會議室.

金文京 外(2002), 『老乞大―朝鮮中世の中國語會話讀本―』, 金文京·玄幸子·佐藤晴彦 譯註, 鄭光 解說, 東洋文庫 699, 平凡社, 東京.

金文京 編(2021), 『漢字を使った文化はどう広がっていくのか ― 東アジアの漢字漢文文化圏―』、文學通信, 東京.

桑野 隆(1975), "ポードアン ド クルトネについて,"『言語における思想性と技術性』, 朝日新聞社, 東京.

_____(1978), "バフチーンの對話をめぐて,"『未來』, 1978年 1月號, 2月號.

_____(1979), 『ソ連言語理論小史 ~ ポードアン ド クルトネからロシア·フオルマリズムへ』, 三一書房, 東京.

_____ 譯(1975), 『シクロフスキ 他'レーニンの言語'』, 三一書房, 東京.

_____ 譯(1976), 『ヴォロシノフ·バフチ~ン 'マルクス主義と言語哲學'』, 未來社, 東京.

_____ 譯(1979a), 『ソ連言語理論小史,-ポードアン·ド·クルトネからロシア·フォルマリズムへ-』, 三一書房, 東京.

_____ 譯(1979b), 『ヴォロシノフ バフチ ― ン 'マルクス主義と言語哲學'』, 未來社, 東京.

_____ 譯(1989), 『マルクス主義と言語哲學』, 未來社, 東京.

河野六郎·千野榮一·西田龍雄(1989) 編：『言語學 大辭典』上·中·下, 三省堂, 東京.

_____(2001) 編：『言語學 大辭典』別卷 「世界文字辭典」, 三省堂, 東京.

白鳥庫吉(1897a), "日本書記に見える朝鮮語の解釋,"『史學雜誌』, 第8編 第6號, 東京.

_____(1897b), "諺文,"『史學雜誌』, 8-1.

_____(1914~6), "朝鮮語とUral~Altai語との比較研究,"『國學院雜誌』, 4~2.3.5(1914), 5~1.2.3.(1915), 6~2.3(1916), 『白鳥庫吉全集』(1970)에 재록됨. 東京.

_____(1915), "言語上より觀たる朝鮮人種,"『人類學雜誌』, 30~8, 東京.

_____(1970), 『白鳥庫吉全集/朝鮮史研究』, 岩波書店, 東京.

荻原雲來(1915), 『實習梵語學』, 明治書院, 東京.

志村良治(1995), 『中國中世語法史研究』(中文版), 中華書局, 北京.

高橋愛次(1974), 『伊呂波歌考』, 三省堂, 東京.

田久保周譽(1944), 『批判悉曇學』, 平河出版社, 東京.

_____(1981), 『梵字 悉曇』, 補筆：金山正好, 平河出版社, 東京.

田中謙二(1961), "蒙文直譯体における白話について,"京都大學人文科學研究所 元典章研究班排印本：『元典章の

文體』(校定本 元典章 刑部第1冊 附錄), 京都, pp.4~52.

_____(1962), "元典章における蒙文直譯體の文章", 『東方學報』(京都大學人文科學研究所), 第32冊, pp.47~161.

_____(1964), "元典章文書の構成" 『東洋史研究』(일본 東洋史研究會), 23~4號, 이 논문은 京都大學 人文科學研究所 元典章研究班排印本 『元典章の文體』(校定本 元典章 刑部 第1冊 附錄), pp.187~224에 재록됨.

內藤湖南(1907), 『日本滿州交通略說』, 五山講演集, 東京.

長澤規矩也(1933), "元刊本成齋孝經直解に關して" 『書誌學』(日本書誌學會), 第1卷 第5号, 『長澤規矩也著作集』 第3卷 "宋元版の研究" 所收.

長澤規矩也·阿部隆一(1933), 『直解孝經』, 吉川弘文館, 東京.

西田龍雄(1964~66), 『西夏語の研究 ― 西夏語の再構成と西夏文字の解讀』 I.II, 座右寶刊行會, 東京.

_____(1981~3), 『西夏語韻圖<五音切韻>の研究』 상·중·하, 「京都大學文學部研究紀要」 No. 20~22, 京都

_____(1997), 『西夏王國の言語と文化』, 岩波書店, 東京.

_____(1998), 『西夏語研究新論』, 古稀記念會, 京都.

西田龍雄 編(1981), 講座 言語 第5卷 『世界の文字』, 大修館書店, 東京.

花登宏正(1973), "「古今韻會擧要」反切考 ― とくに反切上字について ―," 『東方學』(東方學會) 第58輯, pp.93~112.

_____(1983), "「禮部韻略七音三十六母通攷」聲母攷," 『伊地智善繼, 辻本春彦兩教授退官紀念 中國語學文學論集』 東方書店, 東京, pp.259~277.

_____(1997), 『古今韻會擧要研究 ― 中國近世音韻史の一側面 ― 』, 汲古書院, 東京.

服部四郎(1946), 『元朝秘史の蒙古語を表はす漢字の研究』, 龍文書局, 東京.

_____(1948), "日本語と琉球語, 朝鮮語, アルタイ語との親族關係," 『民族學研究』, 13~2.

_____(1984a), "パクパ字(八思巴字)について ~ 特にeの字とėの字に關して ~(一)" "On the ḥPhags~pa script ~ Especially Concerning the letters e and ė ~(I)", 1984년 5월에 완성한 논문을 服部四郎(1993 : 216~223)에서 재인용.

_____(1984b), "パクパ字(八思巴字)について ~特にeの字とėの字に關して~(二)" "On the ḥPhags~pa script ~ Especially Concerning the lettes e and ė ~(II)" 1984년 6월에 완성한 논문을 服部四郎(1993 : 224~235)에서 재인용.

_____(1984c), "パクパ字(八思巴字)について ~再論~" "On the ḥPhags~pa script ~ the Second Remarks ~" 1984년 10월에 완성한 논문을 服部四郎(1993 : 236~238)에서 재인용.

_____(1986), "元朝秘史蒙古語の/o/および/ȯ/に終わる音節を表わす漢字のシナ語音の簡略ローマ字轉寫," "The Broad Roman Transcription of the Chinese Sounds of the Chinese Characters Representing the Mongolian Syllables Ending in ~o in the Yüan~ch'ao Mi~shih," 1986년에 완성한 논문을 服部四郎(1993), 제2권 pp.202~227에서 재인용.

_____(1993), 『服部四郎論文集』, 卷3, 三省堂, 東京.

服部四郎 編(1978), 『ロマ~ン·ヤ~コブソン選集 2』, 大修館書店, 東京.

林 榮一·小泉 保 編(1988), 『言語學の潮流』, 勁草書房, 東京.

福井久藏 編(1939), 『以呂波字考錄』, 東京.

藤塚 鄰(1929), "高麗版龍龕手鏡解說," 影印本 『高麗版龍龕手鏡』, 京城帝國大學法文學部, 京城.

藤本幸夫(1996), "高麗大藏經と契丹大藏經について, " 『中國佛教石經の研究』, 京都大學學術出版會, 京都.

_____ 編(2015), 『龍龕手鏡(鑑) 研究』, 麗澤大學出版會, 柏市.

馬淵和夫(1962~65), 『日本韻學史の研究 I~III』, 日本學術振興會, 東京.

松下大三郎(1899), "日本俗語文典," 『國文學界』, 東京.

_____(1907), 『漢譯日本口語文典』, 東京.

_____(1928), 『改撰標準日本文法』, 紀元社, 東京.

_____(1930), 『標準日本口語法』, 中文館書店, 東京.

山口瑞鳳(1976), "『三十頌』と『性入法』の成立時期をめぐって," 『東洋學報』, 第57號.

宮崎市定(1946), 『科擧』, 秋田屋, 東京.

_____(1987), 『科举史』, 平凡社, 東京.

山田孝雄(1908), 『日本文法論』, 宝文館, 東京：大阪.

_____(1936), 『日本文法學概論』, 宝文館, 東京：大阪.

吉池孝一(2004), "跋蒙古字韻 譯註," 『KOTONOHANA』(古代文字資料館), 22号 pp.13~16.

吉川幸次郎(1953), "元典章に見える漢文吏牘の文體," 『東洋史研究』(일본 東洋史研究會), 제23권 제4호, pp.1~161, 『校定元典章刑部』第一冊 附錄에서 인용.

중문 논저(저자명의 우리 한자음 가나다순)

顧 實(1925), 『中國文字學』, 商務印書館, 北京.

____(1977), 『中國文字學』, 臺灣商務印書館, 臺北.

金光平·金啓綜(1980), 『女眞語言文字研究』, 文物出版社, 北京.

金毓黻(1934a), 『渤海國志長編』, 金氏千華山館著鉛印, 遼陽. 金毓黻(1980)에서 활자 인쇄.

____(1934b), 『遼陵石刻集錄』, 國立奉天圖書館, 奉天.

____(1946), 『宋遼金史』, 商務印書館, 北京.

____(1980), 『渤海國志長編』, 社會科學前線 雜誌社, 北京. 金毓黻(1934a)의 활자본.

霍明琨(2013), 『东北史坛巨擘金毓黻≪静晤室日记≫研究』黑龙江大学出版社, 哈尔濱.

羅常培(1965), 『漢語音韻學導論』, 太平書局, 香港.

羅常培·蔡美彪(1959), 『八思巴文字與元代漢語』[資料汇編], 科學出版社, 北京.

寧忌浮(1992), "蒙古字韻校勘補遺", 『內蒙古大學學報』(1992.8), pp.9~16.

____(1994), "『蒙古字韻』與『平水韻』," 『語言研究』(1994.2), pp.128~132.

董同龢(1968), 『漢語音韻學』, 文史哲出版社, 台北.

　　　　한국어 역, 공재석(1975), 『漢語音韻學』, 汎學圖書, 서울.

____(1969), 『上古音韻表稿』第18本 第1分冊. 國立中央研究院歷史語言研究所 刊, 上海.

____(1979), 『中國語音史』, 華岡出版有限公司, 台北.

潘重規(1988), 『龍龕手鑑新編』, 中華書局, 北京.

蘇啓慶(1994), "元代蒙古人的漢學," 蘇啓慶, 『蒙元史新研』, 允晨文化公司, 台北, pp.95~216.

蘇振申 總編校(1980), 『中國歷史圖說』,(一)「先史時代」, 民國68년(1980), 新新文化出版社有限公司, 台北.

林 燾(1987), "北京官话溯源," 『中国语文』(中国语文杂志社, 北京), 1987-3, pp.161~169.

呂叔湘(1985), 『近代漢語指代詞』, 學林出版社, 上海.

____(1987), "朴通事里的指代詞," 『中國語文』(中國語文雜誌社), 1987-6, 北京.

余志鴻(1983), "元代漢語中的後置詞 '行'," 『語文研究』, 1983~3, 北京, pp.1~10.

_____(1988), "蒙古秘史的特殊語法," 『語文研究』, 1988~1, 北京.

_____(1992), "元代漢語的後置詞系統," 『民族語文』, 1992~3, 北京.

王 力(1958), 『漢語史稿』, 科学出版社, 北京.

_____(1978), 『漢語詩律學』, 中華書局, 香港.

_____(1985), 『漢語語音史』, 社会科学出版社, 北京.

_____(1994), 再版 『漢語詩律學』, 中華書局, 香港.

魏國忠·朱國沈·郝慶云(2006), 『渤海國史』, 동북아역사재단 번역본, 동북아역사재단, 서울.

李强(1982), "論渤海文字," 『學習與探索』, 1982년 제5기, pp.119~130.

李德啓(1931), "滿洲文字之起源及其演變," 『國立北平圖書館刊』, 5卷 6期(民國 20년 11~12월), 뒤에서 pp.1~18, 도
　　　　표 16.

李得春(1988), "『四聲通解』今俗音初探," 『民族語文』, 1988~5, 北京, pp.29~41.

李永海(1987), 『隨軍紀行譯註』, 中央民族學院出版社, 北京.

蔣紹愚(1994), 『近代漢語研究概況』, 北京大學出版社, 北京.

張 帆(2002), "金朝路制再檢討－兼論其在元朝的演變－," 『燕京學報』(燕京研究院), 2002~12, pp.99~122.

江愼修·孫國中(1989), 點校 『河洛精蘊』, 學苑出版社, 北京.

鄭再發(1965), 『蒙古字韻跟跟八思巴字有關的韻書』, 臺灣大學文學院文史叢刊之十五, 台北.

鄭賢章(2004), 『龍龕手鏡研究』, 湖南師範大學出版會, 長沙.

照那斯图(1981), 『八思巴字百家姓校勘』, 中國社會科學院出版社, 北京.

_____(1988), "有關八思巴字母ê的几个問題," 『民族語文』, 1988~1, 北京, pp.1~17. 이 논문은 1987년 9월 25일
　　　　에 열린 내몽고대학 국제학술토론회에서 발표한 논문이다.

_____(2001), "<訓民正音>的借字方法," 『民族語文』(社會科學院民族研究所), 第3期, pp.336~343.

_____(2003), 『新編 元代八思巴字 百家姓』, 文物出版社, 北京.

_____(2008), "訓民正音基字與八思巴的關係," 『훈민정음과 파스파문자 국제학술 Workshop』(International
　　　　Workshop on Hunminjeongeum and hPags~pa script), pp.39~44.

照那斯图·宣德五(2001a), "訓民正音和八思巴字的關係探究－正音字母來源揭示－," 『民族語文』(중국社會科學院
　　　　民族研究所), 第3期, pp.9~26.

_____(2001b), "<訓民正音>的借字方法," 『民族語文』(社會科學院 民族研究所), 第3期, pp.336~343.

照那斯图·薛磊(2011), 『元國書官印汇釋』(中國蒙古學文庫), 遼寧民族出版社, 沈陽.

照那斯图·楊耐思(1984), "八思巴字研究," 『中國民族古文字研究』(中國民族古文字研究會), pp.374~392.

_____(1987), 『蒙古字韻校本』, 民族出版社, 北京.

趙展(1985), 河內良弘 譯, "中國における滿洲學の復興について," 『天理大學報』(天理大學), 第145輯.

周法高(1973), 『漢字古今音彙』, 香港 中文大學, 香港.

周有光(1989), "漢字文化圈的文字演變," 『民族語文』(民族研究所), 1989~1(1989年第1期) pp.37~55.

陳慶英(1999), "漢文'西藏'一詞的來歷簡說," 『燕京學報』(燕京研究院, 北京大學出版社) 新六期(1999년 5월)
　　　　pp.129~139.

陳乃雄(1988), "契丹學研究述略," 『西田龍雄還曆記念東アジアの言語と歴史』, 松香堂, 京都.

陳 垣(1928), "史諱擧例," 『燕京大學 燕京學報』(燕京大學燕京學報編輯委員會), 第4期(民國17年 12月), pp.537~652.

_____(1928), 『史諱擧例』, 燕京大學燕京學報編輯會, 北京.

이것은 『燕京學報』 第4期(民國17年 12月) pp.537~651를 단행본으로 한 것임.

_____(1996), "元西域人華化考," 劉夢溪 編, 『中國現代學術經典·陳垣卷』, 河北敎育出版社, 石家莊.

淸格爾泰(1997), "關於契丹文字的特點,"『아시아 諸民族의 文字』(口訣學會 編), 태학사, 서울.

淸格爾泰 外(1985), 淸格爾泰·劉風翥·陳乃雄·于寶林·邢复禮:『契丹小字硏究』, 中國社會科學出版社, 北京.

洪金富(1990), 『元代蒙古語文的敎與學』, 蒙藏委員會, 台北.

黃征(2005), 『敦煌俗字典』, 上海敎育出版社, 上海.

ㄱ

저자 정 광

서울대학교 문리과대학 국어국문학과 졸업
고려대학교 문과대학 국어국문학과 명예교수

동·서양 언어학사 Ⅱ
제2부 서양의 언어 연구

초판 1쇄 인쇄 2024년 2월 16일
초판 1쇄 발행 2024년 2월 28일

저　　자	정 광
펴 낸 이	이대현
편　　집	이태곤 권분옥 임애정 강윤경
디 자 인	안혜진 최선주 이경진
마 케 팅	박태훈 한주영
펴 낸 곳	도서출판 역락
주　　소	서울시 서초구 동광로 46길 6-6(반포4동 문창빌딩 2F)
전　　화	02-3409-2060(편집부), 2058(영업부)
팩　　스	02-3409-2059
등　　록	1999년 4월 19일 제303-2002-000014호
이 메 일	youkrack@hanmail.net
홈페이지	www.youkrackbooks.com

ISBN 979-11-6742-709-0 94700
　　　979-11-6742-701-4 (전2권)